우크라이나의 역사

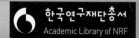
한국연구재단총서
Academic Library of NRF   학술명저번역   588

우크라이나의 역사

②

Иллюстрированная История Украины

•

Ілюстрована Історія України

미하일로 흐루셰브스키 지음 | **한정숙 · 허승철** 옮김

아카넷

일러두기

1. 고유명사는 가능하면 출신국 언어의 원음에 가깝게 표기한다. 우크라이나 고유명사도 이 원칙에 따른다. 다만 키예프, 흐멜니츠키 등처럼 러시아식으로 비교적 잘 알려진 일부 고유명사는 러시아식 발음을 한국어로 음역한다. 키예프 루스의 볼로디미르(블라디미르) 대공처럼 동슬라브인들의 국가사, 종교사에서 중요한 인물은 우크라이나식 발음과 러시아식 발음을 병기해 주었다. 일부 리투아니아 통치자의 이름은 리투아니아식 발음과 우크라이나식 발음을 병기했다. 또한 코자크/카자크와 같이 우크라이나와 러시아에 공통적으로 존재한 집단의 경우 우크라이나 집단은 우크라이나식 발음으로, 러시아 집단은 러시아식 발음으로 각기 달리 표기한다.(예: 자포로쟈 코자크, 돈 카자크) 우크라이나어에서 'г'는 한국어 'ㅎ'나 영어의 'h' 같은 본격적 후두음이 아니라 'ㅎ'과 'ㄱ'의 중간 정도의 음가를 가지지만 우크라이나인들은 이 철자를 라틴문자의 'h'로 표기하는 경향이 강하다. 이 번역서에서도 고유명사 표기에서 'г'를 'ㅎ'으로 표기하였다. 또한 우크라이나어에서 'и'는 한국어 발음 'ㅓ'에 가깝지만 이 번역서에서는 'I'로 표기하기로 했다. (예: '볼로더머르'가 아니라 '볼로디미르'로 표기). 그리고 우크라이나어 표기에서는 연음부호 ь의 발음을 반영하지 않기로 했다.

2. 이 번역에서 원저자(혹은 원서 편집자)의 주석은 번역자의 주석과 마찬가지로 각주로 처리하되 (원저자주)라는 표시를 해주었다.

차례

제4부
코자크 시대

65. 루브니 참변 이후의 코자크 집단

루브니 참변의 소식이 전해지자 우크라이나는 침묵에 빠졌다. 당시 상황은 오래된 민요에 다음과 같이 묘사되어 있다.

드니프로가 고요한 도나우에게 묻누나.
고요한 도나우 강이여!
어이하여 당신 근처에서 내 코자크들을 볼 수 없나요?[1]
도나우 당신 입이 내 코자크들을 삼켰나요?
도나우 당신 강물이 내 코자크들을 데려갔나요?
고요한 도나우가 드니프로—슬라부트[2]에게 답하누나.

---

1) 드니프로 강과 도나우 강은 만나지는 않는다. 그러나 우크라이나 코자크들이 도나우 강 하류 유역까지 자주 원정을 갔었는데 루브니 참변 이후 이것이 중단되었기 때문에 이 같은 질문이 나온다.
2) 슬라부트는 드니프로 강의 다른 이름이다.

그림 **188** 「성경의 교훈」 장식 그림. **1619**년 볼린의 라흐마니브에서 인쇄되었다.

"드니프로 어르신, 슬라부트 강이여, 나도 생각하고 추측하곤 한다오.

왜 당신의 코자크를 내 근처에서 못 보는지,

사분의 일 년, 석 달이 지났구료.

내가 당신 코자크들 보지 못한 지가 벌써,

도나우 내 입이 당신 코자크들을 삼킨 것은 아니라오,

도나우 내 강물이 당신 코자크들을 데려간 것도 아니라오.

투르크인들이 그들에게 총 쏘고, 그 목을 자른 것도 아니라오.

차르의 도시[3]로 포로 되어 잡혀가지도 않았다오.

내 들판의 모든 꽃이 슬픔에 잠겼군요.

그들도 근처에서 코자크를 볼 수 없었기에.

주우키에프스키는 의도한 대로 코자크들을 완전히 전멸시킨다는 목적
은 달성하지 못했지만, 어쨌거나 루브니 전투에서의 살육으로 코자크 집

---

3) 차레흐라드, 곧 콘스탄티노플을 말한다. 콘스탄티노플은 이 당시에는 이미 오스만 투르크
제국의 지배를 받고 있었고, 이름도 이스탄불로 바뀌어 있었다.

그림 **189** 키예프의 미콜라 도브리(선한 미콜라) 교회. 사미일로 키쉬카의 발주에 따라 옛 건물에서 개축되었다.

단에게 큰 타격을 가하는 데는 성공했다. 코자크 집단은 드니프로 상류의 "읍락"에서 쫓겨났고, 폴란드 군대의 초소가 군데군데 설치되는 바람에 자포로쟈로 보급품을 조달할 수도 없게 되었다. 폴란드 의회에서는 코자크 군단과 코자크 조직의 모든 권리를 몰수하는 법을 통과시켰다. 설상가상으로 이 고통스러운 패배의 여파로 코자크 집단 자체 내부에서 위험스러운 분열과 내부 투쟁이 발생했다. 코자크 집단은 두 파로 나뉘었으니, 보다 용맹스럽고 강경한 일파와 회유책으로 폴란드 정부의 태도를 돌려놓고 이전의 관계를 회복하기 위해 화해적 노선을 추구하고자 한 보다 온건한 구성원들은 서로 충돌하기 시작했다. 이 내분은 자포로쟈 코자크들과 날리바이코 추종자들 사이의 오래된 대립이 연장된 것이었다. 하지만 이번에는 이전보다 좀 더 심각한 양상이 나타나 양측 간 유혈 충돌이 발생했으며, 한 파벌이 다른 파벌에 대항하고 정부가 공인하는 우위를 차지하기 위해 폴란드 정부의 도움을 요청하는 지경에 이르렀다. 폴란드인들은 이 분열을 즐기며, 파벌끼리 서로를 살육한 다음 남은 세력은 좀 더 복종적으로 될 것으로 기대했다. 그러나 코자크 내부의 소용돌이 상태는 오래 지속되지 않았다. 이름 드높은 헤트만인 사미일로 키쉬카[4]가 코자크 집단을 통합시켰다. 그는 1599년 흑해 지역과 몰다비아를 상대로 한 몇 차례의 원정을 성공적으로 수행하면서 코자크 군단의 사기를 고양시켰고, 그 후에 일어난 사건들로 인해 폴란드 정부 스스로가 다시 코자크들의 지원을 요청하게 되었다.

이에 앞서 루브니 참변 이후 코자크 군단을 이끌었던 헤트만들인 바실 레비치(Василевич), 네취코브스키(Нечковський), 바이부자(Байбуза)는 정찰 활동으로 얻은 타타르인 동정에 대한 정보를 제공하며 폴란드 정부의 호의를 사려고 노력했다. 폴란드는 어떤 나라와도 전쟁을 하지 않고 있었으므로 코자크들의 군사적 지원을 필요로 하지 않았다. 그러나 1600년 봄 왈라키아의 군주(호스포다르) 미하일은 폴란드의 가신국인 몰다비아의 모길라 대공을 공격했다. 그에게서 몰다비아를 빼앗기 위해서였다. 폴란드 정

---

4) 사미일로 키쉬카(Самійло Кішка), 사모일로 코쉬카(Самойло Кошка), 사무일 코쉬카(Самуил Кошка) 혹은 마트베이 쿠쉬카(Матвей Кушка) 등 여러 이름으로 불리는 우크라이나 코자크 지도자. 1530년 카니브에서 태어났다. 그의 아버지는 코자크 병사였으며 그 또한 코자크로 성장한 후 1564년 코자크 오타만으로 선출되었다. 그 후 투르크와의 전투에서 포로로 잡혀 20년 이상 투르크에 억류되어 있었다. 투르크 감옥에서 탈주한 후 1599년 헤트만으로 선출되었다. 폴란드 국왕 지그문트 3세 바사(Zygmunt III Wasa)로부터 코자크들의 무권리 상태 철폐와 이에 따른 코자크들의 사회신분 인정을 이끌어냈다. 코자크 수천 명을 이끌고 크림 원정, 폴란드-스웨덴 간의 리보니아 전쟁 등에 참여했다. 그의 최후에 대해서는 정확한 기록은 없다고 한다. 흐루셰브스키는 이 책에서 그가 1602년 2월 28일 펠린 공방전에서 전사했다는 설을 받아들이고 있다.

그림 **190** 시치의 수호성모(포크로바 시체바) 교회의 성상에 묘사된 자포로쟈 코자크들.

부는 모길라를 돕기 위해 코자크의 지원을 요청했다. 민중 전승(傳承)에서 사미일로 키쉬카는 투르크 감옥의 코자크 반란을 주도해서 투르크에 억류되어 있던 코자크 포로들을 해방시킨 사람으로만 기억되지만, 그는 시국의 중요성을 평가할 줄 알고 루브니 참변 이후에 빼앗긴 코자크들의 권리를 되찾기 위해 당시의 상황을 이용할 줄 알았던 수완 있는 정치가로 훨씬 더 높은 평가를 받아야 한다. 폴란드 군 사령관 자모이스키(Zamoyski)가 코자크들에게 몰다비아 원정을 요청해 오자 키쉬카는 이 소집에 아무 반응도 보이지 않고 국왕 자신이 직접 도움을 요청하기를 기다렸다. 그 전에 코자크들을 전멸시키려고 시도했고 코자크들을 배신자라고 불렀던 사람은 국왕이었기 때문이다. 폴란드 왕은 지금 '배신자들'에게 직접 도움을 청해야 하는 상황에 처했다. 키쉬카는 왕의 요청을 받고 기꺼이 도움을 제공하겠다고 대답했지만 서둘러 행동을 취하지는 않았다. 폴란드 지배층 내에서는 초조한 분위기가 일기 시작했다. 어떤 사람을 코자크들에게 파견해야 할지, 어떻게 하면 그들이 군사적 원조를 제공하도록 설득할 수 있을지 방도를 찾으려 애썼다. 마침내 키쉬카는 죄 없는 그들에게 가해졌던 비난이 철회되고, 코자크들의 이전 권리와 특권이 회복되고, 앞으로 코자크 집단이 방백들과 다른 관리들의 갖가지 학정으로부터 보호받는다는 조건하에서만 전투에 참여한다고 국왕에게 통보했다. 이와 동시에 그는 왕이 조건을 이행할 것으로 믿기 때문에 조건이 이행될 때까지 기다리지 않고 바로 전투에 나갈 것이라고 천명했다. 코자크들은 실제로 원정에 나섰다. 몰다비아 원정은 큰 어려움 없이 수행되었으나, 원정이 끝나기 전에 리보니아에서 훨씬 더 힘든 또 하나의 전쟁이 발생했다. 폴란드와 스웨덴 사이의 전쟁이었다.[5] 폴란드 정부는 코자크들이 이 새로운 전쟁에서 발을 빼지 않도록 하기 위해 다시 코자크들의 도움을 요청할 수밖에 없었고, 키쉬카는 코자크의 요구사항을 다시 내세웠다. 이번에는 폴란드 의회가 코자크들의 호의를 얻기 위해 나섰다. 의회는 법령을 제정해 과거의 코자크 섬멸 정책을 철폐하고, 코자크에 대한 비난도 취소했다. 그리고 여러 조건과 제약을 달기는 했지만 이전의 권리들을 회복시켜 주었다.

이러한 상황은 아주 중요한 새로운 출발점이었으므로 키쉬카는 자신이 코자크들 사이에서 누리는 모든 영향력과 권위를 이용하여, 코자크 부대가 먼 곳에서 벌어지는 인기 없는 이 전투에 출정을 하고 끝까지 전쟁의 장을 지키도록 설득했다. 실제로 코자크 부대는 이 멀고도 황량한 나라에서 어렵게 전투를 수행했다. 그들은 많은 병력과 말들과 갖가지 보급품을 잃

---

5) 스웨덴 왕을 겸했던 폴란드 국왕 지그문트 3세 바사가 스웨덴 국왕 자리에서 축출된 후 스웨덴을 상대로 벌인 전쟁이다. 1600년에서 1611년까지 계속되었다.

그림 191 자포로쟈 코자크들(옛 그림).

었다(지역 주민들도 이들로 인해 꽤 심한 고초를 겪었다). 키쉬카 자신도 펠린
(Felin)[6] 포위전에서 전사하고 말았다. 키쉬카가 전사한 뒤 여러 명의 헤트
만이 잇따라 교체되었다. 헤트만들이 이 어려운 전쟁 상황에서 코자크 군
단의 처지를 개선시켜줄 능력을 발휘하지 못했기 때문에 이런 일이 벌어졌
다. 그러나 어쨌건 코자크들은 '왕에 대한 봉사'를 중단하지 않았으며 그들
이 우크라이나에서 누렸던 여러 특혜와 자유의 권리를 잃지 않기 위해 전
쟁이 끝날 때까지 인내를 가지고 싸웠다. 그들은 자신들이 제공하는 봉사
의 대가로 바로 이러한 권리를 허용해 달라고 강청했었던 것이다. 그리고
실제로 그 후(1603) 전쟁 종료와 함께 우크라이나로 귀환한 코자크 군대는

6) 에스토니아 남부의 작은 도시 필랸디(Viljandi)의 독일식 이름. 12세기에 촌락이 세워진 후
    13세기에는 리보니아 기사단의 중심지가 되었다. 1225년에 건설된 필랸디 성은 발트 해 연
    안 지역에서 가장 큰 것 중 하나였으며 리보니아 기사단의 주요 성채였다.

자신들을 폴란드 군대와 동등하게 대우해줄 것과 우크라이나 땅에 더 이상 폴란드 군대가 주둔하지 않을 것을 요구했다. 또한 코자크 집단은 그들이 전쟁에서 세운 공로에 대한 대가로 귀족들이 누리는 것과 같은 완전한 자유와 권리를 요구했다. 이렇게 해서 코자크들은 루브니 참변 이전에 누렸던 드니프로 강 유역(포드니프로비야) 지역에 대한 지배권을 다시 찾았다. 당시의 서간들을 보면 귀족들은 코자크 집단이 '상전처럼' 자기 마음대로 행동하며 어떤 제지나 억제도 거부한다는 불만을 매순간 늘어놓았다.

귀족들은 정부에 코자크들을 억제할 것을 요구했으나, 폴란드 정부는 그렇게 할 상황에 있지 못했다. 이 시점에서 일군의 우크라이나와 폴란드 권문귀족들은 우크라이나에 나타난 드미트리 왕자 참칭자[7]와 협상을 벌이고 있었다. 그들은 모스크바국의 혼란을 이용해 여러 가지 이익을 취할 방

---

[7] 드미트리 왕자(Царевич Дмитрий) 참칭자(1581~1606). 17세기 초 모스크바국(러시아) 차르 자리를 요구했던 참칭자 가운데 한 사람. 가짜 드미트리 1세라고도 불린다. 본명은 그리고리 오트레피에프이고 수도사 출신이다. 이반 4세의 아들인 어린 드미트리 왕자가 사망한 후 이반 4세의 아들인 표도르 이바노비치를 이어 보리스 고두노프가 차르 자리에 올랐는데, 보리스 고두노프는 표도르 이바노비치의 처남일 뿐 차르 가문 혈통이 아니었다. 그런 이유로 그는 정통성 시비에 시달렸는데, 설상가상으로 그의 재위기에 가뭄으로 인한 흉년과 기근으로 많은 유랑민이 발생하고 정부에 대한 민심이 악화되었다. 이런 상황에서 어린 드미트리 왕자의 살해를 사주한 인물이 보리스 고두노프라는, 그전부터 있어왔던 소문 혹은 추측이 강화되었다. 그리고리 오트레피에프는 1600년경 등장해 자기가 드미트리 왕자이며 차르 자리 계승권자라고 주장했다. 수도원에서 어린 시절을 보낸 그는 수도사들에게서 이러한 이야기를 듣고 이를 사실로 믿었다고 한다. 보리스 고두노프가 그를 체포하라고 명하자 그리고리 오트레피에프는 우크라이나에 가서 코자크들 사이에서 지지자를 구하다가 다시 폴란드로 도주했으며 폴란드에서 귀현들과 접촉해 자신이 러시아 차르 자리 계승권자라고 설득했다. 러시아에서 폴란드의 영향력을 강화하고자 계획하고 있던 폴란드 국왕 지그문트 3세와 귀현들은 그를 폴란드 귀족 여성 마리나 므니섹에게 소개시켜 두 사람이 연인이 되게 한 후 그에게 군대를 제공하여 러시아를 공격하게 했다. 코자크/카자크 일부는 그를 지지하여 그의 군사적 지지기반이 되어 주었다. 그는 보리스 고두노프가 급사한 후 1605년 7월 차르 자리에 올랐으나, 러시아 귀족들과 민중들에게서 폴란드 세력에 지나치게 우호적이라는 불만을 샀고 반대파의 군사적 공격을 받아 1606년 5월 사망했다.

도를 찾고 있었고, 폴란드 왕 자신[8]도 이러한 계획을 공유했다. 그러나 처음에는 폴란드가 이러한 거사에 말려드는 것을 원하지 않았던 폴란드 왕은 권문귀족들이 사적인 방법으로 드미트리를 지원하고, 군사력을 동원하는 데는 코자크들이 주로 나서는 것으로 역할이 정리되게끔 일을 꾸몄다. 1604년부터 폴란드 정부의 암묵적 허락하에 여러 알선자들이 나서서 풍부한 전리품을 약속하며 코자크들을 모집하여 모스크바국 원정에 나서도록했다. 코자크들도 이러한 제안을 못들은 척 하지 않았다. 여러 번에 걸쳐수천 명의 코자크 무리들이 모스크바국 영토를 공격하였으며, 실제로 전리품을 가득 챙겨서 귀환했다. 이들이 돌아오면 새로운 코자크 부대들이줄을 이어 다시 원정을 떠났다. 1604년부터 약 10년간 지속된 이른바 '동란의 시대'[9]에 모스크바국은 갖가지 모험가들[10]의 먹잇감이 되었다. 여러명의 참칭자들이 차례로 모스크바국의 황태자나 황제임을 선언하고 나타났다가 사라졌다. 이들은 폴란드-리투아니아의 귀족 군단, 아니면 돈 카자크들[11]과 우크라이나 코자크들의 지원을 받아 모스크바국 땅을 황폐화

---

8) 지그문트 3세 바사를 말한다.
9) 러시아 역사에서 동란의 시대(Смута 혹은 Смутное время)는 논자에 따라 1598년부터 시작한다고 보기도 하고 1605년부터 시작한다고 보기도 한다. 흐루셰프스키는 1604년부터 동란의 시대로 보고 있다. 이 시기는 보리스 고두노프 재위기 드미트리 참칭자의 출현과 사망에서 또 다른 두 명의 드미트리 참칭자의 출현과 이에 따른 내전, 차르의 공위(1610~1613), 스웨덴 군과 폴란드 군의 침공으로 이어지는 시기로 왕조의 위기가 계기가 되어 민족적·사회적으로 극히 혼란스러운 위기 상황으로 나아갔다. 이 상황은 외세를 물리치고 미하일 로마노프가 새로운 차르로서 로마노프 왕조를 개창하여 왕조의 위기를 극복함으로써 일단락되었다.
10) 위에서 말한 첫 번째 드미트리 왕자 참칭자(가짜 드미트리) 이후로도 드미트리 참칭자는 몇명 더 나타났다. 그리고 이들을 둘러싸고 이익을 취하려는 주변 인물들도 혼란스러운 행보를 보였다. 이 와중에서 러시아에는 스웨덴 군, 폴란드 군이 침공해 러시아의 생존 자체가위협받게 되었다.
11) 코자크/카자크 가운데 가장 유명한 집단은 돈 강 유역에 근거지를 둔 돈 카자크들과 우크

시키고 전리품을 약탈했다. 모스크바국의 도시들은 불길에 타오르고, 겨울의 눈밭은 핏자국으로 물들었다. 수탈자들은 우크라이나, 리투아니아, 폴란드로 모스크바국의 돈다발이 든 상자를 가져왔고 값비싼 옷, 금은실로 짠 카프탄,[12] 흑담비 모피로 가득 찬 마차들을 몰고 돌아왔다.

마침내 모스크바국의 완전한 파괴를 눈앞에 두었다고 생각한 폴란드 왕은 자신이 이 나라의 지배자가 될 생각으로 모스크바로의 진군을 결정했다. 그러나 폴란드 의회는 이 원정에 필요한 재정대출을 승인하지 않으려 했고, 폴란드 왕은 다종다양한 알선자들을 보내 코자크들에게 모스크바 원정에 참여하라고 촉구했다(1609). 그러자 코자크 자원병이 수백 명, 수천 명 단위가 아니라 수만 명 단위로 원정에 나섰다. 하지만 그 대가로 이들이 기대한 것은 무엇이었을까? 이전과 마찬가지로 코자크 군에 가담한 사람들은 한 번 국왕 주도의 전쟁에서 복무하면, 자신들은 이미 자유민이 되고, 자신과 가족, 재산은 모두 그 누구에게도 종속되지 않으며, 코자크 장교단 이외에는 어떤 영주나 우두머리에게도 예속되지 않을 것이라고 믿었다. 폴란드 왕에게 봉사할 지원병을 새로 모집할 때마다 코자크 군에 새로 가담하는 자유 주민들의 수는 크게 늘어났다.

이 시기에 코자크들은 모스크바국 공격만으로 만족하지 않고 타타르와 투르크의 영토, 몰다비아 땅도 공격하고 바다로의 원정에도 나서고 있었다. 이러한 원정에 대해 기록한 자료는 많이 남아 있지 않아서, 예를 들어 1606년의 대규모 투르크 원정에 대한 이야기도 우연한 기회에 전해지고 있는 것에 불과하다. 당시 코자크 원정대는 온갖 보급품이 든 열 척의 투

라이나의 자포로쟈 코자크들이었다. 돈 카자크 집단은 17세기 후반에 러시아 카자크 농민 반란의 우두머리였던 스텐카 라진의 세력 중심이기도 했다.
12) 러시아인들이 입던 도포처럼 생긴 긴 외투를 말한다.

르크 갤리선을 나포하고 해상으로부터 바르나(Varna)를 공격해 이 도시를 점령했으며 18만 개 이상의 금화를 전리품으로 챙긴 것으로 전해진다. 이 원정에 대해 노래하는 옛 민요가 있다.

일요일 아침에
주민들이 모였지.
코자크 회의로 모여들었지.
그들은 토의하기 시작했지.
어디에서 출발해서 바르나로 갈까,
얼쑤, 들판을 가로지를까, 바다를 가로지를까,
아니면 작은 강에서 출발할까?
그들은 질주하듯 작은 배로 떠났지.
작은 노들이 햇살에 빛나고,
대포 소리 요란하게 울렸지.
바르나를 공격하기 시작했지.
투르크인들은 도망치기 시작했지.
그들은 강물을 저주했지.
저 강이 말라붙기를 원한다고.
투르크 사람들의 목숨을 앗아간 강이라고!
바르나는 예로부터 이름 드높고
코자크는 최고로 위대하지.
그들은 바르나를 점령하고
그곳에서 투르크인들을 사로잡았지.

그 후 1608년 가을에 코자크들은 무슨 계략을 써서 페레코프(Перекоп)[13]를 점령하고, 분탕질을 했으며 도시에 불을 놓았다. 다음 해에는 '차이카'[14]라 불리는 작은 배 열 여섯 척을 타고 도나우 강 하구로 항해해 이즈마일(Izmail), 킬리야, 빌호로드와 같은 그곳 도시들을 불태우고 약탈했다. 그러나 이때 투르크 군이 공격해 오자 퇴각했기 때문에 전리품을 챙기지는 못했다.

이 같은 기록은 흥미로운데, 이웃 나라 사람들까지 실감하지 않을 수 없을 만큼 왕성했던 코자크들의 전투적 기운이 동시에 우크라이나에서는 농노제와 귀족지배 체제를 타파하며 자유로운 사회적 관계를 보급해가는 동력이었음을 이 같은 자료가 증언해주기 때문이다.

폴란드 정부 자체가 우크라이나 주민들 중에서 가능한 한 많은 코자크 병사를 확보하고자 애쓰고 있던 바로 이 시기에 엄청난 수에 이르는 '복종하지 않는' 도시민과 농민들이 증가하고 있었다는 것을 1610년대와 1620년대의 주민조사 자료를 보면 알 수 있다. 동부 우크라이나와 드니프로 강 유역 지역, 드니프로 강 동쪽 지역에서 지주 지배와 폴란드 왕이 임명한 방백들의 구속으로부터 벗어나기 위해 거의 모든 주민들이 코자크에 가담했으며 코자크 집단의 세력은 일찍이 유례가 없었을 정도로 확장되었다.

---

13) 크림 반도 최북단의 도시. 우크라이나 본토와 크림 반도를 연결하는 곳이다.
14) 차이카(чайка)는 러시아어와 우크라이나어로 갈매기를 뜻한다. 투르크어로는 차이(çay)가 강을 뜻하기 때문에 이와 연관지어 차이카의 뜻을 풀이하는 경우도 없지 않다.

66. 코자크 체제

이 시기에 이르면 코자크 체제는 이미 충분히 정비되고 확정되었다. 이 제도는 그리 복잡하지 않았지만, 단순함과 자유로운 성격을 특징으로 하면서도 동시에 강한 힘을 지니고 있었고, 코자크 형제단의 영혼과 몸을 강력하게 지배하고 있었다. 우크라이나 주민들은 코자크 조직에서 경이로운 조직 구성의 소질을, 다시 말해 단순한 수단과 원시적이고 채 다듬어지지 않은 재료를 가지고 이토록 탁월한 결과를 만들어내는 소질을 보여주었다.

코자크 조직의 가장 중요한 중심은 여전히 드니프로 강 하류 유역(니즈)에 자리 잡고 있었다. 이곳은 폴란드 귀족, 정부 권력, 군대의 영향력이 미치지 않아서 코자크 조직이 자유롭게 발전할 수 있었다. 조직의 본부는 드니프로 강의 한 섬에서 다른 섬으로 자유롭게 이동하는 자포로쟈 시치였다. 시치는 자포로쟈와 다른 읍락에 흩어진 코자크 병력을 모두 통솔했다. 시치는 성채나 상설 요새를 갖고 있었다는 기록은 없고 다만 토성이나 녹채(鹿砦)[15] 등이 기록에 언급되어 있을 뿐이다. 이동식 포와 다른 여러 가지 전쟁 물자는 은닉처에 보관되었다. 코자크의 포병대는 소규모였으나 사격의 정확성은 뛰어났다. 군악대의 존재도 언급되어 있다. 나팔수, 뿔피리 연주자, 솥과 북을 치는 고수(鼓手) 등이 군악대에서 활약했다. 소중히 보관된 군기도 있었다. 군자금 금고도 있었고, 군사용 말의 무리와 투르크로부터 탈취한 보트와 선박도 있었다. 1590년대에 코자크 부대의 총 병력은 2만 명에 이르는 것으로 평가되었다. 1596년 루브니에서 참변을 당하면서 이 숫자는 줄어들었지만, 1600년대 첫 이삼십 년이 되면서 이전 수준으로

---

15) 적을 막기 위해 짧은 나무토막 등을 이용해 삐죽삐죽하게 엮어 만든 설치물.

회복되었고, 병사 수가 계속 증가했다. 하지만 코자크들 대부분은 "읍락에서" 거주하면서 농사를 지었다. 이들은 봄이나 여름이 되면 수 천 명씩 드니프로 강 하류 지역으로 이동하여 원정을 준비하거나, 어업, 사냥, 소금 제조 등의 다양한 생계활동에 종사했으며, 특정한 국경도시들에 거주하는 타타르인들이나 투르크인들과 교역을 하기도 했다. 겨울이 되면 이들은 여러 지역의 "읍락"들로 흩어졌고, 단지 소수만이 겨울 숙영지에 남았다. 수백 명의 병력이 남아 '시치'와 전쟁 보급품을 지켰다. 짚이나 나무로 허름하게 만든 막사에서 지내야 했기에 겨울을 나는 것은 쉽지 않은 일이었다. 이곳에서 몇 해 겨울을 난 사람은 특별히 용맹하고 경험 많은 코자크로 인정되었다.

코자크 군단은 연대(폴크(полк))로 나뉘었다. 공식 기록에는 17세기 초에 각각 오백 명으로 구성된 4개 연대가 있었던 것으로 나온다. 이 숫자만큼의 코자크가 폴란드 정부를 위해 복무했던 것으로 산정되었다. 그러나 실제로는 연대의 수도 더 많았고, 각 연대의 병사 수도 들쭉날쭉했다. 일개 연대가 무려 수천 명의 병사를 보유하는 경우도 있었다. 예를 들어 호틴(Хотин) 전투에서는 11개 코자크 연대가 동원되었고, 이 중 몇 개 연대는 4천명의 병력을 보유했다. 각 연대의 지휘는 연대장(폴코브니크(полковник))이 맡았다. 각 연대는 고유의 부대 깃발과 나팔수와 고수를 두었고 백 명의 부대라는 뜻을 가진 중대(소트냐(сотня))로 나뉘었다. 각 중대는 열 명의 부대라는 뜻을 가진 분대(데샤트카(десятка))로 나뉘었는데 분대는 막사부대라는 의미의 쿠린(курінь)이라 불리기도 했다. 분대의 지휘자는 '오타만(отаман)'이라고 불렸고 중대는 중대장이 지휘했다. 헤트만의 지시는 '오사불(осавул)'이라 불린 일등대위를 통해 하달되었다. '오보즈니(обозний)'라고 불린 보급·포병 책임장교는 대포를 관할했다. 대포는 원래 스테판 바토리 국왕이 순례자의 숙소로 사용하거나 다양한 군사적 필요를 위해 쓰라고 코자크에게 제공한 오래된 수도원이 있는 테레흐테미리브(Терехте-мирив) 시에 보관되어야 하는 것으로 정해졌다. 그러나 이 도시가 자포로쟈 시치에서 너무 멀리 떨어져 있고, 폴란드 지배자들에게는 너무 손쉽게 닿을 수 있는 곳에 있었기 때문에, 대포는 대개의 경우 명목상의 코자크 수도인 테레흐테미리브 시가 아니라 드니프로 강 하류 가까이에 배치되었다. 군단의 행정업무는 '피사르(писар)'라고 불린 서기가 관장했다. 코자크 군단 명의의 서한에는 군단 직인이 찍혔다. 코자크 군단은 서한에서는 통상 '자포로쟈 군단(Військо Запорозьке: Войско Запорожское)'이라는 명칭을 썼는데, '자포로쟈 기사단(Рицарство Запорозьке: Рыцарство Запорожское)' 또는 '자포로쟈 군단 기사단(Рицарство Війська Запорозького: Рыцарство Войска Запорожского)'이라는 이름도 자주 쓰였다. 독일 황제와 협상을 위해 파견된 대표단은 '자포로쟈 자유 군단(Вільне Військо Запорозьке: Вольное Войско Запорожское)'이라는 명칭을 사용했다. 코자크들은 서로를 부를 때 '동지(토바리쉬(товарищ))'라는 호칭을 썼고, 군대 전체는 '형제단(토바리스트보(товариство))'으로 불렸다. 폴란드인들이 예의를 갖춰 코자크를 부를 때는 '젊은 전사(몰로이츠(молойц))' 또는 '젊은 전사 양반(판 몰로이츠(пан молойц))'이라고 호칭했다.

코자크들의 최고 지도자는 보통 헤트만이라고 불린 선출된 장교가 맡았다. 이 직위를 맡은 지휘관들은 코자크에게 보낸 편지뿐 아니라 폴란드 정부와 심지어 국왕에게 서신을 보낸 때에도 스스로 헤트만이라는 명칭을 즐겨 사용한 반면, 폴란드 정부는 이들을 '최선임지휘관(старшие)'이라 불렀다. '자포로쟈 군단 최선임지휘관(старший Війська Запорозького: старший Войска Запорожского)'이 원래 코자크 최고 지도자의 공식 명칭이었다. 흐멜니츠키[16]가 헤트만이라는 공식 칭호를 받은 첫 지휘관이었다. 이전에 헤트만이라는 명칭은 공식적으로 폴란드나 리투아니아 최고 사령관에게만 사용되었다.

코자크들은 자기네 최고지도자를 직접 선출하는 권한을 매우 중요하게 생각했다. 이 권리는 코자크 자치의 기초였다. 사실 1570년에 이루어진 코자크 군의 첫 번째 재편 후 폴란드 정부는 코자크 군단을 관장하기 위한 여러 수장들을 임명했지만, 코자크들은 이들을 단순히 코자크와의 연락을 위해 정부가 임명한 '파견위원(комиссар)'으로만 인정했고, 코자크 군단의 업무에는 일체 관여하지 못하게 했다. 루브니 참변 후 내부에서 살육이 이어지자 코자크들이 폴란드 정부에게 요청해 직접 그들의 최선임지휘관을 임명해 달라고 했던 일이 유일한 예외였다. 그러나 그 후 (1617년에서 1619년까지) 폴란드 정부가 실제로 코자크 최선임지휘관을 직접 임명할 의도를 나타내자, 코자크들은 단호하고 집요하게 이에 반대했다. 코자크들은 단지 자신들이 선출한 헤트만을 인정할 권한만을 폴란드 정부에게 허용했다. 그러나 정부가 선출 결과를 인정하든 그렇지 않든 자신들의 헤트만 선출과 해임을 최종적인 것으로 간주했으며, 정부가 무엇을 원하는지 그 희망사항과 의향은 고려하지 않았다.

코자크들의 모든 중요한 문제는 전체 장교단(старшина)이나 코자크 군단의 전체 평의회(라다(рада))에서 논의되었다. 헤트만, 장교단, 군단 전체 평의회의 공동통치 체제는 군단 문서의 공인된 양식에서도 명확하게 표시되었다. 문서는 헤트만뿐만 아니라 장교단과 군단 전체의 명의로 작성되었다. 예컨대 1600년 헤트만인 키쉬카가 폴란드 왕에게 보낸 서한은 그와

---

16) 1648년 코자크 군대를 이끌고 폴란드 지배에 맞서 봉기를 일으킨 보흐단 흐멜니츠키를 말한다.

그림 **192** 시치에서 열린 코자크 평의회(**18세기의 그림**).

같이 널리 사용되던 양식의 실례를 보여주는데, 그는 이 서한의 말미에서 "헤트만 사미일로 키쉬카, 연대장 일동, 중대장 일동, 폐하께 충성하는 자포로쟈 군단의 코자크 기사들 일동"이라고 서명하고 있다.

물론 실제로는 헤트만과 평의회의 역할과 양자의 관계는 일정하지 않았고 상황에 따라 변화했으며, 특히 헤트만의 개인적 능력, 재능, 영향력 등에 좌우되었다. 헤트만의 능력이 뛰어날수록 평의회의 중요성은 감소되었다. 군단 전체 평의회가 온갖 사소한 일까지 논의하기 시작하는 경우, 특히 전쟁 중에 그렇게 하는 경우가 있다면 이는 헤트만이 부대의 전폭적 지지를 받지 못하고 있고, 충분히 영향력을 행사하지 못하며 자신을 제대로 내세우지 못함을 의미했다. 자신의 힘을 확신하며 자신감이 있는 헤트만은 전체 평의회에서 단지 그 자신이 원하는 사안만을 논의하도록 했다. 평의회 밖에서 그는 절대적이고 전제적으로 통치했다. 그는 모든 코자크 군단 구성원의 생살여탈권을 쥐고 있었고 전체 군단은 그의 명령에 전면적으

그림 193 자포로쟈 코자크(18세기의 그림).

로 무조건적으로 복종했다. 이처럼 지극히 폭넓은 코자크의 자치적 통치와 이토록 철저한 복종 및 엄격한 규율의 결합은 외부인들에게 엄청난 놀라움을 안겨주었다. 한편에는 한마디 명령으로 코자크 군단을 어느 곳에나 파견할 수 있고, 자기 재량으로 사람들을 죽음의 길로 내보내기도 하며 몸짓 한 번으로 누구에게나 사형을 내릴 수도 있는, 뇌성벽력처럼 무서운 지휘관인 헤트만이 있지만, 다른 한편에는 아무 거리낌 없이 장교단과 헤트만 자신과도 직접 협상할 뿐 아니라 헤트만에게서도 아주 공손한 존중을 받는 평의회가 공존했다. 평의회 회의 때마다 토론과 표결은 아무런 정해진 격식 없이 진행되어 늘 무질서하고 시끄럽고 소란스러운 분위기 속에서 이루어졌다. 참석자들은 서로 소리치고, 싸우고, 모자를 집어던지고, 첫 인상이 어떠한가를 중시해 헤트만을 내쫓곤 했으며, 헤트만은 병사들 무리 앞에 머리를 수그리고 자신을 낮추었다.

그러나 이러한 회의 진행 방식은 과거의 유산이었다. 코자크 조직은 규모가 커지고 확대됨에 따라 견고해지고 규율이 잡혀갔다. 헤트만의 권력은 강화되었고, 외형적 존중의 형식이 그의 권력을 휘감고 있었다. 전체 평의회에서 헤트만이 해임되는 경우는 점점 줄어들었다. 헤트만 취임식 때 자신들의 최고 지도자에게 권력의 상징으로 '불라바(булава)'라 불리는 값비싼 지휘봉[17] 대신 평범한 갈대줄기(코미쉬나, комишина)를 헌정하는 지극히 단순한 외적 형식 위에서 기사적 극기의 고귀한 정신이 형성되었으며 이를 보는 이방인들은 감탄하고 매혹되었다. 코자크들의 불구대천의 숙적인 폴란드 군 헤트만(사령관) 코니에츠폴스키[18] 밑에서 근무했던 보플랑[19]이라는 프랑스인은 다음과 같이 적었다. "코자크에게서 평범한 것은 제복

17) 위쪽에 둥근 철퇴가 달려 있는 홀(笏)이다.
18) 스타니스와프 코니에츠폴스키(Stanisław Koniecpolski, 1590 혹은 1594~1646)는 폴란드-리투아니아 역사상 가장 유명한 군사지도자의 한 사람이다. 귀현 출신으로 1618년부터 폴란드 국왕 사령관(국왕 헤트만)직에 있으면서 코자크 봉기를 여러 차례 진압했고, 타타르 군의 침입도 여러 차례 막아냈다.
19) 기욤 르 바쇠르 드 보플랑(Guillaume le Vasseur de Beauplan, 1600 무렵~1673)은 프랑스의 군사기술자, 건축가, 지도제작자였다. 그의 이름 앞에는 소귀족을 의미하는 '시외르(sieur)'라는 칭호가 붙기도 한다. 서유럽에서 활동하다가 1630년에 폴란드에 와서 1647년까지 폴란드 군대에서 장교, 측량기사, 지도제작자로 근무했다. 이 자격으로 당시 폴란드 왕국에 속한 여러 지역을 여행했고, 우크라이나 지리, 코자크 제도에 대해서도 상세한 정보를 얻고 기록했다. 1637~1638년에 폴란드 군 사령관 스타니스와프 코니에츠폴스키 휘하에서 포병대위로 우크라이나 코자크 군에 맞선 전투에 참여했다. 1645년부터 폴란드 국왕 브와디스와프 4세의 위촉으로 상세한 우크라이나 지도를 제작했으며 이는 1650년에 출판되었다. 그는 보흐단 흐멜니츠키 봉기 몇 달 전에 프랑스로 귀국했으며『우크라이나 사정(Description de l'Ukraine)』(1650)에서 자신이 관찰한 우크라이나의 사정과 특히 코자크 제도에 대해 상세한 기록을 남겼다. 삽화와 지도를 포함한 이 책은 우크라이나와 코자크 생활에 대한 최초의 체계적인 저술로서, 문화사적으로 극히 중요한 자료가 되고 있다. 코자크의 기원, 자유를 사랑하는 기질, 코자크 병사 전체 평의회에 대한 그의 기술은 후대의 코자크 연구에 큰 영향을 미쳤다. 본문에서 흐루셰브스키가 소개한 코자크 군단 전체 평의회 광경에 대한 서술도 보플랑의『우크라이나 사정』에 바탕을 둔 것이다.

뿐이다. 이들은 기지가 뛰어나고 예리하며, 진취적이고 포용력이 크다. 이들은 부에 연연하지 않으며, 자신들의 자유를 무엇보다 소중히 여긴다. 이들은 신체적으로 강해서 더위와 추위, 배고픔과 목마름을 다 잘 견딘다. 전투에서는 인내심이 강하고 대담하고 용맹할 뿐 아니라 심지어 무분별하기까지 한데 이는 그들이 죽음을 두려워하지 않기 때문이다. 그들은 키가 크고, 기민하고 강하며, 건강상태가 좋다. 심지어 웬만해서는 병에 걸리지 않으며 아주 나이가 든 경우가 아니면 병에 걸려 죽는 일이 드물다. 그들은 대부분의 경우 코자크들의 명예의 전당에서 생을 마친다—그것은 곧 전쟁터에서 죽는 것이다."

67. 해상 원정

모스크바국의 혼란, 모스크바국 공격에서 얻은 풍부한 전리품, 여러 귀현들이 모집인으로 나서서 모스크바국 원정을 독려하며 코자크를 모집했다는 사실, 그리고 무엇보다 폴란드 정부의 지원은 코자크 집단의 군사적 능력을 이전보다 훨씬 강화시켜 주었다.

주우키에프스키의 보고에 의하면, 1609년 폴란드 국왕 군대가 스몰렌스크를 포위했을 때 3만 명의 코자크 병력이 왕을 도우러 스몰렌스크로 왔고, 이후에 추가로 새로운 병력이 도착했다. 다른 목격자의 기록에 의하면 이 해 겨울 모스크바국 원정에 나서서 이 나라 영토의 여기저기를 돌아다닌 코자크 병사는 4만 명이 넘는 것으로 추정되었다. "모스크바국 여러 지역에 겁나게 많은 자포로쟈 코자크들이 돌아다녔다. 그들의 숫자는 4만 명이 넘는 것으로 추정되었으며, 새로 도착하는 병사의 숫자는 더욱 늘어났다. 자포로쟈의 병력 거의 전부가 와서 폴란드 왕을 위해 대대적으로 복무하였다"라고 그는 기록했다. 모든 코자크가 모스크바국 원정에 나선 것은 물론 아니다. 다만 4만 명이나 되는 "자포로쟈" 병력이 모스크바국에 와 있었다는 사실은 당시 우크라이나에서 코자크가 된 주민의 수가 얼마나 엄청난 것이었는지를 보여준다.

1612년 말이 되면서 모스크바국의 혼란은 가라앉기 시작했고, 1613년에는 코자크들과 다른 전리품 약탈자들이 모스크바국 영토에서 확실하게 쫓겨나기 시작했다. 수년 동안 간단없는 전쟁과 전리품 얻기에 길들여진 엄청난 규모의 코자크 병사 집단은 새로운 전쟁터를 찾아 나서서 투르크와 왈라키아 영토를 침범했고, 더 멀리 흑해로도 진출했다. 물론 이전에도 해상 원정은 상당히 자주 있었다. 그러나 지금은 규모가 훨씬 커졌고, 전례 없이 대범해졌다. 1613년부터 1620년까지는 코자크 해상 원정의 영웅적 기간으로 기록되어 있는데 이 시기에 코자크들은 '차이카'라고 불리는 초라해 보이는 배를 타고 흑해 전체를 항해하며 오스만 투르크 제국을 안절부절 못하게 만들었다. 이 당시 온 유럽의 국가들은 투르크 제국을 두려워해 떨었지만, 가장 강력한 투르크의 술탄들도 코자크 공격 때문에 미칠 지경이다시피 했고, 콘스탄티노플[20] 왕궁에 앉아서도 이 궁핍한 코자크 무리의 공격 앞에서 안심하지 못했다. 이 시기에 우크라이나 코자크는 비할 바 없이 뛰어난 대담함과 숙련된 전투술로 국제적 명성을 얻었다. 당대의 투르크 역사가는 이들의 해상원정에 대해 다음과 같이 기술했다. "전 세계를 통틀어 이렇게 용감한 사람들은 찾아볼 수 없다고 감히 말할 수 있다. 이들보다 자신의 생명을 가벼이 여기는 사람, 이들보다 죽음을 겁내지 않는

---

20) 흐루셰브스키는 오스만 투르크의 수도 이스탄불을 여전히 콘스탄티노플이라 부르고 있다.

사람은 없다. 항해 전문가들조차, 해전을 치를 때 뛰어난 기민성과 용맹성으로 인해 이 궁핍한 코자크 무리보다 더 두려운 적수는 없다고 말할 정도이다." 당시 콘스탄티노플에 주재하면서 코자크들의 원정을 직접 목격한 프랑스 대사도 이들의 용맹성을 칭찬하는 데 필설이 모자랄 지경이었다. 그는 코자크 함대가 투르크 해군을 완벽히 묶어 놓아서 이 해군이 당시 전쟁 상대국이었던 에스파니아 병력을 공격하러 지중해로 들어가는 것을 막아주게 하기 위해서는 코자크들에게 5만 탈러(thalers) 정도 지불하는 것을 아끼지 말아야 한다고 자국 정부에 건의하기도 했다.

코자크 해상원정의 특히 놀라운 점은 이들이 극히 보잘것없는 도구를 이용해 막강한 투르크 함대와 맞서 싸웠다는 점이다. 앞에서 언급한 보플랑은 코자크들의 항해 기술에 대해 다음과 같이 말했다.

"무엇보다 먼저 코자크들은 배를 건조하거나 원정에 필요한 온갖 물품들을 자포로쟈로 보낸다. 그런 다음 자신들이 직접 자포로쟈로 내려가 배 건조작업에 착수한다. 약 60명의 사람이 배 한 척을 맡아 2주 안에 배를 만든다. 코자크들은 모두 뛰어난 만능 일꾼이어서 이것이 가능하다. 버드나무나 보리수로 만든 길이 45피트의 통나무배가 밑바닥을 이룬다. 그 위에 넓은 판을 대어 배의 몸체를 덧붙이고 이렇게 해서 60피트 길이에 10~12피트의 넓이와 역시 같은 10~12피트의 깊이를 가진 배가 만들어진다. 통나무 기저의 둘레에는 갈대묶음으로 촘촘하고 단단하게 엮어 만든 회전축

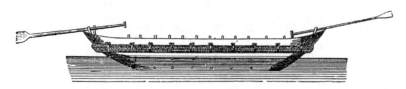

그림 **194** 코자크의 차이카 배(보플랑의 그림).

을 설치한다. 그런 다음 선수와 선미 양쪽에 조종타를 고정시키고, 돛을 달기 위한 마스트를 세우고 각 방향으로 10~12개씩 노를 준비한다. 갑판은 없어서 파도가 치면 배에 물이 흠뻑 들어차지만, 앞에서 말한 갈대 회전축 덕분에 가라앉지는 않는다. 5,000~6,000명의 코자크가 2주 정도 작업을 해서 이런 배를 여든 척에서 백 척까지 만든다. 배 한 척에는 50~70명을 태울 수 있다. 각 배의 양 면에는 4~6문의 대포를 설치하고, 방향을 잡아주는 나침반도 배마다 하나씩 비치한다. 식량상자에는 건빵, 탈곡한 수수와 밀가루를 담는다. 이렇게 장비를 갖추고, 선단을 짠 다음 코자크들은 마스트에 대장기를 단 오타만의 배를 앞세우고 드니프로 강을 따라 내려간다. 배들의 간격이 너무 좁아 거의 서로 닿을 듯이 나아간다. 보통 투르크 해군은 드니프로 강 하구에 갤리선을 배치해 코자크들이 흑해로 나오지 못하게 한다. 그러나 코자크들은 달이 없는 어두운 밤을 틈타 갈대숲을 몰래 통과해 바다로 빠져 나온다. 코자크들이 흑해로 나온 것을 발견하면, 콘스탄티노플을 포함한 투르크 땅 전체가 공포에 떤다. 술탄은 모든 해안 지역에 전령을 보내고 주민들에게 위험을 알리지만, 코자크들은 36~40시간 이내에 소아시아 해안 아나톨리아 지방에 다다르므로 별로 소용이 없게 된다. 육지에 다다르면, 코자크들은 각 배를 지키기 위해 두 명의 경비병과 두 명의 보조원(당직)만을 남겨놓고 나머지 병사는 소총을 들고 도시를 공격한다. 그들은 도시를 정복하고 약탈을 한 후 불을 놓는다. 때로는 해안에서 1마일이나 떨어진 곳까지 밀고 들어가기도 하며 전리품을 뺏은 후 귀환한다.

만일 투르크의 갤리선이나 다른 군함을 만나면 코자크들은 다음과 같이 행동한다. 코자크의 차이카 배는 수면 위로 2피트 반만 올라오므로 이들은 언제나 적의 눈에 띄기 전에 적의 배를 먼저 발견한다. 적선이 눈에 들어오

그림 **195** 코자크의 대포.

면 이들은 돛을 내리고 서쪽에서 북쪽으로 물러나와서[21] 적함의 동태에서 눈을 떼지 않은 채 한밤이 될 때까지 대기한다. 한밤중에 코자크들은 전속력으로 적함에 다가가 승선 인원의 절반이 전투를 준비하고, 적함에 배를 대고 기습적인 접현전(接舷戰)을 한다. 적들은 갑자기 80척에서 100척의 배에 포위된 것을 발견하게 되고, 코자크들은 일시에 배에 병력을 투입해 배를 점령한다. 포획된 배에서 코자크들은 돈과 가져가기 쉬운 물품, 대포, 바다에서 훼손되지 않을 모든 물품들을 뺏은 다음 승무원이 배에 탄 채로 적함을 침몰시킨다.

　만일 투르크 해군의 갤리선이 낮 시간에 코자크 선단을 발견하면 코자크들의 상황은 훨씬 더 어려워진다. 투르크 군함은 막강한 포격을 시작하여 코자크 선단을 왕겨처럼 흩어지게 하니, 일부는 침몰되고, 살아남은 배들은 도망을 친다. 그러나 일단 전투가 벌어지면 이들은 강인하게 버틴다. 일부 병사가 사격하는 동안, 나머지 병사는 소총에 화약을 작약해 총을 한 번 쏘고 나면 그때마다 소총수에게 작약된 총을 넘겨준다. 코자크들은 뛰

---

21) 해가 비쳐서 상대편의 눈에 쉽게 뜨일 수 있는 곳을 피한다는 뜻이다.

어난 저격병이다. 그러나 투르크 해군의 대포 앞에서는 어쨌건 막대한 손실을 입을 수밖에 없어서 이러한 전투가 벌어지는 경우 코자크 병사의 삼분의 이는 족히 전사하고, 살아서 귀환하는 병사가 절반이 되지 않는 경우가 태반이다. 그 대신, 살아서 귀환하는 코자크는 스페인이나 아랍의 금화, 양탄자, 아름다운 무늬 놓인 직물, 다양한 비단 옷감 등 풍성한 전리품을 챙겨서 온다.

앞에서 서술한 것은 보플랑이 기록한 내용이다. 그런가 하면 우크라이나 민요에도 역시 해상 원정에 대한 얘기가 전해 내려오는데, 그중에는 투르크 갤리선에서 쇠사슬로 묶인 채 노 젓는 일을 하는 우크라이나인 포로들을 묘사한 것도 있다. (사미일로 키쉬카에 대한 서사민요에서)

코즐로브 도시에서 트라브존 도시까지
멋지게 색을 칠한 갤리선이 항해했지.
갤리선은 네 가지 색으로 장식되었지.
첫 번째 색으로 꾸며진 데는
황금빛과 푸른빛 면으로 덮였지.
두 번째 색으로 꾸며진 데는
붉은 투르크 천으로 장식되었지.
세 번째 색으로 꾸며진 데는
기독교도들의 피로 칠해져 있었지.
네 번째 색으로 꾸며진 데는
노예들로 가득차고
코자크 대포로 무장되어 있었지.

그림 196 코자크의 대포

　이름이 알려지지 않은 옛 민중 시인들은 수십 척의 코자크 차이카 배를 몇 번이나 소식도 없이 통째로 난파시키곤 했던 무시무시한 흑해의 폭풍에 대해 선명하고 강렬한 필치로 묘사했다. (흑해 폭풍에 대한 서사민요에서)

　흑해 기슭 하얀 바위 위에
　빛나는 매 한 마리가[22] 슬프게 우네, 통곡하네,
　마음 속 산란하여 슬픈 눈으로 흑해를 바라보네.
　무언가 불길한 일이 흑해에서 일어날 듯하네.
　하늘의 모든 별도 어두워지고
　달은 절반이 구름에 가리었네.
　니즈에서 세찬 바람이 불어오고,
　흑해 가득 험난한 풍랑이 일어
　코자크들의 배를 세 동강내네.
　그 한 동강은 밀려가 회교도 땅에 가 닿고
　두 번째 동강은 도나우 강 어귀가 삼키고
　셋째 동강은 어디에 있나? 흑해에 가라앉고 있네.

22) 매는 코자크의 상징으로, 코자크들은 시에서 흔히 매에 비유되었다.

해상 원정이 가장 활발했던 시기는 바로 모스크바국 원정이 끝난 다음인 이 무렵이었다. 코자크들은 일 년에도 몇 차례씩 해상 원정에 나섰다. 이전에는 엄두도 내지 않았을 만큼 먼 곳으로 원정을 하기도 했고, 투르크 선단을 겁 없이 공격하기도 했다. 주우키에프스키의 보고에 의하면 코자크들은 1613년 두 차례 해상 원정에 나서서 투르크 영토에 큰 피해를 입혔다. 투르크의 술탄은 갤리선과 소함정으로 이루어진 대규모 선단을 오차키브 항구에 보내서 크림 반도의 몇몇 도시들을 약탈하고 귀환하는 코자크들을 섬멸하라고 했다. 그러나 상황은 정반대로 전개되었다. 코자크들은 투르크 군에 의해 섬멸된 것이 아니라 반대로 이들이 방심하는 틈을 타 야간 공격을 해서 투르크 군을 살육했다. 다음해(1614) 봄에 코자크들은 다시 해상 원정에 나섰으나 이번에는 불운하게도 바다에서 폭풍을 만나 큰 피해를 입었다. 그러나 코자크들은 이에 위축되지 않고 이 해 여름에 원정을 위해 또다시 집결했다. 이들은 약 2천 명이었으니 다시 말해 차이카 배 약 40척의 병력이었다. 원정대는 흑해를 가로질러 바로 트라브존 부근으로 접근했고 이곳 해안 지역을 유린하기 시작했다. 이 지역은 풍요로운 도시와 촌락들로 이어져 있었다. 이 지역의 주민들은 "투르크가 소아시아를 점령한 후 아무 공격도 받지 않았기 때문에" 외부 공격에 대한 두려움 없이 살고 있었다고 주우키에프스키는 기록했다. 투르크의 도망자들이 코자크들의 길안내자 역할을 해서 코자크들은 곳곳마다 쳐들어갔다. 그들은 '연인들의 도시'로 알려진 화려한 도시 시노페를 공격해 이곳의 성을 점령하고, 수비대를 몰살한 다음 거대한 투르크 병기고에 불을 놓았고 그리하여 군함들과 갤리선, 소형 선박(갤리온 선)들이 불길에 휩싸였다. 현지 주민들이 조직적으로 방어 태세를 갖추기 전에 코자크들은 전리품을 잔뜩 챙겨 귀환했다. 이 사실을 안 술탄은 격노하여 총리대신을 교수형에 처하라고 명령했다. 그러나 술탄의 처와 딸들이 어렵사리 탄원을 한 덕분에 총리대신은 술탄 자신이 직접 내려치는 채찍질을 당하는 것으로 벌을 끝냈다. 투르크의 선단은 코자크들을 덮쳐잡기 위해 다시 한 번 오차키브 항구 쪽으로 출발해 숨어 기다리고 있었다. 적들의 진로를 미리 알아낸 코자크들은 병력을 둘로 나누었다. 절반은 오차키브에서 동쪽으로 더 떨어진 해안으로 나왔는데 이들의 복안은 배들을 롤러에 싣고 육로로 이동시켜 도시 위 편의 드니프로 강으로 옮기려는 것이었다. 이 부대는 타타르 군의 공격을 받아 많은 병사와 전리품을 잃었지만 어쨌든 드니프로 강 하구로 귀환했다. 다른 절반은 오차키브 항을 거쳐 막무가내로 밀고 나갔는데 여기서도 막대한 전리품을 잃었다. 코자크들은 차이카 배를 가볍게 하기 위해 전리품을 자기네 손으로 바다에 버리긴 했지만 역시 귀환에 성공했다. 투르크 군은 단지 20명의 코자크들을 포로로 잡았을 뿐인데, 이들을 콘스탄티노플로 보내 사람들이 온갖 분풀이를 이들에게 하게 했다. 트라브존의 주민들이 코자크들의 만행을 규탄하는 진정서를 들고 술탄에게 찾아오자 술탄은 그들이 당한 피해에 대해 주민들이 직접 복수할 수 있도록 이 코자크 포로들을 내주었다.

다음 해에(1615) 코자크들은 한층 더 큰 규모의 원정에 나섰다. 이번에는 80척의 배를 동원해 자신들의 말처럼 "황제의 도시 성벽을 소총의 연기로 얼룩지게 하기 위해" 다른 곳도 아닌 콘스탄티노플 자체를 공격 대상으로 삼았다. 그들은 콘스탄티노플의 두 항구 미제브나(Mizevna)와 아르히오카(Archioca) 사이에 상륙한 후 불을 질러 두 항구를 잿더미로 만들었다. 술탄은 콘스탄티노플 인근 지역에 사냥을 하러 가 있다가 코자크들이 지른 불로 수도에서 연기가 나는 것을 숙소에서 직접 목격하였다. 그는 노발대발하여 투르크의 군함들로 하여금 침략자를 즉시 격퇴하도록 명령했다. 그러나 코자크들은 겁먹지 않고 최대한 약탈을 한 다음 전리품을 챙겨서 퇴각했다. 투르크의 함선들이 도나우 강 하구에서 코자크 선단을 따라잡았지만, 추격을 알아차린 코자크들은 공세로 전환하여 투르크 갤리선을 공격했고 이들을 궤멸시켰다. 투르크 해군사령관 자신도 부상을 입고 포로가 되었다. 그는 3만 개의 금화를 석방금으로 내겠다고 제안했지만, 뜻대로 되지 않아서 포로로 있는 동안 사망했다. 다른 투르크 갤리선들은 도주했다. 코자크들은 갤리선 몇 척을 포획해 오차키브 항구로 끌고 와서 이곳의 투르크인들이 보는 앞에서 조롱하듯이 배에 불을 질렀다. 그런 다음 그들은 오차키브를 공격한 후 가축 떼를 잡아 앞세우고 아무런 방해도 받지 않은 채 귀환했다.

다음 해 코자크들이 해상 원정에 나서려 하자, 지난 해의 경험을 통해 배운 바가 있는 투르크인들은 코자크들이 흑해로 나오는 것을 허용하지 않기 위해 선단을 미리 파견했다. 투르크 선단은 드니프로 강 하구에서 코자크들의 행로를 가로막았으나 코자크들은 이에 겁먹지 않고, 투르크 선단에 정면으로 맞서 나왔다. 그들은 선단을 공격해 물리치고 섬멸했으니, 열 척이 넘는 투르크 갤리선과 백 척 가까운 다양한 소형 선박을 나포했다. 이렇게 투르크 선단을 격퇴한 후 코자크들은 크림 반도 연안으로 향했다. 그들은 이곳의 도시들을 파괴하고 약탈했고, 우크라이나 노예들의 매매가 행해지는 가장 중요한 시장이 섰던 카파(Kaffa) 시를 점령하고 불태웠다. 그들은 우크라이나 땅에서 타타르인들에게 잡혀갔던 수많은 우크라이나 노예들을 되찾고 해방시켰다. 투르크 함대의 두 번째 참패 소식이 다다르자 콘스탄티노플 사람들은 대경실색했다. 그들은 포로로 잡혀 있는 코자크들을 불러모아놓고 앞으로 어떤 방법으로 코자크 공격을 막을 수 있는지를 물었다. 그들이 어떤 대답을 했는지는 알려지지 않지만, 투르크인들은 결국 공세로 나서서 우크라이나의 국경요새도시인 카미네츠, 체르카시, 카니브, 빌라 체르크바를 모두 점령한 후 이곳에 투르크 군부대를 주둔시키고 이렇게 해서 코자크들이 투르크 땅을 공격하지 못하게 하는 방법밖에 없다는 결론에 도달했다.

그런데 같은 해(1616) 가을, 코자크들은 또다시 해상 원정에 나섰다. 이번에는 2천 명이 넘지 않는 병력이 출정했지만 원정은 대성공으로 끝났다. 이들은 다시 소아시아 해안 쪽으로 출발해서 삼순(Samsun)을 향해 갔다. 그러나 해풍으로 인해 선단은 트라브존 인근 해안으로 밀려갔다. 코자크들은 이곳에서 상륙하여 해안을 따라 트라브존으로 이동한 후 이 도시를 점령하고, 약탈을 한 후 불을 질렀다. 제노아 출신의 제독 치칼리-파샤(Cicali-Pasha)가 지휘하는 투르크 선단이 공격을 해왔다. 선단은 여섯 척의 큰 갤리선과 수많은 소형 선박으로 구성되어 있었다. 그러나 코자크들은 이들을 물리쳤고, 세 척의 갤리선을 포획해 침몰시켰다. 그런 다음 그들은 술탄이 코자크들을 사로잡기 위해 오차키브로 함대를 보냈다는 것을 알아채고 무방비 상태에 있는 콘스탄티노플을 공격하여 거리낌 없이 약탈하고 제멋대로 굴었다. 이렇듯 투르크인들의 온갖 방어 노력을 조롱한 후 코자크들은 이들이 출현하리라고 누구도 예상하지 못했을 아조프 해 연안을 향해 출발했다. 그들은 이곳의 강에서 드니프로 강으로 들어갔으며 (아마도 몰로취나야 강을 따라 배를 타고 간 다음 이곳에서 콘카까지 육로로 배를 끌고 갔을 것이다) 이 길로 자포로쟈에 귀환했다. 오차키브 부근에서 헛되이 진을 치고 있던 투르크 제독은 코자크들이 시치에서 나와 흩어질 때까지 참을성 있게 기다렸다. 그는 무언가 자기 공훈을 보이기 위해 배로 드니프로 강을 북상해 자포로쟈까지 진군했지만, 시치에는 이곳에서 월동을 하려는 수백 명의 코자크만이 남아 있었다. 투르크 함대가 오는 것을 발견하고 이들이 철수하자 사령관은 텅 빈 코자크 본거지에 화를 풀었다. 그는 대포 몇 문과 코자크들의 작은 배 몇 척을 노획한 다음, 이 전리품과 함께 콘스탄티노플로 승리자처럼 귀환했다. 자신이 무시무시한 코자크 시치를 샅샅이 파괴한 것으로 술탄과 투르크 궁정이 믿게 만들 생각에서였다.

68. 폴란드-코자크 협상과 헤트만 사하이다치니[23]

코자크들은 투르크인들을 마음대로 농락하고 당대 세상에서 국제적 명성을 얻었지만, 이러한 승리로 인해 폴란드인들은 제정신을 차릴 수가 없었다. 투르크 도시에 대한 코자크들의 원정이 있고 나면 어김없이 술탄은 자국 군사령관에게 우크라이나로 가서 코자크 원정의 근거지가 되는 요새, 곧 국경 지역의 "팔랑크스"를 파괴하고, 그 자리에 투르크 부대 요새를 건설한 후 이곳에 투르크 수비대를 주둔케 하라고 명령했다. 실제로 투르크가 우크라이나 국경지대에 군대를 파견하지 않고 그냥 지나갔거나 최

---

23) 페트로 코나셰비치-사하이다치니(Петро Конашевич-Сагайдачний, 1570 무렵~1622), 자포로쟈 코자크 헤트만이자 정치·사회적 지도자. 원래의 성은 코나셰비치 혹은 코노노비치이다. 할리치나의 정교도 귀족 집안 출신으로 오스트로흐 학교에서 수학한 후 재판관 시보로 일한 적도 있다. 1601년 자포로쟈로 가서 코자크에 합류하고 지도자가 되었다. 타타르인들과 투르크인들에 대한 여러 원정에 참가해 성공을 거두었고 폴란드 군의 모스크바 원정에도 참여하면서 폴란드와 다른 유럽 국가들에서까지 뛰어난 무인으로 주목받게 되었다. 1614년 헤트만이 된 후 코자크 군대의 체제를 정비하고 이 집단을 공적 기구처럼 운영했다. 그의 지도 아래 코자크들은 자신이 우크라이나의 종교와 문화전통의 수호자라는 자의식과 정체성을 가지게 되었다. 그는 코자크 군사력과 우크라이나 성직자층, 귀족층을 결합시키기 위해 노력했고 이에 힘입어 루스(우크라이나, 벨라루스)의 정교회가 다시 소생하게 되었다. 폴란드 정부에 대해서는 협조적인 노선을 취해서 일반 코자크들과 갈등을 빚기도 했다. 폴란드 군과 함께 전개한 호틴 전투에서 부상을 입고 사망했다.

그림 **197** 페트로 사하이다치니 ―『운율시』책에 수록
된 판화.

소한 군대가 그 같은 원정에 파견될 준비를 하고 있다는 소문이 떠돌지 않은 해가 없었다. 모스크바국과의 싸움에 모든 재원을 소비한 폴란드 정부로서는 이 원정에 참가한 병사들에게 지불할 돈도 없었고 이즈음 몇 년 동안 군대가 없는 상황이 지속되었다. 이미 수행한 군복무에 대해서도 아무런 대가를

받지 못했으니 군역에 종사하고자 하는 사람이 있을 리 없었고, 주우키에프스키 휘하의 군대 병력은 삼백 명에서 오백 명 사이에 불과했다. 이런 상황에서 투르크가 원정을 준비한다는 소식이 들릴 때마다 폴란드는 공포에 떨었다. 폴란드인들은 코자크들이 폴란드 정부의 허가를 받지 않은 채 원정에 나선 것이라고, 왜인고 하니 폴란드는 가능한 한 코자크 집단을 해체하려 했으나 모스크바국 영토에서 코자크 부대가 떠난 것일 뿐이라고, 그렇게 술탄에게 변명을 했다. 그러나 실제로는 투르크가 입는 피해의 책임을 전적으로 코자크들 탓으로 돌리는 것은 정당하지 않았다. 폴란드와 우크라이나의 권문귀족들도 몰다비아 내부 문제에 간섭하고 몰다비아로 병력을 보냈기 때문이다. 이러한 공격이 코자크들의 해상 원정만큼이나 폴란드에 대한 투르크인들의 격분을 불러일으키는 데 일조했다. 그러나 그럼에도 불구하고 폴란드는 코자크들에게 모든 책임을 뒤집어씌웠다.

코자크들을 어떻게라도 좀 견제해 보려는 폴란드의 시도가 있기는 했다. 1614년 주우키에프스키는 코자크들이 제멋대로 구는 짓을 그만두지 않으면 그 자신이 군대를 이끌고 코자크에 대적하러 오겠다고 위협하면서 원정준비를 했다. 그러나 코자크들은 주우키에프스키의 이 준비에 겁먹지 않고 자기들도 페레야슬라브 부근에서 군대를 조직해서 다가올 전쟁에 대비했다. 실제로 공격에 나설 병력이 없는 주우키에프스키의 위협은 헛말로 끝나고 말았다. 그러자 폴란드 정부는 권문귀족들에게 도움을 청하게 되었다. 정부는 코자크 문제를 다루기 위해 이른바 위원회를 마련했다. 다시 말해 가장 힘 있는 우크라이나 권문귀족들에게 국왕 파견위원이라는 자격으로 주우키에프스키와 협력하여 코자크들과의 관계를 정비해 달라고 부탁했다. 여기서 국왕 정부는 그런 권문귀족들은 혼자 오는 것이 아니라 자기 사저를 지키는 연대병력인 수백 명의 병사들을 이끌고 올 것이며 그렇게 해서 전체적으로 어떻게 되는 대로라도 군대를 모을 수 있을 것이라는 속생각을 품고 있었다. 1614년부터 거의 매년 여름 코자크 군에 대항하고 코자크들 사이에 질서를 잡기 위해 그와 같은 국왕 위촉부대가 조직되었다. 그러나 이 같은 시도는 아무런 성과도 거두지 못했다. 코자크들은 대개 국왕의 파견위원들이 코자크 사이에 어떠한 질서를 세우고자 하는지를 밝히는 서면 '규약(ординация)'을 달라고 요구했다. 그러나 그들이 서면 규약을 받아보면 자기네가 동의할 수 없는 여러 항목들이 규약에 들어있음을 알게 되곤 했다. 왜냐하면 파견위원들의 요구는 실제로 그들이 결코 받아들일 수 없는 것들이었기 때문이다. 파견위원들은 코자크들이 국경을 방어하고, 외국 땅을 공격하지 않으며, 드니프로 강 하류 유역(니즈)에 머무르면서 일반인들이 거주하는 읍락으로 나오지 않으며, 만일 그들이 읍락으로 진출해서 살게 되면 모든 면에서 방백들과 거주 지역 영지의 지주들에게 복종할 것 등을 요구했다. 코자크들은 자기네가 직접 폴란드 왕에게 사절단을 보내 그런 체제를 강요하지 말 것을 요청하겠다고 선언했고 이 지점에서 위원회는 대개 중단되곤 했다. 폴란드 왕의 파견위원들이 코자크들에게 평화를 유지하고 외국 땅을 공격하지 않으며 제멋대로 굴지도 말아야 한다고 설득하면 코자크들은 그렇게 하겠다고 약속을 했다. 그러나 그런 다음에는 여전히 자신들 뜻대로 행동했다.

이러한 것이 당시 헤트만직을 맡고 있던 페트로 사하이다치니(Петро Сагайдачний)의 정책이었다. 그는 폴란드가 전쟁 수행을 위해 또다시 코자크 군대에게 도움을 요청하지 않으면 안 되는 상황이 올 터이니 그때까지 폴란드와 전쟁으로 치달아서는 안 되며 코자크들은 국왕에게 복종하겠다고 약속하고 실제로 표면적으로는 복종하는 듯한 태도를 취해야 한다고 보았다. 그리고 이 기간 동안 우크라이나에서 코자크들의 지배권을 강화하고자 하는 것이 그의 정책이었다. 헤트만 칭호를 가진 인물로서 사하이다치니의 이름은 카파의 점령으로 유명한 1616년 해상 원정에 대한 묘사 속에서 처음으로 언급되었다. 사하이다치니의 죽음에 대한 운율시가 카파 점령에 대한 이야기를 전해주고 있다.

그이는 헤트만일 때 투르크에서 카파를 점령했도다.
정녕 투르크의 술탄조차 큰 두려움에 떨었도다.
왜냐하면 그이는 거기서 만 사천 명을 죽였으니까.
어떤 사람들은 불태우고 어떤 사람들은 익사시켰나니.
그이는 그때 수많은 기독교인들을 해방시켰도다.
이를 위해 신께서 그이에게 축복내려 용기를 주셨나니.[24]

그러나 그는 그 전에 이미 헤트만이 된 것이 분명하다. 왜냐하면 이미 1614년부터 사하이다치니 특유의 코자크 정책의 경향이 보였기 때문이다. 어쩌면 그는 이 당시 이미 헤트만직에 있으면서 중간 중간 쉬었을 수도 있고 또 이때 이후에도 코자크 비(非)규제 집단의 이런저런 우두머리들에게 헤트만 지휘봉(불라바)을 넘겨주곤 했음에 틀림없다. 도대체 당시의 코자크 헤트만에 대해서 우리에게 알려진 정보는 아주 부족하다. 민중 전승 속에도 그의 활동에 대한 흔적은 많이 담겨 있지 않다. 예외적으로, 사하이다치니는 "자기 아내를 담배랑 파이프하고 맞바꿨다네. 경솔한 사람이지 뭐야!(проміняв жінку на тютюн та люльку - необачний!)"라는 유명한 민요 가사가 있기는 하다.

그러나 이 노래는 이 이름 높은 헤트만의 성격을 전혀 묘사해주지 못하며, 드미트로 비쉬네베츠키 공을 자포로쟈의 건달로 묘사한 민요만큼이나 신빙성이 없다. 이와는 반대로 당대의 우크라이나 공중은 사하이다치니가 코자크 집단을 전체 인민의 이익을 위해 봉사하도록 이끌고, 코자크 군단을 우크라이나 민족생활의 기둥으로 창출해낼 줄 알았던 심모원려의 정치인이라고 여겼다. 1590년대 로보다와 날리바이코 시기에만 해도 눈에 띌까 말까 했던 정책들을 사하이다치니가 훨씬 더 의식적으로 명석하게 실행했고, 이로써 우크라이나 생활의 역사에서 새로운 시대를 열었다고 볼 수 있다.

사하이다치니는 서부 할리치나에 위치한 페레미쉴 지역(삼비르 부근 마을)에서 태어났다. 그의 가문은 추정컨대 무슨 영세귀족층에 속했던 것 같다. 그를 그린 그림 속에 등장하는 문장(紋章)이 이를 표시하고 있다. 따라

---

24) 「존경받는 기사 페트로 코나셰비치 사하이다치니의 비감한 장례식에 대한 시(Верше на жалостный погреб зацного рыцера Петра Конашевича-Сагайдачного)」, 1622. (원저자 주)

그림 **198** 사하이다치니가 카파를 정복하고 있다.
『운율시』 책에 수록된 판화.

서 그는 좁은 자기 고향을 떠나 그 당시 드니프로 강 유역의 넓은 우크라이나 중심부로 이주해 가서 우크라이나 인민생활을 만들어낸 할리치나인들을 대표하는 인물인 셈이다. 사하이다치니는 오스트로흐 학교에서 교육을 받은 후 코자크 군단에 가담했다. 운율시들은 그가 1600~1601년 몰다비아와 리보니아 원정의 참가자였다고 노래하고 있다. 이러한 사실을 감안하면 그는 이미 1590년대에 코자크 병사가 된 것으로 볼 수도 있다. 그러나 이 시기 그의 활동에 대해서는 알려진 바가 없다. 그는 장년기가 되어서야 (1616년부터 1622년까지) 당대 우크라이나 생활의 전면에 나선 지도자가 되었다. 하지만 그 이전에 이미 유례없이 노련하고 성공적인 지도자로 이름을 날렸다. 그와 동시대인으로 몇 차례 원정을 함께한 적이 있는 폴란드인 야크 소비에스키(Jak Sobieski)도 그에 대해 이렇게 평하고 있다. "그는 자포로쟈 군단의 지휘관으로 재직하는 전 기간 동안 육지나 해상 할 것 없이 도처에서 무공으로 찬란한 이름을 떨쳤고, 연전연승을 거두었다. 그는 페레코프 초원 지역의 타타르인들을 여러 번 무찔렀고 크림 지역에 두려움을 불러일으켰다. 해상원정에서도 이 못지않은 명성을 얻었다. 언제나 행운이 그와 함께했으니, 그는 유럽과 아시아 지역에 있는 몇몇 투르크 대도시들을 파괴했고, 콘스탄티노플 외곽을 불타게 만들었다. 전체적으로 말해 그는 강한 정신의 소유자로 모험을 좋아하고, 죽음을 두려워하지 않는 사람이었다. 전투에서는 늘 선두에 나서고, 퇴각할 때는 마지막에 물러났으며, 원기가 왕성하고 활동적이었을 뿐 아니라 야영지에서도 늘 경계를 게을리 하지 않았다. 그는 잠을 적게 자고, 다른 코자크들과 달리 술에 빠지지 않았으며, 의논 모임을 할 때면 주의 깊은 태도가 돋보였으니, 온갖 회의에서도 전반적으로 자제하며 말을 아꼈다. 코자크들의 횡포에 대해서는 아주 엄하게 다스려 비리를 범한 경우에는 사형으로 벌하곤 했다."[25]

사하이다치니는 1617년 모스크바국과의 전쟁에서 처음으로 폴란드 정부를 위해 큰 공을 세웠다. 그 당시 폴란드 왕의 입장에서는 코자크들의 군사적 지원이 절실했고, 코자크들에게도 이 전쟁이 행동에 나설 아주 좋은 기회였기 때문에 사하이다치니는 그야말로 기꺼이 전쟁에 참여했다. 이 당시 국왕의 파견위원회는 코자크 집단에 점점 더 강한 압력을 가하고 있었다. 코자크 군이 투르크를 공격한 후 파견위원들은 다시 군대를 이끌고 우크라이나로 찾아와서, 코자크들은 투르크인들을 건드리지 말 것이며 우크라이나 주민들이 반란에 나서도록 선동하지 말 것이며, 코자크 집단에 속하지 않는 새로 모집된 병력은 군단에서 내보낼 것이며 코자크 군단의 병력은 천 명으로 유지할 것이며 나머지 병사는 모두 농노 신분으로 되돌아가야 한다고 요구했다. 전쟁을 피하기 위해 사하이다치니와 그의 참모장교들은 몇 가지 지나치게 곤란한 항목을 수정해 달라고 국왕에게 청원할 수 있는 권리만을 얻어낸 후 이 요구에 동의했다. 그러나 그러한 약

25) 인터넷 상의 일부 대중적 자료는 이 발언을 한 사람이 폴란드 국왕이 된 유명한 얀 소비에스키 장군이라고 적고 있다. 그러나 얀 3세 소비에스키 국왕은 사하이다치니가 사망한 후인 1624년에 태어났으므로 소비에스키 국왕이 사하이다치니와 함께 원정을 다니는 것은 불가능했다.

속들만으로 사태가 종료되기는 점점 더 힘들어져갔고 코자크들에게는 상황이 아주 유리해졌다. 왜냐하면 국왕의 파견위원들이 코자크들로 하여금 이러한 '규약' 문서에 서명하도록 압력을 가하고 있던 바로 그때에 폴란드 왕은 모스크바국과의 전쟁을 위한 준비에 들어갔기 때문이다. 폴란드 의회가 전쟁에 필요한 특별세 부과에 찬성하기를 거부했기에 모든 희망은 코자크들의 군사적 지원에 둘 수밖에 없었다. '동란의 시대'에 모스크바국 보야린들에 의해 차르로 옹립된 폴란드 왕자 브와디스와프[26]는 그에게 제공된 모스크바의 왕관을 얻기 위해 아주 적은 수의 병력만을 가지고 모스크바 땅에 들어가 있었기 때문에 무슨 수를 써서라도 그를 이 파국에서 구해내야 하는 상황이었다. 사하이다치니는 이제 모스크바와 전쟁을 해야 하는 상황임을 생각하면 국왕파견위원단의 "규약"은 전면적으로 무효화될 것이라는 희망을 품고서 군대를 모집하기 시작했다. 군대 모집을 구실로 내걸고 코자크 집단은 1618년 겨울과 봄 내내 우크라이나를 독립적으로 통치했다. 사하이다치니는 1618년 여름이 되어서야 비로소 준비를 마쳤고 2만 명의 선발된 병사를 이끌고 브와디스와프 왕자가 머물고 있던 모스크바 근교로 진격했다. 행군 중에 코자크들은 모스크바국의 여러 지역을 파괴하고 요새와 도시들을 점령했으며, 코자크들의 공격을 받고도 도시가 버티어내면 기적이라고 여길 정도로 엄청난 두려움을 불러일으켰다(미하일로프 시가 사하이다치니의 공격을 기적적으로 벗어난 것에 대한 이야기가 그러한 예이다). 모스크바 근교에서 사하이다치니 군대와 합류한 브와디스와프 왕자와 그의 전(全) 병력은 코자크 지원군의 도착에 크게 기뻐했다. 코자크들은 곧바로 폴란드 군과 연합하여 밤을 이용해서 모스크바를 공격했다. 하

---

26) 폴란드 국왕 지그문트 3세 바사의 맏아들. 후일 폴란드 국왕으로 즉위하여 브와디스와프 4세 바사(Władisław IV Wasa)로 불리게 되었다.

지만 모스크바 주민들은 공격을 미리 알고 이에 맞설 준비를 할 수 있었기 때문에 모스크바를 점령하는 것은 불가능했다. 그러나 이 일이 있은 후 모스크바 정부는 폴란드의 요구에 대해 훨씬 더 유연한 입장을 취했으니, 브와디스와프에게 와서 모스크바에서 체류하면서 협상을 이끌고 있던 폴란드 의회

그림 199 자포로쟈 군단 문장. 『운율시』 책에 수록.

파견위원들은 이 전쟁을 가능한 한 빨리 끝내려는 의회의 뜻을 받들어 모스크바 측의 양보적인 태도를 기회로 삼기로 했고 그래서 이 나라와 평화협정을 맺었다. 브와디스와프는 이에 크게 불만을 품었고 사하이다치니도 계속 전쟁을 수행하기를 선호했다. 하지만 이미 전쟁이 끝난 다음이었기에 상황을 되돌릴 수는 없었다. 사하이다치니의 실망이 얼마나 컸을지는 충분히 짐작할 수 있다.

　모스크바와의 전쟁위험에서 벗어난 폴란드 정부는 1619년 여름 코자크 군단 내에 질서를 확립하기 위해 또다시 주우키에프스키와 파견위원들을 군대와 함께 우크라이나로 보냈다. 사절단은 코자크들에게 병력 수를 줄이고, 해상 원정을 중단하며, 선박들을 불태울 것 등을 또다시 요구했다. 애초에 폴란드 정부가 왕자를 구해달라고 코자크들에게 애원했던 것이고 그래서 2만 명의 코자크 병력을 부려먹었던 것인데 이제 와서 지난번 원정의 참전병사들 가운데 무슨 1,000~2,000명 정도를 제외한 나머지 병사

들은 다시 농노 신분으로 돌아가라고 요구하다니 이 모든 것은 물론 폴란드 정부의 노골적인 배은망덕이었다. 그러나 별다른 방법이 없었다. 주우키에프스키는 여의치 않을 경우 전쟁을 하겠다고 위협하며 강요했고 사하이다치니는 폴란드와의 전쟁을 원하지 않았다. 복무에 대한 보수로 금화 2만 개가 코자크 군단에 배분되었고 이것으로 그들은 어느 정도 진정이 되었다. 드디어 협상이 끝나고, 코자크 병사 수는 3천 명으로 제한된다고 결정되었다(그런데 협상기간 동안 만 명의 코자크들이 모여서 무기를 들고 버텼다). 협상안은 그대로 서명되었고 폴란드 파견위원단은 떠났다. 사하이다치니는 코자크들의 차이카 배들을 불태우기 위해서인지 자포로쟈 시치로 출발했다. 코자크들은 너무나 큰 양보를 했다고 사하이다치니를 비판했고, 결국 드니프로 강 하류 지역(니즈)에서는 보로다브카(Бородавка)를 새 헤트만으로 뽑았다. 그러나 사하이다치니는 조만간 코자크들을 필요로 할 때가 되면 폴란드가 다시 그들에게 머리 숙일 것이라고 확신하며 때를 기다릴 따름이었다. 이 동안 사하이다치니는 폴란드의 계획에 타격을 입힐 기획사업에 전념했다. 그것은 그 어떤 통제되지 않은 코자크들의 행동보다도 훨씬 더 심각한 타격이 될 것이었다.

69. 키예프가 우크라이나 문화생활의 중심지로 서다

그때까지 폴란드인들 사이에서 사하이다치니는 대범하고 성공적인 군사지도자로 명성을 떨쳤지만, 우크라이나인들은 그에 대해 또 다른 면을 알고 있었다. 즉 그는 우크라이나 교회와 학술·교육진흥의 필요성을 비롯해서 당시 우크라이나 민족생활 발전에 중요한 부분을 차지하는 모든 것에 깊은 관심을 가진 인물이기도 했다. 오스트로흐 신학교 출신으로서 그 당시의 교육과 서책문화에 큰 관심을 가졌던 사하이다치니는 키예프의 교회인사들 및 학계 인사들과 가까운 관계를 유지하고 있었다. 당시 이 가운데는 할리치나로부터 이주해온 사하이다치니의 가까운 동향 사람들이 많았다. 이들은 바로 이 사람 사하이다치니와 자포로쟈 코자크 군단이 우크라이나의 인민생활을 위해 필요한 모든 영역에서 도움을 줄 수 있을 것임을 잘 알고 있었다.

이 시기는 우크라이나 생활의 역사에서 그야말로 지극히 중요한 순간이었다. 수백 년간 세인의 인식에서 사라져 망각 속에 있었고, 스스로도 자신의 옛 문화적, 민족적 의미를 점점 더 잊어가고 있던 키예프가 갑자기 새로운 생명을 찾게 되었다.

16세기에 키예프는 수비대가 주둔하는 평범한 국경 요새도시였고 소시민을 비롯하여 다양한 직업에 종사하는 소수의 주민만이 군대의 보호를 받으며 이곳에 남아 있었다. 과거의 폐허와 그 속에 남아 있는 몇 개의 수도원만이 키예프의 옛 영광을 상기시켜 주었다. 그 가운데 가장 중요한 것으로는 동굴(페체르스카, Печерська) 대수도원이 있었고, 푸스틴스코-미콜라이브스키(Пустинсько-Миколаївський) 수도원(지금은 말르이 미콜라이라고 불린다)과 미하일리브스키(Михайлівський) 수도원도 있었다. 남아 있는 수도원에서도 이전의 문화적 의미, 서책문화, 학술활동 등에 대한 기억은 거의 사라진 상태였다. 우리가 아는 것처럼 대수도원장(архимандрит)직과 수도원장(игумен)직은 폴란드 왕과 리투아니아 대공에게 거액을 치르고 직함을 사들일 재력이 있는 사람들 수중에 들어갔고, 이들은 때로는 신앙적, 주민 교화적 필요사항에는 아무런 관심도 없는 인물들이었다. 수많은 세대(世代)에 걸쳐 기부된 헤아릴 수조차 없이 광대한 토지를 비롯해 이들 수도원이 소유한 엄청난 물적 자원들은 착복되거나 수도사들이 먹고 마시고 흥청망청 생활하는 데 쓰였다.

　가톨릭—정교 간 교회통합으로 인해 우크라이나 공중은 아직 정교회 관할하에 있는 교회 기구에 특별한 관심을 기울일 수밖에 없게 되었다. 이 교회기구들에 대한 폴란드 정부의 영향을 물리치고, 대신 적합한 인물들이 이를 담당하도록 배려를 기울이지 않으면 안 되었다. 동굴 대수도원은 그중에서도 가장 세력이 크고 부유한, 즉 가장 중요한 기관이었다. 니키포르 투르가 무기를 손에 들고 통합교회파의 점거 시도를 물리친 이후(64장 참조) 우크라이나 공중은 이 수도원을 각별히 주목하게 되었다. 1599년 투르가 사망한 다음, 벨라루스에 있는 레쉰스키 수도원의 수도원장이며, 베레스테 성당 시절 열렬한 애국자이자 정교 수호자라는 면모를 보여주었던 옐리세이 플레테니츠키(Єлисей Плетеницький)가 동굴 대수도원장으로 선출되었다. 우크라이나 인민들은 우크라이나 민족 생활 발전에 큰 역할을 한 그에게 감사 어린 기억을 가져야 한다. 그는 할리치나의 졸로체브(Золо-чев) 부근에서 영세귀족의 아들로 태어났지만, 그의 생애에 대해서는 자세히 알려진 것이 거의 없다. 그는 아주 늦지 않은 나이인 약 50세에 동굴 대수도원장으로 선출되었다. 지금껏 전해지는 당시의 기록에서 유추해보면 그는 동굴 대수도원의 토지재산이 외부로 횡령되지 않도록 열성적으로 관리한 것으로 보인다. 당시 동굴 대수도원 수도사들이 수도원장인 플레테니츠키와 수도원의 다른 지도자들에 대한 불만을 적은 진정서에는 이들이 "수도원의 재원을 '어디로 쓰이는지 알 수 없는 곳에 낭비하고 있다'"라고 기록되어 있다. 아마도 플레테니츠키는 수도사들의 흥청망청한 생활에 들어가는 경비에 어느 정도 제한을 가하기 시작했고 수도원 재원을 문화적 사업에 썼던 것 같다. 교회생활, 사회생활이 궁지로 몰리는 상황에서 이미 여

그림 200 동굴 대수도원. 1651년의 그림.

러 번 키예프 주민들에게 도움을 준 적이 있는, 그리고 이제 다시 세력이 커지기 시작한 코자크 군단이 동굴 대수도원을 보호해준다면 이곳에서 우크라이나의 문화생활, 민족생활의 새로운 발원지를 만들 수 있다는 것을 플레테니츠키가 깨달았음이 분명하다. 그는 이를 위해 자금을 모으기 시작했다.

플레테니츠키는 동굴 대수도원의 자금으로 발라반 인쇄소²⁷⁾를 인수했다. 이 인쇄소는 게데온²⁸⁾ 주교가 르비브 형제단과 갈등을 빚게 되자 로하틴 부근 스트랴틴(Стрятин)에 있는 자기 영지에서 설립한 것이다. 그 후 이

27) 발라반(Балабан) 가문은 볼린과 할리치나의 유서 깊은 귀족 가문이다. 16~17세기에는 정교회를 후원하면서 교회통합세력에 대항해 투쟁했다. 이 가문 출신인 게데온 발라반 주교는 성공적인 투쟁을 위해 스트랴틴과 르비브에 있는 자기 영지에서 그리스 정교 학교를 세워 운영했는데, 슬라브어로 된 서적 출판을 위해 각 학교마다 출판사를 두었다. 스트랴틴의 출판사는 키예프로 옮겨가 17세기 후반까지 활동했다.
28) 발라반 가문 출신인 게데온 발라반 주교를 말한다.

인쇄소는 방치되어 있다가, 후에 플레테니츠키가 "먼지를 털어내고 다시 부활시켰다"라는 칭송의 말을 들었다. 이 인쇄소는 키예프로 옮겨와 1615년 무렵부터 작업을 시작했고, 1616년 첫 책을 출판했다. 그전에 이미 플레테니츠키는 자기 고향인 할리치나 지역으로부터 출판자들과 학자들을 키예프로 초빙했었기에 이 시기, 1515~1516년 무렵에는 이미 수많은 할리치나 출신의 문화 학술계 인사들이 키예프에서 활동하고 있었다. 장차 수도 대주교가 될 이반 보레츠키(그는 할리치나의 비르치 출신으로 비레츠키라고 부르기도 한다),[29] 교회 사학자이자 페레미쉴 주교의 조카인 자하리야 코피스텐스키,[30] 라틴식으로 지자니(Зизаний)라는 이름을 가지고 있으며 르비브 신학교 교수를 역임한 라브렌티 쿠킬,[31] 발라반 인쇄소에서 일했으며 아마도 인쇄소와 함께 키예프로 이주해온 것으로 보이는 저명한 우크라이나어 사전 편찬자 베린다[32] 등이 그러한 사람들이고 그 외에도 많이 있다.

29) 제1권 63장 참조.

30) 자하리야 코피스텐스키(Захария Копыстенський, ? ~1627). 필명 아자리야(Азария). 저술가, 교회활동가. 적(赤)루스(체르보느이 루스) 페레미쉴의 귀족 가문에서 태어났으며 르비브 형제원에서 교육받았다. 그리스어와 라틴어에 능통했다. 1616년에 키예프로 이주해 키예프 형제단의 일원이 된 후 활발한 저술활동, 출판활동을 전개했으며, 1624년에 키예프 동굴 수도원의 수도원장이 되었다. 가톨릭교회와 통합교회파에 맞서서 정교 교의를 옹호하는 저작을 다수 집필했다.

31) 라브렌티 이바노비치 쿠킬(Лаврентий Іванович Кукіль, 1570 무렵~1633 이후). 라브렌티 투스타노브스키(Лаврентий Тустановський)라는 이름으로도 불렸다. 정교 사제장, 학자, 작가, 교육자. 르비브 신학교에서 강의하다가 1592년 베레스테로 이주했으며 다시 빌나(빌니우스)로 옮겨가 이곳에서 어학 초급교재와 교회슬라브어 문법책을 펴냈다. 그의 문법책은 최초의 동슬라브 언어학 저술 가운데 하나로서 그리스어, 라틴어를 준거로 삼아 쓰였다. 1626년부터는 모스크바로 건너가 이곳 정교회 인사들과 교류하며 오랫동안 활동했다.

32) 파벨 베린다(Беринда, 16세기 중엽~1632). 우크라이나의 사전편찬자, 시인, 번역자, 판화가, 출판업자. 루스 최초의 출판업자 중 한 사람이다. 팜보(Пáмво) 혹은 팜바(Пáмва)라고 불리기도 한다. 할리치나에서 태어나 고대그리스어, 라틴어, 고슬라브어, 고대 히브리어 등을 배웠으며 당대 최고의 교양인의 한 사람이었다. 1590년대 중반에 게데온 발라반 주교와

키예프의 정교회 내에서 가장 영향력 있는 인물이 된 플레테니츠키는 할리치나에서 온 자신의 학자친구들을 동굴 수도원뿐만 아니라 키예프 정교회의 여러 주요 직위에 임명했다. 그는 주변에 이런 동지들을 두었을 뿐 아니라, 자기 동향인이자 동지로서 이 시기에 코자크 군단 지도자가 된 사하이다치니에게서도 후원을 얻게 되었기에 1615~1616년 사이에 광범한 문화적 · 조직적 활동의 기반을 놓게 되었다. 바로 이 시기에 사하이다치니는 코자크 헤트만 권력의 상징인 '갈대줄기(코미쉬나)'를 잡게 되었는데 아마도 그전에 이어서 다시 이 직책을 맡게 된 것으로 보인다.

동굴 대수도원 인쇄소가 설립된 것과 거의 같은 시기에 키예프에 형제단이 결성되었다. 모지르(Мозир)[33] 출신의 원수(元帥) 스테판 로즈코(Стефан Лозко)의 부인으로 키예프의 부유한 여성귀족인 할시카 훌레비치브나(Галшька Гулевичівна)[34]는 키예프의 포딜에 있는 자기 토지를 기증했다. 당시에는 포딜이 키예프 문화생활의 중심지였고 구도시 지역은 거의 황폐한 상태였다. 그녀는 수도원을 설립하고, 수도원 내에 '귀족과 소시민의 자제들을

가까워진 후 발라반 출판사에서 출판활동을 했다. 한때 르비브 형제단 신학교에서 강의를 하기도 했으며 플레테니츠키 수도원장이 발라반 출판사를 키예프 동굴 수도원으로 옮긴 후 그도 키예프로 이주해 이 출판사에서 출판활동에 진력했다.

33) 벨라루스의 도시. 벨라루스식으로는 마지르라고 부른다.

34) 할시카 훌레비체브나(Галшка Гулевичевна). 할시카 훌레비치(Галшка Гулевич) 등의 이름으로 불리기도 한다. 처녀시절의 이름은 엘리자베타 바실리예브나 훌레비치이다. 1575년에 태어나 1642년에 사망한 문화 학술 후원자이며 키예프 형제단 창설자 중 한 사람이다. 훌레비치브나는 교육 · 문화 활동의 후원으로 유명한 귀족 집안의 막내딸로 태어나 그리스어, 라틴어, 정교신학 등을 공부했다. 첫 남편인 흐리스토포르 포체이(Христофор (Криштоф) Поцей)와 결혼했으나 얼마 안 가 사별하고 1606년 갑부 귀족인 스테판 로즈코와 재혼했다. 훌레비치브나는 남편과의 상의하에 1615년 10월 자기 몫의 재산을 모두 정교에 바탕을 둔 교육 · 문화 활동을 위해 기증했다. 이 기금은 키예프 형제단의 설립과 운영을 위해 사용되었다. 두 번째 남편과의 사별 후에는 성장기를 보냈던 루츠크로 돌아가서 정교의 보존을 위해 노력했고 형제단 신학교 운영을 위해 남은 재산을 바쳤다.

위한' 학교와 '정교회 순례자들을 위한 숙소'를 세우는 등 학술·교육진흥 활동을 위해 이 토지를 사용하라고 지정했다. 이 계획의 실현을 위해 형제단이 설립되었다. 형제단의 "헌장"은 1615년 말에 작성되었으며, 의심할 여지없이 이 과업의 진정한 원동력이었던 플레테니츠키의 동지들을 비롯한 키예프의 성직자들, 귀족, 소시민 등 '셀 수도 없이' 많은 온갖 계층의 사람들이 형제단에 가입했다. 헤트만 사하이다치니와 코자크 군단 전체도 형제단 단원으로 참여했다. 이로써 코자크 군단은 신설 형제단과 이들의 문화적 활동에 대한 후원자 역할을 했고, 그래서 어디서든 형제단의 보호자이자 대표로 나설 수 있는 권리를 얻게 되었다. 이러한 보호자를 옆에 두고 키예프의 우크라이나 공중은 폴란드 정부의 태도에 별로 신경을 쓰지 않은 채 기개있고 활기차게 문화적 활동을 펼쳤으며, 그 결과 그때까지 고립되고 낙후된 마을이었던 키예프는 우크라이나 민족생활의 중심지로 빠르게 탈바꿈했다.

새로 결성된 형제단은 즉각 홀레비치브나 재단을 직접 관할하기 시작했고 그녀가 희사한 토지 위에 형제단이 운영하는 '구세주 현현(보고야블레니예(Богоявление)) 수도원을 건설하고 여기에 지체 없이 형제단의 학교를 설립했다. 르비브 신학교 교수였던 보레츠키가 초대 학장으로 취임했으며, 서적과 학교에 필요한 모든 문구를 구입하기 위해 지체 없이 르비브를 방문했다. 신학교는 이 해(1617)에 개교된 것으로 보인다. 동굴 대수도원 인쇄소는 다른 서적은 다 뒤로 미루고 플레테니츠키가 서문에서 "정교회 도시 키예프에서 학교를 열어야 할 필요를 충족하기 위해"라고 썼듯이 기도서를 학생들의 첫 교재로 서둘러 출간했다. 키예프 신학교는 르비브 신학교를 모델로 삼아 운영되었다. 테오파네스 총대주교[35]의 특허장에 따라

---

35) 테오파네스(Theophanes) 3세는 당시의 예루살렘 총대주교였다.

'그리스어-슬라브어'와 '라틴어-폴란드어'를 모두 활용해 수업이 진행되었다. 최초의 교재로 구입된 책들 중 하나는 르비브 형제단에서 출간한 그리스어-슬라브어 문법책이었다. 보레츠키는 구입비용을 나중에 갚기로 하고 르비브 형제단에서 이 책을 입수했다. 키예프 성직자 집단과 귀족층, 경험많은 할리치나 출신 교사들이 도

그림 201 니키포르 투르(동굴 대수도원에 있는 만년의 초상화).

움을 준 덕분에 새로 문을 연 신학교는 처음부터 큰 성공을 거두었다. 1622년 사하이다치니 장례식에서 키예프 신학교 학생들이 낭독한 조시(弔詩)의 구절을 보면, 학생들 대부분은 키예프의 소시민과 키예프 성직자들, 몇몇 우크라이나 지주들의 자녀들이었다.

새로운 인쇄소도 활발하게 활동했다. 이 시기 이전에는 생산적 활동의 면에서 볼 때 오스트로흐 신학교의 인쇄소가 우크라이나에서 가장 중요한 역할을 했다. 1580년부터 1606년까지의 시기에 이 인쇄소는 우크라이나의 다른 인쇄소의 책을 다 합친 것보다 더 많은 서적을 출간했다. 그러나 1608년 인쇄소 주인인 오스트로즈키 노공작이 사망하고, 오스트로흐가 가톨릭교도인 그의 아들 야누쉬의 손에 넘어가면서 인쇄소는 활동이 멈춰서고 말았다. 신설기관에 불과했던 동굴 대수도원 인쇄소는 1616년부터 1630년까지 15년 동안 오스트로흐 인쇄소를 포함하여 그때까지 우크라이나 전체에서 출판된 책을 다 합친 것보다 더 많은 책을 출간했다. 이 인쇄

소는 자금이 풍부했던 데다가, 자질이 뛰어나고 업무에 헌신적인 지도자들을 두었을 뿐 아니라 별도의 자체 제지(製紙) 공장과 활자주조 공장도 갖추고 있었다. 여기서 출간된 책이 오로지 종교 서적뿐이었던 것은 사실이다. 그러나 앞에서도 이미 살펴보았듯이 그 당시의 우크라이나의 민족생활은 주로 다름 아닌 교회를 중심으로 이루어졌고, 그런 만큼 키예프의 학자집단도 이 방향으로 전력을 기울였음은 당연하다.

새로 설립된 형제단의 조직적 활동도 괄목할 만했다. 형제단에 적대적인 사람들은 이를 바로 인정했다. 포티의 뒤를 이어 통합교회파 수도대주교가 된 루트스키(Рутський)는 통합교회의 전파를 방해하는 세력을 꼽으면서 이 중 "3년 전에 설립된" 새로운 키예프 형제단이 가장 큰 역할을 하고 있다고 보았다. 그는 이 형제단은 폴란드 왕의 허가 없이 설립되었고 따라서 불법적 존재이니, 폐쇄되어도 좋다고 폴란드 정부 관계자들에게 건의했다. 그러나 폴란드 정부는 손을 쓸 수 없었다. 왜냐하면 총을 든 형제단원들, 곧 사하이다치니를 정점으로 하는 자포로쟈 코자크 군단이 형제단을 뒤에서 지켜주고 있었기 때문이다.

70. 새로운 성직자 위계

키예프 인맥은 코자크 집단이 우크라이나 사회의 상류 계층과 처음으로 접촉할 수 있는 연결 고리를 만들어 주었다. 이제까지 코자크들은 단지 우크라이나 농민들과 아주 긴밀한 관계를 맺어왔을 뿐이다. 농민들은 코자크들을 통해 농노제의 멍에에서 해방될 기회를 찾고 있었다. 코자크 집단은 자신들의 이해관계를 위해 이에 호응했는데 농민들의 이러한 바람이야말로 그들의 힘을 엄청나게 강화하고 확고하게 해주는 것이었다. 우크라이나 민족에 속한 사람들 중에서도 그 외의 사회 계급은 코자크 집단의 사회적 성격이 형성된 때부터 곧 그들을 파괴적 집단으로 여겨 적대적으로 대했다. 코자크 집단의 보호를 받으며 문화활동을 시작한 키예프 형제단은 우크라이나 주민들에게 코자크 집단이 무슨 찌꺼기 같은 것이거나 사회적 폐물이 아니라, 고대 루스의 옛 전사적, 기사적 전통의 계승자임을 설명하지 않으면 안 된다고 생각했다.

"코자크단은 흑해와 육로를 통해 그리스 제국[36]을 공격했던 그 영광스러운 루스 인민과 동일한 민족이며 야벳의 자손들이다. 이들은 루스 군주인 올렉 공 시절 모녹실라 배(моноксила)[37]를 타고 항해하고 바퀴가 달린 배를 이용해 해로와 육로로 콘스탄티노플을 공격했던 바로 그 군단과 같은 가문 출신이다. 바로 이들이 루스의 신성한 군주 볼로디미르(블라디미르) 대공 시절에 그리스와 마케도니아, 일리리아를 정복했다. 이들의 조상은 볼로디미르와 함께 세례를 받았고, 콘스탄티노플 교회로부터 기독교 신앙을 받아들였다. 오늘날까지도 이 신앙 속에서 자식이 태어나고 세례를 받고 살아가고 있다." 키예프의 성직자들은 이렇게 설명했다. 그들이 코자크들의 도움과 보호를 받아가면서 정교회의 성직자 위계를 다시 세우고 또한 전반적으로 코자크들과 밀접한 관계를 맺는 것을 적들이 비난하는 데 대한 대답이었다.

코자크 집단의 보호 아래 시도했던 초기활동이 성공적으로 수행되자, 키예프 인사들은 예루살렘 총대주교 테오파네스가 우크라이나를 방문하는 기회를 이용하여 사하이다치니의 보호 아래 가장 중요한 과제를 실현하기

36) 비잔티움 제국을 말한다.
37) 옛 루스나 스칸디나비아의 배를 말한다. 라디야(Ладья)라고도 한다.

로 결정했다. 그것은 곧 정교회 성직자 위계를 부활시키는 일이었다. 이것은 실로 더 이상 뒤로 미룰 수 없는 시급한 현안이었다. 1607년 르비브 주교 발라반[38]이 사망하고, 1610년 페레미쉴의 주교 코피스텐스키도 사망하자, 우크라이나 전체(벨라루스를 포함해서)를 통틀어 정교 주교로는 르비브 주교 티사로브스키(Тисаровський) 단 한 사람만 남게 되었다. 그러나 티사로브스키는 속임수를 써서 주교 자리에 오른 사람이었다. 그는 폴란드 왕에게 통합교회로 개종한다는 약속을 하고 주교가 되었지만 이를 이행하지 않고 있는 상태였다. 폴란드 왕도 자신의 약속과 의회 법률을 어기고 막무가내로 주교 자리에 통합교회 지지자만을 임명하고 있었다. 조만간 정교회 주교들이 우크라이나 땅에서 완전히 사라지는 상황이 닥칠 수도 있음을 염려하지 않을 수 없었다. 폴란드 국왕과 정부의 노력도 한몫한 결과로 이제 정교의 교회 생활은 완전한 와해상태에 빠지게 되었다.

그래서 예루살렘 총대주교 테오파네스가 필경 모스크바를 방문한 후 왔던 길을 거쳐 귀로에 오를 것이라는 소식을 들은 키예프 주민들은 그를 키예프로 초빙해 이미 설립된 기관들과 초석이 놓인 문화적, 학술·교육진흥적 활동들을 보여주고, 수도대주교와 주교의 임명을 통해 정교회 성직위계를 부활해 줄 것을 청원했다. 동굴 대수도원의 가장 큰 축일인 성모승천일을 기념하여 키예프에 모인 정교도들의 총회도 더욱 강력하게 이를 청원했다. 그러나 총대주교는 "폴란드 왕과 폴란드인들을 두려워하여" 오랫동안 주저했다. 그러자 사하이다치니는 총대주교에게 자신이 그를 책임질 것이고 안전을 보장할 것임을 약속했다. 자포로쟈에서는 보로다브카가 헤트만으로 선출되었지만, '읍락 지역에서는' 사하이다치니가 코자크들 사이

---

38) 69장에서 언급된 게데온 주교를 말한다.

에서 모든 것을 지배하고 있었으므로 그의 약속은 전적으로 믿을 만했다. 현지 귀족들도 사하이다치니의 보증을 뒷받침하였다. 테오파네스 총대주교는 결국 요구를 받아들여 1620년 가을과 겨울, 엄중한 비밀리에 수도대주교와 다섯 명의 주교를 각 교구에 임명했다. 이로써 우크라이나와 벨라루스의 모든 교구에 주교가 임명되었다. 그런 다음 총대주교는 포딜랴를 거쳐 귀로에 올라 달라는

그림 202 옐리세이 플레테니츠키(동굴 대수도원 소장 초상화)

폴란드인들의 요청을 무시하고, 코자크들의 보호를 받으며 안전하게 우크라이나에서 몰다비아로 떠났다. 실제로 포딜랴에서는 폴란드인들이 그를 마음대로 체포했을 수도 있다.

이렇게 해서 주교들이 임명되기는 했지만, 훨씬 더 복잡한 문제가 발생했다. 즉 이들이 주교로서의 직무를 행할 수 있는 법적 권한을 어떻게 얻을 것인가, 이들이 폴란드 정부의 간섭을 받지 않고 자신의 직무를 수행하기 위해 그들의 교구에 자유롭게 입성할 수 있는 권리를 어떻게 얻을 것인가 하는 문제였다. 키예프의 공중과 코자크 장교단은 폴란드 정부가 코자크들의 도움을 반드시 얻어야 하기 때문에 정교 신자들에게 이러한 양보를 할 수밖에 없을 것이라고 생각했다.

폴란드는 이 당시 아주 심각한 위기에 직면해 있었다. 리소프치크 (lisovchik)라고 불리는 폴란드의 난폭한 비적단이 페르디난트 황제[39]를 도와 투르크 가신인 트란실바니아 공을 공격하자, 투르크의 술탄이 폴란드와 전쟁을 하기로 결정했다. 이때 보로다브카 휘하의 코자크들이 콘스탄티노플을 습격하여 불에 기름을 붓듯이 상황을 악화시켰다. 코자크들은 전례 없는 용맹을 보이면서 콘스탄티노플 교외를 공격하여 너무나도 심한 공포를 조성했기에, 투르크군 지휘부는 해군 병사들을 몽둥이로 몰아서 겨우 갤리선에 태운 다음 코자크에 대적하러 함대를 출발시켰을 정도였다. 그러나 무슨 수를 써도 코자크들을 격퇴할 수는 없었다. 코자크들은 콘스탄티노플 교외를 쑥대밭으로 만든 다음 흑해 연안 지역에 가서도 노략질을 계속하고 마음대로 굴었다. 이렇게 되자 술탄은 투르크 군대에 명령을 내려 폴란드로 이동하게 했고, 여름이 끝날 무렵 투르크 군대는 몰다비아 국경까지 접근했다. 주우키에프스키는 몰다비아 군과 연합하여 방어 작전을 펼칠 생각으로 얼마 안 되는 휘하의 군사들을 데리고 투르크 대군에 맞서서 출병했다. 그러나 폴란드 병력이 소수인 것을 보고 실망한 몰다비아인들은 주우키에프스키와 연합해서 투르크 군에 맞서 싸울 생각이 없었다. 주우키에프스키는 후퇴할 수밖에 없었다. 퇴각은 꽤 성공적으로 이루어졌으나 투르크 군은 드니스테르 강 부근에서 폴란드 군을 공격해 전멸시켰다. 주우키에프스키 자신도 전사하고, 그의 측근이자 전군(польный) 헤트만인 코니에츠폴스키는 포로로 잡혔다. 단지 몇 명만이 도망을 칠 수 있었다.

　이리하여 폴란드는 군대가 없는 상황에 처했다. 폴란드인들은 다음 해에 시작될 투르크의 재침(再侵)을 앞두고 공포에 떨고 있었다. 사람들은 코

---

39) 합스부르크 제국 황제 페르디난트 2세를 말한다.

그림 203~204   키예프 동굴 대수도원의 암굴들. 1651년의 그림.

자크들의 도움을 받지 못한 것이 주우키에프스키를 덮친 파국의 가장 중
요한 원인이라고 해석했다. 이 전쟁에 참여한 코자크들은 소수여서, 전혀
없었다고 해도 과언이 아닐 정도였다. 규제를 벗어나 있던 코자크들은 보
로다브카와 함께 약탈원정을 다니느라 없었고, 주우키에프스키는 사하이
다치니가 지휘하는 코자크들을 자기편으로 끌어들이기 위한 노력도 하지
않았다. 사하이다치니 휘하 코자크 세력은 폴란드인들이 투르크인들과 싸
우는 동안 교회 관련 과업을 위해 노력을 기울이고 있었다. "코자크들의
도움 없이 전쟁을 시작했기 때문에 주우키에프스키는 볼로쉬노 전투에서
전사했고, 코니에츠폴스키는 포로가 되었다. 주우키에프스키는 '나는 코자
크 녀석들[40]과 같이 싸우기 싫다. 그 자들은 밭이나 갈고 돼지우리나 돌보
라지'라고 말했다"고 당시의 우크라이나 연대기 저자는 당대인들 사이에서
오고 갔던 대화를 기록했다. 이 같은 상황에 처하게 되자 폴란드 정부는
이제 전력을 다해서 코자크의 지원을 받아내려고 했다. 정부는 모든 방법
을 동원해서 코자크를 모병했고, 심지어 예루살렘 총대주교 테오파네스에

40) 원문에는 "흐리츠(Грицъ)들"이라고 되어 있다. 흐리츠는 우크라이나의 흔한 남자이름인 흐
리호리(그리고리)의 애칭 혹은 비칭이다.

게 코자크들을 설득해주도록 요청하기까지 했다. 키예프의 인사들은 코자크들이 전쟁에 참가하는 대가로 폴란드 정부는 새로 임명된 정교회 고위 성직자들의 권한을 인정해주어야 한다고 요구하기로 결정했다. 그러나 폴란드 왕과 그의 조언자들은 이 문제에 대해 양보하고자 하지 않았다. 전쟁 준비 문제가 논의되었던 1621년 초 폴란드 의회에서 우크라이나 출신의 저명한 의원이자 우크라이나 대표단의 지도자인 라브렌티 드레빈스키(Ла-врентий Древинський)는 폴란드 정부가 우크라이나와 벨라루스 인민들에게 저질러 온 모든 불의를 다음과 같이 상기시키며 정부를 공격했지만 이 또한 헛일이었다.

"크라쿠프 저편의 왕국 영역[41]에서 새롭게 고안된 이 통합교회의 도움으로 신의 영광이 과연 얼마나 확대되었는가? 대도시에서는 교회들이 문을 닫고 교회 영지는 황폐해졌으며 수도원에는 수도사들 대신 가축 떼가 갇혀 살고 있다. 리투아니아 대공국의 경우를 보자. 여기에서도 똑같은 상황이 벌어지고 있다. 심지어 모스크바국에 가까운 국경도시들에서도 그렇다. 모길레프나 오르샤에서는 교회들이 문을 닫고 성직자들은 추방되었다. 핀스크에서도 똑같은 일이 벌어졌다. 레쉰스키 수도원은 술집으로 변했다. 이 때문에 어린 아이들은 세례를 받지 못한 채 자라고, 죽은 사람의 시신은 마치 짐승의 시체인 양 교회의 장례의식도 없이 도시 밖으로 끌려 나가고 있다. 인민들은 혼례도 치르지 못한 채 불결한 야합 속에서 살고 있으며, 신앙 고백도 하지 못한 채 영성체도 하지 못한 채 사람들이 죽어간다. 이것은 신에 대한 모욕이 아니고 무엇인가? 이러한 것이 하느님의 분노를 사지 않겠는가? …… 또 다른 능욕과 유례없는 학정의 예를 들어보자. 다른 도

---

41) 여기서 '저편'은 동쪽을 말하며 우크라이나와 벨라루스 땅을 가리킨다.

그림 205 키예프 동굴 대수도원 암굴에 있
는 "향유를 바른 머리 유해들".
1651년의 그림

그림 206 마귀 든 사람에게서 악령 몰아
내기(엑소시즘), 키예프 동굴
대수도원 암굴. 1651년의 그림

시는 말할 것도 없이 르비브에서 우리 우크라이나 인민들에게 행해지고 있
는 일은 정녕 불의가 아니고 무엇인가? 통합교회 교인이 아닌 그리스 교회
법 신봉자들[42]은 도시 안에 거주할 수 없고, 자기가 원하는 대로(на лікті і
кварти) 상업에 종사할 수도 없으며, 동업조합(길드)에 들어갈 수도 없다.
도시 거주자가 죽으면 그의 시신은 종교적 의식을 갖추고 시내를 통과할
수 없다. 성찬의식을 베풀기 위해 병자를 방문하는 것도 불가능하다. 빌나
(빌니우스)의 압제는 어떤 수준인가? 이런 짓을 일찍이 들어본 적이 있는가?
이곳에서는 정교도의 시신을 도시 성벽 정문을 통과해 운반하려고 하면 정
문을 닫아버린다. 심지어 유대인과 타타르인들까지 포함해 모든 사람이 드
나드는 정문인데도 말이다. 그래서 정교도들은 도시에서 거름더미를 내보
낼 때나 사용하는 다른 문들을 통해 고인의 시신을 내가야 한다."
　"국왕은 군대의 절반 이상을 우크라이나 인민들로 채우기를 요구할 것이
다. 그러나 국가가 앞으로도 자신의 희망과 간청을 들어주지 않는다면

---

42) 정교도를 말한다.

이 사람들이 어떻게 자기 가슴을 바쳐 국가를 지킬 수 있겠는가? 우리가 국가 내부의 평화도 유지하지 못한다면 어떻게 이웃나라와 평화를 유지할 수 있겠는가?"라고 드레빈스키는 물었다.

그러나 폴란드 정부는 이러한 불만에 주의를 기울이지 않았다. 폴로츠크 지역의 주교로 임명된 멜레티 스모트리츠키[43]가 벨라루스로 가서 극도로 조심하며 (정교회) 주교 직무를 수행하기 시작하자 통합교회 신자들은 격렬히 반대했다. 폴란드 국왕은 이 시점의 온갖 위험도 고려하지 않고, 통합교회 신자들에게 지원을 제공했다. 그는 보레츠키, 스모트리츠키를 포함해 새로 임명된 모든 고위성직자들을 체포하라는 명령을 내렸다. 코자크 군단의 보호를 받고 있던 보레츠키와 다른 고위성직자들은 그들을 체포하라는 이 조치에는 그리 크게 불안해하지 않았지만, 어쨌거나 그들도 직무를 수행하기 위해 교구에 감히 들어갈 생각은 하지 못했다. 벨라루스에서는 스모트리츠키에게 협력했거나 그를 주교로 인정한 사람들은 모두 붙잡아 체포했고, 국왕은 이들을 더도 말고 덜도 말고 사형에 처할 태세를 하고 있었다. 실제로 사형에 처해진 사람은 없었지만, 어쨌거나 이 사람들은 무거운 형벌을 받았으며 스모트리츠키 자신도 코자크들의 보호를 받기 위해 도망쳐 나와야 했다.

이러한 상황을 지켜보면서 키예프의 인사들은 사하이다치니와 뜻을 합쳐, 국왕이 자신들의 요구를 들어주고 "정교 신앙에 대한 만족할 만한 조치를 취할 때까지" 코자크들이 원정에 참여하는 것을 중지하기로 했다.

---

43) 헤라심 스모트리츠키의 아들이며 속명은 막심. 바실 스모트리츠키라고도 한다. 61장 참조.

71. 호틴 전쟁과 사하이다치니의 전사

테오파네스 총대주교의 권유를 받고 폴란드 국왕의 여러 약속을 믿은 코자크들은 아직 겨울인데도 곧바로 원정을 준비했다.

그들은 겨울에 원정의 첫 단계로 빌호로드를 공격해서 점령하고 많은 포로출신 노예들을 해방시켜 주었다. 당시 우크라이나에 퍼진 이야기에 따르면 그곳에서 코자크들이 풀어준 기독교도는 대략 3,000명이었다고 한다. 그런 다음 그들은 드니프로 강 상류 지역의 읍락들에서 대포를 실을 말, 화약, 총알 등 원정에 필요한 다양한 보급물자를 준비하기 시작했다. 폴란드 국왕에게 복무하기 위한 출병 요청이 떨어지면 이처럼 비코자크 주민들을 상대로 하여 온갖 물자를 징발하는 일에 면죄부를 받은 것이나 마찬가지였기에 코자크들은 신이 났다. 그래서 그들은 국왕의 출병 요청을 매번 그렇게 반가이 받아들였다. 그런데 보레츠키 수도대주교와 헤트만인 사하이다치니는 코자크의 요구가 수용될 때까지 이러한 코자크 동원을 중지하기로 결정했다. 1621년 6월 (폴란드 왕을 군사적으로 지원하는 문제를 논의하기 위해−옮긴이) 코자크 대(大) 평의회가 열렸다. 이 회의에 왕의 사절들이 와서 왕의 군자금을 코자크들에게 전달하게 되어 있었다. 보레츠키도 수많은 성직자들과 함께 회의에 참석했다. 그는 평의회가 열리자마자 코자크들을 향해 그들의 신앙에 가해지고 있는 폭압에 대해 크나큰 비탄과 분노에 찬 설명을 하기 시작했다. 그는 빌나에서 주교들에게 가해진 유례없는 가혹행위를 기술한 편지를 읽었다. 이어서 사하이다치니는 예루살렘 총대주교가 보낸 편지를 깊은 존경의 표시와 함께 읽었다. 그는 먼저 편지에 입을 맞추었고 다 읽고 나서는 편지를 자기 이마에 붙였다. 깊은 감동을 받은 코자크들은 함성을 지르며 목숨을 걸고 정교 신앙을 수호할 것을 결의했다. 그러나 다음 날 폴란드 왕의 사절이 연설하는 순서가 되었을 때 그는 참전을 권유하면서 왕이 보낸 자금을 전달했고 이로써 코자크들을 또다시 원정 쪽으로 잡아당겼다. 코자크들은 결국 왕에게 사절을 보내기로 결정했다. 얼마 전 볼로디미르 교구의 주교로 임명된 테레흐테미리브의 코자크 수도원장 예제키일 쿠르체비치(Єзекіїл Курцевич)가 사하이다치니와 동행하여 사절로서 임무를 수행하기로 했다. 그들은 폴란드 왕에게 새로운 정교회 성직자 위계를 인정할 것을 제안하고, 그렇게 하지 않으면 원정에 나서지 않겠다고 요구할 임무를 띠었다.

그러나 코자크들은 원정에 나서고 싶은 유혹을 느끼게 되자 더 이상 견디지 못했다. 사하이다치니와 쿠르체비치가 폴란드 왕을 만나러 가고 있는 동안 보로다브카가 이끄는 코자크 군은 이미 몰다비아로 이동해서 이 지역을 유린하기 시작했다. 폴란드 왕은 사하이다치니의 사절단에게 여러 가지 일반론을 폈을 뿐 진실한 내용이 담긴 약속은 아무것도 하지 않은 채 넘어갔다. 이러는 동안 이미 전쟁이 시작되었다. 전쟁 발발 소식을 들은 사하이다치니는 곧장 전쟁의 현장으로 떠나서 코자크 군단에 합류했다. 그러나 보로다

그림 207 테오파네스 총대주교.

브카에게는 상황이 좋지 않게 전개되었다. 사하이다치니가 코자크 부대에 도착하자 그의 추종자들은 보로다브카를 비난하였다. 그들은 보로다브카가 원정에서 잘못된 명령을 내렸고 많은 곳에 병력을 분산하고 보충병을 준비하지 않는 바람에 몰다비아에서 많은 병사를 잃었다고 주장하면서 그에게 등을 돌리라고 코자크들을 부추기기 시작했다. 보로다브카는 헤트만 직위에서 해임되었을 뿐 아니라 재판에 회부되어 사형 선고를 받은 후 호틴 근교에서 열린 코자크 평의회에서 처형되었다. 그리고 사하이다치니가 다시 헤트만으로 선출되었다.

헤트만 지휘봉인 불라바를 다시 손에 쥔 (이번이 마지막이었다) 사하이다치니는 코자크들이 제공한 군사적 공헌에 대한 보상으로 우크라이나인들의 염원을 들어 줄 것을 폴란드 국왕과 정부에 다시 한 번 요청했다. 그에게는 다른 선택의 길이 없었다. 국왕이 코자크들의 염원을 받아들이지 않으면 폴란드 군을 버려두고 코자크 군단을 전장으로부터 회군시키겠다는 위협을 할 수도 있었겠지만, 사하이다치니는 결단을 내리지 못했다. 전쟁은 계속 진행되어 폴란드 군은 드니스테르 강을 건너 투르크 요새인 호틴으로 접근했다. 그러나 이때 대규모의 투르크 부대가 나타나서 폴란드 군을 포위하기 시작했다. 코자크 군은 아직 도착하지 않았기 때문에 폴란드 군은 투르크 군이 코자크 군의 진격을 가로막아 코자크 군대와 폴란드 군대가 연합하는 것이 불가능해지지 않을까 두려워하였다. 사하이다치니에게 가장 시급한 것은 코자크 군을 모아들여 폴란드 군에게 보내는 것이었다. 그는 이를 수행해 냈다. 사하이다치니는 탁월한 능력을 발휘하여 투르크 대군의 면전에서 이리저리 이동하면서 코자크 군을 이끌어 무사히 폴란드 군 진영으로 인도했다. 그러나 사하이다치니 자신은 무사하지 않았다. 그는 코자크 군단을 이끌고 폴란드 군을 찾던 중 투르크 군과 맞닥뜨렸고, 교전 상황에서 팔에 관통상을 입었다. 부상이 그렇게도 치유되지 않더니 그는 이 부상으로 인해 다음 해 끝내 세상을 떴다.

폴란드 군이 보고한 바에 의하면 코자크 군 병력은 4만 명에 달했고, 크지 않지만 명중률이 높은 대포로 무장하고 있었다. 폴란드 군 병력은 3만 5천이었는데, 이 중 8천에서 만 명 정도는 역시 정규 코자크 중대병력이었다. 여기에서 보듯 코자크 군이 도착하면서 폴란드 군의 전투력이 두 배로 증가했다. 폴란드 군이 높이 평가한 것은 이 같은 수적 증가만이 아니었다. 그들은 코자크 군이 타타르 군 및 투르크 군과의 전투에서 얻은 경험과 그들의 유명한 용맹성에도 큰 기대를 걸었다. 이미 코자크 군의 선발대가 투르크 군의 방어선을 뚫고 폴란드 군에게 와서 합류했을 때부터, 이 소규모의 부대로 투르크의 대군을 물리친 코자크 군의 유례없는 용맹에 대한 이야기가 폴란드 군에 퍼졌다. 그런 다음 새로 도착한 코자크 병력이

그림 208 호틴

폴란드 진영 가까이 진영을 짜게 되자, 투르크 군은 코자크 군을 먼저 격파하고 나면 폴란드 군은 오합지졸이 될 것이라는 기대를 품고 주력부대를 집중해서 코자크 군을 공격했다. 그러나 코자크들은 훨씬 더 규모가 큰 투르크 군의 공격을 격퇴했을 뿐만 아니라, 스스로 공격에 나서서 여러 차례 투르크 군을 격파하고 이들의 진영에까지 이르곤 했다. 코자크들은 또한 야간 기습공격을 감행해서 유례없는 용맹성으로 투르크 군대 한복판까지 진격해 들어갔고 투르크 군을 큰 혼란에 빠뜨리곤 했다. 다만 코자크 군은 말에게 먹일 사료가 부족해 심한 어려움을 겪었으나 사하이다치니의 엄격한 통솔하에 끝까지 전선을 지켰다. 이와 반대로 폴란드 군대에서는 유명한 가문 출신 귀족들이 긴 전쟁으로 인한 심리적 어려움을 겪게 되자 아무런 양심의 가책도 없다는 듯, 식량수송을 위해 파견된 마차에 올라타서는 그렇게 진영을 이탈하곤 했다. 폴란드인들은 자신들의 운명이 코자크에 달려있다는 것을 깨달았다. 투르크의 술탄이 승산이 없음을 알고 결국 폴란드와 강화를 맺은 후 군대를 이끌고 돌아가 버리자 폴란드인들은 자신들의 나라를 파멸에서 구한 것은 코자크 덕임을 인정하고, 사하이다치니와 그의 병사들이 이룬 전공, 그들의 용기와 끈기, 질서, 군사문제에 관한 그들의 깊은 조예를 하늘 끝까지 닿아라 칭송했다.

그러나 사하이다치니가 이같이 혁혁한 전공이 보답 받으리라 여기면서, 그리고 폴란드 왕의 호의적인 약속을 믿으면서 코자크들의 피로 물든 호틴 전장을 떠나 우크라이나로 돌아와 왕에게 코자크 청원서를 보냈을 때, 그는 전혀 다른 답을 받았다.

코자크들은 많은 것을 요구하지도 않았다. 그들은 보수를 4만 금화에서 10만 금화로 늘려줄 것, 이번 출정을 위해 지출한 비용을 보상해줄 것, 코자크들이 국왕 영지뿐 아니라 성직자, 귀족들의 영지에서도 자신의 특혜를 유지하면서 거주할 권리를 가지게 될 것과 '정교 신앙을 안심하고 믿을 수 있을 것'을 요구했다.

귀족들이 코자크들의 특혜 문제에 대해 매우 까다롭게 굴 것을 알고 코자크들은 자신들의 염원을 지극히 겸손한 형태로 표현했다. 그러나 아무 소용이 없었다. 폴란드 왕은 코자크 군의 지원이 더 이상 필요하지 않다고 생각했고 이번에는 아예 말을 호의적으로 하는 것조차 거부했다. 그는 자기의 뜻은 파견위원들에게 전달했으며, 파견위원들에게는 코자크 군의 수를 2,000명에서 최대 3,000명이 되게끔 줄이고, 나머지 모든 병력은 지주에게 돌아가서 복종하라는 1619년의 규정을 되살리라고 위촉했다고 답했다. 신앙의 문제에 대해서는 코자크들은 이때까지 어떤 탄압도 받지 않았고 앞으로도 그럴 것이기 때문에, 아무것도 이전과 달라지지 않을 것이라고 했다. 폴란드 왕은 코자크들이 이러한 배은망덕한 요구를 좀 더 수월하게 받아들이도록 하기 위해서 사하이다치니와 다른 코자크 장교들에게 선물을 주겠다는 약속을 하라고 명령했는데 그는 이렇게 하면 이들이 나서서 동료들을 진정시킬 것이라고 믿었다.

그러나 이 같은 위원회 파견은 실현될 수 없는 일이었다. 왜냐하면 폴란드는 코자크들의 복무에 대해 보수를 지급할 돈도 없었고, 파견위원들을 수행할 병력도 없었다. 그래서 코자크들에게 왕의 답변을 통보할 다른 방법을 찾아야만 했다. 그러나 이것이 상황을 바꾸지는 않았다. 코자크들의 기대는 다시 한 번 무산되었다.

폴란드 왕은 사하이다치니에게 치하의 뜻을 전했고 그에게 부상을 치료할 방법을 전했으며 또 다른 무슨 수단을 썼다. 그러나 이것으로는 연로한 헤트만의 마음을 위로할 수 없었다. 자신의 삶을 지탱해온 계획과 희망이 좌절된 것을 보자 사하이다치니는 깊은 실망에 빠졌다. 자신의 죽음이 임박한 것을 안 그는 자신의 재산을 처분했다. 그중 일부는 키예프 형제단을 위해 기부했고 다른 일부는 르비브 형제단에게 기부했으며, 형제단이 여기서 나오는 수입으로 그리스어에 능숙한 "학문적 대가"를 양성하고 "영구히 학문과 기독교 아동 교육, 신학 학위 소지자 양성 등 교육 목적을 위해" 쓰도록 지정했다. 그는 며칠 뒤인 1622년 4월 10일 숨을 거두었다. 우크라이나의 민족적 과업을 소중하게 여기는 모든 사람들이 그의 사망을 애도했다. 형제단 학교의 많은 학생들은 그를 칭송하는 시를 낭송했고, 이를 나중에 별개의 책으로 발간했다. 그들은 이 책에서 사하이다치니의 용사다운 품행과, 그가 자신의 인민과 그들의 교육, 교회에 바친 사랑을 기렸으며, 그를 코자크의 사표로 추앙했다. 아울러 이 책은 자포로쟈 코자크 군단을 칭송하고, 군단이 사하이다치니의 발자국을 따라 앞으로 우크라이나 인민의 이익을 지킬 것을 촉구했다. 자포로쟈 코자크들과 밀접한 관계를 맺고 있던 키예프 성직자들도 이러한 방향으로 영향력을 행사했다.

72. 폴란드 정부와의 갈등

사하이다치니의 뒤를 이은 헤트만들은 그들 나름대로 진심으로 그의 발자취를 따르려고 했다. 그들은 폴란드 정부를 상대로 하여 코자크 요청사항들을 제기하는 한편, 정교도들을 안심시키고 정교 주교들을 인정하며 통합교회파 성직자들을 제거하지 않으면 안 된다는 것을 끊임없이 상기했다. 또한 교회통합으로 인한 정교도 박해, 르비브에서 정교를 신봉하는 소시민들에게 가해지는 불의와 탄압 등등에 대해 폴란드 의회 내에서 항의를 거듭하고 있던 우크라이나 귀족들도 지원했다. 그러나 폴란드 왕과 정부는 통합교회 주교들을 반대하는 정교도들에 대한 적개심에 불탔고, 코자크들이 정교를 지원하고 지주와 행정관리들에게 순종하지 않는 것에 대해서도 엄청나게 분개했다.

이 시기에 코자크 집단은 드니프로 하류 유역(남부 포드니프로비야) 전체의 주인 노릇을 하고 있어서, 병력을 줄이고 남은 인원은 농노 신분으로 돌아가라는 왕의 명령을 거부했다. 오히려 반대로 이들은 병력을 10만 명까지 늘릴 수 있으며, 왕이 그들의 희망사항을 충족시켜주지 않을 경우 폴란드에 어려운 상황을 만들 수 있다고 위협했다. 코자크들은 해상 원정을 재개하여 투르크인들을 공포에 떨게 했다. 당시 콘스탄티노플에 주재하고 있던 프랑스 대사의 말에 따르면, "흑해에 코자크 배 네 척이 나타났다는 소문은 흑사병 소식보다도 더 큰 공포를 투르크인들에게 자아냈다." 폴란드 정부는 분노에 가득 찼다. 우크라이나의 (폴란드인) 권문귀족들은 무슨 일이 있더라도 코자크들을 제압해줄 것을 정부에 요구했다. 민중 봉기가 어느 때라도 일어날 수 있는 이러한 상황에서는 귀족들이 장원경영을 하지 못하고 우크라이나 생활에서 신상의 안전을 확신할 수 없다는 것이 그들이 내세우는 이유였다. 이 시기에 폴란드인 권문귀족들은 동부 우크라이나 땅을 자기네들 사이에서 나누어 가졌을 뿐 아니라, 그들 영지의 인구가 계속 증가하리라는 기대 속에서 장원을 만들고 부역, 공납, 봉건의무를 도입하여 본격적인 지주제 경영으로 넘어가려고 노력하고 있었다. 그러나 대개 귀족들의 이 같은 영지에서 계속 거주하고 있던 코자크들은 그들 스스로 지주들에게 '복종하지 않을' 뿐 아니라, 소시민들과 농민들의 불순종도 지원했다. 이 때문에 귀족들은 코자크들의 수를 2,000명에서 최대 3,000명으로 줄이고, 이들은 국왕의 영지(국유지)에만 거주하게 하고, 사적 소유지에 거주하는 나머지 주민들은 전면적으로 지주에게 복종하게 만들어서 어떤 '코자크 신수권' 주장에도 넘어가지 않을 수 있게 하려고 애썼다.

그러나 모스크바국 원정과 호틴 전투에서 코자크들이 그토록 혁혁한 전공을 세운 다음인 만큼, 코자크에게 이를 강요하려면 감사의 표시로 루브니 전투에서 저질렀던 것과 똑같은 방식으로 또다시 코자크들을 학살하는 수밖에 없었다. 폴란드는 아직은 코자크의 자유를 박탈할 충분한 힘을 가지고 있지 못했다. 호틴 전투에 참가한 폴란드 군인들이 전투 참가에 대한 보수를 지금까지도 받지 못하고 있었으므로 아무도 폴란드 군에서 복무하려 하지 않았다.

폴란드 정부, 특히 폴란드 왕이 우크라이나인들의 요구를 받고 아무런 양보도 하지 않자, 우크라이나 공중은 폴란드 정부의 태도에 대항하고 폴란드의 양보를 받아 내거나 아니면 아예 우크라이나를 폴란드에서 분리시킬 수 있는 가능성을 제공할 만한 국제적 동맹을 맺겠다는 희망을 가지고 여러 행동 계획을 세웠다. 키예프의 성직자들은 모스크바국의 도움을 받고자 했던 15세기, 16세기 우크라이나 모의자들의 옛날 구상으로 다시 돌아갔다. 문제가 사실상 종교적 토대로 옮겨가 신앙을 위한 싸

그림 **209** 페트로 사하이다치니(키예프 아카데미에 소장된 만년의 초상화).

움으로 전개되고 있었던 데다가, 모스크바국 정부 또한 상황이 자신에게 유리하다고 판단하고 이를 위해 필요한 힘도 가지고 있을 때면 언제나 바로 이 종교적 명분을 내세워 폴란드와 리투아니아 문제에 개입한다는 방침을 견지해왔기 때문에 더욱 그러했다. 그래서 모스크바국이 동란의 시대를 벗어나 체제를 정비하기 시작하자마자 우크라이나의 여러 인물들이 교회 문제에 대한 도움을 요청하면서 모스크바 정부에 호소해오기 시작했다. 특히 후스틴(Густинський) 수도원의 수도사들과 이 수도원의 지부인 므하르(Мгарський) 수도원, 라딘(Ладінський) 수도원의 수도사들이 이러한 길을 연 첫 그룹이었다. 후스틴 수도원은 당시만 해도 모스크바국과의 접경지대에 가까웠던 프릴루키 인근 자드니프로비야에 있는 비쉬네베츠키 공의 영지 소속으로, 설립된 지 얼마 안 되는 수도원이었다. 당시 후

스틴 수도원의 원장을 맡고 있던 동굴 수도원의 장로 이사야 코핀스키(Ісайя Копинський)는 위대한 고행자이자 폴란드 정부나 통합교회파에 결코 복종하는 자세를 보이지 않는, 가장 진실한 정교적 경건성의 대표로서 큰 존경을 받고 있던 사제였다(이런 명망 덕분에 그는 나중에 보레츠키가 죽은 후 키예프 수도대주교로 선출되었다). 그는

그림 210 라이나 모힐랸카. 비쉬네베츠카 공작부인.

비쉬네베츠키 공과도 가까웠지만 특히 그의 아내인 라이나 모힐랸카(Раïна Могилянка) 공작부인(모힐라의 누이였으며, 훗날 우크라이나의 적대자가 되는 야레마 공의 어머니이기도 하다)과 친분이 돈독했기에 친분 관계를 활용하여 이 같은 수도원의 수를 늘려나갔으며 이로부터 대규모 수도원 군집체(ко-ллония)를 형성했다. 바로 이러한 코핀스키가 정교도들의 고난을 눈앞에 보면서 후스틴 수도원의 장로들과 함께 모스크바국의 보호를 받자는 제안의 가장 열렬한 신봉자로 등장했다. 그뿐 아니라 역시 어려운 상황에 처해 있던 키예프의 다른 종교 지도자들도 여기에 동조했다. 1624년 여름 수도대주교 자신이 주교 한 명을 모스크바로 보냈다. 파견된 주교는 정교도들이 겪고 있던 혹독한 탄압을 묘사하면서, 그 당시 이미 우크라이나에 임박해 오고 있던 폴란드와의 전쟁에서 코자크들이 버티어내지 못하는 경우 모스크바 정부가 우크라이나와 코자크 군단을 그 권력 아래 받아들여 줄 수 있는지를 단도직입적으로 물었다. 그러나 당시 내분에서 막 벗어나 겨우 다시 일어선 모스크바국은 폴란드와의 새로운 전쟁을 시작하는 것을 두려워했다. 이 때문에 모스크바 정부는 수도대주교에게, 보아하건대 우크라이나인들 사이에서도 이러한 생각은 아직 충분한 지지를 받지 못하고 있는 것 같다고 우회적으로 대답했다. 코자크들은 폴란드와 대결하는 문제보다 해상 원정에 더 큰 힘을 쏟고 있으니, 만일 우크라이나가 최종적으로 결정을 내리고 이를 알려주면 차르[44]와 총대주교(차르의 아버지)[45]는 당신들을 어떻게 해방할지 이를 놓고 검토할 것이다, 이렇게 모스크바국의

---

44) 로마노프 왕조의 개창자인 차르 미하일을 말한다. 미하일 로마노프는 1613년, 열여덟살의 나이로 차르 자리에 올랐다.

45) 차르 미하일의 아버지인 모스크바 총대주교 필라레트를 말한다. 젊은 아들 미하일이 차르가 된 후 필라레트는 사실상 모스크바 국정의 최고 결정권자 역할을 했다.

보야린들은 키예프 수도대주교에게 답을 보내 왔다.

　이 당시 정교도들은 실제로 아주 어려운 시기를 맞고 있었다. 벨라루스에서는 탄압이 계속되었을 뿐 아니라, 1623년 말 비테브스크(Витебск)의 소시민들이 그곳의 통합교회파 대주교 이오사파트 쿤체비치(Иосафат Кунце-вич)가 가한 온갖 억압과 불의에 견디다 못해 격노하면서 반란을 일으키고 그를 살해한 후 정교도들에 대한 박해는 훨씬 가혹해졌다. 죄가 있는 사람이건 없는 사람이건 가리지 않고 교수형을 당하고 투옥되고 일체의 권리를 박탈당했다. "정교도들에게 가해진 온갖 탄압도 거셌지만, 정교 주교들에 대한 탄압은 특히 심했다. 이들은 우크라이나의 주교좌와 도시와 수도원에서 쫓겨났고, 탄압자들은 신성한 정교신앙을 겨냥하여 유혈사태가 벌어질 지경으로 일을 꾸미고 있다"고 수도대주교는 모스크바에 탄원했다. 주교들은 '그리스도를 사랑하는 체르카시 전사(코자크)들의 보호'를 받기 위해 키예프로 피신해왔다. 그들은 점점 더 긴급하게 임박해 오는 폴란드 정부와 코자크들 사이의 전쟁의 결과가 어떻게 될지 불안 속에서 기다리고 있었다. 만일 30년 전 루브니 참변에서처럼 코자크 집단이 또다시 폴란드에 패하면 주교들은 실제로 모스크바국 국경 안으로 피난처를 옮길 수밖에 없었을 것이다.

　그러나 코자크들은 이러한 상황에 크게 동요하지 않았으며 오히려 스스로 어느 때보다 더 강한 힘과 활력이 넘치는 것을 느끼고 있었다. 그들은 지치지 않는 진취성과 용맹성을 보이며 투르크 땅에 대한 바닷길 원정을 계속했다. 투르크에 함께 맞설 예기치 않았던 동맹자가 크림 땅에서 등장하자 코자크들은 크게 기뻐했다. 크림 타타르 칸인 메흐메트 기레이(Mehmet-Giray)와 그의 동생 샤긴 기레이(Shagin-Giray)가 자기네를 몰아내기로 결정한 투르크 술탄에 맞서서 반란을 일으키고, 코자크들에게 지원을 요청하자 코자크들은 아주 기꺼이 그들을 도우러 나섰다. 1624년 여름 투르크의 함대가 메흐메트 기레이 대신 새로운 칸을 임명하기 위해 크림으로 출발하자 코자크들은 바로 이때를 틈타서 콘스탄티노플로 이동했다. 오랫동안 코자크에 대한 갖가지 무시무시한 소문들이 콘스탄티노플에서 떠돌고

그림 211 후스틴 수도원(셰브첸코의 그림).

있었음에도 투르크 사람들은 완전히 무방비 상태에서 기습을 당했다. 꼬박 하루 동안 코자크들은 아무 방해도 받지 않은 채 보스포루스 해협의 양안을 약탈하여 이곳에 들어서 있던 부호들의 저택과 화려한 별장을 유린했으며, 저녁이 되자 풍성한 전리품을 챙겨 유유히 자기네들 배로 돌아와서 투르크인들이 방어태세를 갖추기 전에 바다 멀리 떠나갔다. 투르크 함대가 급하게 추격해왔으나, 맞바람 때문에 반격이 불가능해진 코자크들이 침착하게 전투 개시를 기다리자, 코자크들의 그토록 대단한 침착성과 대담함에 너무나도 겁을 먹은 투르크 함대는 이들을 공격하겠다는 결정을 내리지 못하고 철수했다. 코자크들은 피해를 입지 않고 무사히 귀환한 다음 2주일 후에는 더욱 많은 병력을 동원해 또다시 콘스탄티노플로 출병했다. 드니프로 강어귀에서는 25척의 대형 갤리선과 300척의 소형 선박으로 구성된 투르크 함대가 이들의 앞길을 저지했다. 그러나 코자크들은 며

칠간의 전투 끝에 방어선을 뚫고 해상으로 나와 콘스탄티노플로 진격했다. 그들은 이번에는 꼬박 사흘 동안 보스포루스 해안을 약탈하고 불태운 후 아무 방해도 받지 않고 귀환했다. 두 차례나 되는 이 같은 공격으로 대경실색한 술탄은 크림에 파견된 투르크 해군제독에게 전령을 보내, 기레이 형제는 운명의 결정에 맡겨두고 빨리 귀환하여 코자크의 공격으로부터 콘스탄티노플을 방어하라고 명령했다. 크림에서 아무 할 일도 없었던 투르크 제독에게 이 명령은 아주 때맞춰 온 것이었다. 그런데 그는 크림에서도 코자크 군과 맞닥뜨리게 되었다. 반란을 일으킨 타타르 칸들을 추격하여 내륙 깊숙이 들어간 그는 메흐메트 기레이가 이끄는 군대와 전투를 벌였는데, 여기에는 코자크 연대도 함께 있었다. 코자크 군의 수는 많지 않으나 타타르 군과 코자크들이 연합군을 이루고 있는 데 겁을 먹은 투르크인들은 전투 의욕을 완전히 상실하고 먼저 협상을 제안했다. 그러나 타타르 군과 코자크 연합군은 투르크 군을 공격하여 격파했고, 투르크 군은 카파까지 서둘러 퇴각했다. 연합군은 카파도 점령했다. 투르크 제독은 함선으로 몸을 피했으며 메흐메트 군에게 생포된 포로들과 빼앗긴 대포를 그의 수중에서 돌려받기 위해 메흐메트 기레이를 크림의 칸으로 인정한 다음 빈손으로 콘스탄티노플로 출발했다. 시작이 이렇게 전개된 후, 메흐메트 기레이와 그의 동생이면서 형보다 더 원기가 왕성하고 더 민활하며 형의 저항을 적극 뒷받침하고 있던 샤긴 기레이는 코자크들의 지원을 앞으로도 계속 확보하기 위해 큰 노력을 기울였다. 그들은 투르크가 자신들을 결코 그대로 내버려두지 않고, 기회가 되면 곧바로 칸의 자리를 빼앗아버릴 것이라고 확신하였다. 그래서 폴란드 국왕에게 사절을 보내 코자크들이 앞으로도 투르크와의 전쟁에서 자기네 타타르인들을 도울 것을 설득하도록 부탁했다. 그리고 그들 자신도 이를 목적으로 코자크들과 직접 협상을 시작했다. 마침 크리스마스 무렵의 겨울날인 1624년 12월 24일, 샤긴 기레이는 카라이-테벤(Karai-teben) 숲에서 코자크 장교단과 협상하여 동맹조약을 체결했다. 이 동맹에 의해 양측은 필요한 경우 코자크들은 크림 타타르인들을 지원하고, 타타르인들은 코자크들을 지원하며 어떤 일이 있어도 상대방을 궁지에 내버려 두지 않기로 약속했다.

코자크들은 크림 타타르 유목국가와 맺은 이 동맹의 안정성과 견고성을 신뢰하면서, 앞으로 어려운 상황이 되면 투르크와의 전쟁뿐만 아니라 어느 모로 보나 임박해 있음이 분명한 폴란드와의 전쟁에서도 이들에게서 필요한 지원을 받을 수 있으리라는 희망을 가졌다. 코자크들은 이 동맹으로 사기가 크게 올랐고, 금상첨화로 이때 마침 우크라이나에 더욱 큰 가능성을 열어줄 수 있는 상황이 전개되었다.

73. 우크라이나의 계획과 1625년 전쟁

1624년 가을 올렉산드르 야히야(Олександр Яхія)라는 이름을 가진 사람이 키예프에 나타나 수도대주교를 만나고, 자신을 1606년에 사망한 투르크 술탄 마호메트(메흐메트) 3세의 아들이며 적법한 계승자라고 소개했다. 그의 얘기인즉슨, 그리스인 태생인 모친이 자신을 비밀리에 술탄의 궁정 바깥으로 데려나와 정교 신자로 키웠다고 했다. 그리고 투르크 제국의 모든 기독교 신자들은 적법한 술탄위 계승자인 그가 돌아와 이 자리를 차지하기를 초조하게 기다린다고도 했다. 그는 불가리아인들, 세르비아인들, 알바니아인들, 그리스인들 모두가 자신을 투르크의 합법적 군주로 인정하는 서약을 이미 했으며 13만 명의 병력을 준비해 놓고 대기하고 있다고 주장했다. 그러나 자기는 이 동맹에 우크라이나와 모스크바국도 합류시켜 함께 투르크 제국을 분쇄하기를 원한다는 것이 야히야의 이야기였다. 그는 토스카나 대공이나 스페인 같이 서유럽에 있는 투르크의 적국에게서도 지원을 받을 수 있으리라고 기대했다. 수도대주교 자신이 야히야의 이 모든 말을 얼마나 믿었는지는 알 수 없지만, 수도대주교는 어쨌건 야히야를 지원하면 뭔가 이익을 얻을 수 있을 것으로 판단했다. 그래서 수도대주교는 그를 자신의 아랫사람들과 함께 자포로쟈 지역으로 보냈고 야히야는 지체 없이 코자크들 및 샤긴 기레이와 연합하여 투르크를 공격할 계획을 세우게 되었다. 수도대주교는 이 계획에 대해 모스크바국의 관심을 끌어들이고 우크라이나 문제에 대해서도 개입하도록 모스크바국을 설득하기로 마음먹었다. 그래서 그는 직접 자포로쟈 코자크들에게 가서 코자크들 및 야히야와 함께 의논하여 새로운 사절단을 모스크바에 파견했다. 이 계획에 따라 야히야의 사절인 마르코 마케도냐닌(Марко Македонянин)과 자포로쟈 코자크들로 구성된 사절단이 길을 떠났다. 모스크바로 가서 차르에게 야히야의 계획 및 동맹세력에 대해 설명하고 군대나 자금을 지원해달라고 요청하는 것이 그들의 의무였다. 그러나 이 계획은 일부분만 성공했다. 차르는 이 계획에 관심을 보였고, 자포로쟈 사절들 중에서 야히야의 사절을 비밀스럽게 소개받았으며 그를 통해 야히야에게 많은 선물을 보낸 것도 사실이다. 하지만 그럼에도 직접 야히야의 일에 끼어들거나 우크라이나의 봉기에 개입하겠다는 결정은 내리지 못했다.

이처럼, 키예프와 자포로쟈의 우크라이나 정치인들이 수립한, 우크라이나-크림-모스크바를 잇고 또 정확히 알려지지 않은 다른 무슨 나라까지 잇는 동맹이라는 야심만만한 계획은 아직 아무런 확실한 결과를 낳지 못했다. 그 당시 오고갔던 협상은 이들이 꿈꾸었던 대담한 국제적 세력조합 구상의 흥미로운 흔적으로 남아있거니와, 이 기획은 과거에 드미트로 비쉬네베츠키가 품었던 꿈과 장차 보흐단 흐멜니츠키가 구상하게 될 계획을 상기시킨다.

그런데 다각적인 동맹과 외국의 원조를 받을 계획에 희망을 걸고 있기는 하면서도 코자크 집단은 폴란드와의 전쟁이라는 준엄한 현실에 혹독하게 맞부딪쳤다. 모스크바의 보야린들이 코자크들은 아직 그들 자신의 상황에 대해 제대로 된 진지한 태도를 보이고 있지 않으며 그런 한 모스크바가 개입할 필요가 없다고 한 것은 사태를 정확하게 본 것이었다. 코자크 군단은 자기네가 크림한국 칸이라는 새로운 동맹자를 확보했으니, 폴란드는 필시 크림 칸과 코자크 양측을 모두 상대해서 공격을 해올 수는 없을 것이라고 믿고, 이러한 희망 속에서 (행동을 자제하라는) 폴란드 정부의 요구와 위협을 무시한 채 계속해서 해상 원정에 몰두했다. 1625년 늦은 가을까지 코자크들은 세 번이나 대규모 해상 원정에 나섰다. 폴란드 군대의 헤트만인 코니에츠폴스키는 그 자신이 우크라이나에 거대한 국왕 직할지(국유지)를 소유한 지주로서 코자크들을 지긋지긋한 방해세력으로 여기고 있었기에 그들을 진압하려 갖은 애를 쓰고 있었는데, 바로 이때 그가 출병에 나설 채비를 했다. 머지않아 폴란드와 스웨덴 사이에 전쟁이 발발할 위험이 있었으므로 그는 더 이상 시간을 끌 수가 없다고 판단했다. 이 전쟁이 발발하면 그는 우크라이나를 코자크 수중에 남겨두고 스웨덴과 싸우러 가야 했다. 그의 계획을 막는 한 가지 장애물은 코자크들과 크림 칸의 동맹이었다. 그러나 1625년 여름 코니에츠폴스키는 샤긴 기레이 칸과 그의 형을 매수하여 폴란드 군대와 코자크들의 전쟁에 개입하지 않는다는 약속을 받아내는 데 성공했다. 그런 다음 코자크들이 해상 원정에서 돌아오기 전에 코니에츠폴스키는 서둘러서 자기 군대를 우크라이나로 진격시켰고, 자신은 폴란드 파견위원단과 함께 그 뒤를 따랐다.

　코자크들은 완전히 방심한 상태에서 폴란드 군의 공격을 받았다. 코니에츠폴스키는 도중에 코자크 군단을 단 한 번도 마주친 적이 없이 우크라이나 전역을 통과해 카니브까지 진군했다. 그러나 이곳에도 고작 3,000명의 코자크들이 남아 있을 뿐이었다. 이들은 폴란드 군을 막을 수 없어 방어자세를 취하며 체르카시로 후퇴하였으며 이곳에서 자포로쟈를 출발하여 올라오기로 되어 있는 주력군과 합류하려 했다. 코니에츠폴스키의 이 같은 예기치 못했던 진격으로 우크라이나의 주민들은 봉기를 수동적으로 관전할 수밖에 없었고, 코자크 장교들은 '읍락'의 정착 코자크들을 동원할 시간을 확보하지 못했다. 코자크 헤트만인 즈마일로(Жмайло)는 해상 원정을 나간 코자크들이 돌아오기를 기다리느라, 그리고 크림 칸에게 동맹 조약에 따라 폴란드에 맞서 코자크들을 지원해 달라고 간청하는 내용으로 교신하느라 자포로쟈에서 시간을 낭비했다. 이러는 동안 코니에츠폴스키가 파견위원들이 이끄는 새로운 군단을 맞이하게 되면서 그의 군단은 병력 면에서 코자크 군단과 대등해지거나 심지어 이를 능가하게 되었고 게다가 폴란드 군은 보급과 무장의 면에서도 전쟁 준비가 되어 있지 않던 코자크 군단보다 우세했다. 그러나 코자크들은 굴복하지 않기로 했다. 폴란드 파견위원들은 코자크들이 해상 원정의 지도자들과 무법사태의 주모자를 자신들에게 넘길 것을 요구했다. (이 해에 키예프에서는 소요 사태가 일어나서 통합교회를 전파했다는 이유로 통합교회파 성직자 한 명과 호디크 지역의 방백이 살해되었다.) 또한 야히야와 모스크바에 파견되었던 사절들도 넘길 것을 요구하고, 코자크 군단의 수를 '이전에 정해진 수준'으로 줄이는 것 등등도 강권했다. 그러나 코자크들은 이러한 조건을 받아들일 수 없었다. 협상은 중단되었고 치불닉(Цибульник) 강변의 크릴로브(Крилов) 근교에서 피비린내

나는 전투가 벌어졌다. 코자크들은 나름대로 강인하게 버티었으나, 결국은 전세가 불리한 것을 깨닫고 야밤에 쿠루키브(Курукiв) 호수 근처의 남쪽(오늘날의 크루코브(Крукoв) 부근)으로 이동했다. 이 동로 도중에는 폴란드 군의 진격을 저지할 임무를 띤 후위 부대를 배치했다. 이 코자

그림 212 1620년대 자포로쟈 군단의 인장.

크 부대는 임무를 잘 수행했으며 모두가 전사했다. 폴란드 군은 그럼에도 상당히 빠른 속도로 이동하여 코자크 주력군들이 새로운 방어 진지를 미처 공고히 구축해 내기 전에 이들에게 접근해왔다. 그러나 폴란드 군은 끝내 코자크 방어진지를 점령하지 못했고, 전투가 장기화할 조짐을 보이자, 결국 또다시 코자크 군과 강화 협상에 들어갔다. 기나긴 협상 끝에 코니에츠폴스키는 코자크들이 폴란드 파견위원단과 강화조약에 서명하게 하는 데 성공했다. 이 조약에 따르면 장차 코자크 상비군은 겨우 6,000명으로 제한되고, 이들은 단지 국왕 직할지(국유지) 내에서만 코자크로서의 특권을 누릴 수 있으며, 12주 안에 이 6,000명 병력의 코자크 군단의 등록명부가 작성되어야만 했다. 등록명부에 포함되지 못하는 나머지 인원은 원래의 자기 지주들이나 다른 권력자에게 종속되어야 했다.

코자크들은 설사 이 같은 요구를 이행하고자 한다고 해도 이행할 수가 없었다. 그러나 코니에츠폴스키와 파견위원들은 이 조건이 지켜지지 않으면 전쟁을 종결시킬 수 없을 것이고, 자신들의 임무가 완수될 때까지 우크

그림 213 멜레티 스모트리츠키(이때는 이미 통합 교회로 넘어가 있었다).

라이나를 떠나지 않을 것이라며 코자크들을 설득했다. 코자크 장교들은 실제로는 폴란드인들이 '쿠루키브의 타협'을 실현할 수 없을 것이라고 코자크 병사들에게 희망을 불어넣었다. 그 근거로 그들은 폴란드 군대가 이미 시작된 스웨덴과의 전쟁에 나가야 하고, 거의 틀림없이 코자크들도 출병 복무하라는 요청을 받을 것이며 그렇게 되면 쿠루키브 규정들은 모두 잊혀지게 될 것이라고 주장했다.

쿠루키브에서 즈마일로의 뒤를 이어 새로운 헤트만으로 선출된 미하일로 도로셴코[46]는 코자크 장교들의 도움을 받아 실제로 내부의 동요 없이 무사히 폴란드 파견위원단의 요구를 이행하는 데 성공했다. 그는 등록명부를 작성했고 명부에 포함되지 않은 사람은 전원 코자크 군단에서 제외시켰다. 그러나 그는 자기네가 이 곤경에서 벗어날 수 있을 것이며 도대

---

46) 미하일로 도로셴코(Михайло Дорошенко, ? ~1628). 등록 코자크 헤트만(1625~1628). 1616년에 코자크 고위장교인 대령이 되었고 코나셰비치-사하이다취니의 지휘 아래 호틴 전투 등에 참가했다. 폴란드에 저항하는 즈마일로 주도의 코자크 봉기가 실패로 끝난 후 헤트만으로 선출되어 폴란드 정부와 쿠루키브 조약을 맺었으며 이로 인해 등록 코자크와 자포로쟈 코자크 사이의 갈등을 야기하기도 했으나, 등록 코자크의 위상은 강화시킬 수 있었다. 오스만 투르크에 맞서서 크림한국을 지원했으며 이러한 대외정책을 통해 우크라이나-루스인들의 독자성을 강화하고자 시도했다. 카파 전투 중 전사했다.

체 쿠루키브 협정조항들도 결국은 하나도 이행되지 않을 것이라는 희망을 가졌기에, 코자크들이 지주들의 영지로부터 사실상 벗어나서 사는 관행을 갖가지 방식으로 계속 연장시켰다.

74. 1630년 전쟁

능력이 아주 뛰어난 인물이고 유능한 행정가였던 도로셴코와 그를 지지하는 코자크 장교단은 우크라이나 주민들에게 영향력을 발휘함으로써 그들이 새로운 전쟁에 이르지 않고 참을성 있게 이 어려운 시기를 잘 견뎌낼 수 있게 했다. 도로셴코는 심지어 등록제외 코자크들이 해상 원정에 나가는 것도 성공적으로 막아냈다(군단명부에서 '제외되어' 등록 코자크가 되지 못한 코자크들은 '등록제외 코자크'라고 불렸다). 실제로 이 기간 동안에는 몇몇 소규모 바깥출입을 제외하고는 큰 규모의 해상 원정은 없었다. 다행히도 메흐메트 기레이, 샤긴 기레이와 투르크 사이의 새로운 전쟁이 적시에 발발해, 코자크들은 전쟁에 실질적으로 참여했다. 투르크인들에 대항하는 기레이 형제와 코자크들의 동맹을 지원하고 싶어 하던 폴란드 정부는 이를 암묵적으로 동의해주었다. 코자크들은 동맹자들과 함께 크림 반도에 몇 차례 원정하였으니, 그들은 카파, 바흐치사라이(Bakhchisarai)[47] 전투에도 참여했고, 도로셴코 자신도 이 중 한 전투에서 전사했다. 그의 죽음은 큰 불행이었다. 왜냐하면 도로셴코에 비해 그의 후계자들은 폴란드 정부와 갈등을 일으키지 않게끔 코자크 집단을 자기 영향력 아래 잘 통솔하

47) 크림 반도 중앙에 위치한 도시. 크림한국의 수도였다.

는 능력이 훨씬 떨어졌기 때문이다. 그러나 어쨌건 한동안은 평온을 유지할 수 있었다. 이 시기에는 코자크 집단, 특히 코자크 상층부 내에서 뿐 아니라 우크라이나 공중, 교회 인사들과 일반 인사들 사이에서도 폴란드에 양보를 하자는 기회주의적 분위기가 지배하게 되었다. 결실이 없는 전투에 지쳐서, 키예프 성직자 일부와 우크라이나 공중은 폴란드 정부와 타협할 준비가 되어 있었다. 그들은 이로써 좀 더 평화롭고 우호적인 관계를 맺을 수 있을 것이라고 희망했다. 이러한 온건한 경향의 선봉에 서 있던 인물은 저명한 우크라이나 저술가이며 신학자인 멜레티 스모트리츠키였다. 그는 폴로츠크의 대주교가 된 후 그를 덮친 박해 때문에 의기소침해져서 피신을 했다. 그는 동방교회를 찾아 그리스로 갔으며 우크라이나로 돌아온 후로는 정교도들이 가톨릭교도들과 타협을 하도록 설득하면서 타협노선의 지지자로 나서게 되었다. 그런 후 그는 정교도들의 저항에 부딪혀 타협이 좌절되자 자신이 직접 통합교회로 개종하기까지 했다. 정교도들에게서 결정적으로 배척당하게 된 그는 볼린의 데르만스키(Дерманський) 수도원에서 사망했는데 이 수도원은 간청 끝에 가톨릭 교도 귀현들의 관할 아래 들어가 있던 기관이었다.

그런데 폴란드 정부 및 가톨릭 교도들과 타협할 것을 주장한 사람은 이제 스모트리츠키만이 아니었다. 동굴 대수도원의 새로운 수도원장이며 나중에 큰 이름을 얻게 되는 페트로 모힐라[48]도 이 노선으로 기울었고, 수도

---

48) 페트로 모힐라(Петро Могила, 1597~1647). 몰다비아-왈라키아 출신의 우크라이나 정교 고위성직자, 학자, 교육자. 최상층 통치귀족 가문 출신으로 아버지 시메온은 왈라키아 군주(1601~1602)와 몰다비아 군주(1606~1607)를 지냈고 어머니 마르가레타는 헝가리 공주였으며 세 남동생도 모두 몰다비아 군주로 재위한 적이 있다. 부친의 암살 후 서부 우크라이나에 와서 르비브 형제단 학교 교사들에게서 교육을 받았고, 그런 다음 폴란드의 자모시치(Zamość), 네덜란드, 프랑스 등에서 신학을 배웠다. 귀국 후 주우키에프스키 지휘하의 폴

대주교 보레츠키 자신도 정교도들이 폴란드 정부, 가톨릭 교회, 통합교회에 조금이라도 양보하는 데 단호히 저항하리라는 것을 확신하기 전까지는 오락가락하는 태도를 보이고 있었다. 주민의 압도적인 다수는 코핀스키와 같은 비타협파를 확고하게 지지하면서 일체의 양보에 반대했고 결국 주교들이 타협을 위한 일체의 협상을 포기하도록 만들었다. 그렇지만 키예프의 지도적 인사들이 코자크들을 향해 정부에 맞서서 더 적극적으로 저항하라고 호소하지 않게 되었다는 정황 한 가지만으로도 좀 더 평화스러운 관계 수립에 도움이 되었다. 비록 폴란드 정부가 코자크 집단의 그 모든 공헌을, 폴란드 정부를 위한 코자크 집단의 그 모든 봉사와 복종을 제대로 평가해주지 않는 데 대해 코자크 장교들이 극도로 분개하기는 했지만 평온한 상태는 유지되었다. 코니에츠폴스키의 대행으로 우크라이나에 남은 스테판 흐미엘레츠키(Khmielecki)는 그 나름대로 코자크들과 좋은 관계를 유지하고 자기가 할 수 있는 한 코자크 집단에게 불쾌한 일을 야기하지 않으려고 노력했다. 그는 쿠루키브 규정의 준수를 그리 적극적으로 촉구하지 않았으며 그 덕분에 한동안은 평화가 유지되었다.

흐미엘레츠키가 사망한 후 스웨덴과의 전쟁을 마친 코자크들의 숙적

란드 군에 들어가 오스만 투르크와 대적하는 데 기여하기도 했다. 키예프에서 영지를 얻은 후 우크라이나 정교회 사정에 깊은 관심을 가지게 되었고 1627년 키예프 동굴 수도원 원장으로 선출된 후 폴란드 의회의 의원 자격으로 정교회의 권리 회복에 많은 노력을 기울였다. 1632년 화해조항이 공표되어 정교회가 자체의 고위성직자를 가질 수 있게 되는 데에 그의 역할이 컸다. 그 직후 키예프 수도대주교로 지명되었고 1633년 이 직위에 취임했다. 정교회를 교리적·조직적 차원에서 개선하는 데 큰 노력을 기울였고 많은 성과를 거두었다. 1631년 동굴 수도원에 학교를 건립했는데, 이것이 1632년 키예프 형제단 학교와 통합되어 키예프 모힐라 아카데미가 되었다. 이는 당대 동유럽 최고의 고등교육기관으로 불리게 되었다. 그는 뛰어난 학자들을 불러 모아 연구·교육·출판 활동을 모두 석극석으로 상려했을 뿐 아니라 교회건물의 복구에도 큰 노력을 기울였고 큰 성과를 거두었다. 그의 키예프 수도대주교 재직시기에 키예프는 학문적 발전의 황금기를 맞았다.

코니에츠폴스키가 전투 참가에 대한 급여를 관행대로 받지 못한 폴란드 군단을 거느리고 우크라이나로 돌아와 그의 자리를 대신하자(1629년 말) 상황은 다시 악화되었다. 폴란드 군단은 우크라이나 넓은 지역에 분산되어 주둔했다. 들리는 말에 의하면 소요 사태를 막기 위해 코니에츠폴스키가 의도적으로 그렇게 했다고 한다. 그런데 이 같은 폴란드 병사들의 숙영 때문에 코자크들과 다른 우크라이나 주민들은 심한 반감을 품게 되었다. 이는 우크라이나 주민들 사이에서 저항과 봉기를 불러일으켰으나, 코니에츠폴스키는 이에 때를 맞추어 쿠루키브 규정을 전면적으로 이행해야 한다고 강력히 주장하면서, 조금이라도 말을 듣지 않는 경우 곧바로 "코자크 피를 남김없이 쥐어짜라"는 명령을 내렸다. 폴란드 정부의 인정을 받은 코자크 헤트만 흐리츠코 초르니[49]는 코니에츠폴스키의 요망을 이행하기 위해서 그랬는지 아니면 독자적으로 명령을 내린 것인지는 몰라도 자포로쟈에 전령을 보내 그곳 코자크들에게 "읍락으로" 나와서 "전쟁 복무를 위해" 등록 군단에 합류할 것을 요구했다. 자포로쟈 코자크들이 이 명령을 거부하자, 그는 등록명부에서 이들을 제외시켜 버렸다. 그러자 자포로쟈 코자크들은 1630년 봄에 타라스 페도로비치[50]의 지휘 아래 읍락

---

49) 흐리츠코 초르니(Грицко Чорний). 본명은 흐리호리 초르니(Григорий Савич Чорний, ?~1630). 1628년부터 1630년까지 등록 코자크 헤트만. 이 시기에 등록제외 코자크들은 인기가 높았던 타라스 페도로비치(트랴실로)를 헤트만으로 밀었다. 헤트만이었던 미하일로 도로셴코가 전사한 후 타라스와 초르니는 헤트만직을 놓고 경쟁했으나 폴란드 국왕정부는 초르니를 헤트만으로 인정했다. 초르니는 헤트만으로 재직하면서 친폴란드 노선을 취하면서 등록제외 코자크들에 대한 통제를 강화하고자 했다.

50) 타라스 페도로비치(Тарас Федорович). 일명 트랴실로(Трясіло). 출생 연도와 사망 연도는 불명. 자포로쟈 코자크 헤트만. 1629년에 크림 타타르인들에 대한 원정을 성공리에 이끌어 헤트만이 되었으며 1630년에는 폴란드 지배층에 맞서 대대적인 코자크-농민 반란을 주도했다. 그의 병력은 코르순과 페레야슬라브에서 코니에츠폴스키가 이끄는 폴란드 군대를 격파했다. 코니에츠폴스키와 페레야슬라브 협정을 맺었으나 내용에 불만을 느껴 자포로쟈 헤

으로 행진해왔다. 이들은 초르니를 완전히 속여 넘겼다. 곧 초르니의 요구에 응하기 위해 그에게 오는 것처럼 믿게 만든 후 헤트만을 불시에 습격하여 체포하고서 군단 법정에 세웠다. 그리고 사형을 선고한 뒤 그를 처형했다. 이 사실을 알게 된 등록 코자크들은 코르순에 주둔하고 있던 폴란드 군 진영으로 도망쳤다. 자포로쟈 코자크들이 진격해와서 코르순을 공격하자, 일반 코자크 병사들은 장교들을 버리고 진영을 이탈하였으며 자포로

그림 214 데르만스키 수도원의 대문.

쟈 코자크들과 합세했다. 코르순 소시민들도 자발적으로 폴란드 군을 공격하기 시작했는데, 이렇게 되자 폴란드 군들은 목숨을 구하기 위해 도망을 칠 수밖에 없었다.

이 사건을 신호로 하여 본격적 봉기가 시작되었다. 자포로쟈 코자크들은 우크라이나 전역에 포고문(우니베르살)[51]을 보내고 모두 코자크 군단에

트만직을 그만 두었다. 타라스 셰브첸코의 시 「타라스의 밤」은 그의 군대가 코르순에서 거둔 승리를 소재로 한 것이다.

51) 우니베르살(Універсал), 폴란드 어로는 우니베르사우. 폴란드-리투아니아 왕국에서 국왕이나 행정관이 선포한 포고문 혹은 법률을 말한다. 어원은 라틴어인 리테라이 우니베르살리스(보편문서)이며 만인에게 공적 결정사항을 공표하는 문서라는 의미를 가진다. 최고수준의 공적 선언문과 동의어로 사용될 때가 많았다. 왕국 내 우크라이나 지역에서도 행정 당

들어오라고 촉구했다. 그들은 코자크이거나 코자크가 되기를 원하는 사람들은 코자크의 특권과 '경건한' (정교적) 신앙을 폴란드의 계략으로부터 수호하기 위해 모두 나서라고 호소했다. 이 시기 이전에도 주민들 사이에는 정교 신앙을 억압하기 위해 폴란드 정부가 뭔가 계략을 짜고 있다는 흉흉한 소문들이 돌았다. 특히 1629년 여름, 정부의 주도로 열린 종교회의가 끝난 다음에는 이 소문이 더욱 증폭되었다. 이 회의로 인해 코자크 집단 및 우크라이나 인민들 사이에서는 회의에 참석한 성직자들과 이들에게 종교적 타협을 설득한 폴란드인들에 대해 큰 불만이 일었다. 폴란드가 정교회를 탄압할 간계를 꾸미고 있다는 이 흉흉한 소문들은 이제 순수하게 코자크 자체의 이해관계에서 비롯된 봉기의 동기와 결합되기 시작했다. 폴란드 군대는 모든 정교도들을 완전히 박멸하기 위한 의도로 우크라이나 전역에 흩어져 숙영하고 있다는 둥, 흐리츠코 초르니는 통합교회로 개종했으며 이 때문에 처형당했다는 둥, 통합교회 관계자들은 학교 설립을 구실로 삼아 모금된 돈을 실제로는 정교도들을 박멸하기 위해 용병을 고용할 비용으로 코니에츠폴스키에게 넘겨주었다는 등등의 소문도 돌았다. 이렇게 해서 코자크 봉기는 신앙을 수호하기 위한 전쟁이 되었다. 등록제외 코자크들이 모여들고 농민들이 들고 일어났으니, 이들은 귀족들을 내쫓고 불시에 체포된 병사들을 살해했다. 1625년과 비교해 볼 때 이번에는 우크라이나 봉기자들과 폴란드인 진압자들의 처지가 역전되었다. 코니에츠폴스키가 불시에 코자크에게 덮친 것이 아니라 코자크들이 그에게 기습을 가한 것이다. 그가 그토록 방만하게 여러 지역에 산개시킨 휘하 병력들을 모두 불러모으기 전에 이미 봉기가 우크라이나 동부 지역 전역으로 확산되었

국이 우니베르살을 선포했고 헤트만이 정치지도자로서 의미를 가지게 된 이후에는 헤트만 권력의 표현으로서 우니베르살이 반포되곤 하였다.

그림 215 볼로디미르의 주교 관저 유적.

고, 코자크 군단은 엄청나게 빠른 속도로 병력을 증가시켜 나아갔다.

병력을 즉각 소집하지 못한 코니에츠폴스키는 자신이 신임하는 '국왕의 순경'이자 악명 높은 싸움꾼인 사무엘 와시치[52]를 봉기 현장으로 보냈고, 와시치는 자기 방식으로 주민들을 '진무(鎭撫)'하기 시작했다. 와시치는 귀족들 사이에서도 자기 도당에 걸리면 아무도 그냥 보내거나 사정을 봐주지 않는 포악한 도적으로 악명을 떨치고 있었다. 그는 갖가지 범죄에 연루되

52) 사무엘 와시치(Samuel Łaszcz, 1588-1649)는 폴란드 귀족으로 무인이자 악명높은 무법자였다. 젊은 시절부터 군대에 복무하면서 군사기술을 습득하였고 오스만 투르크, 스웨덴, 크림 타타르 등 외국군대나 우크라이나 코자크들을 상대로 한 전투에 여러 차례 출정하였다. 전투에서 무용을 떨치기도 했지만 평시에도 일반 민간인들을 상대로 잔인한 약탈 행위를 일삼은 것으로 유명하다. 그의 약탈행각의 대상은 귀족, 농민, 상인층을 가리지 않았다. 무법행위로 추방령과 불명예형을 엄청나게 여러 차례 선고받았지만 그가 군사적으로 유용한 인물이라고 판단한 스타니스와프 코니에츠폴스키가 그때마다 그를 보호해주었다. 코니에츠폴스키가 사망한 후에는 더 이상 일관된 보호를 받지 못하고 몰락해 갔다.

어 200번이나 판결을 받았고, 37번이나 명예와 귀족 칭호를 박탈당했었다는 이야기가 나돌고 있을 정도였다. 그러나 코니에츠폴스키가 살아 있는 동안에는 그가 와시치에게 '군무 수행중'이라는 특별면제증서(экземпт-удостоверение)를 발급해주었기 때문에 와시치에 대한 모든 판결의 집행은 유예될 수밖에 없었다. 코니에츠폴스키가 죽자 키예프 군정사령관구의 귀족들은 1만 2천 명의 병력을 모아 진격해 와시치의 영지를 무력으로 공격했고, 그의 일당과 가족들을 한 사람도 남김없이 이곳에서 추방함으로써 그의 흔적조차도 지워버렸다.

코니에츠폴스키가 자기가 직접 출병하기에 앞서 이제 이런 사람을 봉기 진압을 위해 파견했으니, 와시치가 어떤 행동을 했을지는 쉽게 상상할 수 있다. 당시의 한 키예프 사람은 그 시절의 소문을 전하면서, 와시치가 하필이면 부활절 아침에 리샨카 마을을 공격하여 교회에서 예배를 보고 있던 사람들을 습격했고 성직자부터 시작하여 여자, 아이 할 것 없이 그곳에 있던 모든 사람을 몰살했다고 이야기하고 있다. 그는 또한 작은 마을인 디메르에서도 폴란드인들이 주민 전체를 학살했다고 말하고 있다. 이러한 일이 모두 사실인지 아닌지를 떠나서, 이런 보고는 당시의 분위기를 우리에게 생생하게 보여 준다. 우리는 우크라이나 주민들이 폴란드인들에 대해 어떤 감정을 가지고 있었는지를 잘 알 수 있고, 어디에서든 폴란드인이 우크라이나 주민들 손에 걸리면 우크라이나인들도 그대로 앙갚음을 하고야 말았다고 하는 사실을 충분히 이해할 수 있다.

4월 한 달 동안 내내 그 같은 소규모 무력충돌이 계속되었다. 이때 코자크들은 페레야슬라브 근교에 병력을 집중시켜 공격할 준비를 했고, 수많은 초소로 드니프로 강변을 온통 뒤덮었다. 코니에츠폴스키는 되는 대로 병력을 모아 키예프 근처에서 드니프로 강을 건넜지만 아주 강력한 코자크 부대의 공격을 받고서는 포로 신세를 간신히 면할 정도가 되어 황급히 후퇴했다. 다음번에는 좀 더 신중하게 작전을 펼쳐 병력을 강 너머로 이동시켰고, 코자크들의 공격으로 고립될 것을 두려워해서 드니프로 강변과 페레야슬라브 사이 요새화된 위치에 진을 쳤다. 그러나 이 때문에 그렇지 않아도 그리 많지 않았던 그의 병력은 더욱 줄어들었고, 페레야슬라브 부근에 진을 치고 있는 코자크 주력부대와 한마디로 말해 도저히 싸울 수가 없었다. 그는 코자크 진영을 공격했지만 바로 격퇴당하고 많은 사상자를 냈다. 코니에츠폴스키는 폴란드 왕으로부터 지원이 오기를 기다렸지만 왕도 역시 지원 병력을 보낼 만한 형편이 아니었다. 산개해 있던 소규모 부대병력이 폴란드 군단에 합류하기 위해 출발했지만 봉기세력으로 뒤덮인 우크라이나를 뚫고 페레야슬라브에 도달할 수가 없었다. 우크라이나인 봉기부대들은 드니프로 강 유역(포드니프로비야) 전체를 장악하고 확보하며 코니에츠폴스키가 드니프로 강변에 배치한 폴란드 부대와 폴란드인들을 처형하고 약탈했다. 2주일에 걸친 이 페레야슬라브 전투 후 마침내 결전이 치러졌다. 이 전투가 셰브첸코가 후대의 전승에 바탕을 두고 자신의 시 「타라스의 밤」에서 묘사한 전투이다.

붉은빛 뱀처럼 알타 강은 소식을 가져오네
저 들의 까마귀들이 폴란드 귀족들 주검 쪼아 먹으러 오라고.
갈까마귀들 날아들어, 죽은 귀현들을 깨우려 하고
코자크 군단은 모여들어 신께 감사 드렸네.
갈까마귀는 까악거리며 눈알을 파먹고,
멋진 코자크들은 이 밤 기리는 노래를 불렀네.
혈전의 이 밤 기리는 노래를. 폴란드인들을 잠재우고

타라스와 코자크 군단에 영광을 안겨준 밤이었기에.

그 당시의 키예프 연대기 저자는 이 전투에 대해 다음과 같이 설명하고 있다. 와시치와 그에 뒤이어서 코니에츠폴스키는 코자크 선발대를 보고 이들을 격파하기 위해 진영에서 나왔으며, 추격에 몰두하느라 진영에서 멀리 벗어났다. 그 사이에 폴란드 진영의 어떤 하인 두 사람이 코자크 진영으로 달려와 코니에츠폴스키가 진영을 비운 것을 알렸다. 그러자 코자크 군은 폴란드 진영을 기습 공격하여 모든 것을 파괴한 다음, 대포를 노획하여 이를 끌고 자신들의 진영으로 돌아왔다. 코니에츠폴스키는 황급히 돌아왔으나 너도 나도 그를 잡으려고 몰려들기 시작했기 때문에 꼼짝없이 강화를 요청할 수밖에 없었다. 이렇게 해서 전투는 끝이 났다.

당시 목격자들의 보고에 의하면 폴란드 군은 그야말로 심하게 궤멸되어 진지가 쑥대밭이 되었고, 드니프로 강과의 통행은 차단되었으며 코니에츠폴스키는 코자크들과 강화를 맺을 수밖에 없었다. 코자크들은 코니에츠폴스키를 완전히 궁지에 몰면 자신들에게 이익이 되지 않는다는 것을 알고 있었다. 사면을 조건으로 한 강화조약이 체결되었다. 반란에 가담한 코자크들과 폴란드 군에 가담해 끝까지 싸운 등록 코자크(그들은 약 2,000명이었다고 한다)는 서로 상대방을 처벌하지 않고, 등록 코자크들의 수를 8,000명으로 늘리기로 했다. 그러나 가장 중요한 내용은 이것이었다. 즉 그렇지 않아도 등록명부는 사실상 작성되지 않았기 때문에, 누가 곧 (등록) 코자크인지 판명할 수 없게 되었고, 그래서 결과적으로 모든 코자크가 거리낌 없이 코자크의 특권을 누리게 되었다.

75. 폴란드 왕의 궐위기간

코자크들이 페레야슬라브 전쟁을 영예롭게 마무리지었고 이 덕분에 우크라이나 땅에서 더욱 확고한 기반을 세울 수 있게 되었다는 사정은 그 당시의 우크라이나 상황에서 매우 중요했다. 우크라이나 공중이 폴란드 의회라는 장에서 민족적 이익을 수호하기 위해 결정적인 그리고 실로 최후의 투쟁을 준비할 시간이 다가왔다. 우크라이나인들 중에서도 귀족들만이 의회에 나갈 수 있었다. 이들은 여전히 자신의 민족정체

그림 216 페트로 모힐라.

성을 유지하고 있는 우크라이나 귀족계급의 미약한 흔적에 지나지 않았지만, 이들이 자신들의 뒤에는 폭넓은 범위에 걸친 우크라이나 공중이 있고, 코자크들의 실제적 힘이 버티고 있다는 것을 아는 것이 중요했으며, 폴란드인들이 이를 아는 것도 역시 중요했다.

우크라이나 인민의 열망을 가로막는 집요한 적이었던 국왕 지그문트 3세가 연로해져서 그의 권좌가 끝날 시간이 다가오고 있었다. 우크라이나와 벨라루스에서는 모든 사람이 그의 사후 새로운 국왕의 선출과 이른바 '국정협약(Pacta conventa)'[53]의 작성을 둘러싸고 불붙을 수밖에 없게 되어

---

53) 국정협약은 1573년에서 1764년까지 '폴란드 민족'(폴란드-리투아니아 공화국의 귀족을 말한다)과 새로 선출된 국왕 사이에 체결된 협정이다. 이 문서는 소집의회에 의해 작성되었으

있던 결전을 위해 준비태세를 갖추었다. 폴란드 헌법에 의하면 국왕이 새로 선출되면 이 국정협약이라는 이름의 조건들을 국왕에게 제출하게 되며 국왕이 이를 받아들이고 선서로써 이를 인준해야 했다. 지그문트 왕의 완고함 때문에 아무것도 얻어낼 수 없음을 절감하고 있던 우크라이나계 의원들은 아직 그가 살아 있을 때에도 통합교회파에게 "이 왕이 살아 있는 동안에는 아무것도 얻어낼 수 없지만, 궐위기간이 되면 우리는 모든 힘을 동원해 당신들에 맞서 일어날 것이다"라고 말하곤 했다. 왕이 숨이 다해가고 있다는, 죽어가고 있다는 소식이 전해지자 우크라이나 공중은 귀족, 성직자, 형제단, 소시민, 코자크 장교단을 막론하고 모두가 우크라이나의 민족성, 교회, 문화생활과 민족생활에 대한 이 참을 수 없는 탄압을 영구히 종식시키기 위해 새로운 왕과 폴란드인들에게 압력을 가할 준비를 했다.

지그문트 왕은 1632년 4월에 사망했다. 그에게는 아들이 여러 명 있었고, 그 가운데 맏아들인 브와디스와프가 부왕의 당연한 후계자로 여겨지고 있기는 했지만, 폴란드 헌법에 의하면 그는 어쨌든 선출이라는 절차를 거쳐야 했다. 선출 과정은 세 단계로 진행된다. 먼저 '소집의회'가 소집되어 국왕 궐위기간 동안의 국정을 담당한다. 다음에 '선출의회'가 소집되어 새로운 국왕을 선출하고, 국정협약을 작성한다. 마지막으로 '대관식 의회'가 소집되어 대관식을 거행한다. '소집의회'는 1632년 여름에 곧바로 개최되었다. 이미 이 의회에 등원한 우크라이나 의원, 그중에서도 특히 원로 의원인 볼린 대표 드레빈스키, 브라츨라브 대표 크로피브니츠키(Кропивницький)와 더불어 새로운 의정활동가 아담 키셀[54]은 우크라이나 문제를 가장 먼저 해

며 국왕 선출자의 내정, 외정상의 권한을 명시했다. 이 권한은 국왕마다 차이가 있었다.

54) 아담 스베톨디치 키셀(Адам Светольдич Кисель, 1600~1653). 우크라이나식 이름으로는 키실(Кисіль)이라고도 한다. 폴란드, 우크라이나의 정치인. 폴란드 의회 최후의 정교도 출신 의

그림 **217** 키예프의 성 소피아 대사원 폐허(당시의 그림에서).

결하고 이 문제가 해결되기 전까지는 국왕 선출 절차를 미루는 데 합의할 수 있도록 하기 위해 전력을 기울여 노력했다. 이들의 노력은 그 당시의 헤트만인 페트라쥐츠키-쿨라하(Петражицький-Кулага)가 파견한 코자크 군단 사절단의 지지를 받았다. 사절단도 역시 종교문제를 해결하기 위해 애썼을 뿐 아니라 그들은 더 나아가 코자크 군단이 귀족들과 나란히 국왕 선출에 참여할 권리를 얻을 수 있게 하려고 애썼다. 이는 중요한 문제였다. 문제의 핵심은 코자크들의 의회 참여 여부였는데, 그들을 의회에 받아들인다면 그들은 정치생활에서 큰 영향력을 가질 수 있게 될 터였다. 그러나 코자크들이 국왕 선출에 참여하는 것에 대해서 귀족들이 반대하자 코자크 사절들은 어쨌거나 자신들의 입장을 고집할 수 없었다. 쿨라하가 더 강한 인

원. 체르니히브 성주(каштелян, 1639~1646)직에 이어 1646년부터 키예프의 성주를 지냈고 1649년부터 1653년 사망할 때 까지 키예프 군정사령관을 지냈다. 그는 볼린의 유서 깊은 귀족 가문에서 태어났으며 자모시치 신학교에서 수학했디. 청년시절부터 폴란드 국왕군대에서 복무했고 스웨덴, 러시아, 오스만 투르크 등을 상대로 한 전쟁에 참전했다. 1629년부터 폴란드 국왕의 위임을 받아 키예프에서 정교도와 통합교회파를 타협시키는 중재자 역할을 했다.

상을 주기 위해 군대를 이끌고 볼린 지방으로 진격하였고 이곳에서 코자크 반대자들의 영지에 코자크 손맛을 보여주었음에도 결정을 비꿀 수는 없었다. 정교 신앙 문제 해결은 '선출의회'가 소집될 때까지 미루어졌다. 이러한 조치는 우크라이나 지도자들에게 지극히 불만스러운 것이었고 그들은 그런 만큼 더욱 정력적으로, 가을에 소집되는 '선출의회'에서 자신들의 입장을 관철하기로 결정했다.

정교회 문제에서 가장 중요한 것은 주교 문제였다. 정교도들은 옛 정교 교구와 수도원, 교회들을 통합교회파의 수중에서 되찾아 이를 정교도들에게 돌려줄 수 있게 되기를 원했다. 그러나 이들의 희망을 충족시켜 주어야 한다는 입장을 가장 진심으로 지지하는 사람들조차 감히 이렇게까지 양보할 의사는 없었다. 왕세자인 브와디스와프도 그런 사람 중 하나였다.[55] 양보할 준비가 되어 있는 문제에 대해서도 브와디스와프는 폴란드 성직자들과 열광적인 가톨릭교도 상원의원들 및 다른 폴란드 지도자들의 반대와 싸워야 하는 입장이었다. 결국 주교구들을 분리하고, 여타 지금까지 정교회에 속했던 다른 모든 재산도 정교회와 통합교회에 배분하기로 결정이 내려졌다. 이러한 조정안에 따르면, 정교회 대주교 교구, 통합교회 대주교 교구를 구분하여 두 개의 대주교 교구를 만들고, 두 교구가 동등하게 반반씩 주교 교구를 나누는 것으로 되어 있다. 정교회는 우크라이나에서 르비브, 페레미쉴, 루츠크 교구를 관할하고, 벨라루스에 새로운 교구를 만들기로 되었다. 통합교회는 벨라루스의 옛 폴로츠크 교구와 우크라이나의 볼로디미르, 홀름(헤움), 핀스크-투로브 교구를 가지게 된다. 교회와 수도원도 특별

55) 브와디스와프는 또다시 모스크바를 침공할 계획을 가지고 있었고, 이 원정에 코자크들을 동참시키기 위해서는 그들의 요구를 어느 정도 수용해주어야 한다고 생각했다. 정교문제에 대한 브와디스와프의 양보도 이 맥락에서 이루어졌다.

히 지명된 국왕의 위원회 결정에 따라 이들 사이에 배분하도록 되었다. 정교회 측은 원하건 원치 아니하건 이 조정안을 받아들일 수밖에 없었다. 브와디스와프만 하더라도 오직 자신의 유례없이 강한 영향력 덕분에, 교황의 윤허 없이는 그러한 양보에 동의할 의사가 없었던 가톨릭 성직자들 및 많은 민간인 상원의원들의 강력한 반대를 무릅쓰고 이 개편안을 실행시킬 수 있었다. 교황이 이러한 안에 동의하지 않을 것임은 당연했다. 브와디스와프는 모스크바를 염두에 두고 우크라이나 주민, 벨라루스 주민[56], 코자크들을 만족시켜야 할 필요성이 있음을 설득하곤 했다. 모스크바와의 강화조약이 만료되어가고 있었기에 그는 모스크바국과 또다시 전쟁을 벌일 계획을 가지고 있었다. 만일 정교도들의 희망을 들어주지 않으면 그는 코자크들의 군사적 지원을 기대할 수 없을 뿐만 아니라, 심지어 코자크들이 폴란드에 대항해 모스크바와 연합할 가능성도 있었다. 실제로 그 당시 수도대주교였던 코핀스키만 하더라도 아무리 애를 써 보았자 폴란드로부터 결코 양보를 받아낼 수 없으며 모스크바 차르의 권력 아래 들어가는 것이 유일한 해결책이라는 생각을 코자크들에게 불어넣고 있었다. 결국 브와디스와프는 다수의 상원의원들이 정교도들을 위한 이 양보안에 동의하도록 만드는 데 성공했다. 각 도시와 기타 지역에서 정교도들에게 동등한 권리를 보장하는 법도 역시 공표하기로 약속되었다. 그러나 이 약속은 종이 위에만 남게 되었다.

우크라이나인들이 얻은 것은 대단한 것이 아니었지만 그럼에도 그 의미는 대단히 컸다. 의회 내에서 정교를 신봉하는 우크라이나인들이 행사할 수 있는 세력이 그렇게도 미약한 상황이었음을 감안하면 이는 커다란 승리였다. 이는 우크라이나 출신 귀족 후예들이 의회에서 쟁취한 마지막 승

---

56) '벨라루스 주민'이란 말은 1913년 러시아어본에는 있지만 1911년 우크라이나어 초판본에는 들어있지 않다.

리가 되었다. 이들의 숫자는 점점 줄어들었고, 그 후에는 아무 흔적도 없이 폴란드 귀족들 속에 파묻혀 버렸다.

우크라이나인들은 쇠뿔도 단 김에 빼겠다고 생각하면서 곧바로 폴란드 의회에서 수도대주교를 선출하는 일에 착수했다. 폴란드 정부는 이전에 우크라이나인들이 마음대로 임명한 수도대주교 코핀스키와 주교들을 인정하지 않으려 했다. 정교도들은 이 부분에 대해서는 폴란드에 양보해야 했다. 그들은 동굴 대수도원장 페트로 모힐라를 수도대주교로 선출했다. 그는 폴란드 귀족들 사이에 지인과 연결망을 가지고 있었고, 이전에 정교회와 통합교회를 결합시키려는 정부 계획에 기울어진 적도 있었으므로, 폴란드인들은 기꺼이 코핀스키 대신에 그를 수도대주교로 임명할 준비가 되어 있었다. 모힐라가 동굴 대수도원장으로 취임했을 때(1627) 우크라이나 주민들과 특히 코자크들은 처음에는 그에게 의심의 눈초리를 보냈다. 그 당시 그가 형제단 학교에 맞서서 라틴어로 교육하는 자기 자신의 독자적인 신학교를 설립하려고 시도했는데, 다양한 정교회 보수파 인사들은 이 계획에 대항하여 코자크들을 부추겼고 코자크들은 즉각 이 학교의 교사들과 모힐라 본인까지 죽일 계획을 세우기도 했다. 그들은 모힐라가 폴란드와 내통해 이런 일을 한다고 의심했기 때문이다. 이렇게 되자 모힐라는 자신의 계획을 포기할 수밖에 없었고 그는 결국 자신이 세우려던 학교를 형제단 신학교에 통합시킨 후 형제단의 선임단원(старший)이 되어 형제단 신학교를 자신의 후견권 아래 넣었다. 그런 다음 그는 자신의 계획에 따라 이 학교를 개혁했다. 즉 그는 당대의 예수회 신학교를 모델로 삼아 신학교를 개혁함으로써 예수회 신학교와의 경쟁에서도 버텨나아갈 수 있게 하려 했다. 모힐라는 이렇게 양보함으로써 키예프 주민들 및 코자크들과 화해할 수 있었다. 그는 이 활동에서나 다른 교회 기획업무에서나 일관되게 보여준 비범한 열정과 능력으로 우크라이나 공중의 존경을 받기에 이르렀고, 우크라이나 공중도 역시 그가 수도대주교로 선출되는 데 상당히 기꺼운 마음으로 동의했다.

우크라이나 공중의 선택은 오류가 아니었다. 왜냐하면 실제로 모힐라는 수도원들의 막대한 재원을 수도대주교의 권력·권위와 결합시켜 수중에 장악하고 이것을 학술·교육진흥 용도와 교회 발전 용도를 위해 능숙하고도 열정적으로 활용할 줄 알았기 때문이다. 막대한 부를 소유한 동굴 대수도원은 그가 계속 장악하고 있었고, 여기에 재정이 지극히 풍부한 또 하나의 수도원인 푸스틴스코-미콜라이브스키 수도원이 이제 그의 관할 아래 들어왔을 뿐 아니라 전임 수도대주교들이 거주하고 있던 미하일리브스키 수도원도 역시 그의 영향력 아래 들어왔다. 모힐라는 형제단 선임단원의 지위를 유지하며 키예프 형제단을 이끌었다. 정교와 관련된 키예프의 모든 재원과 모든 기관이 그의 수중에 한데 장악되어 있었다. 모힐라는 일찍이

그림 218 모힐라의 주도로 복원된 후의 성 소피아 대사원(1651년의 그림).

전례가 없었을 정도로 풍부한 재원과 크나큰 권위를 정교에 이로운 방향으로 잘 이용해 혼란스럽고 지리멸렬한 상태에 있던 정교회 생활을 되살아나게 하고 정비했다. 그는 형제단 신학교의 수준을 격상시켰는데, 이 학교는 훗날 '키예프 아카데미'라고 개칭되었다가 그 후에는 그를 기려 '모힐라 아카데미'로 불리게 되었다. 그는 활발한 출판 사업을 발전시켰고 교육과 학문의 수준향상을 위해 세세한 관심을 기울였다. 그러나 키예프 모힐라 학교의 학문세계는 우크라이나의 민중생활과는 상당히 동떨어졌음을 언급하지 않을 수 없다. 이는 한편으로는 옛 교회 슬라브적 모범에 바탕을 둔 교육 체계에 근접해 있었고, 다른 한편으로는 폴란드 문화와 라틴(가톨릭) 문화의 영향을 받았다. 우크라이나 인민의 본연적 성격(стихия)에 대해서는 아직 명확하고 분명한 개념이 형성되지 않았고, 이런 점에서 새 신학교의 학문과 문필 체계는 그전에 출현했던, 생생한 민중언어에 바탕을 둔 문필·문학의 새로운 경향보다 낙후된 면이 있었다. 그러나 이러한 결점은 그 당시에만 해도 눈에 띄는 것이 아니었으며, 사람들은 신임 수도대주교의 열정과 열성을 높이 평가했다.

모힐라는 수도대주교로 선출되자마자, 통합교회파에 속하는 주교 크루페츠키(Крупецький)가 버티고 앉아 그로부터 벗어나려는 우크라이나 주민들의 온갖 노력에도 불구하고 교구를 포기하려 하지 않고 있던 페레미실에 정교도 주교를 선출하는 일에 착수함으로써 그의 활동력과 정교회 이익에 대한 열성을 보여주었다. 주교로 선출된 사람은 볼린 출신의 귀족인 훌레비치-보유틴스키(Гулевич-Боютинський)였는데, 그는 대단히 결단력이 강하고 활력에 넘쳤기에, 최근의 법률에 의해 정교회 관할로 인정된 페레미실 교구를 통합교회파로부터 뺏어오고자 하는 정교도들의 소망에 안성맞춤으로 부합하는 사람이었다. 그러나 훌레비치는 자기 교구의 교회와 영지를 빼앗기 위해 현지의 우크라이나인 귀족층을 앞세워 무장 공격을 조직하는 식으로 과격한 행동을 했기에 반대세력이 이를 구실로 삼아 그에게 유죄선고를 내렸다. 그런 후 이 선고는 훌레비치에게서 면제되기는 했지만 이는 또 다른 큰 대가를 치러야 하는 일이었다. 곧 페레미쉴 교구는 정교회 교구와 통합교회 교구로 나누어지게 된 것이다.

모힐라는 좀 더 신중했다. 그도 역시 통합교회파 수중에 들어 있던 자신의 본당교회인 성 소피아 대사원을 강제로 빼앗아 와야 할 처지였다. 그러나 그가 도착하기 전 모힐라의 측근들이 이 작전을 이미 수행해서 그가 왔을 때는 이미 문제가 해결되어 있었다. 이렇게 강제적으로 교회를 뺏는 일은 그 당시에는 여기저기서 보통 벌어졌던 터라, 성 소피아 대사원의 접수로 모힐라는 정교도들 사이에서 정교회의 이익을 위해 강경하게 행동할 줄 아는 사람으로 더 큰 명예를 얻었을 뿐이다. 이런 연유로 해서 모힐라에게 자발적으로 자기 직책을 넘겨주려 하지 않았던 전임 수도대주교 코핀스키를 그가 가혹하게 대한 일조차 사람들은 관대하게 봐 주었다. 코핀스키는 모힐라를 폴란드인들의 도구로 여겼지만 결국에는 모힐라에게 굴복할 수밖에 없었다.

키예프 주민들과 성직자단, 현지 우크라이나 귀족들은 학생들의 연설과 시와 찬사로써 모힐라를 열렬하게 환영했다. 이들은 모힐라라는 인물을 상징으로 삼아, 그토록 오랜 세월에 걸친 비애와 억압, 굴욕 끝에 자신들이 처음으로 얻은 민족적 승리를 축하했다.

76. 술리마[57]와 파블륙[58]

새로운 폴란드 국왕은 전쟁에 대한 갈망으로 불타 열심히 전쟁 계획을
세웠지만, 폴란드 귀족들은 그의 계획을 호의적으로 대하지 않았다. 이 때
문에 브와디스와프 왕은 코자크들의 가치를 특히 높이 평가하고 그들의
호의를 사려고 애썼다. 그는 대관식이 끝나자마자 모스크바국과 전쟁을
시작했다. 이 전쟁이 시작되기도 전에 그는 코자크들을 먼저 파병해 모스
크바국에 속하는 북부 국경지역 영토를 공격하도록 했다. 자신은 스몰렌
스크를 공격하면서 또 다시 코자크들에게 지원을 요청했다. 그러나 폴란
드 의회는 왕이 원하는 대로 전쟁을 수행하도록 허락하지 않아서 일찌감
치 이듬해에는 전쟁을 중단할 수밖에 없었다. 브와디스와프는 그 대신 투
르크와의 전쟁을 시작하고 싶어했으나, 폴란드 상원의원들은 이것도 가로
막고 나서서 코니에츠폴스키에게 투르크인들을 절대로 도발하지 말고 어
떠한 수를 써서라도 그들과 우호적 관계를 맺도록 노력하라고 극히 단호
하게 지시했고, 그는 이 지시를 따랐다. 폴란드 정부는 코자크들이 자포

---

57) 이반 미하일로비치 술리마(Иван Михаилович Сулима, ? ~1635)는 자포로쟈 코자크 지도
   자로서 1628년에서 1635년 사이에 헤트만직에 있었다. 정교 신자였던 그는 헤트만으로 재
   직하면서 폴란드 정부와 대립하게 되고 코닥 요새 파괴에 대한 벌로 처형당하게 된다. 그는
   참수당한 후 시신이 찢어져 바르샤바 거리에서 전시되었는데, 폴란드 정부는 투르크인들에
   게 투르크의 적인 술리마를 죽였다는 증거를 확실히 보여주기 위해 이렇게 가혹한 처벌을
   내렸다고 한다.
58) 파블로 미흐노비치 파블륙(Павло Михнович Павлюк, ? ~1638), 별명은 부트(Бут). 자포
   로쟈 코자크 헤트만. 1637~38년 코자크-농민 봉기의 지도자. 1637년 친 폴란드 노선을 강
   화하려는 등록 코자크와 자포로쟈 코자크 사이에 갈등이 심화된 후 파블륙이 자포로쟈 코
   자크 군단의 헤트만으로 선출되어 폴란드 귀족층에 맞서는 봉기를 이끌었다. 공방이 진행
   되는 과정에서 코자크들이 파블륙의 군사적 실패를 비난하며 그를 폴란드 군에 넘기고 항
   복했다. 파블륙은 바르샤바에서 처형당했다.

로쟈로 가지 못하게 길을 막고 그들이 투르크 영토를 공격하는 것도 종식시키기 위해 드니프로 강 급류 지역을 따라 요새를 건설하기로 결정했으며, 이에 따라 코니에츠폴스키는 앞에서 언급한 프랑스 엔지니어 보플랑에게 요

그림 **219** 코자크들(당시의 판화).

새를 짓기에 적당한 장소를 고르도록 의뢰했다. 이 일은 이번에는 말로만 끝나지 않았다(이제까지 이런 시도는 이미 여러 번 있었다). 실제로 코다츠크 급류 주변에 코닥(Кодак)이라는 이름을 얻게 될 성채의 건설이 시작되었고 몇 달 뒤에는 어느새 폴란드 부대가 이곳에 주둔했다. 이 요새 건설은 코자크들을 격노시켰는데, 요새에 주둔하는 폴란드 부대는 코자크들이 자포로쟈로 가는 길을 막을 뿐 아니라, 스텝 지역에서의 모든 생계활동도 방해함으로써 코자크들에게 그 외에도 갖가지 불만을 불러일으켰다. 코자크들은 지난번 전쟁에 대해서도 아무런 보상을 받지 못한 데다 오히려 평화 시기라는 구실 아래 그들의 군사적 활동이 그전에 비해 제한되고 있었기 때문에 그렇지 않아도 이미 극도로 흥분해 있었는데, 불에 기름 붓는 격으로 코닥 요새라는 꼴불견까지 가세한 것이다! 코자크들은 이 새로운 압제에서 벗어나고, 그들의 영토 깊숙한 곳까지 잠식한 눈엣가시 같은 폴란드 요새를 파괴하기 위해 적당한 기회가 오기만을 기다렸다.

　1635년 초 폴란드와 스웨덴의 전쟁이 코앞에 닥치면서 코자크들에게 그런 적당한 기회가 왔다. 스웨덴 왕가 출신이었고, 한때 스웨덴 국왕으로

인정받기도 했던 아버지[59]를 둔 브와디스와프는 아버지와 마찬가지로 스웨덴 왕위를 자신의 것으로 주장하고 있었기 때문에 이 전쟁을 열렬하게 환영했다. 해상으로 스웨덴을 공격할 계획을 갖고 있던 폴란드 왕은 코자크들의 해상 원정을 기억하고 그들을 스웨덴 공격에 동원하기로 결정했다. 그는 코자크 선박건조 장인들에게 주문서를 보내 니에멘(Niemen) 강에서 30척의 차이카 배를 건조하고, 이 원정을 위해 명부에 등록된 사람들 외에도 1,500명의 코자크들을 더 동원하도록 했다. 이 모든 것은 실제로 이행되었고 코자크들은 흑해에서 보여주었던 용맹을 발트 해에서도 그대로 보여주었다. 스웨덴 군이 그들의 차이카 배에 포탄을 퍼부었지만, 코자크의 배들은 포격으로 피해를 입지 않았고, 반대로 스웨덴 함선들과 접현전(接舷戰)을 펼쳐서 스웨덴 군에게 적지 않은 공포를 불러일으켰다. 스웨덴 군은 코자크들이 그렇게 작은 배를 타고 바람과 폭풍을 견뎌내는 기술과, 배들이 바람 때문에 흩어졌을 때 곧 다시 집결하는 기술에 하나같이 탄복했다. 그러나 코자크들은 이 전쟁에서 정복자가 되지는 못했다. 왜냐하면 여기서도 전쟁은 오래 지속되지 않았고, 국왕은 얼마 안 가서 우크라이나로 귀환하라는 명령을 코자크에게 내렸기 때문이다. 차이카 배들은 다음 전투를 대비해 보관해 두라는 명령도 곁들여졌다.

그런데 우크라이나에 남아 있던 코자크들은 전쟁이 시작되자마자 금방 종결되리라는 것을 예상하지 못했기 때문에 폴란드가 힘겨운 전쟁에 말려들어 자기네 행동을 그리 주의 깊게 추적하지 못할 것으로 기대했다. 이들

---

59) 폴란드 국왕 지그문트 3세 바사를 말한다. 그는 원래 스웨덴의 왕자였으며 그가 폴란드 국왕으로 선출된 데는 그의 어머니가 야기에우오 왕가 출신의 폴란드 왕족 여성이었다는 사실이 크게 작용했다. 그는 스웨덴의 자기 영지에도 강한 애착을 가져서 스웨덴 국왕 자리를 요구했다.

은 이 기회를 이용해 눈엣가시 같은 코닥 요새에서 벗어나기로 했다. 그 당시 코자크 헤트만이었던 이반 술리마(Іван Сулима)는 한밤중 불시에 요새를 공격해 돌격전으로 이를 점령하였고 요새 지휘관을 총살하라고 명했다. 코자크들은 주둔 부대를 학살한 후 요새 자체도 완전히 파괴했다. 이 공격은 폴란드에서 격분을 불러일으켰다. 스웨덴 전쟁에서 물러나 이미 우크라이나로 돌아와 있던 코니에츠폴스키는

그림 220 술리모브코 마을의 교회. 추정컨대 이반 술리마의 명으로 건립된 듯하다(철제 지붕은 후대의 것이다).

그 같은 무법행위에 대해 피비린내 나는 복수를 할 것이라고 위협했다. 폴란드와의 전쟁을 피하기 위해 등록 코자크들은 코닥 요새 공격의 지도자인 술리마와 그의 최측근 동료들을 체포해 폴란드에 넘겨주기로 했다. 이보다 나중에 코자크 문제 파견위원직을 맡았던 아담 키셀은 이 문제에서 자신의 전임자이자 상관이었던 루카쉬 주우키에프스키(폴란드 군 헤트만이었던 주우키에프스키의 친척)가 이것에 그치지 않고 영향력 있는 코자크들을 돈으로도 매수해 술리마를 배신하도록 했다는 사실을 이야기하고 있다. 등록 코자크들은 술리마와 그의 측근 다섯 명을 체포하여 쇠사슬에 묶은 재 바르샤바로 압송했으며, 이들은 의회에서 재판을 받고 사형선고를 받았다. 코자크 헤트만의 이러한 비극적 최후는 모든 사람의 관심을 불러일

으켰다. 코자크에 적대적인 폴란드인들조차도 그토록 뛰어난 전사들, 그 중 특히 술리마가 형리의 손에 사형을 당하는 것에 대해 안타까워했다. 술리마는 여러 번 헤트만으로 선출된 바 있는 오랜 코자크 지도자였다. 그는 투르크 원정에 수도 없이 참여했지만 전투에서 부상 한 번 입지 않았다. 그는 파울루스 교황(1610년대에 로마 교황이었다)으로부터 받은 금메달도 가지고 있었다. 술리마는 투르크의 갤리선을 포획하고 배에 승선했던 수많은 투르크인을 생포한 후 그 가운데 300명의 포로들을 로마로 데리고 가서 교황에게 선물로 바친 데 대한 대가로 그 메달을 받았다. 폴란드 왕이 직접 나서서 어떻게 해서든지 술리마의 생명을 구하려고 했지만 뜻을 이루지 못했다. 사람들은 술리마에게 이렇게 하면 목숨을 구할 수 있으리라고 약속하면서 가톨릭으로 개종하도록 설득했고, 그도 이에 동의했지만, 이것조차 그를 죽음에서 구하지 못했다. 술리마는 처형되고 몸은 절단되어 바르샤바 시내 네 곳에 전시되었다.

술리마와 그의 측근들을 죽음으로 보내놓고 등록 코자크들은 국왕에게 다양한 부담완화를 요청했다. 방백들이 코자크들을 억압하지 말 것, 이미 오랫동안 미지급 상태에 있는 자신들의 군역 급여를 지불해줄 것 등이 그것이었다. 국왕은 요구를 들어주겠다고 약속했지만, 그전과 마찬가지로 지급할 돈이 없었다. 심지어 코닥 요새를 다시 지을 재원조차 없는 형편이었다. 이런 사정은 아랑곳없다는 듯 코자크들에게는 해상 원정을 자제하고, 횡포 부리는 자를 제어하라는 명령이 내려졌다. 그러나 이 같은 명령을 이행하기란 점점 더 어려운 일이 되었다. 왜냐하면 등록제외 코자크뿐만 아니라 등록 코자크도 더 이상의 복종을 거부할 상황에 이르렀기 때문이다. 등록 코자크들은 폴란드 정부가 그들에게서 군역과 복종은 요구하면서도 급여는 지급하지 않고, 지주와 방백들의 억압으로부터 보호해주지도 않은 것에 불만을 터뜨렸다. 그 당시 파견위원이었던 키셀은 주우키에프스키가 한 것처럼 코자크 장교들에게 돈을 나눠주어서 이들로 하여금 코자크 '일반병사 (чернь)'들을 통제하도록 하려 했다. 그 당시의 (등록) 코자크 헤트만인 토밀렌코(Томиленко)와 그의 부하인 군단 서기 오누쉬케비치(Онушкевич)는 가능한 한 코자크들을 통제하려고 최선을 다했다. 그러나 코자크들은 계속 봉기를 일으켰다. 특히 드니프로 강 우안 지역인 체르카시 연대와 치히린 연대에서 봉기의 물결이 드높았다. 불만을 품은 코자크들의 가장 중요한 지도자로 등장한 이는 술리마의 전우였던 파블륙 부트(Павлюк Бут)였다.

코자크들은 한동안 또다시 크림 문제에 몰두했다. 당시 크림 칸이었던 이나에트 기레이(Inaet Giray)가 투르크의 술탄에게 반기를 들면서 그전에 샤긴 기레이가 그러했던 것과 마찬가지로 투르크와 그 동맹국들에 대항해 함께 출병할 것을 코자크들에게 요청했다. 정부의 통제 밖에 있던 코자크 부대들은 파블륙의 지휘 아래 크림으로 출정했다. 이 덕분에 우크라이나에서 코자크들의 움직임은 어느 정도 소강상태에 들어갔다. 그러나 1637년 봄 크림 원정에서 자포로쟈로 귀환한 파블륙은 이곳에서 또다시 코자크들을 선동하기 시작했다. 폴란드 왕의 파견위원들이 마침내 가져온 돈도 이제는 더 이상 상황을 진정시키지 못했다. 등록 코자크들도 여러 가지 불만을 제기했다. 파블륙은 이들에게 봉기하여 자신들의 권리를 찾으라고 선동하면서 그렇지 않으면 그들은 봉기한 사람들에게서 화를 당할 것이라고 위협했다. 파블륙을 따르는 추종자들은 코자크의 대포[60]를 장악하고 자포로쟈로 이동시켜 갔다. 토밀렌코는 이들에게 반란을 일으키지 말도록 경고는 했지만 직접 이들에 맞서 탄압책을 쓰지는 않았다. 이런 이유로 토밀렌

---

[60] 테레크테미리브 시에 보관하기로 되어 있던 대포를 말한다. 66장을 참조하시오.

코는 그 자신도 파블륙에게 동조하고 있다는 의심을 받았다. 이런 의심을 거두지 못한 등록 코자크들은 토밀렌코를 해임하고 좀 더 믿을 만하다고 생각되는 페레야슬라브 연대장 사바 코노노비치(Савва Кононович)를 최고 지도자로 선출했다. 그러나 이 조치가 오히려 봉기에 불을 당겼다. 파블륙은 격문을 지참한 자기 휘하의 두 연대장 카르파 스키단(Карпа Скидан)과 세멘 비호베츠(Семен Биховец)를 읍락들로 파견하였는데, 이들의 임무는 코자크들과 모든 신분의 주민들에게 분기하여 군대로 들어올 것을 촉구하는 것이었다. 파블륙은 "주우키에프스키 장군에게 오찬과 만찬과 성찬 대접을 받고 그 대가로 우리의 동지들을 팔아넘긴 배신자들"을 지원하거나 보호하지 말라고 선동하였다. 코자크들은 들고일어나서 코노노비치와 오누쉬케비치를 다른 장교들과 함께 체포하여 체르카시 너머 보로비차(Боровица) 근교에 있던 파블륙에게 데려갔다. 이들은 그곳에서 재판을 받고 유죄선고를 받은 후 처형되었다.

그러나 이 일이 있은 후 파블륙은 곧바로 읍락들을 향해 진군하는 대신 자포로쟈로 돌아왔다. 소문에 의하면 이곳에서 그는 크림 칸 및 돈 카자크들과 협상을 벌였으며 그들에게서 지원을 기다리고 있었다고 한다. 파블륙은 읍락 지역에는 자기 대행인 스키단을 남겨두고 자신은 봉기를 계속 선동하며 군대를 모집했다. 그는 휘하의 코자크 병사들을 헤트만 포고문(우니베르살)과 함께 각 지역으로 보내, 정교회 신앙을 가지기만 했다면 모두 폴란드인들에 대항하여 일어나라고 선동했다. 그리고 실제로 민중은 봉기를 일으켜 귀족들을 공격하고 코자크 군단에 가담했다. 특히 드니프로 강 이동 지역에서는 거의 모든 농민들이 코자크가 되어 "모든 장정(хлоп)이 코자크다"라고 폴란드인들이 본국에 보고할 정도가 되었다. 그러나 파블륙은 이 기간 내내 자포로쟈에만 있으면서 읍락 지역의 상황을 전혀 살피지 않는 중대한 실수를 저질렀다. 이렇게 해서 1625년의 상황이 반복되었다. 폴란드 전군 사령관(헤트만) 미코와이 포토츠키[61]가 이끄는 폴란드 군은 가을에 진격을 시작하여 파블륙이 자포로쟈로부터 올라오기 전에 먼저 체르카시 지역에 진입하는 데 성공했다. 이는 봉기의 동력을 순식간에 고갈시켰다. 코자크 주력군의 지원을 받지 못하면서 봉기의 열기는 수그러들었다. 코르순에 있던 스키단은 포토츠키에 맞서 진격할 결심을 하지 못한 채 모쉬니

그림 221 아담 키셀(키셀이 키예프 군정사령관이 되어 있던 시기인 만년의 초상화).

(Мошни) 근교로 후퇴했다. 그는 읍락 지역에 있는 모든 봉기자들도 그곳에 집결하도록 했다. 그러나 키짐(Кизим)의 지휘 하에 있는 드니프로 강 좌안 지역의 코자크들은 전세가 이토록 불안하게 바뀐 봉기에 뛰어드는 것을 주저하며 드니프로 강 저편 기슭에 그대로 주둔하고 있었다. 마침내

---

61) 미코와이 포토츠키(Mikołaj Potocki, 1595~1651). 별명은 곰의 발톱. 폴란드 대귀족 출신의 무인이다. 전군 사령관직을 거쳐 1646년부터 1651년까지 최고 사령관인 국왕 헤트만직을 수행했다. 1646년 이후 크라크프 성주. 일찍이 오스만 투르크와의 전투에서 무용을 떨쳤고 1637년 파블륙이 지도하는 코자크 봉기군을 격파했다. 농민, 코자크에 대해 내난히 억입적인 정책을 폈으며, 그의 무자비한 정책은 흐멜니츠키의 봉기를 불러일으키는 원인이 되었다. 1651년 흐멜니츠키 군과 빌라 체르크바에서 조약을 맺었다.

파블륙이 모쉬니에 도착했고 그 자신이 직접 나서서 좌안 코자크들은 정교도 신앙과 황금같이 귀중한 코자크들의 특권을 수호해야 한다고 호소했다. 그러나 코자크 군단이 다 집결하기도 전인 성 미콜라(니콜라이) 기념일 (1637년 12월 6일)에 모쉬니와 로스 강 사이에서 결전이 벌어졌다. 코자크들은 쿠메이코 마을 근처에 진영을 펼쳤던 폴란드 군을 공격했지만 폴란드 군의 위치는 대단히 유리한 것이었다. 늪지대 때문에 폴란드 군 진지에 접근하는 것이 불가능했다. 폴란드 군은 포격으로 코자크 군대를 격퇴하고 오히려 반격에 나섰다. 코자크 진영을 공격해 이를 격파했지만 폴란드 군에서도 많은 사상자가 나왔다. 포사격으로 인해 코자크 진영 내의 화약 마차가 폭발함으로써 코자크 군은 큰 혼란에 빠졌다. 이렇게 되자 파블륙, 스키단과 다른 코자크 장교들은 대포를 일부나마 건져내 끌고 보로비차로 급히 퇴각했다. 그리고 이곳에서 다시 병력을 모으기 시작했다. 뒤에 남겨놓은 부대는 드미트로 후냐(Дмітро Гуня)의 지휘책임 아래 들어가 전열을 유지하며 후퇴했다. 병자와 부상자들은 모쉬니에 남겨졌는데, 폴란드 군은 이들을 발견하자 방어력이 없는 이들도 봐주지 않고 무자비하게 살해했다. 이때 후냐의 부대와 파블륙의 부대는 보로비차에서 합류했고, 폴란드 군과 강화 협상을 시작했다. 포토츠키는 파블륙과 토밀렌코, 스키단을 넘겨주는 것을 조건으로 하지 않으면 절대로 강화에 동의할 수 없다고 주장했다. 키셀과 다른 폴란드 대표들이 이들에게 어떠한 피해도 없을 것임을 보장한 후, 등록 코자크들은 버티지 않고 파블륙과 토밀렌코를 폴란드 군에 넘겼다. 스키단과 후냐는 이때 치히린에 있었는데, 상황이 이처럼 변한 것을 전해 듣고는 자포로쟈로 도망쳐 피신하였다. 포토츠키는 일랴쉬 카라이모비치[62]를 임시 최선임지휘관으로 임명했다. 코자크들은 포토츠키의 명령을 이행하고 불복종자들을 자포로쟈에서 추방하며 보관 중인 배들을 소각한다는 의무를 명시한 문서에 억지로 서명할 수밖에 없었다. 이 문서에 서명한 장교들 중에는 코자크 군단 서기 직책을 가진 보흐단 흐멜니츠키도 있었다. 바로 이 문서에서 코자크 장교단의 일원으로서의 그의 이름이 처음으로 등장한다.

이렇게 코자크들을 평정한 후 포토츠키는 등록 코자크들로 하여금 자포로쟈의 질서를 회복하도록 명령했다. 읍락의 도시 주민들에 대해서는 직접 나서서 공포를 조성하는 것을 자기 임무로 삼았다. 그는 키예프, 페레야슬라브, 니진 등을 다니며 봉기에 참여한 주민들에게 형벌을 내렸다. 사람을 뾰족한 꼬챙이 위에 앉혀 죽이거나 기타 잔혹한 형벌을 생각해내 이들을 처형했다. 그뿐 아니라 그는 주민들이 다시 봉기운동을 일으키는 것을 막기 위해 좌안과 우안을 막론하고 우크라이나 모든 지역에 폴란드 군대를 주둔시켰다.

풀은 슬퍼 땅에 누웠고, 나무도 서러워 몸이 굽었네.
우리의 조상들은 잔혹한 고문 겪었네.
어떤 이는 매 맞은 후 깊은 로스 강에 던져져 죽고
어떤 이는 머나먼 바르샤바에서 재판 받았네.
살아남은 이도 가혹한 고문을 받았지.
손이 잘려 불구된 이가 우크라이나 온 땅을 돌아다니네.
바르샤바에서는 이렇게 공포했네. "주민들은 들어라!
귀족에 대항하는 자, 모두 이렇게 될지어다."
그것이 신의 뜻이면, 그렇게 되렴, 그렇게 되렴.

---

62) 일랴쉬 카라이모비치(Іляш Караїмович)는 1637년에 미코와이 포토츠키가 지명한 등록 코자크 지도자이다. 보흐단 흐멜니츠키는 그의 서기였다.

우크라이나의 운명은 피 흘리는 전투 속에서 자라나니까.

온 세상 사람이 알게 하라, 우리가 어떻게 죽어갔는지,

죽음으로 끌려가며 우리가 진실의 혈서 썼음을!

글 모르는 이도 우리가 쓴 것을 읽도록, 그렇게 썼음을.

폴란드 귀족들이 심판 받기 전에는 우리에게 화해는 없으리.

로스 강이 그 이름 가지는 한, 드니프로 강이 바다로 흘러가는 한,

우크라이나 사람은 폴란드 지주와 가슴으로 화합하진 않으리.

77. 오스트랴닌[63]의 전쟁과 코자크에 대한 압제

포토츠키는 읍락 지역의 코자크들을 굴복시키는 데는 성공했지만 자포
로쟈의 코자크들은 이번에도 제압하지 못했다. 자포로쟈에는 코자크들이
계속 모여들었고, 읍락 지역에서 이곳으로 철수해온 키짐 부대와 스키단

---

63) 야츠코 오스트랴닌(Яцко Острянин, ?~1638) 혹은 스테판 오스트랴니챠(Степан Остряниця)
라고도 한다. 자포로쟈 코자크 군단 헤트만. 1638년 드니프로 강 좌안 우크라이나에서 일
어난 코자크-농민 봉기의 지도자. 코자크 집안 출신으로 젊은 시절 염전업에 종사하다가
1629년 자포로쟈에 들어갔으며 타라스 트랴실로가 주도한 코자크-농민 봉기에 참여했다.
등록 코자크 대령이던 1633년에는 폴란드 군의 일원으로 모스크바국과의 전쟁에 참여했다.
1637~1638년 파블륙이 이끈 봉기가 실패하자 다시 자포로쟈로 도주했으며 이곳에서 헤트
만으로 선출되어 코자크 봉기를 재개했다. 드미트로 후냐와 카르프 스키단이 가장 중요한
조력자였다. 이들은 키예프와 폴타바의 농민봉기를 지원했으나 봉기는 진압되었고 오스트
랴닌을 대신해 후냐가 두 달 동안 봉기를 더 이끌었다. 그의 최후에 대해서는 엇갈리는 몇
가지 주장이 있다. 대표적인 것은 그가 수도생활을 하다가 폴란드인들에게 기만적으로 체
포되어 바르샤바에서 처형되었다는 설이다. 흐루셰브스키는 야츠코 오스트랴닌이 코자크
들과 그 가족들을 이끌고 자유공동체로 가서 정착했다가 이곳에서 장교들의 횡포에 불만을
품은 코자크들에게 살해당했다고 쓰고 있다. 19세기 우크라이나의 역사가인 판텔레이몬 쿨
리쉬는 야츠코 오스트랴닌이 스테판 오스트랴닌과 동일한 인물이라고 주장했다.

부대에 합류했다. 포토츠키의 명령대로 자포로쟈의 질서를 수립하기 위해 카라이모비치가 지휘하는 등록 코자크 연대가 자포로쟈로 내려왔으나, 과거 자포로쟈의 최고지휘자였던 후냐는 그의 요구를 듣지 않았을 뿐 아니라 카라이모비치 군단의 등록 코자크들조차 진영을 이탈해 자포로쟈 코자크 쪽으로 넘어오기 시작했다. 사태가 이렇게 되자 카라이모비치는 급히 상류 지역의 읍락으로 되돌아갔다.

자포로쟈 코자크들은 다시 한 번 출병해 지난번에 패배한 전투에 대한 복수를 하고 싶어했고 이를 위해 봄이 오기만을 기다렸다. 그들은 주민들을 선동하기 위해 일찌감치 전령들을 각지로 파견했다. 이번에 지휘관으로 선출된 사람은 혁혁한 무공을 자랑하는 연대장 야츠코 오스트랴닌(Яцко Острянин)이었다. 그는 봉기에 특히 유리한 토양이 형성되어 있던 좌안 지역 우크라이나로 코자크 군을 이끌고 갔다. 폴란드 군은 그의 이동을 막으려 했으나, 그는 능숙하게 폴란드 군의 봉쇄를 피해 크레멘축 북쪽으로 올라가, 홀트바(Голтва) 강이 프셀(Псел) 강으로 낙류하는 지역으로 나아갔다. 그는 이곳 홀트바 촌락 인근에 멈춘 다음 절벽과 계곡 사이 아주 유리한 지형에 진지를 구축하고 견고한 방어요새를 만들었다. 우크라이나에 주둔하고 있던 폴란드 군은 오스트랴닌에 덤벼들고 코자크 군을 공격하고자 시도했으나 실패했다. 그러자 반격에 나선 코자크 군은 진지와 매복한 쪽 양쪽에서 폴란드 군을 협공하였고 이들을 지독히 무자비하게 격파했다. 그리하여 코자크들은 폴란드 군 중대를 전멸시켰고 살아남은 폴란드 군 패잔병들은 후퇴할 수밖에 없었다.

그러나 이 승리에 크게 고무된 오스트랴닌은 이번에는 스스로 실수를 저질렀다. 그는 그토록 유리한 전략적 요충지에 머무르면서 봉기를 조직하는 대신, 그에게 서둘러 오고 있던 증원군을 미처 기다리지도 않고 급히 폴란드 군을 추격해 루브니까지 달려갔다. 오스트랴닌은 진군 도중에 체르니히브 지역에서 오는 스키단 부대와 키예프 지역에서 오는 솔로먀(Солома) 부대, 다른 지역에서 오는 푸티블(Путивль) 부대와 시키랴브(Сикиряв) 부대 등 그를 향해 오던 여러 연대와 합류할 것을 기대했다. 그러나 이 예상은 빗나갔다. 오스트랴닌은 이 부대들을 만나지 못한 채 루브니에 진입했고, 자기 휘하 부대만으로 폴란드 군과 전투를 치러야 했다. 그의 부대는 전투에서 패했고 오스트랴닌은 그 후 술라 강을 따라 북쪽의 자유공동체 지역(슬로보다)[64]으로 급하게 퇴각하기 시작했다. 한편 그를 지원하기 위해 돈 강 지역과 쟈포로쟈에서 달려오던 나머지 부대들도 오스트랴닌을 만나지 못하고 폴란드 군과 맞닥뜨렸고 결국 항복했다. 그러나 항복으로 건진 것은 아무것도 없었다. 솔로니차의 상황이 재연되었다. 휴전 협상이 진행되는 동안 폴란드 군은 갑자기 코자크 진지를 공격해 코자크 무인들을 남김없이 살육했다. 그러나 이때 롬니(Ромни) 영지에서 엄청나게 많은 주민들이 코자크들이 되기를 자원해 오스트랴닌 휘하로 들어왔기 때문에 그는 다시 한 번 승리를 다뤄보기로 결심하고 미르호로드(Миргород)로 이동하여 왔다. 그는 이곳에서 새로운 전투를 준비한 다음 루브니 남쪽의 루코먀(Лукомья) 마을에서 진을 쳤다. 드니프로 강 연안 지역(포드니프로비야)과의 교통을 차단하려는 의도에서였다. 그러나 새로운 전투는 또다시 그의 패배로 끝나고 말았다. 그가 사실상 실현될 수 없는 너무나 복잡한 전투계획

64) 슬로보다(слобода), 곧 자유공동체는 러시아, 우크라이나, 벨라루스 역사에서 주민들의 이주로 형성된 정착촌, 특히 국가권력의 규제로부터 상대적으로 자유로웠던 자율적 주민 공동체를 가리킨다. 이들 정착촌은 세금을 면제받는 것을 비롯하여 일정한 특권을 누렸다. 16~17세기 이후에는 주로 우크라이나 동부, 러시아 중남부에 형성된 코자크들의 자율적 촌락을 가리켰다. 슬로보다는 초기 슬라브어에서 '자유'를 뜻하는 말이다. 따라서 이 말은 자유촌락, 자유정착촌 등으로도 번역할 수 있다.

을 세워 행동한 결과였다. 이 또 한 번의 패배 이후 오스트랴닌은 술라 강을 따라 남쪽으로 퇴각했고, 폴란드 군은 급하게 그를 추격했다. 그가 미처 진지를 구축할 여유를 가지기도 전에 폴란드 군이 조브닌(Жовнин) 마을 근처에서 그를 따라잡았다. 전투는 또다시 코자크들에게 불리한 형세를 보였다. 오스트랴닌은 전투가 완전히 실패로 끝났다고 여기고 군단을 포기한 채 소수의 부하와 함께 모스크바국 국경을 넘어가서 지금의 하르키브 도 지역에 정착했다. 폴란드식 제도[65]가 드니프로 강 동쪽 우크라이나 땅에도 도입되기 시작한 이후부터 이 지역으로 우크라이나 주민들이 이동해왔고, 특히 전쟁이 실패로 끝날 때마다 엄청나게 많은 주민들이 모스크바국 국경을 넘어 이곳으로 이주해왔다. 이들은 우크라이나의 코자크 제도를 모범으로 삼아 조직을 만들고 자유공동체민(слободан)으로 정착했다(여기에서 '자유공동체 우크라이나(Слобідська Україна)'라는 명칭이 나왔다).

지난번 전투에서도 코자크 군단을 파멸에서 구했던 드미트로 토마셰비치 후냐가 또다시 오스트랴닌의 패잔병 부대에 대한 지휘책임을 맡았는데 그는 이번에는 코자크들이 도주하는 것을 막았다. 후냐는 폴란드 군의 공격을 막아냈지만, 그 후 포토츠키가 직접 새로운 부대를 이끌고 접근해온다는 소식을 듣고 드니프로 강변으로 바짝 후퇴하여 이곳에서 스타레츠(Старец, 장로)라 불리는 옛 드니프로 하상 지역에 새로운 진영을 만들었다. 이곳은 코자크들이 그전에 언젠가 체르카시 방백과 전투를 치른 적이 있는 오래된 참호였다. 위치도 아주 유리했던 데다가 후냐가 이곳을 더욱 물샐 틈 없이 견고하게 요새화했기 때문에 나중에 이를 본 폴란드 공병기술자들은 코자크 요새를 점령하는 것은 결코 불가능하다고 인정했다. 보급품을 차단해서

---

65) 예속적 농노노동에 바탕을 둔 지주제 농장 경영을 말한다.

포위된 사람들을 굶어죽게 하는 것만은 가능하겠지만, 점령하는 것은 불가능하다는 것이었다. 조브닌에서의 질서정연한 후퇴와 드니프로 강 스타레츠 지류에서의 방어로 후냐의 이름은 코자크 지도자의 역사에서 가장 뛰어난 인물 중 하나로 빛나게 되었다.

포토츠키는 코자크 진영을 포위했지만, 요새를 점령하는 것은 불가능하다는 것을 곧 깨닫고 협상을 시작했다. 후냐는 협상에는 반대하지 않지만 쿠메이코에서와 같은 강화는 하지 않겠다고 선언하고, 코자크에게 이전의 특권을 모두 회복시켜준다는 조건을 걸고 명예롭게 협상에 나서겠다고 답했다. 후냐는 새로운 증원군이 오고 폴란드 군이 이곳에 주둔하면서 다시 전투에 나서려는 의지를 완전히 잃어버릴 때까지 기다리며 의도적으로 협상을 지연시켰다. 포토츠키는 코자크 진지에 포격을 시도했으나, 코자크들은 이를 잘 견뎌냈다. 코자크 군을 진지에서 유도해내기 위해 주변 지역을 파괴하고 방화를 했고, 코자크들은 폴란드 군의 악행을 비난했지만, 요새에서 나오지는 않았다. 코자크들은 식량과 보급품이 부족한 가운데서도 참고 견디며 연대장 필로넨코(Филоненко)가 드니프로 강 건너편에서 신선한 보급품을 가져오기를 기다렸다. 그러나 여기서 그에게 불행한 일이 벌어졌다. 필로넨코는 그의 진로를 가로막고 있던 폴란드 군과 조우해서 그 자신이 그들의 저지선을 뚫고 후냐의 진영까지 오는 데는 성공했으나, 모든 보급품을 폴란드 군에게 잃고 빈손으로 왔다. 이렇게 되자 코자크들은 모든 희망을 잃게 되었고 이제 포토츠키와 진지하게 강화협상을 벌이기 시작했다. 그러나 코자크 군의 상황이 변한 것을 알아차린 포토츠키 또한 어떤 양보도 하려 하지 않았다. 코자크들은 결국 지난해 봉기가 진압된 후 폴란드 의회가 그들에게 부과했던 굴욕적인 강화 조건을 받아들여야 했다. 다만 스타레츠 진지에서의 끈질긴 항전의 결과로 모든 병사가 안전을 보장받고 완전한 사면을 받았다. 폴란드 군은 이번에는 지휘관들을 넘겨달라는 요구도 하지 않았다. 이렇게 해서 전투에서나 성난 폴란드 병사들이 벌인 이러저러한 살육에서 살아남은 코자크 병사들은 모두 사면을 받았다.

이렇게 해서 이번에는 코자크 집단은 심각한 압박에 몰리게 되었다. 이제 코자크 군단은 수천 명에 지나지 않았다. 코자크 병사의 수는 법적으로 6,000명까지 인정이 되었지만, 이 숫자조차 채우지 못했다. 빈자리가 있어도 신병이 등록하지 않았기 때문이며, 게다가 코자크 등록명부에 기재된 인원 중 상당수는 코자크가 아니라 외부인인 폴란드인들이었다. 장교들의 선출은 취소되었고, 대신 폴란드 정부가 모든 장교들을 임명했다. 더욱이 연대장은 코자크들이 아니라 폴란드 귀족들 사이에서 선출되었고 고급 장교들도 모두 폴란드인들이었다. 폴란드 귀족들이 코자크들을 관리하는 임무를 지녔고, 코자크들은 체르카시, 코르순, 치히린 등 세 개 방백관구에만 거주가 허용되었다. 등록제외 코자크들은 모두 농노 상태로 돌아가

그림 **222** 치히린(셰브첸코의 그림).

지주들과 방백들에게 완전히 속박당해야 했다.

코자크들은 폴란드 왕에게 이처럼 가혹한 규정을 철폐해줄 것을 다시한 번 청원했지만 아무 결과도 얻지 못했다. 코자크 집단은 한동안 다시 동요했고, 여기저기서 소규모 부대가 결집하기도 했으나 두 번의 전쟁이 패배로 끝난 후 세 번째 전쟁을 시작할 기력은 없었다. 포토츠키의 폴란드 군도 우크라이나 땅에서 경계를 게을리 하지 않았기 때문에 새로운 봉기가 성공할 희망은 없었다. 폴란드 국왕을 찾아간 코자크 사절단이 아무 성과도 없이 돌아온 후 새로운 코자크 제도가 공식적으로 도입되었다. 1638년 말에 새로운 장교단이 임명되었다. 최선임지휘관 대신 폴란드 파견위원과 연대장들이 임명되었는데, 이들은 '폴란드 귀족 가문 출신'이었다. 코자크 중에서 장교단에 임명된 사람은 오직 두 명의 일등대위와 중대장들뿐이었는데, 이 중대장 가운데는 치히린 중대장 직책을 맡은 흐멜니츠키도 포함되어 있었다. 코닥 요새는 재건되어 있었다. 코니에츠폴스키가 폴란드 군을 이끌고 직접 가서 코닥 요새 건설을 지휘했고, 폴란드 수비대가 주둔할 수 있는 정도의 요새가 완공되었다. 요새 지휘관에게는 아무도 자포로쟈로 내려가는 것을 허용하지 말도록 하라는 명령이 내려왔다. 자기 마음대로 자포로쟈로 가는 사람은 체포해서 처형하도록 했다. 자포로쟈 요새에서는 등록 코자크로 구성된 두 연대가 교대로 타타르인들의 침입에 대한 방어 임무를 맡았고, 비규제자(등록제외 코자크)들이 드니프로 강 하류 지역(니즈)으로 내려와 모이는 것을 막았다. 폴란드 군은 읍락 지역에도 주둔했는데 그 목적은 주민들에게 위압적 분위기를 조성하는 것이었다.

이 시기는 폴란드가 오랜 기간 아무 전쟁도 하지 않으면서 자체 군대뿐 아니라, 코자크 군단의 군사적 지원도 필요하지 않던 때였다. 이에 따라 1638년에 도입된 새로운 체제는 꼬박 10년 동안 유지될 수 있었다. 이 '황금의 평화'를 열심히 지켜온 폴란드 귀족들은 '코자크라는 히드라'[66]는 완전히 제압되었다고 생각했다. '불복종자'들을 제압했으니만큼 이제 동부 우크라이나에서는 영주제 경영이 전면적으로 발전할 수 있었다. 이 농노제도에 대해 우크라이나 서사민요(두마)에서는 다음과 같이 읊고 있다.

불쌍한 과부는 걱정에 빠지고 수심에 싸였네.

아니 그건 불쌍한 과부가 아닐세, 왕토(王土)일세.

유대인들이 막대한 독점료를 내기 시작했어.

일리(一里)마다 하나씩 술집이 서기 시작했어.

한번은 우크라이나 코자크가 술집을 지나갔거든.

유대인이 나와서 코자크 변발을 그러잡고

두 주먹으로 그의 목덜미를 치더라구.

"이봐, 코자크 장정, 내가 폴란드 사람한테 뭘로 돈을 내겠어?

넌 왜 우리 술집을 지나가면서 들어오진 않는 거야?"

그러고선 저 코자크의 모든 무기를 빼앗네.

우크라이나에선 코자크가 유대인을 졸졸 따르며

훌륭하옵신 쥔님이라 부르네 그려.

유대인은 유대인 마누라에게 이렇게 말해.

"나의 여인, 레이자여, 우크라이나에서 난 정말 영예롭게 살았지.

우크라이나 코자크는 날 훌륭하옵신 쥔님이라 불렀어."

하지만 유대인이 한 일은 이게 다가 아니었어.

그들은 강 세 개의 독점권도 사들였어.

66) 히드라는 그리스 신화에 나오는 머리가 여럿 달린 괴물이다. 여기서는 아무리 해도 근절하기 어려운 다발성 사회운동을 가리키는 말로 사용되고 있다.

첫째 강은 카이로치카, 둘째 강은 흐닐로베레즈카,

셋째 강은 드니프로 너머 사마르카 강이었어……

사람이 물고기를 잡으러 가야 할 때도

그는 강에 미처 닿기도 전에

유대인에게 가장 좋은 걸 사용료로 바치지……

하지만 유대인이 한 일은 이게 다가 아니었어.

큰 강이 있는 곳에선 유대인이 다리 독점권을 사 버렸어.

말을 탄 사람에게선 한 푼씩을 거두고

걸어서 건너는 이에게선 반 푼을 거두었어.

가난한 노인이 뭘 좀 얻으면 그이한테선

수수 알곡과 달걀을 받아내고 말이지.

78. 흐멜니츠키의 봉기

그러나 우크라이나인들에 대한 그토록 가혹한 압제로 인해 새로운 질서
자체도 견고하게 자리를 잡을 만한 전망이 없었다. 불만에 가득 찬 주민들
은 새 질서에 복종하고 있기는 했지만 이를 끝내버릴 적당한 기회가 오기
만을 기다리고 있었다. 등록 코자크들은 자치권을 상실한 채 그들에게 낯
설고 적대적인 태도를 지닌 폴란드 지휘관들에게 복종해야 했다. 군단에서
배제된 등록제외 코자크들은 일반 농민들과 마찬가지로 농노신분의 모든
부담을 담당하면서 영주 토지관리인들에게 복종해야 했을 뿐 아니라 지역
에 주둔 중인 폴란드 병사들의 온갖 학대와 모욕까지 견뎌야 했다. '영주
가 없는 땅'을 찾아내 정착했던 우크라이나 농민들은 이제 영주제의 무거

운 굴레가 그들에게까지 닥쳐왔다는 것을 공포와 비탄 속에 지켜보아야 했다. 우크라이나 소시민들과 성직자들은 코자크 집단이라는 형태로 존재하던 도움과 보호를 더 이상 받을 수 없었다. 이 모든 새로운 질서는 폴란드가 평화로운 상태에 있는 경우에만 유지될 수 있었다. 그래야 폴란드 군을 우크라이나에 주둔시키고 코자크들의 군사적 도움을 받지 않을 수 있었다.

그림 223 보흐단 흐멜니츠키. 17세기 이탈리아의 판화.

한 번의 전쟁이라도 발발하면 불가피하게도 우크라이나에서 이 모든 새로운 질서가 뿌리째 흔들릴 수 있었다. 왜냐하면 전쟁을 수행하기 위해서는 군대가 필요하고, 코자크들의 군사적 지원을 받을 수밖에 없었기 때문이다. 폴란드가 이렇게 긴 기간을 전쟁 없이 보낸 것은 아주 예외적인 일이었다. 폴란드 귀족들은 왕을 철저히 통제해서 이웃국가들을 자극하지 못하게 했다. 그러나 마침내 우크라이나에서는 발화성 요소가 너무나 많이 쌓이는 바람에 외부에서 불을 붙이지 않았어도, 폴란드 왕이 전쟁을 준비하고 있다는 소문만으로도 폭발이 일어났다.

브와디스와프 왕은 투르크와 전쟁을 한다는 생각을 키워갔다. 투르크와 전쟁을 하고 있던 베네치아 공화국은 다른 나라들도 끌어들이겠다고 약속하면서 이 전쟁에 참여하라고 그를 부추겼다. 폴란드 귀족들이 그 어떤 군사적 기도에도 찬성하지 않으려 한다는 사실을 잘 아는 폴란드 국왕은 코자크들로 하여금 투르크를 공격하게 함으로써 투르크가 전쟁을 할 수밖에 없도록 만들어야겠다고 생각했고 이러한 의도로 코자크 장교들과 비밀 협상을 벌였다. 그러나 폴란드 통치귀족 대표자들이 이를 알아차리고 너무나도 단호하게 이 계획에 반대했기 때문에 브와디스와프 왕은 자신이 구상한 것을 포기할 수밖에 없었다. 코자크 장교들은 그들대로 협상 사실을 내부 비밀로 간직했다. 이것은 1646년의 일이었다. 그러나 얼마 지나지 않아서 폴란드 국왕의 이 구상이 드러나게 하는 사건이 발생했다. 치히린 중대장 보흐단 흐멜니츠키는 (폴란드 관리들에 의해) 크게 부당한 일을 당했다. 폴란드인 방백의 수하들에 의해 수보티브(Суботів)의 영지가 몰수당하고, 농장도 파괴되었을 뿐 아니라 가족들도 큰 모욕을 겪는 일이 일어났다. 흐멜니츠키가 이런 만행에 대해 재판과 행정제재의 길을 찾기 시작하자, 관리들은 오히려 그를 방백의 감옥에 구금시켰고, 그는 친구들의 도움으로 겨우 감옥에서 나올 수 있었다. 삶에서 모든 것을 빼앗긴 채 격앙되고 분노에 찬 흐멜니츠키는 봉기를 주도하기로 결정했다.

그 자신이 국왕과의 비밀협상에 참가한 장교였던 흐멜니츠키는 국왕이 내심으로 코자크 군단을 강화시키고 코자크들이 최근에 맺은 규약의 굴레에서 벗어나기를 바라고 있음을 알았다. 이를 염두에 둔 그는 브와디스와프 왕이 봉기에 반대하지 않을 것이라고 희망했다. 코자크들은 여전히 폴란드 국왕 개인의 의지의 힘과 중요성을 과신하고 있었던 것이다. 실상 당시의 폴란드 헌법이 국왕에게 허용한 재량권은 아주 보잘것없었음에도 그러했다. 한 기록에 따르면, 1647년 말 흐멜니츠키는 코자크 장교 중 한 사람인 바라바셴코(Барабашенко)가 소지하고 있던 국왕의 편지 원본들을 훔쳐 들고 자포로쟈 코자크들에게 달려갔다고 한다. 이곳에서 그는 폴란드 왕이 코자크들에게 동정적이라는 편지의 내용을 근거로 삼아 먼저 비규제 코자크들을 선동했고, 다음으로 등록 코자크들을 봉기에 나서도록 선동했다는 것이다. 이보다 더 중요한 일이 있었으니, 흐멜니츠키는 자기 지인인 타타르 소귀족들을 통해 크림 칸과 접촉하여 폴란드와의 전쟁에 참가하라고 제의하면서 코자크 군과 같이 타타르 군대를 우크라이나에 파병하라고 그를 설득했다. 이러한 계획은 앞에서 이미 살펴보았듯이 새로운 것이 아니었다. 그러나 즈마일로도 파블륙도 실현하지 못했던 일을 흐멜니츠키는 성공적으로 이뤄냈다. 폴란드 정부가 약정된 연례 공납금의 지불을 중단한 것 때문에 칸은 노발대발하고 있었다. 게다가 크림 지역이 기근에 시달리는 중이어서 식량 조달을 위해 전쟁을 일으킬 필요가 있었다. 그러나 우크라이나 땅에 평화가 유지되는 상황에서는 이곳에서 무슨 이익을 취하기가 어려웠다. 이러한 배경에서 크림 칸은 지원하겠다는 뜻으로 흐멜니츠키에게 희망을 불어넣었고, 페

레코프의 소귀족인 투가이베이(Tugai-bey)에게 대군을 붙여주어 흐멜니츠키에게 원군으로 파견하겠노라고 약속했다.

자포로쟈 코자크들이 이러한 동맹 사실을 알게 되자 봉기를 일으키는 일은 확정되었다. 흐멜니츠키는 헤트만으로 선포되었다. 봄이 오면 전쟁이 시작될 것이

그림 224 수보티브에 있는 흐멜니츠키 교회(셰브첸코의 그림).

라는 소문이 우크라이나 전역에 돌자, 오랫동안 고대해온 봉기에 참가하기 위해 수많은 자원자 무리가 온갖 비밀 통로를 통해 자포로쟈로 모여들었다.

그러나 이 소문은 바로 폴란드인들의 귀에 들어갔고, 폴란드 귀족들은 대경실색하며 미코와이 포토츠키에게 우크라이나를 방어하기 위한 조치를 취하라고 촉구하기 시작했다(당시 그는 작고한 코니에츠폴스키의 뒤를 이어 최고 사령관이 되어 있었고, 전군 사령관은 칼리노프스키였다). 포토츠키가 출정을 준비하고 병사들을 동원하기 시작하자, 폴란드 국왕은 그가 군사 행동에 나서는 것을 만류했고, 그 대신 축적해 놓은 에너지를 발휘할 기회를 주기 위해 코자크들에게 해상 원정을 허락하라고 충고했다. 그러나 포토츠키는 의회를 무서워해서 왕의 충고를 들으려 않았다. 그는 흐멜니츠키에게 우크라이나로 회군할 것을 요구하는 서한을 보냈다. 답신에서 흐멜니츠키는 1638년 제도를 철폐하고, 이전의 코자크 특권을 회복시켜 줄 것을 요구했다. 그러나 포토츠키 자신도 의회의 동의 없이는 이러한 요구를 수용할 수 없었다. 따라서 그는 출정 준비를 계속하고 봄이 되자 우크라이나로 진격했다.

부활절이 지나자마자 포토츠키는 아들 스테판을 기병대 및 등록 코자크 병사들과 함께 선발대로 보내고, 다른 등록 코자크 병사들은 배를 타고 드니프로 강을 내려가도록 했다. 포토츠키 자신은 칼리노프스키와 폴란드 군 주력 부대를 이끌고 그들 뒤를 따라 천천히 진군해 나아가며, 주변의 중대들을 하나씩 합류시켰다. 적군을 만나지 않고 행군하던 스테판 포토츠키는 방심하다가 초원 지역 깊숙이 진격해 들어왔다. 흐멜니츠키는 그가 남쪽 깊숙이 진격해 오도록 놓아둔 다음 전 병력을 동원하여 인훌레츠(Інгулець)와 합류되는 조브티 보디(Жовті Води) 계곡에서 그에게 기습 공격을

가했다. 이곳에서 스테판 포토츠
키를 포위한 흐멜니츠키는 드니
프로 강을 타고 내려온 등록 코
자크들과 접촉하기 시작했다. 등
록 코자크 중에도 봉기군에 동조
적인 사람이 많았고 이들은 카미
니 자톤(Камiний Затон)에서 반란
을 일으켜 폴란드 편에 선 장교
들을 살해하고 흐멜니츠키 진영

그림 **225** 보흐단 교회의 성가대석(옛 그림).

으로 넘어왔다. 그러자 그때까지 빠져나갈 길을 찾으며 옆에 비켜서서 상
황을 지켜보고만 있던 타타르 군도 흐멜니츠키 군과 합류했고, 연합군은
전체 병력을 동원하여 스테판 포토츠키 군대를 공격했다. 스테판 포토츠
키 휘하의 코자크 병사들도 이탈해 흐멜니츠키 편에서 싸웠다. 남은 폴란
드 군은 분쇄되었고 1648년 5월 6일 크냐쥐 바이락(Княжий Байрак) 숲 전
투에서 완전히 궤멸되었다. 그 후 흐멜니츠키는 시간을 지체하지 않고 읍
락 지역으로 진격했다. 폴란드의 주력군은 이미 치히린에 다다랐으나 스테
판 포토츠키와 연락이 두절된 두 폴란드군 사령관(헤트만), 미코와이 포토
츠키와 칼리노프스키는 불안해졌고, 최악의 상황을 염려하여 군대진행방
향을 뒤로 돌렸다. 뒤로 돌아 나아가면서 요새와 촌락과 모든 보급품들을
반란군 손에 들어가지 않게 소각시켰다. 코르순을 통과하고 나자 그때서
야 코자크들과 타타르 연합군이 접근하고 있다는 소식이 왔다. 미코와이
포토츠키와 칼리노프스키, 두 사령관은 이 소식에 사기가 크게 저하되어
코르순과 스테블리오브(Стеблъов) 사이 대단히 불리한 장소에 진영을 사
리게 되었다. 그런데 이들은 그 후 대규모 흐멜니츠키 병력을 보고는 겁에

질려 진영을 버리고 후퇴하려고 했다. 하지만 이들은 코자크 군의 매복에 걸려들었고 흐멜니츠키는 마침내 폴란드 주력군도 전멸시켰다. 군단 전체와 지휘관들, 그리고 두 사령관은 흐멜니츠키의 손에 들어갔고 그는 이들을 투가이 베이에게 넘겼다.

폴란드는 지휘관도 군대도 없는 상황에서 상승세인 코자크 군을 상대해야 했다. 폴란드인들의 입장에서는 설상가상으로 하필이면 이때 브와디스와프 왕까지 사망했다. 브와디스와프 왕은 코자크들의 신망을 받았기에, 그가 중재를 한다면 코자크들과 용이하게 협상할 수 있으리라는 기대를 모았었다. 흐멜니츠키뿐만 아니라 코자크 집단 일반도 봉기를 하면서 우크라이나의 위상을 완전히 재편한다든가 하는 생각은 아직 하지 않았다. 흐멜니츠키가 자포로쟈에서 포토츠키에게 보낸 서한에서와 같이, 그들은 1638년의 규약을 취소하고 코자크들의 옛 제도를 회복하기를 바라고 있었으며, 가장 중요한 것으로는 등록 코자크 군단의 병력을 최대 만 이천 명까지 늘린다는 목표를 가지고 있었다. 코자크 군의 숫자를 늘리는 것에 대해서는 작고한 브와디스와프 왕도 코자크들과의 협정에서 같은 생각을 표명한 적이 있었다. 코르순 전투 이후 흐멜니츠키는 자신의 서한을 지참한 사절단을 폴란드 왕과 폴란드의 여러 중요한 지도자들에게 보내서 봉기의 정당성을 설명하였다. 그리고 폴란드 사회를 자극하지 않기 위해 빌라 체르크바(Біла Церква)에서 진군을 멈추고서 진영을 차린 다음 답변을 기다렸다. 이러한 노력을 기울이는 동시에 흐멜니츠키는 앞으로의 상황의 가변성을 염두에 두고 주변의 우크라이나 지역에 부하들을 보내 봉기를 선동했다. 그러나 봉기를 위해서는 일부러 노력해 가며 선동할 필요도 없었다. 어디서든 폴란드 사령관들이 참패했다는 소식이 전해지자마자 폴란드인들과 유대인들은 목숨을 보전하기 위해 도망쳐 버렸으며, 인근 주민들은 봉기에 나서서 영주의 소유지를 공격하고 남아있던 귀족들과 유대인들을 살해하고, 영주토지를 접수하고, 자신들 사이에 코자크 제도를 도입했다. 이때였다면 흐멜니츠키는 우크라이나 전역뿐 아니라, 벨라루스, 리투아니아와 폴란드 본토까지 종횡으로 진격할 수 있었을 것이고 어떠한 심각한 저항도 받지 않았을 것이다. 억압받은 예속민들, 농민들이 마치 성난 파도처럼 그의 주변으로 몰려들어 폴란드 귀족들의 지배에 종지부를 찍기 위해 봉기했을 것이다. 그렇지 않아도 우크라이나의 여러 지역에서는 흐멜니츠키에 대한 소식의 영향력 하나만으로도 가장 궁벽한 오지에서도 봉기가 일어나곤 했다. 그러나 이 당시 흐멜니츠키 자신은 그 같은 전망에는 관심이 없었다. 그렇지 않아도 그는 자신이 '폴란드 국가의 위대함(maestat Rzeczi Pospolitoi)'을 너무 심하게 모욕했고 정부가 코자크 문제를 호의적으로 해결하는 것이 아니라 코자크 집단을 섬멸하기 위해 국력을 총동원할 수도 있다는 두려움을 품고 있었다.

흐멜니츠키는 자신의 편지에 대한 답신을 기다리고 있었으나 브와디스와프 왕이 서거한 것을 알게 되었다. 폴란드에는 갑자기 권력 공백 사태가 나타났다. 이로 인해 관계를 조속히 회복하기는 더욱 어렵게 되었다. 흐멜니츠키와 코자크들은 왕의 선의를 믿고 있었고, 모든 폐해는 왕에게 복종하지 않는 귀족들에게서 야기된다고 확신하고 있었다. 그러나 이제 폴란드는 바로 이 귀족들의 수중에 들어있었다. 바르샤바에서는 새 국왕을 선출하기 위한 소집의회가 열려 코자크를 어떻게 할 것인가 하는 문제에 대해서도 논의를 했지만 코자크 봉기를 진정시킬 어떤 조치도 취하지 못했다. 아담 키셀과 몇 명의 파견위원이 흐멜니츠키와 협상할 사절로 파견되었지만, 이와 동시에 코자크들을 공격하기 위해 새로운 군대도 소집하기로 결정되었다. 이 모든 것은 폴란드가 코자크와의 관계를 해결하려는 진정한 의지를 가졌음을 입증하지 못하는 것이었다. 흐멜니츠키는 방심하지 않고 조심스러운 태도를 유지했다. 그 자신은 공개적으로 폴란드에 적대적인 태도를 보이지 않고 파견위원들로부터 무슨 소식이 올지 기다리고 있었지만, 이 사이 여러 코자크 선동자들은 방방곡곡을 돌며 인민봉기 지역을 확대하고 폴란드 귀족들과 유대인들을 처형하고 있었다. 이미 드니프로 강 이동 지역 전체와, 폴리시아의 오지를 제외한 키예프 전 지역, 그리고 브라츨라브 거의 전 지역이 이른바 코자크들의 '울타리(загон)' 안으로 들어왔다. 드니프로 강 동쪽 유역의 어마어마한 영지를 소유한 대지주로서, 봉기를 일으켜 그의 모든 '행운'을 파괴해버린 코자크 집단을 죽어라고 적대시한 야레마 비쉬네베츠키(Ярема Вишневецький)는 폴리시아를 지나는 우회로를 통해 드니프로 강 동쪽 유역의 자기 소유지로부터 도망쳐야 했다. 왜냐하면 키예프 지역의 다른 모든 땅이 봉기로 뒤덮여 있었기 때문이다. 그는 볼린으로 도망가 이곳에 머무르면서, 크리보노스(Кривонос, 민

그림 226 흐멜니츠키 전쟁의 무대. (점선이 흐멜니츠키 군대의 이동로를 보여준다—옮긴이)

요에서는 페레비노스(Перебійнос)라고 알려짐)[67]의 지휘 아래 접근해오고 있던 코자크들의 움직임을 제어할 기회를 엿보고 있었다.

흐멜니츠키도 폴란드 파견위원단의 도착을 기다리며 볼린으로 서서히 진군해 나갔다. 그러나 파견위원단이 코자크들의 울타리를 뚫고 그에게 도착하기도 전에 볼린 남부 지방에 새로운 폴란드 군단이 집결하여 흐멜니츠키 군을 공격하기 시작했다. 그러자 흐멜니츠키도 폴란드 군에 반격을 가하며 타타르 한국에 합류를 요청했다. 교전 쌍방은 필랴브카 강변의 작은 성인 필랴브치 부근에서 마주쳤다. 흐멜니츠키는 타타르 군이 도착할 때까지 협상을 진행했다. 그런 다음 흐멜니츠키는 폴란드 군에 전투를 신청한 후 코자크와 타타르 연합군의 모든 병력을 동원하여 공격을 가했다. 폴란드 군은 전투에서 패했고, 온 군단을 휩쓴 여러 가지 불안한 소문까지 영향을 미치자 결국 퇴각하기로 결정했다. 그러나 밤중에 최고위 지휘관들이 이미 진영을 빠져나가 도망쳤다는 소문이 진영 전체에 돌자 이는 그야말로 심한 공포를 불러일으켰고, 폴란드 군단 전체는 혼비백산하여 무턱대고 도망쳤다. 다음 날 아침 폴란드 군 진영이 텅 빈 것을 발견한 코자크 군은 도망친 폴란드 군들을 추격하여 많은 병사를 죽이거나 생포했다. 이들이 거둔 전리품은 이전의 어떤 전투에서 얻은 것보다 더 많았다.

살아남은 폴란드 병사들은 르비브에 집결하여 비쉬네베츠키를 총지휘관으로 추대했다. 그는 소시민들과 교회, 수도원 등에서 군자금을 모았지만, 결국 르비브를 방어하는 것이 불가능하다고 판단하였기에 이 도시를 포기한 채 자모시치(Zamość)[68]로 퇴각했다. 그 사이 흐멜니츠키는 새로운 왕이 선출되어 사태를 중재해주기를 희망하며 느린 속도로 서쪽으로 나아

---

67) 매부리코라는 뜻. 별명으로 보인다.
68) 폴란드 동남쪽의 도시.

가고 있었다. 르비브에 접근한
흐멜니츠키는 엄밀히 말해 전
혀 아무런 방어도 하지 않는 도
시를 앞에 두고 있었으므로 이
를 그냥 수중에 넣은 것이나 마
찬가지였다. 할리치나 여러 지
역에서도 봉기가 연이어 일어
났다. 농민들과 소시민들은 우
크라이나 귀족들과 합세해 일

그림 **227** 막심 크리보노스(당시의 폴란드 판화).

어나서 폴란드인들을 내쫓았다. 그러나 흐멜니츠키는 이러한 움직임을 애
써 지원하지는 않았다. 그는 르비브를 포위하고 2주를 기다렸다가 포격
을 가한 후, 르비브의 우크라이나 주민들을 걱정해 도시를 살려둔다고 선
언하고, 대신 공물을 받고 자모시치로 향했다. 그는 자신의 병력으로 자모
시치 요새도 힘들이지 않고 함락할 수 있었을 것이나, 이를 원치 않았음이
분명하여 일부러 포위만 계속하고 있었다. 그리고 마침내 새 왕이 선출되
었다는 소식을 이곳에서 듣게 되었다.

새 왕으로는 브와디스와프의 동생인 얀 카지미에시가 선출되었고, 흐멜
니츠키도 이를 환영했다. 새 왕은 흐멜니츠키에게 편지를 보내 선출 사실
을 통지함과 함께, 코자크 집단과 정교 신앙을 위해 여러 혜택을 베풀 것
을 약속하면서, 더 이상의 군사 행동을 하지 말고 자신이 보낸 파견위원들
이 도착할 때까지 기다리도록 부탁했다. 흐멜니츠키는 왕의 뜻을 이행하
여 회군하겠다는 답신을 보내고 실제로 부대와 함께 키예프로 회군했다.

79. 우크라이나의 해방을 위한 투쟁

흐멜니츠키는 분쟁이 조기에 호의적인 조건으로 종식될 것이라는 밝은 희망을 가지고 키예프로 돌아왔다. 그는 여전히, 자신이 봉기를 일으킨 목적이기도 한 코자크 집단의 이익 수호를 무엇보다도 중시하고 있었다. 과거 봉기의 지도자들과 마찬가지로 흐멜니츠키 또한 우크라이나 인민이니 농민층이니 하는 존재는 코자크들의 요구를 실현하기 위한 수단이라고 여겼고, 그러다 보니 농민은 코자크들의 발전과 세력강화가 이루어지면 그저 간접적으로 자신의 처지도 좀 개선되리라고 기대할 수 있는 처지에 불과했다. 흐멜니츠키의 생각에 민족적인 문제는 종교적 이익의 테두리를 벗어나는 것이 아니었는데, 그는 이때까지 종교문제에 대해서도 별 관심이 없었던 것이 거의 분명하다. 그때까지 그가 키예프 인사들과 밀접한 관계를 맺었다는 사실을 확인할 수 없기 때문이다. 국왕의 파견위원들을 기다리기 위해 키예프에 머무르고 있던 이 시점에 이르러서야 비로소 흐멜니츠키는 그 당시 우크라이나 민족생활의 중심지이던 이 도시에서 당대 현지의 우크라이나 지식인 집단의 계획과 견해 및 분위기를 가깝게 접할 기회를 얻게 되었다.

몇 년 전, 수도대주교 보레츠키 시절에 키예프에서 얼마나 원대한 계획들이 세워졌었는지는 이미 설명한 바 있다. 그러나 당시에는 이를 실행하기 위해 의지할 수 있는 세력이 아직 없었다. 코자크 집단은 이를 감당할 만큼 충분한 힘과 단결력을 가지고 있지 못했다. 그러나 이제 흐멜니츠키의 영도 아래 코자크 집단은 많은 것을 감행할 수 있을 만큼 강력한 세력으로 성장했다. 당시 키예프를 방문하고 있던 예루살렘 총대주교 파이시오스(Paisios)는 현행 코자크 규약이나 폴란드 파견위원들과의 협상 조건의 테두리를 크게 뛰어넘는 발상을 내놓았다. 당대인들의 기록에 따르면 파이

시오스는 흐멜니츠키를 루스(우크라이나)의 공이라고, 독립 우크라이나 국가의 수장이라고 찬양했다 한다. 이런 대화의 영향 아래 흐멜니츠키 자신도 자기가 일으킨 봉기와 그 과제를 새로운 시각에서 바라보기 시작했다. 등록 코자크 숫자를 늘리고 코자크 군단을 위해 더 많은 특권을 얻는 것은 너무 작은 목표였고, 전체 인민과 우크라이나 전체에 대해 생각해야 했다. 흐멜니츠키의 이러한 새로운 생각은 폴란드 국왕의 파견위원들과의 면담 중에 드러났고, 파견위원 중 한 사람은 이 생각을 자기 일기에 기록했다. 다음은 흐멜니츠키가 파견위원들에게 말한 내용이다.

"나는 내가 처음에 생각하지 않았던 일을 이미 해버렸소. 이제부터 나는 내가 신중히 고려한 목표를 추구할 것이오. 나는 루스(우크라이나) 인민 전체를 폴란드의 예속으로부터 해방시킬 것이오! 지금까지는 나에게 가해진 모욕과 부당한 행위를 바로잡기 위해 싸웠지만, 이제부터는 우리의 정교 신앙을 위해 싸울 것이오. 루블린과 크라쿠프까지 모든 인민들이 이 일에서 나를 도울 것이고, 나는 우리의 오른손이나 마찬가지인 인민들을 저버리지 않을 것이오. 당신들이 우리 농민들을 복속시키고, 코자크들을 공격하지 못하게 하기 위해 나는 20만, 30만 명의 병력을 보유할 것이오."

"나는 다른 나라와 전쟁을 벌이지 않을 것이며, 투르크인과 타타르인에게 칼을 겨누지 않을 것이오. 우크라이나 땅과 포딜랴와 볼린에서만도 내가 할 일이 많소. 내가 비스와 강까지 진격하여 강변에 서게 되면, 나는 그 너머에 있는 폴란드인들에게 '멈추시오, 조용히 하시오, 폴란드인들!'이라고 말할 것이오. 나는 공작(дук)[69]이니 공(князь)[70]이니 하는 자들을 그곳으

---

[69] 서유럽 작위체계에서 최상위에 있는 공작을 말한다. 영어의 duke를 동슬라브어식으로 말한 것이다. 여기서는 폴란드인 최고 귀족을 말하는 것으로 보인다.

[70] 원래 동슬라브인들의 정치집단 가운데서 출현한 군주를 말한다. 상급의 군주에게서 작위를

로 쫓아낼 것이며, 이들이 비스와 강 너머에서 제멋대로 행동하면, 그곳에서도 이들을 혼내 줄 것이오."

"단 한 명의 공이나 폴란드 귀족도 우크라이나 땅에 발을 들이지 못하게 할 것이오! 누구든 우리와 함께 빵을 먹고 싶으면, 자포로쟈 코자크한테 충성하고 복종해야 하오."

"나는 작고 보잘것없는 사람이지만, 신의 뜻에 의해 루스(우크라이나)의 단독 통치자이자 유일지배자(самодержец)가 되었소."

여기서 인용된 말은 흐멜니츠키를 사로잡고 있던 새로운 생각을 좀 더 분명히 보여주는 것들이다. 이 새로운 계획들은 아직 그 자신에게도 명명백백한 것은 아니었지만 앞에서 지적한 가장 핵심적인 점은 분명히 드러나 있다. 그것은 곧 우크라이나 인민 전체를 위해, 우크라이나 전체를 위해, 우크라이나의 해방과 독립, 자치를 위해 투쟁해야 한다는 확신이었다. 이러한 관점에서 보면 전년도의 모든 전투는 에너지를 낭비한 것으로 평가할 수밖에 없었다. 우크라이나 인민을 해방시킬 절호의 기회를 놓친 셈이었다. 지난 실책을 어떻게 조금이라도 만회할 계획을 세울 필요가 있었다. 1649년 초 폴란드 파견위원단이 도착했을 때, 이들은 우크라이나가 새로운 전쟁 준비를 끝낸 상태인 것을 발견했다. 흐멜니츠키는 그들과 더불어 코자크 군단에 도입되어야 할 새로운 제도에 대해 논의하는 것 자체를 거부했다. 그는 우크라이나 인민의 해방에 대해 말하기 위해서는 폴란드 국가를 근본부터 흔들어야 한다는 것을 알고 있었다. 그러나 이번에는 첫 번째 전쟁 때만큼 운이 따르지 않았다. 그래도 시작은 이번에도 아주

받는 존재와는 그 개념이 다소 다르다. 키예프 루스 시기의 최고통치자는 바로 공의 징호를 가지고 있었다. 그러나 시간이 지나면서 이 호칭은 서유럽 작위체계의 공작과 유사하게 되었다. 여기서는 폴란드 국가의 우크라이나인 최고 귀족을 말하는 것으로 보인다.

그림 228 1648년 코자크 군단이 르비브에 포격을 가하고 있다.(르비브의 옛 판화).

좋았다.

파견위원단이 국왕에게 흐멜니츠키의 전쟁 의도에 대해 보고를 하자마자, 폴란드 귀족 전체 예비군에게 소집령이 내려졌다. 그리고 폴란드 정규군은 귀족 예비군단을 기다리지 않고 남부 볼린의 코자크 군을 공격하기 위해 출발했다. 흐멜니츠키는 폴란드 군을 맞기 위해 진격했고, 코자크 군의 전력이 우세하다고 확신한 폴란드 군은 후퇴하기 시작했다. 이들은 방어 준비가 잘 된 즈바라슈(Збараж)의 요새로 물러났다. 그곳에서 폴란드 군은 비쉬녜베츠키의 군대와 합류한 후 그에게 총지휘권을 맡겼다. 흐멜니츠키가 즈바라슈를 포위하고, 반복적 돌격과 포격으로 폴란드 군을 괴롭히기 시작하는 바람에 이들은 곧 기진맥진할 지경이 되었다. 폴란드 군은 국왕에게 지원군을 빨리 보내 달라고 간청했으나 귀족 예비군이 이제 막 소집되고 있던 상태라서 국왕도 이들을 도울 방법이 없었다. 군대가 즈바라슈 근교에서 전멸되는 것을 막기 위해 국왕은 마침내 연대 전체 병력의 확보를 기다리지 않은 채 직접 진격해갔다. 그러나 그는 전혀 예상치 못하게 포위되고 말았다. 흐멜니츠키가 일부 부대를 즈바라슈에 남겨놓고 직접 타타르 군과 함께 국왕이 접근하는 쪽으로 진격해 즈보리브 근처의 나루터에서 국왕의 진로를 차단했던 것이다. 비가 오는 궂은 날 흐멜니츠키는 국왕 부대를 완전히 포위했다. 적군에 완전히 포위된 국왕은 조금도 움직일 수 없었고, 국왕 군대는 공포에 사로잡혔다. 폴란드 병사들은 무턱대고 도망갈 준비를 했다. 필랴브치 전투에서와 마찬가지였다. 그러나 이렇게 결정적인 순간 출구가 발견되었다. 폴란드 측은 무슨 일이 있더라도 타타르 군을 자기편으로 끌어들이기로 한 것

그림 229 부흐단 흐멜니츠키. 19세기 전반에 메드베디브스크 수도원에서 그린 초상화.

이다. 폴란드 국왕은 타타르 부대를 직접 지휘하러 전장에 나와 있던 칸에게 편지를 보내 그가 흐멜니츠키와 동맹을 끊기만 한다면 어떠한 요구도 들어주겠다고 약속했다. 이 제안을 받은 칸은 결국 흐멜니츠키를 배신하고 말았다. 그는 흐멜니츠키에게 폴란드 국왕과 강화할 것을 촉구했다. 이렇게 되어서야 비로소 흐멜니츠키는 타타르인들에게서 지원을 기대한 것이 얼마나 경솔한 일이었나를 깨닫게 되었다. 이제 타타르 군이 폴란드 군과 연합해 코자크 군을 공격하는 것을 막기 위해서는 칸의 요구를 들어줄 수밖에 없었다.

양측의 협상이 시작되었고 1649년 8월 초 강화 조약이 체결되었다. 물론 흐멜니츠키로서는 협상이 진행되던 그 같은 상황에서는 전쟁을 시작한 명분인 우크라이나 인민의 해방이라는 원대한 계획에 대해서는 생각조차 할 수 없었다. 그래서 코자크 등록과 정교 신앙의 권리라는 기존의 문제들로 돌아갈 수밖에 없었다. 즈보리브 조약을 이처럼 비교적 좁은 관점에서 바라본다면 새 조약은 이전

그림 230 코자크 명부등록 증서. 흐멜니츠키의 문장이 그려져 있다.

것보다 크게 진전된 내용을 담고 있었다. 등록 코자크 군단의 병력은 4만 명으로 늘어났고, 명단에 등록된 코자크들은 가족과 함께 키예프, 체르니히브, 브라츨라브 군정사령관구에 있는 폴란드 왕령지와 귀족 영지에서 폴란드 정부 행정관리나 귀족의 간섭을 받지 않고 살 수 있게 되었다. 이들 지역에는 폴란드 군이 주둔할 수 없었고 이 지역 안으로 들어갈 수조차 없게 되었다. 이들 군정사령관구에서 최고위직을 포함한 모든 직책은 정교도들만이 맡을 수 있고, 코자크 헤트만은 치히린 방백관구를 직접 '불라바'[71] 관할하에 통치하게 되었다. 정교회와 가톨릭교회의 통합은 전면적으로 철폐되고, 키예프 수도대주교는 폴란드 의회의 의석을 차지하게 되었다.

이러한 양보는 흐멜니츠키가 전년도에 폴란드를 처음으로 격파했을 때 염두에 두었던 것보다 훨씬 큰 것이었지만 우크라이나 인민의 해방이라는 새로운 계획에 견주어 본다면 보잘것없는 것이었다. 새로운 협약에 따라 동부 우크라이나 전체가 코자크 헤트만과 코자크 군단의 권력 아래 들어오게 되기는 했지만, 귀족의 특권이 철폐된 것은 아니었다. 등록 코자크단에 포함되지 못한 수많은 주민들은 이전의 농노 상태로 돌아가야만 했다. 이것은 우크라이나 농민들이 흐멜니츠키가 보낸 사절들의 호소에 응해 봉기에 가담할 때 기대했던 것이 아니었다. 이제 농민들은 예속과 영주제가 고스란히 지속되게 되었고 폴란드 영주들은 우크라이나의 영지로 돌아오고자 하며, 흐멜니츠키는 예속농민들이 지주들에게 복종해야 한다는 명령을 내리고 있다는 것을 알게 되었다. 이로 인해 그가 주민들의 지지를 얼마나 크게 잃게 되었을지는 충분히 상상할 수 있다. 게다가 다른 구체적인

---

71) 코자크 헤트만 권력의 상징인 철퇴 모양의 지휘봉. 여기서는 헤트만 권력 자체를 뜻한다.

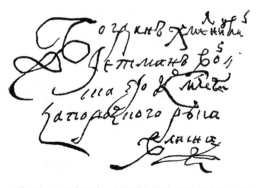

그림 231 1649년 코자크 등록명부 아래 쓰인 흐멜니츠키의 서명.

사항들도 대중의 불만을 확산시키는 데 일조했다. 예를 들어 즈보리브 조약 후 타타르 군이 자행한 만행도 그러한 것이다. 타타르 군은 폴란드 정부의 허가 아래 우크라이나 각지에서 엄청나게 많은 포로를 잡아갔는데, 우크라이나 전역에서는 이것이 흐멜니츠키의 허락하에 진행되었다는 소문도 돌았다. 이전의 봉기에 참여했던 여러 사람들을 사형에 처한 것도 그런 인상을 낳을 수밖에 없었다.

흐멜니츠키는 거사가 이처럼 목표에 크게 미치지 못하는 결과를 가지고 끝났으므로 그가 촉구했던 인민봉기가 바로 그 자신을 겨냥하게 될 수도 있다는 것을 잘 알았다. 해방을 위한 위대한 전쟁이 허무하게 끝나자 실망한 많은 주민들이 우크라이나를 떠나 국경 너머 모스크바국 지배 아래 있는 자유공동체 지역으로 이주했다. 이들은 현재의 하르키브와 보로네슈, 쿠르스크 주에 자리를 잡았다. 그러나 (폴란드 지배하) 우크라이나에 남은 사람들은 분노와 슬픔으로 들끓고 있었기에, 누군가 대담한 사람이 있다면 폴란드 지배에 대해서뿐만 아니라 우크라이나 땅에 폴란드 지배가 복구되는 것을 허용한 사람에 대해서도, 다시 말해 흐멜니츠키 자신을 상대로 해서도 새로운 봉기를 일으킬 수 있는 노릇이었다.

이러한 불만 때문에 흐멜니츠키는 오랜 시간 동안 코자크들의 등록명부 작성에도 착수할 수 없었다. 그런 다음 이 작업에 들어간 그는 코자크 가족을 등록할 때마다 그들의 부속인원으로 코자크 하인들의 가족도 등록할 수 있게 했고, 코자크 자체도 따질 것 없이 4만 명이 훨씬 넘는 인원을 등록시켰다. 그러나 이러한 모든 방편도 그의 눈앞에서 벌어진 무시무시한 파열에 대한 보잘것없는 미봉책에 불과했다. 설사 흐멜니츠키가 한때 즈보리

그림 232 흐멜니츠키의 코자크 군단 인장.

브 조약을 순순히 따르려는 진실한 의향을 가지고 있었다고 하더라도 그는 우크라이나 민중과 공론(公論)층의 압력 때문에 자기가 이 조약만으로 모든 것을 쉽게 끝내버릴 수는 없으리라는 것을 깨달을 수밖에 없었다. 다른 한편으로는 그는 폴란드도 역시 이 조약을 성실하게 대하지 않고 있음을 알았다. 어떤 것은 처음부터 이행되지 않았다. 일례로 폴란드는 정교회 수장인 수도대주교에게 폴란드 의회 의석을 주지도 않았고, 교회통합을 철폐하려 하지도 않았다. 게다가 다른 문제에서도 약속된 양보를 철회할 적당한 기회가 오기만을 기다리고 있음이 분명했다. 흐멜니츠키와 코자크 장교들도 다시 한 번 무력 항쟁에 나서는 것이 불가피하다는 것을 재빨리 깨달을 수밖에 없었다. 즈보리브에서 결실을 거두지 못했던 것을 실현하기 위해서는 투쟁을 계속해야 했다.

80. 외국과의 동맹

흐멜니츠키는 타타르 칸과의 동맹에서 당한 쓰라린 경험에서 배운 바가 있었음에도, 우크라이나 인민들의 힘에 의지하고 인민들과의 깨어지지 않는 진정한 동맹에 바탕을 두고자 한 것이 아니라 또다시 외국 동맹자들의 협력과 지원을 빌려 자신의 계획을 실행하려 했다. 그는 또다시 타타르 칸에게 폴란드를 공격하도록 촉구했으며, 더 나아가 투르크의 술탄에게 충성을 서약하고 그의 지배권을 인정하는 대신 칸으로 하여금 술탄의 명령에 따라 폴란드 전쟁에 나서게 강요하려는 생각을 품었다. 그는 동시에 모스크바와도 접촉해 이 나라가 폴란드와 전쟁에 나서게 하도록 전력을 기울였다. 모스크바 정치인들을 설득하기 위해 그는 우크라이나를 차르의 지배권 아래 두겠다고 약속했다. 흐멜니츠키는 투르크의 종주권 아래 있는 이웃 국가들, 곧 몰다비아의 군주와 트란실바니아 공과도 교섭했다. 흐멜니츠키는 몰다비아 군주인 바실 루풀(Vasyl Lupul)과 사돈관계를 맺으려고 했다. 루풀은 자신의 딸을 흐멜니츠키의 장남인 티모쉬(Тимош)와 결혼시키기로 했다. 그러나 루풀이 이 약속의 실행을 미루기 시작하자 흐멜니츠키는 몰다비아를 공격해 지방 도시들과 수도 야시를 무자비하게 짓밟았고 그래서 루풀로 하여금 큰 액수의 공물을 바치고 딸을 틀림없이 티모쉬와 결혼시킬 것을 약속하도록 했다.

이러한 모든 교섭 중 우크라이나의 장래 정책과 관련해서 가장 큰 중요성을 가진 것은 흐멜니츠키와 모스크바국의 협상이었다. 코자크 집단은 때로는 우호적 관계로 때로는 이익에 따라 계산하며 오랜 기간 이 북방의 이웃과 밀접한 관계를 맺어왔다. 우크라이나 변경지대는 모스크바국의 국경으로 끊겨 있었으나 우크라이나와 모스크바국경지대의 모든 세력은 함께 연합해 크림에 대한 공격을 했다. 1530년대에만 해도 크림 칸들은 리투아니아의 속민인 우크라이나 코자크들과 모스크바 영토 내에 살고 있는 카자크들이 리투아니아와 크림의 동맹관계, 리투아니아와 모스크바의 적대 관계를 무시한 채 자기들끼리 힘을 합쳐서 크림 타타르인들과 전쟁을 하고 있다고 리투아니아 정부에 항의를 하기도 했다. 그 후에는 우리가 앞에서 살펴본대로 드미트로 비쉬네베츠키도 바로 이 비슷한 계획을 세웠다. 즉 그는 리투아니아와 모스크바국이 연합하여 모든 변경지대 세력의 공동의 적이 된 크림 타타르 한국에 대항할 것을 구상했던 것이다. 그 후 여러 코자크 지도자들은 그들이 크림한국 및 투르크와 싸우는 것은 리투아니아와 폴란드의 이익뿐 아니라 모스크바의 이익을 위한 것이기도 하다는 해석을 내세우면서, 규모는 좀 작더라도 바로 이 정책에 입각한 전쟁을 했다. 그들은 이를 근거로 삼아 한편으로는 폴란드 국왕에게서 보수를 요구했고 다른 한편으로는 모스크바 정부에게서 '관급금(官給金)'을 요구하기도 했다. 옛말에 일렀듯이 두 편에서 다 복무를 한 것이다. 물론 이런 관계에도 전혀 구애받지 않고 폴란드 정부가 요청하면 바로 이 똑같은 코자크 군이 아무 거리낌 없이 모스크바국 영토를 공격하러 출정했던 것도 사실이다. 코자크들은 전쟁을 자신들의 생계활동으로 여겼고 보수를 지급하기만 하면 누구에게나 군사적 지원을 제공했다. (이러한 것은 당시 유럽의 군대 지도자들의 일반적 관행이었다.[72]) 그러면서도 코자크들은 폴란드 지배 아래 있는 우크라이나의 여러 지역들과 밀접한 관계를 맺고 이 지역들에 의존해서 살고 있었으며 또한 자의건 타의건 폴란드 정부의 명령도 따라야 했다.

72) 여기서 흐루셰브스키는 근대 초기 서유럽의 용병제도를 염두에 두고 있다.

1620년대에 키예프 인사들이 모스크바와 진행한 협상은 이전과는 토대가 달랐다. 이때 그들은 코자크 군단과 우크라이나 전역, 아니면 최소한 드니프로 강 유역이라도 모스크바의 지배와 보호 아래 두는 것을 놓고 모스크바 정부와 협상했으며, 이런 식으로 우크라이나 땅을 폴란드 지배에서 벗어나게 하고 모스크바의 통치권 아래 넘어가게 하려는 계획을 추진했다. 이는 언젠가 15세기와 16세기에 우크라이나의 모의자들이 구상했던 것과 동일한 것이다. 이후에도 이러한 계획과 구상이 키예프 인사들과 코자크 인사들 사이에 논의된 것은 분명한 사실이다. 맨 처음에는 크림 타타르의 지원에 의존했던 흐멜니츠키도 그 후에는 모스크바 정부와 협상을 하며, 코자크에 대한 지원과 '온 루스(вся Русь)', 즉 전 우크라이나에 대한 보호를 요청했다. 모스크바의 정치인들은 이러한 계획을 다름 아니라 볼로디미르 왕조가 지배했던 오랜 국가인 우크라이나 루스가 모스크바의 차르국과 통합하여, '모스크바의 차르'를 키예프 왕조와 그 권리의 계승자로 받아들이고 자신들의 '차르이자 유일 지배자(царь и самодержец)'로 인정하는 것이라고 이해했다. 그렇기 때문에 흐멜니츠키는 모스크바 정치인들의 이러한 생각에 보조를 맞추고자 노력하면서 사절들을 보내 이런 기조로 문제를 제기했다. 전반적으로 그는 오래전부터 이어져오는 코자크 방식으로 계교를 부렸다. 자기의 기획에 동참케 하려고 설득하려는 오직 하나의 목적만으로 각자가 듣고 싶어 하는 애기를 들려주면서 가능한 한 많은 주변 국가들을 폴란드에 대항하는 동맹자로 전쟁에 끌어들이려 했다. 그래서 모스크바의 차르에게는 기꺼이 그를 '차르이자 유일 지배자'로 인정하겠다는 메시지를 보냈다. 모스크바로 갔던 사절들이 그에게 이러저러한 방식으로 제안을 해야 한다고 조언한 데 따른 것이다. 그러나 흐멜니츠키는 그와 동시에 투르크 술탄의 종주권도 인정했고 그에게 가신(vassal)으로 받아들여졌다. 1650년에 술탄이 쓴 칙서가 남아 있는데, 여기서 술탄은 흐멜니츠키를 가신으로 인정한다는 사실을 통고하면서 보호권과 종주권의 표시로 그에게 카프탄을 선물했다. 흐멜니츠키는 트란실바니아 공과도 교섭하면서 그에게 우크라이나의 왕이 되어달라고 부탁했다. 후에 흐멜니츠키는 스웨덴 왕의 보호에 자신을 맡긴다고도 했고, 이와 동시에 폴란드 왕과는 그를 주군으로 인정한다는 조약을 체결했다.

그림 233 미하일로 크리체브스키. 페레야슬라브 연대장(사망 후에 그린 초상화).

흐멜니츠키는 뛰어난 정치적·국가지도자적 재능을 가지고 있었고, 의심할 바 없이 우크라이나를 사랑하고 우크라이나의 이익에 헌신했다. 그러나 그는 너무 심하게 계략을 짰고 과도하게 꾀를 부렸다. 앞에서 말한 바와 같이 그는 자국 인민의 힘과 인내와 의식과 열정을 발전시키는 것보다 외국 세력의 지원을 받는 데 더 크게 신경을 썼다. 1649년 초 키예프에서 나눈 대화에서 이미 그는 우크라이나의 모든 인민을 해방하는 것이 자신의 목표라고 밝혔으나, 이 새로운 생각과 계획은 아직 그리 명백한 형태로 떠오른 것은 아니었다. 그는 나중까지도 지나치게 코자크 중심적인 인물로 머물렀으며, 새로운 전 인민적 목표와 우크라이나 전체의 이상이 아니라 순수하게 코자크적인 관점과 이익의 영향이 그에게는 훨씬 더 강하게 작용했다. 전 인민적, 전제 우크라이나적 이상이 성숙하고 선명해지고 의식 속으로 스며들려면 시간이 필요했다. 그러나 삶은 마냥 기다리고 있지는 않았고, 우크라이나의 운명을 바로 결정해야 할 시점에 와 있었다. 쟁기를 손에서 막 내려놓고 투쟁에 뛰어든 엄청나게 많은 인민대중이나, 걸핏하면 몇 달마다 한 번씩 헤트만을 바꾸곤 하는, 변덕스러운 데다 난폭한 코자크 대중이나, 이끌기가 쉬운 일이 아니었다. 또한 눈 앞에 있는 것이 너무나도 중요한 문제였기에 이를 기분대로 움직이는 코자크 전체 평의회의 결정에 맡길 수도 없었다. 흐멜니츠키는 철권으로 코자크 집단을 통치했지만, 그들의 인내를 믿지는 않았고, 인민대중은 더 믿지 않았다. 이러한 이유 때문에 그는 외국의 도움을 애타게 구하고 있었다.

흐멜니츠키 개인에게나 우크라이나 전체로나, 인민의 진정한 해방이 목표로서 설정되고 모든 힘이 이 목표를 향해 모아지고 있던 최절정의 폭발적 상황에서 즈보리브 조약이 체결되고 파국이 찾아온 것은 아주 불행한 일이었다. 이 실패한 조약은 인민대중을 실망시키고 그들에게서 행동의 열정을 앗아가 버렸기에, 이 일이 있은 다음에는 그들은 또 다시 봉기하라는 호소에 그리 쉽게 호응하지 않았다. 이들은 실로 직업적 병사들이 아니었고, 그 압도적 다수는 이를 통해 영주제의 멍에와 폴란드의 지배로부터 벗어나고, 스스로 자기노동의 주인이 되며, 자유롭게 살며, 자신의 복지, 자신의 경제적·문화적 필요의 충족을 위해 노력할 수 있게 되기 위해 봉기에 참가했던 농민대중이었다. 봉기가 이 같은 희망을 채워주지 못하자, 이들 농민대중은 봉기에서 손을 떼고 불안한 우안 지역에서 드니프로 강을 건너오게 되었고 여기서도 점점 더 멀리 이주하여 초원의 변경지대, 모스크바국과의 접경지대로 이동해갔으며 모스크바국 국경을 넘어 들어갔다. 흐멜니츠키는 폴란드의 멍에에서 해방된다는 자신의 목표를 위해 점점 더 외국의 도움에 기댈 수밖에 없게 되었다.

흐멜니츠키가 벌이는 외국과의 교섭을 주의 깊게 지켜보면서 폴란드 정부 또한 즈보리브 강화조약이 서명되자마자 전쟁 준비에 착수했다. 그러나 첫 번째 접전은 상당히 예기치 않은 상황에서 발생했다. 칼리노프스키 장군은 브라츨라브 지역의 코자크 군을 공격했으나 1650년 겨울 빈니차 전투에서 코르순 전투의 패배에 버금가는 패배를 맛보았다. 폴란드 정부는 전쟁 준비가 아직 제대로 되어 있지 않았다. 흐멜니츠키에게는 다시 한번 폴란드를 격파할 절호의 기회가 찾아왔다. 그러나 그는 타타르 칸이 지원하러 오기를 기다리며 시간을 낭비했다. 칸은 결국 오기는 했다. 그러나 그는 흐멜니츠키가 투르크 술탄에게 간청을 넣어 자기를 억지로 참전하게 했다는 것 때문에 머리끝까지 화가 나 있었고 적당한 기회가 오자마자 흐멜니츠키의 그 같은 행보에 대해 앙갚음을 해버렸다. 흐멜니츠키가 볼로디미르-볼린스크에서 멀지 않은 베레스테치코 근교에서 폴란드 군대와 회전을 치르게 되었을 때 타타르 군대는 결정적인 전투에서 코자크 군을 버리고 도망쳐 버렸다. 흐멜니츠키는 타타르 칸이 다시 돌아오게 하기 위해 급히 그를 따라갔으나 칸은 오히려 흐멜니츠키를 체포하여 끌고 갔다. 헤트만 없이 남겨진 코자크 연대장들은 감히 스스로 지휘권을 장악할 엄두를 내지 못했다. 흐멜니츠키가 이런 문제에서 얼마나 질투심이 많은지 잘 알고 있었기 때문이다. 그들은 후퇴하기로 결정했다. 그러나 진영 뒤쪽에 있

그림 **234** 니스키니치 마을 교회에 있는 아담 키셀의 관 위 기념상.

는 늪지에 다다라 이를 건너고자 할 때 혼란이 일어나 코자크 군은 전열이 흩어졌다. 이때를 노려 폴란드 군이 공격해 왔고 코자크 군에게 엄청난 패배를 안겨주었다. 포토츠키는 그 후 폴란드 주력군을 이끌고 볼린을 거쳐 우크라이나 땅을 공격해왔고, 북쪽 리투아니아에서도 리투아니아 사령관이 군대를 이끌고 남으로 진격해 키예프를 점령했다. 흐멜니츠키는 타타르 칸의 수중에서 벗어나 코르순 근교에서 군대를 재집결시켰다. 그러나 코자크들은 그 같은 참패 후 더 이상 전쟁을 수행할 의욕을 잃었고 농민들도 이 모든 성과 없는 전쟁에 한층 더 지치고 실망하였다. 그러나 우크라이나 주민들이 도처에서 얼마나 끈질기게 최후의 순간까지 결사항전을 하고 있는지를 보고, 원정이 얼마나 힘들게 진행되고 있는지를 깨달은 폴란드 군도 더 이상 전쟁을 계속할 의욕을 잃고 있던 상황이었다. 키셀이 다시 한 번 중재자의 역할을 맡아 협상을 진행시켰고, 1651년 9월 중순 빌라 체르크바에서 새로운 조약이 체결되었다.

이 두 번째 조약은 즈보리브 조약의 반복판이었지만 우크라이나에 제공된 권리는 축소되었다. 등록 코자크 수는 2만 명으로 줄어들었고, 코자크들은 오직 키예프 군정사령관구 내 왕령지 지역에서만 거주하며 코자크의 권리를 누릴 수 있었다. 교회통합의 철폐에 대해서는 아무 언급이 없었다. 귀족들과 행정관리들은 즉시 자신들의 영지와 관저로 돌아올 수 있는 권리를 가지게 되었다. 다만 조세 징수와 농노의무 이행만 코자크 등록이 진행되는 몇 달 동안 연기되었을 뿐이다. 흐멜니츠키는 타타르 군을 크림으로 귀환시킬 의무를 졌고, 더 이상 외국과 교섭할 수 없었다.

흐멜니츠키는 이번에는 아마도 처음부터 새 조약에 아무 의미도 부여하지 않았고 다만 전투를 중지하고 시간을 좀 벌기 위해 이를 받아들였던 것 같다. 1652년 봄 흐멜니츠키는 다시 타타르 군을 원정에 불러들여 스스로

타타르 군대와 함께 아들 티
모쉬를 데리고 몰다비아를 향
해 출발했다. 그곳에서는 몰
다비아 군주의 딸과 티모쉬
의 결혼식이 열릴 예정이었다.
흐멜니츠키는 분명히 폴란드
군이 티모쉬가 국경을 건너는
것을 막을 것이라고 예상했던
것 같고 실제로 그렇게 일이
벌어졌다. 칼리노프스키는 포
딜랴에서 티모쉬의 진로를 막
은 후, 예상 외로 흐멜니츠키
가 이끄는 코자크 군 주력과

그림 235 사바 투프탈로. 흐멜니츠키 시기의 중대
장(저명한 작가이자 로스토프의 수도대
주교였던 드미트리(드미트로)의 아버지

타타르 군에 기습 공격을 가해왔다. 그런데 폴란드 군은 또 다시 참패를
겪었다. 칼리노프스키 자신도 전사했고 코자크 군은 베레스테치코 전투의
패배에 대한 복수를 했다. 그러나 이 전투 이후 전쟁은 맥없고 지루한 지
구전 양상을 띠게 되었다. 우크라이나 군도 폴란드 군도 모두 지쳐서 상대
를 용감하게 결정적으로 공격할 힘과 에너지를 잃고 말았다. 끝없는 전쟁
은 모든 이를 피로하고 기진맥진하게 만들었다. 양측은 티모쉬의 원정에
주된 관심을 돌렸다. 폴란드 군이 그의 원정에 개입하여 수차바(Сучава)에
서 티모쉬 군대를 포위했고, 티모쉬는 이 전장에서 포탄에 맞아 사망했다.
흐멜니츠키는 아들을 구하기 위해 달려오고자 했으나 때를 놓치고 포딜랴
의 즈바네츠(Жванец) 인근에서 폴란드 군과 맞부딪쳤다. 그러나 양측 군
대는 상대를 공격할 의욕이 없이 오랫동안 대치했다. 결국 타타르 칸은 다

시 한 번 코자크 군에서 이탈하여 폴란드 군과 교섭하기 시작했고 별도의 협정을 맺었다. 이 협정에서는 즈보리브 조약에서 인정된 권리를 코자크에게 돌려주기로 했다.

그러나 이번에는 흐멜니츠키가 폴란드인들과 강화 협상을 진행하는 것을 거부했다. 그는 폴란드에 맞선 그의 투쟁에 새로운 동맹자인 모스크바 차르가 동참하기로 했다는 소식을 들었기에 칸에게는 더 이상 신경을 쓰지 않았다. 모스크바 정부는 오랜 좌고우면 끝에 우크라이나를 차르의 보호 아래 받아들이고 폴란드와 전쟁을 시작하기로 결정했다.

81. 모스크바의 상급 지배권

모스크바국 정부는 '동란의 시기'에 상실한 영토를 되찾고, 가능하면 추가로 우크라이나 땅에서 무언가를 획득하기 위해 코자크 전쟁에 참가하기를 적극 원했지만 위험을 두려워하였기에 오랫동안 심하게 망설였다. 지난 전쟁에서 폴란드가 모스크바국에 혹독한 경험을 맛보게 한 지 정말 얼마되지 않기 때문이다. 그러나 다른 한편으로 모스크바 정치인들은 폴란드가 흐멜니츠키를 제압하면 다음에는 크림 타타르 세력과 코자크 군을 동원해 모스크바를 공격하게 하는 것을 우선과제로 삼을 것이며, 이미 이러한 방향으로 시도를 하기도 했다는 정황을 고려하지 않으면 안 되었다. 그러므로 1651년 흐멜니츠키가 폴란드와의 전쟁에서 패배하자마자 모스크바국의 지도급 인사들은 우크라이나 문제에 개입한다는 것을 원칙적으로 결정했다. 참전의 구실로는 이전과 마찬가지로 종교적 문제를 내세울 수밖에 없었다. 즉 모스크바국이 폴란드 지배 지역의 정교도 주민들을 보호해야 한다는 것이었다. 모스크바국 정부는 형식을 갖추기 위해 폴란드에 사절을 보내 즈보리브 조약에서 약속한 코자크의 모든 권리를 회복해줄 것을 요구했다. 폴란드 정부가 이를 거절하자, 이 문제를 논의하기 위해 1653년 가을에 열린 모스크바국의 전국주민회의(젬스키 소보르(Земский Собор))는 차르가 "헤트만인 보흐단 흐멜니츠키와 자포로쟈 군단 전체를 그들에 속한 모든 도시와 지역과 함께 그의 지극히 높은 손 아래 받아주어야 하고" 그들을 위해 폴란드와 싸워야 한다고 결정했다. 이 소식은 즉각 흐멜니츠키에게 통보되었다. 즉 모스크바국은 그의 소원대로 그에게 차르의 보호를 제공하고, 다음 해 봄 폴란드를 공격할 군사를 파병한다는 것이었다. 모스크바국의 이러한 개입은 흐멜니츠키에게는 아주 적절한 때에 제안된 것이었다. 이 당시 그에게는 다른 동맹자가 없었다. 투르크 자체도 개입할 의향이 없고, 타타르 칸은 아주 쓸모없는 동맹자임을 드러냈으며 몰다비아와 트란실바니아와의 협상도 아무 뚜렷한 결과를 낳지 못했다. 스웨덴의 왕위를 노리는 폴란드국가와 폴란드 왕조에 적대적 태도를 보이고 있던 스웨덴은 이미 오래전인 1620년대부터 코자크들과 좀 더 가까운 관계를 맺기 위해 노력했으나 지금은 폴란드와 전쟁에 돌입할 의사는 없었다. 그런데 코사크들은 무슨 일이 있더라도 폴란드와 완전히

그림 236 1651년의 흐멜니츠키 조상화. 딘지히에서 혼디우스(Hondius)가 판화로 제작.

관계를 끊고 싶어 했다. 이러한 상황을 눈앞에 둔 흐멜니츠키는 폴란드 및 타타르 칸과의 관계 확립에 대해 더 이상 신경을 쓰지 않았다. 모스크바국 보야린들로 구성된 사절단이 그와 우크라이나 주민 전체의 충성 서약을 받기 위해 우크라이나로 출발했다는 소식을 전해들은 흐멜니츠키는 사절단을 페레야슬라브(Переяслав)로 오게 하고, 자신도 전장을 떠나 사절단을 만나러 갔다.

1654년 1월 초 흐멜니츠키는 모스크바국 사절단과 함께 페레야슬라브에서 회동했다. 모스크바국 사절단은 평의회를 열어 모든 코자크들을 소집하고, 모스크바국에 복속됨을 코자크 군단 전체의 결정으로 인정할 것을 요구했다. 아쉽게도 사절 대표였던 보야린 부투를린(Бутурлин)이 모스크바 정부에 제출한 보고서를 제외하고는, 전체 평의회와 이어진 협상에 대한 좀 더 자세한 기록은 남아있지 않다. 그의 기록에 따르면 이 문제에 대해 흐멜니츠키의 질문을 받은 코자크 군단은 차르에게 복종하겠다는 의사를 천명했다고 한다. 그러자 우크라이나인들에게 자비를 베풀 것이며 그들을 어떤 적으로부터도 보호할 것이라고 약속하는 차르의 칙서가 낭독되었다. 그런 다음 사절단은 전체 회중이 교회로 가서 차르에 대한 충성을 맹세할 것을 제안했다. 그러나 여기서 분쟁이 일어났다. 흐멜니츠키는 사절단이 먼저 차르의 이름으로 우크라이나를 폴란드에 넘기지 않고, 다

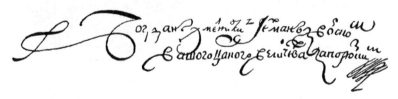

그림 237 흐멜니츠키의 서명. 헤트만 재직 마지막 시기의 것(크기는 축소).

른 적으로부터도 보호하고, 우크라이나의 권리와 특권을 존중하겠다는 서약을 할 것을 요구했다. 이러한 서약은 폴란드 왕이 선출될 때 국정협약에 서약하는 것과 마찬가지였다. 그러나 사절로 온 보야린들은 모스크바국의 차르는 자신의 뜻에 따라 통치하는 유일지배자이므로 자신의 신하들에게 어떠한 서약도 하지 않는다는 사실을 들며, 서약을 할 수 없다고 선언했다. 이러한 대답은 코자크 장교들에게 큰 당혹감을 불러일으켰고 그들은 자신들의 입장을 오랫동안 고집했지만, 협상 결렬의 구실을 주지 않기 위해 코자크들은 결국 차르에 대한 충성을 맹세했다. 이들이 충성을 맹세한 후 모스크바국 사절단은 코자크가 장악하고 있던 우크라이나의 충성을 받아내기 위해 도시와 소읍 각 지역에 사람들을 파견했다.

충성 서약을 둘러싼 이 사건만으로도 흐멜니츠키는 크게 불쾌해하며 실망했고, 다른 지도자들도 같은 감정에 싸였으되 그 강도가 더 심했다. 흐멜니츠키가 충성서약 후 자신의 사절단을 파견하여 우크라이나와 모스크바국의 향후 관계에 대한 청원을 코자크 군단의 이름으로 차르 정부에 제출했으나, 모스크바 정부는 이 청원의 일부 조항은 받아들이지 않았다. 모스크바 정부가 동의한 청원 조항 중 가장 중요한 것은 다음과 같다.

- 우크라이나에 거주하는 각 신분 소속자들의 권리와 특권을 보장한다.
- 선출된 각급 코자크 재판관들과 선출된 도시 행정관은 앞으로도 어떠한 간섭도 받지 않고 자유롭게 행정을 펼친다. 코자크 군단은 자신들의 헤트만을 자유롭게 선출하고 단지 그 결과를 차르에게 통보한다.
- 헤트만과 자포로쟈 코자크 군단은 외국 사절을 접견할 권리를 가지나, 다만 차르 정부에 위해가 초래될 가능성이 있는 경우에는 차르

정부에 이를 통지한다.
- 코자크 군단은 6만 명의 병력을 보유한다.

앞의 몇몇 조항들, 예를 들어 외국과 교섭할 권리를 가진다는 것은 대단히 의미심장한 것이었다. 이는 우크라이나가 완전히 독자적인 개별 국가로서의 권리를 가지며 단지 군주 개인을 통해서만 모스크바국과 연계된다는 것을 보여준다. 그러나 다른 한편으로 모스크바 정부는 우크라이나 주민들에게 완전한 자치권을 부여하기를 원치 않았다. 또한 우크라이나인들 자신이 군정사령관과 고위직 관리를 스스로 선출하고, 지역에서 선출된 세무관리가 우크라이나에서 세금을 거두어 우크라이나 현지 재원에 넣고 현지의 소요경비를 충당하기 위해 지출하도록 허용할 생각이 없었다. 우크라이나 공중 사이에서도 자치원칙의 철저한 실시에 대한 생각이 형성되고 구체화된 지 얼마 되지 않았던 시점이었던 데다가 모스크바국이 우크라이나 문제에 흥미를 잃고 우크라이나를 위해 폴란드와의 전쟁에 나서지 않게 될지도 모른다는 두려움 때문에 그들이 자치에 대한 생각을 강하게 내세우지는 못했던 것도 사실이다. 그러나 아무리 그렇다 하더라도 우크라이나의 자치에 대한 모스크바국의 이 같이 완고한 태도는 우크라이나에 쓰라린 인상을 낳았다. 모스크바국이 폴란드인 관리 대신 자기네 군정사령관들을 우크라이나에 보내고자 한다는 것은 분명했고 실제로 키예프에는 곧바로 몇 명의 군정사령관이 파견되었다. 이곳에서 이들은 요새를 새로 만들고, 모스크바국 군대로 구성된 수비대를 주둔시키며 헤트만과 헤트만 권력은 아랑곳 하지 않고 자기네가 이곳의 진짜 주인인 것처럼 행동했다. 모스크바 정부는 추후 우크라이나의 다른 도시들에도 이 같은 군정사령관들을 파견할 예정이었다. 모스크바 정부는 우크라

BOHDAN CHMIEL NICKY Exercitus
S.R.Mᵗⁱˢ Zaporohſc- enſis Præfectus
Cæor. Waumans ſculp. Ioa. Maghon exc. Anvers.

238. Богданъ Хмельницкій, современная гравюра (Waumann'a).

그림 238 보흐단 흐멜니츠키. 당대의 판화
(바우만의 작품).

이나의 교회 자치도 인정할 의향이 없어서, 키예프 수도대주교와 주교들을 모스크바 총대주교의 관할하에 두려고 노력했다.

흐멜니츠키와 코자크 장교단은 자신들의 계획이 모스크바국의 계획과 얼마나 다른지를 깨달았다. 그들이 원한 것은 우크라이나의 해방과 새로운 자유로운 관계의 수립을 위해 폴란드와 싸우는 데 필요한 지원을 모스크바로부터 받는 것이었다. 그러나 모스크바국은 우크라이나를 새로 얻은 자국 영토로 간주해 여타의 행정구역이나 영토처럼 지배하려 했다. 모스크바국이 폴란드와 전쟁에 돌입한 것은 사실이었지만, 이러한 행동에는 전에도 차지했던 적이 있는 벨라루스 영토를 획득하려는 목적이 있다. 이제 모스크바 정부는 흐멜니츠키에게 모스크바국을 돕기 위해 벨라루스로 코자크 군대를 파견할 것도 요청했다. 흐멜니츠키는 이 요청을 받아들였다. 이에 대한 대가로 모스크바 정부는 우크라이나로 자국군대를 파견하여 흐멜니츠키 군과 함께 볼린으로 진격하고, 벨라루스에서 작전했던 군단과 볼린에서 합류하게 했다. 그러나 흐멜니츠키는 모스크바국 군대가 우크라이나에 얼마나 굳게 터전을 내렸는지, 그리고 우크라이나인들의 삶을 자신들의 통제 아래 장악하기 위해 무심하게 내뱉은 말 한 마디 한 마디, 별 생각 없이 행한 행동 하나하나를 모두 얼마나 악착같이 잡아내는지를 보고 모스크바국의 도움을 받고 싶다는 일체의 기대를 잃어버렸다. 그는 모스크바국 군대와의 공동 군사 행동이 단지 우크라이나와 우크라이나인들의 삶에 대한 모스크바국의 지배권 요구를 위한 새로운 구실로만 이용되게 될 것을 염려했다.

군사 작전은 아무런 결과도 낳지 않았다. 흐멜니츠키는 키예프 지역에서 한 발짝도 벗어나지 않아서 오히려 모스크바 정부가 그에게 전쟁을 회피하고 있다고 비난할 정도였다. 이제 그는 자기가 모스크바국과 동맹을 맺음으로써 자초한 어려운 상황에서 어떻게 벗어날 것인가를 생각하며, 자신이 폴란드에 큰 타격을 가한 후 전혀 새롭게 전개되기 시작한 주변 정세의 변화를 고찰하는 데 온 신경을 집중했다.

82. 모스크바와 스웨덴 사이에서

모스크바국 군대와 코자크 군이 벨라루스에서 전개한 군사행동은 초기에는 아주 성공적으로 진행되었다. 대부분의 벨라루스 도시가 코자크 군과 모스크바국 군대에게 스스로 항복을 했다. 코자크 군은 헤트만령(Геть-манщина)[73]과 접경하고 있는 벨라루스 땅을 점령하여 여기에 새로운 코자크 연대를 설치했고, 모스크바국 군대는 벨라루스 땅 전체를 손에 넣어 북쪽으로 빌나까지 진격했다. 모스크바국이 폴란드 땅에서 이 같은 성공을 거두자 다른 이웃 나라들도 폴란드가 처한 어려운 상황을 이용하고 싶

---

73) 흐멜니츠키의 봉기 이후 흐멜니츠키와 코자크 군단의 통제 아래 있던 우크라이나 땅을 헤트만령이라 부른다. 헤트만령에서 코자크들은 정치적·사회경제적으로 상층부를 형성했다. 우크라이나 코자크들의 정치적 자치체인 헤트만령은 1782년까지 존속했다.

은 욕구를 품게 되었다. 이때 스웨덴에서는 카를 10세가 새로운 국왕으로 즉위했는데, 그는 폴란드와의 옛 전쟁을 다시 시작하는 문제를 고려했다. 카를 10세는 트란실바니아(동부 헝가리) 공과 이미 오래전부터 교섭해왔다. 이는 개신교 국가인 트란실바니아와 스웨덴이 가톨릭 국가인 오스트리아 와 폴란드에 대항해서 맺은 동맹관계였다. 이제 스웨덴 국왕과 트란실바 니아 공은 폴란드를 완전히 패배시킬 희망을 갖게 되었다. 두 나라는 폴란 드와 리투아니아에서 정교도들과 마찬가지로 가톨릭 귀족들과 정부의 학 정에 크게 시달리고 있는 신교도 권문세가의 지원을 기대했고, 오랜 기간 동안 트란실바니아와 스웨덴을 폴란드와의 전쟁에 끌어들이려고 교섭해 온 흐멜니츠키에게도 기대를 걸었다. 지금까지 흐멜니츠키의 이러한 노력 은 특별한 결실을 거두지 못했고 이 때문에 그는 주의를 주로 모스크바국 에 집중할 수밖에 없었다. 그런데 모스크바 정부가 우크라이나 문제에 대 한 첫 번째 조치로 우크라이나인들을 그렇게도 실망시킨 바로 이 시점에 스웨덴과 트란실바니아가 폴란드에 대한 결전을 준비하고, 우크라이나와 동맹을 맺으려는 상황이 전개된 것이다. 흐멜니츠키는 새로운 동맹을 우 크라이나가 폴란드의 압제에서 벗어나는 것을 위해서뿐만 아니라 모스크 바국과의 관계를 끊는 데도 이용하기로 했다. 그는 폴란드와의 전쟁에 연 합해서 참여하자는 스웨덴 왕의 요청을 기꺼이 받아들였고, 스웨덴과 공 동으로 펼칠 전쟁에 대한 기대 속에서 모스크바국 군대와의 연합작전에는 신경을 쓰지 않았다.

1654~1655년 사이 겨울 동안 코자크 집단은 폴란드를 상대로 소극적 방어 전투를 펼쳤다. 흐멜니츠키가 모스크바국과 연합하자 크림 타타르 칸은 폴란드와 동맹을 맺었다. 폴란드 군대와 타타르 한국 군대는 먼저 브 라츨라브 지역을 침공했고, 이곳에서 출발하여 키예프 지역을 공격했다.

흐멜니츠키 군과 모스크바국 군대는 이들을 빌라 체르크바에서 멀지 않은 오흐마티브 근교에서 만나 싸웠다. 모스크바국 군대는 전투가 진행되는 동안 그리 신통한 활약을 하지 않았지만, 위기의 순간에 보훈(Богун) 대령이 코자크 연대를 이끌고 달려와 주었다. 폴란드 군은 격퇴당했고 타타르 칸은 이를 보고 나서 자신들도 패배할 것임을 깨닫게 되자 폴란드 군을 버려두고 떠났다. 흐멜니츠키는 폴란드 군에 대한 추가 공격을 멈추었다. 1655년 봄 그는 스웨덴 왕으로부터 폴란드로 출정할 준비를 하고 있으니 흐멜니츠키와 동시에 폴란드를 공격하자고 청하는 연락을 받았다. 흐멜니츠키는 포딜랴의 카미네츠로 진격한 후, 이곳에서 르비브로 나아간 다음 다시 루블린까지 진격했다. 그러나 그는 보야린인 부투를린이 지휘하는 모스크바국 군대와 함께 출병한 상황이어서 아주 제약이 심했다. 그는 자신의 병력을 마음대로 지휘할 수가 없었다. 포토츠키를 호로독(Городок)에서 격퇴함으로써 할리치나 전체가 다시 그의 수중에 들어오기는 했다. 그러나 그는 모스크바국이 그곳에도 자국 수비대를 설치하려고 생각하지 않을까 염려하였으므로 할리치나의 도시들을 점령하기를 꺼렸다. 그는 르비브에서 공물을 받는 데 그쳤다. 코자크 군단 서기이자 흐멜니츠키가 신뢰하는 부하인 비호브

그림 239 흐멜니츠키의 초상. 벨리치코 연대기에 수록된 것.

스키(Виговський)는 르비브 소시민들과 협상을 하면서, 부투를린을 상대
하지 말고 차르의 이름으로 도시를 넘기지 말라고 그들에게 단도직입적으
로 제안했다. 흐멜니츠키도 스웨덴 왕에게 편지를 보내 자기는 모스크바
국 군대가 서부 우크라이나에 들어오는 것을 원하지 않았으며 이 때문에
서부 우크라이나에서는 지역을 점령하지 않았다고 설명했다. 스웨덴 왕은
그 나름대로 헤트만 및 코자크 장교단과 교섭하는 과정에서 모스크바국과
의 동맹을 완전히 파기해야 한다고 주장했다. 그는 전제적 체제를 가진 모
스크바 정부는 '자유로운 인민을 자기 휘하에서 용납하지 않을 것'이고, 우
크라이나의 자유를 준수하겠다는 약속을 이행하지 않을 것이며 코자크들
을 노예화할 것이라고 그들에게 경고했다. 흐멜니츠키는 처음에는 모스크
바국과의 완전한 결렬에 이르지 않고 우크라이나를 파탄으로 몰아넣지 않
도록 하기 위해 스웨덴 왕을 설득하려 노력했다. 그와 코자크 장교단이 바
라고 있던 것은 아마도 우크라이나를 모스크바국과 스웨덴뿐 아니라 가능
하면 투르크의 보호를 받는 중립국으로 만드는 것이었을 것이다. 흐멜니
츠키는 모스크바 차르의 종주권을 인정한 후 투르크와 종전의 관계를 회
복했다. 그러나 모스크바국과 스웨덴 사이에서 중립을 지키는 것은 어려
웠으므로 흐멜니츠키는 양국 중에서 어느 한 쪽을 선택해야 할 상황에 몰
렸다. 스웨덴 군이 폴란드와의 전투에서 아주 유리한 전황을 맞이하면서
폴란드 북부 지역 전체를 차지하자, 폴란드는 모스크바국과 스웨덴 사이
에 분쟁을 일으키기 위해 노력했다. 그래서 차르에게는 그를 폴란드의 왕
으로 선출할 것이고 폴란드가 모스크바국과 완전히 합병할 것이라는 희망
을 불어넣었다. 이러한 희망에 고취된 모스크바국은 폴란드와 휴전을 하
고 스웨덴과의 전쟁을 개시했다. 이는 폴란드의 상황을 즉각 유리하게 만
들어 주었기에 흐멜니츠키에게는 아주 불쾌한 일이었다. 그는 모스크바국

그림 240 흐멜니츠키의 문장. 벨리치코 연대기에 수록된 것.

이 우크라이나에 대한 임무를 저버리고 우크라이나를 다시 폴란드인들의 손에 넘겨주려 한다고 불평했다. 흐멜니츠키를 특히 격분하게 만든 것은 모스크바국과 폴란드가 그에게 알리지도 않고 코자크 사절단의 참여 없이, 무슨 저의가 있는지 알리지도 않은 채, 어쩌면 우크라이나의 이익에 불리할 수도 있는 방향으로 협상을 진행하고 있다는 점이었다.

폴란드 왕은 모스크바국과 휴전을 하자마자 폴란드 수중에 우크라이나를 되돌려 받기 위해 나섰다. 그는 이를 위해 온갖 그럴듯한 약속을 다 내놓으면서 협상을 진행했다. 심지어는 우크라이나에 완전한 자치를 보장한다는 약속까지 했다. 그러나 흐멜니츠키는 이에 넘어가지 않았고, 이 협상을 아주 탐탁지 않아했다. 모스크바 정부는 흐멜니츠키에게 스웨덴과의 관계를 끊고 모스크바 편에서 스웨덴과의 전쟁에 참가하라고 끈질기게 청했다. 그러나 이제 흐멜니츠키는 모스크바국과의 동맹보다 스웨덴과의 동맹을 훨씬 더 중시하게 되었다. 모스크바 정부는 자신의 진짜 계획을 점점 더 노골적으로 드러내고 있었으며, 흐멜니츠키는 자신과 우크라이나를 명령에 대한 복종의 대상으로 삼으려는 모스크바국의 요구와 의향에 분노했다. 그에게 심각한 불안을 안겨준 것은 모스크바국이 우크라이나의 자치를 제한하려 시도한다는 것이었다. 좀 더 구체적으로는 모스크바국이 군정사령관들을 흐멜니츠키 자신에게 보내 우크라이나 도시들에 파견할 채비를 하던 참이었는데, 이들 군정사령관에 대한 예상이 그를 특히 불안케 했다. 그는 모스크바국과의 관계를 끊겠다는 생각에 점점 더 몰두하게 되었다. 비호브스키가 자신의 장래를 위해 미리 모스크바 보야린들의 호의를 살 양으로 설명한 바에 따르면, 1656년 가을 코자크 장교단 평의회에서 모스크바국의 행동에 대해 쏟아지는 불만에 극도로 화가 난 흐멜니츠키는 미친 듯이 소리를 지르며 차르와 관계를 끊고 다른 데서 보호를 찾는 길밖에 없다고 말했다.

1656년 흐멜니츠키는 스웨덴, 트란실바니아와 긴밀한 동맹을 맺었다. 그는 스웨덴의 적이라면 모스크바국일지라도 상관없이 어떤 나라와의 전쟁에서도 자기 군대를 이끌고 스웨덴을 지원할 것이라고 약속했고, 우크라이나, 스웨덴, 트란실바니아가 함께 폴란드 땅을 분할한다는 협약을 맺었다. 1657년 초 모스크바 정부의 반대의사를 무시하고 우크라이나, 트란실바니아, 스웨덴은 힘을 합쳐 폴란드와의 결전

그림 241 수보티브의 고대석상. 이 부근에서 처형이 이루어졌다고 전한다.

을 시작했다. 그러나 흐멜니츠키 자신은 이미 너무나 심한 병이 들어 진격할 수 없었다. 그는 키예프 연대장인 즈다노비치(Жданович)에게 3개 연대를 주어 할리치나로 진격하게 했다. 이와 동시에 트란실바니아의 유리 라코치(Yurii Rakoczy) 공이 스웨덴 군대와 합류하기 위해 바르샤바로 진격했다. 만약 이 작전이 성공적으로 끝났더라면, 폴란드는 멸망하고 서부 우크라이나 지역은 코자크 집단의 지배 아래 들어오며 헤트만은 모스크바 정부의 지배와 영향력에서 벗어날 수 있었을 것이다. 그러나 이 원정은 실패로 끝나고 말았다. 폴란드 군은 라코치를 패퇴시켰을 뿐 아니라 타타르 군도 부추겨 그를 공격하게끔 했기 때문에 라코치는 폴란드와 강화를 맺을 수밖에 없었다. 즈다노비치도 이렇다 할 만한 성과를 전혀 거두지 못했다. 그뿐 아니라 특히 위험한 징후는 흐멜니츠키 자신의 부대 내부에서 일어나고 있던 반란이었다. 연로한 헤트만이 죽어가고 있다는 소식을 들은 코자크 병사들은 그의 죽음 후에 전개될 새로운 혼란을 염려해 차르의 동의 없이는 폴란드를 공격하지 않겠다고 선언했다. 진군 중에 모스크바국의 사절을 만난 코자크 병사들은 차르에게 자신들의 이 결정을 전해달라고 부탁했고, 부대 내의 그 같은 기류를 파악한 즈다노비치는 신속히 행군을 중단하고 키예프로 귀환했다.

그렇지 않아도 몸이 이미 크게 쇠약해진 흐멜니츠키는 이 상황을 접하자 극도로 낙담했다. 그는 자기에게 오라고 즈다노비치를 불러들여놓고 너무나 격노해서 발작으로 몸이 마비되었고 언어능력을 상실했다. 그리고 엿새 뒤 사망했다. 1657년 7월 27일의 일이었다.

나라 전체의 운명이 달린 가장 결정적인 순간에 우크라이나는 자신들의 오랜 지도자였고, 이 나라를 다스릴 능력을 가진 유일한 사람을 잃고 말았다. 흐멜니츠키 생전에 이미 오직 아버지의 후광 덕분에 헤트만에 선출된,

병약하고 무능한 퇴물인 유라스(Юрась)[74] 흐멜니츠키가 보흐단 흐멜니츠키의 후계자가 되었다.

이것은 우크라이나 역사의 가장 비극적인 순간의 하나였다.

83. 헤트만령

흐멜니츠키가 시작한 위대한 인민운동은 동부 우크라이나 전체에 헤트만령이라는 새로운 체제를 탄생시켰다. 점점 더 많은 수의 경영농민과 소시민들 같은 정주민들까지 코자크의 신수권을 받아들이고, 코자크 군단에 가입하게 됨에 따라 코자크 군사 조직은 이미 17세기 초반 몇십 년 사이에 점차적으로 우크라이나 땅에 정착되었고 뿌리를 내렸다. 연대 단위로 구성된 코자크 군단은 코자크 지배 아래 들어온 지역도 연대 관구로 분할했다. 1630년대에 이미 치히린, 체르카시, 카니브, 코르순, 빌라 체르크바, 페레야슬라브, 루브니 연대가 존재했다. 이 중 루브니 지역은 폴란드 국왕 직할지가 아니라 귀족들의 사유 영지였는데도 코자크식 편제를 가지게 되었다. 코자크 연대장, 중대장, 소대장(오타만)은 전쟁 기간에는 자기 부대의 지휘관이었지만, 평화 시기에도 자신의 중요성을 유지하였으니, 그들은 각 지구의 코자크 주민 전체를 위해 사법 업무와 행정 업무를 관장하면서 다른 일체의 권력기관을 대신했다.

흐멜니츠키 봉기는 오랫동안 진행되면서 동부 우크라이나의 광대한 지역, 특히 키예프, 브라츨라브, 체르니히브 군정사령관구에서 일체의 다른

---

74) 게오르기의 애칭.

그림 **242** 수보티브의 십자가. 셰브첸코의 그림(왼쪽의 십자가에 대해서는, 보흐단 흐멜니츠키의 유골이 그 아래 묻혀 있다는 이야기가 전해진다. 폴란드인들이 그의 유골을 교회 밖으로 던져버렸기 때문에 일어난 일이다).

권력을 축출했고 예외적으로 단지 선출직인 도시행정관과 수도원 영지만이 남아 있었다. 수도원 영지에서는 고래의 세습 영지(봇취나)를 운영하는 식의 제도가 유지되고 있었다. 이외에는 모두 자유인 신분이며 상당한 정도로 코자크화한 주민들이 있을 뿐이었다. 코자크 병사가 되지 않은 주민들은 도시에 살거나 촌락에 거주하거나 상관없이 소시민 신분에 편입되었으며 이들에게서는 여러 가지 세금을 징수하여 코자크 군단 재원에 넣었다. 코자크 주민은 세금을 면제받았고 단지 군역의 의무를 졌다. 전쟁이 끝없이 이어진 이 기간 동안 코자크 권력은 가능한 한 많은 코자크 주민을 확보하려고 노력했고, 주민들 자신도 어떻게 하다 다시 농노신분으로 떨어지는 일을 막기 위해서는 코자크로 가입하는 것이 더 안전하다고 생각했다.

흐멜니츠키 휘하 코자크 연대의 병력은 일정하지 않았다. 1649~1650년의 코자크 등록명부에 따르면 드니프로 강 우안(서안)에 9개 연대(치히린,

체르카시, 카니브, 코르순, 빌라 체르크바, 우만, 브라츨라브, 칼닉, 키예프)가 있었고, 강 좌안(동안)에 7개 연대(페레야슬라브, 크로피브나, 미르호로드, 폴타바, 프릴루키, 니진, 체르니히브)가 있었다. 각 연대는 백 명의 병력을 가진 중대로 구성되었는데 그 규모 또한 일정하지 않았다. 10개 중대도 안 되는 연대도 있었고, 어떤 연대의 중대는 스무 개가 되기도 했다. 각 중대의 병력도 일정하지 않았다. 1649년 등록명부에 따르면 200명에서 300명의 병력을 가진 중대도 몇 있었고, 단지 수십 명의 병력을 가진 중대들도 있었다. 연대장은 연대 관구의 행정책임자였다. 군단본부 장교단을 본뜬 연대 장교단은 연대 포병 장교, 연대 재판관, 연대장 부관(일등장교), 연대 서기로 구성되었는데 연대의 모든 업무에서 연대장의 자문단을 이루었다. 중대장은 각 중대 관구를 관할했고, 소대장인 오타만은 코자크 공동체(읍쉬나)를 관할했다. 엄밀하게 따지면 이 같은 군사적 직책 담당자들은 코자크 주민들에 대해서만 권한을 행사할 수 있었지만, 실제로는 주민 전체에 대한 전반적 통제권이 이들 직책 아래로 넘어와 있었다. 다만 좀 더 큰 도시들이나 교회 영지와 사적 영지는 하급 코자크 장교들의 관할을 덜 받고 헤트만의 직접 통제를 받았다. 그러나 지주영지는 인민봉기 기간 중에 엄청나게 많이 파괴되었기 때문에 헤트만령 수립 초기에는 그 수가 얼마 되지 않았다.

일반적으로 말해 군대식 조직은 원칙적으로 코자크 신분, 코자크 군단만을 관할했지만 흐멜니츠키가 헤트만을 맡은 10년 동안 좀 더 일반적인 행정조직의 성격을 띠게 되었다. 이는 사람들의 의식 속에는 빨리 정착되지 않았지만, 실제 현실에서는 아주 빨리 실감되었다. 모스크바국과 협상을 하면서 흐멜니츠키는 오랜 기억에 따라 코자크 군대는 자체의 제도에 따라 다스림을 받을 것이고 모스크바 정부는 이전에 우크라이나에 대한

그림 243 흐멜니츠키와 당대의 우크라이나(17세기 말의 그림). 흐멜니츠키 모습 아래는 연대들(헤트만 지휘봉인 불라바로 표시)로 나누어진 우크라이나 지도가 놓여 있다. 드니프로 강 하류 유역(니즈)에는 시치가 있다.(헤트만 기장과 불라바, 텐트가 있다). 왼쪽에는 코자크 군단이 있는데 연대의 수만큼 장교들의 모습이 그려져 있다. 오른쪽에는 헤트만 텐트가 그려져 있다. 그 위에는 군단 기장이 있고 그 아래에는 일군의 폴란드인들이 그려져 있다. 그림에는 다음과 같은 문구가 씌어 있다. "폴란드인들에게는 너무나 무서운 분이어서, 어디서든 바람이 불기 시작하면 그들은 모두 마치 흐멜니츠키가 다가오고 있는 것처럼 생각하곤 했다".

폴란드 정부의 대권(大權, prerogative)을 구성했던 것과 같은 기능만 가지게 될 것이라고 말했다. 그러나 모스크바 정부가 우크라이나에 군정사령관을 파견하기 시작했을 때 그 의도는 코자크가 아닌 일반 주민들로부터 세금을 거두고 자체 직무수행자들을 통해 이들을 다스리겠다는 것이었다. 흐멜니츠키 통치 기간 동안 군·민 구분 없이 주민들을 관할하는 것을 관행으로 삼았던 코자크 장교들은 그 어떤 외부의 행정권력이라도 헤트만령에서 더 이상 들어설 자리가 없다고 느꼈다. 외부 행정권력은 코자크 집단의 의미와 권위를 파괴시킬 것으로 보였다. 새로운 제도하에서 헤트만은 나라 전체의 통치자이자 우크라이나 정부의 최고 행정관이 되었고, 우크라이나 땅에 있는 사람은 누구나 그의 권위에 복종해야 했다. 그런데 헤트만이 코자크 군사 조직의 최고 지휘관이었기 때문에 각 지역에 있는 그의 대리인들, 곧 연대장들도 일반적이고 모든 신분을 포괄하는 권력으로서의 의미를 가질 수밖에 없게 되었다. 헤트만의 군대 참모진은 우크라이나 정부 내각의 직책을 가지게 되었다. 보급·포병 책임장교, 재판관, 일등대위, 서기들로 구성된 군단본부 장교단은 같은 이름을 가진 연대 장교단과 구별되어 군단본부직(генеральные)으로 불렸는데, 이들은 헤트만 휘하의 내각 회의가 되었고 전 국가적 성격의 모든 업무를 결정했다. 군단본부 장교와 연대장으로 구성된 '장교 평의회(рада старшин)'와 코자크 병사 전체로 구성되는 '군단 전체 평의회(військова рада)'는 가장 중요한 사안을 논의하고 우크라이나의 운명과 관련된 문제에 대한 결정을 내리기 위해 소집되었다.

코자크 장교단과 우크라이나 공중은 전 지역에서 모든 신분의 주민을 위해 일할 자치적 행정기구의 필요성을 느꼈고 코자크 군대 조직이 이 역할을 수행했다. 그러나 우크라이나의 새로운 자치를 위한 기초 구조는 철저하게 기획되거나 정연하게 조직되지 않았다(1659년 폴란드와의 하디아치 연합 조약이 성립되었을 때 이러한 노력이 시도되었으나, 실제로는 이 헌법은 실시되지 않았다). 그렇기 때문에 일반 민간정부의 개념과 군사조직으로서의 코자크 조직의 개념 사이에는 말하자면 계속 간극이 있었다. 이 틈으로 외부 세력, 특히 모스크바국의 자의적 요구가 들어설 여지가 있었고 이러한 자의적 요구는 혼란과 불확실성, 불만을 불러일으켰다. 성직자, 소시민, 농민, 귀족 등 모든 신분의 참여를 보장하는 것이 아니라 오직 코자크들로만

그림 244 17세기 중반의 우크라이나어로 된 편지. 1638년 키예프 시회(마기스트라트)의 허가증.

구성되는 군대 직책들, 코자크 장교 평의회와 군단 전체 평의회가 모든 지역과 모든 신분을 통치해야 된다는 상황은 이 체제가 가진 중대한 결함이었다. 이 모든 것이 전혀 새로운 조직이었기 때문에 그만큼 이 조직은 확립되기가 쉽지 않았고 여러 오해와 마찰을 야기했다. 새로운 체제는 지나치게 계급적이고 지나치게 신분적이며 지나치게 군대와 결부되어 있었고 이러한 특성은 이 체제가 새로운 전 인민적, 전 국가적 의미를 가지게 되는 것을 어렵게 만들었다. 코자크 구성원이라면 누구나, 어떤 사안에 대해서나 평의회를 소집할 수 있고, 이 평의회가 헤트만과 장교들을 거리낌없이 교체할 수 있게 했던 구식 군사 자치제도는 새로운 환경에 맞지 않았다. 권력은 확고하고도 자기 확신이 있어야 했다. 특히나 이처럼 어렵고 복잡한 상황에서, 이토록 결정적인 순간에, 나라 전체의 운명에 대한 책임이 권력의 어깨 위에 놓여 있기 때문에 더욱 그러했다. 흐멜니츠키는 능력이 출중하고 큰 성과도 거두었던 덕분에 이전과는 비교가 되지 않게 헤트만의 권위를 높일 수 있었다. 그가 헤트만으로 있는 동안에는 그가 필요하다고 느낄 때만 군단 평의회를 소집했는데 그 회수는 몇 번에 불과했고, 가장 중요한 문제를 다루기 위해, 그나마 따지고 보면 형식을 갖추기 위해 회의를 소집한 것이 대부분이었다. 업무는 장교 평의회에서 논의되었는데 이 평의회 역시 헤트만이 소집할 필요가 있다고 여길 때나 소집했다. 그러나 이러한 새로운 관행은 코자크 집단 일부, 특히 자포로쟈 코자크들 사이에서 불만을 야기했다. 흐멜니츠키의 후계자들은 자기 권력의 위신을 지키는 데 항상 성공했던 것은 아니다. 헤트만 권력이 조금이라도 약화되고 동요할 때면 그것은 어김없이 이 중앙 권력의 의미와 국가 전체의 행정기구이자 조직체로서의 코자크 제도 전체의 중요성을 약화시켰다.

코자크 생활과 조직의 중심지는 자포로쟈이고 시치이며 이곳에서 헤트만이 선출되어야 하고 우크라이나 전체를 위한 정책의 일반적 방향이 결정되어야 한다는 오래된 견해는 과거 코자크 집단의 전체 역사에서 유래한 것인데, 이러한 견해 역시 금방 사라질 수 없었다. 그러나 1620~1630년대 코자크들이 읍락 지역에서도 주인으로 자리 잡기 시작하고 강한 조직과 행정을 만들면서 시치는 코자크 집단의 수도이자 중심지로서의 의미를 잃게 되었다. 새로운 여건에서는 최고위 코자크 장교들이 모여 있는 헤트만 관저 소재지가 우크라이나 정부의 중심이 되었다. 이곳에서 모든 중요한 문제는 군사 법정이나 군사본부 행정청에서 다루어졌다. 자포로쟈 시치가 옛 시절에 지녔던 중요성을 요구하더라도 이는 과거의 유물이 되었고, 무정부적 요구로 받아들여졌다. 흐멜니츠키 시대부터 시치는 모험가나 채굴꾼의 피난처, 우크라이나의 최전방 경계부대가 되었고, 결정권이 있는 기구로서의 정치적 중요성을 완전히 상실했다. 그러나 영광스러운 헤트만 흐멜니츠키가 죽고나자, 자포로쟈 코자크들은 헤트만과 장교들을 선출할 권리를 다시 요구했고, 장교단이 행정권을 장악하고 시치의 권력을 인정하고자 하지 않는 것에 불만을 제기했다.

이러한 내부적 분열은 이후에 시작될 혼란의 씨앗이 되었다. 만일 흐멜니츠키가 그렇게 일찍 죽지 않았거나, 아니면 좀 더 중요한 것으로, 그가

그림 245 17세기 중반 볼린에서 작성된 편지(루츠크).

죽은 후 우크라이나에 평온한 시기가 한 십오년 정도만 유지되었더라도 이러한 분열의 씨앗은 자라나지 않았을 것이다. 우크라이나 공중은 뛰어난 조직력과 전술의 소유자임을 보여주었고 아주 신속하고 집중적으로 정치적 자의식의 성장을 이루었다. 만일 이들이 외부의 영향을 받지 않고 자신들의 사회적·정치적 조직과 정부 구성에 차분하게 집중해서 작업할 수 있었다면 거의 틀림없이 새로운 제도를 확립하여 이를 좀 더 지속적이고 명료하게 조직할 수 있었을 것이고, 당면한 여러 모순을 극복하고 새로운 국가생활의 필요에 맞춰 옛 관계와 제도를 정비할 수 있었을 것이다. 그러나 우크라이나 공중은 바로 이것, 곧 평화롭고 자유롭게 새로운 제도를 만들고 정착시키기 위해 노력할 기회 자체를 전혀 가질 수 없었다. 우크라이나는 끊임없이 전쟁 상태에 처해 있었고, 우크라이나의 지극히 사소한 내부적 분열이나 혼란이라도 악착같이 포착해 이것을 자극하고, 정치 제도의 약점에 쐐기를 박아 흔들고, 이에 힘입어 우크라이나의 저항력을 분쇄하고 약화시키려는 다른 국가들이 사방에서 호시탐탐 우크라이나를 노리고 있었다.

이러한 정치적 구조의 약점 이외에도 한 가지 문제가 더 있었다. 우크라이나 인민대중이라는 한편과 코자크 장교 집단이라는 다른 한편 사이의, 다시 말해 인민과 장교단 정부 사이의 공동체 내부적, 사회계급적 분열도 우크라이나의 독자적 삶을 가로막는 적들에게 도움을 주었다. 일반 인민들은 지주권력에서 벗어나고자 봉기를 일으켰다. 그들은 폴란드 귀족들을 우크라이나에서 쫓아내고, 그들이 빼앗았던 토지를 되찾으며 자신들의 노동과 자신들의 운명을 자유롭게 관장하기 위해 코자크 운동을 이용했다. 인민들은 무엇보다도 폴란드 영주들이 다시 우크라이나로 돌아와 그들 식의 옛 질서[75]를 부활시키는 것을 두려워했다. 이러한 이유 때문에 그들은 어떠한 일이 있어도 폴란드와 타협하지 않으려 했고, 이러한 이유 때문에 과거의 영주제적 질서로의 회귀를 가리키는 모든 현상을 불신의 눈으로 바라보았다.

　　그런데 코자크 장교들은 권력과 행정권을 획득하고 이런 의미에서 폴란드 귀족의 자리를 대신해서 차지한 후 사회·경제적 영역에서도 폴란드 귀족들의 뒤를 이으려는 경향을 보였다. 그들은 영지를 소유하고, 촌락을 세우고 여기에 예속민을 끌어들이려 했다. 그들은 이러한 분위기에서 성장한 사람들이었고 다른 방법으로 자신들의 물질적 수요를 보장하는 길은 알지도 보지도 못했다. 적합한 기회가 처음으로 온 것은 1654년 코자크 장교단이 처음으로 모스크바에 사절을 보냈을 때였으니, 이 사절단의 일원으로 참가한 사람들은 영지소유권과 이 영지를 예속민으로 채울 권리를 인정한 칙허장을 모스크바 정부에 간청해 얻어내기 시작했다. 사실, 그들은 주민들이 얼마나 적대적으로 나올 것인지를 잘 알고 있었기 때문에 우크라이

---

75) 농노 노동력을 이용하여 시장판매 작물을 생산하는 영주제 대농장을 말한다. 우크라이나 농민들은 이 체제 아래서 대부분 농노 상태로 빠져들어 있었다.

나 내에서는 자신들이 간청해 얻은 이 칙허장을 제시할 엄두도 내지 못했다. 그러나 우크라이나 인민은 이미 새로운 장교단이 귀족들이 갔던 옛 길을 간다는 것을 감지하고 있었고 이들의 정책에 이기적이고 사리추구적인 열망이 깔려있지 않을까 의심하며 이들을 적대적으로 대했다.

이 같은 분열을 반영하여 지어진 한자-안디베르(Ганжа-Андибер)에 대한 서사민요(두마)에서 코자크들은 부자 연대장들에 대한 불만을 다음과 같이 표현했다.

에구, 공작, 영락없는 공작들! 목장도 들판도 죄다 당신네 것!
내 형제 가난뱅이 코자크는
말에게 꼴 먹일 땅조차 없네그려.

이 적대감이 예리하게 드러난 것은 좀 더 나중의 일이지만 이러한 적대감이 존재한다는 사실 자체는 이미 흐멜니츠키의 죽음 직후부터 나타났으며 코자크 장교들의 위상과 그들의 정책을 약화시켰다. 이것은 또다시 우크라이나의 정치 생활에 엄청난 손실을 가져왔다. 코자크 장교들은 자신들의 계급적 이익과는 별개로 전체 인민의 정치적 이익을 수호하며 우크라이나 전체의 해방을 위해 노력하고 있는 상황이었기 때문에 더욱 그랬다.

84. 하디아치 연합

정치적으로 어려움이 많은 당시 상황에서 경험과 능력이 모자라는 젊은 이인 보흐단 흐멜니츠키의 아들을 헤트만으로 선출한 것은 용서할 수 없

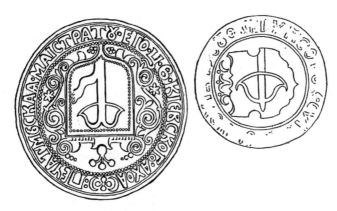

그림 **246~247** 키예프 시회의 인장: 왼쪽 것이 좀더 오래 되었고(**17**세기 전반), 오른쪽 것이
좀더 후대의 것이다(**1671**년).

을 정도로 경솔한 일이었다. 코자크 장교들은 죽어가는 보호단 흐멜니츠
키 앞에서는 그가 계획한 후계자 지명에 감히 반대할 수 없었지만, 그가
죽고 나자 이 문제를 바로잡아야겠다고 생각했다. 그들은 유라스의 지명
을 철회하고 새로운 선거를 실시하여 이반 비호브스키를 헤트만으로 뽑았
다. 그는 오랜 기간 동안 코자크 군단 서기직을 맡았고, 흐멜니츠키의 신
뢰를 받은 인물이었다. 비호브스키는 처음에는 유라스가 공부를 마치고,
성년이 될 때까지만 한시적으로 일하는 임시 헤트만으로 선출되었지만, 그
후 제멋대로 헤트만의 지휘봉을 차지하고 '정식 헤트만'이 되었다는 말이
후에 떠돌았다. 그러나 당대의 자료들에는 이러한 주장을 뒷받침하는 기
록이 전혀 없다. 비호브스키는 처음부터 정식 헤트만으로 선출되었다. 그
러나 장교들은 '코자크 일반병사들'이 유라스 편에 서서 비호브스키의 선
출을 거부하며 저항하지 않을까 두려워했기 때문에 전체 군단 평의회가 아
니라 장교단 회의에서 그를 헤트만으로 선출했다. 나중에 누군가가 이 선
출이 절차를 제대로 지키지 않았다고 모스크바에 고발하자, 비호브스키는

그림 **248~249** 페레야슬라브 시회의 인장: 왼쪽 것은 폴란드 지배 시기에 만들어져 오래된 것(**17세기 전반**)이고 오른쪽 것은 좀더 후대(**17세기 후반**)의 것이다.

전체 군단 평의회에서 선거를 다시 하고 또다시 헤트만으로 선출되었다.

새로운 헤트만은 물론 유라스보다 훨씬 뛰어난 인물이었다. 경험이 많고 명석한 지도자였던 그는 정치가로서도 노련하고 수준급이었으며, 더욱이 의심의 여지없는 우크라이나 애국자였고 우크라이나 자치의 진실한 신봉자였다. 그는 코자크 장교들의 동지로서 그들과 일심동체가 되어, 우크라이나의 자유와 불가침성을 보장하기를 열렬히 원했다. 그러나 그는 보흐단 흐멜니츠키 같은 대중적 인기는 누리지 못했다. 그는 키예프 폴리시아 지방의 우크라이나 귀족 집안 출신이었다. 일찍이 여러 사무직을 맡았고, 군사 업무에는 특별히 마음이 끌리지 않았다가 우연한 기회에 코자크 군단에 가담하게 되었다. 그는 소문에 의하면 조브티 보디 전투에서 타타르 군의 포로가 되었으나, 흐멜니츠키가 인질금을 주고 석방시켰다고 한다. 더욱이 비호브스키는 코자크 군단 전체 평의회를 거치지 않고 이를 회피해 헤트만으로 선출되었다. 이 모든 것은 그렇지 않아도 유례없이 힘겨운 상황에서 신임 헤트만의 처지를 더욱 어렵게 만들었다.

초기에 비호브스키는 흐멜니츠키가 추구한 정책을 계승하여 모스크바국, 스웨덴, 크림 한국, 폴란드 사이에서 가능한 한 중립을 지키며 우크라이나의 평화를 보장하고 새로운 체제를 공고하게 하며 자기 자신의 위치를 확고히 하려고 했다. 그는 이미 폴란드 편으로 넘어간 크림 한국을 다시 자기편으로 끌어들이고, 스웨덴 국왕과 진행 중인 협상을 마무리 지어 대단히 귀중한 동맹조약을 체결했다. 협상의 결과로 스웨덴 왕은 "자포로쟈 코자크 군단은 군단의 지배 아래 있는 모든 영토에 대한 권리를 가지는 자유롭고 아무에게도 복속되지 않는 인민이라는 사실을 인정하고 선포"하며, 모든 적대 세력으로부터 자포로쟈 코자크들의 자유와 권리를 지킬 의무를 지기로 했다. 스웨덴 왕은 또한, 특히 폴란드로부터 "자포로쟈 군단", 즉 동부 우크라이나의 자유와 독립을 인정받고, 자포로쟈 군단의 지배권을 서부 우크라이나 지역으로 확대시킬 의무도 졌다. 이것은 매우 중요한 약속이었지만, 스웨덴의 정책이 이미 영향력을 상실하고 있었기 때문에 때늦은 조치가 되었다. 이때 이미 덴마크가 폴란드를 공격했기 때문에 스웨덴 국왕은 폴란드에 진출한 병력을 철수시킬 수밖에 없었으며 그리하여 우크라이나를 방어해줄 수가 없었다. 폴란드와 모스크바국과의 협상도 남아있었다. 폴란드 정부는 헤트만과의 협상을 계속하였는데, 다시 폴란드 왕에게 복종하라고 권유하면서 우크라이나 자치에 이르기까지 온갖 특권과 특혜, 권리를 다 제공하겠다고 약속했다. 반대로 모스크바국은 흐멜니츠키가 죽은 상황을 이용하여 우크라이나에 대한 직접적 지배권을 확대하고자 했기에 이를 위해 세금을 징수하고 우크라이나의 다른 도시들에도 군정사령관을 파견하고(그때까지는 키예프에만 군정사령관이 파견되었다), 우크라이나 교회의 독립성을 철폐시키기를 원했다. 이러한 모든 것은 우크라이나 코자크 장교들과 우크라이나 공중 전체의 입장에서 불쾌하기 싹이 없는 일이었다. 하지만 비호브스키는 가능한 한 모스크바국이 원하는

그림 250∼252 오스테르스크의 인장들: 왼쪽부터 각각 시회의 인장, 오스테르스크 중대장(야
키브 샤프란)의 인장, 도시 오타만(바실 슈파카)의 인장.

바에 호응을 해주었을 뿐 모스크바국의 계획에 공개적으로 항의하지 못했
다. 그는 자신의 입지가 약하다고 느끼고 있었기에, 이러한 복종의 대가로
모스크바 정부가 우크라이나에 등장하기 시작한 자기에게 적대적인 경향
들로부터 자신을 보호해 주기를 바랐다. 그러나 이러한 희망은 실현되지
않았다.

　비호브스키가 코자크 군단 전체 평의회가 아니라 장교단에 의해 헤트만
으로 선출되었기 때문에 장교단에 반대하는 갖가지 파벌들, 특히 새로운
질서에 가장 적대적인 자포로쟈 코자크들은 이 약점을 이용했다. 이들은
코자크 군단 평의회가 모든 것을 통제하고, 헤트만을 끌어내리거나 옹립
했으며, 자포로쟈 시치가 모든 것의 중심이었던 과거의 병사 민주주의 제
도를 선호했다. 자포로쟈 시치와 지리적으로 가까운 드니프로 좌안의 폴
타바 연대와 미르호로드 연대도 시치와 이웃해 있는 덕분에 이들과 가장
긴밀하고 가까운 관계를 유지해왔으므로 자포로쟈 코자크들 편을 들어
주었다. 바로 이 연대들에서 비호브스키와 코자크 장교단에 대해 적대적인
경향이 드러나자, 폴타바 연대장 마르틴 푸쉬카르(Мартин Пушкар)는 호

기를 이용해 비호브스키를 실각시킬 생각을 했다. 그와 그의 동지들은 코자크 장교단이 전체 군단, 자포로쟈의 투표 없이 꼼수를 부려 비호브스키를 헤트만 자리에 앉혔는데, 헤트만은 자포로쟈에서 선출해야 하는 법이라고 불만을 제기했다. 그들은 그뿐 아니라 비호브스키는 코자크가 아니고 폴란드인이라 코자크 군단과 인민의 이익을 생각하지 않으며 우크라이나를 폴란드에 팔아넘기려 한다고 주장했다. 이러한 모든 모함을 불식시키기 위해 비호브스키는 각 연대의 대표들을 불러 모아 새로운 평의회를 열었다. 비호브스키는 이 평의회에서 다시 헤트만으로 선출되었고, 모스크바 정부는 그 후 그를 정당하고 합법적인 헤트만으로 추인했다. 그러나 비호브스키와 장교단에 대한 반대자들은 이것으로도 진정되지 않았다. 푸쉬카르는 자포로쟈 시치의 대장(코쇼비(кошовий))인 바라바쉬(Барабаш)와 함께 계속해서 모스크바에 사람을 보내 비호브스키에 대한 고발과 진정을 내놓았다. 그는 부정한 방법으로 선출되었고, 반역자이기 때문에 군단은 그가 헤트만 자리에 있는 것을 원하지 않는다 등등의 내용이었다. 비호브스키는 모스크바 정부가 자신의 충성에 대한 보상을 해 주리라고, 그래서 자기가 이 적대적 경향을 제압하는 것을 도와주고 적들이 자신을 정당한 헤트만으로 인정하여 순종하지 않을 수 없게 만들고, 필요한 경우에는 군대를 보내 이들을 진압하는 것을 도와줄 것이라고 기대했다. 그러나 모스크바 정부는 모스크바의 가장 충성스러운 귀순자요 신하라고 스스로 내세우고 있는 반(反)비호브스키파(派) 인사들을 그렇게 단호하게 물리치고자 하지 않았다. 모스크바는 이들의 사절을 접견하고, 이들에게 훈계를 보내며, 여러 가지 혜택을 베풀었다. 비호브스키 반대파는 이를 근거로 삼아 모스크바가 사신들 편을 들고, 비호브스키를 역시 진정한 헤트만으로 인정하지 않고 있다는 소문을 퍼뜨렸다.

비호브스키는 모스크바국이 자신을 진심으로 지원하지 않으며 모스크바국의 이중적 정책으로 인해 반대파의 움직임이 더 커지기만 하리라는 것을 깨닫고 직접 반대파들을 숙청하기로 했다. 모스크바 정부는 그에게 군사 행동을 자제하고 반대자들이 모스크바의 훈계를 들을 때까지 기다리라고 설득해 보았다. 그러나 비호브스키는 행동을 더 늦출 수 없었다. 봄이 되자 비호브스키는 타타르 군대에 지원을 청한 후 군대를 이끌고 드니프로 강을 건너가 폴타바 부근에서 푸쉬카르파를 분쇄했다. 푸쉬카르 자신도 살해되었다. 폴타바는 점령되었고 이곳에는 새로운 연대장이 임명되었으며, 모든 봉기 지도자들은 가혹한 처벌을 받았다. 이 공격 이후 비호브스키와 그의 추종자들은 모스크바국과의 관계는 돌이킬 수 없이 결정적으로 훼손된 것으로 여겼다. 모스크바국의 의사에 반해, 모스크바 총대주교의 축복 없이, 우크라이나인들에 의해서 선출된 수도대주교 디오니시 발라반(Діонісий Балабан)은 이제 (헤트만 관저가 있는) 치히린으로 거처를 옮겼다. 우크라이나 자치의 옹호자들은 인민들 사이에서 반(反)모스크바 선동을 시작했다. 그들은 주민들에게 모스크바국의 보호에 대한 반감을 불러일으키기 위해, 일단 모스크바국이 우크라이나를 복속시키면 (벨라루스에서 그 당시 실제로 그렇게 행해졌던 것처럼) 우크라이나인들을 모스크바와 시베리아로 이주시키고, 우크라이나 성직자들도 체포하며 그들 대신 모스크바 성직자들을 모스크바국에서 파견할 것이라는 것 등등을 선전했다. 그들은 유럽 여러 나라 궁정에 성명서를 발송해 모스크바국과의 관계를 단절하는 이유를 설명하고 이 나라에 전쟁을 선포하였다.

"신과 만인 앞에 선언하고 증언하나니, 우리가 폴란드를 상대로 시작하고 수행한 전쟁은 단지 신성한 동방교회를 수호하고 조상들이 우리에게 유산으로 물려준 우리의 자유를 지키는 것 이외의 다른 원인과 목적이 없었다. 이미 서거한 우리들의 불멸의 지도자 보흐단 흐멜니츠키와 당시 그의 서기였던 우리 지도자 이반 비호브스키와 함께 우리 모두는 이 대의를 실현하는 데 모든 것을 바쳤다. 신의 영광과 인민의 과업 앞에서 우리의 사적인 욕구는 뒤로 돌렸다. 이 목표를 위해 우리는 타타르인들과 동맹을 맺었고, 가장 찬란한 크리스티나 스웨덴 여왕과도, 그리고 그 다음으로는 가장 찬란한 카를 구스타부스 스웨덴 국왕과도 동맹을 맺었다. 우리는 이들 앞에 우리의 변함없는 신의를 보였다. 우리는 모든 서약과 조약과 동맹을 준수하며 폴란드에게 조약을 파기할 어떤 구실도 주지 않았다. 우리는 어떤 다른 동기가 아니라, 오로지 우리가 신의 도움 아래 우리의 무기로써 쟁취했고 수도 없이 반복해 우리의 피로써 다시 찾은 자유를 우리와 우리 자손들을 위해 보호하고 확대하기 위해 모스크바 대공의 보호도 받아들였을 뿐이다. 모스크바 대공의 약속과 의무를 순진하게 믿은 우리 코자크 군단은 공통된 신앙과 우리의 자발적 병합을 감안해 모스크바 대공이 우리에게 정의롭고 우호적이며 자비롭게 행동할 것을 기대했다. 또한 우리를 진실하게 대하며, 우리의 자유를 훼손하는 사악한 간계를 꾸미지 않고 그의 약속에 따라 우리의 자유를 확대해줄 것을 기대했다. 그러나 이러한 희망은 철저히 배신당했다! 모스크바의 각료들과 고관들은 공정하고 지극히 경건하며 가장 자비로우신 군주를 부추겨 그로 하여금 모스크바국과 폴란드

그림 253 이반 비호브스키(벨리치코 연대기에 수록된 삽화).

사이에 협상이 종료되자마자 바로 그 해에 폴란드의 왕위를 탐내어 우리를 압제하고 예속하도록 했고, 우리를 스웨덴과의 전쟁에 끌어들여 이를 좀 더 손쉽게 달성하고자 바라게 했다……"

여기에서 모스크바 정치인들을 향해 가해진 가장 중요한 비난은 모스크바 정부가 폴란드와 협정을 맺음으로써 우크라이나를 배신했다는 점이었고, 또 다른 비난 사항은 모스크바 정부가 다양한 반란자들을 지원함으로써 우크라이나 정치 생활에서 분열과 골육상쟁을 조장했다는 점이었다. 이 성명서는 다음과 같은 선언으로 끝난다.

"이렇게 우리가 아무런 잘못도 하지 않은 상태에서 처음에는 내부 분열적 전쟁을 이용하고 다음에는 공개적으로 자신들의 무력을 동원해 우리에게 예속의 굴레를 씌우려고 하는 사람들의 교활함과 속임수를 밝히는 바이다. 우리의 결백을 증명하고 신의 가호를 간구하면서, 우리는 우리의 자유를 지키고 우리에게 강요된 굴레를 벗어버리기 위해 정당한 방어 전쟁에 돌입할 수밖에 없고, 이를 위해 우리 이웃국가들의 도움을 청할 수밖에 없다. 이런 점에서 보듯 우리는 이 전쟁이 격화되는 것에 아무런 책임이 없다. 우리는 모스크바 대공(차르)에게 충성을 다했고, 현재도 그러하지만, 우리의 의사에 반해 무기를 들 수밖에 없다."

모스크바국과의 투쟁에서 우크라이나의 동맹국이 되어 주었어야 할 스웨덴은 이제 아무 역할도 하지 못했다. 스웨덴은 1660년대에 전쟁을 중지하고 폴란드 및 모스크바국과 각각 정식 강화조약을 맺었다. 그렇기 때문에 비호브스키는 모스크바국에 맞서는 투쟁에서 크림한국 이외의 다른 동맹국의 지원을 얻기 위해 그토록 오래 지연되고 있던 폴란드와의 협상을 끝까지 밀고 가기로 결심했다. 1658년 여름 그는 자기의 심복인 페레야슬라브 연대장 파블로 테테랴(Павло Тетеря)와 폴란드 대표 스타니스

와프 비에네프스키(Stanisław
Bienewski)의 협상을 통해 합
의에 이르렀고, 9월 6일(그레고
리우스 달력으로는 9월 16일)[76]
하디아치(Гадяч)에서 정식 조
약을 체결했다. 이 조약에 의
하면 우크라이나는 폴란드 국
왕의 종주권에 다시 귀속되지
만, '루스 대공국(Велике кня-
зівство Руське)'이라는 명칭

그림 254 유라스 흐멜니츠키(벨리치코 연대기에
수록된 삽화).

을 가지고 자치체를 구성하는 것으로 되어 있다. 비록 이 조약은 거의 실
행에 옮겨지지는 않았지만, 그럼에도 이 조약과 나중에 이 조약에 추가된
내용들은 당시 우크라이나를 이끈 정치인이었던 비호브스키와 그의 동료
들이 우크라이나의 미래를 위해 어떠한 목표를 가지고 있었는지를 보여주
는 자료로서 대단히 흥미롭다.

새 조약에 의하면 (키예프, 브라츨라브, 체르니히브 3개 군정사령관구로 구성
된) 동부 우크라이나는 별개의 국가가 되어, 리투아니아 대공국의 편제처
럼 고유의 내각과 재정, 화폐를 가지고, 다만 입법기관인 의회(세임)와 국왕
만을 폴란드-리투아니아와 공유하기로 했다. 루스 대공국 정부의 수반직
은 모든 신분 구성원들이 선출한 헤트만이 맡게 되었다. 루스 대공국의 여
러 신분대표가 복수의 헤트만 후보를 폴란드 국왕에게 제시하면 국왕이 이

---

76) 저자는 서방 사회에서 사용하는 그레고리우스력과 정교 사회에서 사용하는 율리우스력에
따른 날짜를 병기하고 있다. 17세기에는 율리우스력에 따른 날짜가 그레고리우스력 날짜보
다 10일 늦었다.

중 한 명을 헤트만으로 인준하게 되어 있었다. 코자크 군단은 3만 명의 병력을 보유하며, 이 외에도 헤트만은 자신의 휘하에 만 명의 용병을 별도로 둘 수 있었다. 정교 신앙은 모든 점에서 가톨릭 신앙과 동일한 권리를 가지며 수도대주교와 고위성직자들은 의회에서 의석을 확보하게 되어 있었다. 키예프 아카데미는 크라쿠프 아카데미와 동등한 권리를 누리며, 우크라이나의 다른 어느 곳에 또 하나의 아카데미를 창설하도록 규정되었다.

하디아치 연합 조약은 서둘러 작성되어서, 많은 구체적 사항들이 주의 깊게 검토되거나 설명되지 않았다. 일부 조항은 폴란드 측에 의해 인정되지 않았다. 동맹을 파탄시키지 않기 위해 우크라이나 코자크 장교단은 조약에 동의했다. 그런 다음 이 조약을 비준할 의회에 청원을 보내, 루스 대공국에 동부 우크라이나뿐 아니라 서부 우크라이나도 포함시켜 달라고, 다시 말해 우크라이나인들이 사는 전 지역이 다 포함되게 해 달라고 요청했다. 비호브스키는 모스크바국을 상대로 한 전쟁에서 폴란드의 지원을 받기 위해 서둘러 조약에 서명했다.

85. 모스크바와의 투쟁

전쟁이 시작되었다. 비호브스키는 키예프에서 모스크바국 군정사령관을 몰아내려고 시도했으나 이 시도는 성공하지 못했다. 이 일이 있은 후 모스크바 정부는 비호브스키를 배신자로 선언하고 새 헤트만을 선출하도록 코자크들에게 요구했다. 그러나 비호브스키와 폴란드 사이에 체결된 조약에 대해 알고 난 후 모스크바 정부는 이로 인해 크게 자신감을 잃게 되어 비호브스키를 적대시하는 정책에서 물러설 태세를 보였다. 그래서 군정사령관인 트루베츠코이에게 위임하여, 비호브스키와 협상하고 그가 저지른 이전의 모든 잘못을 완전히 용서할 뿐만 아니라, 다른 양보도 가능하다고 약속하게 했다. 심지어 만일 비호브스키가 요구한다면 키예프에서 군정사령관을 철수시키도록 양보까지 하겠다는 것이었다. 그러나 이미 모스크바국의 진정성에 대해 더 이상 신뢰하지 않게 된 비호브스키는 관계를 회복할 생각을 하지 않았다.

1659년 초 모스크바국이 비호브스키에 대해 적대적 입장을 취한 후 다시 기세가 등등해진 자기 반대자들을 진압하기 위해 비호브스키는 드니프로 강을 건너 동쪽으로 진격했다. 모스크바국 군대가 그를 제지하기 위해 출동하자 그는 다시 드니프로 강을 건너 후퇴했다. 그러나 모스크바국 군대는 우크라이나 북부 지역을 정복하고 코노토프(Конотоп)에 주둔한 훌랴니츠키(Гуляницький) 연대장의 부대를 포위했다. 그런 동안 비호브스키는 타타르 지원군의 도착을 기다리다가 그들이 도착하자 코노토프를 해방시키기 위해 함께 동쪽으로 진군했다. 비호브스키 연합군의 전력에 대한 정확한 정보가 없던 모스크바국 군대는 맞서 싸우러 나왔다가 코자크 군과 타타르 군이라는 두 불길 사이에 빠져들었다. 전례 없는 살육전이 벌어져 모스크바국 군대는 궤멸되었고, 두 명의 모스크바국 군정사령관은 포로가 되었다. 트루베츠코이는 코노토프를 버리고 서둘러 우크라이나 국경 밖으로 후퇴했고, 비호브스키는 이제 우크라이나 전체를 장악했다.

그러나 비호브스키는 이 좋은 기회를 제대로 활용하지 못했다. 그는 우크라이나 도시들에 남아 있는 모스크바국 수비대를 몰아내지 않은 채 드니프로 강을 건너 서쪽으로 돌아왔다. 자포로쟈 코자크들의 대장 시르코(Сирко)가 비호브스키의 적인 자포로쟈 코자크들과 함께 크림을 공격함으로써 크림 타타르 군대로 하여금 비호브스키를 버려두고 급하게 철수하지 않을 수 없게 만든 다음 헤트만의 수도인 치히린을 공격했기 때문이다. 드니프로 강 좌안(이동) 지역의 친보스크바파 세력은 이 일이 있은 후 다시 고개를 들었다. 비호브스키가 폴란드에 굴복했다는 소문에 주민들은 무기를 들고 그에 맞서 일어났다. 하디아치 조약이 어떤 조건들을 담고 이루어졌는지에 대해서는 아무도 자세히 검토하지 않았다. 폴란드의 지배가 다시 시작된다는 생각이 폴란드에 대해서는 아무것도 듣고자 하지 않던 주민들을 격앙시켰다. 비호브스키가 북부 지역에 주둔시켰던 폴란드 군대도 옛 기억으로 말미암아 너무나도 심한 증오를 불러일으켰기 때문에 그전까지 비호브스키에 충성을 바쳤던 현지의 코자크 연대들도 이제 봉기하기 시작했다. 그들은 폴란드인들을 살해했을 뿐 아니라, 이 와중에 비호브스키의 노선을 지지해 왔던 탁월한 인물 유리 네미리치(Юрій Немирич)까지 목숨을 잃었다. 높은 교양을 지닌 우크라이나 귀족이었던 네미리치를 사람들은 하디아치 연합조약의 진짜 작성자라고 여기고 있었다. 그런 다음 이같은 움직임은 드니프로 강 이동 지역에서 강 서쪽 지역으로도 확산되어, 그곳 코자크들도 폴란드 지배 아래로 다시 들어가기를 원하지 않는다고 선언했다. 그러자 우만 연대의 미하일로 하넨코(Михайло Ханенко) 연대장은 시르코 휘하의 자포로쟈 코자크들과 연합해 비호브스키에 대항하는 봉기를 일으켰다. 사람들은 이제 비호브스키가 헤트만직을 유지하는 것을 용납할 수 없게 되었으며 대신에 유리(유라스) 흐멜니츠키를 정당한 헤트만으로 복위시켜야 한다고 간청했다.

1659년 9월 초 소읍인 헤르마니브카(Германивка) 근교에서 두 군대가 조우하여 대치했다. 유라스 흐멜니츠키와 그의 지지자들이 한편이었고 비호브스키와 그의 지지자들이 다른 한편을 이루었다. 그런데 이곳에서 비호브스키 진영에 마지막으로 남았던 코자크들마저 그를 버리고 유라스 흐멜니

츠키 진영으로 넘어가 버렸
다. 비호브스키가 우크라이
나를 다시 폴란드인들에게
넘기려 한다는 소문이 그의
과업을 망쳐 버렸다. 비호브
스키에게는 소수의 용병과
폴란드 지원군만 남았다.

코자크 군단은 군단 평의
회를 열어, 폴란드에게 복종
하기를 원하지 않으며 모스
크바에 맞서서 싸우기를 바
라지 않는다고 선언했다. 비
호브스키가 모스크바에 대
항해 봉기한 것은 단지 우

그림 255 하디아치 연합 후 "루스 대공국 헤트만"이
라는 명칭을 가진 비호브스키의 인장(올리
브 가지를 입에 문 비둘기, 곧 평화의 소식
을 상징하는 그림이 그려져 있다).

크라이나를 폴란드 영주들에게 다시 넘겨주기 위한 것이었다는 소문은 봉
기를 수포로 돌아가게 했다. 평의회에서는 비호브스키에 대해 너무나 심
한 적개심이 폭발했기 때문에 비호브스키는 현장에서 살해당할 것을 염려
해 도망쳐 나오지 않으면 안 되었다. 반대자들은 유라스 흐멜니츠키를 헤
트만으로 선포하고, 비호브스키에게는 사람을 보내서 신임 헤트만을 위해
헤트만 기장(記章)들을 내놓으라고 요구했다. 분위기가 이렇게 되자 비호브
스키는 헤트만 기장들을 양도하고 헤트만직에서 물러났다.

비호브스키 지지자들로 구성된 장교단은 코자크 군단이 얼마나 격렬하
게 폴란드에 반대하고 있는가를 보고 이 같은 상황에서 하디아치 연합을
고수하는 것은 불가능하고 모스크바의 권력 아래로 다시 돌아가는 수밖에

그림 256 드미트로 발라반 수도대주교.

없음을 깨달았다. 그러나 이들은 우크라이나의 내정에 직접 개입하지는 않겠다는 어느 정도의 양보는 모스크바로부터 협상을 통해 얻어내기 위해 어쨌거나 시기를 최대한 유리하게 이용하고자 했다. 그리고 이러한 의도에서 헤트만 지휘봉을 장악한 유라스 흐멜니츠키는 모스크바와의 교섭을 서두를 필요가 없다는 조언을 받았다.

코자크 군단은 드니프로 강 유역의 르지쉬체브(Ржищев)에 진영을 친 채로 모스크바의 반응을 기다렸다. 트루베츠코이는 옛 권리와 특권들에 근거해서 모스크바국의 지배권 아래로 다시 돌아오라고 청했다. 그러자 유라스는 장교들이 조언하는 대로 페트로 도로셴코(Петро Дорошенко)를 사절로 보내서 코자크들이 모스크바국에 다시 복속하는 데 동의할 만한 조건들을 트루베츠코이에게 제시하게 했다. 새 협상안에서 그들은 다음과 같은 요구사항들이 포함되게 했다. "장차 키예프를 제외하고는 우크라이나 어떤 지역에서도 모스크바국 군정사령관이 주재하지 않을 것이다. 우크라이나에 파병되는 모스크바국 군대는 헤트만의 지휘를 받을 것이다. 모스크바 정부는 헤트만을 제외하고는 코자크 군단 내 누구와도 교섭해서는 안 되고 서신을 받아서도 안 되며, 전체적으로 헤트만의 권한은 모스크바국의 개입에 의해 결코 제한되어서는 안 된다. 헤트만은 다른 국가와 자유롭게 교섭할 권한을 가지고, 모스크바 정부가 다른 나라와 우크라이나 관련 문제를 논의할 때는 우크라이나 대표단이 협상에 참여한다. 우크라이나 성직자들은 디오니시 발라반 수도대주교를 선출할 때 그들이 요망했던 것처럼 콘스탄티노플 총대주교의 관할권 아래 남는다 등등."

트루베츠코이는 모스크바 정부가 코자크의 요구와는 완전히 다른 내용의 훈령을 보냈다는 데 대해서는 입을 다물고 단지 헤트만과 장교들에게 협상을 마무리하기 위해 그의 사령부로 올 것을 요청했다. 코자크 수뇌부는 실제로 페레야슬라브에 왔고 그곳에서야 비로소 그들이 함정에 빠졌음이 드러났다. 트루베츠코이는 원칙적으로 협상할 일은 아무것도 없고 우선 코자크 군단 평의회를 소집해야 한다고 선언했다. 코자크 군단 평의회는 장교단에 대해 적대적인 성향을 가진 드니프로 좌안 지역 연대의 코자크들로 구성되어 있었던 데다가 트루베츠코이는 모스크바국 군대를 데려왔고, 친모스크바파 장교들은 그들대로 자신들의 코자크 병사들을 데려왔다. 평의회라고 만들어진 것이 이 모양이자 흐멜니츠키파 장교들은 우크라이나 자치와 관련된 무슨 요구사항 같은 것은 그 앞에 꺼내 놓을 엄두조차 내지 못했다. 트루베츠코이가 노린 것도 바로 이것이었다. 그는 모스크바에서 보내온 새로운 훈령을 제시했다. 이전의 '보흐단 흐멜니츠키 협약조항들', 다시 말해 모스크바국에 통합될 때 코자크들의 요구에 대해 모스크바 정부가 내놓았던 결정사항들을 되살리고 여기에 새로운 조항을 추가하고 일부 내용을 수정했다. 새로운 협정에 의하면 헤트만은 차르가 명령하는 대로 어느 곳이나 군단을 파견할 의무를 지는 반면 모스크바 정부의 허가 없이는 아무 데도 군단을 이동시키지 못했다. 차르의 칙령 없이 헤트만을 교체하는 것은 금지되었다. 친모스크바 인사들을 모스크바의 조사 없이 징계하는 것도 금지되었다. 비호브스키 추종자들은 죽을 수도 있다는 협박 아래 전체 평의회 참석을 거부당했으며 일체의 공직 참여에서도 배제되었다. 마지막으로 키예프 외에도 페레야슬라브, 니진, 체르니히브, 브라츨라브, 우만에 모스크바국의 군정사령관이 파견되기로 했다.

이러한 추가조항들은 우크라이나의 자치를 더욱 제한하고 압박하는 것이었다. 그러나 트루베츠코이의 손바닥 안에 들어있던 유라스 흐멜니츠키와 그의 장교들은 적대적인 군단 평의회와 모스크바국 군대를 눈앞에 두고 감히 저항할 생각을 할 수 없었다. 모스크바국은 이들의 계획을 모두 뒤죽박죽으로 만들어버렸지만, 그들은 모스크바국이 자기네를 이토록 난처하게 만든 데 대한 분노와 불만을 감춘 채 복종하고 서약을 할 수밖에 없었다. 그러나 그들은 분명, 자신들이 패배하고 허약함을 드러낸 원인과 모스크바가 승리한 이유에 대해 깊이 생각해 보지 않았음에 틀림없다. 이 원인은 그들이 인민으로부터 유리되어 있었고, 보흐단 흐멜니츠키가 그랬던 것처럼, 그들 정책의 바탕을 자기네 인민의 의식 있는 지원과 참여에 둔 것이 아니라 외국과의 동맹에 두었다는 데 있었다. 그들은 이를 깨닫지 못한 채, 우크라이나의 자유를 파괴하려는 의도를 가진 교활하고 이기적인 모스크바국의 정책을 만나면 모스크바국에서 폴란드로 달려가고, 인민이 폴란드 지배를 두려워해 그들에게 반대해 일어나면 폴란드에서 모스크바국으로 달려가는 일을 반복했던 것이다. 매번 정책 노선이 바뀔 때마다 새로운 재앙이 우크라이나 인민들을 덮쳤고, 계속적인 투쟁과 노력에 대한 반감, 장교들과 그들의 정책에 대한 적개심이 커져 갔으며, 폴란드-모스크바 지배의 쇠굴레는 우크라이나를 점점 더 강하게 옥죄게 되었다.

반년이 지나갔다. 폴란드에 대한 모스크바 정부의 관계는 파탄에 이르렀고 모스크바 정부는 1660년 여름 폴란드 병력으로 하여금 벨라루스 지역에서 철수하게 하기 위해 할리치나를 침공할 계획을 세웠다. 모스크바국의 군정사령관인 셰레메테프(Шереметев) 공은 드니프로 강 좌안의 우크라이나 연대들을 이끌고 볼린으로 진격했다. 유라스 흐멜니츠키는 드니프로 강 우안의 연대들을 이끌고 남부 국경지대에서 타타르의 공격을 막아내면서 셰레메테프 군과 합류하러 진군했다. 그러나 크림한국으로부터 대규모 원군을 받은 폴란드 사령관들은 셰레메테프 군과 흐멜니츠키 군의 연결을 차단하고 모스크바국 군단을 공격했다. 모스크바국 군단은 완전히 포위되어 흐멜니츠키 부대에 전령을 보낼 수조차 없었다. 며칠을 버티다 사기가 저하된 셰레메테프는 하루 빨리 흐멜니츠키 부대를 만나 힘을 합치고자 후퇴하기 시작했고 추드니브(Чуднів) 근처까지 왔다. 그러나 이때 폴란드 군은 모스크바와의 동맹을 끊고 폴란드와의 연합을 부활시키라고 설득하며 흐멜니츠키와 협상을 하고 있었다. 어떻게 해서라도 하디아치 연합을 살리기를 바라고 있던 비호브스키도 이러한 취지로 유라스 흐멜니츠키에게 영향을 미치고 있었다. 셰레메테프 군과 합류할 가능성도 없고, 폴란드-타타르 연합군을 눈앞에 마주하고 있던 흐멜니츠키는 마음이 흔들리기 시작했다. 지난번 협상에서 모스크바 대표단이 보인 행동 때문에 모욕을 당했던 코자크 장교들도 폴란드와의 합의에 반대하지 않았다. 그러나 폴란드인들도 모스크바 정치인들만큼이나 단견을 보였다. 폴란드는 당시 우크라이나가 처한 어려운 상황을 보고, 하디아치 조약을 애초에 작성되었던 상태대로 되살리는 데 동의하지 않고 '루스 대공국'과 관련된 모든 조항을 빼버렸다. 코자크 장교들은 이토록 훼손된 연합에 동의하고 싶은 생각이 없었으나 자신들의 입장을 고수할 만한 상황이 아니었기 때문에 결국 동의하고 말았다. 셰레메테프는 폴란드 군에 항복할 수밖에 없게 되어 무기와 보급품을 넘기고 우크라이나에서 모스크바국의 모든 군단과 수비대를 철수하기로 약속했다. 그는 자신과 함께 있던 코자크들에게 화풀이를 했으니, 곧 폴란드 군과 타타르 군이 모스크바 병력을 습격하거나 포로로 잡는 것을 막기 위해 코자크 병사들을 그들에게 넘긴 것이다. 이러한 행동은 우크라이나 전역에서 모스크바에 대한 극도의 통탄과 격분을 불러 일으켰다.

86. 우크라이나의 양분

모스크바국 정치인들은 우크라이나인들을 그들 편으로 끌어 들이기 위해 자기네 정책을 포기한다거나, 그들이 폴란드 편으로 기울어지지 않게 하기 위해 본질적으로 소박하다고 할 수 있는 그들의 몇 가지 소망을 들어 준다든가 하는 것은 생각해본 적도 없었고 지금에 와서도 그런 것이 필요하다는 생각을 하지도 않았다. 모스크바국은 오히려 우크라이나의 '동요'를 이용해 자국의 노선을 계속 고수했으며, 우크라이나를 가능한 한 강력하게 장악하고 이 나라에 자기네 관리를 배치하고 도처에 모스크바국에서 파견한 수비대를 주둔시키며 모든 것을 자신의 행정권 아래 통제하고자 애썼다. 모스크바 입장에서 행인지 불행인지는 알 수 없으나 폴란드는 추드니브에서 모스크바국 병력을 격파해 놓고도 이를 이용해서 무슨 일을 한 것이 전혀 없었다. 모스크바국 수비대는 우크라이나 밖으로 철수하지 않고 그대로 주둔했던 것이다. 모스크바국 사람들을 이제 좀 더 가까이 관찰하게 된 우크라이나 주민들이 추드니브 참패 이후 이들을 내쫓고 살해하는 일이 있었는데, 이 같은 주민 봉기는 진압되었다. 그 후에 폴란드인들이 드니프로 강을 넘어 다시 (우크라이나 동부 지역으로) 원정했을 때는, 현지 주민들의 환영을 받지 못했을 뿐 아니라, 오히려 폴란드의 지배가 다시 시작될 수도 있다는 가능성을 염려한 주민들은 한층 더 철저하게 모스크바에 우호적인 태도를 보이게 되었다. 마침내 유리(유라스) 흐멜니츠키의 친척이자 페레야슬라브 연대장인 야킴 솜코(Яким Сомко)와 니진 연대장인 바실 졸로타렌코(Василь Золотаренко), 이 두 좌안 연대장들은 드니프로 좌안 우크라이나를 모스크바국의 지배권 아래로 끌어들이고, 유리 흐멜니츠키를 대신할 새로운 헤트만을 선출할 수 있도록 허용해줄 것을 모스크바 정부에 요청했다. 왜냐하면 두 사람은 각기 모스크바를 위해 자신이 이룬 공적 덕분에 자기가 영예로운 헤트만직을 차지할 수 있으리라 기대했기 때문이다.

그러나 모스크바는 유리 흐멜니츠키가 통제하고 있는 드니프로 강 우안 지역의 코자크 연대도 자신의 권력 아래 다시 불러들이기를 기대해 헤트만 선출을 미루었다. 실제로 유리 흐멜니츠키는 어떤 결정을 내려야 할지 몰라 했다. 그를 둘러싸고 있던 코자크 장교단은 모스크바 정부가 우크라이나 자치의 보장과 관련한 그들의 소망을 물리쳐 버린 다음부터는 모스크바의 권력 아래로 다시 들어가기를 거부했다. 그러나 코자크 병사들과 우크라이나 전체 인민은 폴란드의 지배를 원치 않았다. 유리 흐멜니츠키는 우크라이나가 더 이상 동요하는 것을 막기 위해 좀 더 많은 병력을 우크라이나에 파견해 달라고 폴란드 정부에 요청했지만, 폴란드는 그의 청원을 들어줄 여력이 없었다. 폴란드에서는 소규모 부대들만 가끔씩 우크라이나 땅에 파견되곤 했는데 이는 오히려 폴란드에 대한 주민들의 혐오감만 증가시켰다. 이러한 상황에서 폴란드 귀족들이 우크라이나 땅에 있는 자기네 영지로 몰려들어와 코자크들을 이곳에서 몰아내고 그 땅이 자신들의 땅이니 내놓으라고 요구함으로써 주민들을 너무나도 격분케 하는 일까지 벌어지자 폴란드에 대해서는 온갖 성나미가 너 심하게 떨어서 버렀나. 그래서 유리 흐멜니츠키도 결국 폴란드 귀족들을 쫓아내고 다시는 우크라이

그림 **257** 유라스 흐멜니츠키(당시의 판화).

나 땅에 돌아오지 못하게 하라고 명령했다. 이런 상황에서 흐멜니츠키의 동맹자로 여겨지고 있던 크림한국도 흐멜니츠키에 대한 민심을 호전시키는 데 도움이 되지 못했다. 크림 타타르인들은 주민들을 약탈하고 포로로 잡아갔으며, 심지어는 우크라이나가 원래 크림의 지배를 받아야 한다고 주장하기까지 했다. 일부 코자크 장교들은 모스크바도 폴란드도 모두 양보에 인색하고, 그러면서도 자신들의 추종자들을 보호해주지도 못하는 데 실망해 크림한국의 종주권을 인정하는데도 강하게 반대하지 않았다. 그들은 타타르의 보호를 받는 것은 어떨까 떠보기도 했다. 그러나 일반 주민들은 이런 이야기는 아예 듣고 싶어 하지도 않았다.

결국 유리 흐멜니츠키는 사방에서 자신에 대한 분노와 적의가 비등하고 있으나 이같이 힘겨운 상황을 벗어날 출구가 없음을 깨닫고 헤트만직을 수행할 의욕을 포함해 모든 것에 대한 의욕을 잃었다. 흐멜니츠키는 1663년 초 헤트만직을 스스로 사임했고 자신이 병들어 오래 살지 못할 것을 깨닫고서는 삭발례를 받아 수도사가 되었다. 흐멜니츠키의 후임으로는 그의 매형인 파블로 테테랴가 선출되었다. 테테랴는 수완이 좋고 술수가 뛰어난 음모가였다. 그가 장교단에게 큰돈을 뿌려 헤트만 자리를 뇌물로 샀다는 소문도 돌았다. 새 헤트만은 철저하게 폴란드 편을 들었다. 그가 헤트만으로 선출되자 모스크바 정치인들은 드니프로 강 우안(서부) 우크라이나의 헤트만을 자신의 영향력 아래 끌어들이려는 희망을 잠시 밀어둘 수밖에 없었다.

그림 258 파블로 테테랴(벨리치코 연대기에 수록된 삽화).

솜코와 졸로타렌코가 헤트만 자리를 노리고 경합하고 있던 드니프로 강 좌안 우크라이나에서는 두 사람 가운데 헤트만에 선출되지 못한 사람이 평의회에 이를 항의해 새로운 평의회를 여는 일이 되풀이되었기 때문에 끊임없이 평의회가 소집되었다. 모스크바 정부는 두 사람을 편의에 따라 지지하며 조종했는데 그러는 동안 헤트만 지휘봉을 노리는 새 후보자가 나타나 두 사람의 야망을 점점 더 심각하게 위협하는 경쟁자가 되었다. 새 인물은 자포로쟈 시치 대장인 이반 브루호베츠키(Iван Бруховецький)였다. 그는 시치의 대표자로 등장했고 푸쉬카르나 바라바쉬가 그랬던 것처럼 장교단에 반대하는 인물이었다. 대장직을 맡고 있던 브루호베츠키는 이미 1659년 가을 그때까지 없던 코쇼비 헤트만(кошовий гетьман)이라는 새로운 명칭을 얻었다. 그는 자포로쟈 코자크들의 야망을 불쏘시개로 삼아 헤트만 지휘봉은 옛 관행대로 자포로쟈 시치에서 맡아야 하고 자포로쟈 코자크들이 헤트만 선출과정에서 가장 중요한 발언권을 행사해야 한다는 생각을 퍼뜨렸다. 이와 함께, 그는 주로 가난하고 집안도 변변찮은 사람들이 모여 있던 자포로쟈 시치의 분위기에 발맞추어 부자 장교들의 반대자로 나서서, 자기는 자포로쟈 시치의 진정한 전통의 계승자이자 부자 장교들과 대립되는 존재라고 자처했고, 이런 취지에서 장교단을 대표하는 후보인 숌코나 졸로타렌코에 대항해서 선동활동을 폈다. 바로 이러한 그의 모습이 한자 안디베르에 대한 유명한 민요에서 '자포로쟈의 헤트만, 페스코 한자 안디베르(Фесько Ганжа Андибер)'라는 인물로서 노래되고 있다. 이 민요에서 그는 비렁뱅이 코자크 차림을 하고 읍락지역을 여기저기 돌아다닌다.

가난뱅이 코자크가 체르카시 대처로 오네,
가난뱅이 코자크에겐 허름한 옷 세 벌뿐.
외투는 골풀로 얽어 짰고, 허리띠는 호프[77] 덩굴.
불쌍한 저 가난뱅이, 헌 발싸개 틈으론 발가락 다섯 개가 죄다 보여,
발걸음 옮길 때마다 맨발 자국이 그일 따르네.

한번은 술집에 들어갔더니 '폴란드 놈들'[78]이자 '은수저 물고 태어난 공작'(부자) 세 명이 노래를 부르고 있었다. '이들은 페레야슬라브 연대장 가브릴로 도브호폴렌코, 니진 연대장 비텐코, 체르니히브 연대장 졸로타렌코'로서, 숌코와 졸로타렌코 그리고 다른 장교들을 지칭한다. 여기서 가난

---

77) 맥주 방향제로 쓰이는 식물.
78) 여기에 등장하는 코자크 부자 장교들은 실제로는 폴란드인들이 아니지만, 이들에게 적대적인 자포로쟈 코자크나 일반 민중은 이들을 폴란드인이라 부르고 있다. 여기서 '폴란드인'이란 외세에 빌붙는 기득권 세력을 의미한다.

뱅이 코자크는 그들의 비웃음과 조롱의 대상이 된다. 그러나 주인공이 '허리띠를 풀기 시작한 다음 금화를 꺼내서 테이블 가득 쏟아놓자' 그들은 태도를 바꾸어 그를 다른 눈으로 바라보기 시작한다. 그러자 더욱 놀라운 일이 벌어진다.

그때에 저 코자크, 불쌍한 가난뱅이는 술집 안을 가로질러 저리로 가더니,

창을 열고 빠른 강물 바라보며 큰 소리로 외치네.

"오 강들이여, 하류의 강들이여, 드니프로의 시녀들[79]이여.

이제 나에게 옷을 입히고 나를 너희에게 데려가라!"

그러자 한 코자크가 이리 오네, 값비싼 옷들을 가져오네.

그 옷을 저 코자크 어깨에 걸쳐주네

또 한 코자크가 이리 오네, 노란 장화를 가져오네.

그 장화를 저 코자크 두 발에 신겨주네.

세 번째 코자크가 이리 오네, 코자크 모자를 가져오네.

그 모자를 저 코자크 머리에 씌워 주네.

세 코자크는 이 물건들 가져오며 그에게 말하네.

"지화자, 페스코 안디베르, 코자크 대장, 위대한 용사여!

아직도 이곳에서 장난을 치십니까?

이제 가서 우크라이나를 어버이로서 돌봐야죠"

그러자 은수저 공작들은 소곤거리며 말하네.

"형제들 보소, 저 코자크는 불쌍한 가난뱅이가 아니군.

저 이는 페스코 한자 안디베르, 바로 자포로쟈 헤트만이군!"

79) 드니프로 강의 지류들을 이렇게 일컫고 있다.

그들은 코자크에게 말하네, "이리로 가까이 오소.
우리가 당신께 절 올리리다.
위대한 우크라이나에서 어찌해야 멋지게 잘 살지 의논하십시다."

그러나 안디베르는 이들과 어울리고 장난칠 상황이 아니었다. 그는 부하 코자크들에게 이들을 호되게 꾸짖어서 앞으로는 가난한 사람들 앞에서 우쭐대지 못하게 하라고 명령한다.

"여보게 코자크들", 그는 말한다, "젊은이들, 친구들, 동료들, 부탁하건대
저 은수저 공작이니 하는 자들, 소처럼 이마 쳐서 식탁에서 쫓아내게,
창문 앞에 세워두게, 세 그루 자작나무에 묶어두게.
그러면 저 친구들 날 상기할 걸세, 영원히 기억할 걸세"

이 멋진 민요에는 자포로쟈 시치 코자크들의 소망 속에서 그들의 대장(코쇼비)이 헤트만 지휘봉을 차지하기 위해 '공작들', 곧 도시 지역의 연대장들과 투쟁해 이기는 모습이 묘사되어 있다. 그러나 브루호베츠키는 정정당당하게 싸운 것이 아니라 부당하게도 모스크바에 자신의 경쟁자들을 반역자라고 비난하는 고발장을 올리는 방식으로 싸웠다. 그는 이와 동시에 코자크 장교들에 대항하는 선동을 함으로써 모스크바 정치의 이익에 맞춰 우크라이나의 독자적 삶을 저해하고 우크라이나 상황에 위험천만한 무덤을 판 것이나 마찬가지였다. 그는 모스크바의 지도자들에게 자신을 모스크바의 계획들을 수행할 가장 순종적인 인물로 내세웠고, 이로 인해 그의 가장 주요한 정적인 솜코에게 치명적 타격을 가했다. 목전의 위험을 깨달은 졸로타렌코는 최후의 순간에 솜코와 연합했지만, 이미 때가 늦

었다. 브루호베츠키는 1663년 7월 니진 부근에서 열린 마지막 평의회에 자포로쟈 코자크 무리뿐 아니라 자포로쟈파와 연대하고 있던 남부 연대 소속의 일반 '병사' 코자크들까지 데리고 참여했다. 이를 보고 솜코도 자신의 코자크 병력을 데리고 대포까지 가지고 왔다. 평의회는 처음부터 난투극으로 시작되었다. 드잡이는 중단시켰지만, 그 새 브루호베츠키는 솜코부대의 코자크들을 자기편으로 끌어들이는 데 성공했다. 그들은 자기 상관인 장교에게 반기를 들었고 솜코와 다른 장교들은 평의회에 파견된 모스크바 보야린들의 마차대열로 피신했지만 보야린들은 이들을 반란자로서 체포하라고 명했다. 이 일이 있은 후 평의회는 방해받지 않고 진행되었고, 브루호베츠키가 헤트만으로 선출되어 모스크바국 군정사령관의 인준을 받았다. 그러나 솜코와 졸로타렌코와 그 밖에도 몇 명의 장교는 반역자란 죄목으로 재판을 받고 아무 죄 없이 처형되었다. 이 일이 있은 후 브루호베츠키의 측근들은 모든 장교들에게 자신들의 승리가 어떤 맛인지를 보여주었다. 즉 그들에게서 일체의 보급품과 옷들을 빼앗았다. "지위가 높은 사람들에게 엄청나게 큰 슬픔이 안겨졌다"라고 우크라이나 연대기 저자는 쓰고 있다.

87. 도로셴코의 구상

이처럼 테테랴와 브루호베츠키가 각각 헤트만에 선출되면서 헤트만령도 두 부분으로 나뉘었다. 드니프로 강 우안 지역 우크라이나는 폴란드의 상급권 아래 여전히 남아 있었고, 좌안 지역은 모스크바국의 상급권 아래 들어 있었다. 이로 인해 우크라이나의 힘은 더욱더 약화되어 이 나라의 해

방은 꿈꾸기조차 어려워졌다. 그나마 꽤 참신한 세력과 헤트만령 전체의
자원을 가지고도 해방투쟁은 지금까지 그토록 힘겨운 난관에 부딪혀 왔었
기에, 우안이나 좌안 우크라이나 어느 한쪽만의 힘으로 해방투쟁을 전개
하기는 더욱 힘들어졌다. 양 진영의 반목으로 인해 많은 힘이 낭비되었기
때문에 더 그러했다. 설상가상으로 혼란과 무관심, 정치적 의식의 취약성
으로 인해, 우크라이나를 이 어려운 상황에서 구출해내는 것보다 오직 자
기 자신의 이익과 명예욕을 달성하는 데 더 관심이 많은 음모자들과 야심
가들이 도처에서 준동하여 수중에 권력을 틀어쥐었다.

그러나 정치적 상황이 지극히 힘겹고 어려워지자 권모술수로 헤트만의
자리에 오른 지도자들도 이 최고의 자리를 유지하기가 어려워졌다. 맨 먼
저 위로 떠올랐다가 맨 먼저 이를 감지한 사람은 테테랴였다. 그는 헤트만
지휘봉을 손에 넣자마자 무엇보다도 앞서서 폴란드 왕에게 청원서를 보내
드니프로 강 동쪽으로 군대를 파견하여 좌안 우크라이나를 병합해야 한다
고 설득하기 시작했다. 폴란드 왕은 실제로 최후의 좌안 점령 시도를 감행
해보기로 했다. 1663년 말 폴란드 왕은 상당히 큰 자체 병력을 이끌고 타
타르 군의 지원까지 받으면서 직접 드니프로 강을 건너 좌안으로 진격했
다. 그는 강력하게 요새화된 지역은 피했고 도중에 눈에 띄는 작은 마을
들을 불태우고 파괴했다. 그렇게 해서 흘루히브(Глухів)까지 진격해왔다.
이 도시를 점령하려 시도했으나, 성공하지 못한 채 모스크바국 군대가 다
가온다는 소식을 듣자 바로 퇴각했다. 좌안의 우크라이나 주민들은 폴란
드 군에게 강한 적대감을 보였고, 드니프로 강 이동 지역 우크라이나를 되
찾으려는 폴란드의 마지막 시도는 아무런 긍정적 결과도 달성하지 못하고
큰 희생만 치른 채 끝났다.

폴란드 군이 드니프로 강 좌안 지역을 공격하는 동안, 드니프로 강 우안

우크라이나에서도 반폴란드 운동이 거세게 일어났다. 비호브스키가 이 봉기를 사주했다는 죄명을 덮어썼고, 그는 아무 근거도 없이 단지 혐의쩍다는 이유만으로 군사법원에 회부되어 사형선고를 받았다. 그리고 공포분위기를 조성하기 위한 전시용으로 즉각 총살되었다. 폴란드 왕을 추격해 모스크바국 군대와 브루호베츠키가 드니프로 강 우

그림 259 이반 브루호베츠키(벨리치코 연대기에 수록된 삽화).

안 지역으로 건너왔을 때 반폴란드 운동은 더욱 엄청난 규모로 확대되었다. 이때 브루호베츠키는 우안 지역 우크라이나 전체를 어렵지 않게 점령할 수 있었지만 그는 이 문제에 신경을 쓰지 않았고 모스크바 정부는 여기에 더 관심이 없었다. 이 끝없는 전쟁에 모스크바 정부도 지쳤던 데다가, 드니프로 강 우안 지역을 수중에 계속 장악할 희망이 없다고 보았기 때문이다. 폴란드 군대, 그중에서도 보흐단 흐멜니츠키의 유해를 불태우게 한 잔인한 차르니에츠키(Czarniecki) 장군의 부대는 우크라이나인들의 봉기를 무자비하게 진압하고자 애썼다. 그러나 이에 아랑곳하지 않고 봉기는 더 넓은 지역으로 퍼져 나갔다. 그런 후 폴란드 군은 다른 곳에서 벌어지는 전투에 투입되기 위해 완전히 철수했고 그러자 테테랴는 더욱 어려운 곤경에 처했다. 1665년 초 테테랴는 봉기 지도자 중 하나인 드로즈드(Дрозд)에게 치욕적 패배를 당했고 가산을 정리한 후 우크라이나를 떠나 영원히 시

야에서 사라졌다.

이렇게 해서 드니프로 강 우안 지역 우크라이나는 폴란드의 압제에서 벗어났다. 그러나 이 지역 주민들은 이전의 온갖 경험 때문에 모스크바국의 통치를 다시 받아들이고 싶은 생각은 없었다. 그러자 대안으로 크림한국의 보호를 받자는 안이 다시 한 번 제시되었다. 이 방향으로 맨 먼저 행동을 취한 사람은 메드베디브 지역의 중대장이었던 오파라(Опара)였다. 그는 스스로 헤트만이자 크림 칸의 가신이라고 선언했고 칸에게서 헤트만직에 대한 인준을 받았다. 이는 1665년 여름의 일이었다. 그러나 그는 얼마 있지 않아 크림 타타르인들에 의해 축출당하고 체포되었다. 타타르인들이 코자크들에게 제시한 새로운 헤트만은 더 뛰어난 인물인 페트로 도로셴코(Петро

그림 260 파블로 테테랴(옛 판화).

Дорошенко)였다. 코자크들은 1665년 8월 그를 헤트만으로 인정했다. 그는 실제로 코자크들 사이에 이름이 널리 알려진 존경받는 지휘관이었고 자신의 말을 빌면 "증조부 때부터 코자크"였다. 그는 이미 보흐단 흐멜니츠키 아래서 연대장으로 복무했지만 이제야 비로소 전면에 등장했고, 앞으로 십여 년 동안 우크라이나인들의 삶에서 중심적인 인물이 될 것이었다.

도로셴코는 의심의 여지없이 탁월한 성격을 가진 인물이고 몸과 마음을 바쳐 우크라이나의 해방을 위해 노력한 사람이었다. 그는 비록 크림한국의 지지를 받아 헤트만이 되기는 했지만, 지난 날 보흐단 흐멜니츠키의 발상을 되살려 우크라이나가 모스크바국과 폴란드, 투르크 세력 사이에서 중립적이고 독립적인 위치를 가지게 하려 했고, 우크라이나의 완전한 독립과 자치를 확보하려고 노력했다. 그는 타타르 칸의 보호에 만족하지 않고 보흐단 흐멜니츠키의 선례를 따라 투르크와 직접 교섭하기 시작했다. 이는 투르크의 지원을 얻기 위한 목적에서 이루어진 일이었다. 도로셴코가 술탄을 자신의 최고 주군으로 인정하자 술탄은 그를 지원하여, 우크라이나인들이 거주하는 인종적 지역 경계 전체에 걸쳐 우크라이나의 해방을 도와주기로 약속하였다. 서쪽으로는 페레미쉴과 삼비르를 연결하는 선을 경계로 삼았고, 북쪽으로는 비스와 강과 니에멘 강을, 동쪽으로는 세브스크(Севск)에서 푸티블을 잇는 선을 경계로 인정했다. 그런 다음 크림 칸은 투르크의 술탄으로부터 모든 일에 도로셴코를 지원하라는 명령을 받았다.

도로셴코는 때가 될 때까지 폴란드와의 관계를 악화시키지 않으려고 했지만, 이것과는 상관없이 우크라이나에 아직 남아 있는 폴란드 군부대들을 발견할 때마다 몰아내었다. 그는 그런 식으로 해서 브라츨라브 지역에서 폴란드 군을 완전히 몰아내고 이 지역을 자기 지배권 아래 두었다. 그리고 가장 대표적인 모스크바 추종자였던 드로즈드의 세력도 제압했다.

이렇게 해서 드니프로 강 우안 우크라이나는 사실상 자유를 되찾고 중립 지역이 되었다. 우안 지역에 확고하게 자리를 잡은 도로셴코는 당시 수도대주교였던 이오시프 넬류보비치-투칼스키[80]의 지지도 획득했다. 투칼스키 수도대주교는 이 일이 있기 전 폴란드 정부에 의해 마리엔부르그(Marienburg)의 감옥에 2년이나 갇혀 있다가 바로 이때 풀려난 사람이었다. 도로셴코는 그와 손을 잡고 드니프로 강 좌안 우크라이나를 모스크바국의 지배로부터 해방시키겠다는 계획을 세웠다. (좌안의 헤트만인) 브루호베츠키의 위상이 흔들리고 있음을 간파한 도로셴코와 투칼스키는 그와 협상을 시작하여 모스크바에 반기를 들도록 부추기기 시작했다. 그 수단으로써 두 사람은 둘로 나누어진 헤트만령을 다시 통합하기만 한다면 도로셴코 자신은 헤트만직에서 물러나고 이를 브루호베츠키에게 넘겨줄 의향이 있는 것처럼 브루호베츠키에게 기대를 불어넣었다. 브루호베츠키는 그 당시 실제로 출구 없는 상황에 처해 있었기에, 도로셴코와 타타르인들의 지원을 기대하고 모스크바에 대항해 봉기를 일으켰다.

테테랴와 마찬가지로 브루호베츠키도 헤트만 지휘봉을 손에 쥐자 권모

---

80) 이오시프 넬류보비치-투칼스키(Иосиф Нелюбович-Тукальський). 우크라이나의 정교 고위성직자. 키예프, 할리치나 및 전 소러시아의 수도대주교(1663~1675). 1658년에 레쉰스크의 수도원장, 1661년에 모길레프 주교가 되었다. 1663년 키예프 수도대주교로 선출되었으나 폴란드 정부의 승인을 받지 못했고 코자크 헤트만 테테랴와도 불화하여 2년 동안 요새에 감금되어 있다가(흐루셰브스키는 본문에서 투칼스키 대주교가 슈믈란스키의 야심 때문에 투옥되었다고 쓰고 있다) 도로셴코가 헤트만이 된 후 그의 도움으로 풀려났다. 1668년 도로셴코의 개입으로 키예프 수도대주교직을 인정받았다. 그는 러시아 정부가 폴란드 정부로부터 정교를 지켜주기를 바라면서 우크라이나 교회문제에 개입하지는 않기를 바랐는데, 우크라이나가 폴란드와 러시아 사이에서 동요하고 있던 시기에 그의 이러한 입장은 그를 큰 어려움으로 몰아넣었다. 그는 폴란드에도 러시아에도 전적으로 협조하기를 거부하다가 도로셴코와 마찬가지로 투르크와 조약을 맺어 술탄의 보호를 받고 우크라이나 교회의 독자성을 지키고자 했다. 그러나 러시아-폴란드 사이의 조약 체결로 술탄과의 동맹에는 이르지 못했다.

술수만으로 헤트만 자리를 지키는 것이 쉽지 않다는 것을 금방 깨달았다. 그는 모스크바국의 호의를 사기 위해 이 나라에 갖은 아부를 다했다. 1665년 그는 차르에게 충성을 맹세하기 위해 직접 모스크바를 방문했다. 모스크바 정부는 전직 헤트만들에게서도 이를 받아내려 애썼으나 전직 헤트만들은 모두 이 방문을 회피했었다. 차르를 만난 브루호베츠키는 '모스크바 규수'와 결혼시켜 달라고 부탁했고 모스크바 정가에서는 실제로 이곳에서 궁내관(宮內官, 오콜니치)[81]인 살트이코프(Салтыков)의 딸을 그와 결혼시키고 화려한 결혼식을 올려 축하해주었다. 그는 모스크바에 자신의 관저를 마련해줄 것을 요구했고, 자신의 조카를 인질로 그곳에 남겨 두겠다고 약속했다. 그리고 종국에는 모스크바 정치인들의 염원에 발맞추어 차르가 우크라이나를 직접 통치해줄 것을 자신과 코자크 장교단의 이름으로 청하는 청원서를 차르에게 제출했다. 그는 이 청원서에서 모스크바가 우크라이나에서 모든 세금을 거두고, 이 개혁을 실현하기 위해 차르의 군정사령관과 주둔 부대를 우크라이나에 파견하며, 우크라이나 교회들을 관장할 수도대주교도 모스크바에서 파견해줄 것도 아울러 청원했다. 이러한 아부의 결과로 브루호베츠키는 보야린 칭호를 받았고, 풍성한 선물을 받았다. 예를 들면 세베르스키 지방의 셰프타키브스카(Шептаківська) 중대 전체도 이렇게 해서 그에게 선물로 주어진 것이었다. 그러나 그는 우크라이나에 돌아오자마자 자기가 머리 위에 '불붙은 장작더미'를 얼마나 많이 얻어맞게 될지를 알게 되었다. 성직자들과 장교들, 일반 민중뿐 아니라 자포로쟈 코자크들까지 모두 그에 대항해서 일어났다. 성직자들은 자신들이 모스크바 성직자 위계에 복속된다는 계획에 격분했고, 코자크 장교들은 우크라이나

---

81) 모스크바 시대 러시아에서 오콜니치(окольнич)는 최고위 혈통귀족인 보야린에 다음 가는 귀족이었다.

의 질서를 파기한 이 전대미문의 조치에 무섭게 분노했다. 더욱이 브루호
베츠키는 걸핏하면 자신에게 반대하는 인물들을 모두 모스크바에 넘겨주
어 유형에 처해지도록 하는 버릇까지 들었기 때문에 더 큰 분노를 샀다.
일반 민중은 브루호베츠키가 모스크바에 징세권을 넘겨주고 나서 정작 자
기 자신은 우크라이나로 돌아오자 모스크바 징세관원들이 도착하기 전에
코자크 군단 재원을 위해 가능한 한 많은 세금을 주민들에게서 거두어들
이려고 무진 애를 썼기 때문에 그에게 적대적이 되었다. 우크라이나 전역
에는 헤트만 브루호베츠키의 강탈과 여기서 야기되는 온갖 불의에 대한 공
공연한 불평이 계속 나돌았다. 자포로쟈 코자크들도 이 모든 것을 보고 그
들 자신이 얼마 전에 옹립했던 헤트만에 반기를 들었다. 브루호베츠키는
옛날 버릇대로 곧바로 자포로쟈 코자크들이 반역자들이라고 모스크바 정
부에 고발했다. 세금 부과를 위한 전단계로 모스크바국에서 인구 조사 관
리들이 내려와서 인구와 토지, 재산을 조사하고, 모스크바식 세금을 부과
하기 시작하고 뒤이어 세금 징수관들이 내려오자 브루호베츠키와 모스크
바에 대한 분노는 극한으로 치솟았다. 주민들은 그때까지 그렇게 높은 세
금은 꿈에서도 징수당한 적이 없었다. 게다가 1667년의 강화조약[82] 체결
로 모스크바가 드니프로 강 우안 우크라이나를 폴란드에 넘겨주자 모스크
바 정부에 대한 불만은 더욱 고조되었다. 모스크바 정부가 폴란드와 더불
어 우크라이나를 분할해서 가진 것은 우크라이나를 차르의 보호 아래 맡
길 때 해주었던 약속을 어긴 것이라는 이야기가 사람들 입에 회자되었다.

봉기가 일어나기 시작했다. 브루호베츠키는 모든 불복종자들을 가능한
한 가혹하게 처벌하기 위해 군대를 보내 달라고 모스크바에 요청했다. 그

82) 러시아(모스크바국)와 폴란드 사이에 체결된 안드루소보 조약을 말한다.

그림 261 페트로 도로셴코(벨리치코 연대기에 수록된 삽화).

는 반란을 일으킨 모든 도시와 촌락들을 몰살해 버리고 불태워 버리고 파괴하라고 제안했다. 그러나 모스크바조차도 이러한 헤트만의 조언을 따르기를 꺼려했다. 브루호베츠키는 우크라이나에서 이 같은 적대적인 운동이 확산되면 자신이 아무리 아부를 해도 모스크바가 그를 후원하지 않으려 할 수도 있다는 것을 깨달았다. 바로 그때 그는 자신에 대한 민중의 적대감을 제거하기 위해, 도로셴코의 지원을 받아 그 자신이 모스크바에 대항하는 봉기의 우두머리가 되기로 결정했다. 그러나 그는 도로셴코가 그에게 계략을 쓰고 있으며, 이전에 브루호베츠키 자신이 썼던 계략을 그대로 그에게 되갚고 있음을 알아차리지 못했다. 도로셴코는 브루호베츠키에게 모스크바와 싸울 것을 부추기면서, 다른 한편으로는 모스크바 정부와 협상을 진행하고 있었다. 그와 동시에 도로셴코는 이미 폴란드 정부와 협정을 맺었는데, 그 조건은 폴란드 주둔부대들이 우크라이나에서 철수하는 대신 드니프로 강 우안 우크라이나에 대한 폴란드 왕의 지배권을 인정한다는 것이었다. 도로셴코는 모스크바와도 동일한 합의에 이르기를 바라고 있었다. 즉 드니프로 강 좌안 우크라이나에 대한 모스크바 정부의 권한은 바로 이와 유사한 상급 지배권으로 제한하고 실제로는 이 지역을 자신의 독점적 지배권 아래 두고자 한 것이다. 이러한 도로셴코의 복안을 전혀 모르는 브루호베츠키는 1668년 초 모스크바에 대해 반란을 일으켰다. 코자크 장교단도 그의 반란을 지지했다. 모스크바 관리들과 군인들의 압제와 전횡에 신물이 난 인민들은 우크라이나 모든 지역에서 그들을 살해하고 추방했다. 브루호베츠키는 주민들에 포고문(우니베르살)을 보내 어디서든 모스크바 사람들(모스칼리)을 몰아낼 것을 명령하였고, 군정사령관들에게는 우크라이나로부터 철수하라고 권하면서 그렇지 않은 경우에는 전쟁이 일어날 것이라고 위협했다. 이 봉기에 놀란 모스크바국 소속 수비대

그림 262 페트로 도로셴코(당대 이탈리아의 판화).

들은 실제로 많은 지역에서 자발적으로 철수했다. 키에프와 체르니히브 두 곳에서만 모스크바국 군부대가 유지되었다. 봄이 되자 브루호베츠키는 보야린 로모다노프스키(Ромодановский)의 지휘 아래 국경 너머에서 접근해 오고 있던 모스크바국 군대와 전쟁을 치를 준비에 들어갔다. 타타르 군도 브루호베츠키를 도우러 나섰고, 도로셴코는 자신의 군대를 이끌고 드니프로 강을 넘어 왔다. 브루호베츠키는 도로셴코가 자신을 도우러 오는 것으로 생각했다. 그러나 도로셴코는 도중에 브루호베츠키에게 전령을 보내 헤트만직을 사직하고 헤트만 기장들을 내놓을 것을 요구했다. 브루호베츠키가 이 요구를 받아들이면 자신의 본거지인 하디아치를 평생 통치할 수 있게 해주겠다는 약속도 곁들였다. 브루호베츠키는 마른 하늘에 날벼락을 맞은 것처럼 놀라서 이를 거부하기로 하고 도로셴코의 전령을 체포했다. 그러나 도로셴코 자신이 곧 접근해왔다. 그는 오피쉬냐(Опішня) 근처에 도착했다. 그러자 브루호베츠키에 대한 민중의 반감이 폭발했다. 모스크바에 대항하는 그의 봉기도 주민들의 마음을 돌이키지는 못한 것이다. 타타르 군이 맨 먼저 그를 버렸다. 그 다음으로는 코자크 병사들이 도로셴코에 대항해 싸우지 않을 것을 결의하고 브루호베츠키의 보급품 수송대를 습격했다. 이들은 결국 브루호베츠키 본인을 체포해 도로셴코에게 넘겼다. 도로셴코는 브루호베츠키를 대포에 묶도록 명령했는데 코자크들은 도로셴코의 이 몸짓을 브루호베츠키를 처단하라는 명령으로 받아들였다. 그들은 극도로 격렬하게 그에게 달려들어 그를 총과 창으로 '마치 미친 개 패듯이' 팼고 그에게서 옷을 잡아 뜯어 알몸으로 만들었다. 도로셴코는 그의 시신을 하디아치로 운송해 브루호베츠키가 직접 지은 교회에 묻도록 지시했다. 그런 다음 도로셴코는 로모다노프스키 군을 대적하기 위해 진군했다. 그러나 로모다노프스키는 도로셴코와 맞서 싸우지 않기로 하고 국경 밖으로 철수했다.

이리하여 이 순간, 곧 1668년 봄에는 과거에 헤트만 정부가 관할했던 우크라이나 땅이 모두 도로셴코의 수중에 들어왔다. 행운도 그와 함께했다. 그의 상황은 최고로 유리해서 그는 모스크바와 협상하여 약속을 얻어낼 수 있었고 우크라이나를 위해 권리와 특권을 확보할 수 있었다. 모스크바의 상급 지배권과 폴란드와 투르크의 보호 아래 우크라이나의 자치를 확보한다는 그의 계획은 거의 실현에 가까워져 가고 있었다. 그러나 이때 재앙이 돌발했다. 그의 운명은 코노토프 전투 승리 후의 비호브스키의 운명과 비슷하게 전개되었다. 도로셴코가 갑자기 드니프로 강 좌안 우크라이나를 떠난 것이다. 당시의 얘기에 의하면 그는 아내가 자기를 배신해 "젊은 녀석과 함께 담장을 넘어 도망쳤다"는 소식을 자택이 있는 치히린으로부터 들었다고 한다. 도로셴코는 체르니히브 연대장인 뎀카 므노호흐리쉬니[83]를 임시 헤트만으로 임명하고 치히린을 향해 떠났다. 이것이 모든 일을 그르쳤다.

도로셴코가 떠나고 나자 로모다노프스키가 지휘하는 모스크바국 군대는 세베르스키 지역에 다시 들어왔고, 친모스크바 세력들과 모스크바에 대항하기를 두려워하는 사람들이 모두 모스크바 편에 서서 일어났다. 특히 모스크바국과 접경한 세베르스키 지역에서는 모스크바국을 적대시할 수 있다고 기대하는 사람들은 많지 않았다. 모스크바국 군대가 자발적으로 그 지역을 떠나지는 않을 것이라는 게 누구에게나 분명했기 때문에, 사람들은 전쟁을 하거나 무력으로 점령당하는 것보다 고분고분 복종을 하는 것이 더 현명하다고 생각했다. 모스크바가 드니프로 강 우안 지역에서 선출된 투칼스키를

---

83) 뎀카 므노호흐리쉬니(Демка Многогрішний). 러시아식으로는 데미안 므노고그리쉬느이 (Демьян Многогришный).

수도대주교로 인정하지 않았기 때문에 드니프로 강 좌안 지역 교구들을 관할하고 있던 체르니히브 대주교 라자르 바라노비치(Лазар Баранович)는 모스크바 복속을 지지하는 인물이 되었다. 그는 므노호흐리쉬니를 향하여 로모다노프스키에게 항복하라고 설득했다. 임시 헤트만은 도로셴코에게 지원군을 보내달라고 요청하며 한동안 기다렸으나, 지원군이 오지 않자 결국 로모다노프스키에게 동의하겠다는 의사를 통보했다. 그런 다음 노브고로드 세베르스키에서 장교 평의회가 소집되었는데 평의회에서는 므노호흐리쉬니가 정식 헤트만으로 선출되었고, 모스크바 군주의 권력을 인정하되 우크라이나 자치를 보장받는다는 결의가 통과되었다. 이 일이 있은 후 므노호흐리쉬니는 '세베르스키의 헤트만'이라는 칭호를 받고 바라노비치 대주교에게 추후의 협상에서 그와 모스크바 사이의 중재자 역할을 해주기를 요청했다. 협상의 목적은 보흐단 흐멜니츠키 협약조항을 부활시키고 모스크바국에서 파견한 군정사령관과 군대를 우크라이나에서 철수하는 조치를 모스크바 측으로부터 얻어내는 데 있었다. 그렇게 된다면 그들은 모스크바의 지배권을 인정하고 크림 타타르와의 동맹을 끊겠지만 이 제안이 받아들여지지 않으면 죽음을 맞거나 우크라이나에서 폴란드로 밀려나는 한이 있더라도 끝까지 투쟁할 것이라고 선언했다. 이 모든 것은 훌륭한 말이기는 했지만, 이미 항복을 해 놓고 이런 말을 하는 것은 때늦은 일이었다. 므노호흐리쉬니는 도로셴코와 함께 버티면서 모스크바와 협상을 벌일 수도 있었을 것이다. 그러나 이미 양보를 받아낼 수 있음을 확신한 모스크바 정치인들은 아무것도 자기 손에서 내놓으려 하지 않았고, 자신의 입장을 제시하지 않은 채 시간을 끌었다.

88. 도로셴코의 몰락

므노호흐리쉬니가 헤트만으로 선출됨으로써 도로셴코는 눈에 띄는 타격을 입었다. 그는 이 사실에 대해 어떤 입장을 취해야 할지 몰라 므노호흐리쉬니와 타협을 하지 않았다. 한동안 그는 므노호흐리쉬니를 완전히 무시했다. 이는 므노호흐리쉬니를 어려운 상황으로 몰아넣었다. 므노호흐리쉬니는 도로셴코가 자기를 헤트만으로 인정하고자 하지 않는다는 것을 알았고 이 때문에 모스크바에 더욱 굴종적으로 될 수밖에 없었다. 모스크바는 이제 두 헤트만 중 누가 더 순종적인지를 시험하며 양측과 협상을 이끌어 갔다. 두 헤트만은 우크라이나의 자치 확보에 대해 잠시 동안 같은 생각을 가졌지만, 므노호흐리쉬니의 입장이 아주 어려워졌고, 그를 헤트만으로 인정한 세베르스키 지역이 사실상 모스크바 권력의 수중에 있었기 때문에 그는 자신의 주장을 강하게 내세울 수 없었다. 그래도 그는 우크라이나의 이익을 위해 집요하면서도 진정으로 헌신적인 내용의 발언을 많이 했다.

모스크바 정부는 자국이 파견한 군정사령관들을 통해, 도로셴코와 므노호흐리쉬니의 요구가 우크라이나 전체 주민의 소원과 완전히 일치하며, 우크라이나 주민들은 또한 모스크바국 군대나 군정사령관이나 관리를 비롯해 모스크바의 그 어떠한 행정 통제도 원치 않음을 확인하는 보고를 받았다. 이러한 보고는 우크라이나에서 모스크바 권력의 가장 권위 있고 믿을 만한 대표자인 키예프 군정사령관 셰레메테프가 보낸 것이었다. 이런 이유로 므노호흐리쉬니는 자신의 요구를 그렇게 집요하게 내세울 수 있었다. 그러나 모스크바의 정치인들은 자신들의 계획을 포기하고자 하지 않았고 오히려 우크라이나인들의 의사에 반해서 이들을 모스크바 권력에 복속시키는 쪽을 택했다. 그들은 우크라이나인들의 삶에서 어려운 순간이 있을

그림 263 뎀카 므노호흐리쉬니(벨리치코 연대기에 수록된 삽화).

때마다 빠지지 않고 이를 이용하면서 우크라이나 문제에 대한 직접적 개입을 확대했다. 이제 모스크바 정치인들은 므노호흐리쉬니에게 양보를 강요하기로 결정했고, 실제로 그는 결국 이 압력에 굴복하고 말았다. 1669년 3월 흘루히브에서는 코자크 평의회가 열려 흐멜니츠키 협약조항을 대신하기로 한 새로운 모스크바 측 조항이 제시되었다. 므노호흐리쉬니를 비롯하여 코자크 장교들, 바라노비치 그리고 평의회에 참석한 모든 사람들은 모스크바국에서 파견하는 군정사령관 제도의 도입에 강력히 반대했고 모스크바 측 조항들을 받아들이기를 단호히 거부했다. 그렇게 며칠이 지났지만 결국 3월 6일에 이들의 반대는 분쇄되었다. 키예프 외에도 페레야슬라브, 니신, 제르니히브와 오스트르(Остр)에 모스크바국 군정사령관이 주둔하기로 결정되었다. 그러나 이들은 우크라이나의 재판과 행정에 관여하지 않고 순수하게 모스크바 군대 수비대의 사령관 역할만 한다는 조건이 붙었다. 이런 점에서 볼 때, 이 흘루히브 조약은 두 개별 국가 사이에 완전히 국제관계의 형태로 작성된 조약이고 여기에 양측이 공동으로 서명했다. 이 조약 체결 이후 므노호흐리쉬니는 정식 헤트만으로 인준되었다.

처음에는 세베르스키 지역과 키예프만이 므노호흐리쉬니를 헤트만으로 인정했으나 그 후 프릴루키와 페레야슬라브의 연대도 그의 편으로 넘어왔다. 남부의 연대들은 처음에는 도로셴코를 헤트만으로 인정했으나 그 후에는 자포로쟈 시치에서도 자포로쟈 옹립자(запорожские ставленники)라고 불린 새로운 헤트만들이 출현하기 시작했다. 먼저 1668년에 브도비첸코라고도 불린 페트로 수호비엔코(Петро Суховієнко)가 나왔고, 도로셴코가 그를 제거하자 그 다음에는 그 대신에 미하일로 하넨코(Михайло Ханенко)가 1670년에 자포로쟈에서 헤트만으로 선출되었다. 이 자포로쟈 시치의 헤트만들은 국경 지역의 코자크 연대들에 동요를 가져왔고, 도로셴코를 매우 성가시게 했다. 그들은 타타르인들을 자기편에 끌어들이고 드니프로 강 우안 지역에서도 도로셴코의 권력에 타격을 주려고 시도했다. 1669년부터 도로셴코는 끊임없이 이들과 작은 접전을 치러야 했다. 하디아치 연합의 효력을 회복하고 드니프로 우안 우크라이나에서도 코자크 군단의 배타적 권력을 인정해 달라는 도로셴코의 요구를 폴란드 정부가 받아들이지 않으려고 하는 바람에 도로셴코와 폴란드 정부와의 관계가 틀어지자, 하넨코가 폴란드 정부와 협상을 하기 시작했다. 하넨코는 폴란드에 거의 어떤 원칙적인 양보도 요구하지 않았기 때문에 폴란드 정부는 도로셴코 대신에 하넨코를 헤트만으로 인정했다. 사실 폴란드 정부는 하넨코를 지원할 여력이 없었고, 이곳에서 하넨코의 세력이 크지는 않았지만, 그럼에도 이러한 움직임은 도로셴코에게 해가 되었고, 그렇지 않아도 가뜩이나 힘든 그의 상황을 더욱 복잡하게 만들었다.

한편 므노호흐리쉬니가 헤트만으로 인정되자 도로셴코는 이러한 '조무래기 헤트만들'에 대해 불평을 하면서도 오히려 그와는 화해하고 좋은 관계를 맺었다. 두 사람은 정치적인 문제에서 동지였으며, 모스크바에 대한 정책에서 서로 간섭하지 않으려고 노력했다. 두 사람은 1667년 안드루소보 강화조약에 의해 우크라이나가 모스크바령과 폴란드령으로 양분된 것에 대해 크게 분노했다. 특히 2년 동안만 모스크바의 관할 아래 있다가 이 기간이 지나면 폴란드 손으로 넘어가게 되어 있던 키예프 문제가 모든 사람의 관심을 사로잡았다. 모스크바는 결국 키예프를 폴란드에 넘겨주지는 않았지만 이 기간 동안 우크라이나의 모든 사람이 이 문제 때문에 근심에 싸였고, 우크라이나에 대한 모스크바의 행동을 놓고 모스크바 정부에 불만을 토로했다. 므노호흐리쉬니가 모스크바의 정책에 대한 이러한 불만을 제기하자 나중에 그의 적수들은 이것을 그를 제거하는 구실로 이용했다.

모스크바와 폴란드, 그 어느 쪽과도 확고한 합의에 이를 수 없게 되자 도로셴코는 투르크에 점점 더 큰 기대를 걸었다. 그러나 이슬람교도에 복종한다는 생각을 인민들이 극도로 싫어했기 때문에 도로셴코는 술탄과의 관계를 인민들이 모르게 진행해야 했다. 투르크의 동맹자인 타타르인들이 우크라이나를 싯밟고 황폐하게 만드는 것 때문

그림 264 미하일로 하넨코(벨리치코 연대기에 수록된 삽화).

에 큰 불만이 일었다. 그러나 도로셴코는 현 상황에서 투르크와 동맹을 맺는 것 이외에는 우크라이나가 처한 그러한 곤경에서 나라를 구할 다른 방도가 없다고 보았고, 술탄에게 우크라이나가 폴란드에서 해방되는 것을 돕겠다는 약속을 이행하라고 촉구했다. 도로셴코는 이렇게 약속을 상기시켰지만 이는 한동안 아무 결과를 낳지 못했다. 그러나 1671년 술탄 마호메트(메흐메트) 4세는 우크라이나로 출정해 자신의 약속을 지키기로 결정했다. 이 해 말에 술탄은 폴란드가 자신의 가신인 도로셴코의 땅을 침범했다는 이유로 폴란드에 전쟁을 선포했고 1672년 봄에 큰 병력을 이끌고 우크라이나로 들어왔다. 술탄은 자국 군대보다 먼저 크림 칸의 군대를 보내 도로셴코 부대와 함께 우크라이나에 남아 있던 폴란드 주둔군 부대들과 하넨코의 코자크 부대를 몰아내기 시작했다. 술탄 자신은 포딜랴의 카미네츠를 포위했다. 이 요새는 방어가 허술했기에 바로 점령되었다. 그런 다음 술탄은 르비브로 진격했다. 폴란드 정부는 이토록 강력한 적군과 맞서 싸울 용기가 없었기 때문에 서둘러 강화조약을 맺었다. 이에 따라 폴란드는 포딜랴를 투르크에 넘겨주고 매년 공물을 보내기로 했다. 또한 '이전의 국경 안에 있는 우크라이나'는 도로셴코의 지배를 받는 것으로 인정되었고, 그곳에 남아있던 폴란드 수비대는 반드시 철수하기로 했다(1672년 10월 7일의 부차츠(Бучац) 조약).

이렇게 해서 도로셴코가 계획한 것의 절반이 완성되어 우크라이나는 폴란드의 예속에서 벗어나게 되었다. 이제 계획의 나머지 절반도 마저 실현하여 동부 우크라이나와 서부 우크라이나를 통합하고 모스크바와 투르크의 보호 아래 우크라이나의 자치를 완전히 보장받는 것은 문제가 없는 듯이 보였다. 투르크의 원정에 놀란 모스크바 정부는 도로셴코가 투르크 군을 드니프로 강 이동 지역으로 끌고 들어오지 않게 하기 위해 도로셴코에게 양보할 준비가 되어 있었다. 투르크인들이 다음 해에 진군하여 드니프로 강 좌안 우크라이나를 점령해서 도로셴코에게 주기로 약속했다는 소문이 이미 돌고 있었다. 차르에 의해 소집된 (모스크바국의) 전국주민회의(젬스키 소보르)는 폴란드가 부차츠 조약에 의해 포기한 드니프로 강 우안 우크라이나 지역과 함께 도로셴코를 차르의 보호 아래 받아들이기로 결의했다. 이를 위해서는 도로셴코의 요구를 들어주어야 한다는 것은 당연한 일이었다. 도로셴코는 1668년의 조약 내용을 다시 유효하게 만들고자 했다. 다시 말해 한 명의 헤트만이 우크라이나 전체를 통제해야 하며, 자포로쟈 시치도 헤트만에게 복종해야 하고, 군정사령관은 키예프를 포함해 어디에도 주둔할 수 없으며, 모스크바 정부는 우크라이나를 보호하되 내정에는 간섭해서는 안 된다는 것이었다. 모스크바는 이제 이러한 요구를 받아들일 준비가 되어 있었다. 그러나 이러한 분위기는 오래 지속되지 않았다.

우선 드니프로 이동 지역에서는 도로셴코의 동지이자 동맹자였던 므노

그림 265 카미네츠와 그 성채(당시의 전경).

호흐리쉬니가 이미 사라지고 없었다. 그는 코자크 장교단과 화합하지 못했다. 장교늘은 므노호흐리쉬니를 '농사꾼의 아늘'이라며 깔보았고, 므노호흐리쉬니는 장교단이 갖가지 음모를 꾸민다고 경계하며 종종 이들에 대해 아주 강압적인 조치를 취했다. 이러한 상황이 므노호흐리쉬니의 몰락을 재촉했다. 불만에 찬 장교들은 그를 제거하기 위한 음모를 꾸몄다. 그들은 현지 주둔 모스크바국 수비대와 결탁하여 1672년 3월 므노호흐리쉬니를 체포한 후 모스크바로 압송했다. 이들은 그가 반역죄를 저질렀다고 비난하면서 새로운 헤트만을 선출할 수 있게 허용해 달라고 청원했다. 므노호흐리쉬니는 아무 잘못도 없었지만 모스크바 정부는 그를 고문하고 재판에 회부한 다음 그의 모든 재산을 압류했고 그를 가족과 함께 시베리아로 유형 보냈다. 그는 시베리아에서 자녀와 함께 아주 오래 살았으며, 자신을 유형에 처한 모든 적대자들보다 장수했다. 장교단은 새로운 헤트만을 선출하라는 허가를 받았지만 므노호흐리쉬니를 그토록 배신적이고 불법적인 방식으로 징계한 것에 불만을 품은 우크라이나 주민들이 봉기를 일으킬까 염려했기에 모스크바국 국경 내에서 모스크바국 군대의 엄호를 받으며 선거를 진행했다. 장교단에 의해 신임 헤트만으로 선출된 사람은 포포비치(Попович)[84]라는 별명을 가진 이반 사모일로비치(Іван Самойлович)였다. 장교단은 그를 선출하는 조건으로 헤트만이 군사재판소의 판결 없이 제멋대로 장교단을 교체할 수 없다는 약속을 받아냈다. 모스크바와의 관계에서는 흘루히브 조항들을 되살리기로 했다. 그러나 이 조항들 가운데, 우크라이나와 관련된 외교적 문제를 다루는 회담에는 반드시 우크라이나 대표가 파견되어야 한다는 규정이 삭제됨으로써 우크라이나의 정치

---

84) 성직자의 아들이라는 뜻.

적 자율성을 상징하던 마지막 그림자도
사라져 버렸다.

도로셴코는 므노호흐리쉬니와 맺었던
관계만큼 호의적인 관계를 새로운 헤트
만과는 가지지 못했다. 사모일로비치는
모스크바 정부에 너무 복종적이었고 모
스크바 정부의 신임에 기대고 있었기 때
문에 만일 모스크바가 도로셴코와 합의
에 이르면 자신의 헤트만 지위가 박탈될
것을 염려해 그는 모든 힘을 기울여 양
측의 협상이 진행되지 못하게 했다. 그
는 도로셴코와 강화하지 말고 그를 무력
으로 다루도록 모스크바 정부를 설득했
고 실제로 자신의 목적을 달성했다.

도로셴코와의 협상은 다른 어려움도
만났다. 폴란드는 부차츠 조약에 따라
우크라이나를 포기하기로 했으나 실제
로는 이를 이행할 생각이 전혀 없었다.
폴란드는 자국 주둔군을 우크라이나에
서 철수시키지도 않았고, 도로셴코에 맞
서서 계속 하넨코 편을 들었다. 폴란드
는 만일 모스크바 권력이 도로셴코를 보
호하면 폴란드는 이를 모스크바국-폴란
드, 양국 간의 강화조약 위반으로 간주

그림 266 카미네츠 본당 선당이 천
탑(미나레트). 투르크 지배
시기의 기념물.

하겠다고 모스크바 정부에 선언했다. 모스크바는 폴란드와 전쟁을 재개할 생각이 없었다. 이렇게 해서 도로셴코와 모스크바 사이의 협상도 지지부진해졌다.

그러는 사이 투르크인들에 대한 공포도 가라앉기 시작했다. 투르크인들은 해가 바뀌었어도 침공을 재개하지 않았다. 오히려 폴란드 군사령관인 소비에스키[85])가 투르크인들과의 전투를 시작해 호틴 부근에서 투르크 군을 격파했다(그는 무공을 인정받아 나중에 폴란드 국왕으로 선출된다). 투르크가 그렇게 강하고 두려워할 대상이 아니며 그런 만큼 도로셴코도 특별히 점잖게 다룰 필요가 없다는 것이 드러나게 되었다. 우크라이나 인민의 눈으로 보았을 때도 1671년 투르크 군의 원정은 도로셴코에게 도움이 되지 않았을 뿐 아니라 오히려 그에게 치명적인 악영향을 끼쳤다. 지금까지 도로셴코는 투르크와의 주종관계를 비밀로 유지해왔으나 이제 그것이 폭로되었다. 투르크인들의 원정 때 일어났던 온갖 일들, 곧 투르크 군이 포딜랴 지역의 성당을 회교사원으로 바꾸었던 일, 그들이 기독교의 성물을 조롱했다는 소문, 기독교도 어린이들을 강제로 이슬람교도로 만들었던 일 등에 대해 도로셴코가 우크라이나에 투르크인들을 끌어들임으로써 이 모든 문제가 시작되었다는 비난이 쏟아졌다. 도로셴코의 적들은 이 상황을 호재로 삼아 인민들이 그에게 맞서서 봉기하도록 선동했다. 심지어 도로셴코의 측근들도 투르크와의 관계를 문제 삼아서 그에게 결정적으로 반기를 들었다.

---

85) 얀 소비에스키(Jan Sobieski, 1624~1696). 폴란드의 무인이자 정치인. 투르크와의 여러 차례 전쟁에서 큰 전과를 올렸다. 이를 인정받아 폴란드 국왕으로 선출되었으며 이에 따라 얀 3세 소비에스키 국왕으로 불리게 되었다. 그가 이끄는 군대가 빈 공방전에서 투르크 군대를 막아낸 것은 "유럽을 이슬람 세력으로부터 구원한 것"이라는 평가를 받기도 했다.

사모일로비치는 이 절호의 기회를 빈틈없이 포착하여 모스크바 사람들을 설득했으니 그 내용은 도로셴코와 협상을 하지 말고 힘으로 전쟁해서 그를 굴복시키라는 것이었다. 모스크바 정부는 전쟁을 원치 않았고, 결국 로모다노프스키로 하여금 군대를 이끌고 사모일로비치와 연합해 드니프로 강 우안 지역으로 진격하되, 전쟁을 하지 말고 평화적으로 도로셴코와 문제를 해결하도록 명했다. 그러나 사모일로비치는 도로셴코가 앞으로 자신과 경쟁을 하지 못하도록 어떠한 대가를 치르고라도 그를 결정적으로 파멸시키기를 원했다. 사모일로비치는 도로셴코와 협상을 하는 것이 아니라 로모다노프스키와 함께 우안으로 진격했고 그곳에서 코자크 장교들과 주민들을 자기편으로 끌어들이기 시작했다. 사모일로비치의 원정은 카니브에서 시작되었다. 그리고 실제로 도로셴코에 대한 불만이 팽배한 상황에서 코자크 장교들과 주민들은 저항하지 않고 사모일로비치의 권력을 인정했다. 도로셴코는 투르크와 크림 타타르의 지원을 요청했으나 헛수고로 끝나고 말았다. 흐멜니츠키 시절부터 술탄의 명령에 의해 원정에 나섰던 크림 칸은 도로셴코가 술탄을 통해 자기에게 명령권을 행사하고자 하는 것을 싫어해서 지원을 위한 출정을 서두르지 않았다. 거의 모든 사람이 도로셴코를 외면해서 그는 외롭게 치히린 인딕의 자기 요새를 지켜야 했다.

그림 **267** 카미네츠의 "루스 대문"(루스카 브라마)

그러나 사모일로비치는 치히린으로 진격조차 하지 않았다. 그는 도로셴코를 철저히 무시하고 자신의 병력을 카니브와 체르카시에 주둔시켰다. 당시 드니프로 강 우안에 있던 10개 연대(카니브, 빌라 체르크바, 코르순, 체르카시, 파볼로츠카, 칼니츠카, 우만, 브라츨라브, 포딜랴, 토르호비츠카)의 대표들은 사모일로비치의 권력과 모스크바의 보호권을 인정했다. 그들은 사모일로비치의 초청을 받아 페레야슬라브에 모였으며 이곳에서 1674년 3월 15일 로모다노프스키의 제안에 따라 "자발적으로 조용하게"(모스크바 정부에 보낸 보고에 이렇게 쓰여 있다) 사모일로비치를 드니프로 강 우안 지역의 헤트만으로 인정했다. 이 평의회에 참석한 하넨코도 자신의 헤트만 상징물들을 그에게 넘겼다. 이렇게 해서 사모일로비치는 전 우크라이나의 유일 헤트만으로 선포되었다.

89. 몰락

도로셴코는 이러한 예기치 못한 파탄에 크게 의기소침해 더 이상 투쟁을 지속할 일체의 의욕을 잃었다. 그는 이반 마제파[86]를 사모일로비치에게

---

86) 이반 마제파(Iван Степанович Мазепа, 1644~1709). 우크라이나 좌안의 헤트만(1687~1708). 우크라이나 최대 지주 중 한 명. 표트르 1세의 아조프 원정 때 참가해 신임을 얻었지만, 북방전쟁 때 러시아로부터 우크라이나의 분리를 꾀했고 이를 위해 폴란드 국왕 스타니스와프 레슈친스키 및 스웨덴 국왕 카를 12세와 비밀 협상을 벌였다. 폴타바 전투에서 카를 12세를 지원했으나 패배한 뒤 투르크 요새 벤데리로 달아나 그곳에서 사망했다. 마제파는 우크라이나 역사에서 가장 격렬한 논란을 불러일으키는 인물 중 한 명으로, 과거에는 러시아 역사가들은 물론 우크라이나 역사가들조차 '희대의 배신자'라며 그를 부정적으로 평가했다. 최근에 그에 대해 재해석이 이루어지고 있는데, 마제파가 표트르 1세에게 등을 돌린 이유는 폴타바 전투 이전, 카를 12세가 헤트만령으로 진격해 오고 있던 상황에서 헤트

축하사절로 보냈다. 그는 단지, 미리 협상을 하지도 않고 마치 적에게 대항하듯 자기에게 대적했다고 사모일로비치를 비난하는 것으로 그쳤다. 그 자신은 사모일로비치의 권력을 인정할 용의가 있었다. 그러나 이때 자포로쟈 시치 대장 시르코가 보낸 사절들이 도로셴코에게 달려왔다. 이 유명한 자포로쟈 전사는 전에는 모스크바의 지지자였으나 자신이 직접 모스크바 유형을 겪고 난 후 이제 모스크바의 불구대천의 적대자가 되어 있었다. 그는 도로셴코에게 사모일로비치에게 가지도 말고 굴복하지도 말 것을 권유하고, 그렇게 할 경우 사모일로비치에게 복종하기를 원하지 않는 자포로쟈 코자크들이 그를 지원할 것이라고 말했다. 폴란드에서는 소비에스키가 왕으로 선출될 것이라는 소식도 들려왔다. 오래전부터 도로셴코와 좋은 관계를 유지했던 소비에스키는 투르크를 버리고 과거에 도로셴코가 폴란드 측에 제안했던 것과 대략 비슷한 조건으로 폴란드의 보호 밑에 들어오라고 도로셴코에게 권했다. 타타르인들도 도로셴코를 지원하러 올 것이라는 또 다른 소식도 들려왔다. 도로셴코는 다시 투쟁하기로 결정했으나, 그의 이 마지막 노력은 애처로운 느낌을 불러일으키는 것이었다. 도로셴코는 마제파를 크림 타타르 한국에 보내 지원을 독촉했고, 다른 사절들을 투르크 재상에게 보내 크림 칸이 아무것도 하지 않는다는 불평을 전달했다. 그는 최단 시일 내에 보강 병력을 받지 못하면 우크라이나를 버리고 투르크로 떠날 것이라고 위협하면서 조속한 지원을 요청했다. 실제로 그는 더 이상 버틸 힘이 없었고, 전쟁을 그만두고 불행한 우안 우크라이나에 휴식을 주어야 할 상황이었다. 그러나 투르크의 부대가 도착했고 도로셴코는 그들의 도움을 받아 불쌍한 주민들을 위협해가며 우안 지역의 도시들을 다

만령 방어를 위해 군사적 지원을 해달라고 마제파가 표트르 1세에게 요청했을 때 표트르가 이를 거절한 사실과 관계가 있다는 것이다.

시 통제하기 시작했다. 그리고 반대자들은 타타르인들에게 넘겼다. 그러나 도로셴코가 귀환하자마자 사모일로비치는 우안으로 군대를 보냈고, 우안 주민들은 또다시 도로셴코를 버리고 떠났다. 사모일로비치는 치히린으로 진군하여 이 도시를 포위했다. 도로셴코는 절망적인 상황에 빠졌다. 많은 코자크들이 사모일로비치 진영으로 넘어가 버리는 바람에, 전하는 바로는 치히린의 도로셴코 진영에는 겨우 5,000명 정도의 코자크 병력만 남아있었고 이들 중 상당수가 그의 투르크 정책에 불만을 가지고 있었다고 한다. 도로셴코는 작은 성에서 농성하며 극단적인 경우 화약통 위에 앉아 이를 스스로 터뜨려 자살할 생각을 가지고 있었다는 얘기가 전해온다. 그러나 이때 투르크 군과 타타르 군이 그를 도우러 온다는 소식이 전해졌다. 사모일로비치는 모든 것을 포기하고 드니프로 강을 넘어 돌아갔다. 도로셴코는 위기는 넘겼지만 이것이 큰 도움이 되지는 못했다. 투르크 군은 포딜랴와 브라츨라브 지역에서 반대자들을 처벌하기 시작했고, 이들이 우크라이나에 들어온 것은 도로셴코를 돕기커녕 큰 해를 끼쳤다. 왜냐하면 이번 진군은 그리 큰 활력을 가지고 전개된 것도 아니었지만 이것이 지난 후 투르크 군에 대한 공포가 돌이킬 수 없이 퍼졌기 때문이다. 그런데다 사모일로비치도 우안 지역에서 자기 권력을 확실히 하는 데 불가결한 활동력을 보여주지 못했다. 그래서 작은 접전만 벌어지면서 1675년 한 해가 지나갔다. 도로셴코는 징벌적인 원정을 계속하며 마을들을 파괴하고 주민들에게 형벌을 내리면서 이들을 강제로 복종시켰다. 그런데 똑같은 목적을 가지고 사모일로비치의 부대도 나타났을 뿐 아니라 엎친 데 덮친 격으로 폴란드 부대까지 나타나 폴란드에 복종하라고 주민들을 들볶기 시작했다.

이 모든 원정과 강요를, 타타르 군, 투르크 군, 폴란드 군, 모스크바 군, 그리고 자기네 우크라이나 군에 의해 초래된 '몰락'을 우크라이나 주민들은 도저히 더 이상 견디지 못하고 드니프로 강 우안 우크라이나를 완전히 버리고 떠나기 시작했다. 이미 과거에도 주로 우안 우크라이나에서 온갖 곤경을 안겨주며 진행되었던 초기 코자크 전쟁이 끝난 후 수많은 우안 지역 주민들이 드니프로 강을 건너 동쪽으로 이주했었다. 1648~1649년의 흐멜니츠키의 대봉기가 실패로 끝난 후 드니프로 강 동쪽으로 이주하는 우크라이나 주민의 움직임은 규모가 더욱더 커졌다. 지주들의 지배 아래 다시 들어가는 것을 원치 않고, 또한 끝없이 이어지고 있으면서 앞으로도 끝날 전망이 보이지 않는 이 한없는 전란을 견딜 수도 없어서 마을 전체가 향리를 떠나 우안 우크라이나를 버리고 가기도 했다.

드니프로 강을 건넌 유민들의 행렬은 모스크바국의 경계를 넘어 더욱 더 깊숙이 들어갔고, 자유공동체 지역(Слобожанщина)에까지 이르렀다. 이 같은 이주 움직임은 지난 수십 년 동안 지속되어 왔지만 1660년대에는 더욱 증가했고, 이제 1674~1676년 사이에 절정에 이르렀다. 드니프로 강에 인접한 키예프 지방과 브라츨라브 지방은 완전히 황폐화되었고, 심지어 벽촌 구석의 주민들까지 드니프로 강을 건너 이주했다. 도로셴코는 이러한 식으로 이주가 계속되면 그것 하나만으로도 그의 모든 계획은 수포로 놀아가고 한마디로 말해 그가 헤

그림 **268** 이반 사모일로비치(벨리치코 연대기에 수록된 삽화).

트만으로서 통치할 주민도 하나도 없게 될 것임을 알았다. 그는 가능한 모든 조치를 취했다. 헤트만 포고문을 배포하고, 감언으로 설득하고 위협하고 무력을 쓰기도 하고 드니프로 강 도강을 불허하기도 하며 이주를 막아보려 했다. 심지어 이주자 무리를 공격해 궤멸시키기도 하고 타타르인들에게 넘겨줌으로써 공포 분위기를 조성하여 주민 이주를 막으려 했으나 모두 허사였다. 이미 1675년 사모일로비치는 우안 지역에 주민이 얼마 남아 있지 않다고 모스크바에 보고했다. 좌안 우크라이나에도 여유 농지가 별로 없었기 때문에 주민들은 국경을 넘어 모스크바국 영토로 가서 현재의 하르키브 도나 보로네슈 도까지 이동했다.

도로셴코는 그의 과업이 되돌릴 수 없을 정도로 실패했음을 깨달았지만, 최소한 모스크바 정부로부터 조금이라도 양보를 얻어내어 우크라이나의 일부 지역에서라도 헤트만 지위를 유지하기를 원했고, 이 같은 양보를 얻어내기 위해 마지막 한 가닥 남은 가능성이라도 버리지 않고 이에 매달렸다. 이 '최후의 코자크'가 모든 사람에게 버림받고 황폐해져 가는 지역 가운데에 조금 남은 코자크 용병들과 함께 치히린 요새의 언덕에 올라가 '울분에 싸여 있는' 모습은 비극적 느낌을 불러일으킨다. 그러나 이미 도로셴코 자신이 투쟁할 힘을 점점 잃어갔다. 사모일로비치는 그 어떠한 양보도 절대로 하지 않으려 했다. 모스크바 정부도 우크라이나 전체의 헤트만은 사모일로비치 한 사람이어야 하고 도로셴코는 그의 '통수권' 아래로 들어와야 한다는 견해를 고수하고 있었다. 협상은 시간을 끌기만 했고, 모스크바 정부는 투르크 군의 공격을 초래하지 않기 위해 가능한 한 평화적으로 사태를 해결하기를 원했다. 도로셴코는 투르크에 구원을 호소했으나 아무 결과가 없었다. 시르코가 자신의 동맹자를 구하려 나섰다. 그는 사태 해결은 자포로쟈의 결정에 맡겨야 한다는 옛 자포로쟈 논리를 가지고 등장했다. 자포로쟈가 헤트만을 선출해야 하며, 이번 문제도 자포로쟈가 해결해야 한다는 것이었다. 도로셴코는 자신의 헤트만 기장을 자포로쟈 코자크들에게 넘겨주었고 시르코는 새 헤트만을 선출하기 위해 전체 평의회를 소집했다. 그러나 사모일로비치는 당연히 이러한 자포로쟈 코자크들의 요구를 인정하고자 하지 않았다. 1676년 봄 그는 사태의 해결을 위해 체르니히브 연대장인 보르코브스키(Борковський)를 드니프로 강 서안으로 파견했다. 그러나 도로셴코는 항복하지 않았고 보르코브스키는 치히린으로 진군할 결정을 내리지 못했다. 그러자 이 해 가을 사모일로비치가 직접 로모다노프스키의 부대를 포함해 대부대를 이끌고 출격했다. 도로셴코는 다시 한 번 투르크와 타타르에 도움을 청했으나 이들은 끝내 나타나지 않았다. 그러자 그는 자기의 시절이 끝났으며, 이 희망 없는 내란을 더 이상 끌지 말고 완전히 굴복해야 한

다는 것을 깨달았다. 그는 치히린 요새에서 스스로 나와 맞은편 사모일로비치 연대를 향해 갔으며 그런 다음 드니프로 강을 건너가서 군단 앞에서 자신의 헤트만 기장을 내놓았다. 이 기장은 사모일로비치에게 전달되었다. 이것은 1676년 9월의 일이었다. 도로셴코의 정치적 역할은 끝이 났다. 그는 자신을 위해서는 단지 여생을 평온하고

그림 269 페트로 도로셴코(당대 플랑드르의 판화).

자유롭게 보내게 해달라는 한 가지 요청만을 했으나 모스크바 정부는 이 조건도 늘어주지 않았다. 노로셴코는 물론 사모일로비지까지 나시시 긴절히 청원했으나 무시된 채 도로셴코는 모스크바로 압송되었다. 그는 모스크바에서 몇 년 동안 예우가 갖춰진 연금 생활을 한 후 뱌트카의 군정사령관으로 보내졌다(1679~1682). 이후에는 볼로콜람스크 군의 야로폴체에 있는 영지를 받았다. 그는 평온하게 여생을 마쳤으나 결코 우크라이나로 돌아오지는 못했다.

포로가 된 위대한 도로셴코는 약해져갔네
병들어 죽어갔네, 쇠사슬 끄는 일에 지치더니!
이 위대한 헤트만은 우크라이나에서 잊혀져갔네.

그는 1680년에 죽은 동맹자 시르코와 시베리아 유형 중에 삶을 마친 적수 사모일로비치보다 더 오래 살다가 1698년에 죽었다.

90. '대추방'과 드니프로 우안의 새로운 코자크 집단

그러나 도로셴코의 항복으로 드니프로 강 우안 우크라이나의 모든 문제가 풀린 것은 아니었다. 사모일로비치는 드니프로 강 좌우안 전체의 통합 헤트만이 될 것을 기대했으나 이 희망이 실현되지는 않았다. 투르크는 적절한 때에 도로셴코를 지원하지는 않았지만 우안 우크라이나에서 손을 뗄 생각을 하지 않았다. 폴란드도 마찬가지였다. 그리하여 거의 완전히 황폐화된 불행한 지역을 둘러싼 싸움은 끝날 희망도 없이 질질 끌며 계속되고 있었다.

도로셴코의 몰락을 알고 난 후 투르크 정부는 그의 자리에 자신들의 가신으로 유라스(유리) 흐멜니츠키를 앉힐 계획을 세웠다. 유라스는 1672년 투르크 군이 우크라이나로 원정을 왔을 때 포로로 잡혔는데, 투르크인들은 그를 콘스탄티노플로 데려가 이곳에서 구금하고 있었다. 이제 술탄은 총대주교로 하여금 그의 수도사직을 면하게 하고 그를 헤트만으로 만들어 투르크 군과 함께 우크라이나로 파견했다. 1677년 여름 투르크 군은 유라스 흐멜니츠키와 함께 치히린으로 다가왔다. 이곳에는 모스크바국 수비대가 주둔하고 있었다. 로모다노프스키와 사모일로비치는 그를 맞아 출정을 했고, 그러자 투르크 군은 후퇴를 했다. 그러나 다음 해 투르크는 다시 출정 준비를 하며 모스크바 정부를 향해 드니프로 강 우안 우크라이나에서 완전히 손을 뗄 것을 요구했다. 이 요구에 모스크바 정부는 매우 불안해졌고, 투르크와의 전쟁을 피하기 위해 실제로 우안 지역을 떠날 생각도 했다. 그러나 사모일로비치가 이에 반대했다. 그러자 모스크바 정부는 로모다노프스키에게 비밀 훈령을 내렸다. 투르크 군이 새롭게 진공해오는 경우 사모일로비치와 함께 치히린으로 출정하되 전쟁을 개시하지 말고 투르크와의 협상에 들어가라는 것이었다. 협상에서는 모스크바국은 드니프로 강 서쪽 지역에 자국의 요새를 건설하지 않을 것이고, 치히린에서 주민들을 철수시킨 후 치히린 요새를 파괴할 것이라는 내용을 제시하게 했다. 1678년 여름 투르크 군이 실제로 진격해와서 치히린 요새를 포위하자, 모스크바의 비밀 훈령을 알지 못하는 치히린 주둔부대는 완강하게 저항했다. 치히린에서 빠져나와 요새를 파괴하라는 전혀 예상치 못한 명령이 로모다노프스키에게서 내려올 때까지 이 저항은 계속되있다. 요새에 폭발물을 설치한 후 수비대는 빠져 나왔고 그 후 폭발이 일어나 치히린 요새를 파괴했다. 이 과정에서 성채를 점령하려고 서둘러 진입했던 많은 투르크 병사늘이 쏙사했다. 남아있던 수민늘은 강제적으로 드니프로 강 쇠안으로 이주시켰다.

우크라이나에서는 이 모든 일로 주민들이 큰 불만에 싸였다. 그들은 모스크바 정부가 우크라이나의 주민들에게서 자신들을 지켜달라는 부탁을 받았으면서도 이 나라를 경솔하게도 황폐화시키고 적에게 팔아넘겨 버렸다고 모스크바를 심하게 비난했다. 사모일로비치는 강제로 이주당한 우안 지역 주민들을 자유공동체 우크라이나에 이주시키려고 계획했다. 우안 우크라이나 대신에 이 지역을 할양받아 그의 헤트만 관할령으로 병합시키려는 생각이 여기에 결부되어 있었다. 그러나 자유공동체 우크라이나 지역은 모스크바 행정청의 직접 관할을 받는 지역이었기 때문에 모스크바 정부는 이러한 방식으로 보상을 해주는 데 동의하지 않았다. 그러자 사모일로비치는 우안 주민들을 초원 변경지대인 오릴(Opiль)[87] 강 유역에 정착시켰다. 우안 주민들의 이 같은 강제 이주는 주민들 사이에 '대추방(3rih)'[88]이라는 이름으로 기억되어 전해져 왔다.

우안 지역의 공백은 오래 지속되지 않았다. 1676년 폴란드의 새로운 국왕으로 선출된 얀 소비에스키는 포딜랴 지역을 다시 차지하기 위해 투르크와의 전쟁을 준비했다. 이를 위해 폴란드는 모스크바 정부로부터 지원을 얻고자 노력했다. 폴란드는 20만 루블을 받는 대신 키예프를 모스크바국에 완전히 넘겨주었고 1680년 모스크바국과 영구평화조약을 맺었으며, 두 나라가 공동으로 투르크를 공격하자고 제안했다. 그러나 모스크바국은 이

---

87) 우크라이나의 강으로 드니프로 강의 동쪽 지류이며 하리코브, 폴타바, 드니프로페트로브스카 지역을 흐른다.
88) 러시아식으로는 즈곤(3roh).

와 동시에 투르크와 평화 조약을 맺기 위한 협상도 진행했다. 모스크바국의 보야린들은 이 문제에 대해 사모일로비치의 의견을 구했다. 그는 폴란드를 믿고 동맹을 맺어서는 안 된다고 단호하게 경고했고, 투르크와는 드니프로 강에서 드니스테르 강까지, 아니면 최소한 부흐 강까지의 지역을 양보 받는 조건으로 협상에 나설 것을 권고했다. 모스크바 정부는 이 조언을 받아들였지만 크림 칸은 이에 반대했고, 결국은 드니프로 강을 경계로 삼고, 드니프로 강과 부흐 강 사이 지역은 무인지대로 남겨두기로 결정되었다. 1681년 모스크바와 투르크 사이에는 이러한 취지로 협상안이 작성되었다. 그러나 조약을 인준하고자 했을 때 드니프로 강과 부흐 강 사이 지역을 무인지대로 남겨둔다는 이 조항은 콘스탄티노플에서 투르크에 의해 삭제되었다. 투르크 정부는 이 지역에 주민을 정착시키려는 의도를 가지고 있었기 때문이다.

그러나 투르크 정부의 이러한 목표는 쉽게 달성되지 않았다. 1677~1678년의 치히린 원정 이후 투르크인들은 흐멜니츠키라는 빛나는 이름 덕분에 주민들의 지지를 받을 것으로 기대하며 우안 우크라이나를 유라스 흐멜니츠키의 통치 아래 맡겼다. 그러나 아버지의 후광 이외에는 아무것도 없는 유라스는 이런 어려운 여건에서 아무런 긍정적인 것도 달

그림 270 페트로 도로센코(그가 묻힌 볼로콜람스크 수도원에 소장된 초상화).

성할 수 없었다. 1681년 투르크인들은 유라스 흐멜니츠키를 불러들이고, 우안 우크라이나의 관리를 몰다비아인 군정사령관 두카(Duka)에게 맡겼다.[89] 두카는 오랜 기간의 세금 면제 혜택을 내세워 이주민들을 불러들이며, 자기 대리인들을 통해 이 지역을 식민화하는 일에 착수했다. 좌안 지역의 생활 여건도 매우 어려웠으므로 이 혜택에 귀가 솔깃한 주민들이 다시 드니프로를 건너 우안 지역으로 돌아오기 시작했다. 그러나 1683년 폴란드가 두카를 체포하면서 그의 식민 활동은 종결되었다. 이후 투르크인들은 다양한 시도를 하기는 했지만 우안 지역 주민정착 정책에서 아무런 성과도 거두지 못했다.

폴란드 정부의 위촉을 받아 활동한 여러 식민 활동가들은 우안 우크라이나의 주민정착에서 훨씬 큰 성공을 거두었다. 소비에스키는 투르크와의 전쟁을 수행하는 데 코자크 군단의 지원이 필요했기 때문에 여러 인사들이 그의 위촉으로 코자크들을 소집했다. 1683년 소비에스키가 빈을 포위하고 있던 투르크 군을 격퇴하기 위해 출정했을 때 코자크들은 이 원정에 참가하였으며 그를 도와 엄청나게 큰 공훈을 세웠다. 소비에스키는 드니프로 강 유역 지역에 코자크 복무를 수행할 수 있을 주민들을 정착시키는 것이 아주 바람직하겠다고 생각했다. 1684년 소비에스키는 로스 강 이남의 지역을 코자크 정착 지역으로 정한 후 정주민들에게 여러 가지 권리와 혜택을 제공하기로 약속했고, 그 후 폴란드 의회는 이 조치를 승인했다(1685). 이 지역의 연대장 직책을 맡은 여러 인물들이 주민정착을 조직하는 일에 착수했다. 코

89) 우크라이나 연대기 저자 벨리치코에 따르면 유라스 흐멜니츠키는 두카 다음으로 다시 한 번 우크라이나 지역에 파견되었으나 비참하게 최후를 맞았다고 한다. 그는 네미로브의 부유한 유대인 상인을 학대했는데 투르크인들은 이 때문에 그에게 사형 선고를 내렸고 카미네츠에서 교수형에 처했다는 것이다. 그러나 이것은 상당히 신빙성이 떨어지는 이야기이며 어떤 다른 자료에서도 유라스 흐멜니츠키가 돌아왔다는 기록을 찾을 수 없다. (원저자 주)

르순 연대에는 이스크라(Іскра), 보구슬라브 연대에는 사무스(Самусь), 포부쟈 연대에는 아바진(Абазін)이 연대장으로 임명되었다. 이 중에서도 일명 팔리(Палій)라고도 불린 세멘 후르코(Семен Гурко)가 가장 유명했는데 그는 로스 강과 그 당시의 헤트만령 경계 사이의 지역인 파스티브 일대를 관할했다. 폴리시아, 볼린, 포딜랴 등 우안 지역의 주민들뿐 아니라 좌안 지역, 특히 지리적으로 인접한 남부의 하디아치, 루브니, 미르호로드 연대 지역의 주민들도 대거 그의 지역으로 이주해왔다. 전에는 우안 지역에서 좌안 지역으로 주민들이

그림 271 1677년 치히린 포위(벨리치코 연대기에 수록된 삽화). а—모스크바국 군대 б—코자크 군대 д—드니프로 강 и—배를 탄 코자크들 д,i,к—치히린 з,к—투르크 군대 (벨리치코의 설명).

이주해 갔지만, 지금은 그 반대 상황이 되었다. 주민들이 떠나는 지역의 현지 관헌 당국은 이주민을 강제력으로 막고 되돌아오게 하려고 보초와 경비병까지 세웠지만 이 움직임을 막을 수 없었다. 바로 이 시기에 좌안 우크라이나의 코자크 장교들은 새로운 정착민이 넘쳐나는 상황을 이용하여 농민들에게 갖가지 의무와 세금을 상세로 부과하며 농민의 토시 소유에 제약을 가하기 시작했다. 이 때문에 불만에 가득 찬 주민들은 팔리와 다른

그림 272 초르토믈리츠크 시치 부근에 있는 시
르코의 무덤.

연대장들의 호의적 제안을 받아들여 빈 땅이 있는 우안 지역으로 엄청난 무리를 지어 이주했다. 약 3~4년 정도가 지나자 우안 지역에 상당히 많은 코자크 주민들과 코자크 군단이 다시 정착했다. 이러한 변화는 투르크와의 전쟁에서 코자크들의 도움을 받았던 소비에스키에게 절호의 상황인 듯 보였다. 그러나 새로운 이주민들은 폴란드 정부가 만들어놓은 틀 안에 틀어박힐 생각이 전혀 없었다. 이미 1688년부터 팔리와 우안 지역의 다른 연대장들은 복구된 우안의 연대들을 좌안의 헤트만령에 합치기 위해 노력하기 시작했다.

91. 헤트만령의 상황

우안 우크라이나가 그토록 격심한 변화와 그토록 무서운 파국을 겪으면서도, 폴란드 수중에서 모스크바국 수중으로, 모스크바국 수중에서 투르크 수중으로 넘겨지고 무인지대가 되었다가 주민들이 정착하고, 파괴되었다가 다시 살아나고, 처형의 칼날 아래 신음했다가도 자유의 바람이 한번 불기만 하면 곧 다시 생명을 되찾으며 삶 자체가 죽지 않듯 죽지 않고 지내는 동안, 좌안 우크라이나의 삶은 정치적·사회적 자유의 황혼으로 다가

가면서 조용히 점차적으로 쇠락해가고 있었다. 1668년 브루호베츠키의 봉기가 진압된 이후 수십 년 동안 이 지역에는 아무런 혼란도 아무런 강력한 동요도 없었다. 은밀하게 음모를 동원해 자신들이 원치 않았던 '농부의 아들' 므노호흐리쉬니를 제거한 코자크 장교들은 그 대신에 약삭빠르고 조심스러운 '성직자의 아들' 사모일로비치를 헤트만으로 내세웠지만, 15년 뒤에는 꼭 그대로 은밀하게 그를 제거하고 대신 이반 마제파를 헤트만으로 만들었다. 장교단은 그들 자신이 우크라이나의 정치적 권리의 마지막 보루를 은밀하게 철폐하거나 혹은 모스크바 정부가 이를 철폐하는 것을 묵인했고 모스크바 지배자들의 요구를 순종적으로 이행했다.

시베리아에서 가난뱅이가 되어 "문전걸식을 하며 굶어 죽어가고 있다"며 자신의 사면을 요청하는 편지를 보낸 므노호흐리쉬니의 예를 염두에 두면서 조심성이 많은 사모일로비치는 모스크바 정부의 불만을 사는 일을 조금이라도 하지 않으려고 무진 애를 썼다. 그는 아들들을 모스크바로 보냈는데, 그들에게는 이것이 이로운 일이었다. 그들이 이곳에서 모스크바 정부의 환심을 산 것은 훗날 자신들에게도 도움이 될 수 있었고 동시에 아버지의 충성심을 증명하는 일도 될 수 있었기 때문이다. 사모일로비치의 아들들은 후에 연대장으로 임명되었다. 한 명은 스타로두브의 연대장이 되었고, 다른 한 명은 체르니히브의 연대장이 되었다. 게다가 사모일로비치의 조카까지 하디아치의 연대장으로 임명되었다. 사모일로비치는 자신의 딸을 보야린인 표도르 셰레메테프에게 시집을 보냈고, 사위를 키예프의 군정사령관으로 파견해 달라고 모스크바에 요청했다. 모스크바는 이 충성스러운 헤트만의 봉사와 그의 사려깊은 조언을 높이 평가하며 때때로 전달되는 그에 대한 비난성 보고들을 무시했다. 겉으로 보기에 사모일로비치의 헤트만 지위는 지극히 안전한 것처럼 보였다. 자신의 적들을 모두 굴

그림 273 이오시프 넬류보비치 –투칼스키 수도대
주교.

복시켰고 주위에 친족들을 배치했고 차르의 신임까지 확보했으니까.

물론, 이 같은 은혜에 보답하기 위해 사모일로비치는 때로는 아주 내키지 않는 위임 업무도 수행해야 했고, 모스크바의 정책에 대한 그의 요청이 어떤 때는 받아들여지지 않기도 했던 것도 사실이다. 이미 알고 있는 바와 같이, 자유공동체 지역의 연대들을 자신의 '통수권' 아래 두게 해 달라는 그의 건의는 무시되었고, 이와 유사한 일들은 많이 벌어졌다. 사모일로비치는 모스크바 정부의 정책에 맞춰 이제까지 누구도 하고자 하지 않았던 일을 해야 하는 상황이 벌어졌다. 그것은 키예프 수도대주교를 모스크바 총대주교 관할에 복속시키는 것이었다. 1684년 투칼스키가 사망하자, 모스크바 정부는 사모일로비치에게 모스크바 총대주교의 축성을 받고, 그의 권력을 인정할 그런 인물을 수도대주교 자리에 앉히라고 위임했다. 사모일로비치는 스뱌토폴크–체트베르틴스키(Святополк–Четвертин-ський) 공이자, 루츠크의 주교인 자기 친척 게데온이야말로 그러한 후보라고 여겼다. 그는 자신이 싫어하는 체르니히브 대주교 바라노비치의 동의를 구하지 않고 게데온이 수도대주교로 선출되게끔 일을 진행시켰다. 사모일로비치는 단지 콘스탄티노플 총대주교와의 관계는 모스크바 정부가 직접 처리해 달라고 정부에 부탁했다. 키예프 수도대주교 관구는 콘스탄티노플 총대주교 관할에서 모스크바 총대주교 관할로 이전되어야 했기 때문이다. 모스크바 정부는 콘스탄티노플의 총대주교에게 이 문제를 도와 달라고 청했는데, 그는 예상치 못했던 저항의 입장을 취했다. 다른 총대주교들[90]의 동의 없이는 결정할 수 없다는 것이 그의 말이었다. 이렇게 되자 모스크바국의 정치인들은 투르크의 총리대신에게 이 일을 해결해 달라고 부탁했고[91] 총리대신이 총대주교들에게 '압력'을 가했기 때문에 총대주교들은 동의를 해줄 수밖에 없었다. 당시 투르크는 폴란드 국왕 얀 소비에스키가 구성하려 노력하고 있던 반(反)투르크 동맹에 모스크바국이 가담하지 않도록 하기 위해 이 나라와 좋은 관계를 유지하고 싶어 했다. 이렇게 해서 우크라이나 교회는 자치권을 말살당하고 모스크바 성직자 위계의 관할 아래로 들어가게 되었고, 이와 함께 당시 우크라이나의 모든 정신적·문화적 독자생활도 같은 운명을 겪게 되었다.

그러나 모스크바 지배자들에 대한 사모일로비치의 이 모든 봉사와 공헌도 끝내는 그의 비극적 종말을 막지 못했다. 모스크바의 보호에 의존하게 되면서 한때 '선량하고 모든 사람들에게 호의적이고 자애로웠던' '성직자의 아들'도 초심을 잃기 시작했다. 그는 코자크 장교들의 조언을 받지 않고 자의적으로 통치하기 시작하고, 그들을 경멸적으로 대했으며 뇌물을 받고 관직을 나누어주었으며 대단히 거만해졌다. 사람들은 그가 헤트만 지휘봉

---

90) 예루살렘, 안티오키아, 알렉산드리아의 총대주교들을 말한다.
91) 콘스탄티노플 총대주교좌는 동방정교의 본산이지만 1453년 비잔티움 제국이 멸망한 후, 투르크 제국 내에 소재하게 되었다. 예루살렘, 안티오키아, 알렉산드리아 총대주교좌도 마찬가지였다. 투르크 제국 정부는 정교회 내부의 일에는 원칙적으로 개입하지 않았지만, 이슬람교에 비해 정교회를 차별하기도 했고, 본문에서처럼 대외적 중요성을 가지는 사안에서는 정부가 직접 정교회에 압력을 가하기도 했다.

그림 274 라자르 바라노비치. 체르니히브 대주교.

을 아들에게 넘겨주고 아예 헤트만직을 자기 가문의 세습직으로 만들 생각을 한다고 의심하기도 했다. 이 모든 것 때문에 코자크 장교들은 그에게 반기를 들게 되었다. 그들은 그의 전임자를 제거할 때 그랬던 것처럼 그를 음모로 제거하기로 하고 적당한 기회가 오기만을 기다렸다. 절호의 기회는 전혀 예상하지 못한 상황에서 다가왔다.

사모일로비치의 조언에도 불구하고 모스크바 정부는 결국 투르크에 대항하기 위해 폴란드와 동맹을 맺었다. 1686년 모스크바는 폴란드와 영구평화협정을 맺었다. 모스크바는 키예프를 넘겨받는 대가로 14만 6천 루블을 다시 폴란드에 지불했고, 폴란드가 오스트리아, 베네치아와 함께 투르크를 공격하면 모스크바는 이 상황에서 크림 한국의 주의를 돌려놓기 위해 크림 한국과 전쟁에 돌입하기로 약속했다. 사모일로비치는 이 계획에 상당히 강하게 반대했다. 그가 바랐던 것처럼 이 협정에서 폴란드로부터 드니프로 강 우안 지역에 대한 권리요구를 포기하겠다는 약속을 받아내지도 못했기 때문에 더욱 그러했다. 그러나 결국 일은 결정된 것이었고 사모일로비치는 사태를 되돌릴 수 없었다. 그는 모스크바국 군대와 함께 크림 원정에 나서야 했다. 보야린 바실리 골리츠인(Василий Голицын)이 모스크바국 군대를 이끌고 함께 출정했는데 그는 당시 어린 남동생들인 이반 왕자[92]와 표트르 왕자[93]를 대신하여 섭정으로 통치하고 있던 소피야 공주의 총신이자 당대 모스크바 정치의 주도자였다.

초원 전투의 여건을 잘 아는 사모일로비치는 이 원정을 어떻게 수행해야 좋을지에 관해 아주 유용한 조언을 했다. 그것은 초봄에 대군이 원정에 나서야 한다는 것이었다. 그러나 그의 의견은 무시되었고, 원정은 나중에 초원의 풀이 이미 마른 다음에 시작되었다. 크림 타타르 군대가 초원에 불을 지르자, 원정군은 아무 공격도 하지

그림 275 부사제의 임명(라자르 바라노비치의 필사본 미사책에서).

못하고 후퇴할 수밖에 없었다. 이는 골리츠인을 큰 슬픔에 빠뜨렸다. 이로 인해 자신의 입지가 흔들릴 위험이 있었기 때문이다. 골리츠인은 실패의

---

92) 러시아 차르 이반 5세를 말한다. 여기서 저자는 '왕자(차레비치)'라는 용어를 쓰고 있지만 엄밀히게는 차레비치가 아니라 차르라고 해야 한다. 당시 이반 5세와 표트르 1세는 단지 미성년자였을 뿐, 엄연히 공동 차르 자리에 올라있었다.
93) 후일의 표트르 대제(표트르 1세)를 말한다.

책임을 전가할 사람을 찾을 필요가 있었다. 이러한 모든 상황을 파악한 코자크 장교들은 회군하는 골리츠인을 찾아가, 사모일로비치가 원정이 실패로 돌아가도록 하기 위해 고의적으로 모든 일을 꾸몄다고 비난하며 그를 고발했다. 사모일로비치는 모스크바에 대해 전혀 호의적이지 않고, 특히 모스크바-폴란드 동맹과 크림 한국에 대한 전쟁에 불만을 가졌기 때문에 그랬다는 것이다. 이 모든 이야기는 명백한 거짓이었음에도 소피야 공주와 골리츠인은 늙은 헤트만이 그 동안 바쳐온 충성을 무시하고 그에게 원정의 책임을 묻기 위해 이 고발을 이용하기로 했다. 골리츠인은 코자크 장교들의 불만을 고려하여 사모일로비치를 헤트만직에서 해임할 뿐 아니라 그를 가족과 함께 모스크바로 압송하고 그 대신에 새 헤트만을 뽑는 권한을 위임받았다. 이 일이 있은 후 사모일로비치는 체포되어 맏아들과 함께 재판도 받지 않고 시베리아로 유배되었다. 그의 전 재산은 몰수되어 둘로 나뉘었다. 그 절반은 차르의 재원으로 귀속되고, 나머지 절반은 코자크 군단 금고로 보내졌다. 체르니히브 연대장이었던 둘째 아들은 '반란을 일으킨' 죄로, 다시 말해 체포에 저항하려 한 죄로 재판에 회부되어 사형을 선고받았고 세브스크에서 무참히 처형되었다. 연로한 사모일로비치는 2년 뒤 유형지인 시베리아의 토볼스크에서 사망했다.

그런데 사모일로비치가 체포되었다는 소식이 전해지자마자 우크라이나의 여러 코자크 군단과 연대에서 코자크 장교들에게 대항하는 봉기가 시작되었다. 코닥 요새 인근의 진영에서는 프릴루키 연대 코자크들이 연대장과 연대 재판관을 불에 던져 넣고 흙으로 매장했다. 하디아치 연대에서도 몇 명의 장교가 살해되었다. 다른 연대에서는 장교들을 약탈했으며 '전임 헤트만(사모일로비치)의 친구'인 다른 장교들까지 체포했다. 이런 상황이 벌어지자 장교들은 임시로 내세워진 헤트만 '대행' 보르코브스키 대신에 새 헤트만을 가능한 한 빨리 선출할 수 있도록 해 줄 것을 요청했다. 차기 헤트만 선출 문제는 사전에 이미 이야기가 다 되었음이 분명하다. 곧 이반 마제파를 뽑는다는 것이었다. 그는 헤트만으로 선출되면 만 루블을 골리츠인에게 주기로 약속했고, 당시 무소불위였던 골리츠인의 압력 아래서 마제파가 선출되는 것을 반대할 사람은 아무도 없었다. 평의회가 열리기에 앞서 협약조항이 채택되었는데, 1669년의 옛 흘루히브 조약을 몇 개 조항을 개정하여 채택한 것이다. 장교들이 차

그림 **276** 코자크 기수의 임명(라자르 바라노비치의 필사본 미사책에서).

르나 헤트만으로부터 할당받은 영지는 보장되었으며, 헤트만은 차르의 칙령 없이 장교들을 해임할 수 없다고 결정되었다. 또한 우크라이나와 모스크바국의 관계를 더욱 밀접하게 하기 위해 모스크바국 주민과 우크라이나 주민의 통혼을 장려하고, 주민들이 우크라이나 도시로부터 모스크바국의 도시로 이주하는 것을 촉진하는 조치를 취하기로 결정되었다. 그러나 이 마지막 결정사항들은 조약의 공식 조항에 포함되지는 않았다. 이러한 조

항 개정 후 골리츠인은 마제파를 신임 헤트만으로 선출하도록 장교단에게 요청했고, 장교단은 이를 받아들여 1687년 7월 25일 그를 헤트만으로 선출했다.

새로 헤트만에 선출된 이반 스테파노비치 마제파(Iван Степанович Мазепа)는 빌라 체르크바 근교의 우크라이나 귀족 가문 출신이었다. 그는 1640년 무렵에 태어났고, 청소년 시절을 폴란드 국왕의 궁정에서 보냈다. 1659~1663년 사이 그는 여러 일을 맡아 우크라이나에 파견된 경험이 있었다. 이후 그는 국왕 궁정을 떠났고 (그가 떠난 이유는 연애관계 때문인 것으로 알려졌는데, 수많은 시인들이 이를 소재로 시를 썼다)[94] 우크라이나에 정착한 뒤 코자크 군단에 가입했다. 마제파는 군단 내에서 도로셴코의 측근이 되었으며 1675년에는 도로셴코의 명을 받아 크림으로 가던 중 체포되어 좌안 우크라이나에서 억류되었다. 여기서 그는 헤트만 사모일로비치와 모스크바의 신임을 받았고, 사모일로비치가 실각할 당시 본부 일등대위직을 맡고 있었다.

92. 장교단과 우크라이나 사회

헤트만의 교체는 우크라이나 주민들의 생활에 별다른 변화를 가져오지 않았다. 마제파는 전임 헤트만들의 정책노선을 그대로 따랐다. 이는 10

---

94) 그는 폴란드 귀족 부인과의 사랑이 발각된 후 벌거벗은 몸으로 말 등에 묶여 내쫓겼다고 한다. 그를 태운 말은 광야를 헤매다가 우크라이나로 왔고 누군가가 기진맥진한 그를 구해주었다는 이야기가 전한다. 그의 추방에 얽힌 극적인 이야기는 낭만주의 시대에 문인, 시인, 화가, 음악가 등 수많은 예술가들의 상상력을 자극해 작품화되었다.

년에 걸친 불안하고도 성과 없는 전쟁에 지쳐 평안과 강녕을 간절히 원하던 좌안 지역의 모든 장교들도 걸어갔던 익숙한 길이었다. 도로셴코의 실각은 이들에게 교훈을 주었고, 동시에 새로운 상황에 대한 표지판 역할을 했다. 도로셴코는 흐멜니츠키 시대의 마지막 활동가요, 우크라이나 해방 투쟁이 이루어진 위대한 시대의 마지막 대표자였다. 그가 이 목적을 이루기 위해 취한 극단적 수단들과 모든 사람으로부터 버림받고 민중들에게서도 미움받은 그에게 덮친 운명은 동시대인들에게 우크라이나는 모스크바에 대한 종속을 벗어날 수 없다는 생각을 갖게 했다. 사회적 동기 때문에 장교단에게 적대적인 태도를 보이고 장교단의 가장 순수한 정치적 동기도 의심스런 눈으로 바라보는 주민들의 반감에 부딪치면서, 그리고 이들과 똑같이 장교단에 대해 적대적이고 불신에 차 있는 자포로쟈 코자크들의 반대를 겪으면서 장교단은 모스크바에 대항해 무력으로 항쟁하는 것은 불가능하다고 생각했다. 모스크바가 이끄는 대로 이리저리 따라가고, 개인적 영화를 위해 모스크바 지배자들의 은전을 구하는 것이 훨씬 편한 길이었다.

정치적 문제에서 장교단으로부터 끊임없이 양보를 받아가며 우크라이나의 정치적 자유를 제한하는 데 성공한 모스크바 정부는 관급소유지(官給所有地, 포메스치예)와 영지에 대한 장교단의 염원과 청원을 친절하게도 들어주었고 장교단의 이해관계도 바로 이러한 방향으로 이끌어갔다. 우크라이나에 토지소유 계급, 영지소유 계급을 만들고, 우크라이나의 농민을 농노화하는 것은 우크라이나를 모스크바국의 지주(포메쉬취키)제도 및 노예소유제도[95]와 유사하게 만드는 것을 의미했다. 이와 함께 이런 정책은 우

---

95) 여기서 흐루셰브스키는 노예소유제도라는 표현을 쓰고 있지만, 이는 비유적인 것이다. 당시 러시아(모스크바국)에는 농노제가 존재하고 있었지만 이는 엄밀한 의미의 노예제는 아니었다.

크라이나 인민과 우크라이나 정치 지도자들 사이의 적대감을 강화시켰고, 그들을 갈라놓고 있던 심연을 더욱 심화시켰다. 이는 자유를 사랑하는 인민대중을 꼼짝할 수 없게 마비시켰다. 원로 바라노비치는 "자유를 갈망하는 그러한 혈족(род сицев иже свободы хощет)"이라고 쓴 바 있다. 그런데 장교단과 인민의 분열은 1669년 봉기로써 자신의 의지를 보여주었듯 모스크바식 제도에 복종하기를 거부했던 그 인민대중을 꼼짝 못하게 만들어 버린 것이다. 그리고 우크라이나인들의 이 같은 사회적 분열로 인하여 주민들은 장교들에게 복속되면서 이와 동시에 장교들은 모스크바 정부의 손아귀에 잡혀 들었다. 모스크바 정치의 결정권자들은 장교들의 경제적 상황의 열쇠는 모스크바가 쥐고 있다는 점, 그리고 모스크바 정부는 이 노예화된 인민을 언제라도 장교들에 대항해 일어나게 만들 수 있다는 점을 인식하면 장교단이 어떤 인상을 받게 될지 정확하게 알고 있었다.

모스크바 정부는 무엇을 해야 할지 잘 알았기에 코자크 장교들에게 충성스러운 봉사의 대가로 관급소유지를 후하게 나누어 주었고, 헤트만의 청원도 들어주었다. 이런 식으로 모스크바 정부는 코자크 장교들에게 단단한 멍에를 덮어 씌웠다. 그러나 이 멍에는 달콤한 것이었으니, 코자크 장교단은 기꺼이 이를 받아쓰고 그 속에서 모스크바 정부가 지시하는 길을 발걸음도 가볍게 따라갔다. 장교단은 관급지소유계급으로 전환되었고 그전에는 주인이 없었거나 코자크 군단에 속한다고 여겨졌던 땅을 탈취했다. 그들은 농민들과 코자크들을 농노로 만들었으며 이런 종류의 일에 협력함으로써 모스크바 정부에 충실하게 봉사했다. 장교단에 의해 선출된 헤트만인 사모일로비치와 마제파도 똑같은 노선을 따랐다. 그들은 모스크바 권력에 순종하고 그 뜻을 이행하면서 장교단의 이익에 봉사했다. 그들은 코자크 군단 토지를 사유화하고 주민들을 농노화하는 이 같은 과정

에서 모스크바 권력에 협력했
다. 우크라이나에서 진행되는
이 새로운 사회적 과정이 일
체의 정치적 활동의 바탕을
파괴하고 정치적 활동의 일체
의 가능성을 박탈해 버리면서
얼마나 위험한 반목을 조성했
는지에 대해서는 판단하지 못
하거나 생각해 보지도 않으면
서 그렇게 했다. 헤트만 사모
일로비치와 마제파의 시대는
합쳐서 40년간 지속되었다.
이 기간은 1648~1649년의 위
대한 봉기에 의해 형성된 자
유로운 체제의 운명이 결정된
시기였다. 다시 말해 이 시기
는 불완전하게 형성된 이 자
유로운 체제가 무너진 폐허

그림 277 1월 6일(구력)의 성수(聖水) 축성식(라자
르 바라노비치의 필사본 미사책에서).

위에 우크라이나 주민들의 새로운 예속이 형성된 시기였고, 이 예속이 그
후 자유로운 정치 체제의 유산과 새싹을 모두 파괴해 버렸다.

이것은 위에서 말한 두 가지 길을 따라 진행되었다. 그것은 토지의 탈취
와 주민의 농노화였다.

1648~1649년의 대봉기로 지주들이 추방된 후, 드니프로 강 좌안 우크
라이나에서는 엄청난 면적의 주인 없는 땅이 생겼고 주민들은 자유토지점

유(свободная заимка)라는 방식으로 이러한 땅을 차지했다. 그들은 촌락과 농가를 건설하며 경작이 가능한 만큼의 땅을 차지했으며 완전히 새로운 경제적 관계와 규범을 만들어 냈다. 그러나 구식의 모든 영주 제도가 '코자크의 칼에 의해 파괴되었'던 것처럼 보였음에도, 옛 제도의 일부는 봉기 속에서도 살아남았다. 혁명의 첫 회오리바람이 지나자 이것들은 다시 생명력을 되찾아 자라나기 시작했으며, 아직 약하고 완전한 형태를 갖추지 못한 새로운 체제가 싹을 틔우지 못하게 방해했다. 정교 수도원과 교회의 영지가 그대로 남아 있어서 여기에서는 이전처럼 농장 운영이 이루어졌다. 일부 귀족들은 코자크 군단에 가입하고 차르 정부에 탄원해 자기 영지를 은전으로 인정받음으로써 영지를 계속 소유했다. 이들의 본을 따서 코자크 장교들도 영지에 대한 소유문서를 달라고 요청하여 이를 얻기 시작했다.

폴란드 귀족들이 물러난 후 그 자리를 이어 각 지역의 행정을 담당하게 된 코자크 장교들은 이미 언급한 것처럼 자신들은 사회적·경제적 관계에서도 폴란드 귀족의 자리를 잇도록 부름 받은 특권 계급이라고 생각하는 경향이 있었다.

코자크 장교 가문들은 귀족 문장(紋章)을 채택하고, 자신들의 혈통을 폴란드나 리투아니아의 여러 귀족 가문과 연결시키면서 가문의 계보를 찾아내거나 만들어 냈다. 새로운 사회적·경제적 관계를 규정하는 성문법전이 없었으므로, 이들은 도시 재판소, 코자크 재판소, 행정 실무에서 리투아니아 기본법과 독일의 마그데부르크 도시법 같은 과거의 법전들을 참조했는데, 바로 이들 법전에서 끌어낸 과거의 소유권 관념이 새로운 사회경제 관계에 스며들고 이 관계들을 키워냈으며, 새로운 체제의 가장 핵심적인 기반을 깔아주고, 새로운 체제가 옛 궤도를 따라 움직일 수 있도록 차츰차츰 이끌어주었다. 이러한 옛 법규를 근거로 해서 토지에 대한 코자크 장교들의 권리와 비코자크 농민 주민들에 대한 그들의 지배권 요구가 강화되었다.

코자크 장교들은 아무런 정식 절차를 밟지 않고 비어있는 무주(無主) 상태의 토지를 사유화했다는 점에서는 일반 코자크들이나 농민들이 그랬던 것과 다를 바 없었으나 다만 그들이 진행한 이러한 점유는 훨씬 더 큰 규모여서 자신의 직접노동으로는 경작을 감당할 수 없고 농민노동, 농노노동을 동원

그림 **278** 사모일로비치(옛 초상화).

할 것을 염두에 두고 이루어졌다. 코자크 장교들은 비어 있는 땅을 차지하는 것만으로는 부족하다고 여겼고, 그렇기 때문에 자유농민들이 거주하는 곳이자 그들이 자기네 경작지를 소유지처럼 여기면서 농사짓고 있던 곳인 정주민 촌락까지 소유할 수 있게 해 달라고 헤트만과 연대장뿐 아니라 차르 정부에까지 간청하여 이를 얻어내곤 하였다. 농민들은 갑자기 자신들과 토지가 '지주(판)'[96)]라고 자칭하는 코자크 장교들 손에 들어간 것을 알았다. 만일 이 지주(판)가 어떠한 공훈에 대한 대가로 차르 정부로부터 은전

---

96) '판(пан, pan)'은 원래 폴란드의 영주, 지주, 귀족을 가리켰고 이들에 대한 존칭으로도 쓰였다. 우크라이나 코자크 장교들은 역시 지주를 가리키는 러시아식 용어인 포메쉬취키가 아니라 폴란드식 용어인 판으로 자신들의 지위를 보여주려고 했다. 오랫동안 폴란드 지배 아래서 살아온 우크라이나 민중에게 이 단어가 잘 알려졌기 때문이다.

을 받으면 그들의 운명은 영구히 결정되고 말았다. 이러한 제도는 폴란드 지배 시기에 의회나 국왕의 은전 수여로 자유로운 촌락주민들이 토지와 함께 폴란드 귀족들의 소유물로 주어졌던 것과 유사했다. 이미 살펴본 것처럼, 1687년에는 그때까지 장교단이 헤트만에게 청원해서 받아낼 수 있었던 모든 재산에 대한 소유권이 포괄적으로 인정되었다. 이때 장교단은 앞으로 헤트만이나 최고위 장교단이 은전으로 수여하는 모든 땅과 장교들이 직접 구매하는 땅에 대한 권리도 차르 정부가 재가해줄 것을 요청했다. 그러나 모스크바 정부는 장교단이 장차 획득할 토지에 대해서는 이러한 포괄적 인정을 해주지 않고 이익 당사자가 개별적 사안별로 허가를 청해 이를 얻게 했다. 이는 곧 그들이 특별한 봉사를 제공해서 모스크바 정부의 환심을 얻어야 한다는 것을 의미했다.

차르 정부에 대한 큰 공을 내세울 수 없는 하급 장교들은 차르의 소유권 확인 없이 사실상의 소유로 만족할 수밖에 없었는데, 그들은 매입을 통해 토지 탈취를 확대하기도 했다. 즉 그들은 점유자의 곤궁한 처지를 이용하거나, 온갖 수단을 동원해 점유자를 압박하거나 심지어는 강제로 땅을

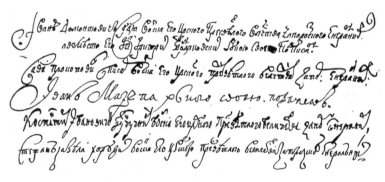

그림 279 1682년의 선서문에 부가된 군단본부 장교단의 서명(도몬토비치, 프로코포비치, 마제파 외).

팔게 하는 등의 수법으로 농민들과 코자크들로부터 공짜나 다름없는 가격으로 토지를 '매입'하여 소유권을 확보했다. 그래서 순전한 강탈을 '구매'라는 외형으로 덮어 가리는 경우가 비일비재했다. 코자크들은 원래 자신의 땅을 팔 권리가 없었기 때문에 그들은 미리 농민 신분으로 전환하기도 했는데 때로는 이러한 전환이 그들의 의사에 반해서 이루어졌다. 나중에 마제파 이후 주인 없는 땅이 더 없게 되자 장교단은 토지를 획득하는 데 이 방법을 특히 자주 썼다.

이러한 모든 방법을 쓴 덕분에 코자크 장교들은 엄청난 규모의 토지를 소유하게 되었다. 실로 옛 서사민요가 말하듯이 "가난한 비렁뱅이 코자크는 말에게 꼴 먹일 땅도 없게 되었다." 게다가 1660년대와 1670년대에는 거듭된 혼란과 전쟁으로 점점 더 많은 주민들이 드니프로 강 우안에서 헤트만령으로 쫓겨 왔다. 농사를 지을 빈 땅을 찾을 수 없었던 이 모든 인민들은 지주(판)의 영지에 정착하거나, 교회 영지, 장교들의 땅에 정착할 수밖에 없었다. 이 대가로 그들은 '지주'를 위해 갖가지 의무와 공납, 부역(賦役)을 감당해야 했다. 처음에는 이들을 소박하게 '솔거민(率居民, 피드수시드키)[97]'이라 불렀으나 그 후 통상적인 '예속민 집단(подданство)'이 대규모로 나타나게 되었다.

이미 헤트만 사모일로비치 시대에 코자크 장교들은 자신들의 땅에 거주하는 농민들의 예속민적 의무를 노골적으로 언급하기 시작했다. 새로운 이주민들이 졌던 이러한 의무는 원래 자기의 땅에 거주하던 옛 토지보유자들인데도 난데없는 무슨 '지주' −전체 영지의 구성원으로 포함되어 있는 코자크 장교− 가 코자크 군단 직책을 수행한 대가로 소유지 혹은 보

---

97) '피드수시드키(підсусідки)'는 자기 토지가 없이 다른 사람의 집에서 사는 농민들을 말한다.

그림 **280** 바실 보르코브스키. 마제파가 선출되기 전의 헤트만 대행.

유지를 얻게 됨에 따라 영문도 모르고 이 소유지 혹은 보유지의 소속이 되어버린 사람들에게도 옮겨 부과되기 시작했다. 이런 영지는 이른바 '등관직(等官職, ранговой)'이라고 불리는 무슨 직책과 관련된 영지였다. 의무를 이처럼 평준화시키기 위해 코자크 장교들은 흐멜니츠키 봉기 이전의 폴란드 지주들이 그러했듯이 농민들이 코자크가 되는 것을 막으려고 노력했다. 1648년 봉기 이후에는 스스로 원하고 스스로 비용을 부담해서 군대에서 복무할 능력이 있는 사람은 누구나 자유롭게 코자크에 가입할 수 있었다. 그러나 지금은 '등록(компут, реестр)'제도가 도입되어 이 등록명부에 기재되지 않은 사람은 코자크가 될 수 없었고, '일반 주민(посполита)', 곧 농민으로 남아있게 되었다. 이들 농민에게는 여러 공납과 세금이 부과되었고, 만약에 이들이 저항을 하면 코자크 장교들은 여러 가지 수단방법을 써서 이들 농민들이 자기네 소유지라고 여겨왔던 토지로부터 이들을 몰아내고 추방하고자 애썼으며, 그 자리에 '지주'가 정한 조건을 받아들이거나, 아니면 조건 없이 '다른 모든 사람들처럼' 순종할 신참 전입민을 받아들였다. 이런 방법으로 농민들은 점차 새로운 농노제의 굴레에 빠지게 되었다.

사모일로비치가 헤트만으로 통치하던 시대에 많은 주민들이 걷잡을 수 없는 기세로 우안에서 좌안으로 이주해왔고, 이후에는 강제적으로 다시 우안으로 이주당해 정착했는데, 바로 이 시기에 헤트만 정부는 농민들이 지주들에게 이른바 '정기적 의무'를 제공하도록 앞장서서 제도화하기 시작했다. 이 당시에는 이 '의무'가 아직 그렇게 힘들지 않았다. 농민들이 하는 일은 건초 만들기나 방앗간 옆의 제방 쌓기를 돕는다든가 하는 일 정도였다. 그러나 새로운 관급지 소유자(포메쉬취키)들은 일단 농민들을 장악하고, 우안으로 재이주하는 길을 가로막아버리고 나자 신속하게 새 제도를 도입했다. 이미 18세기 초 마제파가 공포한 포고문(1701년)에서는 부역이 합법적인 것으로 인정되어, 농민들은 일주일에 이틀 동안 부역을 제공해야 했다. 이 밖에도 관급지 소유자에게 귀리로 공물을 바쳐야 했다. 이것은 과거에 '솔거민'으로 불렸던 주민들이 아니라 자신의 땅에서 사는 일반 농민들에게 적용되었다.

아, 우리 슬픈지고, 이건 헤트만땅도 아니여.
지긋지긋한 부역이 힘들기 짝이 없어.
걸으면서 먹는데다, 앉아서 자야 하네.
부역하러 나갈 때는 빵을 가져 가지만,
부역에서 돌아올 땐 부스러기조차 없어,
굵다란 눈물줄기 펑펑펑 쏟아지네.

옛 노래는 이렇게 우리에게 옛 기억을 선해주고 있다.
이 새로운 지주제는 당연히 지주(판) 없이 자유로운 땅을 경작하던 시대를 아직도 생생히 기억하고 있던 농민들의 강렬한 적대감을 불러일으켰다. 그토록 교활하고 신속하게 모든 것을 차지할 수 있었던 코자크 장교들에 대한 쓰라린 원한이 농민들의 가슴에 일었다. 주민들은 특히 헤트만 마제파에 대해 심한 반감을 가졌는데, 그는 귀족이자 자기 별명인 '폴란드인'답게 우크라이나에 폴란드식 장원제도(панские порядки)를 도입하기로 결정한 바로 그 인물이라는 의심을 사고 있었다. 주민들은 코자크 장교단의 모든 조치와 행동도 큰 의심을 가지고 대했지만, 자신들의 눈앞에서 전개되는 사회적 변화과정 속에서 모스크바 정부의 조종하는 손은 보지 못했다. 오히려 그들은 이러한 모든 변화가 모스크바 정부의 의사에 반해서 일어나고 있다고 기꺼이 믿기까지 했다. 그들은 또한 우안의 코자크 집단 지도자들, 그중에서도 특히 팔리에게 호감을 가졌는데, 그는 마제파와 대비되어 자유를 사랑하고 자유로운 코자크들의 진정한 대표로 추앙받았다.

마제파와 장교단은 농민들의 이러한 정서의 중요성을 알지 못했거나, 이를 막을 능력이 없었다. 그들은 인민들의 불만과 불신을 알게 되자 코자크 부하들까지 믿지 못하게 되었다. 그래서 코자크 연대 이외에 온갖 어중이떠중이를 모아 '호위병(сердюк)' '수행(隨行)병사(компанієць)'라고 불리는 용병부대를 조직했을 뿐 아니라, 심지어 모스크바국 군대를 우크라이나에 주둔시켜 줄 것을 모스크바 정부에 요청하기까지 했다. 그러나 그들은 민중의 불만의 원인을 제거하기 위해 아무 일도 하지 않았고, 민중 및 일반 코자크들과 소원해진 그들의 관계는 더욱 악화되었다. 이것은 후일 그들이 그토록 오랫동안 그토록 얌전히 복종을 바쳤던 모스크바 정부와 대결해야 했을 때, 그들 스스로 뼈저리게 깨달을 수밖에 없었다.

93. 마제파의 통치

마제파의 헤트만 재직 초기는 사모일로비치의 헤트만 통치 시대의 연장인 것처럼 보였다. 모스크바 정부와 헤트만 '통수권자(регимент)'의 지원 아래 토지소유 장교계급이 형성되는 과정이 계속되었고, 장교계급은 헤트만과 마찬가지로 모스크바의 정책노선을 빈틈없이 정확히 따랐다. 당시 모스크바의 정치적 혼란은 여러 가지 예상하지 못한 상황을 불러올 우려가 있었다. 차르 표트르 지지파와 소피야 공주 지지파 사이에 권력 투쟁이 벌어지면서[98] 누가 최종 승자가 될지 예측하고, 누구를 지원해야 할지 입장을 정하기가 어려웠다. 그러나 마제파는 운 좋게도 이 어려운 상황을 잘 벗어나는 데 성공했다. 마제파의 후원자인 골리츠인 공은 역시 실패로 끝난 2차 크림 원정에 대한 책임을 지고 다음 해에 실각하였다. 그러나 2차 원정에 같이 참여한 마제파는 그와 함께 불행에 빠지는 일을 면했을 뿐 아니라, 골리츠인이 실각하던 당시 우연히 모스크바에 체류하던 중 표트르의 호의를 샀다. 그는 차르에게 탄원하여, 헤트만 선출 때 자기가 골리츠인에게 뇌물로 주었던 돈을 골리츠인에게서 압수한 재산에서 다 회수했고, 새로운 차르의 통치를 기회로 삼아 자신의 가족과 측근과 자기의 모든 지지자들을 위한 다양한 영지를 은전으로 다수 확보했으며 이 선물들을 장교들의 영혼 위에 봄비처럼 풍성하게 하사했다. 이렇게 해서 그는 장교들로 하여금 '위대한 군주에 대한' 돈독한 충성과 '봉사'를 바치게 했다.

---

98) 표트르 1세는 10대 후반인 1688~1689년 무렵부터 섭정인 이복 누이 소피야에게서 국정 운영권을 찾아오기 위해 권력투쟁을 전개하였다. 소피야는 권력기반인 소총수(스트렐츠이) 부대를 동원하여 권력방어를 위해 노력했으나 역부족이었다. 표트르 1세는 모친인 나탈리야 나르이쉬키나가 1694년 사망하고 공동 차르였던 이복형 이반 5세가 1696년에 사망한 후 단독통치자가 되었다.

이 모든 상황은 마제파의 입장을 아주 강화시켰다. 그뿐 아니라 마제파는 사모일로비치에게서 물려받은 막대한 재원과 온갖 종류의 코자크 군단 수입을 활용하여 대단히 정력적으로 교회 건축을 시작했고 종교적·교육적 목적을 위해 아낌없이 많은 돈을 희사했다. 그가 가톨릭을 받아들인 외국인이며 '폴란드인(랴흐)'이라는 적들의 비난을 일소하기라도 하려는 듯이, 마제파는 교회 건물을 중심으로 당시로서는 아주 거대한 규모의 건축물 축조에 착수했고, 가장 중요하고 가장 존중받는 우크라이나 수도원들과 교회들에 풍성하고 호화로운 건물과 성상화와 귀중한 집기들을 제공해 주었다. 여기에는 모든 곳에서 주민들 눈 앞에 자신의 신앙심과 우크라이나 인민성과 문화에 대한 자신의 헌신을 보여주고, 동시에 자신의 영예와 힘과 부를 과시하려는 목적도 있었다. 마제파에게서 이토록 아낌없는 희사를 받았던 이 우크라이나 교회들이 차르[99]의 명령에 의해 그를 저주하고 그에게서 등을 돌리며 마제파에 대한 모든 언급을 철저히 지우고 제거할 수밖에 없는 상황에 처했지만 심지어 그런 일을 겪고 난 후인 지금까지도 우크라이나 전체는 그 당시 우크라이나 민족 문화의 관념에 부합했던 모든 문물과 교회를 위해 바로 이 헤트만이 바쳤던 전대미문의 열성을 보여주는 다종다양한 기념물들로 가득 차 있다.

마제파는 동굴 대수도원을 증축했고, 지금도 보는 이들의 눈을 놀라게 하는 기념비적인 돌담을 축성해 수도원 주위에 둘렀으며, '성스러운 대문'과 '관리자의 대문'이라고 불리는, 상부가 작은 교회들로 장식된 아름다운 수도원 출입문을 만들었다.[100] 동굴 대수도원 교회의 제단 벽에 아주 최근

<hr>

99) 표트르 1세.
100) 키예프 동굴 대수도원의 출입문들 가운데 '성스러운 대문'은 정문이고, 이 출입문 위에 '삼위일체 출입문 교회'가 세워져 있다. '관리자의 대문'은 서쪽 출입문이고, 이 출입문 위에

<hr>

까지도 마제파의 초상이 보존되어 있었던 것도 다 이런 이유에서이다. 그는 푸스틴스코-미콜라이브스키 수도원에 위풍당당한 새 교회인 성 미콜라(니콜라이) 교회를 건축했다(그 후 이 건물은 1831년 수도원에서 몰수되어 군인 교회가 되었다). 형제단 교회인 구세주 현현(顯現)(보고야블레니예) 교회도 새로 재건했고 형제단 아카데미를 위한 새 건물도 지었다. 페레야슬라브에는 장엄한 예수 승천(보즈네세니예) 교회를 지었는데 이 교회에 대해서는 타라스 셰

그림 281 마제파(키예프 동굴 대수도원 제단의 초상화).

브첸코가 우크라이나의 파노라마적 광경을 그린 그의 유명한 시에서 묘사한 바 있다.

석양은 나무덤불에 황금색을 입히고
드니프로 강과 들판을 금빛으로 덮었네.
마제파의 대성당이 반짝이네, 하얀 빛으로,
보흐단 어르신[101]의 무덤이 가물거리네.

'모든 성인의 교회'가 세워져 있다.
101) 보흐단 흐멜니츠키를 말한다. 원래의 시에서 시인 셰브첸코는 보흐단 흐멜니츠키를 '아버

키예프 가는 길 옆 늘어진 버드나무들

새 형제의 옛 무덤[102]을 덮어주고 있네.

사초(莎草)들 사이에 트루바일로 강, 알타 강 한데 합쳐

오누이처럼 사이좋게 하나가 되네.

이 모든 것이 이렇게도 보기 좋은데

그러나 내 심장은 울음 울어, 바라볼 수 없네.[103]

마제파가 우크라이나 안팎에서 지은 모든 기념비적 건축물을 일일이 열거하자면 오래 걸릴 것이다. 예루살렘의 예수 무덤 교회에서는 지금까지도 중요한 종교 축일에 성찬보 대신에 아름답게 부조장식이 된 은쟁반(이탈리아에서 제작된 것으로 추정)이 쓰이는데, 여기에는 "루스(россійський)[104]의 헤트만, 은혜로운 귀인 이반 마제파 나으리의 헌물"이라고 쓰여 있다.

성직자들과 코자크 장교들, 그리고 말하자면 당시 우크라이나의 모든 인텔리겐치아는 의심할 바 없이 이토록 씀씀이 넉넉하고 대범한 헤트만을 열렬히 칭송했다. 후일의 파국만 없었어도 마제파는 우크라이나 인민의 기억 속에 우크라이나 정신생활과 문화생활의 불후의 후원자로 남았을 것이

지 보흐단'이라 부르고 있는데, 코자크들 사이에서는 어른이나 지도자들을 아버지라 부르는 일이 흔했다.

102) 페레야슬라브에서 키예프 방향으로 5킬로미터 떨어진 곳에는 길 바로 옆에 세 개의 높은 무덤이 있다.

103) 셰브첸코가 1847년 옥중에서 쓴 시 「꿈(나의 드높은 산들이여)」 중의 일부. 이 시에서 셰브첸코는 1845년 11~12월 페레야슬라브를 방문했던 일을 회상하며 우크라이나의 비극적 역사에 대해 생각하고 있다.

104) 여기서 '러시아의(Rossiiskii)'라는 말은 지금의 '우크라이나의'를 뜻하는 '루스의(Ruskii)'란 뜻으로 쓰인 것이다. 이는 용어를 혼동한 경우인데, 당시에는 크게 잘못된 것으로 받아들여지지 않았지만 오늘날에는 민감한 문제가 되었다. (원저자 주)

다. 이러한 기념물들은 헤트만의 힘과 위대성에 대한 경탄을 불러일으키면서 인민대중에게 강력한 인상을 남긴 것도 틀림없는 사실이다. 그러나 이러한 모든 공적도 헤트만에 대한 불만을 완화시키지는 못했다. 왜냐하면 주민들은 자신들에게 불만과 분노를 불러일으킨 사회적·경제적 현상을 초래한 장본인이 바로 헤트만이라고 생각했기 때문이었다. 이런 점에서 마제파는 별다른 통찰력을 보여주지 못했다. 앞에서 말한 대로 사모일로비치가 실각한 후 장교단에 항의해 코자크 군대 내에서 그리고 우크라이나 여러 지역에서 일어났던 반란과 봉기를 비롯해서 여러 가지 사건들이 일어났기 때문에 그가 끊임없이 주민들의 불만에 관심을 기울일 수밖에 없었음에도 그랬다. 마제파와 장교단은 공포 정책에 의존했다. 질서를 파괴하는 데 연루된 사람은 체포되어 태형에서 사형에 이르기까지 갖가지 가혹한 형태의 벌을 포함해 여러 중벌에 처해졌다. 그런 후에는 동시대인인 벨리치코[105]가 썼듯이 "세상이 조용해졌고 지역 주민들이 안전하게 거주할 수 있었다." 하긴, 장교단이 민중의 불만 원인에 대해 생각해보지 않았다고는 말할 수 없다. 그러나 사모일로비치의 헤트만 재직 시기인 1678년 군사적 경비를 충당하기 위해, 그중에서도 특히 적대적인 기분에 찬 농민들과 일반 코자크 병사들로부터 헤트만 자신과 장교들을 보호할 목적으로 고용한

---

105) 정식 이름은 사미일로 바실료비치 벨리치코(Самійло Васильович Величко, 1670~1728). 우크라이나의 코자크 연대기 저자이다. 키예프 모힐라 아카데미에서 수학했고 코자크 군단본부 장교로 복무하다가 1708년 마제파와 코추베이의 갈등 이후 은퇴해 교육과 문필 활동에 종사한 것으로 알려져 있다. 그의 주저인 『17세기 서남부 루스에서 일어난 일들의 연대기(*Летопись событий в Юго-Западной России в XVII в.*)』는 공문서, 다른 코자크 연대기, 『시놉시스』, 폴란드, 독일 저자들의 연대기, 역사서, 문학작품, 신학서들까지 광범하게 활용한 학문적 저작이다. 사료비판의 방법을 결여했기 때문에 때로는 부정확한 사실들을 수록하고 있기도 하다. 그는 폴란드에 대해 깊은 반감을 가진 루스 애국자로서 흐멜니츠키를 제2의 모세로 칭송하였으며, 코자크의 기원에 대해서는 하자르 기원설을 지지하였다.

용병들을 유지하기 위해 차르의 동의를 얻어 부과했던 특별세를 철폐한 것 이외에는 장교단은 이 같은 불만의 원인을 제거하기 위한 다른 방법을 내놓지 못했다. 주정 제조권과 보드카 판매권, 담배 판매권과 타르[106] 제조권 등이 민간에 임대되었다. 그러나 이 가운데 자유로운 주정 제조권은 개별가정에서 소비하는 데 필요한 경우에만 허용되었다(농민들은 집에서 필요한 경우에 일 년에 한 솥의 보드카[107]를 제조할 수 있었고, 코자크에게는 두 배가 허용되었으며, 맥주와 꿀은 제한 없이 만들 수 있었다). 그러나 이러한 '전매권' 할당은 민중의 큰 불만을 야기했다. 그래서 임차권 할당을 중지하고 새로운 수입원을 찾기로 결정되었다. 그러나 새 수입원을 찾지 못했고, 인두세 부과는 주민들을 더욱 격분케 할 것이 염려되어 도입하지 않기로 결정했으므로 결국 임차권 할당은 계속되었고 몇 가지 조세만 철폐되었다. 이렇게 된 이유는 헤트만도 장교들도 용병 없이는 자신들의 '안전한 거주'를 보장할 수가 없었기 때문이다.

헤트만과 장교들은 이 정도로 만족했지만 민중은 그렇지 못했다. 그러나 그렇다고 주민들이 용병과 모스크바 군대의 지원을 받는 체제에 대항하여 과감히 봉기를 일으킬 수도 없었다.

1692~1696년 페트릭 이바넨코(Петрик Іваненко)가 감행한 봉기 시도는 당시 우크라이나인들의 정서가 어떠했는지를 보여주는 흥미로운 징후이다. 페트릭은 코자크의 군단 사무실에서 근무하는 사무담당 장교였다. 그는 어떤 이유에서인지 1691년 자포로쟈에 피신할 수밖에 없게 되었는데, 그런 후 '새로운 지주(판)들'로부터 우크라이나 인민을 해방시키기 위해 마제파에 대항하는 투쟁에 나서야 한다고 자포로쟈 코자크들을 일으켜

106) 마차 바퀴용 윤활유 역할을 한다.
107) 우크라이나어로는 호릴카라고 한다.

세우려 했다. 자포로쟈 시치는 사모일로비치 집권기와 마찬가지로 마제파의 집권기에도 헤트만과 장교들의 지배에 대해서는 물론이고 새로운 체제를 뒷받침해주고 있던 모스크바 정부에 대해서도 적대감을 가지고 있었다. 자포로쟈 시치의 대장인 후삭(Гусак)은 마제파에게 보낸 편지에서 "지금 헤트만령에서 가난한 주민들은 폴란드 지배 때보다도 더 빈궁에 처해있습니다. 왜냐하면 누가 무엇이라도 필요하기만 하면 예속민을 불러 건초를 거두어들이고, 나무를 해오고, 불을 피우고, 마구간을 청소하는 일을 하라고 명하기 때문입니다"라고 불평했다(이것은 흐멜니츠키 봉기 이전에 폴란드 정부에 전했던 것과 똑같은 불평이다). 자포로쟈 코자크들의 기분을 잘 알고 있던 페트릭은 이들을 봉기에 나서게 선동할 수 있고 더욱이 크림 칸

그림 282 마제파가 예수의 관에 바친 공물.

의 지원도 받을 수 있다고 기대를 걸었다. 모스크바 정부는 헤트만 정부와 같이 크림 한국과 투르크에 대해 계속해서 군사적 적대 노선을 밟고 있었다. 크림 칸은 페트릭을 우크라이나의 헤트만으로 인정하고 우크라이나의 해방을 위한 지원을 약속했다. 이는 키예프 공국과 체르니히브 공국, 자포로쟈 군단 전체, 소러시아[108] 인민, 자유공동체 지역, 우안 지역을 모두 합쳐 별도의 국가로 만들기 위한 것이라고 했다. 크림 한국은 이 나라를 적으로부터 보호할 것이며 이를 위해 크림 타타르인들이 모스크바 영토를 공격하는 것을 코자크들이 막지 않을 것이라는 내용도 들어있었다.

페트릭은 자포로쟈 코자크들에게 "나는 일반 인민들과 가난하고 평범한 사람들 편에 섰다. 보호단 흐멜니츠키는 폴란드의 압제에서 소러시아 인민을 해방시켰다. 나는 새로운 압제, 곧 모스크바인들과 소러시아인 지주들로부터 그들을 해방시키고자 한다"라고 선언했다. 그는 모든 우크라이나 인민들이 그와 함께 봉기에 나설 것이라고 약속하며 다음과 같이 선언했다.

"자포로쟈 시치 대장님, 나는 나의 목을 당신께 맡깁니다. 만일 폴타바로부터 시작해서 전 우크라이나가 당신에게 복종하지 않으면 나를 조각내도 좋습니다. 6천 명의 병사만 있으면 우리는 나아갈 수 있습니다. 우리의 '굶주린 형제들'과 가난한 사람들이 우리를 도울 것이라고 당신은 믿지 않습니까? 호위병들이니 전매권자들(독점판매자들)이니 차르에게서 특권을 나누어받은 저 '공작'들이니 하는 자들은 이들에게 겨우 죽지 않을 만큼만

---

108) 여기서 소러시아, 소러시아인이라는 말이 나온다. 우크라이나 동부가 모스크바(모스크바국) 지배 아래 들어간 이후 모스크바 정부는 우크라이나 동부 지방을 말라야 로시야(소러시아)라고 칭했다. 이 이후 선언문, 외교문서 등에서도 이 용어가 쓰이게 되었다. 우크라이나인인 페트릭도 자신의 선언문에서 이 용어를 쓰고 있다.

먹을 것을 주었습니다. 당신이 시치에서 병사를 끌고 나온다는 소식을 인민들이 듣기만 한다면, 이들은 직접 나서서 저주받을 지주들을 처형할 것이고 우리는 이미 얻어진 승리를 향해 가기만 하면 될 것입니다. 헤트만은 자신의 영혼을 송두리째 바친 모스크바로 정신없이 도망 칠 것입니다. 여기 자포로쟈 코자크들에게는 오직 그의 그림자밖에 없습니다 ······ ."

페트릭에 대한 이러한 소식이 온 우크라이나에 돌자 헤트만과 장교단은 진짜로 불안해했다. 인민들은 다음과 같이 봉기에 열렬히 호응하여 이렇게 말했다. "페트릭이 자포로쟈 코자크들과 함께 진군해오면 우리들도 그에 호

그림 283 키예프 동굴 대수도원의 '성스러운 대문.

응해 일어나 장교들과 전매권자들을 처단하고 이전처럼 모두가 코자크가 될 것이며 지주들을 소탕할 것이다." 마제파는 크게 초조해졌으므로 모스크바국 군대를 보내 달라고 요청했다. 만일 그가 스스로 나서면 봉기가 바로 일이날 수도 있음을 염려했기 때문이나. 그러나 이러한 염려는 근거가 없는 것으로 드러났다. 자포로쟈 코자크들은 그들 자신도 마제파와 장교

단에 대해 똑같이 적대감을 가지고 있었지만 페트릭과 같이 우크라이나로 진군하고 싶은 마음은 별로 없었다. 게다가 크림 타타르인들의 동맹사가 된다는 생각은 그들에게는 혐오스러웠다. 1692년 여름 페트릭은 크림 칸의 지원을 받아 타타르 군과 함께 우크라이나로 진격했다. 그는 모스크바로부터 우크라이나를 해방시키기 위해 자포로쟈 코자크들도 반란에 동참하기를 촉구했다. 페트릭은 모스크바는 우크라이나 인민을 결국 예속시킬 계획을 가지고 있고 이를 위해 주민들을 장교단에게 예속시켰다고 보았다. 그 목적은 "우리 인민들이 이같이 어려운 예속상태에서 농투성이로 살면서 정신이 산만해져서, 모스크바가 군정사령관을 보내 우리를 영구히 노예로 만들려는 자신들의 계획을 실행하려고 할 때 우리 인민들이 저항을 할수 없게 만드는 것이다"라고 그는 주장했다. 그러나 자포로쟈 시치의 '형제단'은 페트릭의 봉기에 동참하지 않고 자원하는 병사들만 그에게 가는 것을 허용했는데, 적은 인원만이 자원자로 나섰다. 페트릭의 봉기 가담 호소는 국경 지역의 우크라이나 도시들에도 퍼졌으나 역시 별 효과가 없었다. 이미 헤트만 군대가 국경 지역에 배치되어 있었다. 게다가 헤트만 군대에 맞서러 오는 페트릭의 군사력이 보잘것없음을 본 주민들은 감히 봉기에 가담할 생각을 하지 못했다. 페트릭은 국경지대에서부터 후퇴할 수밖에 없었다. 봉기가 이렇게 시작부터 실패로 돌아간 후에는 봉기의 성공 가능성에 대한 인민들의 믿음이 더욱 약화되었다. 페트릭은 1693년과 1696년 다시 우크라이나를 봉기로 불러내려고 시도했으나 타타르 군만이 그를 따라나섰다. 그는 마지막 원정에서 마제파가 그의 목에 건 상금 천 루블을 노린 코자크에 의해 죽임을 당했다.

　이러한 사건을 겪은 후에도 민심은 호전되지 않았다. 가난하고 가진 것 없는, 불만에 찬 온갖 주민들은 계속해서 대규모로 자포로쟈 시치로 이주

그림 **284** 성 미콜라 교회. 마제파의 명으로 건립되었다.

했다. 헤트만은 자신의 용병인 '수행병사들'에게 감시를 잘 해서 사람들이
자포로쟈로 가는 것을 허용하지 말라고 명령했으나 효과가 없었다. 자포
로쟈 시치에서는 지주(판)들과 전매권자들을 제거하기 위해 시치 코자크들
이 원정에 나설 것이라는 위협이 계속 퍼졌다. 마제파는 차르에게 보낸 편
지에서 '자포로쟈 코자크들보다 우크라이나의 전체 일반 인민들이 훨씬 더

그림 285 페레야슬라브의 예수승천(보즈네세니예) 교회. 마제파의 명으로 건립되었다.

무서우며', 일반 인민들은 순전히 방종한 정신으로 가득 차 있고, 헤트만의 권력 아래 있기를 원치 않으며, 아무 때라도 자포로쟈로 이주할 준비가 되어 있다고 스스로 인정했다. 1702년 자포로쟈 코자크들이 시치의 새 대장 호르디옌코(Гордієнко)의 지도 아래 "새로운 주인을 찾겠다"고 위협했을 때 마제파가 이들에 맞서서 진압군대를 보내려 하자, 연대가 출병하면 우크라이나에 반란이 일어날 것을 염려한 연대장들이 이 원정을 반대했다.

실제로 주민들은 다른 방향으로도 떠나갔으니 곧 그들은 드니프로 강을 건너 팔리가 이끄는 코자크들에게로 간 것이다. 팔리는 1689년부터 "폴란드인들을 비스와 강 너머로 쫓아내고, 한 발자국도 우크라이나 땅에 들여놓지 못하게 할 것"이라고 위협하며 주변의 폴란드 귀족들에 대항하여 군사작전을 전개하기 시작했고, 실제로 지주들을 쫓아내면서 빠른 시간 안에 사방팔방으로 코자크의 영토를 크게 확장했다. 폴란드는 이 코자크 집단을 진압하기로 하고 1699년 투르크와의 전쟁이 끝나자 이들을 완전히 제거할 준비를 했다. 그러나 팔리와 다른 연대장들은 이에 굴복하지 않고 이 지역에서 가장 중요한 폴란 드 요새인 네미라(Nemira)와 빌 라 체르크바를 점령했고 본격 적으로 폴란드와의 일전을 준 비했다. 이렇게 되자 헤트만령 내의 제도에 불만을 가지고 있 던 많은 주민들이 우안으로 이 주해왔다. 팔리는 민중의 영웅 이 되었다. 마제파는 팔리가 헤 트만령 전체에 봉기를 일어나 게 할 수 있다고 보고, 그를 그 전의 페트릭보다 더 위험하게 생각했다. 헤트만은 모스크바

그림 286 마제파. 부토비치가 소장한 초상화.

에 이렇게 보고했다. "모든 주민들에게는 드니프로 강을 건너 이주한다는 오직 한 가지 생각밖에 없고, 이렇게 되면 큰 재앙이 벌어질 수 있습니다." 그는 더 나아가 이렇게 썼다. "코자크들도 일반 주민들도 저에 대해 불만 을 가지고 있습니다. 그들은 '우리는 결국 파멸할 것이다. 모스크바 사람 들이 우리를 집어 삼킬 것이다'라고 한 목소리로 외치고 있습니다."

94. 파열 직전

마세파는 민중의 불만, 이 "경솔하고 변덕스러운 주민들"이 마세파 사 기를 놓고 제기한 불만에 대해 현란한 문체로 모스크바 정부에 보고하면

서, 이러한 불만은 자기가 모스크바 정부에 바치는 충실한 봉사 때문에 생긴 것이라고 주장했다. 그는 모스크바를 위한 충성스러운 봉사 때문에 충직한 헤트만에게 덮친 불쾌한 상황을 대하면서 모스크바 정부가 그 자신의 봉사에 대해 감사의 마음을 갖게 할 생각으로 이런 편지를 썼음에 틀림없다. 그러나 이는 그리 현명하지 않은 전술이었다. 왜냐하면 과거의 관례를 생각해볼 때 우크라이나 자체 내에서 헤트만에 반대하는 움직임이 일어나면 모스크바 정부는 헤트만의 온갖 충성스러운 봉사를 대개 망각했으며, 헤트만을 보호하려고 하지 않았기 때문이다. 그러나 추정컨대 마제파는 우크라이나의 상황이 그리 절망적이지는 않다고 판단해서, 모스크바의 지원과 자기 수행병사(용병)들의 도움이 있으면 민심에 신경 쓰지 않고 자신의 통치를 계속해 갈 수 있으리라고 생각했던 것 같다. 그런데 실제로 모스크바 정부에 대한 그의 충성스러운 봉사는 코자크 집단과 우크라이나 전체 인민에게 감당할 수 없는 부담을 안겨 주었다. 그리고 이로 말미암아 인민들에게서는 당대 사람들이 말한 것처럼 "위대한 군주에 대한 모든 믿음이 사라지고", 모스크바 정부에 대한 일체의 신뢰와 호의도 사라졌다. 또한 앞에서 언급한 평판에서도 알 수 있듯이 모스크바 사람들의 충직한 하인 노릇을 하는 헤트만에 대해서도 울분과 인민의 분노가 솟아올랐다.

차르 표트르의 새로운 모스크바 정부는 1695년 투르크 및 크림 타타르 한국과의 전쟁을 재개했다. 전쟁이 지속된 4년 동안 코자크 군단은 매년 차르가 지시한 대로 투르크의 도시나 크림 타타르인들을 공격하러 나서야 했으며, 이와 동시에 우크라이나 땅은 이 전쟁 때문에 타타르인들의 공격을 받아 크게 고통을 겪어야 했다. 그러나 이것은 그 후에 일어난 일에 비하면 아무것도 아니었다. 나중에는 더욱 심각한 일이 벌어졌다. 투르크와의 전쟁을 끝낸 차르 표트르는 모스크바국이 발트 해로 나가는 진출로를

열기 위해 폴란드와 연합하여 스
웨덴과의 전쟁을 시작했다. 1700
년부터 다시 코자크 군단은 매년
아무 보상도 없이 자신들이 비용
을 들여 먼 북쪽 지방으로의 원
정에 나서야 했다. 그곳에서 많
은 코자크 병사들이 혹독한 날씨
와 가혹한 운명 때문에 죽었고,
살아남은 병사들은 옷도 제대로
못 걸치고 맨발로 귀환해야 했
다. 설상가상으로 그들은 코자크
부대를 담당하는 모스크바국 군
대 장교들의 온갖 조롱과 학대에

그림 **287** 마제파의 초상(스웨덴 왕립 그린스
홀름 미술관 소장).

시달려야 했다. 모스크바국 군대 장교들은 그들을 욕하고 때리고, 불구로
만들고, 자신들이 원하는 대로 그들을 학대했다. 코자크들은 전투에 나서
는 것 말고도 요새 건설을 위해서도 끊임없이 여러 가지 중노동에 동원되
었다. 1706~1707년에는 스웨덴이 우크라이나를 침공할 것에 대비하여 차
르 표트르가 키예프의 페체르스크에 지은 새로운 요새[109]의 축성 노동에도
엄청난 수의 코자크 병사가 동원되었다. 코자크들은 자신들을 극도로 거
칠고 혹독하게 다루는 모스크바국 군대 감독관들의 감시를 받으며 여름,

---

109) 페체르스크는 키예프 동굴 대수도원이 자리 잡고 있는 지역이다. 동굴 대수도원은 방어를
위해 12세기 말부터 석벽을 구축하였다. 그러나 이 벽은 유목민족의 공격을 받아 파괴되었
다. 키예프를 포함한 우크라이나 동부 지역이 러시아의 지배 아래 들어간 후, 러시아의 차
르 표트르 1세는 동굴 수대도원의 방벽 재건을 명령했고, 이에 따라 이른바 구(舊)동굴 요
새가 건립되었다.

그림 **288** 마제파를 위해 준비되었던 공작 문장.

겨울. 계절을 가리지 않고 노동에 시달려야 했다. 그뿐 아니라 모스크바국의 각종 군부대들은 우크라이나 땅을 수시로 가로질러 이동했고, 주민들에게 극도로 심한 부담을 지우고 온갖 보급 용품들을 징발했으며 일반 주민들뿐만 아니라 코자크 장교들도 무례하게 대했다. 이렇게 되자 사방에서 코자크들과 전 민중의 '눈물과 탄식'이 터져 나왔고, 심지어 모스크바의 지배에 대해 가장 순종적인 사람들조차 이런 식으로는 더 이상 견딜 수 없다고 단언하기 시작했다.

코자크 군단의 서기이며 마제파가 신뢰하는 부하인 필립 오를릭[110]은 훗날 작성한 편지에서 이 시기의 어려움에 대해 다음과 같이 썼다. "페체르스크 요새의 건설 작업이 시작되자, 신병들과 온갖 우두머리들이 우크라이나의 여러 도시를 통과해와서 군단 본부로 모여들었다. 요새 건설 작업을 감독하는 관리자들이 코자크들의 머리를 몽둥이로 때리고, 검으로 귀를 자르며, 온갖 모욕적인 방법으로 학대한다고 연대장들과 장교들이 헤트만을 찾아와 불평하며 하소연했다. 건초 모으기와 추수를 멈추고 집을 떠난 코자크들은 더위와 고통을 견디며 차르 폐하를 위한 봉사를 바쳤다. 대러

---

110) 필립 오를릭(Филипп Степанович Орлик, 1672~1742). 우크라이나 코자크 지도자. 마제파의 측근이었으며 마제파가 죽은 후 우크라이나 우안 벤데리(Бендери, 현재 몰도바에 속함)에서 헤트만으로 선포되었다.

시아인[111]들은 이들의 집을 찾아가 약탈하고 고래고래 욕하고 방화를 하며 부인과 딸들을 겁탈하고, 말과 가축을 끌고 가고, 돈 될 만한 것을 다 가져갔으며 코자크 장교들을 죽도록 매질했다." 상당히 영향력 있고 마제파에게 직언할 만한 용기를 지닌 연대장들이었던 미르호로드 연대의 아포스톨(Апостол)과 프릴루키 연대의 호롤렌코(Гороленко)는 마제파에게 이렇게 말했다. '주민들 모두가 당신에게 희망을 걸고 당신의 만수무강을 신께 기원하고 있습니다. 우리는 너무나 심한 노예 상태에 있어 누군가 우리를 흔적도 없이 없애버릴 수도 있을 정도입니다(й кури нас загребуть)……'[112] 프릴루키의 연대장이 이에 덧붙였다. '만일 당신이 헤트만으로 재직하면서 우리를 노예 상태에 남겨둔다면 우리가 항상 흐멜니츠키의 영혼을 위해 신께 기도하듯이 우리와 자손들은 대대손손 당신의 혼과 뼈를 저주할 것입니다.'"

의심할 바 없이 마제파 자신도 이 모든 일들을 크게 걱정했다. 그러나 이외에도 그에게 여러 염려스러운 위기사태가 발생했다. 지금까지 그는 모스크바에 전적으로 의존해왔었다. 그런데 1705년 말 모스크바와 스웨덴 사이의 전쟁은 모스크바에 크게 불리하게 전개되기 시작했다. 말할 수 없이 용감하고 진취적인 스웨덴 국왕 카를 12세[113]는 이 시기에 전쟁에 참여

---

111) 러시아인들은 우크라이나인, 벨라루스인(백러시아인)과 구분하여 대러시아인이라 불렸다. 오를릭은 당시의 어법에 따라 모스크바인이라는 용어가 아니라 대러시아인이라는 용어를 쓰고 있다.

112) 직역하면 "닭들조차 우리를 파묻을 수 있을 정도입니다"이다. "닭이 파묻을 정도이다"는 어떤 존재나 세력이 무력하게 되는 상황을 말한다. 티끌처럼 너무나 심하게 산산조각이 나서 닭이 땅을 발로 쓸면 그 발아래 휩쓸려 사라질 정도라는 뜻이다.

113) 카를 12세(Karl XII, 1682~1718), 스웨덴 국왕(재위: 1697~1718). 대북방전쟁(1700~1721) 때 18년 동안 전쟁을 수행했고 중요한 국내개혁을 추진한 절대군주로 러시아 침공(1707~1709)을 단행했지만 패배했다. 이로써 스웨덴은 강대국의 지위를 상실했다. 카를은 대북방전쟁에서 마제파와 연합했다가 함께 러시아 차르 표트르 1세에게 패배했다.

한 또다른 적수인 덴마크 국왕과 폴란드 국왕을 격파했다. 폴란드 국왕 아우구스트 2세[114] 지지자들을 격파한 카를 12세는 1706년 자기가 미는 사람을 새로운 왕으로 선출하고 아우구스트 2세를 폴란드 국왕 자리에서 강제로 퇴위시켰다. 그리하여 표트르는 불패의 용사라는 명예로운 칭호를 가진 무서운 대적을 혼자 상대해야 했다.

스웨덴 군이 언제라도 우크라이나 땅에 들어오리라고 예상할 수밖에 없었으나 우크라이나가 모스크바로부터 도움을 받을 수 있다는 희망은 크지 않았다. 마제파가 점증하는 스웨덴의 위협에 대해 표트르에게 이야기했을 때, 차르는 모스크바의 군사적 지원은 기대하지 말라고 단호하게 경고했다. 표트르는 스스로를 방어하는 데도 정신이 없으므로 마제파에게 모스크바 군대의 지원을 약속할 수 없다는 것이었다. 온 힘을 다한다 할지라도 마제파 스스로 카를 12세를 상대하는 것은 생각조차 할 수 없는 일이었다. 모스크바가 보호하지 않는 우크라이나에 스웨덴 군이 들어온다면 그 즉시 봉기가 일어날 것이 분명했다. 모스크바의 압제에 격분해 있던 주민들이 스웨덴 편에 가담할 가능성이 컸고 그렇게 되면 코자크 장교들의 처지가 어려워지게 될 터였다.

스웨덴과는 흐멜니츠키와 비호브스키 시대에 맺어진 옛 조약에 대한 기억으로 함께 연결되어 있고 이들 조약에서는 스웨덴의 보호로써 우크라이나의 자유와 독립을 보장한다는 약속이 이루어졌었음을 기억할 필요가 있다. 이들 조약은 여러 희망을 안겨주었었고 아직까지도 완전히 소멸되거나

114) 작센왕가 출신의 폴란드 국왕. 러시아 차르 표트르 1세는 그를 지지했으나 스웨덴 국왕 카를 12세는 그를 축출하고 대신 스타니스와프 레슈친스키를 폴란드 국왕으로 앉히고자 했다. 아우구스트 2세는 1706년 카를 12세에 의해 축출되었고 레슈친스키가 스타니스와프 1세로 즉위했다. 그러나 카를 12세가 폴타바 전투에서 패하자 레슈친스키가 물러나고 아우구스트 2세가 다시 국왕으로 복귀했다.

파기되지는 않은 상태였다. 다만 그 당시 스웨덴 군이 폴란드와의 전쟁에서 이탈함으로써 조약이 이행되지 않았을 뿐이었다. 이제 스웨덴 군이 우크라이나로 다시 진격하게 되자, 코자크 장교단은 조상들이 완수하지 못한 과제를 끝까지 마무리해야 할 의무가 그들에게 주어졌다고 느꼈다. 이 과제란 스웨덴의 도움으로 지난 몇 년간 우크라이나의 삶에 그토록 고통스럽고 무자비한 압제를 가한 모스크바의 지배에서 벗어나 우크라이나를 해방시키고자 시도하는 일이었다.

다른 한편으로 마제파는 모스크바의 자비가 그다지 믿을 만한 것이 아님을 확신할 기회가 여러 번 있었다. 쉴 틈 없이 바쁜 차르의 머릿속에서는 늘 새롭고 또 새로운 프로젝트들이 떠올랐고, 이 가운데서 우크라이나의 운명을 좌우하는 여러 구상들이 맞춤형으로 떠오르는 일도 대단히 잦았다. 그는 한번은 코자크 군단을 없애고 우크라이나에 징병제를 도입할 생각을 했다. 또는 자신이 필요한 사람을 (대공으로 만들어주기) 위해 우크라이나를 공국으로 만들어 볼까 하는 생각도 했다. (예를 들어 영국의 말보로 공작을 위한 계획이 그러한 것인데 차르는 말보로 공작을 통해 자신의 계획에 영국을 끌어들이려고 했다.) 심지어 표트르는 마제파가 코자크 헤트만 지위를 잃는 것에 대한 보상으로 제국 공작 타이틀을 줄까 해서 이를 독일 황제에게 요청하기도 했다. 마제파를 위해 황제의 증서와 문장(紋章)도 이미 만들어

그림 **289** 마제파의 군단 인장.

졌다. (삽화 288 참조) 표트르를 가까이 접해서 잘 아는 마제파는 차르가 우크라이나와 관련해서 뭔가 적합한 맞춤형 구상을 실제로 찾아내면 헤트만의 공헌을 아쉬워하지도 않고, 이미 입증된 헤트만의 충성에도 미련을 두지 않고 이를 실행에 옮길 것임을 잘 알고 있었다. 마제파는 표트르만을 믿을 수는 없었고, 자신을 위한 계획을 세워야 했다.

여러 예민한 문제에 한 가지 문제가 더해졌는데, 그것은 바로 우안 우크라이나 문제였다. 폴란드와의 투쟁을 염두에 둔 우안 지역의 연대장들은 헤트만령의 지원을 확보하기 위해 헤트만령과 통합하려고 노력하고 있었다. 1688년부터 팔리와 다른 연대장들은 마제파에게 자신들의 부대를 그의 '통수권' 휘하로 받아들여 줄 것을 여러 번 요청했다. 마제파도 기꺼이 드니프로 강 우안 유역을 자신의 통치 아래 두고 싶었으나, 차르는 이에 반대했다. 왜냐하면 차르는 폴란드 국왕과 동맹 관계에 있어서, 폴란드가 자신들의 땅이라고 생각하는 지역을 자기 보호 아래 둘 수가 없었기 때문이다. 이때 우안 지역 코자크 집단에게는 큰 위협이 생겨났다. 1703년 폴란드 군 전군 사령관 시에냐프스키(Sieniawski)가 브라츨라브 군정사령관구와 포딜랴 군정사령관구 영토에 있는 남부 코자크 연대들을 공격했다. 이곳은 코자크 군사력이 비교적 약한 지역이어서 시에냐프스키는 이 지역의 연대장들을 격파하고 현지의 봉기를 무자비하게 진압하여 피바다를 만들었다. 그는 군사력이 보다 강했던 팔리의 부대는 감히 공격하지 못했다. 그러나 팔리는 이 일이 있은 후 자신도 안전하지 못하다고 여기고 마제파에게 자신을 그의 보호 아래 받아달라고 한층 더 열성적으로 요청했다. 그러나 차르는 이에 동의하고자 하지 않았을 뿐만 아니라, 오히려 자신의 군사력으로 팔리를 제압하겠다고 폴란드인들에게 약속했다. 그러자 마제파는 우안 우크라이나를 포기하지 않기로 하고, 차르의 의사에 상관없이 직접 행동하기로 결심했다.

1704년 여름 표트르는 마제파에게 우안 지역으로 가서 스웨덴파에게 동조적인 권문귀족들을 제압하라고 명령했다. 마제파는 이 기회를 이용하여 우안 우크라이나를 손에 넣기로 했다. 그러나 코자크 집단 사이에서 신망이 높은 팔리가 자신의 강력한 경쟁자가 될 수 있음을 두려워한 마제파는 전혀 예상치 못한 방향으로 사태를 몰고 갔다. 그는 팔리를 자기에게 오라고 초청한 후 체포하게 했고, 자신의 조카인 오멜첸코(Омельченко)를 빌라 체르크바에 연대장으로 보내 팔리의 자리를 차지하도록 했다. 팔리 휘하의 코자크 부대는 대부분 마제파 군단에 와 있었다. 빌라 체르크바에 남아 있던 코자크들은 스스로를 방어하기로 했으나 새로운 내란이 일어나는 것을 원치 않은 빌라 체르크바 소시민들은 도시를 스스로 내주었고, 오멜첸코가 이 파스티브 지역을 통제하게 되었다. 마제파는 표트르에게 팔리가 스웨덴파와 내통하고 있었다고 뒤집어 씌웠다. 이것은 전혀 근거가 없었으나 그럼에도 팔리는 시베리아 유형에 처해졌다. 팔리가 당한 이 파국적 사태는 주민들에게 깊은 인상을 주었다. 이 이야기는 민요에 담겨 불리면서 민중들 사이에 대단히 널리 퍼졌으며 민중은 팔리를 오래 기억하면서 그에 대한 여러 가지 민담과 설화를 만들어 냈다.

헤트만 마제파가 편지를 쓴다,
팔리에게 보내는 편지를 쓴다.
"여보게, 세멘, 친애하는 팔리,
이리 오시게나, 나의 잔치에 오시게나."
얼씨, 세멘, 우리 팔리가
앞마당에 들어오자

대장 마제파는 그를 맞아

꿀 넣은 포도주를 따라준다.

얼싸, 세멘, 우리 팔리는

꿀 넣은 포도주를 마셨다.

그리고 칠흑빛 자기 말의

갈기 위로 고개 숙였다.

에고고, 대장 마제파가 크게 외쳐

자기 부하들에게 명했다.

"붙잡아라, 세멘 팔리를 붙잡아서

그의 손을 묶어라."

이렇게 해서 마제파는 우안 우크라이나를 통합했다. 그가 그토록 과감하게 차르의 뜻을 정면으로 거슬러 행동했던 것은 이번이 처음이었다. 그러나 당분간은 이것이 큰 문제를 일으키지는 않았다. 마제파는 폴란드에서 스웨덴 동조파가 여전히 상당한 세력을 가지고 있는 한 우안 지역을 폴란드인들 수중에 넘겨주어서는 안 된다며 자신의 행동을 합리화했고, 차르는 이 설명을 받아들였다. 마제파의 통수 아래서 우안 지역 코자크 집단의 세력도 성장해 갔다. 그러나 결국 1707년 차르는 우안 지역을 폴란드인들에게 넘겨주도록 마제파에게 명령했다. 마제파는 이 명령에 따르지 않고 여러 핑계를 대며 우안 지역을 계속 자신의 손 안에 넣어두고 있었다. 그는 우안 지역을 소중히 생각했고 어쨌거나 이 지역을 헤트만령에 통합하기 위해 계속 지켜나갈 수 있으리라 기대했기 때문이다.

95. 스웨덴과의 동맹

마제파의 배신을 비난하는 여러 증거들 가운데 하나로 코추베이[115)는 자기가 작성한 고발장에 마제파가 직접 지었다는 노래를 옮겨 적어 놓고 있다. 코추베이는 헤트만 마제파의 측근이었으므로 마제파가 직접 이 노래를 만들었다는 그의 말을 믿을 수 있다.

모두가 열렬히 평화를 원하지만

그들은 함께 행동하지 않누나

누구는 오른쪽으로, 또 누구는 왼쪽으로 가누나.

이들 모두가 형제다. 놀라운 일인지고!

사랑도 없고, 화합도 없도다

모두가 조브티 보디에서 출발했지만

반목 때문에 모두가 멸망했나니.

스스로에 의해 정복당했나니!

오호라, 형제들이여, 이제 알아야 하오.

우리 모두가 통치자가 될 순 없음을,

우리 모두가 모든 것을 알 순 없고,

말로써 통치할 순 없음을.

배를 한번 살펴보오

---

115) 바실 레온티요비치 코추베이(Василь Леонтійович Кочубей, 1640~1708). 우크라이나 최상층 코자크의 한 사람. 마제파의 최측근이자 심복이었으나, 연로한 마제파가 자기 젊은 딸 모트랴와 애정관계에 빠지자 격분하여 마제파에게서 등을 돌리고 러시아 정부에 그를 반역자로 고발했다.

많은 사람이 머릴 쓰되

오직 키를 잡은 자만이

배 전체를 통제하오.

가엾은 작은 벌도 어미 벌이 있고,

어미를 따르오

오 신이여, 우크라이나에 자비를 베푸소서

우크라이나의 아들들은 단합하지 않습니다!

어떤 이는 가난하게 살지만

이렇게 외치오. "오타만들이여 가십시다.

가서 모국을 구합시다.

모국이 망하도록 버려두지 마십시다."

다른 이는 푼돈을 받고 폴란드인에게 봉사하오.

그러나 그자도 우크라이나 이야길 이렇게 하오.

"나의 어머니여, 늙으신 모친이여!

당신은 왜 이렇게 기운이 없나요?

그들은 당신을 베고 죽이네요.

투르크인들에게 드니프로 강까지 넘겼네요.

이 모든 건 계략이지요, 당신을 약하게 만들고

끝내 모든 힘을 빼앗으려는."

또 다른 어떤 이는 모스크바에 조공 바치고

충성스럽게 봉사하오.

그 자는 어머니에 대해 한탄하고

어머니의 불행을 저주하오.

"그리 비참하게 사느니

태어나지 않는 게 차라리 나았겠소!

도처에서 싸움이 일어,

불과 칼로 파괴가 벌어지네요.

누구에게서도 넉넉한 마음 찾을 수 없고

친절함에 대한 얘기조차 들을 수 없네요.

그 자들은 우리를 농사꾼이라 부르며

복종을 강요하네요."

....

여보시오 장군님네,

당신들은 왜 이리도 나태하시오?

당신들 연대장님네는

열성적 정책이 하나도 없소.

모두 함께 손을 잡읍시다.

우리의 어머니 나라가

이젠 고통당하지 않게

어서 물리칩시다. 적들을 물리칩시다!

직접 만든 당신들의 그 총을 장전하고

검의 양날을 벼리십시다.

신앙을 위해 목숨 바치고

자유를 위해 싸우십시다.

영광은 영원할 것이오.

우리에겐 칼을 들 권리가 있소.

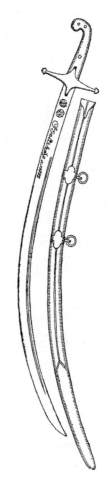

그림 290 마제파의 검. 체르니 히브 박물관 소장(그의 이름이 새겨져 있다. 1665년 제작).

이 노래는 마제파의 정책을 설명하는 데 어느 정도 도움을 줄 수 있다.

그는 충직한 장교단의 지지에 바탕을 둔 강력한 헤트만 권력을 만들고 싶어했다. 또한 우크라이나 공중과 인민들 앞에 헤트만 개인의 권위를 드높이고, 백인백색격인 코자크 민주주의를 헤트만 한 사람으로 구현되는 일치단결된 군주정으로 바꾸기를 원했다. 마제파는 20년 동안 이 목표를 이루기 위해 노력했다. 그러나 결정적 순간이 왔을 때, 연로한 마제파는 이 '노래'에 나온 것처럼 용감하게 공개적으로 행동에 나서서 우크라이나를 봉기로 불러일으켜 세우지 못했다. 그는 계속 기다렸고 마지막 순간까지 심사숙고를 계속했다. 성패 불확실성은 매우 큰 것이 사실이었고, 그가 감내해야 할 위험은 엄청난 것이었다.

카를 12세의 군사적 성공을 긴장된 눈초리로 추적하면서 마제파는 이미 꽤 오래전부터 양다리를 걸치기 시작했다. 모스크바의 충실한 하인이라는 노선을 계속 유지하면서, 다른 한편으로는 자기 지인들을 통해 스웨덴 지지파와도 관계를 유지하였다. 이들을 통해 1707년 그는 카를 12세가 밀어서 새로운 폴란드 왕이 된 스타니스와프 레슈친스키[116]와 협상을 시작했다. 이 협상의 자세한 내용은 지금까지도 전혀 알려져 있지 않다. 마제파

---

116) 스타니스와프 레슈친스키(Stanisław Leszczynski, 1677~1766). 폴란드 국왕. 리투아니아 대공(재위: 1704~1709, 1733~1736). 폴란드 대귀족 가문에서 태어난 스타니스와프는 스웨덴 국왕 카를 12세가 폴란드를 침공하여 스웨덴에 적대적이었던 국왕 아우구스트 2세를 축출한 후 그의 후임 국왕으로 선택한 인물이었다. 그는 즉위 후 친스웨덴 일변도의 노선을 걸었다. 마제파가 카를 12세와 동맹을 맺는 데 중재자 역할을 한 사람도 그였다. 그러나 카를 12세가 대북방전쟁에서 패하자 그의 권력기반도 무너졌고 그는 폐위되어 작은 영지에서 은둔생활을 했다. 그리고 아우구스트 2세가 왕위를 되찾았다. 스타니스와프의 딸이 프랑스 국왕 루이 15세와 결혼해 왕비가 되었는데, 아우구스트 2세가 사망하자 루이 15세가 장인인 스타니스와프를 다시 폴란드 국왕으로 만들고자 노력했고 결국 그는 1733년 두 번째로 국왕에 선출되었다. 그러나 러시아는 이에 반대하고 대신 작센 선제후인 아우구스트 3세를 밀었다. 이로써 러시아와 프랑스가 군사적으로 대결하게 되었고, 스타니스와프는 1736년 또 다시 왕위를 잃게 되었다.

는 극도의 보안 속에 협상을 진행시켜서 그의 가까운 측근이나 그가 신임하는 부하들에게도 협상 진행 사실을 알리지 않았다. 이들 중 몇 명은 마제파에게 카를 12세와 협상할 것을 아주 강경하게 건의하기도 했었음에도 불구하고, 그들은 이미 오래전부터 협상이 진행 중인 것을 모르고 있었다. 그러나 다른 무엇보다 바로 이런 극도의 보안이야말로 마제파의 계획에 치명적인 악영향을 미치게 되었다. 마제파는 이 일에서 어떤 식으로든 자신을 드러내는 것을 마지막 순간까지 극도로 두려워했고, 자신이 직접 나서지 않아도 문제가 저절로 해결되기를 기다렸다. 이러한 과잉된 조심성으로 인해 마제파는 크게 도움이 될 수 있었을 기회를 스스로 파괴했다. 그는 자신이 모스크바에 종속되지 않았다는 것을 인민들에게

그림 291 마제파의 반두라. 체르니히브 박물관 소장(그의 문장이 새겨져 있다).

무슨 수로도 알리지 못한 것이다. 마제파는 계속해서 차르가 명령하는 곳이면 어느 곳이든 코자크 부대를 보냈다. 1707년에 바로 우크라이나 접경인 돈 강 유역에서 불라빈[117]의 지도 아래 돈 카자크들의 봉기가 발발하여 모스

---

117) 콘드라티 아파나시예비치 불라빈(Кондратий Афанасьевич Булавин, 1660 무렵–1708), 러시아의 카자크 지도자이자 카자크–농민 반란의 지도자. 농노였던 불라빈은 지주의 억압

크바에 크게 위험한 상황이 벌어졌을 때, 자신은 모스크바에 대항해서 봉기를 일으킬 준비를 하고 있으면서도, 마제파는 돈 카자크들을 돕기는커녕 모스크바를 도와 자기 부하 코자크들을 보내 이들의 봉기를 제압하게 했다.

사실, 이런 행동 덕분에 마제파는 마지막 순간까지도 모스크바에 자신의 계획이 발각되지 않게 할 수 있었고, 차르는 만사에서 그를 계속 신뢰했다. 1708년 봄 코자크 재판관인 코추베이는 마제파와 자기 딸의 애정행각을 발견하고 격노하여 친척인 연대장 이스크라(Іскра)를 통해 차르에게 고발장을 제출함으로써 마제파가 스웨덴 지지파와 내통하고 있다는 사실을 폭로하였다. 그러나 차르는 이 고발을 믿지 않고 코추베이, 이스크라, 두 사람을 군법회의에 회부했고 군법회의는 이들에게 사형을 선고했다. 그러나 이러한 모든 일이 마제파의 계획에 별다른 도움을 주지 않았다. 마제파는 한때 브루호베츠키가 그랬던 것처럼, 우크라이나 인민들은 모스크바 지배에 이미 너무나도 반감이 컸으므로 어떤 경우든 봉기를 호소하기만 하면 바로 가담할 것이라고 믿었음이 분명하다. 그러나 봉기가 일어날 충분한 토양을 만들지 않음으로써 마제파는 봉기를 위한 모든 기회를 자기 손으로 파괴하고 말았음이 드러났다.

1708년 가을 카를 12세는 우크라이나와 모스크바국의 접경지대인 리투아니아 땅에서 군사 행동에 몰두해 있었다. 바로 이때 그는 스웨덴 군의

을 피해 변경지대로 도주하였으며, 차르 표트르 1세 치세인 1707년 돈 강 유역에서 카자크들, 농민들을 규합하여 농노제에 저항하는 봉기를 일으켰다. 표트르 1세는 군대를 파견하여 봉기 세력을 진압하였고 봉기세력의 분열로 고전하던 불라빈은 1708년 7월 총에 맞아 사망한 모습으로 발견되었다. 일설에 의하면 배신자들이 포위해 오는 것을 고민하던 그가 자살로 삶을 마쳤다고 한다. 그의 사후에도 그의 동조자들에 대한 진압은 계속되었고 수백 명이 교수형에 처해졌다.

추후 계획에 대해, 모스크바국 영토로 진격할 것인지 우크라이나로 진격할 것인지를 결정하기 위해 고심하고 있었다. 만일 카를 12세가 모스크바 국경을 넘어 진격해 들어가면 마제파는 계속되는 전쟁에서 관찰자의 입장을 계속 지킬 수 있었을 것이고, 어느 쪽이 우위에 서는지를 보고 나서, 누구를 지원할지를 침착하게 결정할 수 있었을 것이다. 이를 감안하면 마제파가 직접 카를 12세군을 우크라이나로 끌어 들였다는 이야기는 신빙성이 떨어진다고 볼 수밖에 없다. 왜냐하면 이것은 마제파의 계획과 오히려 상충되기 때문이다. 도대체 마제파와 카를 국왕 본인 사이에 직접 협상이 있었는지 여부조차 지금까지 전혀 알려진 것이 없다. 우리가 알기로는 카를 12세는 모스크바국 영토인 스몰렌스크로 진격하려 했다가 뒤이어, 겨울에 황량한 모스크바국 땅에서는 군대의 식량을 전혀 조달할 수 없으리라는 것을 염려하게 되었고, 그래서 9월에 방향을 틀어 우크라이나 땅, 스타로두브로 진격했다.

이 소식을 들었을 때 마제파는 완전히 무방비 상태에 있었다. 왜냐하면 그는 바로 이 직전에 차르의 명령에 따라 코자크 부대를 우크라이나에서 리투아니아(벨라루스) 지역으로 파견했고, 폴란드에 대항하기 위해 드니프로 강 우안으로도 부대를 파견했기 때문이다. 정작 우크라이나 중앙에는 우크라이나 인민들의 흉흉한 분위기를 염려한 마제파의 청원에 따라 표트르가 모스크바국 군대를 파견해 놓고 있었다. 이제 스웨덴 군의 진격 소식을 듣고 차르는 모스크바 군 선발부대를 파견해 스타로두브를 스웨덴 군으로부터 탈환하게 했고, 마제파에게는 휘하 코자크 군단을 그쪽으로 증파해 모스크바국 군대를 지원하라고 명령했다. 이렇게 한 후 차르 자신이 우크라이나로 출정하여 마제파가 직접 나타날 것을 명령했다. 이쪽인지 저쪽인지 선택해야 할 결정적인 순간이 다가온 것이다. 정확히 말하자면 이 순간 마제파는 아직 모스크바에 대항해 일어날 형편이 아니었다. 그러나 마제파와 코자크 장교들에게 우크라이나를 해방시킬 수 있는 기회를 놓치지 말아야 한다는 열망이 타올랐다. 이 생각이 그들의 머릿속에 워낙 강하게 자리 잡고 있어서, 그들은 모든 상황이 자신들의 계획에 유리하지 않게 되었다는 것을 이미 깨닫지 못했다. 그들은 스웨덴 진영으로 편을 바꿈으로써 자신들이 성공할 확률을 높일 수 있다고 생각했다. 코자크 장교들은 날마다 마제파를 찾아와서, 카를에게 사절을 보내고 앞으로 함께 모스크바에 대항하는 문제에 대해 협상하라고 촉구했다. 마제파는 마침내 이들 전체의 건의를 받아들여 카를과 협상에 들어가기로 했다. 오를릭의 말에 따르면 마제파는 카를에게 데스나 강 너머까지 진출해 마제파군과 합류해 달라고 요청했다. 그리고 10월 하순 마제파는 바투린(Батурин)[118]의 헤트만 소재지를 잘 관리하라고 자기 경비병들에게 단단히 부탁한 다음 장교들과 함께, 아직 남아 있던 코자크 수비대를 이끌고 자기가 직접 스웨덴 군 진영으로 향했다. 스웨덴 군 진영은 이때 마침 데스나 강변에 설치되어 있었다. 당시 두 진영 사이의 협상이 어떤 내용으로 진행되었는지에 대해서는 정확한 정보가 전혀 없지만, 이후의 문헌을 볼 때 마제파와 코자크 장교단이 스웨덴 국왕과 동맹을 맺으며 얻고자 한 것이 무엇인지 알 수 있다.

"자포로쟈 군단과 소러시아의 인민을 포함해 드니프로 강 양안(兩岸)의 우크라이나는 어떤 외국의 지배도 받지 않고 영구히 독립국이 된다." 스웨덴과 다른 동맹국들은 "해방이나 후원이라는 목적을 구실로 해서건, 기타 다른 어떤 이유를 구실로 해서건 우크라이나와 자포로쟈 군단에게 자신들

118) 우크라이나 북부 체르니히브 오블라스트에 위치한 고도로 대북방전쟁 동안 헤트만 마제파의 관저 및 집무청 소재지이기도 했다.

의 지배권 혹은 어떤 형태의 상급권을 내세워서는 안 되며, 어떠한 수입과 세금도 거둘 수 없다. 동맹국들은 무력이나 조약을 통해 모스크바로부터 탈환될 우크라이나 요새들을 점령하거나 자국 주둔군을 두어 이를 차지할 수 없다. 동맹국들은 통합된 우크라이나를 보존해야 하며 다른 어떤 세력이라도 우크라이나를 예속시키는 것을 허락하지 않아야 한다. 우크라이나가 자신의 권리와 특권을 어떠한 손실도 없이 영구히 자유롭게 향유하게 하기 위해 우크라이나의 국경의 통합성, 자유와 법률, 권리와 특권의 불가침성을 신성하게 보호해야 한다."

이런 문구가 그 당시 마제파와 그의 동지들의 염원과 열망을 특징적으로 보여준다고 할 수 있다. 그러나 이들은 곧 자신들이 판단에서 실수를 했다는 것을 깨달을 수밖에 없었다.

96. 마제파의 패배

마제파는 극도의 보안 속에 자기 정책을 추진했기 때문에 심지어 그가 카를 12세에게 갈 때 함께 데리고 갔던 코자크 병사들도 그의 계획을 몰랐고, 행군을 시작한 다음 도중에야 비로소 이를 알았다. 표트르는 우크라이나 주민들보다 먼저 마제파와 카를의 동맹에 대해 알았다. 그는 마제파가 미처 우크라이나 주민들에게 스웨덴과의 동맹 사실을 알릴 틈을 가지기도 전에 이미 우크라이나에 강력한 압박을 가하여 우크라이나를 아예 꼼짝도 하지 못하게 했다. 모스크바국 군대는 바투린을 즉시 포위한 다음 어느 내부자의 배신을 이용히여 이를 점령했고, 마제파의 보급품과 귀중품을 압류했다. 모든 대포와 군수품도 압류되었고 주민들에게는 아주 가혹한 징벌을 가했다. 주민들을 학살하고, 도시를 철저하게 파괴하고, 행정책임자급 인사들을 참혹하게 고문했다. 다른 도시에서도 마제파와 스웨덴인들에게 동조하는 것으로 의심되는 사람들은 역시 무자비한 형벌에 처했다. 그러나 전반적으로 코자크 장교들에 대해서는 이후에 모스크바에 대한 이들의 충성을 확보하기 위해 자비를 베풀라는 명을 내렸다. 주민들에게는 차르의 칙서가 배포되었다. 여기에서 차르는 마제파가 우크라이나를 폴란드에 넘기고 우크라이나에 통합교회를 도입하고 정교를 근절하기 위해 스웨덴과 동맹을 맺었다고 단정했다. 차르는 또한 마제파가 신에 대한 배신자이고 비밀스런 가톨릭 신자이며, 우크라이나 인민의 적으로서 부당한 중세로 인민들을 괴롭혔다고 규정했다. 차르는 더 나아가 모스크바 정부가 주민들에게 가능한 한 모든 특혜와 자비를 베풀 것이라고 약속했다. 이와 함께 코자크 장교들은 마제파 대신에 새로운 헤트만을 선출하기 위해 흘루히브로 모이라는 초청을 받았다.

　마제파와 스웨덴 국왕도 이에 맞서서 우크라이나 주민들에게 선전문을 돌려, 모두 그들 편으로 오라고 촉구했다. 여기에서 그들은 스웨덴 왕은 어떤 나쁜 의도도 가지고 있지 않으며 우크라이나를 "모스크바의 폭정으로부터 보호"하고 이전의 권리와 특권들을 우크라이나에 회복시켜 주기를 원하지만, 모스크바는 우크라이나를 예속시키고자 애쓸 것이며, 지금 방도를 취하지 않으면 우크라이나는 파멸할 수밖에 없을 것이라고 단언했다.

　만일 우크라이나 인민과 코자크 장교단이 선택의 가능성을 가지고 있었다면 누구를 선택했을 것인지, 차르의 선전문과 마제파의 선전문 중 어느 쪽을 따랐을 것인지 말하기 어렵다. 우리가 알기로는, 사람들은 모스크바와 대러시아인들에 대해 많은 불만을 가지고 있었던 것이 사실이지만, 그들은 마제파를 좋아했던 것도 아니었다. 주민들은 마제파를 믿지 않았고,

지금까지 그를 모스크바의 충실한 도구로 보았다. 그러나 당시 상황에서는 선택을 할 여지가 없었다. 모스크바국 군대가 우크라이나의 가장 중심부에 들어와서 모든 마제파 추종자들에게 가혹한 형벌을 내리고, 스웨덴과 마제파에게 조금이라도 동조적인 움직임을 보이면 엄벌에 처하겠다고 위협하고 있었다. 코자크 주력부대는 모스크바국 군대와 같이 있었고, 마제파에게는 고작 4천 명 정도의 병력만 남아있었다. 우크라이나는 모스크바에 대항해서 한 발자국이라도 움직일 엄두를 낼 수 없었다.

코자크 장교단은 고분고분하게 흘루히브로 모여 들었다. 이곳에서는 장교단 면전에서 여러 의식절차를 곁들여 마제파를 헤트만직에서 파면하고, 그의 인형에 대한 교수형을 진행했으며 모든 사람이 그를 저주했다. 다음으로 새로운 헤트만의 선출이 진행되었는데, 차르가 원하는 대로 순종적이고 나약한 스타로두브[119] 연대장 이반 스코로파드스키(Іван Скоропадський)가 새 헤트만으로 선출되었다. 성직자 집단도 순순히, 우크라이나의 교회를 위해 다른 어느 전임 헤트만보다도 더 많은 일을 한 헤트만 마제파에 대한 교회적 파문을 선언했다. 우크라이나 코자크 장교들은 자신에 대한 의구의 눈초리를 서둘러 벗어버리기 위해 차르에 대한 충성 선언을 바쳤다. 또한 이런 알맞은 기회를 이용하여 모스크바에 충성하는 신하들에게 은사 영지 형태로 쏟아져 내린 풍성한 하사품 중 무엇 하나라도 차지하기 위해 노력했다. 이러한 은사 영지 중에는 새로운 것도 있었고 마제파 추종자들로부터 몰수한 재산도 있었다. 심지어 마제파와 함께 스웨덴 국왕에게 협상하러 갔던 고위 장교들 중에서도 되돌아오기를 원하는 사람이 여러 명 있었다. 루브니 연대장인 아포스톨, 군단 본부 기수인 슐리마(Сулима), 갈라간

---

119) 스타로두브는 흐멜니츠키의 봉기 때 스타로두브 코자크 연대의 중심지가 되었고, 그 후 상당기간 자치를 누렸다.

(Галаган)과 다른 장교들이 회군했다. 마제파 자신도 동요하기 시작해 차르와 교신을 했으나, 결국 표트르의 말을 믿지 않기로 결정했다. 게다가 스웨덴 군은 방심하지 않고 마제파를 감시했다.

마제파의 구상은 실패로 돌아갔음이 분명했으나 그는 여전히 상황이 자신에게 유리하게 전개될 것이라는 희망을 가지고 스스로를 기만했다. 그래서 카를 12세에게 우크라이나에서 겨울을 나도록 설득했고 이로써 동맹자인 스웨덴 국왕을 더욱 무력하게 만들었다. 우크라이나에서의 겨울 숙영은 마침내 스웨덴 군을 혼란스럽게 했고, 그들의 사기를 떨어뜨렸다. 마제파가 거둔 유일한 성과는 자포로쟈 시치 코자크들을 스웨덴 편으로 끌어들인 것이다. 자포로쟈 시치는 이미 앞에서 살펴 본대로, 전에는 마제파를 모스크바와 장교단의 하수인으로 보고 그에 대해 매우 적대적이었다. 당시 자포로쟈 시치 대장으로 시치에 대한 통수권을 가지고 있던 코스치 호르디옌코는 홀로브카(Головка)[120]라는 별명도 가지고 있었는데, 그는 1701년부터 모스크바와 장교들의 통치권에 반대하여 마제파에게 아주 강경하게 반발하고 나섰다. 그러나 이제 마제파가 스웨덴 측으로 넘어가자 호르디옌코는 그의 동맹자가 되었다. 그러나 호르디옌코가 자포로쟈의 동료 코자크들을 설득하여 자신과 같이 행동하도록 하는 데는 몇 달이 걸렸다. 자포로쟈의 코자크 장교들은 마제파와 스코로파드스키 사이에서 한참 동안 거취를 결정하지 못하다가 1709년 초가 되어서야 결정적으로 스웨덴 편으로 기울었고, 자신들의 사절을 마제파에게 보냈다. 3월에는 대장인 호르디옌코가 자포로쟈 군단을 이끌고 자기가 직접 스웨덴 진영으로 와서 카를 12세에게 라틴어로 인사를 했다. 스웨덴 군은 군기가 잘 잡

---

120) 소(小) 두목, 곧 작은 집단의 우두머리를 뜻한다.

혀 있고, 풍부한 전투 경력을 가진 자포로쟈 코자크들이 합류한 것에 크게 기뻐했으나, 결과적으로 이러한 지원도 그들에게 큰 도움이 되지 못했고, 자포로쟈 코자크들에게는 더 불리하게 작용했다. 자포로쟈 코자크들과의 관계를 더욱 확실하게 하기 위해 카를 12세는 우크라이

그림 292 마제파의 초상화(벨리치코 연대기에 수록).

나 내륙으로 더욱 깊숙이 들어왔다. 그러나 폴타바에서 길이 봉쇄되어 항복하지 않는 이 도시를 뚫고 자포로쟈 시치로 갈 도리가 없었다. 이 사이 모스크바국 군대가 자포로쟈 시치로 파견되었는데, 이들은 시치 코자크 출신으로 마제파 부대를 이탈하여 이제는 손발이 닳도록 차르에게 충성을 바치고 있던 갈라간의 도움으로 시치를 점령했다. 그는 자포로쟈 시치에 이르는 모든 오솔길과 샛길들을 알고 있었고 모스크바 군대를 이 길들을 통해 안내했다. 자포로쟈 코자크들은 갈라간과 모스크바국 군장교들의 말을 믿고 항복했다. 그러나 모스크바국 군대는 자신들의 약속을 지키지 않고, 봉기에 가담했다는 이유로 그들을 무자비하게 살해했다. "머리를 베고, 단두대에서 목을 자르고, 교수형에 처하고, 온갖 포악한 방법으로 죽였다. 이미 죽은 동료들(코자크)뿐 아니라 수도사들까지 포함해서 많은 시신들을 무덤에서 끌어내어 머리를 베고, 살을 벗기고, 교수대에 매달았다." 여기서 살아남은 자포로쟈 코자크들은 드니프로 강어귀에서 멀지

않은 타타르 영토 알레쉬코(Алешко)[121]로 이동하였는데 그들은 이곳에 새 '진영(киш)'을 차린 후, 여기에서 19년을 보냈다.

자포로쟈 시치가 이렇게 와해된 것은 5월이었는데 그로부터 한 달 뒤, 스웨덴 군도 폴타바 교외에서 마찬가지로 큰 패배를 당했다 스웨덴 군의 패잔병들은 드니프로 강을 건너 투르크 영토로 도망쳤다. 그러나 모스크바국 군대는 이들을 추격했다. 카를 12세와 마제파는 병사, 코자크들로 구성된 소규모 병력과 함께 드니프로 강을 건너는 데 가까스로 성공했다. 나머지 병사들은 드니프로 강까지 추격해온 모스크바국 군대에 항복할 수밖에 없었다. 마제파 진영에 있던 우크라이나 장교들은 대부분 폴타바 전투 직후 표트르에게 복종을 맹세했다. 그래도 몇 명의 장교들은 마제파를 따랐다. 군단본부 서기 필립 오를릭과 마제파의 조카 안드리 보이나로브스키(Андрій Войнаровський), 프릴루키의 연대장 드미트로 호를렌코(Дмитро Горленко), 군단 포병장교 이반 로미코브스키(Іван Ломиковський), 군단본부 일등대위 헤르칙(Гр. Герцик), 군단본부 기수 페도르 미로비치(Федор Мирович)와 다른 장교들이 그들이었다.

이들은 카를 12세 및 마제파와 함께 초원지대를 횡단하여 티아기니아(오늘날의 벤데리)으로 도주하였으며, 투르크 영토인 그곳에서 몇 년을 보냈다. 카를 12세는 투르크가 모스크바와 전쟁에 나서도록 설득했고, 결국은 뜻을 달성했다. 그러나 마제파는 이것을 보지 못하고 죽었다. 그는 기진맥진하고, 불안에 지치고 자신의 생존에 대한 두려움에 휩싸여 있다가 (표트르는 마제파를 잡으려고 쉴 새 없이 애를 썼고, 투르크 총리대신에게는 그를 넘겨

---

121) 혹은 올레쉬키(Олешки). 우크라이나 헤르손 오블라스트에 속한 도시로 츄루핀스크(Цюрупинск)의 옛 명칭이다. 이곳에 1711~1734년까지 알레쉬코 시치가 존재했다.

주면 30만 탈레르[122])를 주겠다고 약속했다) 병이 들었고, 1709년 8월 22일 사망했다. 마제파의 유해는 도나우 강가의 갈라츠 수도원에 안장되었다.

97. 오를릭의 여러 가지 시도

마제파 편에 남았던 장교들과 코자크들, 호르디옌코 휘하의 자포로쟈 시치 코자크들은 그럼에도 스웨덴과 투르크의 지원을 받아 모스크바의 지배에서 벗어나 우크라이나를 해방시키겠다는 희망을 포기하지 않았다. 이 계획은 이들의 필생의 과제가 되었다. 오랜 담판 끝에 이들은 마제파의 뒤를 이어 오를릭을 새 헤트만으로 선출했다(1710년 4월). 이 과정에서 헤트만 통치에 대한 흥미로운 규정집[123]이 만들어졌다. 이들의 정부가 한 번도 계획대로 구성되지 못하는 바람에 이 규정집은 실현에 옮겨지지 않았지만, 그럼에도 자신의 운명을 우크라이나 해방과 하나로 묶었던 사람들의 견해와 염원을 표현한 문건으로서 이 규정집은 매우 흥미롭다. 규정집에는 우크라이나의 삶을 크게 발전시켰을 만한 새로운 내용이 많이 담겨 있다. 여기에는 분명한 대의(代議)제도의 시초가 담겨 있다. 규정집은 근년에 헤트만들이 "전제적인 통치권을 확보하고, '내가 원하므로 나는 명령한다(sic volo sic iubeo)'라는 구호 아래 전제적 권한을 합법화했다"라고 지적했다. 앞으로는 이런 일이 발생하지 않도록 이 헌법적 성격의 헌장은 다음과 같

---

122) taler=thaler, 은화.
123) 이른바 "오를릭의 헌법"이라 불리는 문헌으로 마제파와 함께 벤데리로 망명했던 코자크 고위장교들의 정치적 견해를 담고 있다. 민주적인 성격의 정치적 구상을 담고 있는 문헌으로 유명하다.

그림 **293** 마제파(**18**세기 말의 판화).

은 규정을 두었다. "전체 평의회"는 가장 중요한 문제들을 결정하기 위해 일 년에 세 번, 즉 크리스마스, 부활절, 성모제(Покров)[124]에 헤트만 집무지에서 정기적으로 소집된다. 이 전체 평의회에는 군단본부 장교, 연대장, 연대 장교들 전원, 중대장, 연대에서 선발된 '군단본부 자문관들', 자포로쟈 시치의 대표들이 참석해야 한다. 만일 헤트만의 통치나 행위 중에 인민의 복지에 위배되는 사항이 있으면 장교단과 자문관들은 헤트만에게 '비판할' 권리를 가지며, 헤트만은 이에 대해 그들에게 화를 내며 항의하거나 이를 근거로 하여 그들을 처벌할 수가 없다. 이 전체 평의회의 동의 없이는 헤트만은 단지 지체하기 어려운 다급한 업무만을 처리할 수 있고, 이 경우에도 본부 장교단과 협의를 해야 한다. 헤트만은 어떠한 비밀 협상이나 교신도 할 수 없다. 그는 군단본부 재정기금을 자의적으로 사용할 수 없고, 재원 운용을 위해 군단본부 재무관을 선출해야 한다. 헤트만은 '헤트만의 공적 업무 비용과 개인 비용'으로 미리 지정된 항목에 대해서만 재정을 집행할 수 있다. 헤트만은 코자크 군단 구성원들과 일반 주민을 학정으로부터 보호해야 하며, 이들이 살

124) 구력으로 10월 1일.

던 마을을 버리고 타향에서 좀 더 편안한 삶의 조건을 찾기 위해 '다른 땅으로(у прочка)' 떠나게 만드는 과도한 부담을 이들에게 부과하는 일이 없도록 할 의무를 졌다. 장교단과 "군단본부 실무자들, 민간 실무자들"은 코자크들은 물론 자기에게 속하지 않는 일반 농민들을 자신들의 영농을 위한 노동에 동원할 수 없고, 토지를 뺏거나 토지를 판매하도록 강제하지 못하며, 어떤 범법 행위를 했건 이 때문에 범죄자의 재산을 빼앗아서는 안 되었다. 또한 그들의 죗값을 노동으로 갚게 해서도 안 되었다.

이 모든 규정은 훌륭했지만, 이 규정집은 실현되지는 못했다. 규정을 만든 사람들도 우크라이나에 돌아오지 못했기 때문에 이 새로운 체제를 도입하지는 못했다.

사실, 한동안은 희망도 있었고, 그 희망의 실현이 가까워진 것처럼 보였

그림 294 바투린에 있는 마제파 저택의 폐허(옛 그림).

던 순간도 있었다. 스웨덴 국왕은 우크라이나에 고유의 특권을 회복시켜줄 때까지는 모스크바와 상화를 맺지 않는다고 약속했다. 크림 한국의 칸도 자포로쟈 코자크들에게 같은 약속을 했다. 모스크바국의 힘이 강대해지는 것을 두려워한 투르크는 1710년 가을 스웨덴과 동맹을 맺고 모스크바와의 관계를 단절했으며, 다음 해 봄부터 군사 행동을 시작했다. 1711년 봄 오를릭은 자신의 코자크 병사들과 타타르 군대, 그리고 스웨덴에 동조하는 폴란드 지주들의 부대와 함께 우크라이나의 드니프로 우안 지역으로 진군해서, 1704년부터 모스크바 정부의 권력을 인정해 오고 있던 우안 지역 연대들을 공격했다. 현지 주민들은 그에게 항복했다. 우만, 보구슬라브, 코르순이 항복했고, 오를릭은 드니프로 좌안 지역에서 파견된 군단본부 일등대위 부토비치(Бутович)를 격파했다. 그러나 오를릭이 빌라 체르크바로 진격했을 때 이곳에서 그를 기다린 것은 실패였고 그는 많은 병사를 잃었다. 이때 타타르 군인들은 농촌 지역을 약탈하기 시작했고, 주민들도 호의적인 태도를 보이지 않게 되었다. 이렇게 되자 오를릭은 후퇴할 수밖에 없었다.

　1711년 여름 표트르는 군대를 이동시켜 투르크를 공격했다. 몰다비아군의 지원약속을 믿고 그는 경솔하게 프루트 강 지역으로 진입했다. 스웨덴 군이 우크라이나에서 그랬던 것과 꼭 같은 일이었다. 여기에서 그는 투르크 군에게 포위되어 절망적인 상황에 빠지게 되었다. 오를릭은 이제 차르에게 우크라이나에 대한 자신의 요구를 강요할 수 있을 것이라고, 표트르는 우크라이나에 대한 모든 권리를 포기할 수밖에 없을 것이라고 기대했다. 그러나 차르의 돈이 모든 것을 해결했다. 투르크의 총리대신은 돈으로 매수되어 몇 가지 아주 가벼운 조건을 내걸고 표트르와 그의 부대를 놓아주도록 명령했다. 그런데 우크라이나에 대해서는 조약에서 너무나 애매한 표현으로 언급되어 모든 당사자가 이를 자기 식으로 해석하는 것이 가능했다. 오를릭은 이 조약을 근거로 삼아 모스크바가 드니프로 강 양안 지역 모두에 걸쳐 우크라이나에 대한 권리를 포기해야 한다고 주장했으나 차르의 전권사절들은 모스크바가 그런 의무를 져야 한다는 내용은 없다고 주장했다. 투르크 정부는 오를릭의 해석을 편들어 모스크바가 우크라이나를 떠나지 않은 것을 문제로 삼았고, 다시 선전포고를 했다. 그러나 이번에도 모스크바의 돈이 모든 것을 바꾸었다. 전년도의 조약이 다시 인정되었지만, 우크라이나에 대한 조항은 명료하게 표현되었으니, 곧 차르는 키예프를 제외한 우안 우크라이나와 자포로쟈 시치에 대한 권리는 포기하되, 좌안 우크라이나는 모스크바의 상급권 아래 계속 남게 되었다. 이 조약으로 차르는 10만 금화 루블을 투르크에 지불해야 했다. 그러나 그 대신, 이 다음에는 오를릭이 아무리 투르크 정부를 졸라 이 정부가 코자크들에게 약속한 대로 모스크바로부터 좌안 우크라이나를 빼앗아 내려고 애를 썼어도 모두 헛일이 되었다. 게다가 우안 지역의 상황도 순조롭게 전개되지 못했다. 폴란드가 과거의 조약을 내세워 우안 지역에 대한 권리를 다시 주장하고 나섰기 때문이다.

차르가 우안 우크라이나에서 군대를 철수하지 않는 바람에 몇 년간 사태가 해결되지 못한 채 질질 끌었다. 표트르 1세는 애초에 우안 지역 주민들을 좌안 지역으로 이주시키도록 명령하였으므로 1711년 가을에 이런 내용이 공표되었고 그 후 4년 동안 모스크바 군 사령부는 드니프로 강 너머로 주민들을 쫓아 보냈다. 1714년 말에 가서야 모스크바 군대가 빌라 체르크바를 내놓고 드니프로 강 좌안 지역으로 이동했다. 오를릭은 1712년 봄 자포로쟈 코자크들과 함께 우안 지역을 무력으로 상악하려고 했다. 그러나 그의 군사력은 이를 달성하기에 너무 약했다. 시에냐프스키 사령관의 지휘 아래 우안 우크라이나를 점령하기 위해 파견된 폴란드 군대는 오를릭의 부대를 힘들이지 않고 몰아냈다. 모스크바와 투르크가 1713년에 전면적 강화조약을 맺자 카를 12세는 투르크를 떠나야 했다. 오를릭도 그와 함께 투르크를 떠나 얼마 남지 않은 동지들과 함께 도망을 계속해야 했다. 나머지 사람들은 우크라이나로 돌아왔다. 자포로쟈 코자크들도 시치로 귀환할 수 있게 허락해 달라고 청원하였다. 그러나 투르크와의 합의를 감안하여 모스크바 정부는 개별적인 소부대의 귀환만을 받아들였고 시치 부대 전체를 받아들이는 것은 허용하지 않았다(1712). 한참 후 투르크와 다시 한 번 전쟁을 하기로 결정하고 난 다음인 1733년에야 모스크바 정부는 자포로쟈 시치의 귀환과 재건을 허가했다. 오를릭과 호르디엔코는 자포로쟈 코자크들의 귀환을 막아보려고 노력했으나 허사였다. 오를릭은 여러 해 동안 내내 기회가 있을 때마다 모스크바에 함께 대항할 새로운 동맹자들을 찾아 그들에게 우크라이나 문제에 대한 관심을 불러일으켜 보려고 시도했으나 이 또한 성과 없이 끝났다.

제5부

코자크 집단과 우크라이나
독자 생활이 쇠락하다

98. 헤트만 통치권의 제한

마제파와 스웨덴 국왕[1]의 동맹은 우크라이나의 독자적 생활에 엄청난 영향을 미쳤다. 이 일은 모스크바 정부, 곧 차르인 표트르와 그의 측근들에게 우크라이나 자치를 종식시키는 일에 더욱 적극적으로 착수할 수 있는 구실을 제공해주었다. 앞에서 본 바와 같이 모스크바 정부는 처음부터 이러한 방향으로 나아가고 있었다. 처음에는 우크라이나를 헤트만과 코자크 장교단의 전적인 관리권 아래 맡겨 두었으나, 그 후 헤트만 권력과 우크라이나 자치를 점점 더 심하게 제한했다. 헤트만 자리에 변화가 있거나, 우크라이나 독자 생활에 어려운 고비가 생길 때마다 모스크바 정부는 어김없이 그러한 기회를 이용해 이 목표를 추진했다. 이때마다 '보흐단 흐멜니츠키 협약조항들[2]'을 확인한다는 선언이 나왔고 우크라이나는 모스크바국에

---

1) 카를 12세를 말한다.
2) 보흐단 흐멜니츠키 협약조항들은 1654년 1월 18일 흐멜니츠키가 모스크바국의 차르 알렉세이 미하일로비치에게 충성을 맹세하고 차르의 종주권을 인정한 페레야슬라브 협약을 지칭한

그림 295 마제파 교회(1706년 마제파를 찬양하여 미후라 부주교가 제작한 판화에서).

합병되던 당시의 상태에 머물러 있는 것처럼 보였다. 그러나 실제로는 모스크바 정부에 대한 우크라이나의 관계는 보흐단 흐멜니츠키 시대와는 점점 더 다른 것이 되어 갔다. 사실, 모스크바 정부는 브루호베츠키 재임 시기에 일어난 민중 봉기 이후 모스크바식 조세와 행정 제도를 우크라이나에 바로 도입하려는 의도를 거두어들였다(이 계획의 실행을 유예했다고 표현하는 것이 더 정확할 것이다). 이 기간 동안 우크라이나는 마치 계속 헤트만과 코자크 장교단의 지배권 아래 있는 것처럼 보였다. 그러나 모스크바 정부는 모든 주요한 우크라이나 도시들마다 자기네 군정사령관을 임명하고 이와 함께 자국의 수비대를 주둔시킴으로써, 헤트만 통치의 손발을 묶어놓은 셈이었다. 모스크바 정부의 동의 없이는 어떠한 중요한 결정도 내릴 수 없었다. 모스크바 정부는 우크라이나에서 일어나는 모든 일을 면밀하게 관찰했다. 그리고 코자크 장교단 구성원들에게 은사 영지를 분배해주면서, 이렇게 하면 이 모스크바 앞잡이들이 어떻게든 모스크바에 아첨해서 출세

다. 이 협약은 조약 원문이 상실되어 논란이 되고 있는데, 특히 차르 알렉세이가 흐멜니츠키에게 보호와 특권 존중을 약속했는가, 즉 이 협약이 러시아 차르와 우크라이나 행정수반 사이에 쌍무적인 성격을 가졌는가 여부에 대한 논란이다. 여하튼 이 협약으로 우크라이나는 러시아의 종주권을 받아들였기 때문에 러시아 정부가 우크라이나인들에게 이 협약을 상기시킨다는 것은 러시아에 대한 우크라이나인들의 충성 의무를 환기시키는 한편 러시아 정부는 우크라이나를 보호해주고 일정한 자치를 인정해준다는 약속을 재확인한다는 의미를 가진다.

하기 위해 스스로 온갖 방도를 찾을 것이라는 확신을 가질 수 있었다.

그러나 모스크바 정부는 이러한 형편에도 만족하지 않고, 우크라이나의 독자성(обособленность)을 완전히 파괴하고, 우크라이나를 모스크바국의 일개 지방과 똑같은 등급으로 만들기 위해 끊임없이 노력했다. 그리고 이제 모스크바 정부는 이러한 목적을 이루는 데 마제파의 행위를 이용하려는 생각을 품게 되었다.

비록 우크라이나는 본의 아니게 마제파의 행보에 말려들었으나, 헤트만의 부름에 응해 동요하지는 않았다. 그러나 모스크바 정치인들은 이 사건을 최대한 이용했다. 그들의 주장을 빌리자면, 이른바 '마제파의 배신'이 우크라이나 사람들에게 어두운 그림자를 드리우게 되었고 우크라이나 사회 전체에 배신자라는 악명을 얻게 되었으며 모스크바 정부는 이 때문에 앞으로 유사한 '배신'을 막기 위해 어쩔 수 없이 우크라이나와의 관계를 완전히 바꾸는 데 착수하게 되었다는 것이다.

그러나 당장은 우크라이나 사람들이 마제파와 스웨덴 사람들 쪽으로 조금이라도 기울어지지 못하게 막는 것이 중요했으므로 누구도 이 같은 생각을 드러내놓고 말하지는 않았다. 마제파에 맞설 인물을 내세우기 위해 최대한 신속하게 새로운 헤트만을 선출했지만[3] 우크라이나의 권리 회복은 차후로 미루기로 했다. 곧 좀 더 평온한 관계가 형성될 때까지 연기한다는 것이었다. 가장 절박한 시간이 지나고 스웨덴 군이 패배하고 나자 새로운 헤트만인 스코로파드스키를 수반으로 하는 코자크 장교단은 과거의 자치 권리를 확인해주어야 한다는 것을 차르에게 상기시켰다. 그들은 또한

---

3) 이반 일리치 스코로파드스키(Iван Ильич Скоропадский, 1646~1722)가 새로운 헤트만으로 선출된 것을 말한다. 그는 마제파에 이어서 1708년부터 1722년까지 우크라이나 코자크 군단의 헤트만직을 맡았다.

스웨덴과의 전쟁 시기에 우크라이나에서 밋대로 주인 행세를 하면서 전시상황을 구실로 삼아 코자크 연대장들과 심지어 헤트만조차도 무시하고, 어떠한 법이나 율령도 개의치 않은 채 전횡을 일삼은 모스크바국 장군들과 갖가지 권세가들의 독단적 지배로부터 우크라이나를 보호해줄 것을 요청했다. 표트르는 이들이 상기시켜 준 사실들을 받아들여 우크라이나의 옛 권리들을 확인해준

그림 **296** 우화적 형상들에 둘러싸인 마제파(**1706**년 마제파를 찬양하여 미후라 부주교가 제작한 판화에서).

다고 동의했으나, 이 확인은 단지 빈말로 끝났다. 그는 헤트만 권력에 이전과 같은 중요성을 되돌려줄 생각이 없었다. 오히려 우크라이나의 권리를 확인해 준 지 단 며칠 후(1709년 7월 31일) 그는 우크라이나의 최근 봉기와 자포로쟈 코자크들의 반란을 구실로 내세워 보야린인 이즈마일로프[4]를 헤트만 정부 상주관리로 임명하고, 헤트만으로 하여금 모든 업무수행에 관해 그에게 전반적 자문을 구하게 했다. 이즈마일로프는 헤트만과 더불어 우크라이나의 평온을 유지하고, 헤트만과 코자크 장교단의 행정 전체를 감독하며, 아울러 이들 자신도 감시하는 임무를 맡았다.

---

4) 안드레이 페트로비치 이즈마일로프(Андрей Петрович Измайлов, ? ~1714)는 표트르 1세와 공동 차르였던 이반(이오안) 5세의 측근 궁정고관이었으며 표트르 1세가 단독통치자가 된 후 그의 측근이 되었다.

1년 뒤 또 한 명의 상주 관리가 임명되어 헤트만 업무를 감독하는 사람이 두 명이 되었다. 헤트만 집무청은 바투린에서 모스크바국 국경에 바로 인접한 흘루히브로 이전되었고, 이곳에 2개 연대 병력의 모스크바국 수비대가 주둔해 조금이라도 의심스러운 상황이 발생하면 상주 관리들이 즉각 헤트만과 코자크 장교단 구성원들을 체포할 수 있도록 했다.

　이러한 조치들만으로도 헤트만의 권력은 심각하게 약화되었고 헤트만은 종전과 같은 중요성을 잃게 되었다. 그는 차르가 파견한 상주관리들에게 통보하지 않고는, 좀 더 정확히 말해 그들의 허락 없이는 어떠한 결정도 내릴 수 없었으며, 우크라이나의 모든 사람들은 이제 권력이 헤트만에게 있는 것이 아니라, 차르의 상주관리들, 차르가 보낸 관청장들 및 이러저러한 측근들에게 있음을 깨닫게 되었다. 이들은 계속해서 우크라이나에서 자신들 뜻대로 지배권을 행사했다. 차르 정부는 우크라이나 주민들에게 무거운 부담이 되는 모스크바국 군대를 주둔시켜 우크라이나로 하여금 경비를 대게 했으며, 코자크들은 먼 지역으로 쫓아 보내 운하를 파거나, 페테르부르크 주변과 아스트라한에 요새를 건설하거나, 당시 '방어선(линия)'이라고 불린 카프카스 산맥에 요새들을 건설하도록 했다. 코자크들은 파견된 곳에서 수천 명씩 사고로 죽거나 시름시름 죽어갔으며, 운이 좋아 돌아온 사람도 건강을 잃고, 소유품과 군사 장비를 잃었지만 이에 대해 아무 보상도 받지 못했다.

　흘루히브에서 도심에서 종이란 종이 다 울리고,
　우리네 코자크들은 방어전선으로 내몰리네.
　흘루히브에서 도심에서 포를 쏘아 대더니―
　수많은 코자크 죽음에 어머니들이 흐느끼네.

흘루히브에선 불길 솟고 폴타바에선 연기 오르네.

무덤 위에 헤트만이 서 있네, 저기 멀리 그가 보이네.

"헤트만 나으리, 돈을 지불해주오.

지불하지 않으면 우린 도망가겠소."

"어이, 제군들 가시게나, 표트르 사돈에게 가시게나,

어이, 거기 가면 제군들, 넉넉한 보상 받을 걸세—

손에 들 삽과 가래를 받을 걸세!"

무덤 위에 코자크 앉아 윗도리를 깁누나—

어와, 허리 전대를 움켜잡아 보니[5]— 엽전 한 푼도 없구나.

코자크들은 방어선에 가서 엄청나게 마음 부풀었으나

방어선에서 돌아와선 엄청난 고난에 꺾였구나!

라도가 운하[6] 건설 현장에서 근무했던 체르냐[7] 연대장은 1722년 러시아[8] 원로원(сенат)에 보낸 보고에서 코자크들의 고난에 대해 다음과 같이 묘사했다. "라도가 운하 건설 현장에서는 수많은 코자크들이 병들거나 죽었습니다. 무서운 질병이 아주 빠른 속도로 퍼지고 있는데, 가장 흔한 병

---

5) 과거에는 허리 전대에 돈이 가득했다. (원저자 주)

6) 라도가 운하(Ладожский канал)는 러시아 북부에 위치한 볼호프 강과 네바 강을 연결하는 운하로 표트르 1세 때인 1719년부터 건설되었다. 표트르는 발트 해를 따라 유럽으로 연결되는 무역로 개척을 염두에 두고 이를 건설했다.

7) 이반 레온티요비치 체르냐크(Іван Леонтьович Черняк, ?~1729?). 우크라이나 코자크 군대인 폴타바 부대의 연대장. 18세기 우크라이나의 전형적인 코자크 장교단 대표들 중 한 사람으로 평가된다.

8) 1722년 이후 시기에 대해 흐루셰브스키는 '모스크바'라는 말 대신 '러시아'라는 나라 이름을 쓰고 있다. 1722년에 차르 표트르 1세가 러시아 제국을 선포했기 때문이다. 그러나 저자는 이후로도 우크라이나에 대한 러시아 정부의 비우호적 정책·노선을 가리킬 때는 '모스크바'라는 말을 여전히 사용한다.

은 고열과 다리의 부종으로, 이로 인해 사람들이 죽어갑니다. 그러나 작업 감독관으로 배치된 장교들은 레온티예프(Леонтьев) 여단장님의 지시로 불쌍한 코자크들의 이토록 어려운 사정은 무시한 채, 일하는 그들을 사려분별도 없이 무자비하게 몽둥이로 구타합니다. 게다가 장교들은 코자크들을 밤낮 가리지 않고, 심지어 일요일과 축일조차 가리지 않고 휴식 없이 노역으로 내몰고 있습니다. 그렇기 때문에 저는 작년에 코자크들의 단지 삼분의 일만이 살아서 귀향한 것처럼 이번에도 많은 코자크들이 이곳에서 죽지 않을까 염려됩니다. 그래서 저는 원로원에 삼가 이 공손한 보고를 올려 통촉하시기를 여쭈며, 엎드려 청합니다. 부디 자비를 베푸시어 제가 감독하는 코자크 노동대원들이 운하 작업에서 끝내 파멸에 이르는 일이 없도록, 그리고 이들이 다른 지역으로 보내져서 새로운 노역에 투입되는 일이 없도록 승락해주옵소서. 동원된 모든 코자크들이 건강과 기력을 잃어 간신히 살아있을 뿐이기에 이들이 더 이상 어떠한 노역도 할 수 없다는 것을 하느님께서 보고 계십니다. 적어도 늦가을 우기(雨期)가 오기 전인 9월 초에는 그들을 고향으로 보낼 것을 허락해 주시기를 앙청하옵니다."

우크라이나 민요에는 이 운하 공사에 대한 코자크들의 회상이 흐릿하게나마 표현되어 있다.

오호라, 장정들에게 나눠 줬지 넓적한 삽을,
젊은 총각들 내보냈지 운하 파는 일하라고.
오호라, 까마귀 날아왔네 낯선 땅 저편에서.
날아오며 저 까마귀, 까욱까욱 우네.
오호라, 젊은 총긱 운하 둑위에 있어
슬프게도 흐느끼네.

오호라, 까마귀 날아왔네 낯선 땅 저편에서.

날아오며 저 까마귀, 위를 향해 소리쳤네.

"나는 아직 총각이요, 나이 젊은 총각이요.

이곳 삶이 아직 내겐 익숙지 않아!

울 아부지요, 그 검은 말 내다 팔아서

내 몸값 좀 내 주소, 젊은 총각 좀 풀어주소.

이 어둔 종살이 벗어나보게!"

오를릭은 훗날 자포로쟈 코자크들에게 이 고난에 대해 회상하면서, "모스크바는 의도적으로 코자크 부대의 파멸을 계획했고, 이러한 의도로 명령을 내려 수천 명씩 되는 코자크들을 파견했으니, 그중 어떤 사람들은 견딜 수 없이 힘든 중노동에 동원하여 괴롭히고, 어떤 사람들은 굶어죽게 했으며, 나머지는 석회와 도마뱀을 섞은 악취 나는 썩은 밀가루로 만든 빵을 먹여 독살했다……"라고 말했다.

의도적이었건, 의도적인 것이 아니었건 이 모든 것은 우크라이나에 지극히 고통스러운 질곡이 되었다. 그러나 누구도 무서운 차르의 의사에 거슬러 감히 목소리를 높이고자 하지 않았다. 아무도 자신의 생명에 대해 안심할 수 없었고 자리 보장은 더욱더 하기 힘들었기 때문이다.

표트르는 헤트만의 통치를 이미 구속적인 감시 상태에 두었다는 것에 만족하지 않고, 더 나아가 헤트만 통치에 직접 관여했다. 그래서 헤트만의 동의를 구하거나 그에게 통보를 하지도 않은 채, 연대장과 장교단을 자기가 직접 임명했다. 여러 부류의 사기꾼들이 헤트만을 완전히 무시한 채 모스크바에서 파견한 장군들이나 관청장들에게 뇌물이나 선물을 주고 우크라이나의 관직을 차지했으며 그런 후에는 헤트만에게 전혀 아무런 주의도 기울이지 않았다. 그런 후 정부는 우크라이나 관직을 우크라이나인 뿐 아니라 대러시아인들에게도 나누어 주었다. 표트르는 헤트만인 스코로파드스키에게 대러시아 사람에게 딸을 시집보내라고 권고했고, 스코로파드스키가 차르의 뜻을 이행해 차르의 마음에 들 만한 사윗감을 물색하기 시작하자 그에게 자기 측근 중 한 사람인 표트르 톨스토이[9]를 추천했다. 그런 다음 차르는 스코로파드스키의 공로에 대한 보상이라는 이유를 내세워 톨스토이를 우크라이나의 가장 큰 연대관할구역인 스타로두브의 연대장으로 임명했다. 이리하여 새로운 관행이 시작되었으니 이후 점점 더 많은 연대

그림 297 마제파(그의 초상인지 논의가 분분하다)(리산카 부근의 수도원에 소장되었다고 하는 초상화에 바탕을 둔 옛 그림).

관할구역이 대러시아인 장교들과 주둔군 사령관(комендант, 과거의 군정사령관)에게 배분되었다. 그 결과 표트르 생전에 이미 우크라이나인 연대장은 몇 명 남아있지도 않았을 정도였다.

표트르는 이런 식으로 우크라이나의 통치에 관해 크고 작은 모든 일에

---

9) 표트르 페트로비치 톨스토이(Пётр Петрович Толстой, 1686 무렵~1728) 백작을 말한다. 표트르 1세 재위시기에 황제 측근으로 큰 권력을 누렸던 표트르 안드레예비치 톨스토이 백작(1645~1729)의 아들이다.

그림 **298** 체르니히브에 있는 이른바 마제파의 저택.

관여하면서 큰 혼란을 불러일으켰으며, 이와 함께 헤트만의 통치에서 조금이라도 눈에 띄는 어수선한 일이 벌어지면 어김없이 이를 기화로 삼아 헤트만 통치가 엉망진창이라 비난하면서, 질서를 바로잡는다는 구실 아래 헤트만과 코자크 장교단의 권한을 점점 더 축소시켰다. 표트르는 스코로파드스키가 노령이고 의지가 굳세지 못하며, 사려분별력이 별로 없어 자기 뜻대로 조종하기 쉽다는 바로 그 이유 때문에 그를 헤트만에 임명했다. 코자크 장교단은 폴루보톡[10]을 헤트만으로 선출하려 했으나, 표트르는 사람들 말마따나 그가 너무 똑똑한 까닭에 또 한 명의 마제파가 될 수 있다고 지적하면서 그의 임명을 단호히 반대했다. 스코로파드스키 재임기에는 그의 친척들이 크게 득세했는데, 마르케비치[11] 가문 출신인 젊고 아름다운 아내 아나스타시야(Анастасія)에 관해 특별히 언급할 필요가 있다. 사

---

10) 파블로 폴루보톡(Павло Леонтьович Полуботок, 1660~1724). 1722년에서 1724년까지 우크라이나의 헤트만 직무대행직을 수행했다. 그는 스코로파드스키 사후 차르 정부의 우크라이나 자치 제한에 반대하다가 표트르 1세의 명령으로 체포되어 페트로파블로프스크(표트르-파벨) 요새에 투옥된 후 고문으로 사망했다.
11) 마르케비치(Маркевич)는 우크라이나의 귀족 가문이다.

람들은 그녀(나스챠)[12]가 헤트만 지휘봉인 불라바를 들고 있고, 헤트만인 이반 스코로파드스키는 여성복인 '수 놓은 옷(плахта)'을 입고 있다고 쑥덕 거렸다. 헤트만의 사위인 차르니쉬(Чарниш)[13]는 군단본부 재판관(최고재판관, генеральный судья)으로 임명되었는데, 군대 재판에서 질서를 크게 어지럽히고 수뢰와 불법을 일삼았다. 표트르는 헤트만 행정의 이런 무질서를 문제 삼아 1722년 우크라이나 자치에 새로운 타격을 가했다. 즉 우크라이나에 주둔하고 있는 수비대 소속인 대러시아인 선임장교 여섯 명으로 구성되고, 여단장 벨리야미노프[14]가 의장으로서 주재하는 회의기구인 이른바 '소러시아 합좌청(合座廳)'[15]이 헤트만 산하에 만들어진 것이다. 이 합좌청(коллегия)은 재판관들을 감독하고, 우크라이나에서 이루어지는 모든 재판과 우크라이나 권력기구에 대한 민원을 접수했으며, 심지어 코자크 군단본부 재판과 군단본부(헤트만) 집무청(канцелярия)에 대한 소청까지 다뤘다. 소러시아 합좌청은 코자크 장교단이 코자크들과 일반 주민들을 박해하지 못하게 감독했고, 만일 그런 권력 악용이 발생하면 헤트만의 동의

---

12) 아나스타시야의 애칭
13) 이반 차르니쉬는 1715년에서 1723년 사이에 군단본부 재판관으로 재직했다. 그의 두 번째 부인 예브도키야 콘스탄티노브나 홀루브(Евдокія Константиновна Голуб)는 이반 스코로파드스키의 의붓딸이었다. 즉 그의 부인 아나스타시야가 전 남편과의 사이에서 낳은 딸이었다.
14) 벨리야미노프(Степан Лукич Вельяминов, 1670~1737). 러시아 군 고위 간부로 1722~1726년까지 소러시아 합좌청의 의장직을 맡았다.
15) 소러시아 합좌청(Малороссийская коллегия)은 1722년에 소러시아청(Малороссийский приказ) 대신에 흘루히브에 만들어진 러시아 제국 중앙기관이며, 원로원 관할 아래 있었다. 1728년 폐지되었다가, 예카테리나 2세에 의해 1764년 부활되었으며 1786년에 다시 폐지되었다. 여기서 이 기구의 제도적 명칭으로 사용된 합좌청, 곧 콜레기야(коллегия)에 대해 살펴볼 필요가 있다. 콜레기야는 표트르 1세 때 신설된 중앙 행정 기구로 스웨덴의 기구를 모방한 것이다. 외무, 육군, 해군, 도시, 사법, 세입, 세출 등을 각기 담당하는 콜레기야가 1717~1719년 사이에 열두 개 설치되었다. 소러시아 합좌청은 이러한 중앙관청과 같은 위상을 가지고 있었다고 할 수 있다.

를 얻어 필요한 모든 조치를 취할 수 있었다. 또한 헤트만 집무청을 감찰하고 모든 왕래서신을 검열하며, 우크라이나의 모든 재정 수입을 관장하면서 지방수령(войт)과 기타 담당자들로부터 세수(稅收)를 거둬들여서 군대 비용과 다른 일체의 용도로 지출할 수 있었다. 그리고 눈에 띄는 이상 상황이 있으면 모두 (모스크바의) 원로원에 직접 보고하게 되어 있었다.

표트르는 칙령에서 이 같은 전례 없는 조치에 대해 설명했다. 여기서 그는 헤트만 집무청, 재판, 세입 징수 등의 영역에서 벌어진 헤트만 행정의 파행을 그 이유로 거론했으며, 코자크들과 일반 주민들에게서 토지를 빼앗고 이들을 불법적으로 자기네 농노로 만든 코자크 장교단의 비리를 또ㆍ다른 이유로 지적했다. 스코로파드스키가 이 모든 무질서에 대한 부당한 비방을 믿지 말고 옛 권리와 관행을 박탈하지 말아달라고 "모든 소러시아인들"의 이름으로 읍소했으나 아무 소용이 없었다. 표트르는 헤트만의 청원에 귀를 기울이지 않고 우크라이나 주민들에게 이 새로운 질서를 긍정적인 모습으로 선전하기 위해 인쇄된 칙령을 우크라이나 전역에 배포했다. 여기서 그는 코자크 장교단이 더 이상 주민들을 박해하지 못하게 하기 위해 소러시아 합좌청이라는 새로운 기구가 설치되었다고 설명했다. 이 주장의 설득력을 높이기 위해 차르의 칙령에는 소러시아 합좌청이 발행한 교시(инструкция)가 첨부되었는데 이 문서에서는 실제로 코자크 장교단이 자행한 박해행위가 언급되어 있었다.

이러한 조치는 헤트만과 코자크 장교단 전체, 헤트만 통치 전체에 쓰라린 타격이 되었다. 이 시점부터 실제적 행정권은 새로운 기구인 소러시아 합좌청, 좀 더 정확하게는 그 수뇌부의 손에 들어가고, 헤트만과 코자크 장교단의 수중에는 단지 빈 직함만 남게 될 것이 분명해졌다. 장교단의 불안을 더욱 심화시키는 사정은 또 있었다. 곧 차르는 이들의 권력을 제한하는 데 그치지 않고, 이와 동시에 주민들로 하여금 이들에 대항하여 봉기를 일으키게 하려고 노력했다. 그는 이를 위해 부당하게 탈취된 토지나 불법으로 농노가 된 주민들의 경우를 만천하에 드러냄으로써 코자크 장교단의 권력 악용을 재판하고 시정하겠다고 약속했다. 차르는 이러한 방식으로 새로운 소러시아 합좌청이 이들 사항에 관해 모든 민원을 다룰 수 있도록 길을 터 주었다.

99. 제1차 헤트만직 철폐와 폴루보톡

스코로파드스키는 이 모든 일에 너무나도 큰 충격을 받아 병이 들었고, 끝내 사망했다. 그러나 헤트만의 죽음은 표트르가 새로운 일격을 가할 계기가 되어 주었다. 그는 헤트만 권력을 완전히 철폐하기로 결심한 것이다. 차르는 스코로파드스키의 사망 소식을 접하자 폴루보톡 연대장이 코자크 군단본부 장교단과 함께 헤트만직을 대행하되, 모든 업무에 관해 벨랴미노프와 협의할 것을 지시했다. 이와 동시에 이제까지 외무 합좌청에서 담당하던 우크라이나 업무를 러시아의 일반 지방과 마찬가지로 원로원 관할 아래로 이첩했다. 코자크 장교단은 차르에게 특별 사절단을 보내 스코로파드스키를 이을 새로운 헤트만의 선출을 허락해 달라고 청원했으나 이 요청에 대해 오랫동안 아무런 답을 듣지 못했다. 코자크 장교단이 용기를 내어 이 청원을 다시 상기시키자 1723년 여름 표트르는 헤트만 선출 건을 무기한 연기한다고 답했다. 차르 정부는 초대 헤트만인 보흐단 흐멜니츠키 시절부터 최근의 스코로파드스키에 이르기까지 모든 헤트만이 배신자로 드러났기 때문에, 이를 고려하여 특별히 충성스럽고 믿을 만한 사람

그림 299 이반 스코로파드스키.

을 헤트만으로 찾고 있다고 했다. 또한 현재로서 우크라이나 행정이 정상적으로 잘 이루어지고 있고 업무처리에 걸림돌이 없기 때문에 이 문제로 차르를 귀찮게 해서는 안 된다는 말도 덧붙였다. 다시 말해 표트르 황제는 헤트만 선출 관련 건을 일절 연기했을 뿐 아니라, 이에 대한 언급조차 더 이상 하지 말도록 명령했으니, 헤트만의 통치는 영구히 철폐되었음이 틀림없어 보였다.

그러나 헤트만직이 철폐된 후 일어난 일들은 우크라이나 사회가 헤트만의 통치를 뼈저리게 그리워하지 않을 수 없도록 만들었다. 차르 정부는 이 모든 변화가 더 나은 질서를 수립하고 코자크 장교단의 박해로부터 주민들을 보호하기 위해 이루어지는 것인 양 일을 추진했지만 실제로는 새로운 대러시아인(人) 행정관들이 아무런 질서를 가져오지 못했고, 주민들의 고통을 덜어주지도 않았으며, 오히려 권력 악용과 갖가지 주민 박해는 더욱더 심해졌다. 이제 모든 우크라이나 사람들은 인민들 편을 들어 주고 우크라이나의 권리와 자유를 지켜 줄 사람이 아무도 없다는 것을, 지도자인 헤트만이 없다는 것을 한탄했다.

새로운 소러시아 합좌청의 수장인 벨리야미노프는 진짜 지배자 행세를 하면서 코자크 장교단에 명령을 내리고 제멋대로 모든 일을 처리했으며,

헤트만 대행인 폴루보톡에게조차 마치 자기 수하에게 하듯, "네 벼슬은 내 벼슬에 비하면 무엇이냐, 나는 여단장이고 위원장이다, 너는 나에 비하면 아무 것도 아니다"라며 고래고래 소리 지르곤 했다. 그는 코자크 장교들에게 그들이 부서지도록 굽혀 버릴 수 있다고 자랑했고, 우크라이나의 옛 권리에 대한 이야기가 나오면 "당신들의 옛 체제는 해체된다는 명령이 내렸다. 당신들은 새 체제에 따라 다룰 것이다. 내가 당신들의 법이다"라고 소리쳤다. 새로운 행정관들이 헤트만 직무대행과 군

그림 300 헤트만 부인 아나스타시야 스코로파드스카.

단본부 장교단을 향해 이렇게 행동한 것을 보면, 대러시아인 관리들이 자기네 힘을 믿고 하급 코자크 장교들과 평민들을 대할 때 어떻게 처신했을지는 쉽게 상상할 수 있다. 소러시아 합좌청은 기존제도를 무시한 채 일찍이 유례가 없었던 각종 조세를 도입했고 이렇게 해서 거둔 돈을 완전히 제멋대로 사용했다. 대러시아인 연대장들은 정부가 언제나 자기네 편을 들어준다는 것을 믿고선 우크라이나인 연대장들보다 훨씬 더 심하게 권력 악용과 전횡을 자행했다. 우크라이나에 주둔한 대러시아인 군부대들은 거리낌 없이 제멋대로 굴고, 숙영을 하며 주민들을 괴롭혔다. 그리고 코자크들

을 계속해서 대규모로 징용해 먼 오지의 노동으로 내보냈으니 이들은 오지에서 익숙지 않은 중노동, 낯선 기후와 음식에 시달리며 파리처럼 죽어갔다. 5,000명씩, 만 명씩 징용되어 이러한 노동을 위해 파견된 코자크들 가운데 삼분의 일에서 절반이 현지에서 죽고, 나머지는 건강을 상한 채로 귀향했다. 1721년에서 1725년까지 5년 동안 라도가 운하와 카프카스, 볼가 강 유역에서 이 같은 노동에 종사하다가 죽은 우크라이나 코자크 수는 이만 명에 이르는 것으로 추정된다.

원기왕성하고 애국심이 넘치는 인물이었던 폴루보톡은 동족들에게 가해지는 이 모든 고통에 무관심할 수가 없었다. 차르 표트르가 우크라이나의 옛 권리를 이런 식으로 모두 훼손하는 데 구실로 삼았던 것이 바로 우크라이나의 무질서와 부정부패였음을 깨달은 그는 우크라이나 행정에 질서와 법치를 도입하고, 차르에게 구실을 준 코자크 장교단의 권력 악용을 종식시키기 위해 노력했다. 그는 코자크 장교들이 개인적 목적으로 코자크들을 동원하는 것은 엄한 형벌로 다스릴 것이라며 이를 금지한 포고문을 사방으로 발송했다. 재판관의 뇌물수수와 권력 악용, 부당한 재판, 민중에 대한 박해를 막기 위한 노력의 일환으로 사법제도 개혁에 착수했다. 이를 위해 각 촌락과 중대, 연대 단위의 법원에서 단 한 사람의 재판관이나 소대장(오타만)이 단독으로 재판하는 것을 금지하고 복수의 배심판사들이 그와 함께 재판사건을 심리하게 함으로써 서로를 감시할 수 있게 했다. 폴루보톡은 하급 재판소의 결정에 대해 상급 재판소에 항소하는 제도를 마련하고, 최고 군단본부 재판소의 운영에서도 질서를 도입하기 위해 노력했다.

그러나 황제 정부는 현존하는 무질서와 불의를 꼬투리 삼았는데, 그것은 표트르의 최측근 조력자 가운데 하나인 톨스토이가 훗날 표트르의 정책을 설명하면서 말한 대로, 이를 구실로 삼아 "소러시아를 손에 장악"하기 위한 것이었다. 그렇기 때문에 행정 체계를 개선하려는 폴루보톡의 노력도 황제 정부의 동의를 받은 것이 아니라 오히려 그를 향한 극심한 분노를 불러일으켰다. 게다가 폴루보톡이 이와 아울러 코자크 장교단과 목소리를 합쳐 (표트르의 최종적인 거부가 있기 전까지는) 계속해서 새로운 헤트만을 선출하게끔 허가해 달라고 요청하고, 대러시아인 관리들의 전횡과 폭압에 대해 진정서를 올리고, 이들이 도입한 새로운 제도에 대항하여 보흐단 흐멜니츠키 협약조항들을 거론하자 분노는 더욱 커졌다. 벨리야미노프가 진정서를 올려 폴루보톡이 소러시아 합좌청에 맞서고 있다고 주장하자 표트르는 우크라이나의 자치를 더욱 제한하기로 결정하고 폴루보톡과 다른 최고위 코자크 장교들을 상트페테르부르크로 소환했다. 또한 표트르는 이 시점에서 우크라이나에 남아 있는 코자크 장교와 일반 코자크들의 수를 전반적으로 줄이기 위해, 타타르인들로부터 우크라이나 국경을 방어한다는 구실을 내걸고선 코자크 군단을 남쪽 국경으로 이동하도록 명령했다.

상트페테르부르크에 도착한 폴루보톡과 코자크 장교단은 우크라이나에 옛 권리를 회복시켜 달라고 차르에게 요청했다. 이들은 보흐단 흐멜니츠키의 협약조항에서는 누구도 코자크 재판에 간섭할 수 없다고 규정했음에도 현재는 대러시아인 관리들로 구성된 소러시아 합좌청이 재판에 간섭하고 있으며 결정에 대한 소청을 받아들이고 있는 사실 등등을 그 근거로 들었다. 그러나 이런 와중에 모스크바식 재판소를 설치해주고 대러시아인 출신 연대장을 임명해 달라고 요청하는 스타로두브 연대의 청원서가 접수되었다. 폴루보톡은 벨리야미노프가 이 청원서의 제출을 사주했다고 주장했다. 코자크 장교단의 요구에 직면한 모스크바 정부가 우크라이나 주민들의 수청을 구실로 삼고 이를 근거로 내세워 우크라이나 옛 제도의 철폐를 계속할 수 있게 하려는 것이 벨리야미노프의 목적이었다는 것이다. 양측의 청원을 받고 표트르는 신뢰하는 신하 루먄체프[16]를 우크라이나로 파견하면서, 코자크들을 비롯한 우크라이나 주민들이 폴루보톡과 코지크 장교단이 청원한대로 우크라이나 옛 제도의 존속을 원하는지, 아니면 스타로두브 연대가 주장한대로 모스크바식 제도를 원하는지를 현지에서 탐문하도록 했다. 이와 동시에 루먄체프는 코자크 장교들이 주민들에게 행한 불법 행위에 대한 정보를 수집하는 임무도 부여받았다.

폴루보톡은 루먄체프 파견 소식을 알게 되자 사태가 어떻게 흘러가고 있는지, 결과가 어떻게 될 것인지를 짐작할 수 있었다. 루먄체프와 벨리야미노프는 주민들로부터 그들이 바람직하게 여기는 답을 쉽게 얻을 수 있었다. 특히 이 시기에는 우크라이나에 지도자인 코자크 장교들이 남아있지 않아, 주민들에게 가해지는 압박을 예방해줄 사람이 없었던 만큼 더 그러했다. 주민들은 위압적인 모스크바 고관들 앞에서 대부분 그들이 원하는 대로 답을 할 수밖에 없을 것이고 정부는 이런 식으로 해서 우크라이나에 모스크바식 제도를 도입하는 데 찬성하는 다수파 여론을 얻어낼 게 뻔했다. 특히 여기서 코자크 장교들이 빼앗은 토지를 주민들에게 다시 나누어 줄 것이라는 희망까지 주어진다면 더욱 그럴 것이 분명했다. 자신이 직접 상트페테르부르크를 떠날 수 없었던 폴루보톡은 부하들을 우크라이나로 보내 코자크 장교들의 부당행위를 캐묻게 될 루먄체프의 탐문에 어떻게 대처해야 하는지, 그의 물음에 어떻게 답해야 하는지 등등에 대한 지침을 내렸다. 이와 동시에 남쪽 국경인 콜로막[17] 강가에 주둔하고 있던 코자크 군단은 헤트만 직무대행이 원하는 대로 차르에게 청원서를 보냈다. 여

---

16) 알렉산드르 이바노비치 루먄체프(Александр Иванович Румянцев, 1680~1749). 표트르 1세의 측근으로 외교 분야에서 주로 활약했으며 1738년에는 잠시 소러시아 총독을 역임했다.
17) 콜로막(Коломак). 우크라이나 북동쪽 하르키브와 폴타바 부근을 흐르는 작은 강.

기서 그들은 대러시아인 지배자들의 갖가지 부당행위와 불법적 뇌물징수, 그리고 우크라이나에서 숙영하면서 주민들을 쥐어짜고 있는 모스크바 군부대로 인한 어려움 등에 관해 진정하고, 이전 관례대로 헤트만 선출이 이루어지는 것을 다시 허락해 달라고 청원했다.

이 과정에 아무런 불법적 요소가 없다는 것은 누구에게나 명백한데도, 표트르는 폴루보톡이 자신의 계획

그림 **301** 파블로 폴로부톡. 체르니히브 연대장이자 헤트만 대행.

에 대항했다는 것에 대해 엄청나게 화를 냈다. 그리하여 폴루보톡 및 그와 함께 페테르부르크에 체류하고 있던 코자크 장교단 구성원 전원을 체포해 투옥하라고 명했다. 아울러 콜로막 부대의 청원서 조항 작성에 참여한 코자크들도 모두 체포해 페테르부르크로 압송하라고 지시했다. 폴루보톡은 분명 자기 조국의 번영을 바라는 일념으로 행동했기에 그의 정치활동에 대해 죄를 묻는 것은 근거가 없었고, 이렇게 되자 정부는 그가 연대 운영과 재정적 운용, 주민들 및 코자크들에 대한 관계에서 부당행위를 했다는 전제 아래 그에 대해 조사하기 시작했다. 그리고 이를 위해 코자크 장교 한 명 한 명을 심문했다. 코자크 도시의 매섬, 농민의 불법적인 농노화 등에 대한 조사도 진행되었다. 조사가 진행되는 동안 폴루보톡은 몇 달을 감옥

에서 보냈다. 그는 조사가 종결되기도 전에 1724년 가을 페트로파블로프스크(표트르-파벨) 요새[18]의 감옥에서 세상을 떠났다.

우크라이나인들은 폴루보톡의 이 같은 옥중사망에 깊은 인상을 받았고, 특히 코자크 장교들이 받은 감명은 굉장했다. 그들은 폴루보톡을 우크라이나를 위한 영웅이자 순교자로 추앙했다. 표트르가 우크라이나의 권리를 훼손한 것에 대해 폴루보톡이 용감하게 비난했으며, 우크라이나에 대한 억압은 차르에게 아무런 영예도 가져다주지 못한다는 점과, 주민들을 강제적으로 압박하는 것보다는 그들이 감사의 마음을 느끼며 자유롭게 살도록 통치하는 것이 훨씬 더 큰 영예라는 점을 차르에게 논리정연하게 주장했다고 하는 이야기가 장교들에 의해 전파되었다. 폴루보톡은 표트르에게 우크라이나인들의 충성심과 신실한 봉사를 상기시키면서, 그런데 이 같은 피어린 봉사에 대해 차르는 분노와 미움으로 되갚고 있다고 비난했다는 것이다. 폴루보톡은 차르에게 다음과 같이 말했다고 한다. "이 모든 것에 대한 대가로 우리는 감사가 아니라, 단지 모욕과 경멸만을 받았소이다. 또한 쓰라린 부자유에 빠졌고, 수치스럽고도 감당할 수 없을 만큼 과중한 세금에 시달렸고, 제방과 운하를 만들어야 했고, 사람이 다닐 수 없는 늪지를 메워야 했소이다. 과로와 기근과 살인적 기후 때문에 수천 명씩 불의에 죽어간 우리 우크라이나 사람들의 시신이 이 늪의 거름이 되었소이다. 우리가 겪은 이 모든 불행과 치욕은 이제 새로운 제도 아래서 더욱 심해졌소이다. 우리의 법과 관습을 전혀 모르며 거의 일자무식인 모스크바 관리

---

18) 페트로파블로프스크 요새(Петро-Павловская крепость)는 상트페테르부르크의 가장 유명한 요새감옥이다. 네바 강변, 강폭이 가장 넓어지는 하구 델타지대의 작은 섬에 위치했다. 표트르 1세가 스웨덴 군의 공격으로부터 러시아를 방어하기 위해 건설했다. 요새 이름은 이 도시 수호 성인인 베드로 사도와 바울 사도의 이름에서 따왔다. 제정 시대에 주로 정치범을 가두는 감옥으로 사용되었다.

그림 **302** 보로비차 마을의 교회. 폴루보톡의 집을 개축한 것이다.

들이 우리를 통치하고 있소이다. 그들은 단지 마음대로 우리를 다룰 수 있다는 사실 한 가지만 알고 있을 뿐이오." 격노한 표트르는 소리를 지르며, 이같이 무례한 행동의 대가로 폴루보톡을 사형에 처할 수도 있다고 위협하면서 그를 투옥했다. 그러나 폴루보톡이 감옥에서 중병이 든 것을 알고는 표트르는 그에게 와서 용서를 구하고 죽음을 막기 위해 치료를 받을 것을 권했다. 그러나 폴루보톡은 차르의 이처럼 때늦은 자비를 거부하고 이렇게 대답했다. "나와 동포들의 억울한 고난에 대해서는 전능하고 공정한 심판자인 우리의 신께서 심판하실 것입니다. 우리는 곧 그의 앞에 갈 것이고, 그는 표트르와 파벨[19]을 심판할 것입니다." 실제로 이 일이 있은 지 얼마 있지 않아 표트르 황제도 죽음을 맞았다. 우크라이나에서는 이 얘기가

---

19) '파벨(파블로)'은 폴로보톡의 이름이다. 본문의 구절은 폴무보독 사신과 표트르 황세가 함께 신의 심판을 받는다는 것을 뜻한다. 또한 그가 갇힌 감옥이 표트르-파벨 요새에 있다는 사실도 함께 비유한 셈이다.

사람들 입에 많이 회자되었다. 우크라이나의 옛 주택들에는 폴루보톡 초상화가 걸려 있는 것을 아주 자주 볼 수 있었는데, 그 아래에는 "폴루보톡이 차르 표트르에게 한 말 가운데서" 따왔다는 다음과 같은 말이 쓰여 있었다. "조국을 위해 일어서면서, 나는 족쇄도 감옥도 두려워하지 않는다. 동포들의 전면적 파멸을 보니 내가 가장 잔혹한 죽임을 당하는 것이 낫다." 그러나 이 초상화에 그려진 폴루보톡의 얼굴은 파블로 폴루보톡의 실제 초상화와 다르다. 초상화의 얼굴은 훨씬 나이든 모습인데, 그래서 사람들은 이 초상화에 그려진 것은 그의 아버지 레온티[20]의 모습이며, 착오로 인해 그와 그의 아들 파블로의 얼굴을 혼동한 것 같다고들 생각한다.

100. 헤트만직의 부활과 헤트만 아포스톨

폴루보톡이 죽은 이후 우크라이나에는 소러시아 합좌청과 벨리야미노프의 전횡을 막아줄 사람이 없었다. 가장 뛰어난 코자크 장교들은 상트페테르부르크 감옥에 수감되어 있었고, 나머지는 차르의 진노와 처벌이 두려워서 막강한 권력을 가진 벨리야미노프에게 감히 목소리 높여 대항할 생각을 하지 못했으며, 갖가지 기회주의자들은 우크라이나에 새로운 모스크바식 제도를 도입할 것을 제안하면서 벨리야미노프에게 아부했다. 코코쉬킨[21] 소령이 스타로두브의 연대장으로 임명되었고, 체르니히브 연대에도 역시 대러시아 사람인 보그다노프[22]가 책임자로 임명되었다. 우크라이

---

20) 레온티(Леонтий Артемьевич Полуботок, ? ~1695). 수석대위. 폴루보톡의 아버지.
21) 이반 코코쉬킨(Иван Михайлович Кокошкин, ? ~ ?). 18세기 러시아 정치가, 군인.
22) 미하일 보그다노프(Михайл Семенович Богданов, ? ~ ?). 1723~1735년 기간 동안 체르

나는 모스크바에서 파견된 군부대들로 넘쳐났다. 몇몇 연대는 전체가 모스크바국 군부대들로 채워졌고, 다른 연대에서도 모스크바국 군부대가 절반이나 그 이상을 차지했다. 이 모스크바국 군부대들은 모든 법률과 관행을 무시하고 벌써 10년 이상이나 우크라이나 주민들의 부담으로 유지되고 있었으며 소러시아 합좌청은 온갖 새로운 조세와 공물을 거두어 모스크바국 군부대의 경비로 썼다. 예를 들어 이 관청은 모스크바국 군부대를 위해 1722년에는 4만 5천 루블의 세금과 1만 7천 메라[23]의 밀가루를 거둬들였는데, 1724년에는 14만 루블의 세금과 4만 메라의 밀가루를 징수했다. 이런 일이 벌어지는 때에 다른 한편에서는 코자크 집단이 고된 원정과 노역 속에서 비명에 가고 파괴되고 있었다. 예를 들어 1723년에는 카스피 해 연안의 술락(Сулак) 강변에 성 십자가 요새(крепость Святого Креста)를 건설하기 위해 코자크 만 명을 징발해 보냈다. 다음 해인 1724년 이들은 명령에 따라 고향으로 돌아올 수 있었지만 그 대신 이들과 교대시키기 위해 역시 만 명으로 구성된 새로운 코자크 부대를 보내는 등 강제 징용이 계속되었다.

참혹한 파멸이 우크라이나에 다가왔지만 주민들은 이제 어디에서 구원을 얻어야 할지 알 수 없었다. 그러나 표트르의 사망(1725년 초)은 이러한 상황에 변화를 가져왔다. 후계자가 된 표트르의 부인 예카테리나[24]와 그녀

니히브 연대 책임자.
23) 메라(мера)는 곡물 도량형 단위였다. 1메라는 약 1푸드(16.38kg)에 해당했다.
24) 예카테리나(Екатерина Алексеевна Михайлова 혹은 Екатерина I, 1683(1684)~1727). 러시아의 예카테리나 1세 여제(재위: 1725~1727) 표트르 1세의 두 번째 부인이었는데, 표트르의 사후 그의 손자(사망한 황태자 알렉세이의 아들)인 표트르 2세가 아직 너무 어렸기 때문에 표트르 1세 측근들과 황제 근위대가 황후인 예카테리나를 황제로 추대했다. 그녀는 제위에 올라 1727년까지 러시아를 통치했다. 그러나 그녀는 국정에는 거의 관여하지 않았으며 멘시코프 공이 실권을 장악했다.

그림 **303** 흔히 걸려 있는 폴루보톡 초상화(진짜가 아니다).

의 가장 중요한 조력자인 멘시코프[25]는 자신들은 위압적인 표트르와 같은 그런 힘과 확신을 가지지 못했음을 스스로 느끼고 있었고, 그래서 어느 정도의 유화정책을 취할 필요가 있다고 여겼다. 여기에는 우크라이나에 대한 관계도 포함되었다. 특히 그들은 투르크와의 전쟁을 예상하고 있던 상황이었으니, 전쟁수행을 위해서는 코자크 부대의 도움이 불가결했다. 페테르부르크의 지배자들은 그간의 온갖 사태에 격분한 우크라이나의 코자크 장교들이 호기를 얻어 봉기를 일으킬 수도 있다고 우려했다. 마제파 추종세력이 투르크와 동맹을 맺었던 일은 여전히 생생한 기억으로 남아 있었던 것이다. 이러한 상황을 고려한 끝에, 예카테리나 1세 여제와 멘시코프는 헤트만 선출을 허용하고, 소러시아 합좌청을 폐지하며, 우크라이나 행정에서 과거의 제도를 회복해주고 새로 부과된 세금을 취소하는 것 등을 계획했다. 그러나 선제가 취한 조치로부터 조금이라도 벗어나는 것을 한사코 반대하고 나서는, 표트르 정책의 단호한 지지

25) 알렉산드르 다닐로비치 멘시코프(Александр Данилович Меньшиков, 1673~1729). 표트르 1세의 총신으로 정치가이자 군인. 표트르 1세 사망 후 예카테리나 1세 재위기간 동안 러시아의 실질적 통치자 역할을 했다. 그러나 예카테리나 1세의 사망 후 권력을 잃고 시베리아 유형 생활을 하다 사망하였다.

자들도 있었다. 특히 두드러진 예가 톨스토이로서 그는 작고한 차르의 의
도를 완강하게 고수했다. 그는 표트르가 '소러시아를 장악하기 위해' 헤트
만 선출을 일부러 허용하지 않았고 연대장들과 다른 코자크 장교들의 권
한을 제한했으며 이 같은 방향으로 이미 많은 일이 이루어졌음을 지적했
다. 예를 들어 코자크 장교단의 영향력은 땅에 떨어졌고, "연대장들과 코
자크 장교단은 주민들과 큰 싸움을 벌였다"는 표현처럼 장교단은 주민들
의 반발을 사고 있다는 것이다. 톨스토이는 표트르 정책의 이 같은 결과를
수포로 돌리고 우크라이나를 이전 제도로 돌아가게 해서는 결코 안 된다
고 주장했다. 이러한 견해가 우위를 차지하면서, 몇 가지 완화책이 도입되
는 선에서 변화는 중단되었다. 체포되었던 코자크 장교들 가운데 아직 목
숨을 부지하고 있던 사람들은 감옥에서 풀려났고, 세금이 감면되었으며,
술락 강변의 요새 건설을 위한 노동력 징발은 현금 납부로 대체되었다.

그런데 얼마 안 있어 1727년 봄 예카테리나 여제가 사망하자, 표트르 황
제의 손자인 어린 나이의 표트르 2세[26]가 러시아 황제 자리에 올랐다. 새
황제 아래서 멘시코프는 전권을 가진 통치자가 되었다. 바로 이 멘시코프
는 우크라이나에서 엄청나게 많은 영지를 겸병해 두고 있었던지라 영지 문
제와 관련해 소러시아 합좌청과 충돌을 빚게 되었고 우크라이나의 구(舊)
제도를 복원해야 한다고 주장하고 나섰다. 그렇지만 멘시코프는 얼마 안
가서 돌고루키(Долгорукий) 파에 밀려 실각하게 되었고 이들이 어린 황제
를 자기네 영향력 아래 두었다. 그런데 이들은 표트르 1세의 정책에 전반

---

26) 표트르 2세(Пётр II Алексеевич, 1715~1730). 러시아의 황제(재위: 1727~1730). 표트르
1세(1682~1725)의 손자로 예카테리나 1세에 의해 계승자로 지명받고 12세 때인 1727년 5
월 18일 황제가 되었다. 그는 돌고루키 공작의 딸인 예카테리나 알렉세예브나 돌고루카야
와의 결혼을 앞두고 천연두로 사망했다.

적으로 반대했고 모든 것을 과거의 방식대로 되돌리고자 했다. 이리하여 이 시기에 일어난 정치적 격변은 우크라이나에 이전 제도를 복원시키려는 정부의 의도를 더욱 강화시키는 방향으로 작용했다.

우크라이나 업무는 즉시 원로원 관할에서 외무관청으로 다시 이관되었고, 소러시아 합좌청은 폐지되었다. 이와 함께 소러시아 합좌청이 도입한 새로운 세금과 징발도 폐지되었다. 상트페테르부르크에 아직 억류되고 있던 코자크 장교들은 석방되어 우크라이나로 귀향했다. 거꾸로 벨리야미노프는 코자크 장교들의 불만을 불러일으켰던 갖가지 권력 악용과 무질서에 대해 책임을 져야 했다. 그리고 가장 중요한 변화는 마침내 새로운 헤트만의 선출을 허용하기로 결정된 것이다. 이를 위해 러시아정부는 1727년 여름 추밀 자문관인 나우모프[27]를 우크라이나로 파견해 헤트만 선거를 실시하고, 헤트만 집무청의 상주관리로 머물도록 했다. 그는 비밀지침서에서 사전에 정부가 지명한 인물 이외에 다른 사람이 헤트만에 선출되는 것을 허용하지 말라는 명령을 받았다. 사전에 지명된 인물은 미르호로드 연대장인 고령의 다닐로 아포스톨[28]이었다.

하지만 코자크 장교단은 차르의 뜻을 거부할 생각이 전혀 없었다. 그들은 옛 제도가 복원되는 것만으로도 기뻐하였기에 누가 헤트만이 되든 받아들일 태세였다. 더욱이 아포스톨은 페테르부르크 정부가 지명한 사람이기는 했지만 그것과 상관없이 우크라이나 주민들에게도 아주 바람직한 후보

---

27) 표도르 바실례비치 나우모프(Фёдор Васильевич Наумов, 1692~1757). 러시아의 명문 귀족 출신 고위 관리로서, 1727년 차르의 추밀 자문관이 되었다. 헤트만 아포스톨의 자문 역할도 했다.

28) 다닐로 파블로비치 아포스톨(Данило Павлович Апостол, 1654~1734). 우크라이나 헤트만(1727~1734). 1723년 '콜로막 청원서'에 서명했다는 이유로 표트르 1세의 명령으로 체포된 적이 있다. 그 후 얼마 안 있어 석방되었고, 1727년 헤트만으로 선출되었다.

였다. 그는 연로한 코자크였다. 이 당시 그는 70세였다고 하는데 어쩌면 더 고령이었을 수도 있다. 그는 우크라이나의 힘이 아직 꺾이지 않고, 사람들이 우크라이나 인민을 위해 자유와 자결권을 얻을 희망을 아직 잃어버리지 않고 있던 시대에 성장했다. 그는 마제파가 스웨덴인들과 동맹을 맺었을 때 그의 결정에 동참했으나, 이 동맹이 아무런 결과를 가져오지 못할 것을 예측하고 곧 발걸음을 돌린 사람이었다. 그는 절제되고 사려 깊게 처신했고 이로써 결국 정부의 호감과 신뢰를 샀지만, 우크라이나에 파멸을 가져올 모의를 위해 조력한 적은 절대로 없었고, 우크라이나 자치주의자로서의 자신의 노선을 확고하게 지켰다. 그는 또한 인민들을 학대함으로써 손을 더럽힌 적이 없는 몇 안 되는 장교들 중 하나였다. 이러한 이유로 우크라이나 사회는 그러한 헤트만을 맞이하는 것을 진심으로 기뻐할 수 있었다.

코자크 장교단은 아포스톨을 헤트만으로 기꺼이 받아들인다고 선언하였으며, 그런 후 (1727년) 10월 1일 흘루히브에서 성대한 헤트만 선출식이 거행되었다. 코자크 부대와 인민들이 모여 있는 교회 광장에 나우모프가 도착하였고, 헤트만 기장들을 든 사람들이 바로 그의 뒤를 이었다. 헤트만 선출을 실시하라는 차르의 칙령이 낭독된 다음 나우모프는 모인 사람들에게 누구를 헤트만으로 선출하기를 원하는지 물었다. 모든 사람은 한 목소리로 '아포스톨'을 외쳤다. 자기의 질문을 세 번 되풀이해 제기하고 세 번 다 동일한 대답을 얻은 다음 나우모프는 아포스톨이 헤트만으로 선출되었음을 선언했다. 아포스톨은 관례대로 이 명예를 고사했지만, 참석자들의 강청이 이어지자 선출을 받아들이고 차르에게 충성을 약속하는 헤트만 선서를 행했다. 나우모프는 정부에 올린 보고서에서 모든 사람들이 크게 기뻐했다고 적었다.

그럼에도 우크라이나의 옛 제도가 완전히 복원되지 않았음은 지금 말한

그림 **304** "새로 선출된 헤트만" 다닐로 아포스톨(당대의 독일 판화).

것에서도 이미 분명히 알 수 있다. 헤트만 선출 과정에서는 우크라이나 헌법의 초석과 같은 역할을 할 조항들에 대한 언급이 전혀 없었다. 우크라이나의 옛 권리들이 차르의 이름으로 확인되지도 않았다. 이후로도 차르가 파견한 상주 관리인 나우모프가 헤트만과 함께 모든 업무를 주재했고, 군단 재판소의 소청사항 등도 검토했다. 이 우크라이나 군단 (본부) 재판소는 혼합적인 구성을 가지게 되었으니, 세 명의 우크라이나 코자크 장교와 정부가 지명한 세 명의 대러시아인 장교가 재판관이었다. 군단본부 재무는 우크라이나 장교 한 명과 대러시아인 장교 한 명으로 이루어진 재무장교조(組)가 공동 관리했다. 군사 문제에서 헤트만과 코자크 군단은 러시아 군대 최고 사령관의 지휘를 받았다. 정부는 아포스톨을 우크라이나 코자크 장교 다른 누구보다도 더 신뢰했지만 그럼에도 그가 헤트만으로 선출된 후 더 확실한 충성을 위해 그의 아들을 상트페테르부르크에 인질로 체류시켰다. 이처럼 표트르 1세의 정책은 돌이킬 수 없이 사라진 것이 결코 아니었고, 새 정부에 의해서도 결코 완전히 포기되지는 않았다.

하지만 우크라이나인들은 벨리야미노프의 통치에서 벗어났다는 것과 이렇듯 제한적이나마 자치 생활을 회복한 것만으로도 기뻐했다. 아포스톨은 서두르지 않고 조금씩 헤트만의 권력과 중요성을 강화하려 노력했고, 러시아 관청장과 군인, 행정관리들이 우크라이나 일에 간섭하고 영향력을 행사하는 것을 줄이기 위해 애썼다. 이와 동시에 그는 폴루보톡과 마찬가지로 재판과 우크라이나의 모든 행정에서 질서를 잡고, 코자크 장교들의 권력 악용으로부터 인민들을 보호하기 위해 진력했다. 그는 또한 러시아 정부가 전횡을 근절한다는 명목으로 우크라이나 일에 간섭하고, 우크라이나 체제를 파괴하는 데 명분을 제공하지 않기 위해 전횡과 뇌물수수를 추방하는 데도 노력을 아끼지 않았다. 그는 러시아 정부에 대한 관계에서 온갖 선의와 충성을 표시하면서도 다른 한편으로는 보흐단 흐멜니츠키 협약 조항들에서 보장된 옛 권리들을 회복하고 우크라이나의 자치를 가능한 한 광범하게 회복하기 위해 열과 성을 다했다.

어린 황제의 대관식[29]에 참석하기 위해 아포스톨과 코자크 장교단은 궁정이 있는 수도로 떠났다. 그들은 궁정에서 반 년 이상을 머물며 황제와 이러저러한 차르 궁정 유력자들의 호의를 사서 우크라이나의 옛 권리와 제도를 가능한 한 회복해낼 수 있게 하려고 노력했다. 이 같이 전심전력을 다해 공을 들이고 진정을 한 결과로 얻어낼 수 있었던 것이 '결정적 사항들(решительные пункты)'로서, 이는 1728년 8월 헤트만의 청원에 대한 응답으로 차르와 그의 추밀자문회의가 승인한 것이었다. 우크라이나에 흐멜니츠키 협약조항들이 완전히 회복된 것은 아니지만, 이 조항들은 그래도 표트르 1세의 정책의 일부를 철회했고, 일반적인 윤곽에서이기는 하지만 우크라이나의 권리 일부를 인정해주었으며 앞으로도 이 같은 의미에서 어느 정도의 양보가 있으리라는 희망을 가지게 만들었다. 그러나 그럼에

29) 1728년에 거행된 표트르 2세의 대관식을 말한다.

도 불구하고 우크라이나의 자치는 이후로도 아주 본질적으로 제한된 상태에 머물렀다. 예를 들어 헤트만을 자유롭게 선출할 권리를 인정한다고 했으면서도, 선출 자체가 차르의 허락 없이 이루어질 수 없다고 규정한 것이다. 코자크 장교단 구성원의 선출권은 코자크 군단에 일임한 것으로 되어 있지만 실제로는 비교적 하급의 직책담당자들을 선출하는 경우에만 이 같은 선출권이 허용되었다. 이를 테면 각 기병중대 소속 코자크들은 중대장을 선출할 의무를 졌는데 몇 명의 후보를 뽑아놓고 헤트만에게 제시해 재가를 받도록 했다. 코자크 연대 장교들은 중대장들 및 중요한 보직을 맡는 코자크들과 함께 코자크 연대 장교를 선출할 의무를 졌는데 이 경우에도 헤트만의 재가를 받아야 했다. 그러나 연대장이나 군단본부 장교단 구성원 후보는 명단 제출 후 차르의 재가를 받아야 했다. 우크라이나 법원은 흐멜니츠키 협약조항에 의해 구성되었으나, 군단본부(최고) 재판소는 이후로도 계속 세 명의 우크라이나인과 세 명의 대러시아인으로 구성되었다. 이것은 흐멜니츠키 협약조항과는 전혀 부합하지 않는 것이었다. 이런 예는 그 외에도 많았다.

무엇보다 심각한 문제는 이러한 대단치 않은 양보조차 모두 여러 번의 청원과 소원 끝에 받아들여졌고, 말하자면 러시아 정부가 은총으로 베푼 혜택이었기 때문에 아무 때라도 필요하면 취소될 수 있다는 사실이었다. 실제로 이 혜택은 얼마 가지 않아 취소되었다. 그러나 자신들의 권리를 획득하기 위해 투쟁할 힘을 스스로 느끼지 못한다면 무슨 대책을 취할 수 있겠는가. 지금까지의 사태 진전은 우크라이나 사회에 투쟁할 힘이 전혀 남아 있지 않음을 보여주었다. 그리고 아포스톨은 청원하고, 애원하고, 글자 그대로 차르의 은총을 받기 위해 머리를 땅에 조아리는 것이 자신의 임무라고 생각했다.

'결정적 사항들'에 바탕을 두고 우크라이나의 몇 관직에 새로운 후보자들이 선출되고, 우크라이나 행정에서 일부 공석 중인 자리도 충원되었다. 그 다음에는 우크라이나 법률가들로 구성된 위원회가 선출되었는데, 이 기구는 우크라이나의 법률, 율령을 다함께 수집하고 이렇게 해서 우크라이나 법전을 편찬할 임무를 띠고 있었다. 코자크 장교들이 더 이상 코자크 군단 토지와 일반 코자크들의 토

그림 305 다닐로 아포스톨(옛 초상화에서).

지를 탈취하는 것을 막기 위해 모든 코자크 장교들이 소유한 토지에 대한 법적 권리 조사가 진행되었다. 코자크 연대의 업무를 총괄적으로 담당하는 연대 행정국도 새로운 원칙에 바탕을 두고 재편되었다. 1730년에는 폴루보톡이 시도했던 개혁과 같은 취지로 법원에 아주 중요한 지침서가 교부되었다. 촌락 재판소나 중대 재판소부터 코자크 군단본부 재판소에 이르기까지 모든 재판소는 여러 명의 판사가 참여하는 집단심 원칙으로 운영되어야 했다. 또한 중대 재판소에서 연대 재판소까지 올라가고, 연대 재판소에서 군단본부 재판소까지 올라가는 항소 제도도 정비되었다. 이에 따라 군단본부 재판소는 이제부터 항소심 법정의 역할만 하고 사건의 심리는 맡을 수 없게 되었다.

자포로쟈 코자크들이 돌아온 것도 중요한 사건이었다. 앞에서 이미 설

명한 대로(97장) 오스만 투르크의 보호 아래 들어간 이후로 그들이 우크라이나에서 완전히 소외되었다는 사실은 시치 코자크들에게 아주 빠른 속도로 감지되었고 그들은 러시아 정부가 그들에게 우크라이나 귀환을 허용해 주어야 한다고 청원하기 시작했다. 호르디엔코와 오를릭은 가능한 한 이들의 이러한 행동을 막으려 했으나, 호르디엔코가 사망한 후 우크라이나 귀환 허가를 위한 자포로쟈 시치 코자크들의 청원은 더욱 강력해졌다. 그러나 러시아 정부는 러시아와 투르크 간 평화 상태가 유지되는 상황에서는 코자크들을 다시 받아들이는 것이 가능하다고 생각하지 않았다. 자포로쟈 코자크를 오스만 투르크의 신민으로 인정한 조약을 위배하지 않으려는 의도 때문이었다. 러시아 정부는 만약 오스만 투르크와 전쟁을 하게 되면 그들을 다시 받아들이겠다고 약속했다. 러시아 군대로서는 전쟁이 일어났을 때 자포로쟈 코자크들을 우군으로 두는 것이 중요했다. 전운은 1720년대 말부터 이미 감돌기 시작했고 이를 감안할 때 자포로쟈 코자크들의 귀환도 시간을 다투는 사안이 되었다. 1733년 폴란드에 국왕 궐위 사태가 발생하자 투르크와 전쟁을 한다는 데 대한 원칙적 결정이 내려졌다. 이 해 여름에 러시아의 여제[30]는 자포로쟈 코자크들에게 공문을 보내 그들이 러시아 권력의 보호 아래 다시 돌아오게 될 것이되, 실제로 귀환하게 될 시기는 나중에 통보하겠다고 약속했다. 그러나 크림한국의 칸이 그들을 폴란드 원정에 동참시키고자 소집령을 내렸기에 자포로쟈 코자크들의 입장에서는 더 이상 기다리는 것은 불가능했다. 이 때문에 그들은 1734년 초 알레쉬코를 떠나 자포로쟈로, 곧 바자블룩(Базавлук) 강[31]의 옛 기지로 돌아왔다. 그런 후 자포로쟈 코자크 대표단은 루브니에서 협정문을 작

30) 이때의 러시아 황제는 안나 이바노브나(이오아노브나) 여제였다.
31) 우크라이나 드니프로-페트로프스크 오블라스트 서쪽에 위치한 강.

성하여, 자포로쟈 코자크들이 러시아 권력이 미치는 지역으로 귀환하는 조건을 정했다. 이들은 1709년까지 살던 옛 근거지에 거주하고, 어떤 종류의 생계활동이라도 자유롭게 영위할 수 있게 되었다. 그들은 자신들이 선출한 코자크 장교단에 의해 통치되며, 우크라이나에 주둔한 러시아 군단 최고 사령관에게 직접 귀속되었다. 그들은 국경을 방어하는 의무를 지되, 근무에 대한 대가로 러시아 정부로부터 매년 2만 루블을 지급받는다는 약속이 맺어졌다. 이 일이 있은 후에 자포로쟈 코자크들은 러시아의 안나 여제[32]에게 충성을 맹세했다. 당시 이들의 수는 7천 명을 넘어섰다.

이렇게 함으로써 1708년 마제파 반란의 잔재에 대한 모든 뒤처리가 끝난 셈이 되었다. 단지 불요불굴의 오를릭만이 폴란드의 왕위 궐위, 폴란드 왕위를 둘러싼 여러 정파의 권력투쟁과 이 문제에 대한 러시아의 간섭, 러시아-투르크 전쟁 등 새로운 혼란 상황들을 이용하여 러시아에 적대적인 국가들이 우크라이나 문제에 신경을 써 주기를 바랐으나 그의 모든 노력은 헛수고로 끝났다.

그렇기는 하지만, 오를릭의 이러한 시도도 있는 데다 이와 거의 같은 시기에 폴란드, 크림, 몰다비아에서 전쟁까지 시작되는 바람에 러시아 정부

---

32) 안나 이바노브나(Анна Ивановна, 1693~1740). 러시아 여제(재위: 1730~1740). 이반 5세(재위: 1682~1696)의 딸이자 표트르 1세의 조카인 안나는 1710년 11월 11일 발트 해 연안에 있는 쿠를란트 공국의 통치자 프리드리히 빌헬름과 결혼했다. 상트페테르부르크에서 결혼식을 마치고 쿠를란트로 돌아가는 길에 남편이 죽었지만 안나는 1730년까지 쿠를란트의 수도 옐가바에 남아 있었다. 1730년 표트르 2세가 죽자 1726년부터 러시아의 실질적인 최고 통치기구로 군림하던 추밀원이 그녀에게 제위를 제안했다. 그녀는 이 제안을 수락했으나 국가의 실권은 추밀원이 보유하며, 장차 러시아에 사실상 제한된 군주정을 실시한다는 내용의 계약서까지 받아들이고 모스크바에 입성했다. 그러나 모스크바에 도착해 토지소유귀족과 근위대 장교들 사이에 추밀원이 내건 계약조건에 대한 반감이 널리 퍼져 있는 것을 확인한 그녀는 계약서를 찢어버리고 추밀원을 해체한 다음 전제정치를 실시했다.

는 우크라이나에 대한 관계에서 조심스러운 태도를 견지할 수밖에 없게 되었다. 러시아 정부는 자제했고 정책을 급격히 변화시키지는 않았다. 그러나 정부 일각에서는 이미 오래전부터 새로운 바람이 불고 있었다. 1730년 차르 표트르 2세가 사망한 후, 황제 자리는 그의 5촌 고모인 안나 여제가 차지했다. 그녀의 즉위와 함께 그녀의 삼촌인 표트르 1세의 강압적 분위기도 부활했다. 연로한 아포스톨이 중병에 걸리자 -그는 1733년 중풍으로 쓰러져 거동할 수 없게 되었다- 안나 여제는 그가 우크라이나인 코자크 장교단에게 나라의 운영을 맡기는 것을 허용하지 않고, 자신이 파견한 상주관리인 샤호프스코이[33] 공에게 행정을 맡기면서 그가 대러시아 사람과 우크라이나 사람이 같은 수로 참여하는 평의회와 함께 통치권을 행사하게 했다. 이리하여 헤트만 사후 그의 자리를 대신하게 될 새로운 정부가 마련되었다. 이러한 조치에 대한 반대급부로 조세를 일부 감면했고, 우크라이나에서 숙영하는 대러시아인 연대 병력을 줄였다.

아포스톨은 얼마 있지 않아 사망했다(1734년 1월). 그의 죽음은 그 당시 우크라이나로서는 큰 손실이었다. 그는 자기 조국의 권익 증진을 진정으로 바랐고, 이를 위해 일하는 방법도 알았던 사람임에 의심의 여지가 없다. 요즈음 사람들에게는 그의 공손하고 정부 추종적인 정책이 좋지 않게 보일 수도 있다. 하지만 모스크바에서 학교교육을 받고 길들여져서 러시아에 맞서 투쟁할 가능성뿐 아니라 그저 품위를 지킬 가능성마저 더 이상 믿지 않게 되고 모든 것은 모스크바 사람들로부터 자비를 얻는 데 달려 있다고 생각하는 버릇을 가지게 된 그런 새로운 세대의 우크라이나인들이

---

33) 야코프 페트로비치 샤호프스코이(Яков Петрович Шаховской, 1705~1777). 공작. 러시아 정치가. 차르의 추밀 자문관. 원로원 위원, 신성종무원장. 예카테리나 2세 때 교회재산 국유화 정책에서 중요한 역할을 수행했다.

그를 둘러싸고 있었으며 이러한 상태에서 그가 조금이라도 더 단호한 정책을 취하는 것이 얼마나 어려웠는지 기억할 필요가 있다. 우리가 상기해야 할 것은 그의 주변에는 우크라이나와 우크라이나 인민들과는 아무 관련도 없으면서 차르 측근들의 은전으로 여러 고위직을 맡고, 자신과 가족들의 부를 쌓는 것밖에는 아무 다른 목적이 없는 교활한 인간 군상이 넘쳐났다는 점이다.

101. 제2차 헤트만직 철폐

러시아 정부는 아포스톨의 죽음을 기화로 삼아 또 다시 헤트만직을 철폐했다. 그의 죽음이 알려지자마자 정부는 인쇄된 칙령을 내려 "이 엄중한 직책을 감당할 만한 덕망 있고, 충직한" 사람을 선출하기 위해 철저한 논의가 필요하며, 그런 충직한 사람이 나타날 때까지 안나 여제는 여섯 명의 고관으로 구성된 행정위원회를 도입한다고 발표했다. 6인 위원회는 황제가 파견한 상주관리인 샤호프스코이 공과 그의 보좌관인 두 명의 대러시아인 관리, 그리고 코자크 군단본부 보급·포병 책임장교인 리조굽(Лизогуб)과 그의 보좌관인 두 명의 코자크 장교로 구성되었다. 이들이 아포스톨에게 하사된 '결정적 사항들'에서 규정된 대로 전반적 자문을 얻어(с общего совета) 헤트만 행정부의 모든 업무를 결정하기로 되었다. "그들은 회의 때 대등한 지위를 가질 것이니, 오른쪽에는 대러시아인 대표가, 왼쪽에는 소러시아인 대표가 앉는다"라고 규정되었다. 안나 여제는 자기 나름대로, 보흐단 흐멜니츠키 협약조항들에 따라 우크라이나 인민들을 위해 그들의 권리와 특권들을 지켜주겠노라고 약속했다.

그림 306 호르디엔코의 무덤. 알레쉬코(카멘
카 마을 부근)에서 멀지 않다.

그런데 이 모든 것은 심지어 그 표현에서조차 우리가 이미 살펴 본 표트르 1세의 칙서를 강력히 연상시키는 것이었다. 그리고 실제로 흐멜니츠키 협약조항들을 언급하고 새로 도입된 행정제도의 한시적 성격을 언급한 것은 사람들을 호도하기 위한 것이었다. 샤호프스코이 공에게 전달된 비밀 훈령에서 안나 여제는 헤트만 선출을 허용하겠다고 언급한 것은 단지 민심에 줄 충격과 혼란을 막기 위한 것일 뿐이며 정부는 실제로는 앞으로 헤트만 선출을 허용할 의도가 전혀 없다고 노골적으로 언명했다. 우크라이나 업무는 또다시 원로원 소관으로 넘어갔으며, 원로원은 우크라이나를 제국의 일반 지방과 마찬가지로 관할하게 되었다. 그러나 우크라이나의 실제 통치자는 새로운 합좌기구(행정위원회) 의장인 샤호프스코이 공이 될 수밖에 없었다. 여제의 칙령에는 위원들 간의 평등 지위가 명시되어 있었지만 이것이 빈말에 지나지 않았다는 것은 의장에게 부여된 권한이 어떤 것인지를 보면 잘 알 수 있다. 샤호프스코이 공에게는 행정위원회의 우크라이나 위원들을 비밀리에 감시하고 뒤를 밟으며, 이들에게서 조금이라도 의심스러운 점이 발견되면 바로 체포하고, 이들 대신 러시아 정부에 호의적인 사람들을 자기 재량껏 임명할 수 있는 권한이 주어졌다. 그리고 그는 전반적으로, 긴급한 경우에는 정부의 훈령을 전혀 기다릴 필요 없이 독자적 판단에 따라 행동할 권한을 가지고 있었다.

　이리하여 새로운 행정위원회 의장은 실제로 과거 표트르 시대의 소러시아 합좌청 의장이 그러했던 것과 꼭 마찬가지로 우크라이나의 진짜 통치자가 되었다. 그러나 러시아 정부는 그 자신이 임명한 고관들과 또 우크라이나 관직에 임명된 대러시아인들 전반으로 인해 또다시 실망을 겪어야 했다. 왜냐하면 그들은 정부의 신임만 믿고 법은 전혀 고려하지 않은 채 자의적으로 행동하고, 주민들을 학대했기 때문이다. 이로써 그들은 모스크바[34] 권력에 바탕을 둔 행정과 모스크바 정부가 임명한 관리들에 대한 우크라이나 주민들의 일체의 신뢰를 무너뜨렸고 새로운 제도가 도입될 때마다 모스크바 정부의 칙령에 뿌려놓곤 했던, 정의를 지키고 권력 악용으로부터 주민들을 보호하겠다는 저 모든 기만적 언사에 대한 우크라이나 주민들의 믿음도 모두 붕괴시켰다. 이 때문에 샤호프스코이는 대러시아인 중에서도 우크라이나 인민에게 모스크바식 제도에 대한 신뢰와 호의를 불러일으킬 수 있을 만큼 훌륭한 인물들을 새 우크라이나 행정부와 군단본부 재판소(최고 재판소) 구성원으로 임명하도록 유의하라는 지시도 받았다. 그는 과거의 선례대로, 일반 인민들에게 새로운 제도는 코자크 장교들의 학대로부터 주민들을 보호하기 위해 도입되었다고 설명하라는 권고와 주민들이 헤트만직의 부활을 바라지 않게끔 하기 위해 모든 무질서와 무법의 책임을 헤트만 행정부에 돌리라는 권고도 아울러 받았다. 끝으로, 러시아 정부는 우크라이나 사회의 상층부를 러시아로 동화시키기 위해, '비밀

---

34) 흐루셰브스키는 러시아 제국이 수립된 후인 1730년대 시기를 다루면서도 러시아를 가리키는 데 '모스크바 혹은 모스크바적'이라는 말을 쓰고 있다. 그는 모스크바라는 말을 '우크라이나의 자치를 부정하는 대러시아 권력'을 가리키는 의미로 쓰고 있다. 이 당시 러시아제국의 수도는 모스크바가 아니라 상트페테르부르크였다.

스럽게' 우크라이나 코자크 장교들을 폴란드인이나 다른 '외국계 거주민들'에게서 분리시키고, 우크라이나인들이 대러시아인들과 결혼해 친척이 되도록 '교묘하게' 장려하라고 샤호프스코이에게 권고했다.

　이 같은 지침을 샤호프스코이와 그 후임자들이 받았던 것이다. 우크라이나 사회가 그러한 행정부 아래서 어떤 느낌을 가지게 되었을지는 쉽게 상상할 수 있다. 비록 차르 정부가 여기서 관리들에게 자신의 정책을 '비밀스럽고', '은밀하고', '교묘하게' 수행하도록 지시하기는 했으나, 제압당하고 공포감에 눌린 우크라이나 장교들은 물론이고, 가장 지위가 높고 공로가 많은 자기네 러시아인들조차 인정사정없이 다루었던 이 가혹한 시기, 비론[35]파가 득세한 이 시기에 조금이라도 섬세하게 주의를 기울여 일을 진행하는 것은 어려웠다. 정부 스스로가 조금도 섬세하지 않게 일을 처리하곤 했다. 키예프 수도대주교 바나토비치(Ванатович)와 키예프 여러 수도원의 수도원장들은 황제축일(царский день) 기념 예배를 드리지 않았다는 이유로 파면되어 유형에 처해졌다. 코자크 장교들에 대한 전혀 근거 없는 온갖 의심 때문에, 아무런 의심을 받을 일이 없는 가장 뛰어난 코자크 장교들에 대해서조차 문서와 편지를 검열하고 몰수하라는 명령이 내렸다. 새로운 우크라이나 행정위원회의 우크라이나인 구성원 가운데 최고위직인 리조굽 본인도 바로 그 대상이 될 정도였다. 이런 상황에서 샤호프스코이와 그의 후임자

---

35) 에른스트 요간 비론(Эрнст Иоганн Бирон, 1690~1772). 독일식으로는 Ernst Johann von Biron. 안나 이바노브나 여제의 최측근인 독일인 총신. 안나 이바노브나 여제는 원래 쿠를란트로 시집을 갔다가 결혼 직후 남편과 사별했고 그 후 러시아로 돌아와 여제가 되었는데, 이때 많은 독일인들을 데리고 궁정으로 들어왔다. 비론은 1718년 안나 이바노브나가 쿠를란트의 대공 부인이던 시절 그녀의 측근으로 등장했으며 안나의 개인 서기였다가 시종보가 되었다. 안나가 여제가 된 후 비론은 여제의 절대적 총애를 믿고 온갖 전횡을 일삼았으며 그녀가 사망한 후 권력을 잃고 비참한 죽음을 맞이했다.

들이 일반 우크라이나 주민들을 어떻게 다루었을지는 충분히 상상할 수 있다. 샤호프스코이는 심지어 정부가 코자크 장교들을 아직 너무 점잖게 대하고 있다고 생각해서, 이들이 행정 업무에 일체 관여하지 못하게 하고 대신 그냥 한 명의 대러시아인 총독을 임명해 우크라이나를 통치하게 하라고 건의했다. (분명히 여기서 그는 대단하신 자기 자신을 그 후보자로 여기고 있었다.) 그러나 차르 정부는 이런 과격한 모양의 조치에는 동의하지 않았기에, 행정위원회에서 우크라이나인 구성원들은 어쨌거나 아무 중요성도 없는 존재이고, 이들을 모든 행정 참여에서 완전히 배제시키면 우크라이나 인민에게 '모종의 의심'을 불러일으킬 수 있다며 이 지나치게 극성을 떠는 대리인을 진정시켰다. 이 상황에서 차르 정부가 확약한 우크라이나인들의 권리와 특권이 얼마나 잘 준수되었는지 보여주는 사례가 여기 있다. 키예프 시회(市會, магистрат)[36]가 대러시아인 권력자들의 전횡으로부터 자신들의 권리를 보호하려고 시도하자, 1737년 당시 우크라이나의 통치자였던 바랴틴스키[37] 공(행정 위원회 의장)은 웬 시시한 주장을 근거로 내세우면서 키예프 시회 구성원 전원을 체포하고 이와 함께 키예프 시 공문서를 모두 압수했다. 그는 시회가 장차 자신들의 권리와 특권을 주장할 아무런 법적 근거를 가질 수 없게 하기 위해 이러한 조치를 취했다고 정부에 설명했다.

이 시기 우크라이나에서는 이 같은 대러시아인 행정관리들뿐 아니라 온갖 군대 지휘관들의 가혹한 손길도 무겁게 내리누르고 있었다. 이전의 군정사령관을 대신해 파견된 키예프의 군사 총독들을 필두로 하여, 투르크 원정과 크림 원정, 폴란드 전쟁 등이 진행되던 긴장된 시기에 이웃한 우크

---

36) 표트르 I세 때부터 1885년까지 행정, 재판, 세무를 관장한 선거제 시 행정기구.
37) 이반 표도르비치 바랴틴스키(Иван Федорович Барятинский, ? ~ 1738). 러시아의 대귀족으로 소러시아의 최고행정관을 역임했다.

라이나 영토에 임의로 들어와 주둔하면서 아무런 법률이나 협약조항의 구속도 받지 않은 채 우크라이나 연대와 온갖 코자크 장교들에게 명령권을 행사했던 러시아 제국군대 지휘관들 등이 그러한 사람들이었다. 대러시아 출신 지배자들의 전제적 통치와 그들의 가혹한 태도, 의심, 막무가내식 엄벌에 완전히 겁을 먹은 우크라이나 코자크 장교들은 자신들의 권리를 주장하거나, 약속한 대로 헤트만을 선출하자거나 옛 제도를 복원하자고 요구하는 목소리조차 감히 내지 못한 채 침묵을 지키며 복종했다. 그들은 간신히 목숨을 부지하는 것만으로도 만족해 '물보다 고요하고, 풀보다 낮게' 숨을 죽이며 지냈다. 가혹한 비론 일파의 부추김을 받아 자행된 대러시아인들의 통치가 얼마나 잔혹한 것이었던가는 1740년 대러시아인 통치자 대신에 영국인 장군인 키이스[38]가 새로운 행정책임자로 부임했을 때 우크라이나 사람들이 후일담으로 회상한 이야기들 속에서 잘 찾아볼 수 있다. 이 준엄한 장군은 고문도 심문할 때의 '가혹행위'도 꺼리고, 온건한 처벌을 내렸으며 예의 바르고 다정한 태도로 사람들을 대함으로써 임기를 마친 후에 좋은 인상을 남겼다. 이 정도의 태도만으로도 이미 경이로운 현상에 속했던 것이다.

그런데 우크라이나 상층 사람들이 정녕 이렇게 힘든 상황에 처했다면, 하층민들의 처지는 실로 어떠했겠는가? 일반 주민들은 우크라이나 코자크 장교들로부터도 가혹한 대우를 받았다. 일체의 정치적 활동에서 배제된 코자크 장교들은 후손들에게 땅과 온갖 재산을 확보해주기 위해 그럴수록 더 악착같은 태도로 자신들의 영지를 늘리고 소유지를 경영하는 일에 몰두하

---

38) 제임스 키이스(Джеймс Кейт, 영어로는 James Francis Edward Keith, 1696~1758). 스코틀랜드 출신 러시아 군 장군. 나중에는 프로이센군의 원수가 되어 프리드리히 2세의 최측근 자문관 중 한 명으로도 활동했다.

기 시작했다. 이들은 황제정부의 정책에 굴복하고, 대러시아인 지배자들의 자질구레한 변덕에 비위를 맞추면서 이 같은 순종으로 이들의 은총을 받고자 애썼고, 그럴수록 더 극성스럽게 토지를 획득하는 일에 열을 올렸으며, 코자크들과 일반주민들을 농노로 만들었다. 이들이 이렇게 할 때는 능욕당한 그 어떤 농민이나 코자크들이 대러

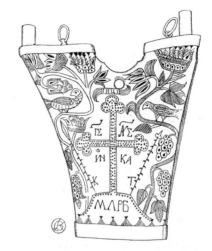

그림 307 1726년 자포로쟈의 화약통.

시아인 권력자들에게 자신들이 겪은 능욕에 대해 진정하기 시작한다 할지라도 지배자들이 이 같은 권력악용을 한 귀로 흘려버리고 말뿐 사안을 진전시키지 않으리라는 확신이 있었다. 정부는 코자크 장교들을 겁줄 요량으로, 코자크 장교들의 악행으로부터 주민들을 보호하기 위해 새로운 제도가 도입될 것이라는 소문을 흘리는 것까지는 할 수 있었다. 그러나 실상은 새로운 대러시아인 지배자들도 코자크 장교들의 악행을 견제하기 위한 방책을 전혀 찾아낼 수 없었다는 점에서는 한 치도 다를 바 없었다. 이들은 대러시아의 가혹한 농노제의 한복판에서 성장한 사람들이었고 엄청나게 뇌물을 받아먹는 자들이어서 여러 가지 일들이 발생하면 대개, 능욕당한 주민들이 아니라 지주-장교들 편을 들었다.

우크라이나인들은 대러시아 관리들이 주민들로 하여금 제국 질서에 호감을 가지게 해줄 공의롭고 성실한 행정관이 아니라, 주민들을 극도로 사혹하고 잔인하게 다루는 데 버릇이 들어버린 갖가지 꼴통들, 뇌물 밝히는

자들임을 알게 되었다. 이보다 훨씬 더 부드럽고 자유로운 통치체제에 익숙해 있던 우크라이나 주민들은 일찍이 이러한 체제를 경험한 적이 없었다. 공포스러운 "말씀과 업적(слово и дело)"[39]이라는 조항을 내세워 주민들을 위협하고 이들을 감옥이나 유형에 보내는 갖가지 사기꾼, 협잡꾼들도 있었다. "말씀과 업적" 조항에 의거하여 온갖 종류의 정치적 비방이 무시무시한 러시아 '비밀정찰국'[40]에 보고되었다. 이와 관련된 유명한 일화가 있다. 말을 타고 가다가 자기 부대원들과 함께 어느 우크라이나 지주 집에 머문 대러시아인 장교 한 사람은 주인의 대접에 불만을 품고, 그의 집 난로 타일에 러시아 제국의 쌍두독수리 문양이 새겨져 있다는 것을 트집 잡아 주인에게 시비를 걸기 시작했다. 그는 심의 없이 주인을 체포한 후 그가 "어떤 의도에서인지 알 수 없으나" 차르 문장(紋章)을 난로에서 태운다고 비

---

39) "폐하의 말씀과 업적(слово и дело государево)"의 줄임말. 17~18세기에 행해진 국사범 적발에 관한 암호다. 1649년 전국주민회의 법전에서 이 조항이 법제화되었을 때는 "폐하의 위대한 업적으로(великими государевыми делами)"라는 구절이었는데 그 후 '폐하의 말씀과 업적'이라는 암호로 바뀌었다. 차르에 대한 악의적인 생각을 하거나 차르의 이름을 모욕하는 사람이 있다는 사실 혹은 반역모의가 있다는 사실을 아는 사람은 반드시 "폐하의 말씀과 업적"이라는 암호로 신고하면서 이를 당국에 고발해야 했으며 그렇지 않으면 사형에 처해진다는 것이 "말씀과 업적" 조항의 규정이었다. 이 암호와 함께 고발된 사람은 투옥되어 고문당하고, 최종적인 판결을 위해서는 모스크바로 압송되었다. 차르 표트르 1세 시기에도 이 "말씀과 업적"과 관련된 사례는 빈번하게 일어났다. 표트르 1세 재위 중인 1713년에는 두 가지 경우에만 이 조항이 적용된다고 정했는데, 그 두 가지 경우란 (1) 누군가가 군주의 건강과 명예를 해하려는 의사를 가지고 있을 때, (2) 반란과 반역 모의였다. 이 제도는 1762년 2월 21일에 철폐되었다.

40) 비밀정찰국(Тайная Канцелярия, 1718~1801). 황태자 알렉세이 사건을 조사하기 위해 표트르 1세가 설립한 기구. 1726년에 폐지되고 그 기능은 비슷한 기능을 했던 프레오브라젠스키 청(Преображенский приказ)으로 이관되었다. 1731년에 부활되어 1762년 표트르 3세에 의해 폐지되기까지 비밀정찰 심문부(Канцелярия тайных и розыскных дел)라는 이름으로 존속했다. 1762년에는 예카테리나 2세 여제의 명령으로 탐정대(Тайная экспедиция)라는 이름으로 개칭되었으며 원로원 산하에 있다가 1801년 알렉산드르 1세 황제 때 다시 폐지되었다.

난하면서 비밀정찰국에 넘겼다. 비밀정찰국은
이 사안에 실제로 "말씀과 업적" 사항이 들어있
다고 보고, 불쌍한 지주를 족치며 무슨 목적으
로 난로에 황제 문장 타일을 붙였고 무슨 목적
으로 이것을 태우는지 심문했다. 주인은 이 타
일이 시장에서 사 온 보통 제품이라는 것을 증
명했지만, 그럼에도 무시무시한 비밀정찰국의
손에서 벗어나기 위해서는 많은 수의 말과 뿔
달린 가축뿐 아니라 적지 않은 금액의 현금까
지 바쳐야만 했다.

자신들이 우크라이나에서 해 놓은 일이 우크
라이나인들의 마음을 얻을 수 없음을 잘 알고
있던 러시아 정부와 친정부 세력은 우크라이나
인들에 대해 극도로 불신하는 태도를 가지게 되
었다. 너나 할 것 없이 음모와 반역에 대한 소문
에 귀 기울였고 온갖 사소한 일을 가지고도 여

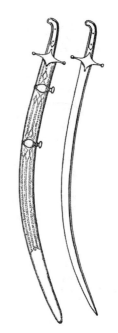

그림 308 자포로쟈의 검(키
예프의 우크라이나
학술협회 수집품).

차하면 다른 사람들을 고발해서 조사받게 하는 일을 일삼곤 했다. 당시의 조
사는 유례없이 가혹한 것이어서 혹독한 고문과 함께 진행되었고, 이 때문에
때로는 무죄로 풀려나는 사람들도 평생토록 건강을 잃어버리곤 했다. 심문
과 조사를 받을 때 가해지는 무서운 고문에 대한 소문은 오랫동안 우크라이
나에 떠돌았다. 후에 『루스인-소러시아의 역사』[41]를 쓴 우크라이나 저자는

---

41) 『루스인-소러시아의 역사(*История Руссов или Малой России*)』는 러시아 제국의 지배를
받던 시기 우크라이나 자치론의 입장에서 씌어진 가장 대표적인 역사서이다. 코자크들의 활
동에 대한 서술이 가장 큰 부분을 차지한다. 18세기 말~19세기 초 소러시아 지역에서 정치

이 소문을 바탕으로 삼아 다음과 같이 기술했다.

"비밀정찰국은 심문하고, 캐묻고, 여러 기구를 이용해 고문하고, 그들 손아귀에 들어온 불행한 사람들을 쇠바퀴로 지지는 짓을 그치지 않았다. 이 기관의 업무와 공적이라는 것은 오늘날 같으면 터무니없는 헛소리이거나 정신 나간 짓으로 보일 테지만 그 당시에는 가장 중요하고 은밀하고도 큰 이익까지 주는 일이었다. 사람들은 스쳐지나가는 존재일 뿐인 과거의 하숙 병사나 심지어 탈영병, 기타 부랑자들의 고발이나 온갖 종류의 시빗거리 혹은 트집만으로도 비밀정찰국에 넘겨져 고문당하고 학대받았다. 고발의 방식은 간단해서 '폐하의 말씀과 업적'에 관한 것이라고 하면 그만이었

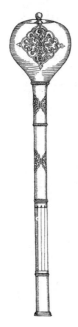

그림 309 불라바(체르니 히브 박물관).

다. 차르 개인과 그 가족의 생명, 명예, 안녕이라는 세 가지 사항에 관련된 불순한 요소를 일컫는 이 '말씀과 업적' 고발은 악한들과 불한당들에게 그들의 원한을 갚고 복수를 하기 위한 신호나 표어 혹은 부적과 같은 역할을 했다. 아무리 정직하고 올바른 품행으로 평판 높은 사람이라도 누구든지 가장 악명 높은 악한이나 불한당에게 고소를 당할 수 있고, 고소를 당하면 고문에 처해졌다. 병사나 온갖 부랑자를 과분하게 대접하지 않았거나 향응을 베풀지 않았거나 방심하는 바람에 무슨 일로 이런 자를 불쾌하게 만든 일이 있는 사람은 큰 곤경에 처할 수 있었다. 모욕을 당했다고 생각하는 부랑자는 곧장 도시

팸플릿 형태로 쓰였으며, 저자는 벨라루스 대주교 게오르기 코니스키(Георгий Конисский)로 추정되기도 하지만 다수 역사학자들은 이에 동의하지 않고 있다.

나 촌락의 행정책임자에게 달려가 그 앞에서 바로 '폐하의 말씀과 업적'과 관련해 무언가 고발할 일이 있으니 '그 자와 소인에게 쇠고랑을 채우십시오'라고 외친다. 행정지도부는 아무것도 조사하지 않고 고발자의 말 한마디에 얼어붙어 피고발인과 고발인에게 쇠고랑을 채운 후 최고로 엄중한 감시 아래 대단히 무시무시한 기밀사항이라는 외양을 만들어 이들을 비밀정찰국[42]으로 보낸다. 그러면 비밀정찰국은 고발인과 피고발인의 됨됨이가 어떤지, 심지어 고발의 이유가 무엇이고 그것이 옳은 것일 수 있는지조차 따져보지도 않고 심문을 한다. 이 기구는 공간적 거리나 삶의 방식으로 보았을 때 피고발인이 한 번도 본 적이 없고 볼 수도 없는 군주와 그의 가족에게 어떠한 위해를 가한다는 것이 도대체 가

그림 310 폴루보톡의 "대장 권표(權標)".

능한 일인지 따져보려 하지조차 않고 지시받은 대로 무조건 심문 절차를 진행한다. 고발인을 고문하기 시작하는데 고발인이 세 단계의 각각 다른 고문방식을 견뎌내고 자기 고발내용을 확인하면 피고발자는 이미 고분고분해진다. 그러면 그를 고문에 처하고 즉각 죽인다."

이러한 가혹한 학정에 시달리는 것과 더불어 코자크 집단은 투르크, 크림, 폴란드 원정에 동원되어 힘겨운 군복무까지 해야 되었다. 농민들은 아무런 대가도 없이, 혹은 결코 지불되지 않을 보수를 약속받고서 군대를 위

---

42) 『루스인-소러시아의 역사』의 저자는 페테르부르크의 비밀정찰국과 다른 어떤 기관을 혼동하고 있다. (원저자 주)

해 물품수송을 담당하거나 보급 물자를 공급했다.

　　모스크바 군인들―매 같은 남정들, 우리 집 황소를 잡아먹었네,
　　건강한 모습으로 돌아온다면―남은 암소까지도 먹고 말겠네.

　　우크라이나의 역사인 『루스인―소러시아의 역사』의 저자는 "당시 우크라이나 사람들이 투르크와의 전쟁에 출정하는 모스크바 군부대를 얼마나 잘 환대했는지를 자랑했다"라고 적었다. 코자크 군단본부 재무관인 야키브 마르케비치(Яків Маркевич)[43]의 기록을 통해 우리는 당시 러시아 군부대를 위해 우크라이나의 황소 수만 마리를 "나중에 보상해주겠다"라는 조건으로 징발했다는 사실을 알 수 있다.

　　주민들은 이런 식의 가축 및 곡물 징발과 군대 보급품 수송 때문에 형편없이 몰락했다. 보급품 수송 명분으로 농민들이 마지막 역축까지 다 빼앗겨 버리는 일이 아주 빈발했으니 말을 빼앗긴 마부들은 아무 보상도 받지 못한 채 걸어서 집으로 돌아오곤 했다.

---

43) 야키브 안드리요비치 마르케비치(Яків Андрійович Маркевич, 러시아어로는 야코프 마르코비치(Яков Андреевич Маркович), 1696~1770), 우크라이나의 코자크 지휘관이자 저술가, 번역자. 프릴루키에서 부유한 코자크 고위장교인 안드리 마르케비치의 아들로 태어났으며 키예프 모힐라 아카데미를 비롯한 여러 교육기관에서 수준 높은 교육을 받았다. 코자크 장교로서 능력을 높이 평가받아 이반 스코로파드스키의 헤트만 본부에서 근무하기도 하였으며, 헤트만대행 폴루보톡과도 긴밀한 관계를 유지하였다. 폴루보톡 사후에 은신생활을 하기도 하였으나 키릴로 로주모브스키 헤트만 재직 시기에는 다시 고위직에 올랐다. 마르코비치는 착실한 관찰자이자 기록자였다. 그의 『가계노트(Генеалогические заметки)』는 주요 코자크 가문의 가계를 정리한 것이며 『일기(Діяріюш)』는 18세기 헤트만령 우크라이나의 정치·사회경제·문화적 주요사건들을 기록한 것으로, 코자크 역사의 중요한 자료로 평가받는다.

어와, 일요일 아침 일찍 종이란 종은 다 울려,

어와, 우리네 달구지군들 달구지도 황소도 몰고 가네 .

어와, 황금 모래 반짝이는 유명한 몰다비아는 그 얼마나 비싸지?

어와, 달구지 네 대 몰고 몰다비아로 갔건만 돌아올 땐 맨발.

어와, 가파른 산 치솟은 유명한 몰다비아는 그 얼마나 비싸지?

어와, 저 마부 멋진 두루마기 입고 몰다비아 갔건만 돌아올 땐 벌거숭이.

102. 로주모브스키 헤트만 정부

이 모든 상황은 인민 생활에 지극히 참혹한 양상으로 반영되었다. 우크라이나는 완전히 황폐해졌다. 1737년 우크라이나를 두루 여행한 러시아 정부의 대신 볼르인스키[44]는 당시 실력자인 비론에게 보고하기를, 우크라이나가 얼마나 황폐하고, 얼마나 많은 이곳 사람들이 죽었는지를 현지에 직접 와 보기 전까지는 짐작하지 못했다고 했다. 그는 지금은 너무나 많은 사람들이 전쟁에 동원되어서, 식량을 얻기 위해 곡식 씨를 뿌릴 노동력조차 제대로 남아 있지 않다고 썼다. 그리고 볼르인스키는 계속해서, 우크라이나 주민들의 고집 때문에 이토록 많은 땅이 경작이 되지 않은 채 남아 있다고 생각할 수도 있지만, 양심적으로 생각해 본다면 농지를 경작할 사람과 가축이 남아 있지 않다는 것을 인정하지 않을 수 없다고 보고했다.

---

44) 아르테미 페트로비치 볼르인스키(Артемий Петрович Волынский, 1689~1740). 러시아 정치가, 외교관. 표트르 1세 황제 재위 시기에는 황제의 총애로 여러 요직도 거쳤고, 1722~1723년 페르시아와의 전쟁에서도 중요한 역할을 했다. 그러나 안나 여제 즉위 후 그의 위세는 크게 떨어졌다. 비론과의 권력 싸움에서 진 후 안나 여제에 대한 역모죄로 처형되었다.

그림 311 야쿠보비치의
"대장권표".

그렇게 수많은 황소를 사들여서 군사 보급품을 수송하는 과정에서 죽게 했던 데다 여기에 더해 지금은 니진 연대 한 군대에서만 1만 4천 마리의 황소를 군대에 징발했고, 다른 연대에서는 얼마가 징발되었는지 정확하게 알 수도 없을 정도라는 것이 그의 기록이었다. 그 후 1764년 우크라이나 장교단은 여제[45]에게 올린 보고에서 이 모든 문제를 상기하며 다음과 같이 썼다. "지난번 투르크와의 전쟁 시기에 소러시아는 몇 년간 군대를 숙영시키고, 군량과 말먹이를 제공하느라 전쟁의 모든 부담을 졌습니다. 이것 말고도 농부들의 말과 소뿐 아니라 귀족신분 코자크들과 갖가지 칭호를 지닌 사람들의 마소까지도 군사 물자 보급을 위해 강제로 징발되었습니다. 이와 아울러 가지각색의 높은 세금이 수십만 마리의 마소를 비롯해 여타 군수품의 형태로 징발되었습니다. 그런데 이 모든 것은 대가를 지불받는 것을 전제로 해서 징발되었습니다만 일부 주인만 후에 보상을 약속하는 수령증을 받았고, 나머지는 수령증을 받지 못했습니다. 이번 프로이센과의 전쟁 동안에도 이런 식으로 많은 황소

---

45) 러시아 제국의 여제 예카테리나 2세(Екатерина II, 1729~1796, 재위: 1762~1796)를 말한다. 예카테리나 대제라고도 부른다. 그녀는 독일 태생으로 러시아의 황제가 된 후 표트르 1세의 업적을 계승 발전시켰다. 러시아 제국의 행정과 법률제도를 개선했으며 크림 반도와 폴란드 상당 부분을 차지함으로써 괄목할 만한 영토 확장을 이루었다. 그런 한편 그녀의 통치기에는 농노제가 크게 확대되었고 귀족에 대한 농민의 권리가 악화되었기 때문에 계몽군주를 자처한 그녀의 정책은 명실상부하지 않았다는 비판을 받기도 한다.

와 말이 징발되고 있습니다. 게다가 이전에 그러했던 것과 마찬가지로 소러시아 주민들은 후에 보상받는 조건으로 여러 연대에 군량과 말먹이를 공급하고 있습니다. 그러나 앞에서 말씀드린 모든 것에 대해, 투르크와의 전쟁 시기에 징발된 황소와 말 값으로 소액의 돈이 지불된 일부 경우를 제외하고는 아무런 결산도 지불도 이루어지지 않았습니다. 이러한 상황으로 인해 전체적으로 소러시아의 일반 백성들은 적지 않게 기진맥진해졌고, 특히 코자크들과 농부들은 극도로 탈진과 가난에 시달리고 있습니다."

이러한 상황은 크나큰 불만을 야기했고, 헤트만 제도의 부활에 대한 열망을 부채질했다. 헤트만 제도의 부활의 가능성이 열렸을 때 주민들은 열광적으로 기뻐했다. 1740년 투르크와의 괴로운 전쟁[46]이 끝난 지 불과 몇 달 후 안나 여제가 죽었다. 단기간에 그친 안나 레오폴도브나[47] 섭정통치 시기를 거친 후 1741년 가을 궁정 쿠데타가 일어나 섭정을 내쫓고 표트르 I세의 딸인 옐리자베타[48]를 제위에 옹립했다. 그녀의 황제 즉위는 러시아 정부의 우크라이나 정책에 큰 변화를 가져왔다. 옐리자베타 여제는 스스로 자기 부친이 추진했던 정책의 충실한 계승자라고 생각했으나 우크라

---

46) 러시아-투르크 전쟁(노토전쟁). 17~19세기에 러시아와 오스만 제국 사이에는 여러 차례의 분쟁과 전쟁이 일어났다. 이 전쟁은 흑해로 나가는 출구를 얻기 위한 러시아의 장기적인 전략과 밀접한 관련이 있었다. 여기서는 1735년부터 1739년까지 이어진 전쟁을 말한다.

47) 안나 레오폴도브나(Анна Леопольдовна, 1718~1746). 이반 6세(재위: 1740~1741)의 어머니. 이반 5세의 딸이자 안나 여제의 언니인 예카테리나 이바노브나와 메클렌부르크-쉬베린 대공인 카를 레오폴드 사이의 딸로 태어났다. 브라운쉬바이크-뤼네부르크 대공인 안톤 울리히와 결혼해 이반 6세를 낳았다. 안나 여제 사망 후 러시아 차르로 즉위한 이반 6세가 젖먹이 아기였으므로 안나 레오폴도브나가 섭정이 되었다. 이반 6세를 폐하고 옐리자베타 여제를 옹립하는 궁정쿠데타의 발발로 그녀의 섭정 통치는 1년 만에 끝났다.

48) 옐리자베타 페트로브나(Елизавета Петровна, 1709~1761, 재위: 1741~1761). 러시아 제국의 황제. 표트르 1세와 예카테리나 1세 사이의 딸로 태어났으며 1741년 궁정 쿠데타로 이반 6세를 몰아내고 황제 자리에 올랐다.

이나에 대한 관계에서만은 개인적 호감 덕분에 대단히 관대한 정책을 펼쳤다. 그녀가 아직 공주이고, 아무런 영향력이나 권위가 없었을 때, 그녀는 준수한 외모를 가진 궁정 가수 알렉세이 라주모프스키(올렉시 로주모브스키)⁴⁹)와 사랑에 빠졌다. 레메시(Лемеши) 마을(지금은 체르니히브 도 코젤레츠크(Козелецк) 군으로 바뀌었다) 출신 등록 코자크의 아들인 라주모프스키는 좋은 목소리를 가진 덕분에 마을 교회의 성가대에서 노래를 부르다가, 상트페테르부르크로 보내져 궁정 합창단의 가수가 되었다. 이곳에서 그는 공주의 눈에 띠어 그녀의 사랑을 받게 되었다. 옐리자베타는 그를 개인 영지의 관리인으로 만들었으나, 황제가 되자 그와 비밀리에 결혼을 하고, 그가 죽을 때까지 엄청난 혜택을 아낌없이 제공하였다. 여제는 그에게 육군 원수의 직위와 로마 제국 백작의 칭호를 수여했다. 알렉세이 라주모프스키는 교육을 받지 못했고, 큰 능력을 소유하지는 못했어도, 타고난 절도를 갖춘 데다 선량하고 진실한 사람이었다. 그는 자신에게 주어진 비범한 위치를 누릴 줄 아는 사람이었다. 그는 정치에는 관여하지 않았지만 조국 우크라이나에 대한 충성심을 끝까지 지켰고 우크라이나에 대한 옐리자베타 여제의 호의를 얻어냈다. 우크라이나 사람들은 처음에는 라주모프스키를 통해 몇 가지 그리 중요하지 않은 혜택을 받았을 뿐이지만, 결국에는 원칙적으로 헤트만 정부를 부활하고 우크라이나의 옛 제도를 복원하기로 하는 결정이 내려졌다. 1744년 옐리자베타 여제는 키예프를 방문하여 이 고도의 성지들을 둘러보고, 따뜻하게 환영하는 주민들에게 화답하면서 우

---

49) 알렉세이 라주모프스키(Алексей Разумовский 1709~1771). 우크라이나식으로는 올렉시 로주모브스키(Олексій Розумовський)라고 한다. 여제 옐리자베타 페트로브나가 공주이던 시절 그녀의 연인이었다가 그녀가 제위에 오른 후 결혼했다. 18~19세기 러시아제국과 유럽의 명문이었던 라주모프스키 가문의 영화는 그에게서 비롯된다고 할 수 있다.

크라이나 인민에 대한 자신의 깊은 사려와 공감의 마음을 표시했다. 우크라이나의 곤궁한 상황에 대한 여제의 사려 깊은 태도는 코자크 장교들에게는 물론 잘 알려져 있었고, 이런 상호적인 공감과 신뢰의 표시는 우크라이나 정책의 새로운 방향이 확립될 수 있는 토양을 만들어 놓았다. 여제가 호의적으로 받아들여줄 것을 확신한 코자크 군단본부 장교단과 연대장들은 그녀에게 헤트만의 선출을 허용해 달라고 청원했다. 여제는 이 청원에 기본적인 동감을 천명하고, 황태자 표트르[50]의 결혼식(후일 예카테리나 2세가 될 신부와의 혼인)을 맞아 특별대표단을 상트페테르부르크에 파견할 것을 요청하면서 대표단의 요망을 충족시켜 주겠다고 약속했다. 대표단은 상트페테르부르크에 도착하여 따뜻한 환영을 받았고, 새로운 헤트만 선출을 허용해 달라는 청원서에 대해 긍정적으로 답변하겠다는 약속도 이들에게 주어졌다. 그러나 정부가 헤트만으로 내정한 인물이 아직 이 자리를 담당할 준비를 갖추지 않았던 까닭에 실제 헤트만 선거는 미루어졌다. 내정자는 알렉세이 라주모프스키의 동생인 키릴(Кирилл),[51] 곧 키릴로 로주모브스키였다. 그는 1724년에 태어나 이제 막 스무 살이 되었다(원문대로임─옮긴이). 그

---

50) 후일의 황제 표트르 3세(재위: 1761~1762)를 말한다. 그는 옐리자베타 여제의 언니 안나 페트로브나(1708~1728)와 독일 홀슈타인─고토르프 공국의 통치자인 카를 프리드리히 공의 아들로 태어났으며 본명은 카를 페터 울리히(Karl Peter Ulrich)이다. 이모인 옐리자베타가 황제 자리에 오른 후 황태자로 지명되었고 러시아 황실에서 살면서 후일의 예카테리나 2세 여제가 되는 조피─아우구스타(작센 안할트 공국의 공주)와 결혼하였다. 옐리자베타 여제 사후 1761년 말에 차르 자리에 올랐으나 반년 후, 부인이 주도한 쿠데타로 제위에서 축출된 후 암살되었다.

51) 키릴 그리고리예비치 라주모프스키(Кирилл Григорьевич Разумовский, 1728~1803). 우크라이나식 이름은 키릴로 로주모브스키. 우크라이나의 마지막 헤트만으로, 1764년에 헤트만직이 폐지될 때까지 헤트만으로 재직했다. 그는 1728년생으로 1750년 스물두 살에 헤트만이 되었다. 본문에서 그의 출생년도를 1724년이라고 한것은 흐루셰브스키의 오류인 것으로 보인다.

는 귀현으로서 교육받으며 자랐고, 당시에는 학업을 마치기 위해 가정교사들과 함께 외국에 파견되어 있었다. 우크라이나 코사크 장교단은 물론 이를 잘 알고 있었고, 장교단 대표들은 미래의 헤트만이 충분히 성장할 때까지 상트페테르부르크에서 참을성 있게 기다렸다. 마침내 1746년 키릴로 로주모브스키가 외국여행에서 돌아왔고 황제의 친척 여동생인 예카테리나 나르이쉬키나(Екатерина Нарышкина)[52]와 결혼했다. 키릴로에게는 갖가지 관직과 훈장, 칭호가 주어졌으며(그 가운데 하나로 그는 러시아 학술원장직에 임명되었다) 이렇게 하고나자 그를 헤트만 후보로 우크라이나 코자크 장교단에 소개할 수 있겠다고 여기게들 되었다. 1747년 러시아 원로원은 우크라이나에 헤트만 제도를 부활시키라는 칙령을 받았고, 1749년 말 마침내 옐리자베타 여제는 아직까지도 답을 기다리며 상트페테르부르크에 체류하고 있던 우크라이나 대표단에게 여제의 친척인 겐드리코프[53] 백작이 헤트만 선거 관리를 위해 황제전권공사로 우크라이나에 파견될 것이라고 통보했다. 이 소식을 듣고 우크라이나 대표단은 고국으로 돌아왔다.

실제로 1750년 2월 여제의 사절 겐드리코프가 위풍을 자랑하며 흘루히브에 도착했다. 우크라이나 코자크 장교단과 높고 낮은 온갖 무관들과 성직자단이 그곳에 미리 와서 그를 기다리고 있었다. 2월 22일 최후의 헤트만의 선출이 유례없이 성대한 의식절차 속에서 진행되었다.

대열의 맨 앞에는 코자크 군대 악단이 섰고, 그 뒤를 러시아 제국 외무성의 비서관이 도열한 우크라이나 연대들의 경례를 받으며 여제의 칙령을

---

52) 예카테리나 나르이쉬키나(Екатерина Ивановна Разумовская(Нарышкина), 1731~1771). 표트르 1세의 어머니인 나탈리야 나르이쉬키나의 조카이자 표트르 1세 황제의 외사촌인 이반 르보비치 나르이쉬킨의 딸이다. 따라서 옐리자베타 여제에게는 육촌여동생이다. 우크라이나의 마지막 헤트만인 키릴로 로주모브스키와 결혼해 11남매를 두었다.
53) 겐드리코프(Иван Симонович Гендриков, 1719~1784). 백작. 황제 예카테리나 1세의 친조카.

받들고 따랐다. 그 뒤로는 '분축'[54] 귀인들인 하말리야(Гамалия)와 동료무인들이 헤트만 깃발을 들고 행진했고, 그 뒤에서는 군단본부 기수인 하넨코(Ханенко)가 스무 명의 '분축 귀인'[55]들과 행진했다. 분축 귀인 마르케비치(Маркевич)와 시랴이(Ширяй)가 붉은 방석 위에 헤트만 지휘봉인 불라바를 받치고 따라왔으며, 그 뒤로는 코자크 군단본부 장교들인 재판관 호를렌코(Горленко), 재무관 스코로파드스키, 서기 베즈보로드코(Безбородко), 그리고 스물 네 명의 '분축 귀인'이 따랐다. 분축 귀인인 리조굽과 초르노루즈키(Чорнолузький)가 벨벳 방석에 헤트만 '분축'을 받쳐 들고 행진했고, 그 뒤를 '수석 분축 귀인' 오볼론스키(Оболонський)와 '분축 귀인'들, 그리고 일반 코자크 장교단 구성원들이 따랐다. 분축 귀인인 호를렌코 가문의 두 사람이 벨벳 방석에 헤트만 국새(國璽)를 받치고 걸어갔고, 그 뒤에 군단본부 재판소 서기 피코베츠(Пиковець)가 본부 행정청 행정관들 및 군단본부 재판소 행정관들과 함께 따라왔다. 마지막으로 분축 귀인인 모크리예비치(Мокриевич)가 코자크 군단 군기를 들고 행진했고, 그와 함께 군단본부 귀인들이 걸어갔다. 여제 사절인 겐드리코프도 마차를 타고 행진에 직접 합류했다.

행렬은 교회에 다다랐고 이곳에서는 여제의 사절이 참석한 '군대와 백성'에게 황제 칙령을 낭독한 다음 그들 자신을 위해 헤트만을 선출하라고 제안했다. 물론 참석자들은 전혀 망설임 없이 키릴로 로주모브스키가 헤트만으로 선출되기를 원한다고 외쳤다. 여제의 사절은 자신의 질문을 세 번 되풀이하고 그때마다 똑같은 답을 들은 다음 로주모브스키가 우크라이나의 헤트만으로 선출되었다고 선포했다. 그런 다음 전체 행렬은 헤트만

---

54) 분축(бунчук)은 고위직을 나타내기 위해 말꼬리에 다는 붉은 장식을 뜻한다.
55) 분축 귀인과 군단본부 귀인(войсковые товарищи)은 공훈을 세운 코자크 장교 가문 출신자 가운데 실제 직책을 맡지 않은 인사들에게 주어진 명예직이다. (원저자 주)

그림 312 알렉세이 라주모프스키의 초상화와 옐리자베타
여제의 머리카락이 담긴 메달(밀로라도비치 가
문 소장).

통치권 표상물들을 모두 받들고 그 다음 교회인 성 미콜라 교회로 이동했으며, 이곳에서 경사스러운 선거를 기념하는 성대한 예배를 드렸다. 코자크 군단본부 장교단은 그 당시로는 엄청난 금액인 만 루블을 여제 사절에게 노고에 대한 대가이자 명예의 징표로 선물했고, 그의 수행원들은 3천 루블씩을 받았다. 코자크 연대들에게는 900베드로(ведро)[56]가 넘는 보드카를 베풀어 대접했다.

이 성대한 헤트만 선출이 이루어진 다음 옐리자베타 여제에게 이를 보고하기 위해 대표단이 파견되었다. 여제는 로주모브스키의 헤트만 취임을 인준하고 헤트만을 러시아 육군 원수와 동일한 지위로 인정할 것을 명령하는 칙령을 내렸으며 그런 다음 그에게 최고 훈장인 성 안드레이 훈장을 수여했다. 헤트만령에서 대러시아인 몫으로 설치되었던 모든 관직은 철폐되었다. 자포로쟈 시치도 역시 헤트만 휘하로 들어왔다. 이렇게 해서 전반적으로, 소러시아 합좌청이 설치되기 전인 1722년 이전까지 존재했던 우크라이나의 제도가 회복되었다. 러시아에서 우크라이나 업무는 다시 한 번 외무성으로 이관되었다. 그러나 로주모브스키는 외무대신(당시의 직책명으

56) 1베드로는 12.3리터이다. 따라서 900통은 11,070리터이다.

로 부르자면 외무 합좌청 의장)과 알력을 겪은 후 업무를 다시 원로원 소관으로 옮겨달라고 직접 청원했다. 이렇게 해서 우크라이나의 마지막 헤트만 통치가 시작되었으니 이는 거의 15년 동안 지속되었다.

1751년 봄 신임 헤트만은 여제로부터 헤트만 공식 기장들과 칙서를 부여받았는데, 칙서는 내용상 스코로파드스키가 받은 것과 유사했다. 로주모브스키는 이것들을 소지하고 우크라이나에 부임했다. 우크라이나 수도에 도착한 그는 이곳에서 아주 성대하게 공식 취임행사를 가졌다. 행사의 순서는 헤트만 선출 때와 비슷했지만, 달라진 점도 있었다. 로주모브스키는 말에 타거나 마차에 탄 코자크 군단본부 장교들로 하여금 여제가 로주모브스키에게 하사한 헤트만 기장들을 받들어 운반하게 하고, 분축 귀인과 군단본부 귀인들로 하여금 이 기장들을 호위하게 했다. 그 다음에는 로주모브스키에게 하사된 칙서가 따랐고 로주모브스키 자신은 속보(速報) 하인과 시종들의 호위 속에 여섯 마리 말이 끄는 호화로운 마차를 타고, 분축 귀인들과 자포로쟈 코자크들 그리고 수행병사들이 수행하는 가운데 행차했다. 교회에서는 여제가 헤트만직을 인준한다는 선언이 공표되었고, 그런 다음 헤트만 기장들은 헤트만 관저로 이동했다. 이곳에서 헤트만은 코자크 장교들과 여타 관리들에게 오찬 연회를 베풀었다. 우크라이나 연대기 저자들은 우크라이나 국가의 마지막 잔영이었던 이 취임식 행사 전모를 아주 상세히 기록했으며 이를 우크라이나의 자치가 완전히 철폐되기 전에 거행되었던 우크라이나 독자생활의 마지막 경사스러운 사건으로 그들의 연대기에 적어서 보존했다.

그런데 신임 헤트만 자신은 우크라이나와 이곳의 생활에 완전히 낯선 인물이었다. 페테르부르크에서 성장한 그는 진적으로 페테르부르크 사회와 결부되어 있었다. 헤트만이 가장 신뢰하는 측근은 자기 가정교사였던 테플로프[57] 백작이었다. 그는 노회한 '모사꾼'이었으며 그 또한 우크라이나의 제도와 독자적 생활에 대한 이해가 전혀 없었다. 그가 훗날 작성한 기록 「소러시아의 무질서에 대하여」는 예카테리나 2세가 우크라이나 헤트만과 코자크 장교단이 주도하는 행정부에 반대하고 이를 철폐시키는 데 자료가 되었다. 우크라이나에서는 테플로프를 헤트만 제도 철폐의 원흉으로 여겼다. 신임 헤트만이 처음으로 우크라이나 지방시찰 여행을 했을 때 이미 다음과 같은 일이 벌어졌다는 이야기가 전해진다. 체르니히브 여행 중 바람이 불어 로주모브스키가 단 성 안드레이 훈장의 리본이 땅에 떨어지자, 테플로프가 이를 줍게 되었다. 로주모브스키의 나이든 모친은 이 일에서 테플로프 때문에 아들에게 필시 미치게 될 재앙의 전조를 보았고, 그래서 헤트만에게 테플로프를 곁에 가까이 두어서는 안 되며 그의 조언을 듣지 말아야 한다고 권했으나, 헤트만은 모친의 경고를 듣지 않았다. 아들은 결국 이 때문에 몰락을 맞게 되었다.

우크라이나 생활에서 흥미를 느끼지 못한 로주모브스키는 자주 상트페테르부르크에 가서 거주했다. 그는 자신을 우크라이나 코자크 장교단의 일원으로 생각하지 않고, 신의 자비를 베푸는 그 어떤 사람으로 보았으며 흘루히브의 헤트만 집무지에서도 페테르부르크 궁정을 모방해 궁정생활을 영위했다. 그는 우크라이나 업무에 별로 관여하지 않았고, 그 대신에 코자크 장교단이 러시아 원로원 및 정부와 직접 접촉하면서 자신들의 뜻대로 우크라이나를 다스렸다. 로주모브스키가 러시아 정부 인사들 사이에서 지니는 영향력과 권위 덕분에 대러시아 출신의 여러 군사 및 민간 관리들은 이전처럼 우크라이나에서 간섭하고 명령을 해 댈 생각은 하지 못했다.

---

57) 그리고리 테플로프(Григорий Николаевич Теплов, 1717~1779). 러시아의 궁정인이자 정치인, 예카테리나 2세의 상서(статс-секретарь)였으며, 헤트만 제도 폐지의 주동자였다.

다만 자포로쟈 문제는 만성적인 말썽거리가 되었다. 자포로쟈 코자크들이 과거의 자포로쟈 땅을 점거하여 그곳에 새로운 요새 연결망을 구축하거나, 크림, 투르크, 폴란드의 영토를 침범하거나 하는 일 때문에 자포로쟈 시치 코자크에 대한 불평이 끊임없이 제기되었다. 페테르부르크에서는 헤트만에게 자포로쟈 시치를 통제하라는 각서가 내려왔으나, 이것은 물론 현실적으로 불가능했고, 이것이 결국 시치의 비극적 종말을 가져오는 원인이 되었다. 이것을 제외하고는 마지막 헤트만에 대한 옐리자베타 여제의 친절한 배려로 우크라이나의 독자적 생활은 상당히 평온하게 지나갔고, 코자크 장교단은 자신들 뜻대로 우크라이나의 제반관계를 수립할 수 있었다. 이때 그들이 만들어놓은 일부 제도는 헤트만 제도 철폐 이후에도 살아남았으며 그중 어떤 것은 오늘날까지 이어지고 있다. 비록 헤트만 자신은 거의 흥미로운 점이 없는 인물이었지만, 마지막 우크라이나 헤트만 시대는 이러한 의미에서 중요했다.

103. 헤트만령의 체제와 사회적 관계

앞의 서술에서 17세기 중반에 구성된 대로 우크라이나 헤트만령 체제의 기본 특징을 살펴보았다(특히 83장을 참조할 것). 연대와 중대로 나뉜 코자크 군단 구조는 시간이 지나면서 관할영역 구분에도 적용되어 우크라이나 땅은 연대 구역과 중대 구역으로 나뉘게 되었다. 그 후 폴란드의 행정 제도가 철폐되자 이 코자크식 제도가 대신 자리를 차지하게 되었고, 일반 행정제도로서의 성격을 가지게 되었다. 그러나 행정업무보다 군사 동원 체제에 더 적합하게 만들어진 이러한 군대식 체제를 모든 신분을 망라하고 전

그림 313 키릴로 로주모브스키.

체 주민을 포괄하는 그러한 일반직 행정 체계로 전환시키는 일은 그리 쉬운 과제가 아니었다. 전환 과정에 많은 노력이 기울여질 수밖에 없었고, 일반 민간 행정의 필요와 요구를 염두에 두고서 이 방향으로 제도를 고치기 위해 우크라이나 코자크 장교단의 가장 뛰어난 대표들이 나서서 성심성의껏 일했다. 그러나 러시아 정부가 행정의 난맥상을 구실로 내세워 우크라이나의 자치적 체제를 완전히 철폐시키고자 하는 생각을 품고 있어서 제도의 개선을 전혀 원하지 않았고 오히려 방해를 했으며 바로 이 바람에 우크라이나 코자크 장교단 대표들이 그 길에서 얼마나 큰 어려움에 부딪쳤는지는 이미 살펴본 바와 같다. 헤트만 직무대행이었던 폴루보톡은 행정 개혁을 시도하다 불의의 죽음을 맞이했고, 헤트만이었던 아포스톨도 짧은 재임 기간 동안 이러한 방향으로 단지 몇 가지 자잘한 성과를 이루었을 뿐이었다. 뒤이어 대러시아인의 통치라는 고난의 시기가 시작되자, 새로운 지배자들과 군사 부문 및 민간 부문을 장악한 외부 출신의 온갖 대러시아인 권력자들은 모순적이고 실현 불가능한 내용으로 채워지기 일쑤인 그들의 간섭과 명령으로 우크라이나의 행정 체제를 완전히 교란시켜 버렸다.

전체 헤트만령의 중앙 행정부는 처음에는 두 개의 최고 행정기관으로 구성되었다. 그 하나는 군단본부 행정청이라고도 불리는 중앙 행정청이었고 다른 하나의 기구는 군단본부 재판소였다. 군단본부 행정청은 군사 업무와 일반 행정 업무를 맡았으며 군단(본부) 서기가 이 기관의 수장이었다. 아포스톨 사후에는 이 기관은 행정위원회(коллегия)와 통합되어 최고 군단행정청이란 이름으로 행정 업무를 담당하는 최고 기관이 되었다. 군단본부 재판소에서는 군단본부 재판관이 업무를 담당했고, 처음에는 단독심을 했으나, 앞에서 본 바와 같이 후에 이 재판소는 집단심을 특징으로 하게 되었다. 즉 배석판사들이 등장하게 된 것이다. 후일 군단 최고재판소도 동일한 방식으로 형성되었다. 아포스톨이 헤트만에 선출되고 나서는 다시 코자크 군단 재무부(скарб)가 별개의 행정기구로 분리되었는데 이 기구는 '재무관' 두 명이 관할했다. 회계는 별도의 회계국(скарбовая канцелярия)이 담당했고, 회계위원회(счётная комиссия)가 국가감사기관의 형태로 같이 활동했다. 마지막으로 보급·포병 장교가 관장하는 별도의 포병사무국도 있었는데 이 기구는 코자크 군 포병대를 관할했고 이 부대를 유지하기 위한 용도로 책정된 소유지와 소득을 관할했다.

군단 전체 평의회(Військова рада)는 헤트만 사모일로비치 시대부터 이미 소집되지 않았다. 군단 전체 평의회와 관련된 몇몇 전통은 헤트만 선출과 관련해서만 유지되었으며 그것도 오직 단순한 의전용으로만 기능했다. 모든 중요한 안건은 헤트만이 소집하는 코자크 장교 평의회에서 결정되었다. 일상적 행정업무와 유예할 수 없는 긴급사안은 헤트만과 당직 군단본부 장교와 연대장들이 협의하여 결정했다.

드니프로 강 우안 우크라이나 땅이 폴란드 지배 아래로 떨어져 나간 후 헤트만령은 열 개의 연대로 구성되었다. 스타로두브, 체르니히브, 키예프, 니진, 프릴루키, 페레야슬라브, 루브니, 하디아치, 미르호로드, 폴티비 언대가 그것이다. 각 연대는 이 당시에도 그 면적과 주민의 수에서나 연대에 속한 코자크들의 수에서나 규모가 들쭉날쭉했다. 예를 들어 1723년 니진 언내에는 19개 중대에 거의 만 명 가까운 코자크가 있었다. 이 중 6,566명은 기병이고, 3,379명은 보병이었다. 키예프 연대는 8개 중대로 이루어졌고, 병력은 1,657명의 기병과 1,269명의 보병을 합쳐 3천 명이 채 되지 않았다. 그 당시 열 개 연대를 다 합치면 114개 중대에 약 5만 명의 코자크 병력이 있었다. 1735년 러시아 정부는 실제 코자크 군사 복무를 위해 경제 형편이 비교적 좋은 '선발된' 코자크를 선정해 이들을 연대별로 고르게 배치했다. 나머지 코자크들은 선발된 코자크들의 '보조병'으로 분류했다. 그러나 나중에는 오히려 이 '보조병'들이 좀 더 부유한 '선발' 코자크가 내는 돈으로 대신 군사적으로 복무했다.

연대장이 연대의 최고 결정권자였다. 각 연대에는 코자크 군단 전체의 '본부(генеральный)' 직위에 상응하는 보급·포병 장교, 재판관, 서기, 일등 대위 같은 직위가 있었으나 이들은 행정에서 특별한 의미를 가지지 않았다. 전반적으로 18세기에 들어서서 연대장의 권력과 힘은 엄청나게 강화되었다. 이 시기부터 모스크바 정부가 최종적으로 연대장 임명권을 장악하고, 차르의 허가 없이 헤트만이 연대장을 경질할 수 없게 만들어버리자 연대장의 중요성은 더욱 강화되었고 헤트만과 코자크 군단본부 장교단(re-неральная старшина)의 연대장 통제권은 실제로는 대단히 미약한 것이 되었다. 다른 한편으로 연대 행정에서나 코자크 군 전체 행정에서나 코자크 일반 병사 집단은 아무런 중요성도 가지지 못하게 되었다. 자치는 코자크 공동체부락 내에서만 유지되었다. 심지어 중대장조차 대개는 연대장이 자기 전권으로 임명하곤 했다. 원래 규정에 의하면 중대장이나 중대장 후보는 중대 자체가 선출하도록 되어 있었는데도 말이다. 하긴 이 중대장 선출권이라는 것도 중대 소속 일반코자크들이 아니라 중대 장교들에게 주어져 있어서, 실제로 중대장을 선출하는 경우에도 이 권한은 중대 장교들에 의해 행사되었다.

이렇게 하여, 코자크의 자치전통 중에서는 남아 있는 것이 거의 없었다. 그리고 도대체 촌락 공동체나 도시 공동체의 범위를 넘어서는 업무에서 뭔가 자치 제도적인 요소가 아직 남아 있었다 해도 이는 전적으로 코자크 장교의 자치권일 뿐이었으니, 자치권은 코자크 장교 가문(род)들의 수중에 장악되었다. 그들은 '분축 귀인'이나 '고관(значковые)', '군단본부 고관(значковые войсковые)'이란 직함을 가지고, 스스로를 '귀족(шляхетство)'[58]이라 부르며 세습적 특권 계급을 형성했다. 더 나아가 18세기의 헤트만 통치 전체가 귀족정적, 지주 중심적, 코자크 상층 중심적(аристократический, панский, старшинский) 성격을 가지고 있었던 것이다.

도시 공동체들도 코자크 장교단에게 완전히 종속되었다. '라투샤'[59] 자치도시(ратушный)'라고 불리는 작은 도시들은 연대나 심지어 중대 행정에 직접 종속되었다. 마기스트라트(магистратский) 도시라고 불리는 큰 도시들, 즉 독일 마그데부르크 도시법을 모범으로 하여 완전한 도시자치행정권을 가진 도시들은 원래 연대장으로부터 독립적인 존재로 여겨졌을 뿐 아니라 헤트만에 대한 복속도 단지 몇 가지 업무의 경우에만 해당되었다. (18세기 중반에는 그러한 도시가 열 곳 정도 있었다.) 그러나 연대장들은 이러한 도시들도 상당히 자의적으로 다루었다. 성직자 집단은 주교를 통해 종교회의의 직접 관할 아래 놓이게 되어 있었으나, 실제로는 이들도 코자크 장교단에게 심하게 종속되었다. 일반 코자크 사병 집단과 지주에게 속한 종속적 일반농민들은 말할 나위도 없었다. 그들은 코자크 장교단의 권력에 완전

---

58) 여기서 귀족을 가리키는 데 쓰인 슐랴흐타라는 말은 원래 폴란드 귀족을 가리키는 용어였다.
59) 라투샤(ратуша)는 폴란드나 발트 해 연안 지역에서 참사회를 가진 도시들을 가리킨다.

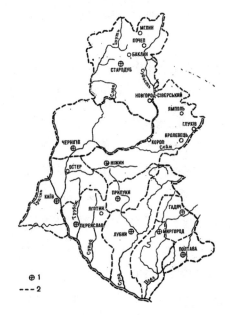

그림 314 연대 단위로 나누어진 18세기의 헤트만령(1780년대 샤폰스키가 만든 지도에서). 원 안에 십자를 넣은 표시가 연대 소재지를 가리킨다. ---는 연대 경계.

히 매이게 되었다.

로주모브스키의 '통수권' 아래서 이루어진 코자크 장교단의 마지막 지배는 전체적으로 볼 때 이미 그 이전 17세기 말부터 나타나기 시작했던 이러한 '헤트만령의 장교단 주도적' 성격을 극단적으로 발전시키고 확고하게 만들었다. 코자크 장교단은 헤트만령의 사회정치적 체제를 가능한 한 정비하고 완성하고자 노력한다면서 이 체제를 자신들의 지주적 기반 위에 형성했고 코자크 장교 특권의 원칙을 발전시킴으로써, 이전의 민주적 체제의 유제를 최종적으로 파괴해 버렸다. 여기서 코자크 장교들의 이 같은 노력을 크게 뒷받침해준 것으로는 그들이 옛 체제로부터 물려받은 법률적 유물들도 있었는데, 코자크 장교들 자신의 성문법적 권리가 충분하지 않았기 때문에 이들은 옛 법규를 뒤져서 찾아낸 이 같은 법적 유물들을 강제적 법전으로 전환시켰던 것이다.

앞에서 이미 서술한 대로(92장), 모든 재판기관에서 재판 진행의 근거가 되어야 할 우크라이나 관습법은 법전으로 명문화되어 있지 않았기 때문에 재판소들은 도시 재판소가 입수해서 보존하고 있던 집성법전들, 곧 마그데부르크 도시법이나 리투아니아 기본법도 참조했다. 그러나 이렇게 하면서도 지방법에 좀 더 가까운 리투아니아 기본법의 초판본이 아니라 이 기본법 중에서도 폴란드 귀족 체제와 귀족법의 영향이 깊숙이 스며들어 있는 1566년 판본이나 1568년 판본 같은 후대 판본들을 원용했다. 이 법전들은 민사와 형사 재판에 적용되었으나, 법전이 가지고 있던 일반적으로 귀족적인 성격 때문에 법전을 작성할 때 스며들어 있던 귀족적 원칙들은 더욱 큰 힘을 얻게 되었다. 특히 리투아니아 기본법이 헤트만령 법률의 근거로서 이용되어 그 의미가 증대하면서 더욱 그렇게 되었다.

1727년 헤트만 제도가 부활하면서 "결정적 사항들"에 바탕을 두고 통일된 우크라이나 법률전서를 편찬하기 위해 우크라이나 법률가들로 구성된 위원회가 조직되었을 때 이 위원회는 일반 인민의 법, 즉 인민들 사이에서 정당하고 합법적인 것으로 여겨져 왔던 보통법을 수집해서 성문화하는 데 착수한 것이 아니라 우크라이나 여러 재판소에서 적용하고 있던 바로 이들 기성법전, 즉 리투아니아 기본법과 마그데부르크 법을 자기네 작업의 근간으로 삼았다. 이러한 노력의 결실로 위원회는 자체의 법전을 편찬했는데 이는 1743년에 완성된 『소러시아 인민의 재판에 적용되는 법률』이라는 법전이었다. 이 법전은 정부에 의해 공식적으로 인정되지는 않았지만, 위원회의 법전 편찬작업은 리투아니아 기본법과 마그데부르크 법의 중요성을 한층 더 강화시키는 역할을 했다. 로주모브스키 정부는 재판제도와 소송 절차에서 리투아니아 기본법의 규정들을 전면적으로 실현하는 것을 가장 중요한 과제로 삼았다. 이 시기 우크라이나 법률가들 중 가장 학식 높은 인물 중 하나였던 페도르 추이케비치[60]는 1750년 「소러시아 법에

---

60) 페도르 올렉산드로비치 추이케비치(Федор Александрович Чуйкевич, 1685~1759?). 분축 귀인 출신의 우크라이나 법률가.

서 법원과 재판」이라는 제목의 보고서를 작성하여 신임 헤트만에게 제출했다. 여기서 그는 우크라이나 새판세도의 불충분함과 결함을 지적하면서 리투아니아 기본법의 정신에 바탕을 둔 개혁안을 제시했다. 로주모브스키 정부 말기의 법원 개혁은 실제로 이 방향으로 진행되었다. 폴란드 법원을 모범으로 삼아, 군단최고재판소에는 코자크 연대에서 선출되어 파견된 대표가 참석하여 구성을 보완했다. 코자크 연대 재판소는 도시 재판소로 전환되었으며 폴란드 방백관구(старостинские) 법원의 모범을 따라 움직여야 했다. 민사 및 토지 소송을 다루기 위해 군(郡, повет) 재판소인 조정(под-коморские) 재판소와 주민(земские) 재판소가 설치되었고, 판사는 '선발된' 코자크들인 귀족(장교)들 중에서 선출되었다. 헤트만령은 스무 개의 이러한 '군재판소' 관할구로 나뉘었다.

사실 이 개혁은 오래 지속되지는 않았지만 우크라이나 코자크 장교들의

그림 315 18세기의 지주 저택(1721년에 연대장 흐니트 갈라간이 지은 것).

노력이 지향하는 바가 어떠했는지 전반적 특징을 잘 보여준다. 코자크 장교단은 리투아니아 기본법을 현행법으로 받아들임으로써, 이 법규집의 일관된 특징을 이루고 있던 신분제 원칙과 귀족적 특권을 모든 경우에 적용하려 했다. 그들은 스스로 귀족신분(шляхетское сословие)이라 자칭했고 '소러시아 귀족단(малороссийское шляхетство)'이라는 이 용어는 18세기 중반 이후 공식용어에서 점점 더 널리 사용되었다. 코자크 장교들은 리투아니아 기본법 가운데 귀족의 권리와 특권에 대한 규정들을 자신들에게 적용함으로써 폴란드 귀족층이 누렸던 것과 똑같은 권리를 우크라이나의 체제와 생활에서도 차지하려 했다. 헤트만령의 옛 군대 체제가 귀족제에 바탕을 둔 폴란드 체제를 모방하여 개혁된 것과 꼭 마찬가지로 토지 소유권, 일반 농민과 지주의 관계, 농민의 지위, 좀 더 정확히 말하면, 농민의 무권리 등에서도 코자크 장교들의 귀족적 특권이라는 개념이 정확히 그대로 적용되었다. 이 가운데 아주 많은 것들이 헤트만 체제 철폐 후에도 살아남았다. 예컨대 리투아니아 기본법에서 채택된 민법상의 여러 규정들은 옛 헤트만령 지역인 오늘날의 체르니히브 도와 폴타바 도에서 현재까지도 이곳의 현지법으로서 효력을 가지고 있다. 일반 주민들 상위에 있는 코자크 장교들의 귀족적 특권에 대한 개념은 헤트만령의 사회 제도 전체에 엄청나게 강한 영향을 남겼다.

104. 자유공동체 지역

오늘날의 하르키브 도와 그 인근의 쿠르스크 도 및 보로네슈 도 일부 지역에 자리 잡은 헤트만령 이웃 지역인 우크라이나 자유공동체 지역(Сло-

божанщина)[61]은 말하자면 18세기 헤트만령을 좀 더 완화시킨 형태로 혹은 희석시킨 형태로 복제한 지역이다. 우리는 이 지역에 대해 앞에서 이미 여러 번 언급했고, 이 지역은 고난의 시절에 폴란드 지배 아래 있던 우크라이나 지역에서 모스크바국 국경을 넘어 이주한 우크라이나 이주민들이 정착한 지역이라는 것도 이미 말했다. 이들은 타타르인들이 모스크바국 영토로 진입하는 것을 막기 위해 모스크바국 정부가 세운 국경 요새들을 잇는 방어선인 이른바 '벨고로드 방어선' 너머로 들어가 정착했다. 이주민들은 이곳에서 타타르인 진입로를 따라 정착하면서 이 국경지대의 경계 및 군사적 방어 임무를 떠맡아 수행했으며 그 대가로 모스크바 정부로부터 여러 가지 권리와 특권을 받았다.

16세기 후반과 17세기 전반에 이미 이러한 우크라이나 출신 이주자들에 대한 기록이 작성되어 오늘날까지 남아있다. 1638년 헤트만 야츠코 오스트랴닌의 인도 아래 대규모 이주민 집단이 우크라이나 땅을 넘어갔다. 여자와 아이들을 빼고 코자크만으로도 800명이 넘었다. 이들은 추구예브[62] 인근 지역에 정착하여 독자적인 코자크 부대를 조직했다. 그러나 얼마 지나지 않아 무슨 이유에서인지 정착지가 마음에 들지 않자, 코자크들은 반란을 일으켜 오스트랴닌을 살해하고 국경을 넘어 폴란드 영토로 되돌아왔다. 그 후 흐멜니츠키의 행보와 특히 1651년의 베레스테치코 사건 이후 그의 봉기에 많은 사람들이 실망을 하고부터는 특히 대규모의 움직임이 시작되었다. 우크라이나인들은 크고 작은 집단을 이루어 이주하기 시작해서

---

61) 이 문장의 서술에서도 알 수 있다시피, 자유공동체 지역은 주로 우크라이나인들이 모스크바국 영내로 들어와 정착함으로써 형성된 지역이지만 현재는 우크라이나와 러시아 영토로 나뉘어 있다. 즉 하르키브(하르코프)는 우크라이나 영토이고, 쿠르스크와 보로네슈는 러시아 영토이다.
62) 추구예브(Чугуев). 우크라이나 하르키브 오블라스트에 있는 도시.

자유공동체(슬로보다)에 자리를 잡
았다. 그들은 도시를 건설하고 이
지역에 코자크 체제를 옮겨왔다.
예를 들어 1652년 진코브스키[63]
연대장과 천 명의 코자크들이 가
족을 이끌고 모든 가재도구를 챙
겨 이주해 소스나(Сосна) 강변에
정착했다. 그들은 거기에 오스트
로고즈스크[64] 시를 건설하고 오스
트로고즈스크 연대를 창설했다.
같은 시기에 또 다른 이주민 집단
은 프숄(Псёл) 강변에 정착하여
수미 시[65]를 건설하고 수미 연대
창설의 터를 닦았다. 1654년에는
첫 이주자들이 하르키브에 도착했
고, 이들은 이듬해 이곳에 도시를

그림 316 코자크 장교(18세기 초의 성상화에서).

건설했다. 그 후 1660년부터 1680년대까지 이주가 계속되어 광활한 지역을
차지하고 정착했다. 이러한 새 이주 지역의 면적은 헤트만령의 거의 절반에
이르렀다. 다만 이 지역은 헤트만령에 비해 인구밀도가 더 낮았다.

　이러한 우크라이나 자유공동체의 거주자들은 군사 복무를 제공하는 대

---

63) 이반 진코브스키(Iван Дзиньковський, ? ~1709). 우크라이나 코자크 출신으로 러시아 영
　내 보로네슈 도 오스트로고즈스크 부대 연대장을 역임했다
64) 오스트로고즈스크(Острогожск). 보로네슈 도 남부의 도시.
65) 수미(Суми). 우크라이나 동북부에 위치한 대도시로 수미 오블라스트의 중심 도시.

가로 일체의 세금과 의무를 면제받았으며, '자신들의 관습에 따라' 생활하고 행정을 운영하는 것을 허용받았다. 그들은 헤트만령 방식을 나라 이곳에서 다섯 개의 코자크 연대를 만들었다. 수미, 아흐티르카,[66] 하르키브, 오스트로고즈스크, 이줌[67] 연대가 그것이다. 연대는 몇 개의 중대로 구성되었고 헤트만령에서와 똑같은 구조를 가졌으며 모스크바 행정청의 직접 지시를 받는 선출된 코자크 장교단이 행정을 담당했다. 이들은 헤트만령의 연대들에 비해 전반적으로 모스크바 행정부서에 더 강하게 종속되어 있었다. 헤트만들은 모스크바 정부를 설득하여 자유공동체 지역의 연대들을 자신의 지휘 아래 넘겨받으려고 시도하곤 했다. 사모일로비치는 모스크바가 폴란드에 양보하여 드니프로 강 우안 우크라이나를 포기했을 때, 이 목적을 달성하려고 특히 강한 노력을 기울였다. 그러나 오히려 모스크바 정부는 시간이 지나면 헤트만령도 자유공동체의 코자크 연대와 동일한 지위로 전환시켜 직접 관할할 의도를 가지고 있었기 때문에 헤트만들의 이같은 요청을 받아들이지 않았다. 자유공동체 지역에는 초기부터 모스크바 법률 제도가 도입되어 모스크바 법전에 따라 재판이 이루어졌다. 이 지역에는 초기부터 우크라이나인 이주민들 사이에 상당수의 대러시아인들도 섞여 살았기 때문에 더욱 그러했으며, 이 지역의 코자크 장교들은 헤트만령에서보다 더 빠르고 더 쉽게 러시아에 동화되었다. 모스크바 지배자들은 자유공동체 지역을 코자크 제도의 점진적 철폐를 위한 시금석으로 이용했고, 이러한 목적을 위해 대개 헤트만령에서 정부의 개혁 제도를 실시하기에 몇십 년 앞서 유사한 개혁을 자유공동체 지역에 적용해 보곤 했다. 이미 1732년에 자유공동체 지역 우크라이나에서 전통적 코자크 군대 제도를 완

66) 아흐티르카(Ахтирка). 우크라이나 동쪽 수미 오블라스트에 있는 도시.
67) 이줌(Изюм). 하르키브 오블라스트에 있는 도시.

전히 철폐하려는 시도가 있었다. 이를 위해 코자크 연대 대신 용기병(龍騎兵, драгун) 연대가 도입되었다. 군복무를 해낼 만큼 쓸모 있는 코자크들은 용기병 연대로 흡수되고, 나머지는 농민신분으로 넘어갔으며, 대러시아인 장교들이 지휘를 맡았다. 그러나 이 개혁은 너무나 큰 불만을 야기했기에, 1743년 옐리자베타 여제는 이 조치를 철폐하고 코자크 체제를 다시 부활시켰다. 그러나 행정 문제에 관한 한 이 코자크 연대는 어쨌거나 벨고로드 도지사[68]의 명령을 받도록 했다. 이 제도는 그 후로도 20년 동안 지속되어 1763년과 1764년 자유공동체 코자크 연대들이 철폐되고 그 대신 경기병(輕騎兵, rycap)연대가 항구적 제도로 도입될 때까지 시행되었다.

자유공동체 지역의 사회적 관계는 헤트만령에서와 비슷한 형태로 형성되었으나, 다만 이곳에서는 모스크바 방식이 좀 더 일찍 도입되어 바탕을 이루게 되었다. 오래된 개척지와 코자크 군단 토지에서 코자크 장교 소유의 영지가 확대되어 갔고 예속민들이 이곳의 주민이 되었다. 코자크 장교들은 모스크바식 지주의 지위로 변해갔고, 비(非)코자크 농촌 주민들은 농노 지위로 전환되었다. 특별한 충성과 복종을 보여주는 데 성공한 코자크 장교들에게 모스크바 정부가 광대한 은전토지를 하사해준 것은 이러한 변화를 가속화했다. 예를 들어 수미 연대의 콘드라티예프(Кондратьев) 연대장은 그의 충성에 대한 보답으로 그야말로 엄청난 은사지를 하사받았기에 1780년 그의 가족이 소유한 영지 면적은 12만 제샤치나에 달했다. 1767년 러시아에서 새로운 법전 편찬 계획에 대한 논의가 진행되었을 때, 일부 자유공동체의 대표들은 코자크 장교들에게 찬탈된 코자크 군단 토지와 그들에 의해 농노화된 주민들을 그들에게서 되찾고, 농노 주민들에게 자유인

68) 벨고로드 도지사는 이 지역에서 대러시아 행정체계의 대표자를 의미한다.

신분을 돌려주어야 한다고 소리 높여 요구하기도 했다. 그러나 이 계획은 아무런 성과도 거두지 못했다. 모스크바식 지주제와 농노제는 이미 너무나도 단단하게 뿌리를 내리고 있었다.

105. 동부 우크라이나의 문화생활: 문필 활동과 학교 교육

앞에서 살펴본 것처럼, 사회적 관점에서 보면, 헤트만령과 자유공동체 지역은 그 체제와 함께 점점 중요성을 잃고 쇠락해갔다. 모스크바 정부에 의해 인민 자치권과 코자크 자치권은 부분적으로 철폐되었고, 남아 있는 요소도 코자크 장교들의 지주적 자치의 성격을 띠어갔다. 소시민들의 자치권은 억압당했고 성직자 집단도 같은 운명을 겪었다. 촌락 주민들은 예속 상태에 빠졌다. 코자크 집단은 행정 업무에 대한 참여권을 잃었을 뿐 아니라, 온갖 방법으로 '코자크 지위'마저 박탈당해 일반주민(посполита) 이나 심지어는 농노 상태로 전락했다. 우크라이나의 여러 관청에는 이른바 '코자크 인정희망자'들이 불법적으로 박탈당한 코자크 권리에 대해 항의하여 제출하는 수많은 청원이 몰렸고, 합법적 절차를 통해 이 권리를 되찾을 수 없게 되자 그들은 '압제자 지주'들에 대한 유혈 봉기도 여러 번 일으켰다.

민족 문화의 관점에서 보아도 동부 우크라이나의 중요성은 점점 상실되어 갔다.

17세기와 18세기 전반, 아니면 적어도 18세기의 첫 사분기까지 우크라이나의 문화생활은 가장 우선적으로 교회적 성격을 띠고 있었으므로, 우크라이나 교회가 모스크바 총대주교 관할 아래 놓이게 된 것은 엄청난 의미를 지니고 엄청난 영향을 미쳤다. 이 시기 전까지 우크라이나 교회는 콘스탄티노플 총대주교 관할 아래 있는 것으로 분류되기는 했지만, 사실상 완전한 자치를 향유했고 독립적이었으며, 사회구성원들에게서 직접적인 영향을 받으며 독자적으로 운영되었고, 모든 주요 교회직책은 자체의 선거에 의해 충원되었다. 헤트만 사모일로비치의 도움으로 모스크바 정부가 키예프 수도대주교를 '모스크바 총대주교의 축복' 아래 놓이게 하는 데 성공하자(1685), 콘스탄티노플 총대주교는 투르크 정부의 강권에 의해 이에 동의해주어야 했다(1687). 우크라이나의 성직자들은 모스크바의 지배가 행해지는 것을 아주 빠른 속도로 실감하게 되었다. 이와 함께 우크라이나어 출판이나 우크라이나의 학교 교육은 깊은 의심과 적의에 가득 찬 모스크바의 검열 대상이 되었다.

이 시기 이전에도 이미 모스크바의 인사들은 우크라이나의 성직자 집단과 학교, 그리고 문필 활동을 호의적으로 바라보지 않았다. 당시의 정치적 혼란과 이로 인한 키예프의 문화생활 및 아카데미 교육의 쇠퇴를 기회삼아 모스크바 권력은 키예프 모힐라 아카데미를 완전히 폐쇄하려 했으나, 다만 이렇게 하면 우크라이나 사람들의 큰 불만을 사게 될 것이라는 한 가지 염려 때문에 이 의도를 최종적으로는 포기했다. 모스크바에서는 키예프 출판물들도 상당히 자주 금지되곤 했다. 그러더니 1670년대와 1680년대 모스크바 총대주교 요아킴 재직시기에는 우크라이나 서적에 대한 본격적인 탄압이 일어났다. 키예프 수도대주교좌가 모스크바 총대주교 관할 아래 들어가고 모스크바 정부가 모스크바에서뿐 아니라 우크라이나에서까지 우크라이나어 출판을 온갖 수단을 써서 제한할 가능성을 가지게 된 이후로는 우크라이나 출판사들은 모스크바 권력의 적대적 태도를 아주 깅하게 느끼게 되었다. 처음에는 우크라이나 출판물들이 비정교적인 생각을 담고 있다는 식으로 주장하며, 종교적 동기를 이 같은 감시의 이유로 내세웠다. 그러나 이후에는 우크라이나 출판물들을 제한할 구실을 언어의 영역에서도 찾아냈을 뿐 아니라 여기에 순수하게 민족적인 이유도 추가되었다. 1720년에는 우크라이나에서 교회 서적을 제외한 다른 서적의 출판을 금지하는 칙령이 내려졌다. 교회서적이라 할지라도 고서적의 재출판만 허용되었는데, 이러한 책들도 출판 전에 대러시아식 출판물 모델을 따라 언어적 수정을 거쳐야 했다. 그 목적은 책 속에 우크라이나어의 흔적이 전혀 없고 '어떠한 차이나 특수한 방언적 요소도 없게' 하는 데 있었다. 이것을 위해 엄격한 감시가 시행되었고, 특별 검열관이 우크라이나 책의 교정을 맡았다. 이러한 검열과 수정 과정을 거친 다음에야 비로소 책이 출판될 수 있었다. 그래서 예를 들어 1726년 키예프 사람들이 키예프 수도대주교가 직접 쓴 성 바르바라[69]에 대한 기도서를 출판하려 했을 때, 이 책의 출판은 이 기도서가 먼저 '대러시아어로 번역'된다는 것을 조건으로 해서 비로소

---

[69] 고대 기독교 성녀이자 순교자. 실제 역사 문헌에는 그녀에 관한 기록이 없다. 그녀에 대한 전승과 찬양은 7세기부터 시작되었으며 9세기 서유럽의 순교자 열전에도 그녀에 대한 이야기가 포함되기에 이르렀다. 이에 따르면 바르바라는 디오스코로스라는 부유한 이교도의 딸이었는데 그의 아버지는 그녀를 외부 세계의 영향으로부터 보호하기 위해 밀폐된 탑에 가두어 생활하게 했다. 그녀는 부친이 제안한 신랑감과 결혼하기를 거부한 후 아버지가 여행해 집을 비운 사이에 탑 옆에 세워진 목욕탕에 심위일체를 상징하는 세 개의 창문을 내게 했다. 아버지가 돌아오자 그녀는 자신이 기독교인임을 고백했고 아버지의 고발로 행정관에게 끌려가 고문당한 끝에 참수되었다. 아버지가 직접 형을 집행했는데, 그는 귀갓길에 벼락에 맞아 숨겼다. 발렌티누스라는 신실한 기독교인이 바르바라와 또 다른 기독교도 여성 순교자 율리아나의 시신을 수습해 묻어주었는데, 이들의 무덤가에서 기도하면 아픈 사람의 병이 낫고 순례자들은 위로와 도움을 얻었다. 바르바라는 폭풍우와 화재, 총상, 광산사고로부터 인간을 지켜주는 성인이자 영성체 의식의 중재자로 여겨지기도 했다. 이 같은 바르바라 성녀의 순교와 무덤의 기적 이야기는 동서 유럽에서 그녀에 대한 광범한 숭배로 이어졌다. 정교 도입 후 우크라이나인들도 바르바라 성녀에게 각별한 애정과 존경을 바쳤다. 그녀의 이름을 딴 키예프의 정교교회는 이를 말해 준다.

허용되었다. 그 후에도 이런 일들
이 있었으며, 책의 출판 허가를 받
는 일은 아주 어려워졌다. 그리고
책에 조금이라도 우크라이나적 특
성이 담겨 있으면 출판이 전혀 불
가능했다. 그래서 1769년 키예프
의 동굴 대수도원이 우크라이나 사
람들은 러시아어 초급독본을 구입
하려 하지 않기 때문에 우크라이나
어 초급독본을 출판하게 허용해 달
라고 신성종무원[70]에 청원했지만,
종무원은 이를 한사코 허가해주지
않았다. 오히려 종무원은 교회에서
옛 우크라이나 종교 서적들을 모두
몰수하고, 그 대신 모스크바식 문
어로 된 책을 도입하도록 명령했다.

그림 317 하르키브의 수호성모(포크로바)
교회(18세기).

이 모든 것은 당연히 동부 우크라이나에서 문필 창작과 출판 활동을 심
각하게 위축시킬 수밖에 없었다. 이러한 제약이 없었어도, 16~17세기의
옛 우크라이나 문학에서는 민족적 요소가 강하지 못했다. 이미 16세기에
많은 사람들이 이해할 수 있게 민중어가 종교적 출판물에 도입되기도 했
지만, 이미 살펴본 것처럼 종교적 목적으로 민중 속어를 사용하는 것에 반
대하는 사람들도 많았다. 게다가 민중어 사용을 옹호하는 사람들도 역시

---

70) 신성종무원(святейший синод). 러시아 제국에서 교회관련 업무를 총괄하던 기관. 국가권
　　력과 밀착된 입장에서 업무를 처리하는 경향을 보였다.

그림 318 폴타바 대사원.

민중어는 '진정한 언어'인 교회슬라브어에 비해 열등하고 수준 낮은 언어라고 보았다. 우크라이나의 학교에서는 학생들이 교회슬라브어로 올바르게 글을 쓸 수 있게 가르치는 일에만 주로 신경을 썼지, 민중어에 대해서 그리고 민중어의 순수성이나 정확성에 대해서는 아무런 고려도 하지 않았다. 17~18세기에 우크라이나 작가들은 교회슬라브어 문체로만 치장을 했고, 민중어는 일상생활과 개인 서한, 익살스러운 시에만 이용했다.

이와 같은 현상은 내용 자체, 곧 문학적 주제를 선택하고 출판 여부를 결정하는 문제에서도 발견된다. 우크라이나의 학교 제도는 종교적 투쟁의 영향 아래 형성되었고 모든 관심을 신학적 주제인 교의 교육과 논쟁 교육에 집중적으로 기울였다. 역사, 문학, 그리고 자연과학과 수학 같은 다른 모든 과목은 부차적 보완분야 취급을 받았다. 서적 출판도 거의 전적으로 교회적이고 종교적인 내용에 집중되었다. 지금까지 보존된 필사본 자료들을 보면, 당시 사람들이 자신들이 거주하는 지역의 역사에 적극적인 관심을 가져서 옛 연대기를 필사하고(현재까지 우크라이나인들이 만든 옛 키예프 연대기 집성본 및 할리치나-볼린 연대기 집성본의 사본이 보존되어 있다), 그들과 가까운 시대에 대한 연대기와 역사 편찬물을 작성했던 것을 알 수 있다. 그러나 이들 중 단 하나를 제외하고는 어느 것도 출판되지 않았다. 예외적으로 출판된 것은 루스의 짧은 역사서인 『시놉시스(개요)』였는데, 동굴 대수도원에서 편찬된 이 책은 아주 단조롭고 불완전했다(이 책에는 코자크 시대, 폴란드와의 투쟁, 우크라이나의 최근 역사가 거의 완전히 빠져있다).[71] 그럼에도 불구하고 이 책은 1674년에 초판이 나온 후 판을 거듭하여 여러 번 출판되었는데, 이 책 이외에 다른 책이 출판되지 않아서일 수도 있고 어쩌면 이 책의 '진정성'이 그만큼 컸기 때문일 수도 있다. 반면 이보다 훨씬 더 가치 있고 흥미로운 다른 저술들은 필사본으로만 남았다. 역사에 대한 저술은 전체적으로 상당히 풍부했다. 오늘날까지 전해 내려오는 흥미로운 역사책을 보면, 17세기 전반의 사건들을 기록한 『르비브 연대기』,[72] 흐멜니츠키 전쟁과 그 이후 17세기 말까지 코자크 집단의 운명을 기록한 『목

---

71) 고슬라브 문자로 쓰인 『시놉시스(*Синопсис*)』는 1674년에 키예프의 동굴 대수도원에서 처음으로 출판되었고 1678년에 재판, 1680년에 3판이 출판된 후 1681년에 수도원장인 인노켄티 기지엘(Інноkентій Гізіэл, Giesel)의 이름으로 증보판이 출판되었다. 이 문헌의 저자는 그 이래 기지엘로 알려져 왔으나 확실치 않다. 이 책은 동슬라브인들, 곧 오늘날의 러시아인·우크라이나인·백러시아인이 공통의 기원을 가진 통일체라는 견해를 러시아 국가주의 역사가들에 앞서 표명한 선구적인 저서였으며 그렇기 때문에 우크라이나를 러시아의 일부로 받아들여야 한다는 주장의 강력한 근거 역할을 해왔다. 우크라이나의 민족적 독자성을 중시하는 흐루셰브스키가 이 책에 대해 비판적인 태도를 취하는 것은 그런 이유 때문이다.

72) 『르비브 연대기(*Львовская летопись*)』. 17세기에 작성되었으며 1498년부터 1649년까지 루스-우크라이나에서 일어난 사건들을 기록했다. 폴란드, 러시아, 크림한국 등과의 관계, 교회통합, 17세기 전반의 코자크 봉기들, 경제상황 등과 관련해 귀중한 자료를 제공하고 있다. 19세기 초 필사본이 발견되었고 1839년 모스크바에서 처음으로 출판되었다.

격자' 연대기』,[73] 그리고『수프라슬 연대기』,[74]『후스틴 연대기』,[75]『사포노
비치 연표』,[76]『보볼린스키 연표』[77]와 같은 여러 종류의 연대기(летопись)와

73)『목격자' 연대기(Летопись Самовидца)』. 17세기에 고(古)우크라이나어로 작성된 코자크
연대기로, 흐멜니츠키 봉기 이후 몰락의 시기에 이르기까지, 코자크들을 중심으로 한 우크
라이나 역사에 대해 기본적인 사료가 되고 있다. 저자가 '목격자(Самовидец)'라고만 되어
있어서 '목격자 연대기'라고 불린다. 17~18세기에 출현한 코자크 연대기들 중 가장 오래된
저작인 이 연대기의 저자는 자포로쟈 코자크 장교였으며 연대기에 서술된 내용들을 직접 목
격한 인물로 여겨지는데 연구자들 다수는 저자가 헤트만 브루호베츠키 휘하의 코자크 군단
재무담당 장교였던 로만 라쿠쉬카 로마노브스키(Роман Ракушка-Романовський)라고 보
고 있다. 집필은 1672년부터 1702년까지 드니프로 강 좌안 지방에서 이루어졌으며, 내용의
신뢰도와 서술의 충실성, 표현의 생생함에서 높은 평가를 받고 있다. 제1부는 1676년까지
의 사건들을, 제2부는 1702년까지의 사건들을 서술하고 있다.

74)『수프라슬 연대기(Супрасльская летопись)』. 16세기 전반, 수프라슬 수도원에서 편찬된 연대
기로 1446년 벨라루스-리투아니아 연대기 제2판의 가장 충실한 필사본이다. 제1부는『노브
고로드 연대기』,『스몰렌스크 연대기』,『비타우타스 찬양』 등에 바탕을 두고 862년에서 1500
년까지 키예프, 모스크바, 리투아니아 공들의 역사를 기록하고 있으며, 제2부는 주로 비타
우타스의 통치를 다루고 있다. 15세기 후반 크림 타타르인들의 키예프, 볼린 공격, 콘스탄틴
오스트로즈키 공과 모스크바 군주 바실리 3세의 전쟁 등에 대한 기록을 포함해 14~16세기
전반 우크라이나와 벨라루스 역사에 대한 중요한 사료를 담고 있다.

75)『후스틴 연대기(Густинская летопись)』. 17세기 초반 체르니히브 지방 후스틴 수도원에서
필사·집성된 연대기. 원본은 남아있지 않으며 저자와 최초로 작성된 연대도 알려져 있지
않으나, 17세기 전반에 저명한 문필가이자 성직자였던 자하리야 코피스텐스키가 이를 작성
했다고 보는 연구자도 있다. 후스틴 필사본판 서문에서 필사자는 역사적 전통의 중요성을
강조하고 역사적 지식의 보급 필요성을 역설하고 있다. 이 연대기는 키예프 루스에서 1597
년까지 루스의 역사를 다루고 있는데, 제1부는 이파티예프 연대기 내용과 유사하고 제2부
는 1300년에서 1597년 사이에 일어난 사건들을 짤막하게 서술하고 있다. 코자크 집단의 등
장, 교회통합의 성립 등에 대해서는 별도의 장을 할애해 서술하고 있다.

76)『사포노비치 연표(хроника Сафоновича)』. 키예프의 미하일리브스크 즐라토베르흐 수도원
장이었던 페오도시 사포노비치(Феодосий Сафонович)가 작성한 연표. 사포노비치는 17세
기 우크라이나의 저명한 문필가이자 신학자였다. 서유럽 대학에서 수학한 후 귀국하여 수
도생활을 하면서 학문과 문필 활동에 주력했다. 그가 1672년에 작성 완료한 연표는 그의 가
장 주요한 저작으로 원래 루스 전체의 역사를 담고자 하는 의도를 가지고 있었으나 자료 부
족으로 주로 서부 루스, 특히 할리치나의 역사를 (1292년까지) 기록하고 있다.

77) 레온티 보볼린스키(Леонтий Боболинський)는 수도사제(修道司祭)였다. 키예프, 체르니히
브에서 수도생활을 했다. 1699년에 성 삼위일체 일리인스크 수도원에서 '여러 저자들과 많

연표(хроника)들이 있고, 『흐라뱐카 연표』,[78] 『리조굽 연대기』,[79] 『루콤스키 연표』[80]와 같은 많은 코자크 연표도 있다. 『벨리치코(Величко) 연대기』[81]는 대단히 많은 부분에서 저자 자신이 지어낸 내용을 담고 있기는 하지만 매우 흥미로운 역사자료이다. 이러한 저작들은 당시 우크라이나 사람들이 어떻게 생활했고, 어떤 일에 관심을 가졌고 어떤 일로 걱정했는지를 아주 생생하게 반영하고 있지만, 출판 수단을 장악하고 있던 교회계통 서적출판자들은 이러한 저작들 중 그 어떤 것도 출판할 필요가 있다고 보지 않았다. 아주 멋있는 우크라이나 역사 가요들도 있건만 정리되어 출판된 것은 하나도 없다. '두마'라고 불리는 이러한 노래들은 17세기를 거쳐 가는 동안

은 역사가들이 루스 방언으로 편찬한 연표들'을 정리해 연표를 남겼다.

78) 『흐라뱐카 연표(хроника Грабянки)』. 1710년에 흐리호리 이바노비치 흐라뱐카(Григорий Iванович Грабянка)가 작성한 연표. 흐라뱐카는 할리치나 코자크 연대의 재판관이었으며 1735년 무렵에 사망했다. 연표는 코자크의 기원에 대한 논의에서 시작해 흐멜니츠키 시기를 거쳐 1708년에 이르기까지 루스-우크라이나의 역사를 다루고 있다. 저자는 코자크의 기원이 '스키타이 민족'인 하자르인에 있다고 주장하고 있다. 흐멜니츠키 군과 폴란드 군의 대결을 자세히 서술하고 있는 것이 특징이다.

79) 『리조굽 연대기(Летопись Лизогуба)』. 코자크 군단본부의 장교였던 리조굽이 1737년, 자기 가족의 연대기를 바탕으로 삼아 1690년대부터 1737년까지 해마다 일어난 사건들을 기록한 코자크 연대기. 우크라이나 코자크들의 대북방 전쟁 참전, 마제파가 코추베이와 이스크라를 처벌한 일을 다른 사료들보다 상세히 기록하고 있다. 리조굽은 마제파와 가까운 사이였지만 그가 스웨덴과 동맹을 맺은 것은 비판하고 있다.

80) 스테판 바실리요비치 루콤스키(Степан Васильович Лукомський, 1701~1779)는 연대기 저자이자 번역자이다. 서부 루스 옛 귀족의 후예이자 코자크 장교 가문 출신으로 태어나 높은 수준의 교육을 받고 다양한 언어를 익혔다. 폴란드 군대가 1638년 오스트랴닌과 후냐 주도의 코자크-농민 봉기를 진압한 일을 기록한 폴란드 연대기 저자 시몬 오콜스키의 일기를 번역했고(1738), 그 후 1620~1621년 폴란드와 투르크의 전쟁을 서술한 폴란드 역사가 마테우스 티틀로우스키의 기록을 번역하면서 이를 보완해 같은 시기 서남부 루스에서 일어난 사건들의 연표도 수록했다(1770). 이 내용은 벨리치코의 연대기에 수록되었다. 1770년에는 또한 14~16세기 서부 루스에서 일어난 사건들의 연표인 『역사 사건 선집』도 작성했다. 루콤스키는 플라비우스의 저작 『유데아 전쟁』도 동슬라브어로 번역했다.

81) 93장의 각주 105) 참조.

지어졌고 점차 특별한 정형을 갖추었는데, 문어 및 문어체적 요소와 민중적 시가의 기초를 잘 결합해서 구현한 것이 특징이다. 심지어 역사적 또는 일상적 주제를 담은 순수한 문어체 운문작품들조차 대개는 출판되지 않았다. 단지 사적 이익과 관련된 동기에서 이런저런 시혜자들을 찬양하기 위해 쓰인 시들만이 가장 흥미 없는 내용을 담고 있음에도 예외적으로 출간되곤 했다. 이를 제외한다면 예배 관련 서적과 종교적 내용을 담은 책들만 거의 독점적으로 꾸준히 출판되었다. 그러나 17세기 후반에 종교 투쟁이 수그러들면서 광범한 대중 사이에서는 순수하게 교회적인 문제에 대한 관심이 그전과 같이 중심적인 의미를 가지지 못했고, 이와 함께 종교적 성격의 서책 문화도 점점 독자들의 흥미와 관심을 잃어갔다. 일반 대중은 뭔가 더 생생하고, 신선하고, 당대 생활에 더 가까이 접근해 있으며 삶의 관심을 더 잘 반영해 주는 책을 원했으나, 이러한 책들은 출판되지 않았다. 이러한 장해를 초래한 요인으로는 우선 이 시기 우크라이나의 모든 인쇄소가 교회의 수중에 장악되어 있었다는 점을 들 수 있고, 다른 한편으로는 앞에서 이미 살펴본 대로 모스크바 권력이 출판 금지령을 통해 좀 더 생생하고 좀 더 당대에 가까운 주제를 담은 책들은 우크라이나 문학 출판 목록에서 배제시킨 것이 더 큰 이유로 작용했다.

　　모스크바 권력자들의 의심에 찬 눈초리와 엄격한 통제에 겁을 먹은 우크라이나 문필가 집단은 당대 생활 및 당대 정치와 관련된 주제를 다루는 것 자체를 그저 두려워만 했던 것이 사실이다. 하지만 그 당시의 필사본들 중에서도 18세기 전반에 쓰인 역사적 저작들, 일상적 주제를 다룬 시작품들도 전해지고 있으며, 학교 연극 분야에서도 가끔씩 상당히 생생하고 흥미로운 작품들이 발견된다. 이런 작품의 예로는 클리멘티 지노비[82)]가 쓴 일상 생활을 묘사한 시들과 1728년 헤트만 제도의 부활을 기념해 쓰인 『보흐단 지노비 흐멜니츠키를 통해 폴란드인들의 견딜 수 없는 압제에서 우크라이나를 구원하신 신의 은혜』라는 작자 미상의 희곡을 들 수 있다. 이 작품은 흐멜니츠키 시대에 대한 기억을 되살리게 할 뿐만 아니라, 당대의 우크라이나와 러시아 관계에 대한 여러 문제를 언급하고 있다. 게오르기 코니스키[83]가 쓴 희곡 『죽은 자의 부활』(1747)은 농민의 상태, 예속민의 상태 등등, 사회 문제를 다루고 있다. 익살스러운 막간극도 있었는데, 일상적이고 민중적인 내용을 다룬 이러한 희극적 소극(小劇)은 민중어로 쓰였으며 학교 연극의 막간에 청중에게 재미를 주기 위해 상연되었다. 이러한 소극의 예로서, 1730년대에 미트로판 도브할레브스키[84]가 쓴 작품, 1740년

82) 클레멘티 지노비(Клементий Зиновий). 지노비이브(Зіновіїв)라고도 한다. 17세기 후반, 18세기 초에 활동한 우크라이나의 시인, 수도사이다. 17세기 중반에 태어나 일찍 고아가 되었으며 키예프 모힐라 아카데미에서 교육을 받은 후 성직자가 되었다. 수도원을 위한 기부금을 모으러 우크라이나 전역을 여행하고 다녔으며 이 과정에서 우크라이나인들의 다양한 삶을 관찰했다. 생애 만년에는 농민, 수공업자, 배 끄는 인부(부를라키) 등 우크라이나 여러 사회계층 사람들의 삶을 묘사한 시를 모아 시집을 펴냈다. 그는 옛 우크라이나 민중의 언어로 시를 썼다. 민중의 삶에 대한 충실한 묘사 덕에 우크라이나 최초의 민속지학자 중 한 사람이라 불리기도 한다. 1712년까지 활동한 흔적이 남아있다.

83) 게오르기 코니스키(Георгий Конисський, 혹은 Конисский. 1717~1795). 세속명은 그리고리 이오시포비치 코니스키. 벨라루스 출신의 저명한 철학자, 신학자이자 정교 고위성직자(모길레프 대주교 역임). 코자크 장교 가문 출신으로 키예프 신학원에 입학해 폴란드어, 그리스어, 히브리어, 독일어 등 다양한 외국어를 배우고 문학에도 관심을 보였다. 학교 졸업 후 수도사가 되어 형제수도원 원장 자리에 올랐고, 그런 한편 키예프 신학원 교수가 되어 1752년에는 신학원 학장이 되었다. 종교적 주제를 다룬 극작품을 쓰는 한편, 철학, 신학 연구에도 몰두하여 합리주의적 정신에 바탕을 둔 라틴어 저작을 저술하였으며 그 외 다양한 저작을 발표했다. 정교 고위성직자로서 정교 신자들을 보호하기 위한 노력도 아끼지 않았다. 1762년에는 모스크바를 방문하여 예카테리나 2세 여제의 대관식에 참석했고 이곳에서 여제에게 폴란드 지배 아래 있는 정교 신자들을 도와달라는 청원을 하기도 했다. 그가 왕성한 저술활동을 편 대학자였던 만큼, 익명의 저자가 발표해서 우크라이나인들의 민족감정 고취에 큰 역할을 한 『루스인의 역사』도 그의 저작일 것이라고 추측하는 사람들도 많았고 오랫동안 이 의견이 강세를 보였다. 그러나 오늘날에는 이에 대한 반론이 더 우세하다.

84) 미트로판 도브할레브스키(Митрофан Довгалевський). 18세기 우크라이나의 수도사제,

대에 앞에서 말한 코니스키가 쓴 작품은 현재까지도 필사본으로 전해 내려오는데, 정말 상당히 생생하고 흥미롭다. 이 작품들은 당대 우크라이나의 다양한 인간 유형과 여러 민족의 대표적 인물들을 희극적으로 묘사하고 있다. 후대의 평론가들은 이들 막간극을 아주 높이 평가하면서 플라우투스[85]나 몰리에르 같은 세계적 희극작가들의 작품에 비견했으나, 그 당대에는 모스크바의 엄격한 검열 때문에 이 중 어느 것도 책으로 출판될 수없었다. 우크라이나 문학 작품들은 필사본으로 읽히던 중 많이 상실되었고, 검열의 억압에 짓눌리고 대러시아어 출판물과의 경쟁에 밀려 우크라이나에서는 출판활동이 전체적으로 얼어붙고 죽어갔다. 그리고 새로운 대러시아어 서책의 영향력에 비해 우크라이나어 서책은 영향력과 중요성을 점점 더 잃어 갔다.

같은 이유로 학교 교육의 영역에서도 유사한 상황이 벌어졌다. 그 당시 우크라이나의 학술·교육진흥과 전반적인 문화 활동 전반의 총본산 역할을 한 것은 키예프의 모힐라 아카데미였다. 1660년대 모스크바 정부가 거의 폐쇄조치를 취할 뻔 하는 바람에 쇠락을 겪은 후 모힐라 아카데미는 새롭게 개편되었는데, 가톨릭 신학원들, 특히 예수회 신학원들을 모범으로 삼아 교육 프로그램을 확장했고, 1694년에는 모스크바 정부로부터 아카데미로서 명칭과 권리를 인정받았다. 이 시기는 우크라이나 문화(당대인들이

학자이자 교육자, 문필가. 예수의 탄생과 부활을 소재로 한 두 편의 희극을 남겼다(1736, 1737). 두 작품에는 각기 다섯 개의 막간극이 들어있는데, 예수 탄생을 소재로 한 「희극적 종교극(*Комическое действо*)」은 후대에 마르케비치가 쓴 성탄극(вертепом)과 유사하기에, 그 이유를 놓고 여러 분석이 행해지고 있다.

85) 티투스 마키우스 플라우투스(Titus Maccius Plautus, 기원전 254 무렵~184)는 고대 로마의 극작가이다. 주로 희극을 썼는데, 50편이 넘는 작품 가운데 20편이 전해지고 있으며, 그의 작품은 라틴어 문학작품들 중 훼손되지 않은 채 현재까지 전해지는 가장 오래된 극작품이다. 그리스 극작가들의 작품을 로마 관객들의 기호와 정서에 맞게 각색한 작품이 대부분이다.

이해하던 대로의 문화)생활의 대범한 보호자인 마제파의 헤트만 재직 기간이었는데, 바로 이 기간 중 아카데미 역사상 가장 큰 발전이 이루어졌다. 그 당시 우크라이나와 모스크바국가의 문학적·종교적·정치적 활동에서 최선두에 서 있던 인물들 다수가 이 아카데미에서 배출되었다. 그 후 거의 18세기 중반에 이를 때까지 모힐라 아카데미는 성직자들뿐 아니라 세속인들을 위해서도 당대 우크라이나 사회의 최고 교육기관 역할을 했다. 헤트만 아포스톨은 모힐라 아카데미의 재산을 보장해주면서 이 학원은 "소러시아의 아들들이 자유로운 학문 속에서 수련 받을 수 있으며, 사회 전체를 위해 유용한 학교"라고 불렀다. 실제로 이 시기(1727) 이 학원의 학생 등록부를 살펴보면, 우크라이나의 거의 모든 유명한 코자크 장교 가문 출신들이 여기에 포함되어 있었음을 알 수 있다. 대체적으로 이 아카데미에는 성직자 가정 출신보다 일반 가정 출신 젊은이들의 수가 더 많았으며 그들은 학교를 졸업한 후에는 다양한 사회적 활동분야에서 헌신적으로 일했다. 이런 점에서 키예프 아카데미는 대단히 높은 평가를 받았다. 키예프 아카데미에서 교육받은 학자들이 설립하고 이끌었던 모스크바의 슬라브-그리스-라틴 아카데미를 비롯하여 대러시아와 우크라이나의 다른 여러 도시들에도 이 아카데미를 모범으로 한 최고 교육기관들이 설립되었다. 우크라이나의 경우 체르니히브, 페레야슬라브, 하르키브, 폴타바에서 키예프 아카데미를 모범으로 한 대학과 신학교들이 세워졌다.

1730년대와 1740년대는 키예프 아카데미의 마지막 황금기였다. 이 시기에 (1731년부터 1747년까지) 수도대주교였던 라파일 자보로브스키[86]는 아카데

---

86) 라파일 자보로브스키(Рафаїл Заборовський, 1677~1747). 세속명은 미하일로. 정교 고위 성직자로, 1731년에서 1747년까지 키예프 할리치나 수도대주교직에 있었다. 르비브 인근 소읍에서 폴란드 귀족의 아들로 태어났으며 폴란드식 교육을 받았다. 부친 사망 후 그의 어

그림 319 키예프의 옛 '수도대주교 대문'.

미의 아주 열렬한 후원자가 되어 학교 운영에 대단히 큰 관심을 가졌고, 학교의 복지와 번영을 위해 많은 노력을 기울였으며 기숙사와 교회의 새 건물까지 지어주었기에 후일 아카데미는 그의 공적을 기려 '모힐라-자보로브스키 아카데미'라고 불리게 되었다. 그 당시 아카데미의 교수진에는 미트로판 도브할레브스키, 게오르기 코니스키, 미하일로 코자친스키[87]처럼 탁월한 재능과 활동을 보였던 인물들이 포진했고, 이 시기의 학생들 중에는 후일의 저명인사들이 기라성처럼 모여 있었다. 그중에는 우크라이나 사람인 흐리호리 스코보로다[88]와 대러시아인인 미하일 로모노소프[89]도 있었다. 재학생은 아주

머니는 키예프로 이주했고 그는 키예프 신학원에서 수학했다. 그 후 모스크바로 옮겨가 수도사가 되고 라파일이라는 승명을 받았다. 신학원 교수, 함대 수도사제, 수도원장, 신성종무원 자문 위원 등으로 재직했다. 1731년에 키예프, 할리치나 및 전 소러시아의 수도대주교로 임명되었다. 키예프에서는 신학원과 형제단 수도원의 지적 수준을 높이고 상태를 개선하는 데 큰 힘을 기울였다.

87) 미하일로 코자친스키(Михайло Козачинський, 1699~1755). 세속명은 마누일 이바노비치(Мануил Іванович) 코자친스키. 카자친스키(Казачинський)라고도 한다. 우크라이나의 수도사. 키예프 신학원 원장. 귀족 가문에서 태어나 키예프 모힐라 아카데미에서 수학했다. 성직자로 서품을 받은 후 모힐라 아카데미에서 교육활동에 종사하는 한편, 독일과 세르비아까지 두루 여행했고 세르비아에서는 학교를 운영하기도 했다. 라틴어와 폴란드어에도 정통했다. 1740년대에는 옐리자베타 여제에 대한 칭송문, 아리스토텔레스의 철학에 대한 저술 등을 출판해 박식함과 문체의 아름다움을 높이 평가받았다.

많아서 1,000명이 넘었다(1742년 1,243명, 1751년 1,193명, 1765년 1,059명).

그러나 이 마지막 융성기를 지나자 모힐라 아카데미는 어느덧 쇠락하기 시작했다. 이 아카데미는 일반 공중(公衆)을 위한 최고 교육기관이었지만 교과과정은 엄격한 신학적 성격을 띠었다. 게다가 교수법도 고답적이고 당시 관점에서는 따분하기 짝이 없는 구식 스콜라철학적 방법에 바탕을 두고 있어서 당대 유럽 학문의 성과를 따르지 못했다. 이 아카데미는 실질

88) 흐리호리 사비치 스코보로다(Григорій Савич Сковорода, 1722~1794). 러시아식 철자는 Григорий Саввич Сковорода. 우크라이나의 철학자, 시인, 교육자, 음악가이다. 자기 내면의 진리를 발견해야 한다고 역설하며 자기인식의 중요성을 강조했기에 "러시아의 소크라테스"라고 일컬어지기도 한다. 우크라이나에서 산 우크라이나인이고 명백한 우크라이나 정체성을 가지고 있었으나 러시아 철학과 문화 발전에 결정적인 기여를 했기에 그를 러시아 철학자로 여기는 사람들이 많다. 오늘날의 폴타바 오블라스트에서 코자크 장교의 후예로 태어나 키예프 모힐라 아카데미에서 수학했으며 말년에는 유랑 철학자로서의 삶을 살았다. 모국어인 우크라이나어 외에도 그리스어, 라틴어, 교회슬라브어에 능해 이들 언어로 된 서적들을 광범하게 섭렵했고, 기독교 신학상의 주제들과 고대 그리스, 로마 철학자들의 논의를 융합시킨 사고를 전개한 것이 특징이다. 개인의 자유를 옹호하고 농노제와 부의 지나친 편중을 비판했던 그는 당대의 공식 정교회 교리에 얽매이지 않는 자유로운 사상 때문에 러시아 제국 검열 당국의 제재에 부딪히는 일이 많았다. 그의 저작은 18세기 말 페테르부르크에서 처음으로 출판되기 시작했고 19세기 중반에 전집이 역시 페테르부르크에서 간행되었다. 소련 시절인 1946년에 건립된 흐리호리 스코보로다 철학연구소는 우크라이나 학술원 산하기관으로 운영되고 있다.

89) 미하일 바실리예비치 로모노소프(Михаил Васильевич Ломоносов, 1711~1765). 러시아의 과학자, 인문학자, 문필가, 교육자이다. 물리학, 화학, 천문학, 광산지질학, 문헌학, 역사학, 언어학, 광학, 모자이크 예술 등 광범한 분야에 관심과 재능이 뻗쳐있던 르네상스적 만능천재였다. 천문학 분야에서 금성의 발견자이며, 모스크바 대학의 설립자이다. 러시아 북부 아르한겔스크에서 어부의 아들로 태어나 십대 소년 시절에 교육을 위해 모스크바로 가서 여러 언어를 배운 후 키예프 모힐라 아카데미에서도 몇 달 동안 배우기도 했다. 그는 비범한 지적 능력과 탐구심으로 곧 두각을 나타냈으며 국비장학금을 받고 2년 동안 독일의 마르부르크 대학에서 수학했다. 마르부르크에서 당대의 계몽사상가인 크리스티안 볼프의 제자가 되어 그로부터 큰 영향을 받았으며 화학, 광문학, 지질학, 문학 등도 깊이 연구했다. 러시아로 귀국한 후 다방면에 걸친 연구를 계속해 러시아 근대학문의 초석을 놓았다. 그가 학술원 회원으로서 활동하며 다방면에 걸쳐 남긴 업적은 무수히 많다.

그림 **320** 키예프의 형제단 교회. 마제파의 명으로 전면 개축되었다(19세기 중반의 판화에서).

적인 지식을 제공하지 못했고, 시대에 뒤떨어진 모델에 바탕을 둔 문필활동 준비교육은 당대인들을 위한 효용성 면에서 가장 열악했다. 그리하여 러시아 내에서 페테르부르크와 모스크바에 최초로 세속 대학들이 설립되자 키예프 아카데미와 이를 모방해 세워진 학교들은 그 대학들과의 경쟁에서 밀려나기 시작했다. 우크라이나 사회에서 비교적 부유한 계층인 코자크 장교 가문들은 자식들을 러시아의 수도에 있는 학교나 아예 국경을 넘어 독일 대학으로 보내기 시작했다. 키예프 아카데미와 다른 유사한 단과대학들은 성직자 집단과 점점 더 강하게 유착되어 성직 후보자들을 배출했고, 더 이상 폭넓은 문화적 중요성을 유지하지 못했다. 학술·교육진흥의 수요를 충족시키고 싶어 하던 우크라이나 사회는 종합 대학 설립 계획을 추진했다. 새로운 황제 예카테리나 2세에게 주청한 여러 희망사항 중에는 키예프 아카데미를 신학부가 있는 종합 대학으로 전환시키려는 안도 들어있었다. 또한 바투린에는 신학부가 없는 또 하나의 종합 대학을 설립하고 다른 도시들에는 세속 김나지움을 설립하려는 안도 포함되어 있었다. 그러나 러시아 정부는 이 계획에 호의적이지 않았음이 분명하다. 19세기 초에 하르키브에 현지 귀족들이 마련한 재원으로 대학이 설립됨에 이르러서야 비로소 우크라이나에서는 세속교육을 담당하는 최초의 고등교육기관이 탄생했다.

106. 동부 우크라이나의 민족생활

앞에서 서술한 정치, 문화 상황은 필연적으로 우크라이나의 독자적 생활의 철저한 몰락을 초래했다. 이것은 동부 우크라이나, 특히 헤트만령이 다른 우크라이나 땅에 비해 더 좋은 여건을 가지고 있었던 것을 고려하면 더욱 쓰라린 일이다. 헤트만령에는 어쨌거나 이런저런 발전과 자치를 이룰 가능성이 주어져 있었다. 그러나 우크라이나의 운명을 좌우하는 새로운 지배자의 엄격하고 의심에 가득 찬 눈초리 밑에서는 이곳에서도 일체의 사회생활이 얼어붙고 그 어떠한 사회적 활동의 길도 닫혀 버렸다. 사람들은 점점 더 협소한 범위에 갇혀 자기 개인과 가족의 이익에만 매달렸고, 사회성과 사회적 활동에 대한 관심과 본능 자체를 상실해 갔다. 광범하고 활기 왕성한 코자크 생활이 파괴되고, 자율과 자치와 자립성이 무너져 내린 상황에서는 자기 가족의 부를 늘리고 생활의 안정을 확보하며, 가능한 한 더 넓은 토지재산을 차지하고, 좀 더 많은 금전적 자산과 소득을 올리는 데 기울이는 관심이 갈수록 커졌다. 코자크의 손자들, 그러니까 보흐단 흐멜니츠키의 지도 아래 우크라이나에 대한 폴란드 귀족들의 지배를 몰아내기 위해 권문귀족-소왕들에 맞서서 봉기했던 사람들의 후예들은 이제 합법적이거나 불법적인 방법으로 큰 영지를 차지하고, 이들 영지를 아무 권리 없는 농노들로 채움으로써 그들 스스로가 이와 비슷한 권문세가가 되었다. 그들은 모스크바의 정책에 맞서 투쟁한다는 것은 불가능하다고 결론짓고 우크라이나의 국가성(國家性, государственность)[90]을 강화하는 데

---

90) 원문의 용어 고수다르스트볘노스치(государственность)는 러시아 정치사상에서 독특한 의미로 사용되며 기존의 한국어 어휘 중 정확하게 대응되는 역어를 찾기는 힘들다. 독립국가로서의 존재, 국가를 운영할 수 있는 주체로서의 능력, 국가적 주체로서의 생활 등을 의

그림 321 키예프 아카데미와 학생들(아카데미 원장 칼라친스키를 칭송하여 제작한 판화에서. 18세기 초).

도움이 되는 일을 추구하는 데는 손사래를 쳐버리고선 자기들의 사사로운 재산상의 특혜와 계급적 특권을 공고하게 하고 그들이 획득한 영지를 보장하고 지주로서의 권리를 확보하는 데 배전의 열성을 기울였다. 이는 대러시아인 귀족들과 대등한 위치를 차지하고, 그들 자신도 고위관직으로 나아갈 수 있는 길을 열며, 러시아 제국 통치귀족의 일원이 되고자 하는 목적에서였다. 200~300년 전 우크라이나 통치귀족들은 잘못된 운명으로 폴란드 국가의 지배 아래 떨어지자 이 국가의 제도와 여건에 모든 힘을 기울여 적응했고, 폴란드 법률과 말을 배우려고 기를 썼을 뿐 아니라 국가의 지배적 민족성(государственная народность)을 닮으려고 집요하게 노력하면서 그들 스스로 폴란드화하고 가톨릭화했는데, 지금 이 새로운 우크라이나 통치귀족층은 그와 똑같은 열정과 조급함으로 러시아 정부의 러시아화 계획에 호응했다. 그들은 새로운 제도에 적응했을 뿐 아니라, 새로운 국가의

미한다고 할 수 있다. 1911년 우크라이나어본에서는 '국가적 열망'(державне змагання)이라는 말이 쓰이고 있다. 이 번역서에서는 주로 국가성으로 번역하되 경우에 따라 국가적 존재로 번역하기도 할 것이다.

문화를 수용하고 공공업무에서 사용되는 대러시아어, 대러시아의 문학과 모든 관습을 받아들였다.

대러시아 문화 자체가 아직 아주 낮은 수준에 있었다는 사실은 이러한 동화 과정에 큰 문제가 되지 않았다. 그리 오래지 않은 과거인 도로셴코와 마제파 시대에만 해도 우크라이나 사람들은 모스크바에서 문화적 교양의 선구자 역할을 했고, 우크라이나 문화생활의 습득이 이곳에서 유행이 되게 했다. 표트르 1세의 통치 시대에만 해도 모스크바국 땅에 있는 거의 모든 고위 성직은 키예프에서 교육받은 사람들, 우크라이나인 성직자들이 차지했다. 이들은 심지어 모스크바국의 학교에 우크라이나어 발음을 도입하고자 시도했고, 모스크바국 사람인 자기 학생들에게 우크라이나어에 맞추어 말하라고 강요하기도 했다. 그러나 일찍이 15세기와 16세기에 그랬던 것과 마찬가지로 이 문제에서 결정적인 것은 문화 수준의 높고 낮음이 아니라 국가적 우위였다. 민중과 단절되고, 자신의 확고한 기반에 대한 신뢰가 없는 상태에서 우크라이나의 코자크 장교층 가문출신 지식인 집단은 정치에서 동요했고 문화적 민족생활에 대한 태도에서 우왕좌왕했으며, 우크라이나의 운명을 지배하는 사람들이 강요한 이방적 관습과 이방의 언어, 이방의 문화를 경솔한 마음으로 받아 들였다. 우크라이나 지식층은 대러시아인들을 야만인으로, 반쯤 미개하고 비문화적인 사람들로 보았지만, 그럼에도 불구하고 대러시아 언어와 관습을 받아들였다. 이미 표트르 1세 시대부터 대러시아어는 광범하게 사용되기 시작하여 러시아 권력자들과의 교신에 쓰였을 뿐 아니라, 우크라이나 내부 행정 업무용 언어에도 영향을 미치게 되었고, 개인생활과 우크라이나 문학에도 침투했다.

이전까지도 민중어는 교회슬라브어와 우크라이나어 슬라브어-폴란드어 혼합어인 문어에 밀려 2등 언어에 머물렀다. 그런데 이제 러시아 지배 아래서는 새로운 검열제도로 인해 민중어가 출판에서 완전히 배제되었을 뿐 아니라 교회슬라브어와 문어에서조차 일체의 비러시아어적인 요소는 대단히 의심스러워하는 시선을 받았다. 새로운 검열자들은 모스크바식 출판에서 통용되는 언어에서 어긋나면 안 되고, 우크라이나어 흔적이 조금이라도 출판물에 나타나서도 안 된다고 강요했다. 이러한 검열의 압박을 받아 예전의 우크라이나 문어는 사용되지 않게 되었고, 대러시아어가 이 자리를 차지했다. 쇄신을 겪은 후[91] 러시아의 문화생활이 다소 진흥됨에 따라, 18세기 중반부터 대러시아어와 대러시아 문화는 우크라이나 사회를 점점 강하고 깊게 장악해 갔다. 우크라이나 사람들은 대러시아어로 글을 쓰고 대러시아 문학에 참여했으며, 많은 우크라이나인들이 심지어 새로운 대러시아 문학 운동의 최선두에 나서서 이 운동에서 뛰어나고 명예로운 자리를 차지하기도 했지만,[92] 우크라이나적 문화생활과 우크라이나에서의 문학 및 문화를 위해서는 아무 일도 하지 않았다.

우크라이나의 자유와 자립성을 위해 싸운 투사들의 후손인 헤트만령 사람들이 이렇게도 나약해 보이게 된 것이다! 그러나 아무리 그렇다고 해도, 우크라이나의 자치가 그토록 심하게 퇴색되고, 조각나고 러시아화한 모양을 하고 있었다고 할지라도 우크라이나 민족생활의 관점에서 볼 때 우크라이나 자치가 존재하건 존재하지 않건 아무 상관이 없었다고는 결코 말할 수 없다. 젊은 세대 우크라이나인들의 겉모습을 장식하고 있던, 파우더를 뿌린 프랑스식 가발파마 머리와 자수를 놓은 최신유행의 재킷이 철없어 보였어도, 그들이 구사하고 있던 대러시아어와 정치적으로 추종적인 그

<hr>

91) 여기서는 표트르 1세의 개혁으로 러시아의 체제가 쇄신된 것을 말하는 것으로 보인다.
92) 『죽은 혼』, 『검찰관』 등의 걸작을 남긴 우크라이나 출신의 작가 니콜라이 고골(미콜라 호홀)은 그 대표적인 예라고 할 수 있을 것이다.

들의 태도가 무기력해 보였어도, 이 모든 것 속에서도 독자적인 우크라이나 애국주의는 보존되었고, 이는 시간이 지나면서 좀 더 활기차고 매력적인 다른 모습을 보여줄 수 있었다. 헤트만이었던 로주모브스키를 대신해서 새로운 우크라이나 통치자가 된 루만체프[93]는 당대 우크라이나 사회의 대표적 인물들에 대해 놀라움에 찬 마음으로 다음과 같이 썼다. "그들은 온갖 학문

그림 322 라파일 자보로브스키 수도대주교.

을 섭렵하고 다른 관심 분야에 종사하고 있더라도" 여전히 코자크였고, 스스로 "달콤한 조국"이라고 부르는 "자기 자신들의 민족"을 향해 뜨거운 애정을 품고 있었다. 그들은 비록 대러시아 문화에 종속되어 있기는 하지만 우크라이나 인민들을 아주 높이 평가했다.

"이 소수의 사람들로 말씀드리자면, 이들은 세상에서 가장 뛰어난 사람

---

93) 표트르 알렉산드로비치 루만체프-자두나이스키(Пётр Александрович Румянцев-Заду-найский, 1725~1796) 백작을 말한다. 그는 러시아 제국의 유명한 군인으로 많은 전쟁에서 승리를 거두었다. 그의 이름 뒤에 붙은 '자두나이스키'라는 것은 '도나우 저편의'라는 뜻으로 그가 1768년 러시아-투르크 전쟁에서 투르크 군대를 격파하면서 도나우 강을 건너 루마니아로 진격한 데서 붙여진 별명이다. 그는 1764년 우크라이나에서 헤트만 제도가 철폐된 때부터 우크라이나 총독이 되어, 1796년, 예카테리나 2세 사망 때까지 이 자리에 있었다. 32년 동안 우크라이나의 실질적 통치자로서 루만체프 백작은 우크라이나의 자치와 자율을 철폐하고 러시아화를 강력히 추진했던 것으로 유명하다.

들이요 이들보다 더 강하고, 더 용감하고 더 총명한 사람은 없으며, 이들보다 더 선량하고 더 유용하고 더 진정으로 사유로운 사람들 또한 어디에도 없다는, 이들은 자부심을 가질 만하며 이들이 가진 것은 무엇보다 좋다는, 오직 그러한 말밖에 들으려 하지 않습니다." - 앞에서 말한 루먄체프는 여제에게 보낸 편지에서 우크라이나의 민족정신에 대해 이렇게 고충을 토로했다. 실제로 1767년 러시아의 새 법제도를 만들 임무를 가진 위원회를 위해 '훈령(наказ)'[94]을 작성할 때가 되자, 모든 계층의 우크라이나 주민들은 우크라이나의 자율과 자치행정, 예전의 권리와 특권에 대한 열렬한 애착과 이를 가능한 한 빨리 회복하기 바라는 열망을 예상치 못했을 정도로 강력하게 표명했다.

비록 심각하게 제한되고 파괴되었다고는 하더라도 우크라이나 자치의 형태가 존재한다는 것은 그래도 역시 우크라이나 사회에서 자립성에 대한 감정과 애국주의, 곧 루먄체프가 "공화주의 사상"이라고 부른 사상이 유지될 수 있게 지탱해주었음에 틀림없다. 이러한 관점에서 예전의 제도와 권리를 보유한 헤트만령이 보존되는 것은 그래도 역시 중요하고도 바람직했다. 우크라이나 사회는 정치적으로 성숙되지 않았고 민족 감정도 약했고, 문화에 반영된 민중적 요소도 미미했다. 이러한 점을 고려할 때 조금이라도 남아 있는 정치적 별도 존재의 외형을 보존하는 일은 민족적 감정을 보존하고 심화시키는 데 매우 중요했다. 정치적 자치가 철폐된 다음에 벌어졌던 사태와는 달리, 만일 이 같은 우크라이나 자치의 형태들이 끝까지 사라지지 않고 잘 보존되었더라면, 우크라이나 공중이, 이 사회의 상층

---

94) 예카테리나 2세가 입법위원회의 법률 편찬방향을 제시하기 위해 작성한 지침서. 자유주의적이고 계몽주의적 정신을 담고 있으면서도 동시에 전제정의 원칙을 포기하지 않겠다는 의도를 표현하고 있다.

과 지식인층이 러시아라는 바다에 최종적으로 침몰되지는 않게 해주었을 것이라고 말할 수 있다. 시간이 지남에 따라 새로운 유럽의 정치 사조와 문화 사조가 우크라이나 공중의 삶에 필시 새로운 내용을 유입시키고 새로운 관심을 불어넣었을 것이며, 이것은 민중과 민중생활에 대한 새로운 태도를 제시했을 것이다. 옛 우크라이나 제도가 전면적으로 철폐되면서 실제로 일어났던 사태와는 달리, 만일 민족적 생활 형태가 사라지지 않고 잘 보존되었더라면, 유리한 여건이 무르익자마자 곧바로 우크라이나의 민족적 바탕에 입각한 새로운 문화적·진보적 운동이 우크라이나 전체 사회 속에서 전개될 수 있었을 것이다. 이렇게 되었다면, 훗날 19세기 우크라이나 부흥운동가들이 겪어야 했던 것처럼 아무것도 없는 허허벌판에서 민족생활을 처음부터 만들어내기 시작할 필요가 없었을 것이다.

민족 생활의 관점에서 보면 18세기 중반에 지탱되었던 우크라이나의 자치는 비록 파손되고 남은 잔재였다고 할지라도 소중한 것이었다. 그래서 이 역사에 대해 자세히 서술하게 되었다. 아무리 약화되고 부서지고, 민족적 관점에서 선명치 못한 면이 있었다 하더라도, 그럼에도 자치에 대한 기억은 훗날 일어나는 우크라이나의 부흥 운동을 위해 엄청나게 큰 가치를 가진다.

107. 서부 우크라이나의 민족생활 쇠락

헤트만령에서 우크라이나의 독자적 생활이 제한되고 몰락하게 된 것은 우크라이나 전체에 쓰라린 결과를 가져왔다. 왜냐하면 헤트만령과 키예프가 이미 17세기 중반에 문화생활의 중심지가 되었기 때문이다. 서부 우크

그림 323 키예프의 학생들(자보로브스키를 칭송하여 제작한 판화에서. 1739년 작).

라이나는 키예프의 교육 자원과 문화 자원을 자양분으로 삼아 지내고 있었으나, 1667년 폴란드와 러시아의 국경이 서부 우크라이나를 동부 우크라이나 및 키예프로부터 분리시키면서 우크라이나 고유의 삶이라는 생명체를 절단시키며 그어짐에 따라[95] 고립되어 있다는 상황을 뼈아프게 실감할 수밖에 없었다. 이 때문에 모스크바가 우크라이나를 배신하고 나라를 폴란드와 나눠가진 데 대해 그 당시 우크라이나 공중 사이에서 모스크바를 향한 그토록 크나큰 분노와 비애가 일었던 것이다. 우크라이나 사람들은 그럼에도 문화생활과 민족생활의 단일성과 통합성을 유지하기 위해 노력했지만 이 과제는 점점 더 어려운 일이 되어갔다. 우크라이나의 이 두 중추 지역은 정치적 경계로 인해 분리된 다음 각기 다른 길을 가며 여러 면에서 점점 멀어졌다. 서부는 폴란드 생활의 영향 밑에 남아있었고, 동부는 대러시아의 영향권 아래로 떨어졌다. 우크라이나 성직자단 및 공중의 의사와 희망을 완전히 무시하고 키예프 수도대주교구가 모스크바 총대주교 관할 아래 들어가면서 성직자 집단 간의 상호관계가 약화되었고 서부 우크라이나에는 통합교회가 쉽게 도입되었으며, 이는 동서 우크라이나 사이의 교회적 연결을 무너

95) 우크라이나 땅을 러시아와 폴란드 사이에 양분했던 안드루소보 조약을 말한다.

뜨렸다. 동부 우크라이나
에서는 학교와 서책 문화
가 러시아화하였으므로
이 곳의 문화적 삶은 서
부 우크라이나와 소원하
게 되었다. 그리고 이 시
기에 서부 우크라이나에
서는 민족 문화의 고유한
원천이 약화되고 소진되
었고 이러한 까닭에 동부

그림 **324** 수도대주교 관저(자보로브스키를 칭송하여 제
작한 판화에서 **1739**년 작).

지역과 소원하게 되면서 우크라이나적 민족생활도 점점 더 심각하게 쇠퇴
했다.

　앞에서 살펴본 바와 같이 16세기 말부터는 르비브와 르비브 형제단이
서부 우크라이나의 문화적 중심이 되었다. 르비브 형제단은 르비브의 우
크라이나인 소시민들뿐 아니라 전반적으로 동부 할리치나의 우크라이나
요소 집단을 자기 주변에 불러 모으고 이들을 조직적 세력으로 묶어냈다.
그러나 이러한 요소 집단이 폴란드화되고 약화되면서 르비브 소시민들의
힘도 약화되었다. 동등권을 쟁취하고 좀 더 자유로운 생존과 발전의 가능
성을 획득하려는 르비브 소시민층의 온갖 노력은 여전히 결실을 보지 못
했다. 폴란드의 도시행정은 우크라이나 사람들을 모든 면에서 체계적으
로 배제했고, 민족적 활동의 가능성뿐 아니라 경제적 활동의 가능성도 전
혀 허용하지 않았다. 우크라이나 사람들이 폴란드 정부에 대고 숱하게 진
정을 했지만 이 또한 전혀 상황을 개선시키지 못했다. 게다가 폴란드의 이
리석은 경제 정책 때문에 17세기에 이르러서는 르비브 자체도 경제적으로

점점 더 몰락해 갔고, 이와 함께 우크라이나 도시민 공동체도 곤궁에 빠져 약화되었다. 상황이 개선될 기미를 보이지 않자, 상대적으로 더 활기 있고 역동적인 우크라이나 요소 집단은 르비브를 비롯해 할리치나 전역을 떠나 동부 우크라이나로 이주했다. 마침 이곳에서는 코자크 집단의 보호 아래 새로운 민족 운동이 시작되고 있던 참이었다. 1610년대와 1620년대의 키예프의 민족문화운동은 르비브의 역량에 의존하고 있었으며, 르비브를 비롯해 전체적으로 할리치나 출신 인물들이 이를 만들어냈다는 것을 앞에서 이미 살펴보았다. 그들은 키예프를 우크라이나의 독자적 생활의 중심지로 만들었지만, 그 대신 르비브와 할리치나 전역은 가장 원기 왕성하고 활동적인 인물들을 잃고 점점 더 쇠락해 갔다. 르비브 '형제단'도 과거에 가졌던 중요성을 잃어갔다. 17세기 중반에는 형제단의 자랑이요 자부심의 원천이었던 르비브 학교가 쇠퇴했다. 그러자 형제단은 무엇보다 서부 우크라이나 전역에서 사용되는 모든 교회용, 예배용 서적을 펴내는 출판자로서의 역할에 전념하게 되었다. 이는 형제단에 소득을 가져다주는 것이었기 때문에 형제단은 이 같은 출판활동에 아주 각별한 주의를 기울였다. 형제단은 르비브에서 출판되는 교회서적의 인쇄 독점권을 유지하기 위해 큰 노력을 기울였으며, 이 지역에서 다른 우크라이나 인쇄소가 설립되는 것을 허용하지 않았다.

17세기 후반이 되면서 서부 우크라이나의 민족적 생활은 더욱 쇠퇴해 갔다. 흐멜니츠키의 봉기로 동부 우크라이나의 삶에 새로운 시대가 열리자, 서부 지역은 더욱 심하게, 결정적으로 약화되기 시작했다. 1648년 흐멜니츠키 봉기 때, 볼린, 포딜랴, 할리치나 등 서부 우크라이나 주민들은 코자크들의 도움으로 폴란드의 지배에서 벗어나려는 희망을 품고 일어났다. 소시민들, 농민들, 우크라이나인 영세귀족들은 봉기를 일으키고, 코자크들과 힘을 합쳐 폴란드 사람들을 죽이거나 추방하고 우크라이나 행정기구를 세웠다. 소칼, 테르노필, 로하틴, 톨마치, 자볼로티브, 르비브 근교의 야니브, 호로독, 야보리브, 드로호비치, 카르파티아 산맥 기슭의 칼루샤 주변 지역에서는 크고 작

그림 **325** 키예프 아카데미 건물(자보로브스키를 칭송하여 제작한 판화에서).

은 봉기가 일어나서 때로는 상당히 넓은 지역을 장악하기도 했다. 우크라이나 귀족들과 도시 상층주민들은 인근 지역 농민들의 지도자가 되어 이들을 군대식으로 조직하였고, 이들을 이끌고 폴란드 귀족들의 성을 공격했다. 그러나 코자크 문제에 열중한 흐멜니츠키는 그 당시 이러한 활발한 운동을 지원하지 않고 서부 우크라이나를 운명의 변덕스러운 뜻에 맡기는 바람에 이곳에서 운동의 불꽃은 사그라지고 말았다. 이 운동에 열성적으로 참여했던 사람들을 비롯해 전반적으로 좀 더 활력 있고 좀 더 용감한 사람들은 코자크 세력이 활발한 환경을 찾아 동부로 이주해 갔고, 남은 사람들은 폴란드 지배에 더욱 낮게 머리를 수그려야 했다. 폴란드 지배자들은 흐멜니츠키 봉기 때 우크라이나 요소 집단이 진정한 의향을 드러내고 난 후 이제 이 세력을 더욱 의심스러운 눈으로 대하며 철저히 탄압하려고 했다. 할리치나와 포딜랴뿐 아니라 심지어 볼린과 키예프 땅 폴리시아에서도 코자크 체제의 영향이 미치지 않는 지역에 마지막으로 남아 있던 징교도 귀족들은 엄청나게 빠른 속도로 가톨릭화했다. 이들 지역의 지방의회

(세이미크(sejmik))[96]에서는 정교 신앙과 우크라이나 인민들을 보호하는 목소리가 섬섬 줄어들며 약화되었고, 17세기 마지막 사분기에는 완전히 사그라졌다. 우크라이나 귀족들의 도움과 지원을 받지 못하는 형편이 이어지자 소시민 중심의 '형제단'도 쇠락했다. 무소불위의 권력을 휘두르는 폴란드 귀족들의 압제적 통치 밑에서 소시민 사회 전체가 완전히 약화되고 붕괴되었기에 더욱 그러했다.

폴란드 정부는 정부대로 이 지역의 우크라이나 주민들이 동부 우크라이나 및 다른 정교회 나라들과 맺고 있던 연계를 약화시키기 위해 노력을 기울였다. 1676년 폴란드 의회는 정교도들이 국외로 이주하거나, 외국에서 이주해 오는 것, 총대주교들과 교섭하여 종교적 문제의 결정권을 그들에게 넘기는 것 등을 금지하고, 이를 위반하면 사형이나 재산 몰수형에 처한다고 위협했다. '형제단'들에는 모든 사안에서 현지 가톨릭 주교의 감독을 받아야 한다는 명령이 내려왔고, 이견이 생기면 총대주교가 아닌 현지 폴란드 법원이 결정을 내리도록 했다. 이와 동시에 폴란드 정부는 정교회 주교들과 다른 고위 성직자들을 통합교회로 개종시키기 위한 노력을 멈추지 않았다.

르비브 주교인 이오시프 슈믈랸스키[97]가 이런 일에 폴란드 정부의 조력

---

96) 작은 의회라는 뜻. 폴란드-리투아니아 연합왕국의 여러 지방에 존재했던 지방의회였다. 14세기 말에 귀족들의 모임으로 시작되었다고 하며 1454년에 법적 기구가 되었다. 대개의 지방의회는 폴란드 분할로 폴란드가 없어진 18세기 말까지 존재했고 어떤 지방의회는 그 후까지도 존속했다.

97) 이오시프 슈믈랸스키(Йосиф Шумлянський, 1643~1708). 우크라이나인 성직자로서 교회통합의 가장 열성적인 지지자이자 전파자 중 한 사람. 1667년 르비브 주교로 선정되었으나 르비브 형제단은 그에게 반대하고 자체의 후보인 스비스텔니츠키를 내세웠다. 양측의 날카로운 대립은 5년 동안 계속되었다. 슈믈랸스키는 친구인 폴란드 국왕 얀 소비에스키의 개입으로 주교직에 취임할 수 있었다. 1675년에는 키예프 주교구 행정책임자직도 겸하게 되었

자로 나섰다. 그는 젊은 시절 통합교회로 개종했는데, 후에 르비브 주교가 되기 위해 다시 정교회로 돌아왔다. 그러나 주교가 된 다음에는 통합교회로 넘어가기 위해 다른 성직자들과 협상하기 시작했다. 그의 계획에 동조하는 사람들이 있었다. 페레미쉴 교

그림 326 미콜라 크라소브스키. 17세기 말 르비브 형제단의 장로(그의 관에 딸린 초상화).

구의 주교가 되고자 했으나 아무리 해도 뜻을 이룰 수 없었던 인노켄티 빈니츠키[98]와 홀름의 주교가 되기를 바라고 있던 바를람 셰프티츠키[99]가 계획에 동참하고 나섰고, 슈믈랸스키 자신은 폴란드 정부가 수도대주교 투칼스키[100]를 아무런 근거 없이 몇 년간 옥에 가두어 놓고 그를 이 자리에서 내쫓은 후 공석이 된 수도대주교 자리를 차지하고 싶어했다. 이러한 음

다. 그는 주교직에 있으면서 통합교회 도입에 앞장섰고 자기 교구 성직자들과 르비브 형제단을 통합교회로 끌어들이는 데 성공했다.

98) 인노켄티 빈니츠키(Іннокентий Винницький). 페레미쉴 주교. 그의 전기 사항에 관한 자료는 극히 제한되어 있다. 페레미쉴 주교대리로 있으면서 1681년 바르샤바에서 통합교회를 받아들였으나 이를 비밀에 붙였다. 그리고 정교도들과 통합교회파 신자들의 동의를 함께 얻을 수 있는 종교회의를 소집하고자 했다. 그러나 이는 성공하지 못했고 그는 정교회 옹호자들에게서 '경솔함' 때문에 크게 비판받았다.

99) 바를람 셰프티츠키(Варлам Шептицький, 1647~1715). 본명은 바실 셰프티츠키(Василь Шептицький). 우크라이나 통합교회의 주교. 귀족 출신으로 가톨릭 학교에서 교육을 받았다. 바를람이라는 승명으로 수도사가 된 후 1668년 우네브 수도원의 원장이 되었으며 그 후 이오시프 슈믈랸스키와 함께 르비브 주교구를 통합교회 소속으로 만들고자 노력했다. 1694년 르비브의 종교회의에서 통합교회 신앙을 받아들였다. 1710년에는 할리치나의 주교가 되었다.

100) 이오시프 넬류보비치-투칼스키를 말한다.

모를 알게 된 폴란드 국왕은 종교회의에서 정교회와 통합교회를 통합하기로 계획하고, 1680년 이를 목적으로 한 종교회의를 르비브에 소집하여 정교회 사제들과 통합교회 사제들을 이곳에 모이게 했다. 그러나 슈믈랸스키와 그의 동료들은 베레스테(브레스트) 교회통합의 경험을 교훈삼아 일을 공개적으로 추진하지 않으려 했다. 그들은 종교회의에 참석하지 않고, 정부의 이러한 계획에 전혀 아무런 관심이 없는 척했다. 루츠크 형제단 단원들은 종교회의가 총대주교의 참석도 없이 이런 문제를 논의하는 것에 대해 국왕에게 직접 항의했고, 이 회의에서는 아무 결론도 나오지 않았다. 그러나 슈믈랸스키는 폴란드 국왕과 정부 관계자들에게 개종 문제는 비밀스럽게 진행되어야 하고, 통합교회에 호의적인 사제들을 주교직에 임명해야 하며, 가능한 한 통합교회와 정교회 사이에 아무 경계가 없도록 해야 하지만 그런 동시에 통합교회 성직자층에게 온갖 특혜와 특권을 부여해야 한다고 지체하지 않고 건의했다.

폴란드 정부는 이러한 교활한 계획을 받아들인 다음, 슈믈랸스키가 건의한 노선을 정확히 그대로 따라갔다. 그래서 통합교회를 받아들이기로 약속한 사람들에게 정교회 교구를 나누어 주고 슈믈랸스키에게는 수도대주교의 권리를 넘겨주었으며, 외국 정교회에 소속된 주교와 수도원의 재산을 몰수해 슈믈랸스키와 그의 다른 추종자들에게 이를 나누어 주었다. 정교도들은 모든 면에서 권리를 제한받았으며 어떤 권리가 인정되더라도 이는 오로지 통합교회 신자들에게만 허용되었다. 예를 들어 1699년 폴란드 의회는 통합교회 신자만 도시의 관직에 오를 수 있다는 법을 통과시켰고 이 당시 투르크로부터 반환된 카미네츠에는 유대인들과 정교 신자들이 절대 거주할 수 없게 했다. 폴란드 정부와 주교들은 공개적으로 통합교회 편을 들지는 않았지만, 그들 스스로가 모든 중요한 고위직은 통합교회에 동조적인 인사들에게만 배분해주었다. 이들은 이런 식으로 10여 년이 지나는 동안 정교도들의 생활을 뿌리까지 차츰 파괴해갔다. 1700년 슈믈랸스키는 마침내 교회통합 건이 충분히 성숙되었다고 보고, 자신의 교구에서 교회통합을 선포하기로 결심했다. 그는 20년 전 비밀리에 행했던 통합교회에 대한 선서를 공개적으로 반복했다. 그리고 자신의 교구인 할리치나와 포딜랴에 통합교회를 공개적으로 도입하기 시작했다. 실제로 정교회는 이미 너무나 심하게 기반이 무너져서 성직자들은 통합교회에 반대할 엄두조차 내지 못했다. 르비브 형제단은 이러한 조치에 반대하려고 시도했으나 슈믈랸스키는 폴란드 군대를 이끌고 공격해 와서 형제단 교회의 문을 강제로 부수고 들어가 이곳에서 통합교회 예배를 드렸다. 그러나 형제단원들은 무슨 수가 있어도 통합교회를 받아들이고자 하지 않았기에, 폴란드 왕에게 슈믈랸스키의 만행에 대해 항의하는 진정서를 제출하였고, 이로써 왕으로부터 형제단의 권리를 확인받았다. 그러나 결국은 형제단원들도 폴란드인들과 자기네 주교의 강압에 대항할 만한 힘이 없었다. 1704년 스웨덴 군이 르비브를 포위하고 배상금을 요구하자, 르비브의 폴란드 지방정부는 형제단이 배상금의 대부분을 지불하게 했다. 그러자 형제단은 모든 현금과 귀중품을 모아 12만 즈워트이(złoty)[101]에 해당하는 이 돈을 마련할 수밖에 없었다. 형제단에는 아무것도 남지 않게 되었다. 슈믈랸스키는 형제단의 유일한 수입원인 교회서적 판매 사업을 도산시키기 위해, 자신의 주교좌 본당교회에 자체의 인쇄소를 차려 경쟁하게 했다. 형제단은 이 마지막 타격을 견디지 못하고 1708년 슈믈랸스키에게 굴복하고 통합교회를 받아들였다. 이제 통합교회는 르비브와 포딜랴 교구를 지배하게 되

101) 폴란드의 화폐단위.

었다. 유일한 예외는 카르파티아 산맥 기슭의 마냐바(Манява, 스타니슬라브 너머 현재의 보고로드잔스키 군)의 벨리키 스키트(Великий скит) 수도원이었다. 이 수도원은 17세기 초(1611)에 이반 비셴스키의 친구이자 아토스 수도원의 수도사인 욥 크냐힌니츠키[102]가 세운 것으로, 폴란드 분할로 폴란드가 사라질 때까지 정교회로 남아있었다(그러나 1785년 결국 오스트리아 정부에 의해 폐쇄되었다).

이보다 몇 년 앞서 1691년에 인노켄티 빈니츠키는 페레미쉴의 자기 주교구에서 교회통합을 선포하고, 지역 성직자들에게 교회통합을 받아들이도록 강제하기 시작했고. 여기에 반발하는 사람에 대해서는 정부 기관에 고발진정을 넣어 이들이 합법적 사제에게 복종하게끔 만들어 달라고 청탁했다. 이러한 압제로 말미암아 교회통합에 반대하는 사람들은 해가 갈수록 줄어들었으니 1761년이 되면 이미 빈니츠키의 후임자가 자신의 주교구 안에 단 하나의 정교회도 존재하지 않는다고 자랑할 수 있을 정도가 되었다.

몇 년 후인 1711년에 볼린(루츠크) 주교구가 통합교회의 수중에 떨어졌고 이곳에서도 성직자들을 강제적으로 통합교회로 개종시키는 일이 벌어지기 시작했다. 18세기 전반 서부 우크라이나 전체가 통합교회로 개종되자, 통합교회 성직자 집단은 키예프 땅까지 자기네 영향력을 넓히는 일에 착수했다. 그러나 이곳에서는 현지인들의 생활이 정교도들의 저항 세력을 지원하는 경계(警戒) 상황에 있었기 때문에 일이 그렇게 쉽게 진행되지 않

---

102) 욥 크냐힌니츠키(Іов Княгиницький, 1550년경~1621). 루스의 정교 성직자. 생애에 관한 자료는 대단히 드물다. 오늘날의 이반 프란코 오블라스트에 있는 티스메니츠에서 태어나 우그니브와 오스트로호의 수도원 학교에서 수학했다. 아토스산의 수도원에서 오래 지냈으며 이지키일(Ізикіїл)이라는 승명으로 삭발례를 받았다. 우크라이나에 머무르면서 정교 수도원 개혁을 위해 많은 노력을 기울였다. 마냐바 마을에 대수도원을 설립한 것은 그의 큰 업적으로 손꼽힌다.

앇다. 하지만 드니프로 강 우안 지역의 상황을 살펴보기 전에, 할리치나에서 벌어진 종교 투쟁과 같은 시기에 이와 똑같은 통합교회 찬반 투쟁이 벌어졌던 자카르파티아[103] 우크라이나, 곧 '헝가리령 루스' 지역부터 먼저 살펴보도록 하자.

108. 자카르파티아 땅

자카르파티아의 우크라이나계 지역들은 오래전부터 카르파티아 산맥 이동의 루스와 정치적으로 격리된 채, 우리들에게 별로 잘 알려지지 않은 나름대로의 독자적 생활을 하고 있었다. 이 카르파티아 첨산준령에서는 생활 자체가 상당히 궁벽하고 눈에 띄지 않아서, 이 산악 지역에 어떻게 주민들이 정착하게 되었는지도 잘 알려져 있지 않다. 이곳에서는 오랜 세월 동안 목동들만이 여름 동안 가축을 돌보러 나오곤 했는데, 그 후 시간이 가면서 항구적 정착촌이 생겨나기 시작했다. 주민의 항구적인 정착은 11~12세기경에야 확산되기 시작된 것으로 생각되지만, 사실은 9세기 말 이 지역에 도착한 우그르인들[104]도 이미 카르파티아 산맥에 살고 있는 루스-우크라이나인(русин-украинец)들을 발견했다. 카르파티아 산맥보다 북쪽에 퍼진 우크라이나 사람들과 접경해 살고 있는 이 사람들은 산맥 다른 쪽에 살고 있는 할리치나 주민들과 밀접한 관련이 있을 수밖에 없었겠지만, 이런

---

103) 카르파티아 산맥 서쪽 지방 우크라이나인 거주 지역을 말한다. 영어식으로는 트랜스카르파티아라고 한다. 루스인들이 거주하지만 정치적으로 키예프 루스와 분리된 지 오래되었기 때문에 독자성이 강하다.
104) 여기서는 헝가리인들을 말한다.

그림 327 이오시프 슈믈랸스키

관계에 대해 우리는 아는 것이 별로 없거나 심지어 전혀 모를 수도 있다. 이 산악 지역을 둘러싸고 할리치나와 헝가리 사이에 오랫동안 투쟁이 전개되었음은 잘 알려져 있다. 헝가리의 왕들은 국경을 카르파티아 산맥 이남까지 확장한 후 산맥 북부 지역까지 정복하고 싶어 했고, 12세기 말과 13세기 초에는 이러한 시도가 성공해 잠시 이 지역을 차지하기도 했다. 반대로 13세기 말에 헝가리가 약해지자 할리치나 공들은 자카르파티아 지역을 그들 스스로 정복하려고 시도했다. 마침내 헝가리 왕 류도비크(Liudovik) 1세와 그의 일가가 1370년대에 할리치나를 헝가리로 복속시키는 데 실패하자, 1380년대부터 할리치나와 헝가리 사이에 오랫동안 계속될 경계가 확정되었으며, 이 국경은 오늘날까지 이어져왔다.

자카르파티아 우크라이나가 한 번이라도 온전하게 정치적으로 독자적인 단위가 되었던 적이 있었는지는 확실하지가 않다. 한때 그러한 단위가 존재했었다는 식으로 암시하는 오래된 보고가 있기는 하지만, 사실 자카르파티아 지역은 일찍이 12세기와 13세기부터 이미 헝가리 전국의 행정 구역과 마찬가지로 큰 지구(地區)인 여러 개의 중심구역, 즉 군(郡, komitat)으로 나누어졌음을 알 수 있다. 이 같은 구분에 바탕을 두고 자카르파티아 우크라이나 주민들은 강의 골짜기를 따라 몇 개의 구역에 나누어 거주했다. 그들은 주로 샤리쉬(Шариш), 제믈린(Землин), 우즈(Уж, 웅그바르(Унгвар)), 베레그 (Берег), 마라마로쉬(Марамарош) 등 다섯 개의 중심구역(군)에 흩어져 살게 되었다. 이렇게 중심구역(군) 별로 분리됨으로써 그렇지 않아도 이미 국경 지대의 여건상 흩어지고 서로 격리되어 있던 자카르파티아의 우크라이나계 주민 거주지역은 더욱 세분되었다. 왜냐하면 중심구역에 따른 분리는 이 땅을 몇 개의 부분으로 나누면서 각 부분의 주민들을 주변의 헝가리계, 슬로바키아계, 루마니아계 등 비우크라이나계 영토로 둘러싸고 이웃민족들과 섞이게 만들었기 때문이다. 자카르파티아 우크라이나인들이 하나의 통합체를 이루고 살았음을 보여주는 사실은 거의 찾을 수 없다. 사실 이러한 통합체가 나타나는 것 자체가 쉽지 않았다. 왜냐하면 16세기와 17세기의 인근 할리치나에서처럼 이곳의 우크라이나 주민들은 갖가지 의무들에 짓눌린 예속된 농민층과 무식하고 빈궁한 성직자 집단으로만 이루어져 있어서, 우크라이나 다른 지역에서 일어난 민족 운동의 여파는 다른 어느 지역보다도 이곳에 전달되기가 쉽지 않았기 때문이다. 이곳에서도 오래전부터 특권층 역할을 한 주민은 헝가리인이나 독일인, 가톨릭 성직자들 같은 외국인들이었고, 우크라이나계 주민들은 농노로 살았다. 심지어 마을의 성직자들조차도 농노 신분에서 충원되었으므로 촌락사제들은 부역 노동을 수행해야만 했다. 이들은 교회 제단에서 끌려나와 다른 그 어떤 농노나 마찬가지로 지주를 위해 노역을 제공해야 했고 체형에 처해지기도 했다. 이 같은 일반 하층민 생활을 벗어난 사람들은 모두가 빠르건 늦건 대개 동족들과의 연계를 끊고, 자신들을 지배하고 있던 헝가리 민족의 대열에 가담했다.

이웃 지역인 할리치나와 마찬가지로 이 지역에서도 민족생활의 유일한 구현사이자 유일한 조직적 연결고리가 되어준 것은 정교였다. 그러나 오랜 기간 동안 자카르파티아 우크라이나 지역은 조직화된 자체의 정교성직자 위계를 갖추지 못했고, 카르파티아 서쪽 지역에 훗날에도 여러 차례 영향력을 행사했던 페레미쉴 교구 고위성직자들의 관할하에 있었던 것이 거의 틀림없어 보인다. 아주 오래전의 이 지역 주민들의 종교생활에 대해서도 역시 알려진 바가 별로 없으며, 교회통합이 시작되어 이것이 불러일으킨 투쟁이 전개되는 시기가 되고부터야 비로소 자료가 좀 더 많아지게 된다. 따라서 이때가 되어서야 비로소 지역의 사정에 대해 좀 더 자세히 살펴볼 수 있게 된다. 지금까지 전해지고 있는 17세기와 18세기 문헌기록을 보면, 카르파티아 지역 주민들은 이웃한 할리치나 주민들과 동일한 공통의 신앙생활을 했다. 같은 종교 서적과 필사본이 두 지역에서 사용되었다. 물론 이러한 공통성은 이전에도 두 지역 사이에 존재했던 것이 분명하다. 자카르파티아 우크라이나 지역에서 종교적 중심지 역할을 한 것은 주로 두 수도원이었다. 그것은 베레그 중심구역 관할인 무카체보에 있는 체르네치

그림 **328** 마냐바 수도원 암자의 폐허.

산의 성 미콜라(니콜라이) 수도원과 마라마로쉬 중심구역 관할인 흐루시브 (Грушів)에 있는 성 미하일로 수도원이었다. 무카체보 수도원의 설립자는 페도르 코리아토비치 공인 것으로 믿어진다. 비타우타스가 그에게서 포딜랴를 뺏은 후, 그는 헝가리로 이주하여 무카체보를 지배영지로 받았고, 베레그의 총독이 되었다. 후대의 헝가리인들과 우크라이나인들의 전승에 의하면 그는 탁월한 역사적 인물로서 여러 민족적 기관의 창시자가 되었을 뿐 아니라, 또한 우크라이나인들을 확산 이주하게 한 장본인의 역할도 한 것으로 나온다. 후대의 자카르파티아 우크라이나 주민들은 그와 그가 데리고 온 드루쥐나에게서 유래한다는 이야기도 이러한 전승에 포함된다. 그러나 이러한 확산 이주뿐 아니라 무카체보 수도원도 실제로는 코리아토비치보다 기원이 더 오래된 것이고, '기억할 수 없는 시절부터' 존재한 것으로 보인다. 다만 후대에 와서 수도원은 코리아토비치에게서 기원하며, 그가 이를 설립한 연도는 1360년이라고 설정하게 되었을 뿐이다. 흐루시브 수도원도 틀림없이 아주 오래되었으며 이 수도원의 설립연도도 역시 알 수 없기는 한데, 그 역사는 몽골 침입 이전 시기로 거슬러 올라간다. 이 수도원은 14세기 말에 총대주교로부터 '직할 수도원(ставропигиальный)'의 권리를 인정받았고, 현지 주교가 없는 상황이었으므로 이 수도원의 원장들이 마라마로쉬 중심구역과 우즈 중심구역들에 있는 교회와 성직자 집단을 감독할 최고권한을 가졌다.

15세기 말이 되면 무카체보 수도원에 자카르파티아 우크라이나 지역의 주교가 파견되었다. 이러한 기록이 처음으로 등장하는 것은 1400년대부터이지만, 무카체보 교구가 조직된 것은 그보다 한참 후대인 16세기 후반부터였던 것으로 보인다. 그러나 이 교구는 그야말로 기끄스로 버뎠다. 왜냐하면 이 교구의 수입이 나오게 되어 있던 수도원 영지를 17세기 혼란기에 빼앗기는 바람에, 유일한 수입원은 사제서품을 받는 사람들이 내는 사례비와 교구 성직자들이 보내주는 연례 기부금밖에 없었기 때문이다. 이 하나의 교구가 자카르파티아 산지 기슭 지역 전체를 관할했으며, 17세기에는 이곳에 20만의 정교 신자와 약 400명의 사제가 있었다. 그러나 이 성직자 집단의 분포는 지역에 따라 편차가 심했다. 사제가 전혀 없는 마을도 많았고, 반대로 어떤 마을에서는 여러 명의 사제가 일했다. 제대로 된 학교가 없었으므로 성직자 층은 지적 수준이 높지 않았고, 할리치나와 몰다비아에서 어쩌다 들어온 이런저런 사람들로 채워졌다. 16세기 말의 학술·교육진흥 운동은 자카르파티아 우크라이나 지역까지는 미치지 못한 듯하다. 흐루시브 수도원에 인쇄소가 있었다는 언급도 있으나, 이것을 증명하는 좀 더 구체적인 기록은 지금까지 전혀 발견되지 않았다. 17세기 중반에 이곳에 통합교회가 도입되기 시작했을 때 가톨릭 성직자들이 보고한 대로 이곳 주민들은 신앙문제에 관한 지식이 전혀 없었고, 그렇기 때문에 가톨릭 인사들은 주교와 고위 성직자들을 통합교회로 끌어들이는 데 성공한다면 일반 민중은 아무 생각 없이, 심지어 이 사실을 알지도 못한 채 교회통합을 받아들일 것이라고 기대했다. 이것은 상당 부분 타당한 판단이었다. 심지어 훗날 통합교회에 대한 마지막 반대 운동이 일어난 시기인 18세기에 이르러, 1760년이나 되어서도 농민들은 자신들이 통합교회에 속한 것을 그때까지 몰랐고, 하지만 통합교회가 나쁜 신앙인 것을 깨닫고는 곧바로 이전의 진실한 자기네 신앙으로 돌아가기로 결심했다고 말할 정도였다. 그들에게 정교 신앙은 암담하고 거의 비인간적일 정도이며 노예에 가까운 그들의 생활에서 유일한 성스러운 대상이었기 때문에, 그들은 전력을 다해 이를 고수했고 자기 종교에 대한 그 어떠한 침해에도 지극히 적대적인 태도로 맞섰다. "그들은 통합교회라는 이름을 뱀보다도 혐오하고, 이 교회가 무언가를 숨기고 있다고 생각한다. 그들은 주교를 따라 의식하지 못한 채 통합교회의 교리를 받아들이고 있지만, 통합교회라는 명칭은 혐오감을 가지고 거부한다"라고 그 당시의 마라마로쉬 총독이 기록하고 있다. 이 말을 보면 이 가난하고 일자무식인 민중이 자신들의 신앙을 지키기 위해 그 이전부터 어떤 투쟁을 했을지 이해할 수 있다.

우리에게 알려진 바로는 신앙을 둘러싼 투쟁은 1710년대에 처음 발발했다. 현지의 권문세가 가운데 한 사람인 호모나이(Гомонай)라는 지주가 70개의 구역이 있는 자신의 영지에 통합교회를 도입하려고 마음먹고 이를 위해 페레미쉴의 통합교회파 주교인 크루페츠키(Крупецький)를 초빙했다. 호모나이의 영지에서 소집되어 온 사제들과 수도사들은 지주의 압력 아래 통합교회를 받아들이기로 동의했다. 그러나 농민들은 반란을 일으킨 다음 갈퀴와 몽둥이를 들고 크루페츠키 주교 본인을 직접 공격해서 거의 반쯤 죽을 만큼 부상을 입혔으며 그리하여 호모나이의 개종 시도는 무산되었다. 그러나 이후에도 통합교회를 확산시키려는 노력은 중단되지 않았다. 현지의 가톨릭 지주들과 가톨릭 성직자 집단은 정교 주교들과 성직자들을 상대로 하여, 개종하는 경우 가톨릭 성직자들과 같은 권리를 얻게 되며 교회성직자 전원이 세금과 부역에서 면제될 수 있다는 약속을 내세우면서 그들을 통합교회로 끌어들이려고 끊임없이 시도했다. 이것은 그토록 학대받고 있던 정교 사제들에게도, 물질적 곤궁에 처해 있던 주교들에게도 크나큰 유혹이었다. 그들은 민중이 모르게 통합교회로의 개종을 결정했다. 1640년대가 되자 그런 식으로 통합교회에 동조하는 성직자들 수가 크게 늘었다. 이들은 1649년에는 우즈고로드에서 통합교회로의 개종을 공식적으로 결정했으며 1652년에는 로마교황청에 이 결정을 전달하여 승인받고 인준받았다.

그러나 이러한 조치 이후에도 통합교회는 그리 쉽게 뿌리를 내리지 못했다. 한편으로는 통합교회에 동조하지 않는 사제들이 적지 않아서, 이들은 민중과 함께 옛날 그대로의 정교 신앙을 고수하는 편을 택했다. 다른 한편으로는 17세기 후반 내내 동부 헝가리가 극심한 내홍에 휩싸였는데, 반(反)오스트리아 노선의 개신교 정파도 그들 나름대로 통합교회를 정착시키려는 가톨릭교회의 노력에 제동을 걸고 이를 방해했다. 이러한 결과 대개 한 교구에 정교회 주교와 통합교회 주교가 동시에 존재하는 상황이 발생했다. 사제들은 이 사이에서 왔다 갔다 했다. 무카체보 수도원은 오랜 기간 여전히 정교회의 관할로 남아 있었다. 수도원 교회의 벽에는 이 사원이 몰다비아 군정사령관들의 지원을 받아 정교도들의 손으로 개축되었음을 기록한 제명(題銘)이 남아 있다.

페오도르 코리아토비치는 공(公)이었으며
속죄를 위해 이 수도원을 지었다.
원래 옛 교회는 목조건물이었지만
괴로움으로 가득 찬 해인 1661년에 석조건물로 개축되었다.
몰다비아 군정사령관인 콘스탄틴과
네델랴라는 이름을 가진 그의 부인 덕분이었다.
그 당시에 이오안니키가 대주교로 있었다.
그는 (자기 영지인) 므스티초브에서 교회를 위해 열성적으로 노력했다.
– 1661년 5월 13일.

오스트리아가 동부 헝가리 지역에도 지배권을 확립한 1680년이 되어서야 오스트리아 정부의 도움으로 헝가리령(자카르파티아) 우크라이나의 서

그림 329 헝가리령 우크라이나의 초상화 겸 성상(셰브첸코 학회 박물관 소장). 성상에는 다음과 같은 글이 씌어 있다. "이 성상은 신의 종인 세미온 스테파니쿠브가 제작하게 하였다. 그는 **1668**년 네 살의 나이에 이 세상을 떠나 하느님 아버지께로 간 그의 딸 페디아를 위해 이 성상을 만들었다. 주 하느님이시여. 그 아이에게 영원한 안식을 주소서."

부 지역인 베레그, 우즈 등의 중심구역(군)과 더 서쪽 지역에서도 통합교회가 뿌리를 내리게 되었다. 그러나 통합교회의 확장은 평화적 수단에 의해서라기보다는, 군대의 도움이라든가, 정교 신앙으로 돌아간 주민들에게 가해진 갖가지 가혹한 징벌과 같은 강제력에 의거해 이루어졌다. 1690년대 통합교회에서 정교회로 돌아온 무카체보 부근의 한 성직자는 자기기 작성한 연대기에서 자신의 분노를 서투르기는 하지만 격렬하게 다음과 같이 표현했다. "로마 가톨릭 놈들이 하듯이 나와 함께 진실한 신자들을 위협해 봐라. 도대체 무슨 속셈으로 우리 교회를 강제로 끌어당기고 잡아당기는가? 내가 빨리 파멸하면 기쁘겠다는 듯이 내가 개종하기를 부탁하고 애원하는구나. 어디로 개종하라고? 그들의 통합교회로? 퉤, 통합교회에 침을 뱉으마. 내 옷도, 내 뼈도, 내 옷의 먼지도 통합교회를 원하지 않는다! 나는 그들의 신이 전혀 필요하지 않다!" 18세기가 되자 결국 통합교회는 이곳에서 완전히 뿌리를 내리고, 자카르파티아 우크라이나의 서부 지역은 무카체보의 통합교회 소속 주교들의 관할에 속하게 되었다. 그러나 정교국가인 몰다비아와 접경한 마라마로쉬에서는 1735년까지 정교 주교들이 살아남았고, 이 지역의 성직자들은 심지어 그 후에도 몰다비아와 세르비아 정교회 주교들로부터 사제 서품을 받았다. 1760년에 마라마로쉬와 우즈 지역의 우크라이나계 주민들과 몰다비아계 주민들을 중심으로 통합교회에 반대하는 마지막 저항 운동이 예기치 않게 일어났다. 정교 신자들 사이에서는 오스트리아 정부가 통합교회로의 개종을 강요하지 않고, 각자는 희망하는 대로 정교회나 통합교회를 선택할 수 있다는 소문이 돌았다. 그리고 '동방의 지배자들'은 정교 신앙을 지키는 사람들을 특별히 보호할 것이고, 정교 신앙을 고수하는 사람들은 농노적 예속에서 해방시켜줄 것이라는 약속이 있었다는 정체불명의 소문도 돌았다. 이런 내용을 담은 서신들과 소문은 주민들에게 큰 영향을 미쳐서 주민들은 더 이상 통합교회에 남기를 거부하고 이전 신앙으로 돌아갔다. 사람들은 마라마로쉬뿐만 아니라 자카르파티아 서부 중심구역(군)들에서도 성직자 후보들을 정교회 주교에게 보내 서품해줄 것을 청했다. 성직자 집단도 역시 통합교회가 자신들의 상황을 크게 개선시켜줄 것이라고 기대했다가 실망으로 그치고, 오히려 가톨릭 성직자들에게 예속되는 비통하고도 굴욕적인 상황에 처하자, 통합교회를 소중히 대하지 않았다.

오스트리아 정부는 이러한 사태에 아주 심한 위기감을 느끼고 주민들이 그토록 완강하게 통합교회를 거부하는 원인을 규명하기 위한 조치를 취하기 시작했다. 통합교회 성직자들과 오스트리아 정부조사반은 성직자 집단의 낮은 교육수준과 그들의 어려운 경제적 여건을 그 원인으로 지적했다. 비록 여러 방법을 동원해 반(反)통합교회 운동을 제압하기는 했지만, 이를 계기로 오스트리아의 마리아 테레지아 여제는 헝가리 내의 통합교회의 상황과 통합교회 성직자들의 교육 및 물질적 여건을 개선하는 일에 진지하게 착수하게 되었다. 이러한 노력은 후에 우크라이나 소생의 역사에서 적지 않은 의미를 가졌다.

109. 드니프로 강 우안 우크라이나

키예프 군정사령관구 남부 지역과 브라츨라브 군정관구의 접경 지역을 포함하는 드니프로 강 우안 지역에서는 앞에서(90, 94장) 이미 살펴본 바와 같이 팔리와 여타 우안 지역 연대장들 아래서 코자크 제도가 단기간이나마 활력을 얻은 후 18세기 후반부터는 농노제적 예속의 온갖 속성을 되살린 폴란드 귀족층의 지배가 다시 확대되기 시작하였다.

1714년 러시아 정부가 드니프로 강 우안 지역으로부터 강 너머로 우크라이나 주민들을 추방하고 이 땅을 폴란드에 다시 넘겨준 후, 흐멜니츠키 봉기 때 이 지역에서 달아났던 폴란드 귀족의 후손들과, 이전 지주들에게서 이곳 영지에 대한 소유권을 아주 값싸게 구입한 사람들이 곧장 이곳으로 밀려들어왔다. 그들이 직접 나서거나 그들의 하수인들, 브로커들이 나서서 키예프, 브라츨라브, 포딜랴 지역의 버려진 땅에 자유공동체를 건설하고 15년 내지 20년 또는 그 이상 기간 동안 일체의 세금과 기타 의무를 면제해 준다는 약속을 내세워 정착민을 유입시키려고 노력하기 시작했다. 이들은 또한 새로운 자유공동체로 사람들을 불러들이기 위해 주민이 많이 모여 사는 지역에도 거간들을 보냈는데, '모집꾼(выкотцы)'이라고 불린 이 같은 파견자들은 실제로 수많은 유랑민들을 우크라이나 광활한 지역으로 끌어들였다. 약 150년 전에 그러했던 것처럼 또다시 폴리시아, 볼린과 더 먼 지역에서 농민들이 일제히 이주해 오기 시작했고, 몇 년이 지나자 우안 지역의 황무지들은 또다시 마을과 농가들로 넘쳐났다. 그 가운데 곳곳에 영주들의 저택과 성채, 도시와 소도시들이 솟았고 가톨릭 성당과 수도원도 생겨났다. 폴란드 영주들의 소규모 장원들이 나타났으며, 약속했던 특혜 기간이 끝나자 지주들은 농민들을 부역노동에 끌어들였다. 농민들은 지주에게 갖가지 노역과 소작료와 공물을 제공해야 했다. 그러나 이때까

그림 **330** 무카체보 성채.

지만 해도 생활에 불안요소가 많았고, 위험성도 컸으므로 이 모든 정책은 도가 넘지 않게 조심스럽게 추진되었다. 동부 지역에서 러시아 정부가 자국의 제도를 도입하기 시작할 때까지 폴란드 귀족들은 이 지역에 확고히 뿌리를 내릴 수 없었다.

얀 소비에스키가 그다지 신중하지 못하게 코자크 집단 강화를 시도했다가 실패한 이후, 폴란드 정부는 이제는 코자크 집단을 다시 부흥시킬 생각이 없었다. 사실 주민들도 코자크 집단을 잊지 않고 있었다. 마제파가 실각하고 나서 표트르 황제의 결정에 따라 팔리가 시베리아 유형에서 돌아온 후 사망하자, 현지 주민들은 팔리의 사위인 탄스키(Танський) 연대장에게 희망을 걸었다. 팔리는 죽기 전 사위에게 빌라 체르크바 연대를 물려주었다. 그리고 팔리가 주민유치 활동을 할 때 활동적이고 원기 왕성한 조력자였던 그의 부인이 사위인 탄스키의 집에서 살다가 생애를 마쳤다. 빌라 체르크바 연대를 폴란드인들 수중에 어쩔 수 없이 넘기고 난 다음, 탄스키는 키예프 연대의 지휘권을 받았다. 탄스키를 지척거리의 이웃에 둔 우안 지역 주민들은 탄스키가 죽을 때까지 그가 조만간 폴란드의 압제로부터 자신들을 해방시키고 코자크 집단을 부흥시킬 것으로 기대했다. 그러나 이러한 희망은 실현되지 않았다. 권문

그림 331 무카체보 수도원.

세가 저택과 방백 관저의 경호를 맡은 소수의 코자크 병사가 있기는 했는데 이들은 이 업무를 수행하는 대가로 부역을 면제받은 농노 주민 출신들이었다. 하지만 이 같은 소규모 코자크 부대는 현지인들의 삶에서 아무 중요성도 갖지 못했다. 이들은 독자적 의미를 가지기에는 힘이 너무 약했고 폴란드 영주들의 의지에 전적으로 예속되었다. 이들은 지역의 봉기에 여러 번 가담하기는 했지만, 스스로 봉기를 시작한 적은 없었다. 봉기는 대개의 경우 지역 코자크들이나 지역 주민들 사이에서 시작된 것이 아니라, 러시아, 몰다비아 국경 너머에서 시작하거나, 특히 1730년대에 투르크 관할에서 벗어나 우크라이나에 반환된 후 폴란드령 우크라이나와의 접경지역에 위치하게 된 자포로쟈에서 시작하는 일이 더 많았다. 코자크의 특권에 대한, 그리고 폴란드 영주가 없던 시절의 삶에 대한 기억이 이곳에서는 너무나 생생했기 때문에, 농노제 재건을 위한 폴란드 귀족들의 노력은 현지 주민들 사이에서도 인근의 우크라이나인 거주 지역에서도 극심한 분노를 불러일으켰다. 그러나 과거에 코자크 집단이 제공했던 것처럼 민중적 저항을 일으킬 수 있을 만한 그런 조직적 형태에는 미치지 못했다. 다만 지난 수십 년 동안 폴란드 국가조직이 더욱 심하게 약화되었고 폴란드 정부가 일체의 힘과 중요성을 잃어버린 상황임을 감안하면 이제 온갖 민중 운동이 일어날 바탕은 더욱 무르익었던 것이 사실이다. 우크라이나는 지역의 귀족층, 좀 더 정확히 말하면 현지의 방백 자리를 차지하고 막대한 소유영지를 지배하는 권문세가들에게 내맡겨졌지만 정작 이 권문세가들은 엄청난 자산을 소유했음에도 우크라이나에 있는 자신들의 영지 경영에 거의 관심을 기울이지 않았을 뿐 아니라 무엇보다도 이 같은 권문세가들 자체 내에서도 단결이나 화합이 제대로 이루어지지 않았다.

그렇기 때문에 러시아와 오스트리아가 지배하기 전까지[105] 폴란드의 통치 아래 있었던 18세기 거의 내내, 서부 우크라이나 지역에서는 이러저러한 민중 운동이 끊이지 않았다. 비적단의 습격처럼 소규모로 일어나 일시적으로 지속된 것들도 있었지만, 어떤 민중 운동은 진정한 민중봉기로 전환되고 넓은 지역으로 확산되어, 외국 군대의 도움 없이는 폴란드인들이 독자적으로 진압하기가 어려운 경우도 있었다. 그런데 그러한 대규모 봉기뿐 아니라 주로 러시아, 몰다비아, 헝가리와의 접경 지역 여기저기에서 일어난 비적들의 준동조차도 민중의 전폭적인 공감을 얻었고 민중에게서 도움과 지지를 받았다. 비적들의 공격 대상은 주로 폴란드인 토지 소유 영주와 그들의 앞잡이·브로커로 간주되면서 다양한 영지 소득과 독점권의 임차인 역할을 하는 바람에 민중의 미움을 받고 있던 유대인이었다. 그렇기 때문에 민중은 이런 비적들을 자기네 보호자이며 복수자로 보았고, 비적들도 분명히 스스로 그렇게 자처했다. 비적 봉기자들은 민요 속에서 노래되었고 설화에서 민중 영웅으로 칭송되었으며, 갖가지 전설적인 초인간적 속성을 가진 존재로 묘사되고, 민중의 압박에 맞서 싸운 투사들로 그려졌다. 할리치나의 '후출(Гуцуль) 지방'과 그 인근지방은 지금까지도 카르파티아 산지와 몰다비아, 헝가리, 폴란드 접경 지역, 프루트, 체레모쉬 지역에 근거지를 두고 지주들과, 독점권 임차인들, 상인들, 지나가는 호상들을 약탈한 '비적들(오프리시키(опришики))'에 대한 얘기가 넘쳐난다. 이곳의 '비적' 두목 중 가장 유명한 사람은 페체니진에서 태어난 가난한 품팔이 농부의 아들이었던 올렉사 돕부쉬[106]였다. 그는 1738년부터 코스마치에서 매복

---

105) 18세기 후반에 3차에 걸친 폴란드 분할로 우크라이나 서부 지방은 러시아와 오스트리아의 분할 지배 아래 들어가게 되었다.

106) 올렉사 돕부쉬(Олекса Довбуш, 1700~1745) 자카르파티아 지방에서 활동한 '비적' 두목. 아버지 바실 돕부쉬(혹은 도보쉬)는 재산이 전혀 없는 오막살이 농민이었다. 올렉사는 성년이 된 후 형제인 이반, 친구들과 함께 비적단을 만들었는데, 자료에 따라서 1738년부터

에 걸려 총을 맞고 죽은 1745년까지 '비적단(오프리시키)'의 두목 역할을 한 것으로 기록에 남아있다. 이 사건을 약긴 미회헤서 노래한 유명한 민요에 서는 돕부쉬가 연인으로 삼은 여자의 남편에게 질투를 사서 그의 손에 죽은 것으로 그려지고 있다.

어와, 푸른 들판을
젊은 돕부쉬가 돌아다닌다.
한 쪽 발로는 힘차게 땅을 딛고
큰 도끼에 몸을 기댄다.
그리고 장정들에게 소리친다.
"이보게 장정들, 자네들 젊은이들!
이리 같이 와서
상의를 좀 하세.
어디에다 본진을 치는 것이 좋을지.
쿠트를 지나치지 않고
코소보로 돌아가려면
아침 일찍 일어나서들
출발 준비를 잽싸게 하게.
가죽신을 신고

였다고도 하고 1741년부터였다고도 한다. 콜로미이쉬나, 부코브냐, 자카르파티아에서 지주들을 습격하고 그들의 재산을 약탈했는데, 그의 이러한 활동이 일반 민중 사이에서는 큰 공감을 얻었다. 그는 결국 폴란드 군대의 공격을 받아 패배하고 사망했으나 민중들은 민요 속에서 그를 의적으로 영웅화했다. 후대의 유명한 우크라이나 시인 이반 프란코는 "용감한 자, 힘 센 자를 떨게 한 사람, 콧대 높은 자를 굴복시킨 사람은 누구? 그는 바로 돕부쉬!"라고 읊었다. 소련시대에는 그에 대한 영화가 두 번 제작되기도 했다.

비단 각반을 차게들.
왜냐하면 우리는 스테판의 아내
즈빈카에게 갈 테니."
"아유, 돕부쉬 님, 우리 주인님,
모험이 우리를 기다리는군요."
"준비를 잘 해서 나를 기쁘게 하게―
총알 두 발씩을 준비하게.
장정들아 대문 앞에 서 있게
나는 창문 아래 다가가
내 사랑이 잠자고 있나 살펴볼 테니."

할리치나와 접경한 포딜랴에서는 '레벤치(левенцi)', '데이네키(дейнеки)'
라고 불리는 비적단이 활동했다. 이들은 주로 드니스테르 강 주변에서 활
동하다가 위험이 닥치면, 강을 넘어 몰다비아 땅으로 몸을 숨겼다. 브라츨
라브 또는 키예프 군정사령관구 남부 지역에서는 키예프 인근 지역, 드니
프로 강 동쪽 출신이거나 더 나아가 자포로쟈에서 온 비적단이 찾아와 일
을 벌이기도 했다. 이들은 흔히 하이다마키(Гайдамаки)라고 불렸다(이 명칭
의 기원과 의미는 분명하지는 않지만 '반란자, 무법자'를 뜻하는 투르크 단어에서
파생한 것으로 보인다). 하이다마키 부대는 대개 러시아 영토나 자포로쟈 초
원 지역에서 조직되었다. 러시아 국경선은 키예프 부근에서 삼각형을 이루
며 드니프로 우안 우크라이나 지역으로 들어와 있었는데 이곳에는 수도사
들이 관할하는 교회 소유 촌락, 수도원 소유 촌락이 많이 있었다. 하이다
마키들은 이러한 수도원 수유 영지나 양봉장, 농가들과 자포로쟈 섭성 지
역인 남부의 수도원들을 은신처로 삼고 이곳에서 지원과 도움을 받으며

그림 **332** 팔리의 부인이 손자인 탄스키의 아들들
과 함께 있다.

원정을 준비하고, 이곳에서 출발했으며 원정 후에도 다시 이곳으로 되돌아왔다. 이곳의 수도사들과 소시민들, 심지어 국경 지역 주둔부대의 러시아 장교들까지도 하이다마키를 폴란드 압제에 대항해 싸우는 전사들로 보았고, 우크라이나 민중과 정교 신앙을 위해 복수를 해주는 사람들로 보았다. 그래서 갖가지 방식으로 이들을 돕거나, 아니면 최소한 이들의 활동을 방해하지 않는 것이 옳은 일이라고 보았다. 우안 우크라이나에서는 하이다마키가 나타나면 많은 현지 주민들이 이에 가담하였다. 주민들은 흔히 이들과 함께 국경을 넘어서 원정에 동참했고, 또 다른 사람들은 폴란드 영주들과 싸우는 이들의 활동을 원활하게 하기 위해 모든 방법을 동원해 도우려고 애썼다. 이러한 도움 덕분에 하이다마키는 우안 지역에 아주 깊이 침투할 수 있었고, 자기네를 중심으로 대규모 인원을 불러 모아 폴란드 귀족들의 저택과 농장을 무자비하게 초토화했으며 이 지역에서 폴란드인들의 지배권과 특권을 철폐했다. 때에 따라서는 이들을 구심점으로 해서 우안 우크라이나 전역을 휩쓴 대규모 봉기가 조직되기도 했다.

110. 하이다마키 봉기

드니프로 강 우안 지역에서 처음으로 대규모 봉기가 일어난 것은 폴란
드 국왕 궐위기간 중인 1734년이었다. 폴란드 사람들은 왕위 계승을 둘러
싸고 두 파로 나뉘어 대립했다. 한 파는 서거한 왕[107]의 아들인 작센 선제
후 아우구스트 3세에게 왕좌를 넘겨주려 했고, 다른 파는 한때 스웨덴 왕
카를 12세가 점찍어 폴란드 왕위에 앉히려다 실패한 적이 있는 연로한 스
타니스와프 레슈친스키[108]를 왕으로 밀었다. 러시아는 이번에는 작센 선제
후를 지원했고, 이렇게 되자 그의 추종자들은 러시아 정부를 향해 군대를
파병해서 지원해 달라고 요청했다. 모스크바 군대는 레슈친스키를 폴란
드에서 몰아내기 위해 출병했고 레슈친스키의 근거지인 단치히[109]를 포위
했다. 이와 때를 맞추어, 스타니스와프를 지지하는 군사 동맹 '콘페데라치
야'[110]를 맺은 폴란드 귀족들을 격파하기 위해 1733년 말 모스크바 군대와

---

107) 아우구스트 2세를 말한다.
108) 흐루셰브스키는 앞부분(95장)에서는 스타니스와프 레슈친스키(Stanisław Leszczynski)가
    왕이 되었다고 썼지만 이 부분에서는 그가 국왕 후보였을 뿐 실제로 국왕이 된 적은 없는
    것처럼 서술하고 있다.
109) 동부 독일의 유명한 중세도시였으며 제2차 세계대전 이후 폴란드령이 되어 그다인스크라
    고 불리고 있다.
110) 콘페데라치야(konfederacja). 이 책에서는 '동맹'으로 번역한다. 영어로는 Confederation으
    로 국가연합을 뜻하는 말과 같은 철자이지만, 여기서는 나라와 나라 사이의 동맹이 아니라
    폴란드-리투아니아 왕국에서 국정상의 특정한 목적을 위해 귀족, 성직자, 도시주민, 군부
    대 등이 나라 안에서 사안별로 결성한 결사체를 말한다. 이들은 권력의 남용을 바로잡는다
    는 목적으로 동맹을 통해 무장봉기를 일으키는 경우가 많았다. 국왕권력에 대항하는 귀족
    권력의 표현형태인 경우가 많았지만 국왕반대파에 맞서서 친국왕파가 결성하는 동맹도 적
    지 않았다. 13세기 후반에 치안유지를 위한 여러 도시들의 결사체로 처음 출현했다고 하며
    1573년 동맹결성권이 법적으로 인정되었다. 그 후 동맹결성권은 사실상 국왕과 귀족세력
    사이의 국정협약의 일부가 되었고 수많은 동맹들이 조직되었다. 17, 18세기에는 주로 귀현
    들이 국정과 관련한 자신들의 목적을 관철하기 위해 동맹을 결성했다. 1717년에는 법적으

코자크 부대는 우안 우크라이나로도 진입했다. 레슈친스키를 지지하는 '동맹'에 가담한 폴란드 귀족들은 주로 반내편에 속한 귀족들을 격파하는 일에 매달렸지만, 모스크바 군대와 코자크 부대는 동맹파 폴란드 귀족들을 직접 공격 대상으로 해서 싸우기 시작했다. 이러한 혼란과 무정부 상태를 이용해서 하이다마키 부대는 원하는 대로 지배자 노릇을 했고, 이들의 공격이 일으킨 소음 속에서 농민 대중도 일어나기 시작했다. 이들은 흐멜니츠키 시대와 같이 이제 마침내 우크라이나 땅에서 폴란드 귀족들을 완전히 쫓아낼 수 있으리라는 희망에 찼다. 주민들은 코자크 부대와 모스크바 군대가 온 것은 폴란드 사람들을 몰아내고 우크라이나 사람들을 해방시키기 위한 것이라고 받아들였고, 안나 여제가 주민들에게 폴란드인과 유대인들에 대항해 봉기에 참여하도록 촉구하는 칙서를 내렸다는 소문이 돌았다. 이미 오래전에 죽은 팔리의 옛 동료 사무스(Самус) 연대장과 팔리의 사위인 탄스키 연대장도 새로운 코자크 봉기를 조직하기 위해 파견되었다는 이야기도 나돌았다.

유난히 강력한 봉기의 불길이 브라츨라브 군정사령관구에서 타올랐다. 이곳에 파견된 러시아 연대장은 우만을 점령한 후 작센공 지지파[111]인 귀족들에게 격문을 보내 그와 함께 힘을 합치자고 제안하였는데, 구체적으로는 그들 휘하의 가내복무 코자크들과 다른 갖가지 주민들을 자기에게 보내주고 그래서 자기와 연합세력을 이루어 스타니스와프 지지세력에 맞서 싸우자고 요청했다. 이러한 격문을 받고 류보미르스키 공 휘하의 가내

로 금지되었으나 폴란드 분할에 이를 때까지 동맹은 계속 출현했고 폴란드–리투아니아 국정에서 아주 중요한 변수 역할을 했다.

111) 러시아 제국은 작센공(선제후)을 폴란드 국왕으로 지원했고 결국 스타니스와프를 밀어내고 작센 선제후를 폴란드 국왕 아우구스트 3세로 즉위하게 했다.

복무 코자크 부대 지휘관인 베를란(Верлан)은 주민들 사이에 다음과 같은 소문을 냈다. "안나 여제는 칙령을 내려 주민들이 봉기에 가담하여 폴란드인들과 유대인들을 몰살하고 코자크 병사로 가입할 것을 촉구했고, 이러한 목적을 위해 모스크바국

그림 333 모트로닌 수도원. 이곳에서 콜리이 봉기가 시작되었다.

군대가 코자크 부대와 함께 우크라이나로 파견되었다. 우크라이나가 평정되고 이 땅에 코자크 제도가 도입되면 우크라이나를 폴란드 지배권력으로부터 탈환하여 헤트만령과 통합한다." 이 같은 소문은 엄청난 영향을 미쳤다. 민중은 바로 봉기에 가담했고 자원해서 코자크 병사로 가입했으며 자기네들 사이에 코자크식 제도를 도입하여 분대(10인대) 중대(100인대) 같은 조직을 만들었다. 베를란은 스스로 연대장의 칭호를 채택했고, 중대장들과 다른 장교들을 임명했다. 많은 사람들, 특히 가내복무 코자크들과 왈라키아인(валах)[112]들이 그에게 합세했다. 가내복무 코자크와 왈라키아인들은 현지의 영주들이 자기 가내 부대의 구성원으로 모은 병력이었다. 대단한 병력을 모은 베를란은 이들과 함께 원정을 시작했다. 첫 공격대상은 브라츨라브 군정사령관구였다. 그는 이곳에서 폴란드인들과 유대인들의 저택을 파괴하고, 주민들을 봉기에 가담시켜 여제에게 충성을 맹세하도록 명령했다. 베를란은 그런 후 브

---

112) 왈라키아는 루미니아를 이루는 넉사석 지역 중 하나로, 도나우 강 북쪽에 자리 잡고 있다. 원래 독자적인 공국으로 출발했다.

라츨라브 땅을 떠나 인접한 포딜랴로 이동하여 이곳에서도 같은 일을 벌였고 다음으로 볼린으로 진군하여 몇 차례 소규모 전투에서 소규모 폴란드 군대를 격파했다. 베를란 부대의 일부는 이미 서진하여 카미네츠와 르비브 주변 지역으로까지 침투해 들어가기 시작했고 즈바네츠와 브로디를 점령했다.

그러나 이 시점에서 봉기 확대에 유리하게 작용했던 정치적 요인들의 배합이 종결되었다. 1734년 여름 모스크바 군대는 단치히를 점령했고 스타니스와프 레슈친스키는 국외로 도망을 가버렸다. 그의 지지자들은 작센 공 아우구스트 3세의 왕위 계승을 인정했는데, 그들이 첫 번째로 한 일은 러시아 군대에 청원서를 보내, 자신들을 처벌하지 말고 농민 봉기를 진압하는 데 도움을 달라고 간청한 것이었다. 러시아 정부 요원들도 우크라이나 주민들을 더 이상 지원할 이유가 없어졌다고 판단했다. 몇 달 전만 해도 민중의 봉기 가담을 선동했던 러시아 군대는 이제 폴란드 지주들과 함께 이 농민들을 '진무하기'에 나섰다. 그들은 봉기 가담자들을 체포하여 재판에 회부하고, 저항하는 사람들을 처형했다. 러시아 군대의 도움으로 지주들은 아주 빠른 시간 안에 영지 소속 종속민들을 다시 복종시킬 수 있었다. 대부분의 농민과 코자크들은 더 이상 모스크바에 희망을 거는 것이 헛된 일임을 깨닫고 자기 지주들에게 다시 복종했다. 그러나 다시 농노적 예속상태로 돌아가는 것을 거부한 사람들도 적지 않았다. 이들은 봉기의 지도자들과 함께 자포로쟈나 국경 너머 몰다비아로 갔고, 후에 다시 이 지역으로 와서 하이다마키와 함께 폴란드인들을 습격했다.

봉기가 지속되는 동안 이러한 무장 투쟁세력의 수는 크게 늘어났다. 시간이 지나면서 이들은 폴란드 영토 바깥에서부터 공격을 감행해오는 일도 종종 있었는데, 특히 자포로쟈 시치나 이 지역의 겨울 숙영지에서 출발하여 우안 우크라이나 깊숙이 들어가서 폴란드 영주의 저택과 성채를 공격하곤 했다. 그래서 1735년과 1736년 하이다마키 지도자인 흐리바, 메드비드, 하르코, 흐나트 홀리의 공격은 폴란드 귀족들에게 엄청난 공포를 불러일으켰다. 이들 하이다마키는 도시와 소도시, 영주들의 성채를 정복하였으며, 또한 이전에 봉기에 가담한 것을 참회하고 영주들 편으로 넘어가 하이다마키에 대적하는 싸움에서 영주들의 앞잡이가 된 여러 배신자들에 대한 응징을 감행했다. 가장 강렬한 인상을 불러일으킨 사건은 하이다마키가 그러한 배신자 중 한 사람인 사바 찰리(Сава Чалий)를 처단한 일이었다. 이 사건은 민요로 불리며 우크라이나 전체에 아주 널리 퍼져서, 이 평범한 사람을 유명한 인물로 만들었다. 사바는 원래 소도시인 코마르호로드(Комаргород) 출신의 소시민이었는데, 류보미르스키 공의 궁정에 소속된 코자크 부대에서 복무했고 이 코자크 부대의 중대장이 되었다. 그는 봉기가 일어나자 베를란 측에 가담했지만, 러시아 군대가 봉기를 진압하자 다른 봉기지도자들과 함께 도망쳐 나왔다. 그런 후 그는 이전 주인에게 자백을 했으며, 그와 마찬가지로 다시 돌아와 영주들을 위해 봉사하게 된 코자크들로 구성된 부대의 연대장이 되었는데, 이들은 의도적으로 하이다마키 진압에 투입되었다. 이들은 힘을 다해 하이다마키를 토벌했다. 그러자 하이다마키는 배신자를 처벌하기로 결정했다. 1741년 흐나트 홀리는 바로 성탄절에 찰리의 소유지를 공격해서 그를 죽이고 그의 재산을 탈취했다. 이 사건은 민요에 다음과 같이 전해온다.

에헤, 사바가 네미로브에서 폴란드 놈들과 점심을 먹네.
자기 불행을 알지도 못하고 보지도 못해,
에헤, 사바가 마시고 놀며 폴란드 놈들과 떠드는데,

그에게 전령이 왔네, 사바에게 왔네.

"아이야, 웬일이냐, 집엔 별일 없느냐?"

나리, 댁으로 가는 길은 잘 닦아놓았습죠.

별고 없습죠. 별고 없고요. 모두들 평안하십죠

하이다마키가 산에서 호시탐탐 엿볼 뿐입죠……"

"어렵소, 엿보다니, 겁날 것 없다.

나에게 전사가 없기라도 한가? 꾸물거리지 않겠다.

안장을 얹어라, 검은 말에 안장을 얹고 가자, 아이야

몇 명 되지 않아도 우리는 집으로 간다."

사바는 검은 말을 타고 네미로브를 떠나네.

하녀 아이에게 물어보네, 집은 평안하냐고.

"평안하고 말고요, 사바 나리, 집에 오셔서 더 좋구만요.

검은 말 타고 오시는 나리, 여기서도 보이데요."

에헤, 사바는 탁자 끝에 앉아 편지를 쓰네.

사바 아내는 침상에서 아기를 잠재우네.

"하녀야, 술창고에 가서 호릴카를 가져와라,

얼싸, 아내의 건강을 위해 취하도록 마시겠다.

하녀야, 술창고에 가서 맥주를 가져와라,

얼싸, 내 아들을 위해 취하도록 마시겠다."

오호라, 하녀 아이가 벽에서 열쇠를 꺼낼 새도 없이

흐나트 홀리와 무장한 무리[113]가 대문을 부수네.

---

113) 원문에는 크라브치나(кравчина)라는 말이 쓰여 있다. 이는 16세기에 날리바이코 봉기에 가담했던 무장한 무리를 말한다. 이 민요에서는 18세기 하이다마키 무리에도 이 말을 적용하고 있다.

사바 나리가 장터로 난 들창을 올리자마자

하이다마키가 벌써 거실로 마구 들어오누나.

하녀 아이만 문지방을 밟고 들어오도다.

미키트카가 사바 나리에게 인사를 하누나.

"사바 나리, 안녕하세요? 안녕하세요?

손님을 잘 대접하면 좋은 손님들이 많이 오나요?

꿀이나, 맥주, 호릴카로 대접해도 그런가요?

아들과 아내에게 작별 인사하세요."

"여러분, 내가 귀하들을 어떻게 대접해야 하지?

하느님이 나에게 아들을 주셨으니, 대부 될 분을 찾아야겠군."

"우리는 대부가 되려고 온 것이 아니다.

우리는 너에게 왔다, 너의 머리를 가지러.

사바 나리야, 너는 도시[114]를 파괴할 필요가 없었다.

자포로쟈 코자크를 대부로 삼기 원했다면."

하이다마키 운동은 1734년의 봉기를 계기로 시작되었으며 우안 지역에서 그 후 1740년대와 1750년대까지 이어지면서 폴란드 귀족들을 공포에 떨게 했다. 많은 수의 사람들이 하이다마키 원정을 일종의 생업으로 삼게 되었고 이들은 해마다 습격에 나섰다. 현지 귀족들도 허약한 국왕군대도 이들의 습격을 막을 능력이 없었다. 지난번 봉기 때 나돈 소문에 고무된 농민들은 모든 방법을 동원해 하이다마키를 지원하고 도왔다. 농민들 중 좀 더 용감한 사람들은 하이다마키에 직접 가담했고, 한 번 가담하면 죽

114) 자포로쟈 요새를 말한다. (원저자 주)

그림 **334** 모쉬노호리 수도원(옛 그림).

을 때까지 하이다마키로 남는 경우가 많았다. 더욱이 서부 우크라이나 지역에서 정교를 고사시키는 데 성공한 다음(107장 참조) 드니프로 강 유역 지역에도 통합교회를 전파하려는 폴란드 정부의 시도가 시작되자 이는 온갖 종류의 동요를 불러일으키는 또 하나의 원인이 되었다. 하이다마키 지도자들은 우크라이나 공동체들이 폴란드 지주들에게서 교구를 나누어 받은 통합교회파 성직자들과 투쟁하는 일이 벌어지면 이에 기꺼이 개입했다. 하이다마키는 정교도들을 후원했고, 역으로 현지와 러시아 국경 저편에 있는 정교회 성직자들, 그리고 정교 신앙을 확고히 고수하고 있던 드니프로 강 유역의 수도원들은 하나같이, '경건한' 정교 신앙의 수호자라고 불리던 하이다마키를 돕는 것을 신앙적 의무로 여겼다. 비록 하이다마키의 최우선적인 목적은 대부분의 경우 약탈이었지만, 그럼에도 그들이 16세기와 17세기의 코자크 집단처럼 사회적·민족적 관계에 큰 영향을 미쳤음은 의심할 여지가 없다. 이들은 폴란드 귀족들의 지배가 공고해지고 확립될 기회를 허용하지 않았으며, 폴란드 귀족 지배층이 서부 우크라이나에서 존재했던 것과 같은 그런 농노제를 도입하고, 민족생활의 유일한 조직 형태인 '경건한 신앙' 곧 정교를 서부 우크라이나에서 짓밟았던 것처럼 그렇게 억압할 가능성을 봉쇄했다. 그렇게 볼 때 온갖 하이다마키 지도자들이 비적으로서의 특징을 고스란히 드러내고 있었음에도 불구하고 우크라이나 주민들이 하이다마키에게 호응을 보내는 데는 근거가 없지 않았다. 폴란드인들은 어떻게 우크라이나 공중이 과거나 지금이나 하이다마키를 평범한 비적 이상의 어떤 존재로 볼 수 있는지 이해하지 못했다. 할리치나에서 우크라이나적 정체성(украинство)의 적대자들은 이 때문에 오늘날의 우크라이나인들을 하이다마키라고 불렀는데, 이는 우크라이나인들이 과거의 하이다마키 운동에 공감하고 있다는 비난의 뜻을 담고 있다. 그러나 할리치나 우크라이나인들은 이러한 명칭에 아랑곳하지 않고, 이 별명에 대해 노래로써 이렇게 대답했다. "우리는 하이다마키다. 우리는 모두 하나다."

1734년 봉기 이후 하이다마키 운동은 대항세력이 미약한 데 힘입어 계속 규모가 늘어났고 1750년경에는 그 세력이 절정에 이르렀다. 브라츨라브 군정사령관구, 동부 포딜랴, 폴리시아의 접경지대에 이르기까지 키예프 군정사령관구 지역 대부분은 거의 1년 내내 하이다마키 부대와 농민 봉기

그림 335 메드베디브 수도원.

세력이 장악했다. 많은 도시와 소도시, 그리고 폴란드 영주의 성채가 정복되고 파괴되었으며, 심지어 우만, 빈니차, 레티치브, 라도미슬 같은 당대의 대도시들도 하이다마키 수중에 떨어졌다. 그러나 하이다마키 부대나 농민운동은 제대로 된 견고한 조직으로 발전되지 않았고 드니프로 강 우안 지역에서 확고한 구심점을 만들어내지도 못했다. 그래서 이 하이다마키-농민 운동은 한 해 내내 소란을 불러일으킨 후 폴란드 귀족이나 정부가 강경한 조직적 진압 조치를 취하지 않았는데도 스스로 약화되고 사그라졌다. 하이다마키 무리들은 멀리 떠나갔고, 농민들도 자신들의 봉기에서 아무런 현실적 결과를 얻지 못하자 열의가 식어갔다. 그 후에는 다시 그전에 그랬던 것과 똑같은 산발적인 하이다마키 공격과 원정이 새로 시작되곤 했다.

111. 콜리이 봉기[115]

1750년에 있었던 이 운동 이후 하이다마키 물결은 1760년대에 다시 높이 일었다. 이번에는 이 하이다마키-농민 운동에서 종교 문제가 다른 어느 때보다도 더 큰 중요성을 차지했다. 얼마 전에 라도미슬에 통합교회파

115) 콜리이브시치나(Колиивщина Коліївщина). 1768년 드니프로 강 우안 우크라이나에서 일어난 농민-코자크 봉기를 말한다. 콜리이라는 말의 기원에 대해서는 여러 설이 있는데, '창(槍)'을 뜻하는 말이라는 설도 있는가 하면, 백정 일을 겸했던 우크라이나 농촌 가축지기에서 비롯된 말이라는 설도 있다. 이와는 달리 콜리이가 폴란드어로 사실상 코자크 집단을 가리키는 말이었다고 보는 학자도 있다. 이 봉기는 그전부터 이어져 왔던 하이다마키 봉기의 연장선상에서 일어난, 최대의 하이다마키 봉기라고 할 수 있다. 농노제, 정교도 탄압, 민족차별 등 폴란드 지배 아래서 우크라이나인들에게 가해지고 있던 억압에 저항하는 민중봉기였으며 우크라이나 주민들이 광범위하게 이에 호응했다. 초기에는 러시아 제국 정부도 봉기자들을 후원했으나, 나중에는 지원을 철회했고 이는 봉기가 좌절하는 데 큰 영향

수도대주교좌가 설치되어 이곳에서 종무원을 개설하고 키예프 군정사령관구에 통합교회를 전파하기 위해 엄청난 열성을 기울이기 시작했다. 키예프 군정사령관구의 정교회 교구들을 관할하고 있던 페레야슬라브의 주교들은 폴란드의 국경 바깥에 있었기 때문에 통합교회에 맞서서 국경 너머에서 효과

그림 336 멜히세덱 즈나취코-야보르스키.

적으로 대항할 수 없었다. 그러나 이들은 그 대신 아주 원기 왕성하고 능력이 뛰어난 현지의 조력자를 두게 되었는데 그는 1753년부터 자보틴 근교 모트로닌(Мотронин) 수도원을 원장으로서 관장하고 있던 멜히세덱 즈나취코-야보르스키[116]였다. 키예프

을 미쳤다. 봉기는 최종 진압될 때까지 큰 인명 피해를 낳았는데, 봉기자들은 폴란드인들과 유대인들을 살해했고 이에 대한 보복으로 그들도 잔인하게 살해당하는 일이 되풀이되었다. 콜리이 봉기는 폴란드 정국을 혼란으로 몰아넣었고 이를 진정시킨다는 명분으로 러시아 군대를 끌어들이는 계기가 되었으며, 결국 폴란드가 분할되고 와해되는 과정의 출발점을 이룬다고 할 수 있다.

116) 멜히세덱 즈나취코-야보르스키(Мелхиседек Значко-Яворський, 1716~1809). 속명은 미하일로 카르포비치 즈나취코-야보르스키. 우크라이나의 정교회 수도원장. 벨라루스의 상층 코자크 가문에서 태어났다. 키예프 모힐라 아카데미에서 수학하면서 그리스어, 라틴어, 히브리어, 독일어, 폴란드어 등 여러 외국어를 익혔다. 아카데미를 졸업한 후 모트로닌 수도원에 들어갔고 1745년 정식으로 수도사 서원을 했다. 1753년 이 수도원의 원장이 되었고, 폴란드 치하 우크라이나 전체의 정교회를 관장하게 되었다. 그는 통합교회와 가톨릭 교회의 박해에 맞서 정교도들을 보호하기 위해 러시아 정부와 폴란드 정부에 호소했고 일정한 성과를 거두었지만 이 때문에 통합교회파의 거센 반발에 부딪치기도 했다. 콜리이 봉기가 일어났을 때 모트로닌 수도원은 콜리이 운동의 거점 역할을 했다. 이 시기에 우크라

그림 **337** 이반 혼타.

군정사령관구 남부 지역의 정교회 구역들을 관할하게 된 그는 아주 열성적으로 정교도 공동체를 조직하는 일에 착수했다. 멜히세덱은 이들 공동체를 독려하여 정교를 확고하게 고수하게 하였으며, 통합교회파 사제를 받아들이지 말고 페레야슬라브 주교들에게서 사제 서품을 받거나 그들에게서 인정받은 정교 성직자들만을 받아들이게 했다. 모트로닌 수도원과 인근의 자보틴, 모쉬노호리, 메드베디브, 레베딘 수도원과 그 외 수도원은 정교도들의 피난처이자 의지처가 되었다. 이런 상태에서 1760년 정교회와 통합교회 사이의 연이은 충돌이 전개되었다. 폴란드 군대의 도움을 받은 통합교회파 성직자들은 현지 성직자들과 주민들을 강제적으로 통합교회로 개종시키려 했다. 그러나 주민들은 통합교회파 성직자들을 받아들이려 하지 않고, 그들에게 정교로 넘어올 것을 강요했으며 이를 거부하면 이들을 추방하고 그 자리에 정교회 성직자들을 앉혔다. 통합교회파 지도자들은 지주들과 폴란드 행정 관리들의 도움을 받아 무력으로 이러한 저항을 분쇄하려 애썼고, 저항하는 사람들은 체포하여 투옥하거나 온갖

이나 사람들 사이에 떠돌던 허위 황금칙서를 그가 만들었다는 주장도 있다. 소문의 진위 여부는 확실치 않다. 그는 봉기 진압 후 재판을 받고 다른 수도원에 일시 유폐되었고 그의 공적 활동은 이로써 끝났다.

방법으로 처벌했다. 폴란드 세력과 통합교회 세력이 합세하여 가하는 이 같은 압제에 대항하기 위하여 정교도들은 오래전부터 폴란드 내 정교도들의 보호자 역할을 자처해온 러시아 정부에 지원과 보호를 요청했다. 멜히세덱 야보르스키는 이 일로 예카테리나 여제에게 청원을 하러 가서 여러 가지 약속을 받고 돌아왔다. 바르샤바의 러시아 대사는 박해를 받고 있는 정교도들을 보호하기 위해 정교 대표자로서 폴란드 정부를 상대하라는 훈령을 받았다. 그러나 이러한 정교대표자 역할은 정교도들의 어려운 상황을 특별히 개선시키지는 못했다. 한편 러시아 정부의 개입에 대한 소문은 주민들 사이에 강력한 움직임을 불러일으켰다. 그들은 배전의 활력을 얻어 통합교회 성직자들을 추방하거나 이들을 강제로 정교로 개종시키는 일에 나섰다. 그러자 통합교회 성직자단은 한층 더 가혹한 형태의 강제와 처벌을 동원하기 시작했다. 이런 상황 속에서 끔찍한 폭력사태가 발생하곤 했다. 타라스 셰브첸코가 시의 소재로 다루기도 한 믈리예프(Млієв) 장로의 살해 사건[117]이 그러한 예이다. 셰브첸코는 구전되어 내려오는 이야기를

117) 타라스 셰브첸코의 장시 「하이다마키」에서는 빌샤나 교회의 성물관리인의 죽음에 관한 이야기가 읊어지고 있다. 이 이야기는 아래에 서술되는 다닐로 쿠쉬니르의 죽음을 소재로 한 것이다. 쿠쉬니르는 스밀라 근처 믈리예프의 농민이며 정교회 성물관리인이었다. 교회가 통합교회파의 수중에 넘어간 다음 통합교회 쪽에 일부 가장 귀중한 성물을 넘기기를 거부하고 이를 자신이 보관했는데 통합교회 성직자는 그가 절도를 저질렀다고 비난하고 그에게 협상을 제안했다. 즉 그가 통합교회로 넘어오면 용서해줄 것이며 그렇지 않으면 끔찍한 형벌을 가하겠다는 것이었는데, 쿠쉬니르는 통합교회로 넘어가기를 거절하고 오히려 통합교회를 맹렬히 비난했고 그 결과 끔찍한 고문 끝에 처형당했다. 1766년 7월 29일 빌샤나에서 그의 처형이 벌어졌다. 빌샤나는 타라스 셰브첸코의 고향에서 가까운 곳이어서 그는 어린 시절부터 이 이야기를 듣고 자랐다. 실제로는 흐루셰브스키가 지적했듯 쿠쉬니르는 빌샤나가 아니라 믈리예프의 성물관리인이었다. 또한 셰브첸코는 「하이다마키」에서 빌샤나의 성물관리인이 폴란드 귀족들의 결사인 바르 동맹 구성원들에게서 괴롭힘을 당한 끝에 살해당한 것으로 묘사하고 있는데 이 또한 사실과 다를 가능성이 있다.

바탕으로 이 사실을 묘사했고 그렇기 때문에 내용이 크게 수정되었다. 사건이 일어난 직후 그 당대 사람들이 쓴 이야기는 다음과 같다. 믈리예브의 장로인 다닐로 쿠쉬니르(Данило Кушнір)는 경건하고 나무랄 데 없는 사람이었는데, 자신들의 교회에 통합교회파 성직자를 받아들이기를 거부하던 같은 마을 주민들의 부탁을 받고 용감하게도 교회의 성찬용기를 숨겼다가 극도로 고통스러운 형벌을 받았다. 다닐로는 성찬용기를 받아서 아주 경건한 자세로 보관했지만, 그에게는 성찬용기를 술집으로 가져가서 여기에다 보드카를 부어 마셨다는 날조된 오명이 덮어 씌워졌다. 다닐로에게 이 죄목을 부과한 권력자들은 먼저 그의 손을 삼 찌꺼기와 짚으로 칭칭 감아 불태운 다음, 이 장면을 보여주려고 강제로 동원한 민중이 보는 앞에서 그의 목을 자르고 시신을 기둥에 못 박아 버렸다(1766). 투옥이며, 심한 구타며, 여러 가지 다른 폭행에 대한 이야기는 말할 나위도 없다. 이 모든 것이 민중을 극도로 격앙시켜서 여러 곳에서 많은 운동이 일어났고, 자포로쟈 코자크들도 하이다마키 부대도 이들 운동에 가담했다. 그러던 중 마침내 1768년 봄 '콜리이 봉기'라는 명칭으로 잘 알려진 전국적인 봉기가 불붙어 일어났다. 1734년의 봉기에서처럼 러시아 군대의 진주가 이 봉기의 직접적 계기를 제공했다. 1768년 초 포딜랴의 바르(Бар)에서는 폴란드 정부가 러시아에 양보적 조치를 취한 것에 항의하여 자국 정부에 대항하는 폴란드 귀족들의 봉기가 일어났는데, 이때 폴란드 정부는 군대를 보내 이 봉기를 진압해 달라고 러시아 정부에 요청했고, 러시아 군대가 우안 우크라이나 땅에 도착했다. 이 소식이 주민들 사이에 퍼지자 주민들은 러시아 정부가 우크라이나를 폴란드의 압제로부터 해방시키기 위해 자국 군대를 파견했다는 식으로 이 조치를 이해했다. 또다시 예카테리나 여제가 내렸다는 칙서에 대한 소문이 돌았다. 그 다음에는 '황금칙서(Золотая грамота)'라고 불린 문서 사본들도 돌아다녔는데, 여기에는 정교 신앙을 탄압한 데 대한 벌로 폴란드인들과 유대인들을 처단하고 그들의 이름까지 없애버리라는 명령이 들어있었다. 물론 이들 문건은 가짜였다. 그러나 주민들뿐 아니라 봉기 지도자들도 이 칙서를 진짜로 믿었다.

'콜리이 봉기'의 지도자는 자포로쟈 코자크인 막심 잘리즈냑[118]이었다. 그는 여러 해 동안 수도원에서 생활했는데, 처음에는 자보틴

그림 **338** 막심 잘리즈냑.

수도원에 머물렀고, 다음에는 모트로닌의 수도원에서 지냈다. 이곳으로 다른 자포로쟈 코자크들도 모여들었고 이들 사이에서는 봉기 계획이 조직되었다. 1768년 4월 말, 잘리즈냑은 동지들을 모아 부대를 만든 다음 모트

118) 막심 잘리즈냑(Максим Залізняк, ? ~1775). 콜리이 봉기에서 지도적 역할을 한 무인. 우크라이나 민중의 영웅 중 한 사람. 그의 성 잘리즈냑은 강철을 뜻하는 우크라이나어 잘리조에서 유래한 것이다. 러시아어와 폴란드어로는 쩰레즈냑에 가깝게 발음한다. 자포로쟈 코자크였던 그는 군사적 활동을 그만두고 수도원에 들어가 있다가 콜리이 봉기가 시작되자 하이다마키 무리를 이끌게 되었다. 1768년 모트로닌 수도원을 나와 폴란드인과 유대인에 대해 적대적인 태도를 취하며 우만으로 나아갔고 우만에서 이반 혼타의 지원을 받아 폴란드인들과 유대인들을 다수 살해했다. 봉기세력은 그를 우안 헤트만령의 헤트만으로 선포했다. 그러나 얼마 후 혼타와 함께 폴란드 군에 체포되었다. 러시아 제국의 신민이었기 때문에 폴란드 당국에 넘겨지지 않고 같은 처지의 동료들과 함께 키예프에서 따로 재판을 받았으며 네르친스크 광산에서 종신 중노동을 해야 한다는 형을 선고받았다. 네트친스크에 수감되어 있다가 경계를 뚫고 탈출했으나 다시 체포되었다. 타라스 셰브첸코의 시 「하이다마키」에서 잘리즈냑은 용감하면서도 부하들에게 따뜻한 인간적인 지도자로 그려져 있다.

로닌 숲에서 출병해 메드베디브카로 갔다. 그는 이곳에서 민중에게 봉기에 가담하라고 촉구하고 자기 연대에 온갖 자원자들을 받아들였다. 여기서부터 반란군은 자보틴, 스밀라, 체르카시, 코르순, 보구슬라브, 리샨카(Лисянка)[119]를 거쳐 우만[120] 근교로 진격했다. 이 지역을 지나면서 폴란드 지주들의 저택을 파괴하고, 농민들이 통합교회 성직자들과 폴란드인, 유대인들을 쫓아내고 공격하는 것을 도와주었다. 우만 근교에 이르자 우만 방어를 담당하고 있던 포토츠키[121]의 가내 코자크 부대 중대장인 이반 혼타[122]가 잘리즈냐크에게 합세했다. 혼타는 뛰어난 인물이었고, 복무에 대한 대가로 자기 주인에게서 막대한 혜택을 받았지만, 봉기가 터지자 하이다마키에 가담하기로 결정했다. 그는 잘리즈냐크과 연락을 취하고 있다가, 봉기군이 우만에 도착하자 그들 쪽으로 와서 합세했다. 잘리즈냐크은 혼타와 다른 코자크 부대들의 도움을 얻어, 주변 지역 폴란드 귀족들이 피신차 모여 있던 우만을 점령하고 이들을 살해했다. 우만 학살은 당시 폴란드인들에 의해 극히 자극적인 색채로 칠해지고 심하게 과장되어 전해 내려오고 있다. 그러나 실제로는 그런 대대적인 학살은 전혀 없었다.[123] 다른 하이다마키 지

---

119) 이 도시들은 키예프 남부 지역에 있다.

120) 우만은 현재 키예프 도의 도시이다. 폴란드어로는 후만(Humań)이라고 한다.

121) 폴란드 귀족인 프란치섹 포토츠키를 말한다.

122) 이반 혼타(Iван Гонта, ? ~1768). 콜리이 봉기에서 중요한 역할을 한 인물. 프란치섹 포토츠키의 개인 용병인 코자크 부대의 지휘관이었으며 포토츠키의 신임을 받고 있었다. 그런데 정교 신자인 그는 폴란드인들이 가톨릭을 강요하는 데 반감을 가지고 있었던 것으로 보이며, 1768년 서부 우크라이나에서 콜리이 봉기가 일어나자 잘리즈냐크이 이끄는 하이다마키 무리와 합류해 폴란드 군에 맞섰다. 성격이 거칠고 대담하였으며, 우만에서 폴란드인들을 무자비하게 학살했다고 알려져 있다. 폴란드 신민이었던 그는 콜리이 봉기 진압 후 체포되어 폴란드 관헌 당국에 넘겨졌으며 폴란드인들은 그를 극히 가혹한 방식으로 고문한 후 처형했다. 타라스 셰브첸코는 그의 시 「하이다마키」에서 혼타가 자기의 어린 두 아들을 종교적 이유에서 죽였다는 소문에 바탕을 두고 그의 아들 살해와 매장 장면을 묘사하고 있다.

도자들은 이 시기에 키예프 군정사령관구 내 다른 여러 곳에서 폴란드 귀
족들과 통합교회 신자들을 공격했다. 모쉬나에서 출병한 세멘 네쥐비(Се-
мен Неживий)는 부대를 이끌고 체르카시 부근에서 폴란드인들과 통합교
회 신자들을 공격했고, 이반 본다렌코(Iван Бондаренко)는 폴리시아와 라
도미슬 인근 지역을, 야키브 쉬바취카(Якiв Швачка)는 러시아와의 접경 지
역인 바실키브와 빌라 체르크바 주변에서 활동했다. 쉬바취카는 잔혹하기
가 심해서 다른 지도자들 사이에서도 유명해졌다. 그의 활동 중심지는 파
스티브였다. 붙잡힌 폴란드인들과 유대인들은 파스티브에 진을 치고 있던
쉬바취카에게로 끌려왔으며 그에게서 재판을 받고 처형되었다. 조사위원
회의 보고에 의하면 이런 식으로 처단된 사람의 수는 700명에 이른다. 그
의 유혈 행각은 민요에서 다음과 같이 노래되고 있다.

어와, 흐바스토브(파스티브-옮긴이) 가는 길에

쉬바취카 어르신이 자랑했지.

"여어, 장정 여러분, 키타이카[124] 천으로

123) 콜리이 봉기 당시에 일어난 이른바 "우만의 학살"은 하이다마키가 폴란드인들과 유대인들
을 학살한 사건이다. 이 사건은 셰브첸코의 시 「하이다마키」에서 인상적으로 묘사됨으로써
우크라이나인들에게 강렬하게 기억되고 있다. 셰브첸코는 우크라이나 애국시인의 관점에서
이 사건을 그리고 있지만, 우만의 학살은 우크라이나-폴란드-유대인의 상호관계의 역사
에서 폴란드인들과 유대인들에게도 가장 아픈 상처의 하나이다. 각 당사자들이 자신의 상
처에 대해 각각의 이야기를 가지고 있다. 우크라이나 민족주의 역사학자인 흐루셰브스키는
우만 학살의 피해자가 그렇게 많지 않았던 것으로 이야기하려 한다. 그러나 오늘날 양식 있
는 목소리들은 이 역사적 비극에 대한 각 민족의 기억이 엇갈리고, 각자가 다 스스로 피해
자라고 생각하기 때문에 이를 모두 한데 풀 수 있는 역사 화해가 필요하다고 말한다.
124) '키타이카'의 원래 외미는 '중국 어자'이다. 이 말은 직물에 대해 쓰이기도 했는데, 이 외미
로는 처음에는 중국에서 생산된 가벼운 비단을 가리키다가 그 후 무명천을 지칭하게 되었
다. 면직물은 18~19세기에는 러시아에서도 대량 생산되었다.

우리 발싸개를 만듦세"
쉬바쥐카 어르신이 노란색 장화 신고
흐바스토브를 이리저리 돌아다니네.
유대인들을 매달고 폴란드인들도 매달았네.
지주들 대문에다 매달았네.

  그러나 이번에도 봉기는 오래가지 못했다. 1734년과 같은 상황이 반복
되었다. 6월 초부터 바르 동맹세력은 진압되었고 폴란드인들은 하이다마키
운동 진압에 러시아 정부의 도움을 요청했다. 예카테리나 2세 여제는 자기
가 보냈다는 칙서에 대한 소문이 봉기를 불러일으키는 근거로 작용한 것에
불안감을 느끼고 자신은 이 허위 칙서나 하이다마키와 아무 관련이 없다고
선언하였고, 러시아 군대에게 하이다마키 무리를 괴멸시키도록 명령했다.

그림 339 로소쉬키 마을에 혼타가 주도하여 건립한 교회.

하이다마키는 러시아 군을 우군으로 생각하고 전혀 조심하지 않고 있었기에 러시아 군대는 그 지도자들을 힘들이지 않고 체포하고 부대를 해산시켜 버렸다. 러시아 군 지휘관 한 사람이 우만에 도착한 후 혼타와 잘리즈냑을 초대하였고 이들이 나타나자 바로 체포했다. 네쥐비와 본다렌코도

그림 **340** 로소쉬키 마을 교회의 출입문. 혼타가 이 교회를 지었다는 명문이 적혀 있다.

같은 방법으로 체포되었다. 체포된 사람들 가운데 러시아 신민은 키예프에서 재판을 받았고, 폴란드 신민은 폴란드 당국에 인계되어 현지에서 사형과 갖가지 신체형을 부과하는 혹독한 재판에 처해졌다. 그래서 혼타와 다른 많은 지도자들이 끔찍한 형벌을 받았다. 당시 폴란드 사람들은 재판관 스템프코프스키(Stempkowski)가 어떻게 사람들을 살육하고 불구로 만들었는지, 그 무시무시한 상황에 대해 이야기하고 있다. 현장에서 처형당하지 않은 사람들은 나중에 소읍 콘도(Kondo)에서 군사재판에 회부되어 갖가지 형벌을 받는데, 그중에서도 사형에 처해진 사람이 가장 많았다.

아이고, 그물에 갇힌 비둘기처럼
아이고, 묶이고 갇혀 버렸구나.
아이고, 우크라이나 전체가 슬퍼졌구나.
구름에 갇힌 태양처럼

이 노래는 우안 지역에서 일어난 마지막 대규모 봉기의 슬픈 결말에 대한 기억을 담고 있다.

폴란드 귀족들은 혼타의 아들을 비롯한 하이다마키가 새로운 학살을 준비하고 있다는 소식에 그 후로도 한동안 불안에 휩싸였던 것이 사실이다. 특히 1788년 볼린에서는 엄청나게 안절부절 못하는 상황이 벌어졌다. 그러나 이런 봉기는 일어나지 않았다. 이 당시 자포로쟈 시치는 이미 파괴되었고, 헤트만령에서 우크라이나의 독자적 생활은 억압되었으며 우안 우크라이나는 폴란드 영주들의 손에 평정되었다.

112. 헤트만 제도의 최종적 폐지

예카테리나 2세 황제 정부는 출범하자마자 헤트만 행정과 일체의 우크라이나 자치 체제를 종식시키기로 결정했다. 짧게 재위한 남편[125]의 뒤를 이어 1762년 황제로 즉위한 예카테리나 2세는 원로원에 보낸 교서에서, 우크라이나, 발트 해 연안 지방, 핀란드처럼 여전히 자체의 법률과 행정체제를 가지고 있는 모든 지역에 균일한 행정과 법률 제도를 도입하는 것을 자신의 과제로 설정했다. 여제는 "이러저러한 인물을 헤트만직에 임명하는 것이 문제가 아니라 헤트만들의 이름 자체를 영원히 없애버리기" 위해 모든 노력을 기울일 필요가 있다고 생각했다.

그러나 키릴로 로주모브스키는 새로운 여제의 가장 가깝고 충성스러운 측근 중 한 사람이었고, 여제는 그에게 크게 고마워하고 있었다. 그래서

---

125) 예카테리나 2세의 남편 표트르 3세는 1761년 12월부터 1762년 6월말까지 반년 동안 재위하다가 부인인 예카테리나와 그녀 측근들이 주도한 궁정쿠데타로 폐위되었고 7월에 살해당했다.

그녀는 정치적 계획을 세우면서 어느 정도는 이러한 개인적 관계를 고려하지 않을 수 없었다. 그러나 예카테리나 2세가 이 충실한 신하에게도 행동을 취할 수 있게 되었다고 판단할 만한 사태가 발생했다.

1763년 말, 러시아 제국에 특별히 충성스러운 로주모브스키 가문을 헤트만 계승 가계로 만들어 달라고 여제에게 청원을 하기 위해 우크라이나 코자크 장교단이 서명을 모으고 있으며, 그 선례로는 아들을 자기 후계자로 삼아 헤트만 지휘봉(불라바)을 넘겨준 흐멜니츠키를 내세우고 있다는 보고가 키예프에서 여제에게 올라왔다. 실제로 코자크 장교단이 이러한 방법으로 헤트만 제도의 보존을 확보할 수 있다고 기대했는지, 아니면 헤트만 직위를 자기 가문의 세습직위로 만들고 싶어 한 당시 헤트만의 의사에 따라 이러한 일을 한 것일 뿐인지는 정확하게 말할 수가 없다. 후에 우크라이나에서는 이 모든 일이 테플로프의 음모라는 설이 나돌았다. 이 소문에 의하면 이러한 청원을 준비하라는 제안을 장교단에게 해야 한다고 로주모브스키를 설득한 사람은 테플로프였는데, 그래놓고 그는 나중에 이 모든 것을 로주모브스키에 대한 참소의 근거로 이용했다는 것이다. 여하튼 로주모브스키는 장교단 구성원들에게 이 청원에 서명해 달라고 부탁했고, 그 결과에 대한 책임은 그가 덮어썼다. 사실 이 청원서는 실제로는 여제에게 전달되지도 않았다. 많은 코자크 군단본부 장교단 구성원들이 이 청원서에 서명하는 것을 두려워했고, 연대장들만 서명을 했기 때문에 청원서 제출계획은 중단되었다. 그러나 예카테리나 2세는 이 사건을 헤트만 제도를 철폐시키는 구실로 사용했다. 게다가 바로 이 무렵 테플로프는 우크라이나의 무질서한 상황에 대한 보고서를 때맞춰 올렸다. 이러한 문건의 작성은 러시아 정부가 그에게 직접 사주한 일이었을 가능성이 컸다. 나중에 자포로샤 시치가 철폐될 때에도 이와 똑같은 계략이 이용되었던 것처럼 말이다. 이

그림 341 안드리 보즈보로드코. 1741-1762년 군단본부 서기였으며 이 시기 우크라이나 업무의 결정자였다.

보고서에는 우크라이나의 자치를 비난하는 내용과 코자크 장교들의 무질서와 권력 악용에 대한 여러 자료가 담겨있었고, 동시에 우크라이나 사람도 대러시아 사람과 똑같은 '러시아인'(로시야네,[126] россияне)이며, 단지 키예프 루스 공들이 어영부영하는 바람에 러시아와 분리되었으므로, 거추장스럽게 굴 것 없이 다시 이들을 러시아에 복속한 다른 민족들과 모든 면에서 똑같이 만들어 버려도 괜찮다고 주장했다.

이 모든 상황을 이용해 예카테리나 2세는 로주모브스키에게 헤트만직에 계속 머무는 것이 불가능하니 자진해서 사퇴하라고 제안했다. 그러나 사퇴할 생각이 전혀 없던 로주모브스키는 계속 시간을 끌었다. 그러자 예카테리나는 그가 계속 고집을 피울 경우, 헤트만 자리를 잃게 될 뿐만 아니라, 큰 불행을 자초할 수 있음을 깨닫게 해 주었다. 로주모브스키는 이 일을 겪고는 결국 굴복하였다. 그는

---

126) 러시아인을 가리키는 러시아말에는 두 가지가 있다. 하나는 루스키이며 이는 러시아 민족에 속하는 사람이라는 뜻이다. 또 하나는 로시야네이며 이는 로시야(러시아)국 사람이라는 뜻이다. 로시야(러시아)는 '루스'의 땅을 가리키는 말로 원래 동로마제국에서 Ρωσία라는 형태로 사용되어 왔었으며 러시아에서는 표트르 1세 시기부터 정식으로 사용되었다. 루스키는 루스라는 혈연 집단에 연원을 둔 인종적이고 혈연적 개념이고 로시야네는 로시야라는 땅 혹은 러시아라는 국가를 중심에 둔 지연적이고 국가중심적 개념이다. 본문에서 로시야네라고 하는 말은 러시아 국가를 중심에 두고 있다고 하겠다.

자신을 "너무 힘들고 위험한 직무"에서 벗어나게 해줄 것과 그 대신 그와 그의 "수많은 권솔들"에게 은혜를 베풀어 줄 것을 청원했다. 당연히 그의 청원은 바로 받아들여졌다. 1764년 11월 10일 로주모브스키가 헤트만직에서 물러났음을 '소러시아 인민들'에게 알리는 선언문이 공포되었지만, 후임 헤트만의 선출 문제에 대해서는 이제 아무 언급이 없었다. 여제는 단지 소러시아 인민들의 복지를 위해 이러저러한 개혁 조치를 취할 것이라고 제안하면서, 당분간 우크라이나의 행정을 위해 '소러시아 합좌청'[127]을 설치할 것이며, 소러시아 합좌청 의장 겸 소러시아 총독으로는 루만체프 백작을 임명한다고 언급했다. 로주모브스키는 순종의 대가로 연 6만 루블이라는 엄청난 연금과 헤트만직에 딸려있던 하디아치 궁전과 비코브(Биков)읍이라는 광대한 영지를 하사받았다. 이를 본 군단본부 장교단 구성원들과 연대장들은 헤트만 제도가 폐지되면 로주모브스키가 헤트만 영지를 은전으로 받은 것처럼 자기들도 그들 직무에 딸려 나오던 이른바 '관료 녹봉토(ранговые поместья)'를 소유지로 나누어받게 될 것이라는 기대를 품었다. (『루스인의 역사』의 저자가 지적한 바로는) 이러한 계산 때문에 이들은 새 헤트만을 선출할 것을 그렇게 강하게 요구하지조차 않았다. 그러나 이러한 희망은 잘못된 것이었다. 로주모브스키는 헤트만직에서 물러난 후 40년을 더 살며 장수했는데, 그 자신이 헤트만으로서 이루어 놓은 일은 거의 없지만 이와는 별개로 우크라이나의 자치 전통의 유지라는 관점에서 보면, 그가 19세기 초 사망할 때까지 코자크 지도자의 지휘봉을 유지하지 못한 것은 애석한 일이다.

새로 설치된 '소러시아 합좌청'은 우크라이나인 4명과 대러시아인 4명으

---

127) 98~100장에서 언급된 소러시아 합좌청과 동일한 명칭의 기구이다.

그림 342 코젤레츠의 사원. 로주모브스키의 명으로 건립되었다.

로 구성되었고, 그 외에도 대러시아인이 맡는 의장과 감찰관(прокурор)이 있었다. 회의 때는 안나 여제 시절처럼 대러시아인 구성원은 우측에 앉고, 우크라이나인 구성원은 좌측에 착석하는 방식을 따르지 않고 연장자순으로 두 민족이 섞어서 앉았다. 옛 방식은 "소러시아 주민들로 하여금 자신들이 이곳 출신인 완전히 별개의 인민인 양 방자한 생각을 가지게 했다"라고 비판받았기 때문이다. 그러나 이 소러시아 합좌청은 단지 형식을 갖추기 위해 만들어졌기 때문에 큰 의미를 가지지 못했고, 우크라이나의 실질적 통치자는 루만체프였다. 예카테리나 2세는 그에게 우크라이나의 고유한 제도를 완전히 없애고 대신 러시아 제국 전체의 일반적 법률과 제도를 이식한다는 자신의 구상을 실행하라고 위임했다.

예카테리나는 '교서'에서 우크라이나 생활 중에서 루만체프가 특별히 관심을 기울여야 할 몇 가지 부문을 지적했다. 우선 루먄체프는 우크라이나의 지불 능력을 명확히 밝히고 조세 제도를 개혁하여 황실 재무국이 우크라이나에서 수입을 얻을 수 있게 하기 위해, 이 땅에서 인구조사를 실시하라는 명령을 받았다. 러시아 정부의 마음에 들지 않는 우크라이나 특유의 몇 가지 제도는 철폐되었다. 특히 우크라이나에서는 농민의 완전한 농노화가 이루어지지 않았고 그렇기 때문에 농민이 지주를 바꿔 다른 지주에게 갈 수 있었는데, 이러한 자유는 러시아에서는 이미 오래전에 철폐된 것이었다. 예카테리나 여제는 이제 우크라이나에서 이 같은 자유를 용인할 수 없다고 생각하고, 루먄체프에게 이를 폐지하도록 명령했다. 그녀는 또한 루먄체프에게 다른 무엇보다도 우크라이나 주민들, 특히 코자크 장교들 사이에서 퍼져 있는 대러시아 사람들에 대한 '마음 속의 적대감'에 특별한 주의를 기울일 것이며, 이 문제를 면밀하게 살피고 어떠한 방법을 써서라도 일반 민중 사이에 러시아 정부에 대한 신뢰와 호감을 증진시켜 코자크 장교들이 일반 민중의 지지를 받지 못하게 하라고 지시했다. 그녀는 이를 위해 새로운 제도에서 얻을 수 있는 이득을 민중에게 가르쳐줄 수 있도록, 다시 말해 이 새로운 제도는 주민들을 코자크 장교와 지주의 부당한 행위로부터 보호하는 것이며 주민들에게는 헤트만 정부 때보다 황제정부 아래서 살기가 더 좋다는 것을 가르쳐줄 수 있게 조치를 취하라고 루먄체프에게 명령했다. 인민들로 하여금 코자크 장교들에 대해 적대감을 갖도록 만드는 이 모든 것은 이미 오래전부터 사용하던 전략이었다. 그러나 우크라이나에 남아 있는 농민적 자유의 마지막 흔적마저 제거하고, 코자크 장교들에게는 러시아 귀족신분의 권리를 전면적으로 인정해주며 우크라이나에 가혹한 농노제와 인민의 완전한 무권리를 수반하는 모스크바식 세노를 도입하는 것이 새로운 제도의 으뜸가는 주안점일진대 이 제도가 주민들에게

그림 343 헤트만령 특유의 인물형(18세기의 그림에서): 연대장.

더 이익이 된다고 설득하는 것은 어려운 일이었다. 루먄체프가 작성한 우크라이나의 '전체 인구조사기록'은 헤트만령에서의 옛 상황을 연구하는 데 활용할 수 있는 중요한 사료이기는 하지만, 민중의 생활을 개선하는 데는 아무 도움이 되지 않았다. 우크라이나에서 대규모 영지를 하사받은 루먄체프는 그 스스로 우크라이나 지주 귀족의 입장에서 농민관계를 대하게 되었기 때문에, 우크라이나 농민들은 그에게서도 대러시아 출신 다른 지배자에게서도 아무런 혜택도 받지 못했다. 오히려 반대로 이제까지 코자크 장교들이 (이 역시 러시아 권력의 우호적인 도움을 받아) 자기네 영지에 소리 없이 도입해왔던 그 모든 농노제적 질서는 이제 확산되고 공식화되고 최종적으로 확립되었으며, 정부권력과 황제의 법에 의해 공식 인가를 받게 되었다. 새로운 러시아식 제도 아래서, 러시아식 농노제에 숙달된 새로운 권력자들의 행정에 의해, 우크라이나 농민층의 상태는 현저하게 악화되었다.

루먄체프에게는 코자크 장교들 사이에서건 어떤 집단에서건 후일 '우크라이나 분리주의'로 일컬어지게 되는 '마음 속의 적대감'이 나타나는 것을 감시하라는 여제의 지시를 이행하는 일은 더 쉬웠다. 이 일에 대해 그가 너무 열성을 보이는 바람에 여제 자신이 나서서 그를 진정시키고 쓸데없이 흥분하지 않도록 자제시켜야 할 정도까지 되었다. 루먄체프는 1767년 입법위원회에 참가하는 우크라이나 대표단을 선발하는 일 때문에 특히 심하게 격앙되었다. 예카테리나 여제는 우크라이나를 포함한 모든 도(구베르니야)와 지역(오블라스치/오블라스트)에서 모든 신분을 망라해 대표단을 선발해 파견하라고 지시했다. 그리고 이들 대표에게는 러시아의 새로운 법에 대해 각 지방의 대표선거인단이 바라는 바를 내용

그림 **344** 중대장.

의 일부로 포함한 교서를 주어 지참케 하라고 명했다. 여기에서 코자크 장교들뿐 아니라, 일반 코자크들, 소시민들, 성직자들 등 우크라이나 주민 전체는 보흐단 흐멜니츠키 협약조항에 따라 우크라이나에 옛 권리와 제도가 복원되고 헤트만이 다시 선출되는 것 등의 염원을 표명했다. 이러한 희망은 루먄체프를 매우 불안하게 만들었다. 루먄체프는 자신이 직접 나서거나 지방에 파견된 러시아군 장교들을 통해 우크라이나 공론층이 이러한 염원을 표현하지 못하게 하고, ‘온건한’ 사람을 대표로 뽑도록 압력을 가하려고 절치부심했다. 그는 심지어 청원서들을 직접 검열해 자치에 대한 열망이 특히 강하게 표현된 부분은 삭제시키고, 가장 열렬하게 자치를 주장

하는 사람들은 결국 거리낌 없이 재판에 회부했다. 니진 연대에서는 코자크 장교단 구성원인 현지 '귀족(шляхетство)'들이 셀레츠키(Селецький)라는 '온건한' 사람을 대표로 선발했다. 그러나 그가 우크라이나 자치의 정신에 따라 작성되었으며 헤트만 제도와 우크라이나 옛 제도의 부활을 요구하는 내용을 담은 교서를 접수하지 않겠다고 하자, 코자크 장교단은 다른 사람을 대표로 선발했다. 그러자 루먄체프는 이 사건을 빌미로 삼아 훈령을 작성한 사람들과 셀레츠키를 교체하는 데 가담한 사람들을 전부 군법회의에 회부했다. 군법회의에서는 이 사건과 관련해 33명이나 되는 사람들에게 사형을 구형하는 일이 벌어졌다. 타협이 이루어져 이들에게 내려진 형벌은 감형되었으나 그래도 이들은 8개월 징역형에 처해졌다.

그림 345 귀족(코자크 장교) 가문의 귀부인.

루먄체프의 이런 온갖 조치와 그가 위협수단으로 사용하는 엄한 형벌에도 불구하고, 우크라이나 공론층은 앞에서 말한 바와 같이 모든 훈령에서 한마음으로 우크라이나 자치의 요구라는 한 가지 기조를 표현했다. 공론층은 결정적인 때가 왔다고 보았음이 분명하고, 권력이 막강한 총독의 분노에도 또 그가 내리는 징벌에도 상관없이 스스로 자신들의 기본적 요구를 표현하는 것을 의무로 여겼다. 사실, 이 새로운 법전 편찬계획은 아무런 결과도 낳지 못했다. 다만 법전 편찬위원회 대표의 선발과 우크라이나인들이 이 대표들에게 준 훈령들은 당시 우크라이나 공론층의 열망과 소원을 지극히 선명한 모습으로 보여주었으며 동시에 새로운 러시아 총독 통치하의 우크라이나 상황 또한 그 특징이 가장 잘 부각될 수 있게 드러내 주었다. 하지만 특기할 일은 과도하게 핏대를 올린 총독에 비해 정작 예카테리나 2세는 우크라이나인들의 이 같은 분위기가 표명된 것을 훨씬 더 차분하게 받아들였다는 것이다. 그녀는 우크라이나인들의 '간교함과 방자함'에 대해 격렬한 불만을 털어놓는 루먄체프에게 이 모든 것에 너무 큰 의미를 두지 말라고 충고했다. 그녀는 시간이 지나면 '직위와 특히 은사지에 대한 열망'이 '옛날식 사고방식'보다 강하게 작용할 것이라고 내다보았으며, 자치와 독자적 생활에

대한 이 모든 요구는 러시아 정부의 정책의 거센 물결 앞에서, 그리고 이 정책에 따라 충성하고 복종하는 사람들이 얻게 될 계급적 이득의 공세 앞에서 오래 버텨내지 못할 것이라고 기대했다. 실제로 예카테리나의 생각은 틀리지 않았다.

헤트만령에서와 마찬가지로 인접한 자유공동체 지역 우크라이나에서도 옛 코자크 제도를 부활시키려는 똑같은 노력이 있었다. 1763~1764년에 헤트만령에서 헤트민 제노가 철폐되었을 때,

그림 346 소시민 신분의 여성.

자유공동체 지역 우크라이나에서도 코자크 연대 제도가 철폐되었다. 그 대신 자유공동체 지역에는 러시아의 다른 도(구베르니야)들과 동일한 모델을 따른 슬로보드스카야(슬라비드스카) 도가 만들어졌고, 코자크 연대는 기병 연대로 대체되었다. 코자크들은 과거에 그들이 졌던 군대 복무 의무 대신 농민들처럼 인두세를 내야 했다. 코자크 집단은 이 때문에 불만이 팽배해서 이곳에서도 입법위원회 대표를 선출할 때 새 제도 도입에 대한 항의가 터져 나왔고 이전 제도의 회복에 대한 염원이 표현되었다. 그러나 이 지역에서도 헤트만령에서와 꼭 마찬가지로 이러한 소원은 목적을 이루지 못했다. 게다가 자유공동체 지역 우크라이나에서의 청원은 헤트만령 지역보다 훨씬 더 약하기도 했다.

113. 자포로쟈 시치의 파괴

자포로쟈 시치의 파괴도 헤트만 제도의 철폐와 마찬가지로 러시아 정부의 새로운 정책 방향을 보여주는 사건으로서 강력한 파문을 불러일으켰다. 사실 1730년대에 원래의 장소로 이전된 최후의 자포로쟈 시치는 이제는 옛 시치의 희미한 그림자에 불과했다. 자포로쟈 시치 코자크들은 원래의 장소로 돌아오게 해달라고 러시아 정부에 요청하여 이를 얻어낸 다음에는 시치 코자크들을 도시 카자크[128]들처럼 자기네 멋대로 다루고 싶어 하는 러시아 권력자들의 요구를 충실하게 따르지 않을 수 없었다. 저항하는

---

128) 러시아의 도시 카자크(городовый казак)는 폴란드의 등록 코자크와 유사하다고 할 수 있다. 국가가 도시 카자크를 명부에 등록시켜 국가의 필요를 위해 복무하게 하고 보수를 지급하면서 관리하였다.

것이 어리석은 일임을 깨달은 시치 코자크 장교들은 정부와 정부 대리인들의 지시를 충실히 따르고자 노력했다. 자포로쟈 코자크들은 힘든 원정을 수행하고 투르크와의 전쟁과 크림 타타르와의 전쟁에서 많은 희생을 치렀으며 러시아 정부가 그들에게 부과하는 수많은 과제를 이행했다. 1730년대의 1차 러시아-투르크 전쟁과 1768년에 시작된 제2차 러시아-투르크 전쟁에서 자포로쟈 코자크 군단은 실전에 참전하여 수천 명의 시

그림 347 롬니의 수호성모(포크로바) 교회. 칼니셰브스키의 명으로 건립.

치 코자크들을 러시아 군과 함께 원정에 파견했고, 파르티잔 전투를 성공적으로 수행했고, 그들의 차이카 배를 타고 투르크의 함선을 공격했고, 경비 임무를 비롯해 온갖 다른 임무도 수행해서 여제로부터 이러한 전공에 대한 표창장을 받았다. 그러나 이 모든 봉사에도 불구하고 자포로쟈 코자크들은 러시아 정부의 불만과 질책에서 벗어나지 못했다. 이러한 불만과 질책의 한 가지 구실은 러시아가 투르크, 크림 한국 및 폴란드와 평화 상태에 있을 때, 자포로쟈의 비규제 코자크들이 이 국가들과 충돌했다는 것이었다. 그리고 이 문제로 항의와 불만이 제기되었는데 자포로쟈 코자크 장교단은 이 같은 충돌을 막고자 원하기는 하면서도 자포로쟈 코자크 부대들이 이 국가들을 제멋대로 공격하는 것을 막지 못했다는 것이었다. 러

시아 정부가 품은 불만의 더욱 중요한 또 다른 원인은 자포로쟈 영토를 둘러싼 분쟁이었다.

1720년대~30년대 초원지대와 인접한 우크라이나 접경 지역에 건설된 '리니야', 곧 방어선이라고 불리는 요새들은 옛 '자포로쟈 자유지대(запо-рожские вольности)', 즉 이전의 자포로쟈 땅 안으로 밀고 들어와 있었다. 1730년대부터 러시아 정부는 이 국경선을 따라 마을과 도시를 건설하고, 특히 상당히 많은 세르비아인 이민들을 이곳에 정착시켰다. 1732년에 1차 세르비아인 정착촌이 만들어졌고, 1751년~1752년에 2차로 정착촌이 건설되었다. '노바야 세르비야(Новая Сербия)', 곧 '새로운 세르비아'라고 불린 이 정착촌은 자포로쟈 영토 가운데 북쪽 지역 전체를 차지했다. 정착촌은 군대와 같이 조직되어, 각기 보병, 기병, 경기병의 연대 및 중대로 구성되어 있었고, 이들은 자포로쟈 코자크들에게 큰 부담이 되었다. 그런 다음 1750년대에 들어와 러시아 정부는 이곳에 코자크식 혹은 장창병(長槍兵, пи-кинер)[129]식 자유공동체를 만들기 시작해서 온갖 잡다한 어중이 떠중이 유입민들을 이러한 새 거주지에 정착시켰다. 그 당시 새로 세워진 성 엘리자베타 요새(옐리자베트그라드) 주변 지역 및 그보다 더 동쪽 지역까지 정착촌 건설이 확대되었는데 이러한 과정에서 또다시 이 자유공동체들이 자포로쟈 코자크들의 땅 일부를 차지했다. 자포로쟈 코자크들은 이런 사태에 당연히 크게 격앙했다. 그들은 까마득한 옛날부터 그들이 차지해왔던 초원지대에 불청객 이주민들이 쳐들어와 그들의 성채와 출입로를 차지하고 그들

---

129) 16~18세기에 유럽 군대에서 보병 가운데 주로 긴 창을 들고 싸우던 병사를 말한다. 소총병이나 기관총병과는 달리 화기를 소지하지 않았다. 창병들은 대열 옆쪽에서 진군했으며 5~6미터에 이르는 긴 창으로 적을 둥글게 포위해 압박해 들어가는 전법을 썼다. 기동성이 떨어지는 것이 흠이었다. 주로 근접 방어전에서 기병을 막아내는 데 효과적으로 동원되었다. 그들은 따로 부대를 형성해 활동하는 것이 일반적이었다.

그림 **348~349** 자포로쟈 요새의 인장: 사마라의 것과 코닥의 것.

의 어렵지와 수렵지를 빼앗고, 자포로쟈 시치와 시치 권력을 전혀 존중하
지 않는 것을 무심하게 방관만 할 수는 없었다. 자포로쟈 코자크 장교들은
러시아 정부에 문서를 제출하여 자기네들의 역사적 권리를 증명하고자 했
고 또한 눈엣가시 같은 자유공동체를 무력으로 쫓아내고자 시도했다. 그
러나 이러한 일련의 행동은 상황을 개선시키기는커녕 러시아 정부를 더욱
자극하게 되었을 뿐이니, 정부는 자포로쟈 코자크들이야말로 후에 '노바야
로시야(Новая Россия)', 곧 '새로운 러시아'라고 불리게 되는 이 초원지대를
주민거주지로 만들고자 하는 노력에 장애가 되는 세력이라고 보고 자포로
쟈에 대해 더욱 비우호적인 태도를 취했다. 예카테리나 여제가 헤트만 제
도를 철폐하고 슬로보드스카야 도를 설치한 것과 같은 시기에, 이 국경 '방
어선' 지역에다 그 부근의 헤트만령 일부 지역 및 인접한 자포로쟈 땅을 추
가하여 노보로시야 도(Новороссийская губерния)를 만들라는 칙령을 내리자
상황은 더욱 악화되었다. 자포로쟈 코자크들은 새로운 도의 경계선이 자
신들의 땅 안으로 밀고 들어오는 것을 허용하지 않았고, 자유공동체의 주
민 정착을 방해했으며 이주민들을 쫓아내거나 자기편으로 회유했다. 이
모든 움직임은 초원 지역에 주민을 정착시킨 후 흑해 연안을 정복하고, 발

칸 반도 땅과 심지어 콘스탄티노플까지 러시아 제국에 합병하겠다는 계획을 품고 있던 예카테리나 여제를 엄청나게 격분시켰다.

사실 자포로쟈 시치는 괴멸 전 마지막 몇십 년 동안 양상이 많이 달라졌다. 1762년에 대장이 되었고, 다시 1765년부터 시치가 망하는 날까지 계속해서 이 직책을 맡았던 자포로쟈 시치의 마지막 대장 페트로 칼니셰브스키[130]는 머리가 비상하게 좋고 신중한 사람이었다. 시대 상황을 잘 살핀 그는 자포로쟈 코자크들이 러시아 권력과 충돌하는 것을 자제시키는 데 온갖 힘을 기울였고, 자포로쟈 초원 지역에 농경 주민들이 정착하도록 힘썼으며, 대규모 농사를 일으키고 수많은 이주민을 불러들였다. 자포로쟈 초원 지역에는 시치 자체뿐만 아니라 다른 주거 지역에도 대규모 자유공동체와 교회들이 새로 생겼다.

---

130) 페트로 이바노비치 칼니셰브스키(Петро Іванович Калнишевський, 1691~1803). 자포로쟈 코자크 지도자. 코자크 장교 집안에서 태어났으며 자포로쟈 시치에 들어가 활동하면서 군단본부 재판관, 부대장 등 중요임원직을 맡았다. 1775년 테켈리가 이끄는 러시아 군이 시치를 공격했을 때 체포되어 모스크바에서 억류되었다가 이듬해 솔로베츠키 섬의 수도원에 감금되었다. 이곳에서 27년 이상 극히 좁은 골방에 갇혀 지내는 동안 일 년에 단 세 번만 바깥 공기를 쐴 수 있었다. 110세가 되었을 때 풀려났지만 거의 맹인이 된 그는 고향으로 돌아가지 않고 수도원에서 계속 지내다가 112세에 사망했다.

이렇게 되자 흑해 연안 지역이 자포로쟈 코자크들 수중에서 황량하게 버려져서 아무에게도 유용하게 쓰이지 않는다고 불평을 하는 자포로쟈 코자크 반대자들의 논리는 설 자리를 잃어버렸다. 칼니셰브스키의 경제 정책 덕분에 자포로쟈 코자크들이 장악하고 있는 이들 초원지대도 사람들이 정착할 수 있고 생산적으로 활용될 수 있다는 것이 입증되었다. 그러나 러시아 정부는 이 지역을 차지해서 직접 관할하기를 원했다. 또 다른 한편으로는 우크라이나에서 과거의 코자크 자치제도를 근본적으로 해체하는 마당에, 아무리 호르디옌코 대장 재임 시기에 비해 조용해지고 온순해졌다고는 하더라도 시치 자치 공동체 같은 그러한 자유의 중심지를 남겨놓는 것은 이제 어려운 일이었다.

이러한 갖가지 사정이 겹치면서 1760년대 말이 되자 러시아 정부와 자포로쟈 시치의 관계는 극도로 악화되었다. 설상가상으로 이 시기에 투르크와의 전쟁이 시작되었는데, 전쟁의 계기가 된 것은 자포로쟈 코자크들이 투르크 국경 도시 발타(Balta)를 공격했다는 주장이었다. 콜리이의 봉기에도 자포로쟈 코자크들이 많이 가담했는데, 러시아 정부는 폴란드 귀족들을 도와서 하이다마키 봉기를 진압하면서 이를 위해 폴란드령 우크라이나 지역을 공격하는 하이다마키의 출병장

그림 351 바나트 코자크들의 대장(1789년의 소책자에서).

소가 되는 자포로쟈 시치도 제압해야 했다. 같은 시기에 자포로쟈 코자크들이 노보로시야 도의 정주민들을 그곳에서 쫓아내고 자신들의 자유공동체로 유인해 들이면서 이 도에 온갖 피해를 입히고 있다는 러시아 관리들의 진정도 올라왔다. 러시아 제국 정부는 마침내 자포로쟈 시치를 파괴하기로 결정했다. 그러나 혹시라도 위험한 움직임이 일지 않을까 염려한 정부는 자포로쟈 코자크들을 무방비 상태에서 덮치기 위해 극비리에, 은밀하게 작전을 전개하기로 했다. 투르크와의 전쟁이 종료된 후 1775년 초원지역에서 '영업활동'에 종사하는 자포로쟈 코자크들을 무장 해제시키기 위해 군 특공대가 자포로쟈 초원지대에 여기저기 파견되었다. 여름에는 테켈리[131] 장군이 대규모 러시아 부대를 이끌고 와서 시혜자의 가면을 쓰고 자포로쟈 땅으로 들어갔다. 그는 자포로쟈 '주변' 지역을 무력으로 장악한 다음, 시치 요새를 기습 포위했다. 테켈리는 요새 앞에 포병대를 배치한 다음 6월 5일 시치 코자크들에게 자포로쟈 시치는 더 이상 존재할 수 없으니, 자포로쟈 코자크들은 항복하고 시치를 떠나 흩어지라고 명령했다. 그리고 만일 이를 이행하지 않으면 러시아 군은 그들을 향해 무력을 사용할 것이라고 위협했다. 전혀 예상치 못한 이러한 사태에 자포로쟈 코자크들은 크게 의기소침했다. 그들은 어찌해야 좋을지 알 수 없었다. 항복은 절대로 할 수 없으며 모스크바[132] 군대와 맞붙어 싸우겠다는 사람들이 많았지만,

---

131) 표트르 아브라모비치 테켈리(Пётр Абрамович Текели, 1720~1793). 세르비아 귀족 가문 출신의 무인. 오스트리아에서 무인으로 활동하기 시작한 후 1747년 러시아로 이주하여 러시아 제국 군대에서 지휘관으로 활동했다. 7년전쟁, 러시아-투르크 전쟁 등에서 전공을 인정받아 대령을 거쳐 장성의 지위로 진급하였고 러시아 제국정부로부터 훈장도 받았다. 자포로쟈 시치를 파괴하고 방화한 책임자로 유명하다.

132) 흐루셰브스키는 여기서도 러시아 군대를 가리키면서 모스크바 군대라는 말을 쓰고 있다. 이때는 나라 이름이 모스크바가 아니었음은 물론, 수도도 모스크바가 아니라 상트페테르부르크였다. 흐루셰브스키는 러시아와 우크라이나의 구분을 모스크바와 우크라이나의 구

칼니셰브스키와 코자크 장교들, 자포로쟈 주재 성직자들은 그들을 설득하여 항복하게 했다. 어차피 그들의 힘으로는 모스크바 군사력을 꺾는 것이 불가능했기 때문이다.

자포로쟈 코자크들은 항복했고, 시치는 파괴되었다. 8월 3일 여제는 '자포로쟈 코자크라는 이름 자체가 없어짐'과 함께 시치가 괴멸되었음을 선언하는 칙령을 발표했다. 칙령에는 그처럼 갑작스러운 조치를 취하게 된 이유들이 나열되었지만, 이 칙령을 작성한 사람들은 시치를 파괴한 이유에 나타나는 모순점을 감추려 애를 쓰는 기색조차 없었다.

이 칙령은 한편으로는 자포로쟈 사람들이 경제활동과 가족생활을 돌보지 않으며, 자신들이 차지하고 있는 지역을 야생 상태로 버려두고 있어서 이 땅에서 농업과 상업이 발달하는 것을 막고 있다고 지적했다. 그러나 칙령은 다른 한편으로는 최근에 자포로쟈 코자크들이 이전의 생활관습을 버리고 스스로 농사를 지을 뿐 아니라 자신들의 지역에 5만 명이나 되는 농경 주민들도 정착시켰다고 비난했다. 자포로쟈 코자크들은 그들 스스로 농경을 하면서 러시아 국가에 대한 기존의 의존성을 약화시킨다는 비난을 받았는데, 자신들의 농업 생산물을 가지고 먹고 살면서 '그들 자체의 광포한 통치권력' 아래서 완전히 독립적으로 살아가기 시작했다는 것이 그와 같은 비난의 근거였다.

한층 더 놀라운 일은 황제의 의사에 저항하지 말고 순종하도록 자포로쟈 코자크들을 설득했던 코자크 장교들이 체포되어 이곳저곳 수도원으로 보내져서 엄중한 유폐형에 처해진 것이다. 이 사람들의 운명에 대해서는 심지어 오랫동안 아무것도 알려진 바가 없어서 모두 다 사망한 것으로 짐

분으로 이해하고 있다.

그림 352 흑해군단의 인장(1792).

작되었었다. 그러다 칼니셰브스키가 솔로베츠키 수도원[133]에 유배되었고 그곳에서 그 후로도 꼬박 25년 동안이나 더 생존하면서 사람 얼굴을 구경조차 하지 못한 채 작은 독방 감옥에 수감되어 지냈다는 사실이 알려졌다. 19세기 초에 그를 목격한 보고밀파[134] 순례자들이 이야기하고 있는 바에 따르면, 그는 1년에 단 세 번, 성탄절, 부활절, 그리스도 변용절에만 독방 유폐에서 벗어나 수도원 식당에 들어오는 것이 허용되었다. 그는 현재 누가 황제인지, 러시아는 평온한지를 보고밀파 순례자들에게 묻곤 했다. 그러나 감호병은 그가 오래 말하는 것을 허용하지 않았다. 그는 고령으로 허약해 보였고 머리가 온통 잿빛이었으며, 두 줄의 작은 단추가 달린 파란색 코자

---

133) 백해에 있는 러시아 정교 수도원. 러시아 역사의 굵직한 사건들과 밀접하게 연결되어 있는 것으로 유명하다. 예컨대 17세기 후반 스텐카 라진이 이끄는 코자크 봉기 시기에는 봉기자들 일부가 이 수도원에서 농성하였으며, 스탈린 집권기에는 이 수도원이 강제 수용소로 전환되었다.

134) 보고밀(Богомилцы)파는 10세기에 1차 불가리아 제국에서 보고밀(테오밀로스)이 창시한 종교분파이다. 봉건제 확산에 따른 사회적 불평등 심화에 맞서 교회 성직자 위계조직을 거부하고 초기 기독교로 돌아갈 것을 요구하는 움직임이었으며 기성교회와 정치체제에 대항하는 성격을 띠었다. 오늘날의 마케도니아 일대에서 시작하여 발칸반도 전역, 비잔티움 제국, 이탈리아, 프랑스에까지 퍼졌고 11세기 이후, 키예프 루스에도 꽤 널리 확산되었다. 보고밀이라는 명칭은 '신(보그)의 사랑을 받는(밀), 신에게 소중한'이라는 의미를 가지고 있다. 마니교의 영향을 받아 선악이원론적인 성격을 가지고 있으며, 금욕, 결혼 거부, 육식금지를 수칙으로 하고 십자가와 교회건물 없이 주로 옥외에서 예배를 드리는 특징이 있다. 신약성경과 시편만을 경전으로 인정한다. 비정통적 교리와 의례 때문에 정치적, 종교적 지배 세력에게서는 거의 언제나 심한 탄압을 받았다.

크 장교복 상의를 입고 있었다. 그는 1803년 112세의 나이에 사망했다. 북쪽 지방의 한 수도원에 보내진 코자크 군단 서기 흘로바(Глоба)는 이보다 앞서 1790년에 사망했고, 시베리아의 토볼스크에 있는 수도원에 유폐된 군사재판관 파블로 흘로바티(Павло Головатий)도 같은 해에 사망했다.

일어나셔요, 어르신, 오호, 일어나요 페트로, 사람들이 당신을 불러요.

오호, 당신이 우크라이나로 돌아가면 예전처럼 살 거예요.

오호, 수도로 가서 여제에게 부탁하셔요.

예전 경계선 따라 땅을 지배할 수 없을지?

우리의 초원과 목초지, 우리의 모든 코자크 보물을 돌려줄 수 없을지?

"어와, 우리 어머니 여제여, 우리에게 자비를 베푸소서,

비옥한 목초지가 있는 우리 땅을 돌려주소서!"

"자포로쟈 사람들아, 모스크바 군대를 내가 보낸 것은

너의 목초지와 땅을 돌려주기 위함이 아니었다.

자포로쟈 사람들아, 시치를 파괴하라 내가 명령한 것은

초원과 목초지와 코자크 보물을 너희에게 돌려주기 위함이 아니었다."

정원에서 흘러내린 작은 개천은 절벽 아래로 떨어지고

저 코자크 대장, 여제 만나고 돌아오며 슬피 울었네.

실개천은 흘러 무성한 수양버들에 가리고

저 코자크 대장, 후두둑 눈물 흘리며 슬피 울었네.

"오 여제여, 세상은 광활하고, 당신은 모든 것을 가졌거늘,

이제 당신은 우리 자포로쟈 사람들을 우리 땅에서 쫓아내누나.

그리고 우리의 적 지주들에게 온갖 상을 내리누나."

물새 한 마리가 옆으로 날며 슬피 울고

자포로쟈 병사들 모두 칼니쉬 강가에서 우나니,

물새 한 마리가 옆으로 나는데, 메가 1ㅏ타났구나!

시치에는 영원히 도시 하나도 없으리!

　　실제로 자포로쟈 영토에서는 광대한 영지가 다양한 사람들에게 분배되었다. 자포로쟈 시치 사람들에게는 러시아 군의 장창병이 되거나, 소시민 또는 농민이 되는 길이 남아있었다. 포촘킨[135]은 여제에게 자포로쟈 주민 문제가 이미 완전히 해결되었다고 보고했다. 그의 보고에 의하면 자포로쟈 사람들 일부는 도시나 촌락으로 이주했고, 나머지는 러시아 군에 편입되었는데, 이 장창병들로 두 개의 연대가 구성되었다. 코자크 장교들의 재산은 몰수되어 정착민들을 돕는 재원과 기타 용도로 쓰였다고 했다. 그러나 실제 상황은 이것과 많이 달랐다. 대다수의 자포로쟈 코자크들은 장창병이 되는 것도 농사꾼이 되는 것도 원하지 않았기 때문에, 첫 번째 시치가 파괴되었을 때의 선배들의 발자취를 따라 투르크로 이주하기로 했다.

---

135) 그리고리 알렉산드로비치 포촘킨(Григорий Александрович Потёмкин, 1739~1791). 러시아의 대귀족이며 예카테리나 여제의 총신. '타브리다의 포촘킨(Потёмкин-Таврический)'이라는 별칭을 가지고 있다. 귀족 가문에서 태어나 무인의 길로 들어섰으며 예카테리나 2세의 권력 획득을 도왔다. 그녀가 황제 자리에 오른 후 제2차 러시아-투르크 전쟁(1768~1774)에서 군사적으로 두각을 나타냈고 여제의 총신이 되었다. 1783년의 크림 반도 합병, 제3차 러시아-투르크 전쟁(1787~1792) 승전에서도 주도적 역할을 하는 등, 남부지방으로 러시아 제국의 영토가 확대되는 데 큰 역할을 했다. 1774년 새로 획득한 남부지방의 총독으로 부임해 새로운 도시들을 건설하고 코자크들을 통제했다. 예카테리나 2세 여제가 우크라이나를 방문하자 그녀의 행렬이 지나가는 길에서 보이는 곳에 전시용 가짜 촌락을 만들어 마치 촌락 건설이 대대적으로 이루어지고 있는 것처럼 보이게 했던, 이른바 '포촘킨 마을' 일화의 주인공으로 잘 알려져 있다. 앞에서 언급된 자포로쟈 시치 대장 칼니셰브스키는 1775년 사형선고를 받았으나 그 후 감형되어 수도원에 유폐되었는데 감형 과정에서 포촘킨의 탄원이 결정적 역할을 했다고 한다. 1905년 혁명에서 한 전환점을 이루었던 러시아 해군 전함 포촘킨 호는 그의 이름을 따서 지어진 것이다.

미키타 코르슈라는 늙은 자포로쟈 코자크는 훗날 시치 사람들이 어떻게 꾀를 써서 "모스크바 병사들(모스칼리)의 눈을 속여 넘겼는지" 이야기한 바 있다. 자포로쟈 현지는 물론이고 이곳에서 외부로 통하는 모든 길과 국경도 모스크바 군대가 경비하고 있었기 때문에, 코자크들은 틸리굴(Tiligul)로 품삯 일을 하러 가게 해 달라고 테켈리에게 부탁하기 시작했다. 50명의 여행허가를 받을 때마다, 실제로는 수백 명의 코자크들이 모여들어 국경 너머로 이주해 갔다. 이런 식으로 자포로쟈 코자크 절반 이상이 재빨리 투르크 땅으로 넘어갔다. 1776년 여름 틸리굴과 하드지베(Khadzhibe) 인근에 모인 자포로쟈 코자크는 약 7,000명에 이르렀고, 이들은 오차키브 부근에 정착하기 시작했다.

오호라, 모든 초원 평원을 못된 용기병들이 둘러쌌네.
코자크 부대 둘이 이미 포크로브스키 장터에서 항복했네.
용감한 자포로쟈 코자크 다섯이 이미 말했네.
"어이 형제들, 가세나, 투르크 땅에서 부탁하러,
우리가 죽는 날까지 살 땅을 달라 해보세."
용감한 우리 자포로쟈 사람들 기쁨 없이 슬피 떠나갔네.
오호라, 모든 걸 챙겨서 교회 성상까지 챙겨서 어떻게 떠났던가,
금빛 갑옷과 칠흑빛 말만 내버려 두었지.
어와 우리 자포로쟈 사람들, 통나무배 타고 바다 건너갔네.
"오호라 영광스런 시치를 어떻게 뒤돌아보랴" 눈물을 훔치네.
그들은 투르크인 앞에 와서 머리를 조아리네.
"어와, 우리에게 땅을 주오, 국경 가까운 곳에 주오."
"에루화, 자포로쟈 사람들이여 그대들 뜻대로 하고 싶지만,

이름 드높은 코자크들이여, 일이 잘 되면 날 배신하겠지!"

"투르크 술탄이시여, 우리가 당신을 배신할 리 없소이다.

우리 사만 명 모두 당신께 충성을 맹세하오니."

"내, 그대들에게 두 강 하구[136] 영지를 선사하노라.

장정들이여 물고기를 잡고 잔치를 열어라!"[137]

이 소식이 페테르부르크에 알려지자, 일대 소동이 일어났다. 러시아 정부는 여러 사절을 보내 돌아오라고 자포로쟈 코자크들을 설득하는 한편, 투르크 정부에도 이들을 인도할 것을 요청했다. 그러나 자포로쟈 코자크들은 귀환을 거부했고, 투르크도 이들을 넘겨줄 생각이 없었다.

얼싸, 모스크바 놈이 코자크 대장에게 편지를 쓰네. – "이리로 와서 살아라."

얼싸, 예전처럼 땅을 주마, 드니스테르 강 유역이다.

"에헤, 거짓말이다, 거짓말, 몹쓸 모스크바 놈, 속이려 드는구나.

에헤, 우리가 네 땅에 발을 딛자마자 넌 우리 앞이마를 밀어버리겠지."[138]

러시아가 자포로쟈 코자크들을 박해하지 않도록 투르크의 술탄은 도나우 강 하구의 땅을 그들에게 떼어 주어 정착할 수 있게 하라고 명령했다. 그러나 자포로쟈 코자크들은 이 땅으로 이주하는 것을 서두르지 않고 "두 강 하구"라고 불린 오차키브 근처에 가서 몇 년 동안 더 머물렀다. 1778년

---

136) "드니프로 강 하구와 드니스테르 강 하구" (원저자 주)

137) 여러 노래 중에서 뽑은 것이다. 자포로쟈의 파괴라는 사건을 읊은 노래는 아주 많지만 헤트만 제도의 철폐에 대해 읊은 노래는 거의 없다. (원저자 주)

138) "병사로 만들겠지" (원저자 주)

이들은 투르크 권력 지배 아래 공식적으로 받아들여졌기에 시치를 짓고 아무 제약 없이 생활하며 영업활동에 종사하는 것이 허용되었다. 그 대신 술탄의 보병과 기병으로 복무할 의무가 주어졌다. 그러나 러시아 정부가 이들이 러시아 국경 근처에 정착하는 것을 반대하자, 술탄은 이들을 도나우 강 서쪽으로 강제로 이주시키도록 명령했다. 그러나 자포로쟈 코자크들은 이 조치에 크게 반발했고, 일부 코자크들은 러시아로 귀환했다. 포춈킨은 시치 코자크들을 비롯해 사람들이 더 이상 국외로 빠져나가는 것을 막기 위해 '흑해 군단(Черноморское войско)'이라는 이름으로 자포로쟈 군단을 부활시키기로 결정했다. 그래서 1783년 안톤 홀로바티(Антон Головатий), 체피하(Чепіга) 및 다른 자포로쟈 장교들에게 자원병들을 모아 새로운 군단을 조직하라고 위촉했다. 이렇게 되자 국경 너머로 이주했던 코자크들 일부도 이 군단에 합류했다.

다른 코자크들은 오스트리아 황제 요제프 2세에게 자신들을 받아줄 것을 요청했다. 황제는 이를 받아들였고 이들은 오스트리아 영토인 티사(Tisza) 강[139] 하구 바나트(Banat)에 시치를 새로 건설해도 된다는 허가를 얻었다. 1785년에 8,000명의 자포로쟈 코자크들이 그곳으로 이주했지만 오래 머무르지는 못했고 곧 다시 그곳을 떠났다. 이들이 이번에는 어디로 갔는지에 대해서는 정확한 정보가 없다. 아마 일부는 투르크로 돌아가고, 나머지는 러시아로 갔을 것으로 보인다. 투르크 정부는 자포로쟈 코자크들을 처음에는 세이메나에 정착시켰다가 그 후 도나우 강 하구 두나베츠 마을 부근에 군영을 건설하도록 허락했다. 이곳은 과거에 네크라소프(Некрасов)의 지휘 하에 이주해온 대러시아 이주민인 돈 카자크들[140]이 살았던 곳인데, 이제 자

139) 독일식으로는 타이스(Theiss) 강이라고도 한다.
140) 네크라소프 카자크 부대(Некрасовские казаки 혹은 네크라소프츠이(Некрасовцы))는

포로쟈 코자크들이 이곳에서 그들을 쫓아냈다. 새로 창설된 '흑해 군단'이 러시아를 위해 큰 전공을 세운 러시아-투르크전쟁이 끝나자 러시아 정부도 1792년 쿠반 강 하구와, 쿠반 강-아조프 해 사이의 쿠반 분지 땅을 코자크들의 정착지로 하사했다. 자포로쟈 코자크들은 이곳에서 예전의 시치 제도를 되살리는 것을 허락받아 군대식 행정과 군영, 40개의 막사를 가질 수 있게 되었다. 새로운 군대 기장들도 허용되었고, 자체 재판소에서 재판을 할 수 있도록 허락받았으며, 온갖 종류의 영업활동도 자유롭고 제약 없이 할 수 있었다. 당시 이 '흑해 군단'의 총 인원은 코자크 만 칠천 명에 이르렀고, 이들이 쿠반 지역의 우크라이나 정착촌의 기반을 만들었다. '흑해 군단'의 초대 대장은 하르코(Харько, 일명 자하르(Захар)) 체피하라는 사람이었다.

도나우 강 하구의 코자크 시치는 1828년까지 존속했다. 투르크 영토 내에서 사는 것은 전반적으로 큰 문제가 없었으나, 다만 기독교인들을 적대시해서 싸우는 이슬람을 도와야 한다는 것이 자포로쟈 코자크들에게 양심의 가책을 불러일으켰다.

오호라, 이름 드높은 자포로쟈 사람들 큰 슬픔 얻었구나.
누구를 섬길지, 어느 왕을 섬길지 알지 못했구나.
오호라, 투르크 술탄에게 머리 조아렸지. 그 아래선 살기 좋겠다 했지.

1708년 9월 콘드라티 불라빈 주도의 카자크 봉기가 실패로 끝난 후 이그나티 네크라소프의 인솔 아래 쿠반으로 이주했던 돈 카자크들의 후예들이다. 당시 쿠반은 크림한국의 지배 아래 있었다. 네크라소프 카자크들은 러시아 공식교회에서 분리해 나온 구신도파가 주축을 이루고 있었으며 다른 도주농민들도 이들에게 합류했다. 후일 이들 다수는 타만 반도로 다시 이동해 정착했으며 인근 지역에 대한 약탈을 계속했으나 1737년경 활동이 뜸해졌다. 네크라소프의 사망 후 이들 다수는 오스만 투르크 영토로 이주해 가서 살았으며 본문에서 말하는 도나우 강변의 정착지는 그들이 오스만 투르크 정부의 허락을 받고 옮겨가서 거주한 땅을 말하는 것으로 보인다.

모든 일이 좋았지, 한 가지만 나빴지, 형제끼리 서로 치고받았지.

한편 러시아 정부는 이런저런 친척이나 친지 등을 통해 도나우 강 지역 자포로쟈 코자크들을 회유하여 러시아로 귀환시키려는 공작을 중단하지 않았다. 그래서 실제로 이 도나우 유역 자포로쟈 코자크들 가운데 때로는 많은 수의, 때로는 소수의 무리가 러시아로 귀환했다. 그러나 이들을 다 합쳐도 그리 큰 숫자는 아니었다. 다만 1828년 러시아와 투르크 사이에 전쟁이 발발하자 당시의 코자크 대장 오시프 흘라드키[141]는 도나우 코자크 전체를 러시아로 귀환시킬 생각을 했다. 그는 투르크 정부가 코자크들을 가능한 한 러시아와의 국경에서 멀리 떨어진 곳으로 옮겨놓기 위해 이집트로 이주시킬 계획을 가지고 있다는 소문을 퍼뜨렸다. 이를 구실 삼아 그는 자포로쟈 코자크들에게 러시아로 귀환할 것을 설득했지만, 모두가 이에 동의하지는 않았다. 그래서 흘라드키는 자신의 의도는 숨긴 채, 러시아 군에 항전하기 위해 출동한다며 코자크 군대를 이동시킨 후 러시아 국경까지 가서야 자포로쟈 코자크들에게 실제로는 러시아에 항복하러 간다는 것을 털어놓았다. 되돌아가는 것은 이미 불가능했다. 러시아 군단에 도착한 다음 흘라드키는 황제[142]에게로 가서 코자크들의 투항을 선언했다. 이후 그는 자신의 연대를 이끌고 투르크와의 전쟁에 참가했고, 전쟁 후에는 베르댠스크(Бердянск)와 마리우폴(Мариупол) 사이의 아조프 해 연안 지역

---

141) 오시프 흘라드키(Ocиn Гладкий, 1789경~1886). 우크라이나 코자크 지도자. 폴타바 출신으로 처음에는 폴타바 지역의 코자크 지도자였다가 자포로쟈 코자크 지도자가 되었다. 1828~1829년 러시아—투르크 전쟁 초반에 오스만 투르크 영토 내에 있던 일단의 자포로쟈 코자크들을 이끌고 러시아로 돌아왔으며 러시아 정부로부터 아조프 코자크 군단의 지도자로 임명되었다.

142) 당시 러시아 제국의 황제는 니콜라이 1세였다.

을 자기 군단의 정착지로 선택했다. 이곳에서 이 소규모의 '아조프 군단'은 1860년까지 존속하였고, 이후에는 쿠반으로 이주되었다.

흘라드키의 이와 같은 배신은 도나우 강 하구에 남아있던 코자크들에게 큰 불행을 가져왔다. 투르크 정부는 이들의 군단을 해산하고, 군영을 파괴하였으며 도나우 코자크들을 여러 지역으로 분산 이주시켰다. 이 과정에서 많은 코자크들이 죽임을 당했다고 전해지고, 도나우 코자크들은 흘라드키를 격렬히 저주했다고 한다.

114. 헤트만령의 종말

자포로쟈 시치를 파괴한 후, 러시아 정부는 헤트만령을 최종적으로 제거하는 일에 착수했다. 1780년 가을에 헤트만령에 러시아와 같은 도(道, 구베르니야) 행정체제를 설립한다는 황제 칙령이 발표되었다. 이미 이 칙령 전에 노보로시야 도와 그 후 아조프 도가 형성되는 과정에서 폴타바 연대 지역과 미르호로드 연대 지역 일부는 이 두 도에 포함되었다. 이제는 전체 헤트만령 지역이 러시아식 도로 재편성되어야 했고, 루먄체프는 이 행정개혁의 계획안을 작성할 책임을 맡았다. 다음해인 1781년에는 소러시아 합좌청과 군단본부(최고) 법원, 중앙군단 행정체제 및 연대 행정체제가 폐지되었다. 헤트만령은 키예프, 체르니히브, 노브고로드 세베르스키 등 세 총독관구로 나뉘었다. 세 관구에는 총독이 임명되었고, 러시아 방식의 재판소와 관청이 만들어졌다. 이전의 군단재판소를 대신해서 형사법원과 민사법원이 들어섰다. 각 도에는 과거의 도시 재판소, 주민(젬스키) 재판소 대신 군(郡) 재판소가 설치되었고 군단 재무부 대신 국세청이 설립되었으며, 도시의 업무를 위해서는 도에서 관장하는 시회 (市會)가 도입되었다. 소러시아 합좌청과 군단 재판소는 단지 아직 끝나지 않은 업무를 마무리하기 위해 잠시 동안만 더 존속했고, 연대 행정부도 연대제도가 개혁될 때까지 연대의 군사적 필요 때문에 좀 더 남아있었다. 선출된 귀족 대표들로 대체될 여러 기관들

그림 353 도나우 코자크 대장의 인장(1801).

도 우크라이나 코자크 장교단이 '귀족 권리를 받을 수 있을지 검토'하는 문제와 관련된 추후 조치를 아직 기다려야 하는 상황이었다.

이후의 후속 조치는 우크라이나의 제도를 러시아 제국의 모범에 따라 재편하는 과정을 완성시킨 데 지나지 않았다. 1783년에는 코자크 복무제도와 코자크 연대가 해체되었다. 이전에 자유공동체 연대가 경기병 연대로 대체된 것과 같이, 코자크 연대는 기마총병(騎馬銃兵, карабинер) 연대로 대체되었다. 코자크 연대장들은 여단장 직위가 생기면서 현역에서 물러났고, 다른 코자크 장교들은 본인의 희망에 따라 새로운 정규군 연대에서 복무하거나, 군역에서 은퇴하거나 했다. 코자크들은 '군 복무를 수행하는 자유농민'이라는 특별한 범주로서 보존되었으며, 새로 도입된 연대에 결원이 생기면 코자크들이 이를 보충하는 역할을 하였다. 다른 모든 농민 집단은 제국의 농민층과 동일한 지위를 가지게 되었다. 그 이전인 1763년에 이미 러시아 정부는 우크라이나 농민들의 자유로운 이동을 금지하는 칙령을 발표했다. 이렇게 이동하다 보면 농민들이 성공적으로 영농을 할 수 없으므로 자유로운 이동은 농민들의 번영에 해가 되고 있다는 것이 그 이유였다. 이러한 판단에서 앞으로는 농민이 자기 지주의 서면 동의 없이 한 지주에게서 다른 지주에게 가는 것이 금지되었다. 지주들은 농민들에 대한 자신

그림 **354 1762**년 도몬토브스크 중대의 코자크 깃발(체르니히브 박물관).

의 권한을 확대하고 강화하기 위해 이 칙령을 이용했다. 그리고 농민들은 이 조치로 농노제가 완전히 정착될 것을 두려워하여 더욱 많은 인원이 지주를 바꾸거나 지주에게서 도망치기 시작했다. 그런데 1783년의 칙령으로 우크라이나에 새로운 조세제도가 도입되면서, 국세 징수에서 혼란이 일어나는 것을 방지하기 위해 이제 농민들은 인구조사가 행해졌을 당시에 그들이 소속되었던 영지에서 다른 곳으로 이주하는 것이 금지되었다. 이렇게 해서 우크라이나 농민층의 농노화가 완료되었다. 우크라이나 농민층은 '국가의 일반 법규'의 관할을 받게 되었다. 다시 말해 그 당시 러시아 제국의 농노 신분을 규율해온 법률의 지배를 받게 된 것이다.

같은 해에 우크라이나 도시의 행정도 러시아[143] 도시의 행정방식으로 바

---

143) 여기서도 본문에서는 "모스크바식"이라는 말이 쓰이고 있다.

뀌었고, 우크라이나 코자크 장교단은 러시아 귀족층과 같아졌다. 어떤 군대 계급과 직무에 귀족 권리를 부여하는지가 명확히 규정되었고 이리하여 코자크 장교단은 특수한 신분으로서 일반 코자크들과는 명확히 분리되었다. 마지막으로 1786년에는 수도원과 교구의 영지재산이 몰수됨으로써 우크라이나 정교회의 자치권에도 온갖 제한이 가해지게 되었다. 수도원에는 운영 규정이 도입되어, 수도원마다 몇 명의 수도사가 있을 수 있는지, 수도원에 어떤 액수의 국고 지원금이 지급되는지 규정되었고, 수도원 영지는 국고로 귀속되었다.

우크라이나 사회는 이전의 체제가 최종적으로 폐기되는 것을 침묵 속에 받아들였다. 귀족 권한의 인정이라든가 농민의 최종적인 농노화 등 새로운 개혁의 몇 가지 제도는 코자크 장교들에게 만족스러움을 주기까지 했다. 많은 코자크 장교들은 이러한 기존 체제 폐지에 따라 정부에 순종하는 모든 사람들에게 다양한 포상과 은전이 주어지기를 열렬히 기대했고, 예카테리나 2세 여제가 예견한 바와 같이 새로운 체제 형성에 따라 신설된 각종 직책을 얻고자 노력했으며, 관등과 풍요로운 은전을 받기 위해 매진했다. 이 코자크 장교 출신 통치귀족들은 새로운 농노 노동체제가 보장해주는 소득과 부에서 위안을 찾으며 자신들의 옛 헤트만령을 조금씩 잊어갔고, 그렇지 않으면 옛 제도에 향수를 가지고 있더라도 이에 구애받지 않고 새로운 여건과 새로운 정부에서 공직 경력을 쌓는 데 부지런 떨며 관심을 기울였다. 그리고 실제로 예카테리나 여제가 예상했던 대로 출세를 위한 이 같은 돌진 속에서 자유와 정치적 권리를 되찾기 위한 과거의 노력은 그 열기가 증발되어 버렸다.

단지 우그리이니 민중민은 그들이 처한 농노직 예속 상내 속에서 아무런 위로도 찾을 수 없었다. 러시아 정부는 그들에게 새로운 제도를 도입하여 코자크 장교들의 불법과 '작은 독재자'인 지주들로부터 자유를 주겠다고 약속했으나, 실상은 이 새로운 제노로 인해 일찍이 유례가 없었을 징도로 무제한적인 지주 권력이 농민들 위에 공고하게 확립되었고 이제는 어떤 출구나 희망의 빛도 보이지 않게 되었다. 민중은 자신들의 깊디깊은 실망을 불의의 지배에 대한 다음과 같은 유명한 노래에서 토로했다.

세상에 진실은 없네, 진실은 찾을 수 없네.
불의가 이제 지배하기 때문이네.
진실은 이제 지주 저택 감옥에 갇혀있네.
뻔뻔스러운 거짓이 지주와 함께 방 안에 앉아 있네.

그림 **355** 갈라간 자택의 현관 계단.

지금 진실은 지주네 문지방 밖으로 쫓겨났고,

뻔뻔스러운 거짓은 지주네 식탁 끝에 앉아있네.

이제 진실은 뭇 사람들 발에 밟혔고,

뻔뻔스러운 거짓은 꿀을 실컷 들이키네.

진실아 너는 어디 있나, 죽었느냐, 갇혔느냐?

그래서 지금은 거짓이 온 세상을 삼킨 게냐.

세상의 단 하나 진실은 어머니뿐인데.

이 세상 어디에서 어머닐 찾을 수 있나?

오, 독수리 같은 어머니, 어디서 당신을 안을 수 있나요?

돈으로도 살 수 없고 복무로도 모실 수 없는 당신!

진실이여 이 세상에서 너를 보게 된다면,

우리는 독수리 날개 펴고 기쁘게 날 텐데!

오호라 이 아이들은 엄마 없이 어찌 살까?

아이들은 날마다 울리라, 잊지 못하리라!

세상의 종말이 이미 다가오고 있도다.

이제는 형제라도 경계해야 할 판.

형제와 함께 법정에 서네, 진실은 찾을 수 없네.

오로지 지주들만 금은보화로 뒤덮였네.

진실로써 재판하는 이에겐 벌을 내리고,

불의로써 재판하는 자가 존경을 받누나[144].

---

144) '세상에 진실은 없네'라는 이 노래는 콥자르(유랑가수)들의 노래 가운데 가장 유명하며, 우크라이나 민중의 사회적 불만, 저항의식을 표현하는 노래로 오늘날까지 불리고 있다.

제6부
우크라이나의 소생

115. 할리치나와 부코비나가 오스트리아에 합병되다

18세기 후반 드니프로 좌안 지역과 자포로쟈 지역에서 우크라이나의 제도가 최종적으로 파괴되었던 바로 그 시기에, 드니프로 우안 지역과 서부 우크라이나에서는 큰 변화가 일어나 우크라이나의 독자적 생활을 영위할 수 있는 새로운 여건이 조성되고 새로운 기초가 형성되었다. 폴란드 자체가 무너진 것이다. 폴란드는 우안 우크라이나 최후의 민중 운동을 진압하고 서부 우크라이나 지역에 통합교회를 도입함으로써 우크라이나인들의 민족생활에 마지막 일격을 가하는 데 성공했지만 그러자마자 폴란드 자체의 국가생활이 예상치 못한 종말을 맞게 되었다. 몇 년 만에 폴란드는 이웃 열강들에 의해 분할되었고, 그 후 외국의 속박에서 벗어나 이전의 국가적 존재를 되찾으려는 폴란드 귀족층의 모든 노력은 헛수고로 돌아갔다.

우크라이나와 벨라루스, 리투아니이에서 폴란드가 광대한 땅을 차지한 것은 폴란드에 이익이 되지 못하는 것으로 드러났다. 왜냐하면 이 땅들을

그림 **356** 체르니히브의 옛 토성.

점령하고 지키는 데 들어가는 노력은 결과적으로 폴란드 자체를 약화시키고 국력을 소진시켜서, 폴란드는 더 단합되고 더욱 강력하게 조직된 이웃 국가들의 사냥감이 되어버렸기 때문이다. 폴란드 정부를 장악한 귀족들은 귀족신분이 아닌 주민들을 예속적 존재로 만들었고, 국왕 권력 자체의 의미를 완전히 빼앗아버렸을 뿐 아니라, 정부가 자신의 입장을 강화한 후 귀족들의 특권을 제한하는 그 어떤 조치도 취할 수 없게 하기 위해 정부의 모든 재원을 차지해 버렸다. 폴란드 국가는 국고가 바닥났고, 군대도 없고, 권력도 없었다. 모든 권력은 대토지소유자—권문귀족들이 장악했지만 그들의 배려와 신경은 국가와 사회의 이익이 아니라 자신들의 권력과 부귀영화와 지위를 지키는 데만 기울여졌다. 마지막 국면에 이르면 이 통치귀족층의 지도자들은 외국 정부의 돈을 거리낌없이 받아먹고 그 대가로 폴란드 국사에 대한 자기네 영향력을 팔아넘기며 폴란드의 국익보다는 이웃 국가의 이익에 부합되는 방향으로 정책을 펼치는 일이 아주 흔해졌다.

흐멜니츠키의 봉기로 폴란드는 이미 치명적인 일격을 당했고 그 후 이로부터 회복될 힘을 가지지 못했다. 18세기 초부터 이 나라의 국사는 이 나라 자체의 지도자들이 아니라 외국 정부가 주도했다. 외국 정부들은 폴란드를 강성하게 할 그 어떤 개혁도 이 나라에서 실시되지 못하게 막았고, 온갖 기회를 틈타서 폴란드 내정에 간섭했으며, 매수된 권문귀족들을 통해 봉기(콘페데라치야들의 봉기)를 부추기며 아무런 거리낌 없이 원하는 대로 폴란드의 내정과 대외정책을 주물렀다. 또한 이 과정에서 영토는 크지만 힘이 약하고, 무질서하고 가봉(假縫) 바늘로 대충 꿰매놓은 천 조각 같이 분열된 폴란드를 완전히 분할하려는 음흉한 시도도 자주 있었다. 이는 흐멜니츠키 시대에도 이미 살펴본 바 있다.

1763년 폴란드 왕 아우구스트 3세가 죽자 예카테리나 여제는 폴란드 내 자기 추종자들의 동의 아래 러시아 군대를 파병하였다. 그녀는 자신이 총애하는 스타니스와프 아우구스트 포냐토프스키[1]를 폴란드 왕위에 앉히고, 그의 이름을 빌려 자신이 원하는 대로 폴란드를 통치하려고 했다. 러시아는 이전처럼 폴란드 내 정교회 지위 문제를 폴란드 내정 간섭의 구실로 삼았다. 러시아 정부는 오래전부터 폴란드 정교도들의 수호자를 자처하고 나섰고 폴란드 내 정교회 성직자들은 자신들의 불행 속에서 도움과 보호를 달라고 러시아에 호소했다. 폴란드 정부는 러시아의 이 같은 영향력에

---

[1] 스타니스와프 2세 아우구스트 포냐토프스키(Stanisław II August Poniatowski, 1732~1798). 폴란드 최후의 국왕(재위: 1764~1795)겸 리투아니아 대공. 폴란드의 대귀족 가문에서 태어나 10대 시절 이래 유럽 각지를 두루 여행했으며 1752년부터 6년 동안 러시아 제국의 황제 궁정에서 지내면서 예카테리나 황태자비의 애인이 되었다. 그녀가 러시아 황제 예카테리나 2세가 된 후 그녀의 강력한 추천으로 1764년 폴란드 국왕 자리에 올랐다. 즉위 후에는 국정을 개혁해 폴란드의 국력을 강화하고자 했으며 이 과정에서 귀족들의 세력을 누르고 왕권을 강화하며 대외적으로 러시아, 프로이센, 오스트리아 등 강대국에 맞서서 폴란드의 자주성을 지켜 가고자 애쓰기도 했다. 그는 폴란드 내 소수 교파인 정교도들과 개신교도들의 처지를 개선하는 데도 어느 정도 노력을 기울였다. 그의 정책은 기득권 세력인 폴란드 귀족들의 격렬한 반발을 불러일으켰고 이들은 동맹(콘페데라치야)을 결성해 국왕에 저항했다. 바르의 동맹은 가장 규모가 크고 강력한 반(反)국왕 귀족 동맹이었다. 이 와중에서 하이다마키를 비롯한 우크라이나 반폴란드 세력이 봉기했고 폴란드 전국이 혼란에 휩싸였다. 이를 틈타 러시아, 프로이센, 오스트리아 세 강대국이 세 차례에 걸쳐 폴란드를 분할해 가졌고 폴란드는 18세기 말 망국의 길을 가게 되었다. 포냐토프스키는 1791년 자유주의적인 헌법(5월 3일 헌법)을 제정하여 폴란드를 입헌군주국으로 전환시키고자 노력하기도 했으나 자신의 퇴위와 망국을 막지 못했다.

그림 357 게오르기 코니스키, 벨라루스 대주교, 폴란드 분할 시기 폴란드령 정교회의 수장.

서 벗어나려고 애썼고, 러시아가 1768년부터 투르크와의 전쟁에 얽혀든 것을 그 기회로 이용하려고 생각했다. 오스트리아는 러시아가 투르크 국경선까지 또다시 영토를 확장하는 것을 막기 위해 상당히 확고하게 투르크를 지원했다. 러시아는 크림과 몰다비아에 대한 자신의 지배를 확립하는 것을 과제로 설정하고 투르크에게 이 두 지방에 대한 상급 지배권을 철회할 것을 요구했다. 그러나 스스로 몰다비아 영토로 진출할 계획을 가지고 있던 오스트리아는 이를 허용하고자 하지 않았다. 폴란드 정부는 주변국들 사이에 고조된 이 같은 긴장을 이용하고 싶어했으나, 프로이센의 왕[2]이 이 모든 상황을 전혀 예상치 못한 방향으로 전환시켜 버렸다. 그는 러시아와 폴란드 사이에 이처럼 관계가 긴장된 것을 자기 이익을 위해 이용하려는 생각을 품었다. 그리하여 프로이센 왕은 러시아는 투르크가 아니라 폴란드를 희생시켜 국토를 확장해야 할 것이며 이와 동시에 프로이센과 오스트리아도 국경 근처의 폴란드 땅을 획득할 것을 제안하는 기획안을 가지고 등장했다. 폴란드를 분할하지 않고 통째로 자신의 영향력 아래 두려고 한 예카테리나 여제는

---

2) 프로이센 국왕 프리드리히 2세(대왕)를 말한다.

이 계획을 받아들이는 것을 주저했으나, 오스트리아가 결정적으로 투르크 편을 들기 시작하자 프로이센의 지원을 받기 위해 이 제안에 동의했다. 이 문제에 대한 협상이 시작되었고, 마침내 협정이 체결되었다. 이에 따라 러시아는 몰다비아를 지배하겠다는 요구를 실제로 포기했다. 대신 투르크로 하여금 크림한국의 독립을 인정하게 강요한 다음 오스트리아의 동의 아래 아무런 전쟁도 치르지 않고 1783년 크림한국을 병합했다. 러시아는 몰다비아 대신 폴란드로부터 벨라루스 쪽 국경 지역 영토[3]를 할양받았으며, 오스트리아는 할리치나를 병합하고 프로이센은 발트 해 연안의 폴란드 영토를 획득하기로 합의되었다. 1772년 8월 이러한 조건으로 정식 협정이 성립하자 세 나라 군대는 전투도 없이 각자 분배받은 영토로 진군하여 이를 차지했다. 폴란드 의회와 정부로 말하자면 일부는 공포로 인해, 일부는 매수되어, 이러한 배합에 동의하고 점령된 영토를 내놓을 수밖에 없었다.

오스트리아는 이렇게 해서 루스 군정사령관구[4] 전체와 벨즈 군정사령관구 거의 전체, 이와 인접한 포딜랴, 볼린, 홀름 지역의 일부로 구성된 서부 우크라이나 지역을 자치했다. 오스트리아는 이 지역 모두가 예전의 할리치나–볼린 공국에 속했고, 헝가리 왕들에게 한때 복속되었다는 사실을 합병의 근거로 들고 나왔다.[5] 앞에서 언급한 바와 같이(36장) 할리치나–볼린 공국이 헝가리에 속했던 시기는 실제로는 할리치나의 다닐로 왕이 젊었을 때에 한정된 아주 짧은 기간이었으나 이때부터 헝가리 왕들은 자신을

---

3) 북으로는 폴란드령 리보니아에서 시작해서 오늘날의 벨라루스 영토인 폴라츠크, 비테프스크, 모길레프, 고멜까지 이어지는 다소 좁고 긴 지역을 말한다.
4) 할리치나 지방을 말한다.
5) 이 당시 오스트리아 제국(합스부르크 제국)은 헝가리 전 지역을 지배하고 있었음을 상기할 필요가 있다. 오스트리아 제국이 할리치나에 대한 지배권을 주장할 때 이 땅이 역사적으로 헝가리에 속한다는 근거를 들고 나온 것은 이 때문이다.

'할리치나와 볼로디미르의 왕'이라고 칭했다. 그리고 16세기부터 헝가리 왕권이 오스트리아 왕조 손에 떨어진 이후 마리아 테레지아 여제는 이른바 헝가리의 옛 지방이라는 할리치나를 합병할 권리를 주장했다. 이 과정에서 마리아 테레지아는 우크라이나 지역을 인근 폴란드 지역으로 '둘러싼' 다음, 새로 합병되는 전체 지역을 헝가리가 아니라 자기의 오스트리아 영토에 직접 편입시켰다. 마리아 테레지아 여제와 그녀의 아들인 요제프 2세는 이렇게 해서 프루트 강 상류 지역(포쿠탸)을 먼저 손에 넣은 다음 여기에다 인근 몰다비아 땅 일부까지 합병하기로 마음먹었다. 1773년 트란실바니아 지역을 여행한 요제프 2세는 할리치나와 트란실바니아 지역을 도로로 확실히 연결하기 위해서는 오스트리아가 반드시 북부 몰다비아 지역을 차지해야 한다는 것을 깨닫고, 이 지역을 투르크로부터 빼앗기로 결심했다. 1774년 오스트리아 군대는 몰다비아 국경을 넘어 진군하였으며, 오늘날의 부코비나에 해당하는 체르니브치(Чернівці), 세레트(Серет), 수차바(Сучава)를 점령했다.

이번에도 오스트리아 정부는 자신들이 점령한 지역이 한때 할리치나에 속했다는 논리를 내세워 자신들의 행동을 정당화하려 했다. 13세기에 프

그림 **358** 오스트리아가 점령한 시기의 체르니브치. 옛 주교 관저.

루트 강 중류 지역이 드니스테르 강 중류 지역과 마찬가지로 할리치나 공국에 속했던 것은 사실이었다. 이 지역은 피니제(Пінізе) 지역이라고 불렸다. 후에 이 지역은 타타르인들이 직할 통치를 했고, 몰다비아 군정사령관구가 형성된 14세기 중엽에는 몰다비아인 군정사령관들이 세레트 강과 드니스테르 강 사이 지역인 포쿠탸와 시핀스카(Шипинска) 지방을 점령했다. 이후에는 앞에서 설명한 바와 같이(49장), 이 지역의 국경이 최종적으로 확정될 때까지 폴란드와 몰다비아 사이에 이 땅들 때문에 여러 번 전쟁이 있었다. 폴란드 국경은 쿠트 강과 스냐틴을 따라 그어졌고, 그래서 드니스테르 강과 세레트 강 사이의 우크라이나인 거주 지역, 곧 오늘날의 북부 부코비나는 몰다비아 군정사령관들의 관할 아래 남아 있다가 바로 1774년에 오스트리아 군에 의해 점령되었다. 이 땅에는 우크라이나 농민들이 거주했으며 그들은 농경민이나 과수재배자로서 군정사령관, 보야린, 수도원 등이 소유한 땅에서 거주했다. 이곳에서는 농민의 의무가 상대적으로 가벼웠기 때문에 수많은 주민들이 할리치나로부터 이곳으로 이주해왔다. 우크라이나인들이 거주하는 이 북부 부코비나가 체르니브치 구역(округ)을 이루었다. 그런데 오스트리아는 루마니아인들이 주로 거주하는 남부 부코비나인 수차바 구역도 점령했다. 새로운 할리치나가 오스트리아 점령 아래서 우크라이나 땅과 폴란드 땅을 기계적으로 합쳐서 형성된 것처럼, 새 부코비나 지역은 우크라이나와 루마니아의 성격을 모두 가지게 되었다. 즉 북쪽은 우크라이나 지역이고 남쪽은 루마니아 지역인 것이다.

몰다비아 군주는 오스트리아의 점령에 크게 분노해 이에 격렬하게 항의했으나, 그의 주군인 투르크의 술탄은 그를 지원하지 못했고, 1775년 오스트리아가 몰다비아 북서부를 차지하는 것에 공식적으로 동의했다. 위원들이 임명되어 오스트리아에 점령된 지역의 경계를 확정했고, 새 지역은 광대한 너도밤나무(부크) 숲 덕분에 부코비나[6]라는 공식적 명칭을 얻게 되었다. 이 새로 형성된 지방은 잠시 군정의 관할권 아래 있다가 1786년 할리치나에 통합되었고, 1849년 오스트리아의 별도의 제국 직할 지방으로 최종적으로 분리될 때까지 계속해서 할리치나와 하나의 행정구역을 이루었다.

116. 폴란드의 종말과 러시아의 우안 우크라이나 병합

1772년 제1차 폴란드 분할이라는 무시무시한 타격을 맞은 후, 폴란드에서는 사람들이 크게 각성하고 폴란드의 국가 체제를 건전하게 만들기 위해 매진하는 강력한 개혁 정당을 결성했다. 그러나 이러한 유익한 의도는 이미 때가 너무 늦었다. 이웃국가들은 폴란드가 절도 있는 태도를 갖추는 것을 바라지 않았고, 특히 러시아 정부는 폴란드의 공중이 러시아의 동의와 참여 없이 제반 상황을 개혁하고자 하는 것에 대해 불만스러워했다. 그러나 러시아는 크림한국에 신경을 쏟다가 이어서 크림한국을 합병한 것 때문에 1787년부터 투르크와도 새로운 전쟁을 하게 되었으므로 남쪽에 발이 묶여 있었다. 폴란드의 개혁파는 프로이센의 지원과 오스트리아의 우호적 태도를 기대하며 러시아를 무시할 수 있으리라 희망했다. 그러나 폴란드는 계산을 잘못했다. 1791년 5월 폴란드가 새로운 헌법[7]을 공

---

6) 부코비나(Буковина, Bukovina). 너도밤나무 땅이라는 뜻.
7) 폴란드의 자유주의적 개혁을 위해 포냐토프스키 국왕의 주도로 제정된 이른바 5월 3일의 헌법을 말한다. 귀족층의 대폭적 양보에 힘입어 당시로서는 상당히 선진적인 내용을 갖추었던 것으로 평가받는다.

그림 359 농민의 고난. 19세기 전반의 그림(포딜랴 도).

포했으나, 이미 이 해 말 투르크와의 전쟁을 성공적으로 끝내고 크림 반도
와 흑해 북부 연안 지역 전체에 대한 지배권을 확립한 러시아는 투르크 전
선에 있던 군대를 폴란드로 보낼 수 있었다. 그러자 개혁에 반대하는 폴란
드 권문 귀족들은 봉기하여 이른바 타르고비차 동맹[8]을 맺고 러시아의 보
호령이 될 것을 자청했다. 러시아 군대가 바르샤바를 점령했다. 새 의회가

---

8) 타르고비차 동맹(Konfederacja targowicka)은 1792년 4월 27일 스타니스와프–쉬쳉스니 포
토츠키(Stanisaw Szczęsny Potocki) 백작, 무임소(無任所) 사령관 세베린 줴우스키(Seweryn
Rzewuski), 역시 무임소 사령관인 브라니츠키(F. K. Branicki)를 필두로 한 폴란드와 리투
아니아 대귀족들이 러시아 제국의 수도 상트페테르부르크에서 결성한 조직이다. 이 동맹은
1791년 폴란드 국왕 포냐토프스키가 국정개혁을 위해 제정한 자유주의적 성격의 5월 3일
헌법에 반대하기 위해 예카테리나 2세 여제의 후원을 받아 조직한 것이다. 폴란드 의회에서
통과된 이 헌법은 권문 귀족들의 특권을 제한하는 내용을 담고 있었다. 폴란드 개혁을 둘러
싸고 반동세력인 권문 귀족들이 러시아를 등에 업고 국왕과 개혁세력에게 도전한 것이다.
동맹 주도자들은 5월 14일, 폴란드령인 우크라이나의 타르고비차에서 동맹결성 사실과 그
목적을 발표했다. 4일 후 러시아 군대가 폴란드를 침공해 두 나라 사이에 전쟁이 벌어졌는
데, 전력이 크게 뒤졌던 폴란드는 패할 수밖에 없었고, 그 결과 제2차 폴란드 분할이 이루어
지게 되었다.

소집되어 러시아의 압력 아래 1791년 헌법을 무효화하고 구체제를 복원했다. 프로이센은 폴란드와의 관계를 단절하고 러시아와 연합했다. 이 기회를 타서 프로이센은 서부 폴란드 국경 지역의 상당히 큰 땅을 추가로 획득했고, 러시아는 키예프 군정사령관구와 포딜랴, 볼린의 많은 지역, 쿠를란드 경계선에서 오스트리아 국경으로 이어지는 선에 이르기까지 벨라루스 땅을 추가로 차지했다.[9] 폴란드 의회는 러시아가 이들 지역을 획득하는 것도 순종적으로 승인했다. 그 언젠가 200년 전의 루블린 의회에서는 폴란드 지배자들이 우크라이나의 운명을 결정했다. 그들은 우크라이나 주민들의 의사를 물어보지도 않은 채 우크라이나 땅을 병합하였고, 재산을 몰수하고 지위를 박탈한다고 위협함으로써 우크라이나 권문귀족들로부터 폴란드에 대한 충성을 받아내었다. 그런데 이제는 폴란드인들이 이와 똑같이 쓰라린 잔을 마셔야 하는 처지가 된 것이다.

그러나 이미 여러 조각으로 나누어진 폴란드 국가도 오래 지속되지 못했다. 폴란드 국왕과 정부가 외국의 압력에 너무 쉽게 순종하자, 1794년 이들에 대항하는 봉기가 일어났다.[10] 점령당한 영토를 다시 찾고, 러시아와 프로이센의 보호에서 벗어나 폴란드의 해방을 쟁취하는 것을 목적으로 한 봉기였다. 러시아 군대와 프로이센 군대는 봉기세력을 분쇄했고 러시

9) 이것이 1792년에 이루어진 제2차 폴란드 분할이다.
10) 타데우쉬 코슈쉬코(Tadeusz Kościuszko)가 주도한 코슈쉬코의 봉기를 말한다. 러시아–폴란드 전쟁이 일어나자 항복을 거부하고 외국으로 망명한 폴란드 귀족들이 독일 드레스덴에서 모여 코슈쉬코를 지도자로 뽑고 무장투쟁을 결정했다. 코슈쉬코는 미국독립전쟁에 참전해 공을 세운 바 있는 유능한 무인이었고 정치적으로도 개혁적인 인물이었다. 그는 군대를 이끌고 폴란드로 진격하여 농노제 철폐 약속을 포함한 포고령을 발표하며 폴란드의 국정개혁과 독립을 위해 싸웠지만 프로이센과 러시아의 연합세력에 부딪쳐 패배하고 말았다. 코슈쉬코의 봉기가 실패로 돌아감으로써 폴란드는 3차 분할을 당해 나라가 없어지는 운명을 겪게 되었다.

아 군대는 바르샤바와 빌나를
점령했다. 이렇게 하여 폴란드
는 종말의 운명을 맞았다. 러시
아는 아직도 폴란드에 속해 있
던 우크라이나와 벨라루스 땅
가운데 홀름 지역과 피들랴샤
를 제외한 전 지역을 병합했고,
오스트리아와 프로이센은 나머
지 지역을 나누어 가졌다. 그런
다음 1815년에는 세 나라 사이
에 폴란드 영토 분할에 대한 마
지막 조정이 있었다. 이렇게 해
서 폴란드 영토가 러시아와 오

그림 360 흐리호리 스코보로다. 구 우크라이나
학파의 마지막 대표자.

스트리아와 프로이센 사이에서 지금과 같은 상태[11]로 분할되는 것이 확정
되었다. 벨라루스 땅은 전체가 러시아의 지배 아래 들어가고, 우크라이나
땅은 러시아와 오스트리아에 의해 분할되었다. 리투아니아 영토는 러시아
와 프로이센에 의해 분할되었고, 폴란드의 고유 영토는 오스트리아, 러시
아, 프로이센에 의해 분할되었다.

이렇게 해서 18세기 말에 우크라이나 땅은 러시아와 오스트리아라는 두
강대국의 분할 지배 아래 들어가게 되었다. 두 나라는 강력한 중앙권력과
발달된 관료 행정을 갖추고 막강한 경찰과 대규모 군대를 보유했지만 일

11) 흐루셰브스키가 이 책을 쓴 20세기 초의 상태를 말한다. 이때 폴란드는 영토 전체가 러시
아, 독일, 오스트리아에 여전히 분할되어 있었다. 세 나라 가운데 러시아 제국이 가장 큰 부
분을 차지했다.

반사회계층의 자치체제는 거의 갖추지 못한, 견고한 중앙집권적, 관료주의적 국가였다. 우크라이나 땅에 존재했던 고유의 징치 체제는 모두 철폐되었다. 자치체제는 완전히 철폐되거나 거의 유명무실할 정도로 제한되었다. 게다가 이토록 협소한 범위 안에 남은 자치제도일망정 우크라이나 요소 집단에 의해 제대로 활용되지도 못했는데, 그것은 우크라이나인이라고 남아 있는 사람들은 사회의 하층민뿐이었기 때문이다. 의식화되지 못하고, 가난하고, 모든 권리를 박탈당한 몽매한 농민들, 이들과 거의 같은 상태에 있던 가난한 소시민들, 무식하고 몽매한 시골 성직자들에게는 이런 제도는 별 의미가 없었다. 우크라이나 민중의 해방을 위해 감행된 위대한 돌진들, 희생들, 공훈들, 우크라이나의 자유를 얻기 위해 우크라이나 사람들과 외국인들이 강물처럼 흘렸던 피도 모두 허사로 끝났다.

"폴란드는 멸망하면서 우리 또한 질식시켰다"[12]라고 셰브첸코는 썼다. 폴란드 국가는 무너졌지만 그렇다고 우크라이나인들의 운명이 개선된 것은 아니었다. 특히 러시아 제국의 일부가 되어버린 우크라이나 땅에서는 더욱 그러했다. 오스트리아의 지배 아래 들어간 지역의 경우, 새로운 오스트리아 정부가 그래도 어쨌거나 우크라이나 농노들의 상태를 개선하는 데

---

12) 셰브첸코의 시 「죽은 이, 살아있는 이, 나지 않은 이들에게」중 한 구절을 말하고 있는 것으로 보인다. 1845년에 쓰인 이 시는 셰브첸코의 가장 유명한 작품 중 하나로, 시집 「삼년」에 포함되어 오랫동안 원고 및 필사본 형태로만 남아있었다. 원래 제목은 「죽은 이, 살아있는 이, 나지 않은 이들에게. 우크라이나에 사는, 우크라이나를 떠나 사는 동포들에게 보내는 우정의 서한」이며 줄여서 「우정의 서한」 혹은 「서한」이라고 하기도 한다. 19세기 전반 우크라이나인들의 민족의식, 사상적 경향, 우크라이나 역사에 대한 셰브첸코의 해석을 담고 있으며 열렬한 어조로 우크라이나인들의 의식각성을 호소하고 있는 '애국시'이다. 셰브첸코 시의 원래 구절은 약간 다르다. 셰브첸코는 이 시에서 우크라이나의 지배층을 비판하면서 다음과 같이 읊고 있다. "그리고 그대들 또 자랑하지, 언젠가 우리, 폴란드를 몰락시켰다고! …… 그대 말이 맞네 그려. 폴란드는 무너졌지. 무너지며 폴란드는 그대들 또한 무너뜨렸지!"

도움을 주기 위해 노력했다. 그래서 이제까지 우크라이나 농노들에게 거의 제약 없이 행사되었던 폴란드 지주들의 권한을 제한하고, 농민층과 소시민층, 그리고 특히 우크라이나 주민 중 문화 수준이 좀 더 높은 계급으로 여겨지던 성직자의 교육을 위해 좀 더 많은 재정지원을 제공하고자 했다. 이 덕분에 할리치나가 오스트리아의 지배를 받기 시작하면서 서부 우크라이나에서 우크라이나 생활의 소생이 시작되었다. 그러나 폴란드에서 러시아로 이양된 지역에서는 우크라이나 인민들의 운명이 전혀 개선되지 않았다. 반대로 새로운 러시아 행정 당국의 강력한 장악력 덕분에 우크라이나 농노(холоп)에 대한 폴란드 지주의 지배는 더욱 큰 힘과 확실성을 가질 수 있게 되었다. 이는 무력하고 권력이 분산된 폴란드 국가의 귀족지배적 무정부 상태에서는 가능하지 않았던 것이었다. 일반적으로 폴란드 지주들은 자기들과 함께 농민 업무를 처리하는 책임을 지고 있던 하급 행정 관리들을 모두 뇌물로써 장악했기에, 행정 당국이 그들의 어떠한 권력 악용도 덮어줄 것이며 어떤 일에서든 그들 편을 들어 주리라고 확신할 수 있었다. 이곳에서는 러시아의 새로운 통치권 아래서 농민들에 대한 지주의 권력이 폴란드 지배 시대에는 결코 볼 수 없었던 수준으로 강력해지고 견고해졌다. 이전에는 하이다마키의 습격이나 농민봉기 때문에 지주 권력의 강화가 저지되었지만, 이제는 폴란드 지주들이 러시아 군대와 경찰의 보호를 받으면서 아무 위험도 없고, 두려워할 것이 없어졌으며 농노 노동력을 그들이 원하는 대로 얼마든지 착취할 수 있었다. 다만 1848년 할리치나에서 민중의 동요가 일어나자 러시아 정부는 우크라이나 농민들이 농노로서 짊어지는 의무를 약간 줄이기로 결정하고, '의무 목록'을 작성하도록 명령했다(다시 말해 농민들이 지주에게 노동을 해서 갚아야 하는 의무의 세목을 작성하게 했다). 그러나 지주들은 하급 관리들의 지원을 받아, 농민의 부담을 줄이려는 이 작은 시도조차 무위로 돌아가게 했다. 우크라이나인들의 정신적 생활 자체도 이후 오랜 세월 동안 죽음과 같은 암흑과 그늘 속에 방치되었다.

우크라이나 민족생활의 영위도 과거보다 더 절망적이라고 말할 정도는 아니더라도 전과 마찬가지로 희망이 없었다. 위대한 민중적 투쟁이 행해졌던 영광스러운 과거에 대한 기억조차 약해지고 가물가물해져 버렸다. 인민들은 노래와 전승에서만 이 기억을 간직했지만, 이 같은 노래나 전승도 가객–유랑시인[13]들의 좁은 테두리 내에서 유지되다가 조금씩 죽어 사라졌다. 우크라이나의 독자적 생활의 수호자들이 해방을 위해 감행했던 돌진과 맹렬한 노력을 묘사한 문헌자료나 시 작품들조차 인쇄되어 보존되지 않았고, 교육을 받은 상층 가운데 우크라이나의 역사와 자신들에게 주어진 과제에 대해 조금이라도 분명한 인식을 가지고 있는 사람의 수는 점점 더 적어졌다. 이 과제는 다른 사회의 문화를 모방하는 아류로서 살고 있는[14] 오늘날의 우크라이나인 세대가 아직도 갖지 못한 부채로서 짊어지고 있다. 서부 우크라이나에서는 폴란드가 모든 것을 압도했다. 폴란드 귀족이나 폴란드화한 귀족들 또는 역시 폴란드화했고 상당한 부를 소유한 도시민들

---

13) 우크라이나어로는 콥자르(кобзар)라고 한다. 우크라이나의 전통악기인 콥자를 타면서 이 마을 저 마을을 다니며 노래를 불렀는데, 짧고 애상적인 노래도 불렀으나 우크라이나 역사에서 소재를 취한 장편서사민요를 부르는 일도 많았다. 특히 코자크들의 전투, 코자크 지도자, 하이다마키 봉기 등에 대한 기억은 이들의 노래 속에서 보존되어 전해졌다. 그런 의미에서 콥자르들의 노래는 우크라이나 민중의 역사적 기억의 저장소 역할을 했다고 할 수 있다.

14) 흐루셰브스키는 자기시대의 교육받은 우크라이나인 상층을 아류라고 부르고 있다. 민족 문화, 민족자치와 독립에 대한 의식이 투철하지 못하고 러시아나 독일을 비롯한 다른 문화를 모방하고 흉내 내고 있을 뿐이라는 것이다. 이 같은 인식은 타라스 셰브첸코의 시에서도 자주 찾아볼 수 있는데, 셰브첸코보다 한 세대 나중에 태어나 활동했으며 그의 시를 자주 인용하고 있는 흐루셰브스키도 셰브첸코와 비슷한 인식을 가지고 있다고 할 수 있다.

뿐 아니라 심지어 고위 성직자층(통합교회 소속)까지 완전히 폴란드화해서 폴란드 중심적 시각을 가지고 우크라이나 인민의 과거와 현재를 바라보았다. 그런 한편 드니프로 강 너머 동부 우크라이나에서는 평범한 인민대중 위에 군림하는 모든 상류층이 러시아화했다. 옛 문어는 사멸하고 러시아어에 동화되었다. 민중어는 단지 일반 평민들 사이에서, 그리고 교회 서적을 가지고 인민생활과 접촉하는 활동선상에 있는 하급 성직자층, 사제들, 교회 집사와 교사들 사이에서만 눈에 띌 듯 말듯 보일 듯 말듯 가까스로 명맥을 유지했다. 농노적 예속에 짓눌린 인민대중은 죽은 듯이 움직이지 않고 가라앉은 돌덩이처럼 침잠하여 생활했다. 우리의 위대한 시인[15]이 치히린의 폐허에 대해 슬프게 노래한 것처럼, 마치 그들은 삶의 기운을 되찾을 수 없는 운명을 선고받은 듯했고, 우크라이나와 우크라이나의 독자적 생활은 막을 내린 듯했다.

우크라이나는 잠들었네.
무성한 풀에 덮인 채, 곰팡이에 덮인 채.
심장은 진창과 늪에서 곪아 터지고
그 차가운 구멍에는 뱀들이 득실거리네.
심장은 아이들에게 대초원의 희망을 주었었지.
이 희망은…… 바람이 들판 위로 흩어버리고
파도가 바다로 쓸어가 버렸네.[16]

15) 타라스 셰브첸코를 말한다.
16) 셰브첸코의 시 「치히린, 치히린」의 일부. 치히린은 보흐단 흐멜니츠키의 본거지로, 그는 이 곳에서 거의 독립국의 통치자와 같은 역할을 수행했다. 그러나 그의 사후 폴란드인들이 그의 무덤을 파헤쳤고 치히린도 파괴했다. 셰브첸코는 치히린의 폐허에서 우크라이나 몰락의 상징을 보았고, 이에 대해 비감스러워하는 심정을 이 시에 담았다.

그러나 과거 역사의 잿더미 아래에서도, 현재의 곰팡이 아래에서도 민중 생활의 건강하고 힘찬 씨앗은 여전히 살아있는 것을 볼 수 있었고, 이 씨앗은 조용히, 눈에 띄지 않게 싹까지 틔우고 있었다.

117. 서부 우크라이나에서 소생의 시작

우크라이나의 독자적 삶이 가장 극심하게 최종적으로 몰락하는 것처럼 보이던 시기인 18세기 말에 이미 새로운 생명이 처음으로 움트기 시작했다. 서부 우크라이나에서 이것은 종교적 토양 위에서 출발했다.

통합교회는 처음 도입되었을 때만 해도 우크라이나의 독자적 생활의 흔적을 결정적으로 질식시킨 것처럼 보였다. 사람들은 행정 당국과 폴란드 귀족들의 위협과 압력에 굴복하여 소심하게 통합교회를 받아들였다. 좀 더 끈질기게 새 종교에 반대하는 사람은 강제로 종교를 받아들이게 했다. 그러나 그런 다음에는 배교를 하거나 소심해서 통합교회를 받아들인 것이 아니라, 그저 태어나면서부터 통합교회의 신자였기 때문에 이를 믿고 또 이 종교를 이미 인민의 신앙이요 우크라이나의 신앙이라고 여기는 새로운 세대가 성장했다. 우크라이나인 대중을 폴란드에 동화시키고 가톨릭 신자로 전환시키는 수단이 되어 주리라는 생각에서 통합교회를 도입한 사람들은 자신들의 기대가 완전히 어긋난 것임을 깨달아야만 했다. 통합교회파 성직자층도 통합교회 자체도 가톨릭교회와 대등한 권리를 향유하지 못하고, 열등한 교회, 농민들의 교회로 여겨졌고 그래서 불가피하게 현지의 우크라이나식 생활의 한 속성이 되었다. 그리고 오래지 않아 통합교회는 서부 우크라이나에서 이전의 정교회와 마찬가지로 민족 교회가 되었다. 오

그림 361 "성 유르". 르비브에 있는 통합교회의 본산 대사원.

스트리아 정부는 할리치나를 병합한 다음 통합교회 성직자들이 무지와 가난에 처한 것을 보고 이들을 이 상태에서 벗어나게 하기 위해 노력을 기울였는데, 이 같은 조치는 우크라이나 민족생활을 잠에서 깨우는 데 큰 영향을 미쳤다. 폴란드 귀족들이 우크라이나 주민들을 얼마나 철저하게 예속시켰는지 깨달은 오스트리아 정부는 이들을 사회적·문화적 관계에서 높은 수준으로 이끌어 올릴 방도를 찾기 시작했다. 마리아 테레지아 여제와 요제프 2세 치세 중에 지주들의 권한이 제한되고, 농민들과 소시민들을 위해 '현지어'(우크라이나어)로 교육을 하는 학교들이 문을 열었다. 지극히 무식하고 가난한 상태에 있던 성직자 집단을 위한 고등교육기관도 개설되었다. 이러한 교육 개선 노력은 통합교회에 대항하는 움직임을 보임으로써 오스트리아 정부에 심각한 불안을 안겨주었던 자카르파티아 우크라이나 땅에서 시작되었디(108쪽 참조). 무카체보 교구는 가톨릭 주교의 판할에서 벗어났고, 성직자로 서품받을 사람에게 준비교육을 시키기 위한 특별고등학교(리체이(лицей))[17]가 무카체보에 설립되었다. 성직자 집단의 경제적 상태도 개선되었다. 신임 주교인 안드리 바친스키[18]도 자기대로 성직자 집단의 교육계몽을 위해 적극적으로 노력했다. 이곳 무카체보에서 그는 당시의 학식 있는 사람들 무리를 점차 자신의 주변으로 불러 모았다. 이들 중 일부는 나중에 새로 설립된 르비브 대학의 루스인[19] 교수가 되었고, 많은 사람이 유명한 사회적 활동가가 되었다. 할리치나가 병합되자 오스트리아 정부는 이 지역에 대해서도 배려를 하기 시작했다. 할리치나 병합 직후 마리아 테레지아 여제는 빈에 통합교회 신도들을 위한 신학교를 설립했다. 이 신학교는 할리치나의 우크라이나인들에게 유럽 쪽으로 난 창의 역할을 했으며 실제로 이후의 할리치나 사람들의 우크라이나 생활에서 적지 않은 의미를 가졌다. 후에는 르비브에도 신학교가 생겼다. 1784년 르비브 대학이 설립되자, 일부 과목은 우크라이나어로 강의되도록 규정되었다. 별도의 특별고등학교가 르비브 대학 부속으로 설립되어서 우크라이나 학생들이 대학 학업을 준비할 수 있게 했다. 성직자들의 복리 향상을 위해서도 여러 조치가 취해졌다. 폐쇄된 수도원의 재산을 재원으로 삼아 '종교재단'이 설립되었으며, 이 기구는 성직자집단의 상태 개선을 도왔다. 이와 동일한 조

---

17) 그리스어 뤼케이온(Λύκειον)에서 비롯된 말로, 일반적으로는 중등교육기관(고등학교)을 가리킨다. 프랑스에서는 리세(lycée)라고 한다. 혁명 전 러시아 제국의 역사에서는 상류층 자제의 교육을 위한 중등교육기관이었으며 주로 관리가 되기 위한 준비교육으로 높은 수준의 교양교육을 담당했다. 일반 인문교육을 하는 김나지야(김나지움)와 구분해 리체이를 특별고등학교라고 번역했다.

18) 안드리 바친스키(Андрій Бачинський, 1772~1809). 통합교회파 성직자, 논객, 사회활동가. 1772년부터 1809년까지 무카체보 주교. 우즈에서 태어났으며 슬로바키아에서 철학을 공부했다. 고위성직자로서 활동하는 한편 교육활동에 열성을 기울여 여러 신학원을 세웠고 신학원 교과과정을 정비하는 데도 노력을 쏟았다.

19) 여기서 루스 사람을 가리켜 '루신'이라는 용어가 쓰이고 있다. 오스트리아 지배 아래 있던 우크라이나인들을 루신이라 불렀다(독일어로는 루테네: Ruthene; 영어로는 루테니안: Ruthenian).

치가 부코비나에서도 취해졌으니, 이곳에서는 짧은 기간 지속된 군정 시기에 새로운 세속교육을 위한 소중한 기초가 마련되었고, 부코비나 전체 재산의 5분의 1(과거에 수도원과 주교구에 속했던 재산)을 관할한 이곳 '종교재단'이 문화적 목적으로 막대한 재원을 지원했다. 다만 이 먼 지역의 사회적·민족적 상황을 제대로 이해하지

그림 362 이반 모힐니츠키 사제.

못한 오스트리아 정부가 농민들의 상황에 대한 올바른 관점을 찾지 못해 자기모순적인 결정들을 내놓아서 상황을 끝없이 혼란스럽게 만들어 버린 것은 불행한 일이었다. 또한 오스트리아 정부가 문화적 문제에서도 아주 오랫동안 우크라이나적 요소를 전혀 판별하지 못하고, 아무 구분 없이 루마니아어를 부코비나 전체의 '현지어'로 인정했던 것도 잘못된 일이었다.

할리치나에서는 오스트리아 정부가 그래도 상황을 좀 더 잘 이해했지만, 이곳에서도 우크라이나 인민의 지위를 향상시키려는 정부의 조치들은 그 후 폴란드 귀족들의 영향을 받아 난관에 부딪혔을 뿐 아니라, 그 자체가 현지 사정에 대한 적절한 이해를 완전히 결여한 채 취해진 것들이었다. 새로 설립된 우크라이나 고등교육기관과 대학 강단에서도 민중생활의 새로운 흐름을 잘 포착하여 이를 바탕으로 한 새로운 교육계몽 운동이 전개될 수 있게끔 해줄 만한 역량을 기진 사람은 없었다. 학문은 오래전에 사라진 문어로 수행되었고, 실생활과는 거리가 먼 과목들이 강의되었기 때문

에 '현지어'로 실시된 이 첫 번째 교육계몽 시도도 당연히 가져올 수 있을
만한 실질적 교육효과를 거두지 못했다. 시간이 지나면서 대학의 일반 과
목을 수강할 준비가 충분히 갖추어진 우크라이나 학생들이 새로운 인문계
고등학교(김나지야)에서 배출되기 시작하자, 르비브 대학의 부속 예비과정
강좌와 루스인을 대상으로 하는 특별고등학교 전체가 폐지되었다. 1790년
요제프 2세 황제가 사망한 후 오스트리아에서 전반적 반동의 시대가 시작
되자 폴란드 귀족들이 궁정 주변 인물들과 지방 행정 담당자들 사이에서
영향력을 가지게 되었는데, 이들은 할리치나 우크라이나인들이 러시아와
정교에 경도되고 있다는 거짓 이야기를 퍼뜨려 궁정 주변 인사들과 지방행
정 당국에 겁을 주기 시작했으며 이런 식으로 해서 우크라이나 주민들의
이익을 위한 추가적 조치에서 정부가 발을 빼도록 유도했다. 폴란드인들
의 영향으로 처음에는 고등교육기관에서, 그 다음에는 촌락의 초등학교에
서까지 우크라이나어는 폴란드어로 대체되었다. 통합교회파 성직자 집단
의 항의와 의견제시 덕에 촌락 공동체가 우크라이나어로 교육하는 자체의
사립학교를 세우는 것만은 허락받았지만, 그러면서도 행정 당국은 추가적
재정 부담이 발생하지 않게 하기 위해, 성직자들이 농민들에게 그러한 사
립학교 설립을 선호하도록 장려하지는 말라고 권했다. 그런데 여기서 성
직자 집단 자체도 교육에서 민중의 자발성(стихия)이 가지는 온전한 의미
를 아직 제대로 평가하지 못하고 정부의 조치들 덕분에 제공된 좋은 기회
를 적극 활용하지 못했음을 지적할 필요가 있다. 거의 전적으로 성직자들
을 중심으로 형성된 새로운 지식인 집단(인텔리겐치야)은 약간의 문화적 소
양을 습득하기는 했으나 과거에 민중과의 사이에 형성되어 있었던 연계를
상실했고, 민중언어를 문화적 생활에 활용할 줄 모른 채 이를 도외시했다.
이들은 문필활동에서는 더 이상 발전할 수 없는 퇴화하고 죽은 옛 문어에

집착했으며, 문화적 발전을 위한 민족적 토양을 찾지 못하고 폴란드적 요소를 좀 더 문화적인 것으로 여기며 이를 받아들였다.

그러나 가장 좋은 의도조차도 때로는 물거품으로 만들어 버리곤 했던 오스트리아 정부와 우크라이나 공중 스스로의 온갖 오류와 무능력에도 불구하고, 이러한 모든 노력의 결과로 그래도 몇 가지 개선이 이루어졌다. 무엇보다도 가장 중요한 것은 18세기 '몰락'의 시기에 우크라이나 주민들에게 만연했던 자포자기하는 심정이 사라진 것이었다. 오스트리아 정부의 조치는 일단의 서광을 비춰주었고, 좀 더 나은 미래에 대한 희망을 불어넣어 주어서, 더 나은 운명을 개척하기 위한 투쟁에 필요한 에너지를 주었다. 이미 19세기 초반에는 좀 더 나은 문화적 · 물질적 여건 속에서 육성된 통합교회 성직자들 중에서 자기네 교회의 이익에만 신경을 쓰는 것이 아니라 민중 교육과 민중의 경제적 향상을 지향하고 민족 문화를 발전시키기 위해 노력을 쏟는 계몽된 사람들이 나타났다.

우크라이나인들의 이익 증진을 막으려는 폴란드인들의 행동은 민권[20]을 쟁취하기 위한 투쟁을 고무시켰다. 오스트리아 정부로부터 지원을 받을 수 있다는 희망이 우크라이나 민족 운동을 위한 노력에 날개를 달아 주었다. 초급학교인 인민학교(народная школа)에 폴란드어 교육을 도입하려는 계획이 발표되자 할리치나의 (우크라이나인) 성직자들은 민중언어를 옹호하기 위해 처음으로 의식적인 행동을 했다. 수도대주교 레비츠키[21]는 새

---

20) 원문에서는 인민의 권리(народные права)라는 말이 쓰이고 있다. 이는 인간의 권리와도, 시민의 권리와도 각기 조금씩 차이가 있다. 양자에 비해 인민 집단의 집단적 권리에 방점이 놓인다고 할 수 있다.

21) 미하일로 레비츠키(Михайло Левицький, 1774~1858). 서부 우크라이나익 통합교회파 고위성직자. 르비브 수도대주교. 이반 모힐니츠키가 주도한 우크라이나 민족 문화 부흥에 적극적으로 참여했고, 이를 위해 통합교회파 성직자들에게 교육과 서적출판 활동을 장려했

로운 성직자 집단의 가장 탁월한 지도자 역할을 하던 통합교회파 사제 모힐니츠키[22]의 영향을 받아 인민학교에서 우크라이나어로 교육을 할 수 있게 허용해 줄 것을 요청하는 청원서를 오스트리아 정부에 제출했다. 학교위원회가 우크라이나어 수업을 위해서는 촌락 공동체가 자체의 특별 학교를 설립할 수 있다는, 위에서 이미 언급한 결정을 내리자마자, 수도대주교는 우크라이나어를 차별적으로 대하는 이 같은 조치에 대해 다시 항의했고 모힐니츠키는 우크라이나어의 유용성과 동등한 권리를 옹호하는 소책자를 만들었다. 후에 그는 "루스어에 대한 지식(Ведомость о руськом языце)"(할리치나에서는 우크라이나어가 전통에 따라 계속 '루스어(руський)'로 불렸다)이라는 별도의 논문을 써서 자신의 생각을 좀 더 자세하게 개진했다. 이것은 우크라이나어를 방어한 최초의 학술논문이었다. 이와 동시에 모힐니츠키는 교육계몽활동에 헌신했다. 그는 페레미쉴에 최초의 교육계몽협회를 세웠다. 그러나 폴란드 성직자들과 폴란드화한 통합교회파 성 바실 수도원 수도사들(바실랴니)[23]의 온갖 방해에 부딪혀 이 교육계몽협회의 활동은 중단되었다. 그러나 폴란드화한 공립학교 대신에 우크라이나어를 가르치는 인민학교를 설립하려는 그의 노력은 더 큰 성공을 거두었다. 단기간에 교

다. 할리치나 현지의 우크라이나어는 러시아어와 다른 독자적인 언어라는 주장을 폈다.

22) 모힐니츠키(Іван Могильницький, 1777~1831). 페레미쉴의 통합교회파 성직자. 우크라이나 민족 문화 전통을 되살리고 보존하는 데 앞장서서 많은 성과를 남겼다. 이를 위해 미하일로 레비츠키 주교와도 긴밀히 협력했다. 할리치나의 우크라이나어는 러시아어와 다른 할리치나 자체 언어이고 서부 루스 언어와 관련된 독자적 언어라는 주장을 폈다.

23) 바실 파(우크라이나어로는 Василіяни 러시아어로는 Василиане 혹은 Базилиане)는 동방 의례 가톨릭교회(통합교회)의 수도승단이다. 17세기에 창설되었으며 자체의 신학교와 인쇄소를 가지고 있었을 정도로 우크라이나와 벨라루스에서 상당한 세력을 가지고 있었다. 이런 이유로 정교도들 중에는 이들에 대해 심한 반감을 품는 사람들도 있었다. 콜리이 봉기 시기에 혼타가 이끄는 하이다마키가 바실파 수도사들을 학살했다고 한다.

구 초등학교 수백 개와 이른바 트리비움 학교[24](상급학교형) 몇 개가 세워졌다. 교사 양성을 위해 페레미쉴에 사범학교가 세워졌다. 이들 학교에서 사용하기 위해 우크라이나어로 된 새로운 교재들이 집필되기 시작했고 이와 함께 민중어와 문어의 관계에 대한 물음이 제기되었다. 문제의 핵심은 교육에서 고어체 문어를 계속 유지할 것인가 아니면 살아있는 민중어

그림 363 바실 카프니스트.

에 좀 더 다가갈 것인가, 하는 것이었다. 이 문제와 관련해서 1830년대에 민중어 옹호자와 문어 옹호자들, 좀 더 엄밀히 말하자면 고대 우크라이나어, 교회슬라브어, 러시아어 같은 몇 가지 문어의 옹호자들 사이에서 논쟁이 일어났고, 이 논쟁은 서부 우크라이나에서 향후의 민족적 자의식 발전에서 큰 중요성을 가지게 되었다.

이렇게 해서 시달림을 받고, 버려진 서부 우크라이나의 민족적 토양 위

---

24) 러시아—우크라이나어에서는 형용사형인 트리비알나(야)(тривиальна(я))라는 말과 학교를 가리키는 쉬콜라(школа)가 결합되어 보통학교를 가리키는 말로 사용되었다. 트리비움 학교란 원래 로마식 학교제도에 따라 세 기본 교과목을 중심으로 교육을 하는 학교를 말한다. 세 기본 과목은 일반적인 초등학교에서는 문법, 논리학, 수사학이지만 학교에 따라 다를 수도 있다. 트리비움이라는 말의 어원이 된 트리(tri), 곧 '셋'은 세 교과목을 가리키기도 하지만 고대 로마에서 '세 도로가 교차하는 지점에 학교가 있는 경우'도 많았기 때문에 이런 이유로 학교를 가리키는 데 트리라는 말이 들어가기도 했다.

그림 364 알렉산드르 베즈보로드코

에서 조금씩 새로운 삶이 대두하기 시작했다. 이러한 첫 현상은 보잘것없고, 대단치 않게 보일 수 있었지만, 폴란드 지배에서 러시아 지배로 넘어간 우크라이나 땅에서는 이러한 조짐조차도 보이지 않았다. 마침내 '폴란드가 멸망했다'는 사실은 우크라이나적 요소가 발전하는 데 아무 이득도 가져다주지 않았다.

이미 지적한 대로 우크라이나 민중에 대한 폴란드 귀족층의 지배는 이전보다 더 강화되고 더욱 견디기 어려워졌지만, 오랫동안 러시아 정부는 농민들의 처지를 개선하기 위해 오스트리아 정부가 한 것 같은 그러한 시도조차 하지 않았다. 러시아 정부는 농민들 사이에서 어떤 운동이나 그 어떤 의식화가 조금이라도 진행되는 것을 무엇보다 두려워했고, 폴란드 지주층의 지배에 대한 어떠한 항의나 불만의 목소리도 잠재울 준비가 되어있었다. 러시아와 '같은 종교와 같은 혈통을 가졌다'고 하며 러시아에 의해 폴란드 지배에서 해방되었다고 하는 우크라이나 농민들이 계속해서 무자비한 폴란드인들의 학정 아래서 괴로워한다는 기이한 사실을 지적하면서 러시아 정부로 하여금 이에 대해 인지하게끔 만들어보고자 애썼던 사람들은 감옥에 갇히거나 강제 노동을 하며 죽어갔다. 폴란드식 교육과 문화가 사회 상층에서는 어디서나 지배적이었고 이 모든 것은 폴란드적이었다. 그런데 다른 한편으로 러시아 행정 당국에 의해 세워진 새로운 학교와 새로운 행정기구, 교회, 성직자 집단은 러시아 지배 아래서 러시아화를 수행하는 도구로 이용되었다. 러시아어로 교육한다는 방침이 모든 신학교에 도입되었고, 심지어 교회에서 예배문조차도 러시아어식으로 발음해야 한다는 명령이 내려졌다. 그리하여 지금까지 폴란드적 요소에 의해 억압되었던 우크라이나 생활은 이제 폴란드화와 러시아화라는 두 불길 사이에 갇혀버렸다. 그리고 이제 러시아의 손길은 지금까지만 해도 폴란드의 손길이 미치지 않았던 영역에서조차 '우크라이나성(украинство)'[25]을 파괴했다. 이 때문에 새로운 지배체제 아래서도 우크라이나성은 계속 쇠락하고 사라져갔다. 러시아에서 우크라이나성이 처음으로 발현된 지역은 폴란드 분할 이후 러시아 지배로 넘어온 지역이 아니라, 드니프로 강 동쪽 지역 우크라이나였다. 곧 옛 헤트만령과 자유공동체가 존재했던 이 지역에서 옛 코자크 자치의 폐허 위에서 우크라이나 문화의 소생이 일어난 것이다.

118. 동부 우크라이나에서 우크라이나 소생의 시작

우크라이나 사회의 상층은 러시아 정부가 도입한 새로운 농노제와 벼슬 제도에서 여러 가지 장점을 찾아내고 상황의 새로운 지배자에게 전력을 다해 충성을 바쳤지만, 옛 코자크 장교들과 성직자 집단의 후손들로 구성된 우크라이나 사회 상층민들 사이에서는 자발적 또는 비자발적 러시아화에도 불구하고 우크라이나의 생활, 언어, 역사에 대한 사랑이 사그라지지 않

---

25) '우크라이나'에 추상명사를 만드는 접미사 '스트보'를 붙여 만든 말. '우그리이나직인 섯', '우크라이나적 성격', '우크라이나주의', '우크라이나 정체성', '우크라이나 운동' 등 그때그때 문맥에 따라 달리 번역할 수 있다.

았다. 유명한 우크라이나 애국주의는 죽지 않았던 것이다. 그들은 슬픈 마음으로 과거 코자크의 영광과 우크라이나의 독립, 헤트만령의 자치를 회상했고, 옛 제도와 권리가 파괴된 것을 한탄했다. 이들은 그 어떤 항의와 투쟁도 소용없다는 것을 알고 대개는 자신들의 불만을 조심스럽게 감추고 있었다. 다만 일부 좀 더 용감한 인물들은 우크라이나의 옛 권리를 회복하기 위해 외국의 지원을 구하고자 하는 예전의 구상으로 다시 돌아오곤 했다. 얼마전 프로이센 국립 문서보관소에서 발견된 비밀문서를 통해, 1791년 러시아와 프로이센의 관계가 악화되었을 때, 카프니스트[26]라는 우크라이나 사람이 그 당시 프로이센의 대신이던 헤르츠베르크(E. F. Hertzberg)를 찾아와 만났다는 사실이 알려졌다. 카프니스트는 우크라이나의 유명한 가문 출신이었고, 공적이 많은 미르호로드 연대장의 아들이었다. 그는 헤르츠베르크에게 자신이 "러시아 정부와 포촘킨 공작의 학정" 때문에 절망에 빠진 동포들에 의해 파견되었다고 설명했다. 그는 "코자크 군단은 옛 권리와 특권을 상실한 것과, 일반 정규군 연대로 편입된 것 때문에 아주 슬퍼하고 있고, 옛 제도와 특권, 옛 코자크 체제(ancienne constitution des Cosaques)를 회복하기를 간절히 바라고 있다"라고 말했다. 동포들의 위임에 따라 카프니스트는 만약 우크라이나인들이 "러시아의 멍에"를 벗어나기 위해 반란을 일으키면 프로이센의 도움을 기대할 수 있는지를 헤르츠베르크 대신에게 물었다. 그러나 헤르츠베르크는 프로이센이 실제로 러시아와 전쟁까지 하지는 않을 것으로 믿었기 때문에 분명한 대답을 회피했다. 그래서 카

---

26) 삽화 363은 러시아 제국의 유명한 시인 바실리 카프니스트(Капнист, 우크라이나식으로는 바실 카프니스트)의 초상화이다. 카프니스트의 아버지는 폴타바 도 미르호로드의 코자크 연대장이었고 그의 집안은 우크라이나 민족의식이 강했던 것으로 알려져 있다. 본문에 나오는 헤르츠베르크를 만난 인물은 바실리 카프니스트이거나 그의 형제 중 하나였던 것으로 보인다.

프니스트는 장차 프로이센 정부가 이를 원하는 경우 그 당시 유럽을 여행 중이던 그의 동생을 통해 우크라이나인들과 협상을 할 수 있다고 통보하고는 우크라이나로 돌아왔다.

한번은 옛 제도가 복원되는 듯했다. 1796년 예카테리나 여제가 사망한 후, 아들 파벨[27]이 제위를 계승했는데 그는 예카테리나 정부의 정책 전반을 불신하면서 어머니가 추진한 많은 개혁을 취소하고, 옛 제도들

그림 365 저명한 우크라이나 애국자 흐리호리 폴리티카(『루스인들의 역사』의 저자로 추정되기도 한다).

을 다시 회복시켰다. 이 중 한 가지는 우크라이나에서도 헤트만직 폐지 이전에 존재했던 제도조직 가운데 일부가 회복된 것이었다. 코자크 최고재판소가 다시 살아났고, 로주모브스키 시대에 도입된 다른 몇 가지 제도도 부활되었다. 알렉산드르 베즈보로드코[28]가 황제에게 진언하여 이러한 옛 권리

---

27) 러시아 제국의 파벨 페트로비치 황제. 재위 연도는 1796~1801. 예카테리나 2세와 표트르 3세 사이의 아들이었던 그는 아버지의 폐위 후 자신이 차지해야 할 제위를 어머니가 가로챘다고 생각하고 어머니를 매우 싫어했다. 그래서 어머니가 도입한 정책들을 대부분 취소하려고 했다.

28) 알렉산드르 베즈보로드코(Александр Андреевич Безбородко, 1747~1799). 우크라이나 출신의 러시아 제국 귀족, 정치인. 1781년 이후 러시아 제국의 대외정책을 사실상 기획하고 주도했다. 코자크 장교집안 출신으로 흘루히브에서 태어났으며 키예프 모힐라 아카데미에서 수학했다. 루만체프-자두나이스키 백작 휘하에서 그의 '오른팔'로 활약하며 여러 차례 투르크와의 전투에 참가해 군사적으로 뛰어난 능력을 발휘했다. 모스크바로 올라가 예카테

부활을 결정하도록 했다는 소문이 돌았다. 파벨 황제의 대신이자 신뢰받는 신하이면서 우크라이나 애국자인 베즈보로드코는 옛 우크라이나 체제에서 키예프 연대장직을 맡은 적이 있다. 만일 러시아 정부의 정책이 이 방향으로 계속 유지되었다면 옛 헤트만 체제의 부활도 좀 더 진행되었을 것이라는 추측도 가능했다. 그러나 파벨 황제는 1801년 암살되었으며, 그의 후계자인 알렉산드르 1세는 할머니인 예카테리나 2세의 정책을 계속 이어가기로 결정하고 1780년대에 우크라이나에 도입된 규정들을 부활시켰다.

그러다가 1812년에는 코자크 제도와 헤트만 제도까지도 부활될 수 있다는 희망이 잠시 생겼고, 그 후 1831년 러시아 정부가 군사력을 강화하기 위해 우크라이나에 보충병부대로 코자크 연대를 구성할 때, 이 연대에 병사들의 자원을 독려하기 위해 현지 행정 당국은 앞으로 여러 부문에서 주민들의 부담을 완화하겠다는 희망을 주었다. 당시 우크라이나의 총독이던 레프닌[29]이 자기는 로주모브스키의 친족이므로 헤트만이 되려고 생각하고 있다는 소문이 돌았다. 그러나 이 소문을 마땅치 않게 생각한 러시

리나 2세의 신임을 받으며 황제상서(尚書)로서 강력한 권한을 가지게 되었고 중앙관계에서 막강한 영향력을 행사했다. 막대한 영지를 하사받고 백작, 공작 작위를 차례로 받았다. 폴란드 분할의 기획자, 추진자 중 한 사람이다. 예카테리나 2세 치세 말년에 한때 권력을 잃기도 했으나 파벨 황제가 즉위하면서 막강한 권세를 다시 회복했다.

29) 니콜라이 그리고리예비치 레프닌-볼콘스키(Николай Григориевич Репнин-Волконский, 1778~1845) 공작. 우크라이나 총독. 러시아의 유서 깊은 명문이자 류릭의 후손이라 일컬어지는 볼콘스키 가문의 후예이다. 그의 외할아버지인 니콜라이 레프닌 공작에게 남자 후손이 없었으므로 외손인 그가 레프닌이라는 성을 물려받아 외가의 가계를 잇게 되었다. 그의 부인은 마지막 헤트만인 키릴로 로주모브스키의 손녀였고 그 자신도 우크라이나 자치주의에 우호적이었다. 우크라이나 자치주의자들과 광범한 교유를 가졌고 시인 타라스 셰브첸코도 그의 가족과 아주 친밀한 관계를 유지했다. 이러한 이유로 페테르부르크 정부의 불신을 사서 총독직에서 물러났다. 그는 유명한 데카브리스트인 세르게이 그리고리예비치 볼콘스키 공작의 친형이기도 하다.

아 정부가 새로 구성한 코자크 자원병 연대를 카프카스 산악 지역으로 파견하여 그 지역에 정착시키면서 이러한 소문과 희망은 아주 애석하게 끝이 났다.

이러한 모든 희망과 애석해하는 마음은 그다지 깊이가 있거나 진지하지는 않았지만, 그럼에도 교육수준이 높은 상층 우크라이나인들 사이에서는 그들이 러시아 사회와 별개의 존재이며 우크라이나의 역사적 과거 및 동시대 민중의 삶과 연결되어 있다는 의식을 지탱해주었다.

러시아화한 공직자들은 조국 러시아를 위해 피를 흘렸고, 공포에서가 아니라 양심에 따라 우크라이나에 새로운 러시아적 질서를 건설하기 위해 온갖 힘을 기울였으며 러시아어와 러시아 문화의 확산을 위해 애쓰고, 러시아 작가로서 문단에 등장했고, 일상생활에서 완전히 숙달된 러시아어를 구사했다. 그러나 그들은 이와 동시에 깊은 애정을 가지고 우크라이나의 역사적 사실에 대한 자료를 모으고, 우크라이나의 시와 노래, 독특한 표현과 속담을 기록했으며, 출판을 염두에 두지 않은 자신들의 수기나 편지에서는 이전의 우크라이나가 누렸던 자유를 칭송했고 우크라이나의 특권을 위해 싸운 투사들에 대한 찬사를 담았다.[30] 이러한 우크라이나 지식인들이 지닌 민족적 영혼의 이중적 구조를 바탕으로 시간이 지나면서 좀 더 진지한 민족적 감정이 성장하기 시작했는데, 이는 특히 우크라이나 독자 생활의 가장 생생하고 눈에 띄는 발현체인 우크라이나어 구어와 문어에 대한 애착을 바탕으로 일어났다.

---

30) 실제로 러시아 군에서 복무한 장교인 마르토스의 수기와 서한이나 유명한 『루스인들의 역사』에서는 옛 우크라이나의 '국체(конституция)'나 우크라이나 자치가 행해졌던 옛 시절의 행복, 우크라이나의 영웅으로서 마제파 등등에 대한 복기가 이루어지고 있는데 이는 매우 경이로운 느낌을 준다. (원저자 주)

동부 우크라이나에서 민중어는 출판물과 학교 교육에서는 배제되었지만, 문학에서는 결코 그 생명이 끊어지지 않았다. 오히려 반대로 러시아 검열 기관이 우크라이나어와 고대슬라브어 혼합어인 우크라이나 문어의 사용을 금지하여 이 언어가 사멸지경에 빠져버리자, 순수 우크라이나어[31]는 유일한 현지 언어로서 심지어 더욱 확고한 위치를 차지하게 되었다. 자신의 글에 우크라이나적 색채를 부여하고자 하는 사람은 우크라이나 민중어를 쓸 수밖에 없었고, 우크라이나의 독특한 생활 요소를 중시하는 사람은 누구나 특별한 애정을 가지고 우크라이나 민중어를 문학적으로 다듬어 자신의 작품에 사용했다. 그리고 이들은 러시아어를 진정한 표준 문어이자 문화적 생활의 도구로 여기면서도 이와 상관없이 우크라이나 민중어를 높이 평가했다. 다른 한편으로 민중어가 문학적으로 응용됨으로써 생생한 언어인 살아있는 우크라이나 말 —평민들의 구어로 보존된 언어, 민요, 과거에 대한 전승 등— 을 향한 큰 존경심이 생겨나게 되었다. 또한 지난 백 년간의 역사로 인해 민중과 괴리되었고 그 자신이 취한 계급적 정책 때문에 민중들로부터 단절되었으며 자기네 인민을 최종적으로 버린 것처럼 보였던 귀족층 사이에서 인민과의 연결 관계가 부활한 것도 바로 민중어가 문학 속에서 활용됨에 따라 가능해졌다. 이리하여 우크라이나 지식인들의 이 새로운 인민주의[32]를 바탕으로 우크라이나 소생을 위한 새로운 움직임이 성장했다.

---

31) 당대 우크라이나인들이 일상적으로 사용하던 민중어, 우크라이나 구어를 말한다.
32) 러시아 혁명에 이르기까지 인민주의는 일반적으로는 인민 곧 전통적 농민층을 중심으로 사회주의 사회를 건설하고자 한 혁명적 정치이념 및 운동의 강력한 조류를 가리킨다. 이러한 사상-운동 체계는 서유럽으로 망명한 혁명가 알렉산드르 게르첸의 사상에서 출발했다. 이는 자본주의 단계를 거치지 않고 평등주의적 농민 공동체를 바탕으로 바로 사회주의로 넘어가자고 하는 주장을 특징으로 했다. 그런데 본문에서 이야기하는 인민주의는 이러한 혁명사상의 체계라기보다 민중에 대한 애정을 바탕으로 민중문화를 존중하고 발전시키고자 하는 문화운동 체계를 가리킨다.

그림 366 폴타바에 있는 코틀랴레브스키의 작은 집(셰브첸코의 그림).

코틀랴레브스키[33]의 번안작품인 『에네이다』[34]는 1798년 저자가 알지도 못하는 상태에서 출판된 것인데, 우크라이나 공중의 눈에 우크라이나 민중어의 지위를 현격히 고양시킨 것으로 보인 최초의 작품이었다. 그런 동

---

33) 이반 페트로비치 코틀랴레브스키(Іван Петрович Котляревський, 1769~1838). 근대 우크라이나 문학의 선구자로 여겨지는 작가, 시인, 극작가. 폴타바에서 성직자의 아들로 태어났다. 신학교에서 공부한 후 가정교사로 일하면서 우크라이나인들의 민속과 민중언어에 눈을 뜨게 되었다. 러시아 제국 군대에서 복무한 후 퇴역하여 교육활동과 연극활동을 했다. 1798년 서사시 『아에네아스』를 모방한 작품인 『에네이다』를 발표하여 큰 관심을 끌게 되었다. 그가 전개한 문학활동은 우크라이나어를 문학어의 수준으로 끌어올렸다는 평을 받는다.

34) 『에네이다(Енеїда)』는 고대 로마의 시인 베르길리우스의 서사시 『아에네아스』를 패러디한 코틀랴레브스키의 장시이다. 트로이아 전쟁에 참가했던 아에네아스와 그의 동료들을 자포로쟈 코자크로 변형시켜서 그들이 전개하는 모험 이야기를 풀어나간 경쾌하고 풍자적인 작품이다. 아에네아스가 베누스 여신의 아들이라는 이유로 그를 미워한 유노 여신이 그와 동료들을 박해하는 데서 이야기가 시작된다. 연구자들은 이 작품이 러시아 제국의 예카테리나 2세 여제가 자포로쟈 시치를 파괴한 일을 풍자한 것이라고 해석한다.

그림 **367** 이반 코틀랴레브스키. **1818**년의 초상화.

시에 이 작품은 코자크의 영광스러운 과거와 현재의 농민들의 괴로운 삶을 묘사하여 우크라이나 공중에게 민중의 삶에 대한 열띤 관심을 불러일으켰다. 민중어로 쓰인 책이 출판되어 나왔다는 것 자체가, 다시 말해 당대의 우크라이나 지식인들 사이에서 널리 읽힐 가능성을 가질 수 있게 되었다는 것 자체가 대단히 중요한 일이었다. 옛 서한들을 보면, 우크라이나어를 사랑하는 사람들에게 우크라이나의 옛 문헌을 수집하는 것이 얼마나 큰 노력이 들어가는 일이었는지 알 수 있다. 심지어 가장 흥미롭고 인기 있었던 작품들(예를 들어 키예프 아카데미의 막간극)이나 가장 흥미로운 옛 우크라이나 문학작품들도 인쇄될 기회를 얻지 못하고 한두 권의 필사본으로 전해지는 경우가 비일비재해서 이 같은 작품은 전혀 보급되지 못하고 있었다. (예를 들어 벨리치코의 지극히 흥미로운 역사 이야기는 원본 한 권과 필사본 단 한 권만이 남아있었다.) 『에네이다』는 10년 만에 세 판이 인쇄되었고, 각 판은 바로 매진되었다. 이 책은 우크라이나 문학사뿐만 아니라 우크라이나 민족의식 형성의 역사에서도 신기원을 이루었다. 이 작품은 민중어로 쓰인 문학작품이면서 인쇄되어 출간되었다는 형식적 면에서도 두드러지지만 여기에 더해 아주 경쾌하고, 자유로우며, 문화적이고, 우크라이나 독자들에게 엄청나게 매력적인 이야기를 담고 있어서 내용 면에서도 진정으로 소중한 가치를 지닌 책이다. 이 책은 방랑자 같은 자포로쟈 코자크들의 모험을 뛰어난 패러디를 구사하는 유희적 문체로 서술하고 있어서 이로부터 또 다른 형상들과 기억들이 등장하게 되었다. 마침 당시 자포로쟈 코자크들은 스스로 확실한 거처를 찾지 못하고 타향객지에서 유목민처럼 떠돌고 있었다. 또한 애달픈 민요들은 트로이아 '부를라키(бурлаки)'[35]에 대한 무심한 서술을 통해 코자크들의 운명에 대한 기억을 상기시켜 주지 않을 수 없었다. 작가의 명랑하고, 때로는 조야하기까지 한 풍자와 조소 뒤에서는 '헤트만령에 대한 영원한 기억'의 모습들이 솟아올랐다. 이 작품은 민중의 삶을 커다란 애정과 지식으로 세세히 묘사했고 이에 대한 사랑과 공감을 불러일으켰다. 셰브첸코를 비롯해 후배세대에 속하는 우크라이나 문예 부흥의 작가들이 『에네이다』의 작가에게 경의를 표하고, 그를 새로운 우크라이나 문학의 아버지로 추앙한 것은 놀라운 일이 아니다.

이러한 계통의 작품으로는 『에네이다』만 있었던 것이 아니다. 『에네이다』에 의해 처음으로 눈에 띄게 된 진실, 곧 우크라이나어와 우크라이나의 민중적 요소가 지닌 문화적 의미를 지켜주고 강화해주는 또 다른 뛰어난 작품들이 이 뒤를 이어 나타났다. 『에네이다』에서는 해학적인 외적 형태의 이면에서나 느껴야 했던 그 어떤 것들이 새로운 작품들에서는 완전히 공개적으로, 얼버무리거나 슬쩍 흘려버리는 일 없이 그대로 등장했다. 이러한 의미를 가진 작품들로는 1810년대, 20년대, 30년대에 각각 출간된 코틀랴

---

35) 볼가 강 같은 곳에서 강에 떠 있는 배에 밧줄을 걸어 뭍으로 끌어올리는 일을 하는 노동자들을 말한다. 일리야 레핀의 유명한 그림 속에 이 부를라키의 모습이 잘 형상화되어 있다. 베르길리우스의 「아에네아스」는 트로이아 전쟁이 끝나는 무렵부터 시작하므로 작품에 트로이아에 대한 서술도 등장하는데, 코틀랴레브스키는 자신의 개작인 「에네이다」에서, 패전한 트로이아인들이 고달픈 부를라키 신세가 된 것으로 그리고 있다. 이것이 패러디임은 말할 나위도 없다.

레브스키 자신의 작품들, 그중에서도 특히 그의 유명한 작품인 『나탈카 폴타브카』,[36) 훌락-아르테모브스키[37)의 시작품들, 크비트카[38)의 단편들을 들 수 있다. 이와 함께 체르텔레프,[39) 막시모비치,[40) 스레즈네프스키[41)가 수집해서 1810년대부터 세상에 내놓기 시작한 최초의 우크라이나 민요집들도 매우 중요한 가치를 가졌다.이러한 민요집은 일부는 인쇄되었고, 일부는 인쇄되지 않고 필사본으로 돌아다녔지만, 우크라이나 민중 시가가 담

36) 『나탈카 폴타브카(Наталка Полтавка)』. 코틀랴레브스키의 희곡으로 '폴타바 출신의 나탈카'를 뜻한다. 1819년에 우크라이나어로 발표되었고 1821년 하르키브에서 초연되었다. 폴타바는 코틀랴레브스키의 고향인데, 그는 이 작품에서 연인 사이인 젊은 처녀 나탈카와 가난한 청년 페트로가 시련을 거친 끝에 사랑을 이루어내는 이야기를 그려내고 있다. 작품의 바탕에 우크라이나 민중의 생활이 반영되어 있어서, 우크라이나 관객들의 열광적인 호응을 이끌어냈다. 우크라이나 작곡가 미콜라 리센코가 이 작품을 기초로 오페레타를 작곡했다.

37) 페트로 페트로비치 훌락-아르테모브스키(Петро Петрович Гулак-Артемовський, 1790~1865). 러시아-우크라이나의 학자, 우화, 풍자시 작가. 체르카시 지방에서 성직자의 아들로 태어나 하르키브 대학에서 수학했다. 역사학의 효용성에 대한 논문으로 석사학위를 받았다. 1825년에 하르키브 대학 교수가 되었고 1841년에는 이 대학 총장이 되었다. 학자로서 역사학을 강의하는 한편, 시인으로서는 코틀랴레브스키의 선례를 따라 경쾌하고 익살스러운 풍자시를 여러 편 우크라이나어로 썼고 우크라이나어 담시(발라드)의 창작도 시도했다.

38) 흐리호리 페도로비치 크비트카-오스노뱐넨코(Григорій Федорович Квітка-Основ'яненко, 1778~1843). 우크라이나의 작가, 극작가. 하르키브 부근 오스노바에서 태어났으며 자기 고향 이름을 따서 오스노뱐넨코를 필명으로 삼았다. 러시아어와 우크라이나어로 작품을 썼고 우크라이나어 문학잡지를 간행했다. 그의 우크라이나어 작품은 희극적이고 우스꽝스러운 내용을 담고 있는 경우가 많다. 세태를 신랄하게 풍자한 작품 『수도에서 온 손님』은 고골리의 작품 『검찰관』에 큰 영향을 준 것으로 알려져 있다. 문학어로서의 우크라이나어의 수준을 높인 초기 우크라이나 작가의 한 사람으로 인정받는다.

39) 니콜라이 안드레예비치 체르텔레프(Николай Андреевич Цертелев, 1790~1869). 러시아 제국의 민속학자. 러시아·우크라이나 민요의 연구자. 그루지야 출신 대귀족가문인 체레텔리 가문의 후손으로 그의 선조들은 1739년 러시아로 이주했다. 소년 시절 집안에서 교육을 받은 다음 모스크바 대학 언어문헌학부를 졸업했다. 관직생활을 하면서 1819년 우크라이나 코자크 서사민요(두마) 모음집인 『소러시아 전래 노래 선집시도(Опыт собрания старинных малороссийских песен)』를 출판했다. 이는 최초의 우크라이나 민요 선집이다. 그는 러시아 제국에서 상층계급 출신 지식인으로 민요와 민중시의 중요성을 인정한 최초의 인물로

긴 지극히 풍부한 보고(寶庫)의 문을 처음으로 열었고, 우크라이나어의 중요성을 유례없이 크게 고양시켰다. 왜냐하면 바로 이 시기에 민중이 창조해 낸 작품들이 전반적으로 큰 관심을 끌기 시작했고, 문학 애호가들 사이에서 지극히 높은 평가를 받았기 때문이다. 우크라이나 의식 발전에 중요한 우크라이나학 관련 저술들도 출간되었는데 특히 우크라이나 역사에 대한 저술이 중요했다. 익명으로 출간된 『루스인—소러시아의 역사』[42]는 헤트

평가받기도 한다. 슬라브 민중 민화에 대한 연구에 대한 포상으로 제국 학술원으로부터 은메달을 수여받았다. 그는 러시아 민요 수집에도 힘써서 러시아 민중시 관련 서적을 여러 권 출판했다. 서구 추종적 교육에 반대하고 슬라브 전통을 중시하는 교육의 필요성을 강조하는 논문을 쓰기도 했다.

40) 미하일 알렉산드로비치 막시모비치(Михаил Александрович Максимович, 1804~1873). 우크라이나 출신의 러시아 제국 학자. 역사학, 민속학, 언어학, 식물학 등 다방면에서 활동했다. 오늘날의 체르카시 주에서 태어나 우크라이나에서 고등학교를 마친 후 모스크바 대학 철학부에서 언어학과 자연과학을 수학했다. 식물학자로 활약하면서 민속, 민요 연구에도 큰 노력을 기울여 1827년에는 모스크바에서 그가 수집한 민요를 주석과 함께 수록한 『소러시아 노래(Малороссийские песни)』를 출판했다. 또한 1834년에는 『우크라이나 민요(Украинские народные песни)』와 『우크라이나 노래의 목소리(Голоса украинских песен)』를 모스크바에서 출판했다. 동슬라브언어의 역사적 기원과 발전의 연구에도 큰 노력을 기울이고 많은 업적을 냈다. 키예프 대학이 설립되었을 때 초대 총장으로 임명되었는데 건강 사정으로 총장직과 교수직을 내려놓은 다음에는 우크라이나의 역사, 민속 연구에 더욱 주력했다.

41) 이즈마일 이바노비치 스레즈네프스키(Измаил Иванович Срезневский, 1812~1880). 러시아의 언어학자, 민속학자, 슬라브학 연구자. 야로슬라블에서 태어났다. 라틴어 시 전문가인 아버지 이반이 하르키브 대학에서 가르치게 됨에 따라 그도 하르키브로 옮겨가서 살았고 하르키브 대학에서 언어학을 공부한 후 1842년 이 대학 교수가 되었다. 우크라이나 민중문학을 연구하여 여러 권으로 된 민담 모음집을 출판했다. 그가 출판한 『자포로쟈 전래 민요(Запорожская старина)』는 자포로쟈 코자크들에 대한 이야기를 다수 담고 있는데, 상당수가 그 자신의 창작품이다. 우크라이나인들은 이를 역사적 사실로 받아들이는 경우도 많았다. 동부, 중부 유럽 국가들을 두루 여행했고 상트페테르부르크로 올라가서 러시아 고대 언어를 연구하고 사전을 편찬하는 데 몰두했다.

42) 『루스인—소러시아의 역사(История Русов или Малой России)』는 19세기 전반 우크라이나 지식인들 사이에서 가장 영향력이 컸던 역사 관련 서적이다. 사실, 역사서라기보다 역사서의 외양을 띤 정치적 선언문이라 부르는 편이 더 적합할 것이다. 전승된 설화나 전설들

만 시대 끝까지를 서술한 우크라이나 역사이다. 이 책은 오랫동안 게오르기 코니스키의 저작으로 간주되었으며(하지만 최근에는 이 책이 폴리티카[43]의 저작이거나 혹은 그와 그의 아들의 공저인 것으로 본다), 생생하고 재능 있는 필치로 쓰였다. 물론 이 책에는 완전히 공상적인 서술을 하는 부분도 아주 많고 특히나 17세기와 그 이전의 사건들에 대한 서술은 그런 특징을 고스란히 드러내고 있다는 점은 지적해야 할 것이다. 그럼에도 이 역사서는 책

을 엄밀한 검토 없이 그대로 수용하고 있을 뿐 아니라 저자 자신이 자기주장을 뒷받침하기 위해 명백히 허구적인 연설, 발언, 행위 등을 지어내 이를 수록하고 있기 때문이다. 우크라이나어투가 섞인 러시아어로 쓰였으며 러시아 제국에 의한 우크라이나 자율권 박탈에 대해 개탄하는 우크라이나 자치주의자들의 대표적 저작 가운데 하나이다. 이 책이 집필된 것은 1802년에서 1805년 사이였던 것으로 추정되며, 정식 출판 전까지는 필사본으로 비밀리에 유포되었던 것으로 보인다. 정식으로 출판된 것은 1846년이지만, 필사본의 존재 사실이 공적으로 인정된 것은 1828년 무렵이었다. 이 책의 저자에 대해서는 수많은 논란이 있었는데, 오랫동안 게오르기 코신스키가 집필한 것으로 알려져 왔으며, 1846년 이 책이 처음 출판되었을 때도 저자 이름은 그렇게 표시되었다. 그러나 그 후 연구자들은 저자가 누구인지 확인할 수 없다는 데 잠정적으로 합의했다.

43) 흐리호리 안드리요비치 폴리티카(Григорий Андрійович Политика, 러시아 이름은 그리고리 안드레예비치 폴레티카 Григорий Андреевич Полетика, 1725~1784)는 우크라이나 출신의 작가, 언어학자, 번역자이다. 루브니 연대 코자크 가문에서 태어난 그는 키예프 신학원에서 수학하였으며 그리스어, 라틴어, 독일어, 프랑스어 등 다양한 외국어에 정통했기에 이들 언어로 된 저작을 러시아어로 번역하였고, 러시아 학술원, 신성종문원에서 번역자로 활동했다. 그 후에는 해군사관학교에서 장학관으로 근무하기도 했다. 우크라이나로 돌아온 그는 1760, 70년대에 우크라이나 귀족층의 특권을 회복하기 위한 활동에 진력했고 그 근거를 밝히는 논설을 썼다. 이러한 이유로 그는 우크라이나 자치주의자로 알려지게 되었으며 코자크 장교층 사이에서 큰 신망을 얻었다. 그의 아들인 바실 흐리호로비치(Василь Григорович, 1765 무렵~1845)도 우크라이나 귀족의 특권 회복을 꾀하면서 이를 위한 근거를 확보하기 위해 우크라이나 역사에 관심을 기울였기에 부자가 함께 우크라이나 자치주의자로 알려졌다. 마이코프(Л. Н. Майков)는 1895년에 발표한 논문 「소러시아의 티투스 리비우스(Малорусский Тит Ливий)」에서 우크라이나 자치주의자들의 고전인 『루스인-소러시아의 역사』는 흐리호리 안드리요비치 폴리티카가 아들 바실 흐리호로비치와 함께 집필한 저작이라고 주장하기도 했다. 코자크 역사에 해박한 지식을 가지고 있던 올렉산드르 라자레브스키(알렉산드르 라자레프스키)도 이 견해에 동조하였다.

에 속속들이 스며들어 있는 뜨거운 애국적 감정 덕에 특히 1810년대와 1820년대에 우크라이나 지식인 집단 사이에서 널리 돌아가며 읽혔으며 강렬한 인상을 불러일으켰다. 책 자체는 훨씬 후인 1840년대 말에 가서야 인쇄되었지만 그 이전에 이미 많은 필사본이 만들어져 널리 읽혔고, 우크라이나 문학의 발전에 큰 영향을 미쳤다. 이 책은 공상적이기는 하지만 열렬하게 고양된 애국심으로 지어

그림 368 젊은 시절의 셰브첸코. 1843년의 자화상.

낸 그런 인물들과 사건들로 우크라이나 문학에 오랫동안 허다한 소재를 제공했다. 그 뒤를 이어 견실하지만 상당히 딱딱한 반트이쉬-카멘스키[44]의 우크라이나 코자크 역사가 출간되었다. 이 책도 짧은 기간 안에 삼판까지 출간되었는데, 이는 당시의 우크라이나 지식인들이 가지고 있던 관심을 아주 잘 보여주는 지표이다. 여기서 우크라이나의 민중적 요소의 중요성, 민중어와 민중시를 다루는 논쟁의 첫 선구자들도 나타났다. 이것은 민중성의 의미 일반에 대한 새로운 사상과 슬라브 부흥의 영향을 반영한 것이었다. 우크라이나 땅에 도입되어 새로운 해석과 새로운 평가를 제공한 이러

---

44) 드미트리 반트이쉬-카멘스키(Дмитрий Н. Бантыш-Каменский, 1788~1850)는 러시아 출신 귀족으로 우크라이나에서 거주하고 활동한 역사가이다. 본문에서 언급된 그의 저서는 네 권으로 구성된 『소러시아의 역사(История Малой России)』(1822)이다. 문서고 자료를 광범위하게 활용했고 기본적으로 러시아 제국에 대한 충성심을 바탕으로 집필된 역사서이다.

한 새 사상들은 이제까지 높은 정치의식을 수반하지 않은 채 그저 자연발생적으로 모국에 대해 느껴 왔던 애착이 무엇인가 특별한 의미를 가질 수도 있다고 하는 사실을 새롭게 깨닫게 해주었다.

119. '민중성' 사상: 의식적 민주주의의 태동

18세기 서유럽에서는 이른바 낭만적 인민주의가 성장하기 시작했다. 작가들은 고전고대 문학의 주제들을 개작하고 이를 모방하는 것에서 벗어나 그들 자신의, 현지의 전통에 관심을 기울이게 되었다. 그들은 주의 깊게 민간 전설을 수집하기 시작했고, 민중의 창작물이 특별한 관심을 끌었다. 이전에는 이러한 것들이 진지하게 다루어지지 않아서 이런 작품들은 조잡하고 문화교양층의 취향에 부합하지 않는 것으로 여겨졌으나, 지금은 그 독특한 아름다움이 높은 평가를 받기 시작했다. 이러한 경향은 특히 영국과 독일에서 시작되어 서슬라브인들[45] 사이에 먼저 퍼졌고, 이곳에서도 민중의 창작물과 일반 평민의 언어에 대한 관심을 일으켰다. 그런 후, 초기 슬라브 시가집과 민중 창작물에 대한 학자들의 연구가 영향을 미치면서 앞에서 말한 지적 관심이 러시아에서 대러시아인 공중과 러시아화한 우크라이나 공중 사이에서도 널리 퍼지기 시작했다.

러시아 지배 지역과 할리치나 두 곳 모두에서 우크라이나인들에게 이러한 변화는 큰 의미를 가졌다. 지금까지 우크라이나 지식인들은 자민족 민중들을 아무런 문화적 자산이 없는 몽매한 대중으로만 여겼고, 문화적으

---

45) 슬라브인은 동슬라브인, 서슬라브인, 남슬라브인으로 나뉜다. 그 가운데 서슬라브인에 속하는 민족은 폴란드인, 체크(체코)인, 슬로바크인 등이다.

로 좀 더 발달한 이웃 민족으로부터 문화계몽의 팥고물을 공급받아 먹을 운명을 타고난 존재로만 생각했다. 따라서 이들은 우크라이나 민중들에게 어떠한 장래도 없다고 보았다. 우크라이나의 언어, 일상적 생활방식, 습속은 과거의 유물로 여겼고, 동포들에게는 아마도 흥미롭고 소중하겠지만 그래도 본질적으로는 아무 중요성도 없으며 결국은 사라질 운명에 처한 것이라고 보았다.

러시아에서 출간된 최초의 우크라이나 문법책의 저자인 파블로브스키(Павловський)는 19세기 초에 우크라이나어를 "살아있지 않지만, 죽지도 않은, 그러나 사라져가는 방언"이라고 불렀고, 이 언어가 완전히 죽어 사라지기 전에 그 형태를 보존하고 싶다는 소망에서 자신의 문법책을 쓰게 되었다. 그런데 이제 민중 언어와 민중적 창작품에 대한 시각이 크게 바뀌었다. 우크라이나 민중과 민중 문학 속에는 책으로 발간된 문학작품의 부족함을 보상해주는 무진장한 보고(宝庫)가 들어 있는데, 이 보물 가득한 저장소야말로 이를 창조해 낸 민중의 위대한 정신적 풍요와 생명력을 입증해 주는 것이었다. 초기 민요 수집가 중 한사람인 체르텔레프는 그의 논문에서 "제현(諸賢)께서는 아시겠는지? 나는 이 기교가 없는 민중시를 대부분의 우리[46] 소설이나 발라드, 심지어는 우리 시인들의 많은 낭만적 장시보다 더 높이 평가한다"라고 썼다. 독창적인 독특함과 아름다움, 풍부함 덕에 우크라이나의 생활방식과 전통, 역사는 대러시아인, 폴란드인, 독일인들과 같은 외부인들의 관심을 끌기 시작했고, 이러한 사실이 우크라이나인 자신들로 하여금 그들의 민중적 본연성(стихия)의 의미를 높이 평가하게 만들었다. 낭만적 인민주의의 새로운 경향 속에서 자신들의 과거와 동

---

46) 러시아어 작품을 뜻한다. (원저자 주)

그림 369 니콜라이 코스토마로프.
(미콜라 코스토마리브)

시대 민중의 생활방식에 대해 그들 자신이 원래부터 별다른 의식 없이 기울였던 애착이 새로운 의미규명과 빛을 찾았고, 우크라이나인들로 하여금 민중과 민중의 역사 연구에 배전의 열정을 쏟게 만들었다. 그 당시 다른 슬라브 인민들에게서 시작된 인민주의 이론들과 민족 각성의 사례들은 우크라이나인들에게 나아갈 길과 방향을 제시했다. 우크라이나적 주제를 우크라이나어로 문학적으로 표현하고자 하는 시도는 부활하는 우크라이나 생활의 첫 번째 섬광으로서 새로운 의미와 가치를 얻게 되었다.

코틀랴레브스키의 재능 있는 후계자들이 나타난 이후, 셰브첸코가 아직 등장하기 전까지도 문학 부문에서 우크라이나의 부흥은 이 부흥운동과 밀접한 관련을 가지고 있던 모든 사람들에게 움직일 수 없는 확실한 성과로 여겨졌다. 당시 하르키브 지식인 그룹의 젊은 구성원 중 하나였던 스레즈네프스키는 1834년 자신의 공개서한에서 "우크라이나어, 아니면 혹자는 소러시아어라고 부르고 싶어 하는 이 언어는 방언이 아니라, 별개의 독자적 언어이다. 이 언어는 슬라브 언어들 중 가장 풍부한 내용을 가진 것에 속하므로 이 언어의 문학적 미래는 전혀 의심할 필요가 없다"라고 자신 있게 썼다. 심원한 사고의 소유자 스코보로다, 소박한 심성의 코틀랴레브스키, 풍부한 상상력으로 가득찬 훌락–아르테모브스키, 언제나 익살맞고 유쾌한 오스노뱌넨코(Основ'яненко)[47]나 몇몇 다른 작가들은 더 말할 나위도 없지만, 우크라이나어의 풍부함은 여기에서 그치는 것이 아니었다. 스레즈네프스키는 "흐멜니츠키, 푸쉬카리, 도로셴코, 팔리, 코추베이, 아포스톨이 사용했던 언어는 최소한 이 위대한 우크라이나인들의 영광을 후손들에게 전해주어야 한다"라고도 썼다.

그러나 핵심적 사항은 문학 부문의 성과로만 그치지 않았다!

앞에서도 이미 말했듯이, 이러한 운동이 진행되면서 민중과 민중의 필요 및 이익에 대한 태도를 결정적으로 바꾸지 않으면 안되게 되었다. 지난 세기의 특징은 다른 무엇보다도, 새로 탄생한 우크라이나의 코자크 장교 출신 '귀족층'이 자신들이 원래 속했던 집단인 민중과 구분되는 새로운 통치귀족층의 특수성을 가능한 한 선명하게 부각시키기 위해 스스로 통치귀족으로서 단장을 하는 데 열성적 노력을 기울였다는 점이었다. 경제적 투쟁은 민중이라는 한편과 토지를 장악하고 농민층을 농노화한 새로운 통치귀족층이라는 다른 편 사이에 깊은 심연을 만들어 놓았다. 이에 더해 문화적 이질화는 그들 사이의 심층적인 괴리감과 적대감을 극대화시켰다. 우크라이나 인민은 무식하고 농노화되고 아무런 발전과 진보의 가능성도 없는 일반민중과, 자신을 '우크라이나인(소러시아인)'이라고 부르기는 하지만 우크라이나의 민중적 토양에서 철저하게 분리된 지주귀족층(панство)으로 심각하게 양분되었다. 지주귀족층은 민중과 완전히 괴리된 상황에서 대(大)러시아인들의 문화적·민족적 생활에 좀 더 긴밀하게 동화되는 것 이외에는 아무 다른 미래를 찾을 수 없었다. 그러나 이제 우크라이나 언어와 민중시가에 대한 새로운 관심은 지식인들에게 다른 시선으로 우크라이나 민

47) 앞에서 크비트카라는 이름으로 소개된 크비트카─오스노뱌넨코를 말한다.

그림 370 판텔레이몬 쿨리쉬.

중을 대하게 가르쳐 주었다. 대
러시아 문화의 세례를 듬뿍받은
우크라이나 지주귀족층이 지금
까지 아주 경멸적으로 내려다보
았던 이 배운 것 없고 소박한 농
민들, 농노 신분의 농투성이들은
시가의 귀중한 보고(寶庫)를 간직
하고 있었고, 혜안을 가진 사람
들이 판단하기에는 유럽 시문학
의 최상의 모범적 작품들과도 견
줄 수 있을 만큼 우수한 작품의 창조자였던 것이 드러났다. 지식인들에게
는 잊힌 우크라이나의 지난 역사와 코자크의 영광에 대한 기억이 농민들
의 구전 속에 그대로 보존되어 있었다. 민중생활에 대한 새로운 시각으로
규명했을 때 민중 문학의 소중한 보고인 언어 자체도 농민들만이 소유하
고 있었다. 이리하여 새로운 세대의 우크라이나 지식인들의 눈에는 우크라
이나의 배우지 못한 민중이야말로 생의 아름다움과 진실을 진정으로 간직
하고 있는 존재가 되었다. 민중 문학뿐 아니라 민중의 생활 자체에 숨겨진
아름다움과 진실을 그들에게서 빌리고, 문학적 창조를 위한 진정한 내용
을 민중생활에서 발견하기 위해 가능한 모든 방법을 동원해 민중에게 다
가갈 필요가 있었다. 그런데 우크라이나 지식인들은 민중과 가까워지면서
그들이 이루어놓은 문학적 기념물들을 빌려왔을 뿐만 아니라 민중의 삶과
농민의 영혼, 그리고 농투성이들이 겪는 슬픔과 곤궁에 대해서도 이해할
수 있게 되었다.

코틀랴레브스키는 『나탈카 폴타브카』에서, 크비트카는 단편소설에서, 다

른 덜 유명한 작가들은 각자의 작품에서, 농투성이들의 영혼이 담고 있는 고상한 내용을 밝혀내고자 했고, 촌락생활의 고통스러운 여건 속에, 농민의 허름한 겉옷 밑에, 고상하고 순결하고 인간적인 갈망이 살아 숨쉬고 있으며 이 같은 갈망이야말로 우크라이나 농민들과 문화 수준이 높은 당대인들이 가까워질 수 있는 토대임을 보여주는 것을 과제로 삼았다. 우크라이나 문학은 민주주의 정신으로 충만해 있었다. 우크라이나 문학은 최고 지식인 계층에게 농민들의 삶의 여건에 대한 관심을 불러일으켰고, 농노화된 농민들의 인권을 보호하는 것을 자신의 과제로 삼았다. 또한 우크라이나 문학은 민중의 경제적·사회적 필요 사항을 이해하며 농노적 예속 상태에 놓인 몽매하고 불행한 우크라이나 인민대중의 사회적 상황을 개선시킬 수 있을 사회적-정치적 방법을 깨닫는 길로 차츰 다가갔다. 상층이 우크라이나의 민족적 토양과 만나야 했고, 우크라이나 생활의 모든 희망은 촌락 주민 대중과 그들의 해방 및 정신적 발달의 전망에 놓여 있었다는 점을 감안할 때, 우크라이나 민중을 인간적인 관계가 가능한 수준으로 끌어올린다는 문제가 우크라이나 소생의 중심적이고도 가장 중요한 과제가 되었다.

120. 1830~1840년대 러시아령 우크라이나의 우크라이나파 동인모임들

우크라이나 언어와 민중의 생활방식, 민중문학과 과거 사실에 관한 민중 전승에 관심을 가지고, 또한 우크라이나 민중과 그들의 독특한 민속학적 특징들에 공감을 느낀 지식인들은 점차 같은 관심과 공감을 공유한 사람들을 한데 모으기 시작했고, 그 결과 우크라이나 최초로 문학과 인민주의에 관심을 가진 동인모임들이 만들어졌다. 이 중 가장 유명한 동인모임으로서 우크라이나 문학과 민족생활에서 상당한 의미를 가지게 된 최초의 우크라이나 지식인 공동체, 곧 '흐로마다'[48]는 1810년대부터 1830년대까지 러시아령 우크라이나에 속하는 하르키브에서 조직되었다. 하르키브는 당시 우크라이나의 가장 중요한 정신적 중심지였다. 하르키브에서는 현지 귀족들과 자유공동체 지역 코자크 장교 후손들의 재정적 지원을 받아서 하르키브 대학이 창설되었고, 이어서 기숙 여학교가 세워졌으며 극장도 설립되었다. 또한 당시로서는 상당히 활발한 문학활동도 전개되어 잡지와 문학 선집들이 발행되었다. 사실 하르키브의 이러한 학교와 문학, 이 모든 문화생활은 대러시아적 성격이 강했고, 우크라이나적 흐름은 상당히 미약하게 나타났다. 대러시아어 잡지에 우크라이나어 시와 우크라이나 주제를 다룬 기사가 실렸고, 몇 년에 한 번 부정기적으로 우크라이나어 소책자가 발간되는 그런 정도였다. 그러나 이 중에는 재능 있고, 진지한 작가들의 작품이 포함되어 있었다. 우크라이나어로 문학활동을 하는 사람들은 현지에서 뛰어난 활동을 하며 존경받는 사람들이었고, 이들은 자신들이 소일거리를 다루는 것이 아니라 진지한 일을 한다는 의식을 가지고 진지하게 우크라이나 문학을 다루었다. 하르키브 대학 교수였던 훌락-아르테모브스키는 경이로운 시들을 썼고, 여러 외국문학 작품을 우크라이나어로 번역하거나 개작했다. 현지 코자크 장교가문의 후손이고 하르키브 공중의 큰 존경을 받는 인물이었던 크비트카는 민중생활을 소재로 한 극작품들과

---

48) 흐로마다(громада)는 원래 우크라이나, 벨라루스에서 20세기 초까지 존재했던 농촌 공동체를 말한다. 러시아의 옵쉬나 혹은 미르에 대응하는 말이라고 할 수 있다. 폴란드어에서 폴란드-리투아니아 농촌의 촌회를 가리키던 말이 우크라이나-벨라루스어로 들어온 것이라고 할 수 있다. 19세기부터 우크라이나에서 흐로마다는 정치, 사회, 문화적 목적을 가진 동인모임, 단체, 결사 등을 뜻하는 말로 쓰이게 되었다.

최초의 단편소설들을 썼으며 이러한 작품들에서 우크라이나 촌락 주민들의 영혼의 고상한 움직임을 그려내고 있다. 나중에 유명한 언어학자가 되는 스레즈네프스키는 일종의 시로 된 역사서인 우크라이나 역사민요 모음집을 발간하여 당시 공중에게 큰 영향을 남겼다. 얼마 후에는 시인이자 민족지학자이며 역시 하르키브 대학 교수인 암브로시 메틀린스키[49]와 이 대학이 배출한 젊은 졸업생이자 훗날 저명한 역사가가 되는 코스토마로프[50]가 문단에 등장했다(코스토마로프도 자유공동체 우크라이나 출신으로 그는 오스트로즈스크 연대가 고향이다). 우크라이나 문학은 하르키브 동인모임 사이에서 극히 중요한 민중적 대의(大義)라는 성격을 가지게 되었다. 이 동인모임의 구성원들은 낭만적 인민주의와 슬라브 부흥 정신의 영향을 받고 있었다. 그들은 우크라이나 문학이 슬라브 문학이라는 큰 가족의 새로운 구성원이며, 생래적으로 풍부한 재능을 타고 났지만 단지 유리한 여건을 가

---

49) 암브로시 메틀린스키(Амбросій Метлинський, 1814~1870). 우크라이나의 낭만주의 시인. 19세기 전반 우크라이나 문학의 발전에 기여했다.

50) 니콜라이 이바노비치 코스토마로프(Николай Иванович Костомаров, 1817~1885). 러시아-우크라이나의 역사가. 19세기 러시아의 자유주의적 역사학을 대표하는 인물이다. 러시아인 지주인 아버지와 우크라이나인 농노인 어머니 사이에서 태어난 그는 러시아어 사용 지역인 하르키브 도 오스트로고즈스크 군(지금은 러시아의 보로네슈에 속한다)에서 성장했고 문필활동도 러시아어로 했다. 19세기 전반 우크라이나 문화운동의 중심지였던 하르키브 대학에서 수학한 후, 신설된 키예프 대학 역사학 교수가 되었다. 그는 키예프의 지식인들이 결성한 성 키릴-메포디(키릴로스-메토디오스) 형제단의 중심적 인물로 그 이념적 지도자 역할을 하다가 1947년 초 셰브첸코, 쿨리쉬 등 다른 관련자들과 함께 체포되어 투옥된 후 유형에 처해졌다. 유형에서 돌아온 후 1860년대 초에는 상트페테르부르크 대학 교수로 재직했다. 그는 19세기 낭만주의적 역사학의 영향 아래 민속과 민요 속에 깃들인 민중의 정신을 탐색하는 한편, 러시아 역사에서 자유의 전통을 찾는 일에도 큰 관심을 기울였다. 러시아 역사와 우크라이나 역사에 대해 모두 방대한 저술을 남겼는데 우크라이나 역사와 관련해서는 보흐단 흐멜니츠키 전기를 썼고 자포로쟈 쿠자크 집단에 대한 연구도 남겼다. 그는 민요연구에 바탕을 두고, 남부 러시아(우크라이나)인과 북부 러시아(러시아)인은 서로 다른 별개의 민족이라고 주장하기도 했다.

지지 못하는 바람에 자신을 제대로 드러냈지 못했을 뿐이라고 여겼다.

　두 수도, 곧 모스크바와 상트페테르부르크에도 중요한 우크라이나 작가 그룹이 존재했다. 1830년대 말에 그곳에서는 재능 있는 시인인 흐레빈카[51]와 젊은 셰브첸코가 살고 있었는데, 셰브첸코는 1830년대 말부터 시작품들로 세인의 주목을 받기 시작했다. 1840년 그의 첫 시집인 『유랑시인(Кобзар)』의 출간과 뒤이어 발표된 「하이다마키」는 우크라이나 생활에서 진정한 신기원이었다. 한 러시아 비평가는 우크라이나 문학에 셰브첸코가 나타났음을 볼 때 우크라이나 문학에 대한 무슨 추천장이나 우크라이나 문학의 존재 권리에 대한 그 무슨 증거 같은 것은 더 이상 필요 없다고 말했는데 이는 정당한 발언이다. 우크라이나 문학의 봄을 알리는 첫 제비였던 코틀랴레브스키의 『에네이다』가 출간되고 약 40년 정도가 지난 후에, 그렇게 빨리 셰브첸코 같은 천재 시인이 나온 것은 젊은 우크라이나 문학에는 크나큰 행운이었다. 그가 등장함으로써 문학 분야에서 우크라이나의 부흥은 보장되었다고 말할 수 있다.

　그뿐 아니라 셰브첸코는 우크라이나 공중의 사상적 발전에도 엄청나게 큰 역할을 했다. 이런 면에서 1840년대에 키예프에서 형성된 키예프 그룹은 우크라이나 독자 생활의 역사에서 중요한 의미를 가졌다. 이 당시에 막시모

---

51) 예브헨 흐레빈카(Євген Гребінка, 1812~1848). 러시아 이름은 예브게니 파블로비치 그레뵨카(Евгений Павлович Гребёнка). 우크라이나 출신 러시아 제국의 시인, 작가. 폴타바 지방의 농촌마을에서 태어난 그는 소년시절부터 코틀랴레브스키의 『에네이다』를 아주 좋아했다. 니진의 고등학교에서 배운 후 코자크 부대에서 근무했고 1834년 상트페테르부르크 대학에 입학했다. 페테르부르크에서는 문학활동에 열중해 푸시킨의 시 「폴타바」를 우크라이나어로 번역했으며 자신의 시와 우화도 발표하기 시작했다. 특히 그의 우화는 푸시킨의 찬사를 받았다. 그는 타라스 셰브첸코의 시적 재능을 알아보고 셰브첸코와 친밀한 관계를 이어갔다. 1841년에는 문학잡지 《제비(Ластівка)》를 발간하여 우크라이나 문학을 소개했다. 그가 우크라이나 생활에서 소재를 취해 쓴 단편소설들은 페테르부르크 문단에서 호평을 받았다.

비치와 코스토마로프 같은 탁
월한 인재들뿐 아니라 당시 아
직 젊은 민족지 학자였고, 소
년 같은 열정의 불꽃에 가득
차 있던 쿨리쉬,[52] 법 사학자인
훌락[53]과 다른 많은 재능 있는
젊은이들이 새로 설립된 키예
프 대학교를 중심으로 모였고,
여기에 1845년 키예프 대학교
에서 출장업무를 수행하기 위
해 키예프에 온 셰브첸코가 참

그림 **370** 야키브 홀로바츠키(러시아로 이주해 간
후 만년의 모습).

여했다. 이렇게 해서 당대 우크라이나의 가장 뛰어난 인물들이 한자리에 모

---

52) 판텔레이몬 쿨리쉬(Пантелеймон Куліш, 1819~1897). 우크라이나의 작가, 평론가, 시인.
몰락한 등록 코자크의 후예로 서부 우크라이나에서 태어났다. 김나지움을 졸업한 후 키예
프대학에 입학했으나 귀족출신이 아니라는 이유로 대학에서 쫓겨났다. 그 후 교사생활을
하면서 독학으로 우크라이나 역사를 공부하고, 우크라이나 역사와 관련된 문학작품을 발표
했다. 키예프에서 시인 셰브첸코, 역사가 코스토마로프와 친교를 맺었으며 성 키릴-메푸디
형제단에서 활동하다가 체포되어 5년에 걸쳐 유형생활을 했다. 석방 후 활발한 문필활동을
재개하였다. 성경을 우크라이나어로 옮기고 소설 『코자크 총회(초르나 라다)』를 발표했으며
우크라이나 문학잡지인 《토대》지를 발간했다. 우크라이나 역사 연구에 매진하는 한편 우크
라이나어 문법과 철자법을 정비하는 데도 힘을 기울였다. 이로써 그는 근대 우크라이나어의
기반을 확립했다고 할 수 있다. 생애 후기에는 러시아와 우크라이나가 정치적으로 통합되
어야 하고 단지 문화적으로만 각기 독자성을 가져야 한다는 주장을 전개했다.
53) 미콜라 훌락(Микола Гулак, 1822~1899). 우크라이나 운동의 초기 주요 활동가 중 한 사
람. 부유한 개명지주의 아들로 태어나 수준 높은 교육을 받았다. 러시아 제국의 독일인들을
위해 발트 해 연안 지역에 설립된 교육기관이었던 도르파트 대학에 유학하여 법학을 공부
했으며 키예프로 돌아와 관리로 일하는 동안 성 키릴-메푸디 형제단의 설립과 운영에서 주
도적인 역할을 했다. 1847년 초 관헌 당국에 체포되었을 때 그는 자신이 모든 것을 주도했
다고 주장함으로써 동료들의 처벌을 완화시켜 주고자 했다.

이게 되었다. 이들은 가장 뛰어난 재능을 가졌을 뿐 아니라 우크라이나 민중의 소생에 대한 대담한 계획이란 면에서도 가장 탁월한 사람들이었다.

셰브첸코, 코스토마로프, 쿨리쉬, 홀락과 좀 더 젊은 몇몇 우크라이나인들은 가까운 사이가 되어 자주 만나면서 우크라이나의 지난 날, 해방을 위한 투쟁의 통탄스러운 결과들, 농노화된 우크라이나 민중의 가슴 아픈 처지와 그들의 해방을 위한 방법들에 대한 의견을 나누었다. 당시 코자크 집단의 역사에 대해 연구하고 있던 코스토마로프는 우크라이나 역사에 대한 자신의 생각을 동료들과 나누었다. 셰브첸코는 우크라이나 시인들 중 최초로 이미 젊은 날 쓴 시에서 코자크들과 하이다마키의 역사를 다루었는데, 이들 시에서 그는 소년시절부터 그를 둘러싸고 있던 민중 전승의 정신을 따라, 민중의 자유와 권리를 위한 투쟁을 높이 평가하고 있었다. 이제 그는 키예프 고고학위원회로부터 우크라이나를 두루 여행하며 우크라이나의 역사적 기념물들을 그림으로 그리라는 임무를 위촉받았다.[54] 이 기념물들은 그의 마음에 우크라이나 역사에 대한 기억을 새로운 힘으로 일깨웠다. 헤트만 기장들의 광채 뒤에서, 전쟁과 전투 뒤에서, 숨어있던 우크라이나 역사의 진정한 영웅들이 그의 앞에 나섰다. 그들은 바로 자기네가 경작하는 토지의 주인이 되기 위해, 그리고 자기네 재량대로 노동할 수 있는 권리를 가지기 위해 수없이 봉기했던 평범한 민중이었다. 전무후무한 강력한 힘으로 셰브첸코는 이 해 1845년에 쓴 자신의 시들에서 우크라이나를 다시 지배하고 있던 불의와 압제에 맞서 저항의 목소리를 드높였고, 소심한 후손들에게 우크라이나 역사의 잊혀진 진실을 상기시켰다.

---

54) 셰브첸코는 상트페테르부르크 미술원에서 정식으로 미술을 배우고 미술사 학위까지 받은 솜씨 있는 화가이기도 했음을 상기할 필요가 있다.

정신 차리게, 인간이 되게,

불행의 날을 막으려면.

사슬을 부숴 버리리, 머지않아,

결박당한 사람들이.

심판의 날이 오리, 그 날이 오면

드니프로와 언덕들이 말하리!

그대들 자식 흘린 핏물 푸른 바다로 흐르리.[55]

·················

그대야말로 탐욕스러운 강도,

굶주린 까마귀일세.

그대는 그 무슨 정의롭고

신성한 법을 따르기에,

모두의 것이어야 할 땅을 팔아먹는가 하면

불쌍한 백성까지

내다파는가? 정녕 조심하게,

불행이 그대에게 닥쳐올 걸세,

가혹한 불행이![56]

---

55) 셰브첸코의 시 「죽은 이, 살아있는 이, 나지 않은 이들에게」 중 일부. 이 시에 대해서는 116
장 각주 12)를 참조하시오. 흐루셰브스키가 원문에서 인용한 것은 하나의 시와 같은 외양을
띄고 있지만 실제로는 두 편의 시에서 각기 일부분을 발췌해 함께 붙여놓은 것이다.

56) 셰브첸코의 시 「홀로드니 야르」 중 일부. 홀로드니 야르는 '차가운 골짜기'라는 뜻을 가진 지
명이다. 키예프 도의 도시이자 한때 보흐단 흐멜니츠키의 통치본부가 있었던 치히린 시에
가까이 있는 분지로서, 이곳에서 18세기 후반 하이다마키가 결집하여 폴란드 지베세력에 대
한 출격을 감행했다. 셰브첸코는 이 시에서도 자기 민족의 민중을 저버렸던 우크라이나 지
배층을 신랄하게 비판하고 있다.

그림 370 안틴 모힐니츠키.

다른 한편으로 셰브첸코의 동인 모임은 당대의 진보적인 사상조류들에 대해서도 적극적인 관심을 기울였다. 당시 러시아에서는 모든 것이 얼어붙어 있었기 때문에 여기서 진보적인 사상 조류들은 물론 서유럽의 경향을 말한다. 그들 중 일부는 동시대 프랑스의 혁명 운동과 사회주의 이론, 프랑스 일부 성직자들이 민주적, 사회주의적 정신으로 수행한 기독교 교회 개혁 시도 등에 대해서도 잘 알고 있었다.

이들은 잊혀진, 그래서 때로는 영원히 땅 속에 묻힌 것처럼 보였던 슬라브 인민들을 하나씩 차례로 기나긴 잠에서 깨워 일으킨 슬라브 부흥 운동에도 관심을 기울였다. 폴란드인, 체크인 사이에서 새로운 문화 운동이 전개되고 있었으며, 크로아티아인, 세르비아인, 불가리아인, 슬로바키아인, 슬로베니아 인들도 각성되고 있었다.

그러자 오, 놀라운 일이여! 주검들이 일어나 눈을 번쩍 뜨고서
형제와 형제가 얼싸안았네. 그리고 나직한 사랑의 말을
끝없이 끝없이 주고받았네!![57]

---

57) 셰브첸코의 시 「이단자」 가운데 일부. 이 시는 해방적 범슬라브주의 사상을 강력하게 피력하고 있다. 이 시의 제목인 '이단자'는 보헤미아의 교회개혁가로서 처형당했던 얀 후스를 가리킨다.

셰브첸코는 죽은 슬라브인들의 이러한 부활을 묘사했고, 스스로도 슬라브족의 소생과 해방을 향한 열렬한 꿈에 가득 차 있었다.

이 동인모임은 폴란드 혁명 문학과 당대와 과거의 러시아 문학에도 큰 관심을 보였다.

1820년대는 러시아에서 진보적 운동이 일어났던 시기였고 이 같은 운동은 1825년 이른바 데카브리스트 봉기로 이어졌다. 바로 이 시기에 우크라이나에는 비밀결사인 슬라브인 통일협회(Общество Соединенных славян)가 존재했다. 이 모임의 목적은 모든 슬라브 인민들을 자유로운 연방(소유즈, 페데라치야)으로 통합하는 것이었다. 일부 자료에 의하면 우크라이나의 정치적 자립을 목표로 하는 소러시아협회(Малороссийское общество)도 별도로 존재했다. 이러한 사상과 계획은 서구의 모범에 따라 그 당시 러시아와 우크라이나에도 확산되고 있던 비밀 조직인 프리메이슨 지부들에서도 발전하고 있었다. 이 조직의 회원 중에는 코틀랴레브스키 같은 의식 있는 우크라이나 지식인들도 있었다. 셰브첸코와 그의 동료들은 그 당시의 이러한 협회와 이 조직들이 지향하고 있던 목표에 대한 정보를 접하고, 이러한 것을 모델로 삼아 우크라이나 민중의 해방을 위한 비밀 정치결사를 만들 계획을 세웠다.

121. 키릴-메포디 형제단

가장 뛰어나고 가장 재능 있는 우크라이나 시민들을 규합해 만든 모임은 슬라브인을 교화시킨 현인형제의 이름을 따서 "성 기릴-메포디(키릴로스-메토디오스)[58)] 형제단(Кирило-Мефодіївське брацтво: Товарищество св. Кирилла и

Мефодия)"이라고 불렸고, 짧게는 (셰브첸코가 자신의 편지에서 부른 대로) 그냥 "형제단(братство)"으로 불렸다. 이 단체의 목표는 우크라이나인들을 포함한 슬라브 인민들의 해방과 슬라브 연방의 창설이었다. 각 슬라브 민족은 독자적인 민주 공화국을 건설할 권리를 보유하기로 하고, 각 슬라브 민족이 모두 자신의 대표를 파견하는 공동의 슬라브 회의(собор)가 이 국가들의 공통의 업무를 관장하자는 것이다. 형제단원들은 키예프가 이 슬라브 연방의 중심이 되어야 하며, 오래전에 자유로운 키예프 민회가 모였던 것처럼 슬라브 민족들의 대표들이 이곳에서 자체의 슬라브 회의를 열고 소피야 대사원의 종소리 아래서 진리, 자유, 평등을 전 세계에 선포해야 한다고 생각했다.

이것은 형제단원들이 슬라브 부흥과 해방의 이념, 슬라브 낭만주의를 위해 바친 공물(供物)이었으며, 앞에서 언급한 1820년대의 슬라브 통일협회의 사상과 유사한 것이었다. 우크라이나의 독자적 생활과 우크라이나 사회의 정치적 발전이라는 점을 기준으로 살폈을 때 훨씬 더 큰 의미를 가지는 것은 형제단원들이 이 슬라브 체제에 포함시킨 사회적·정치적 내용이며, 또 다른 한 가지는 그들이 우크라이나와 모든 슬라브 민족의 새로운 체제의 버팀목이 될 자유, 평등, 인민권력의 기초가 될 수 있는 근원을 우크라이나의 옛 역사와 우크라이나의 전통에서 찾아냈다고 하는 점이다.

이 형제단에서도 모든 사람의 의견이 통일된 것은 아니었다. 형제단원 중에는 셰브첸코처럼 우크라이나 민중을 억압하는 모든 것들, 즉 차르 전제주의·지주 권력·모든 사회적, 종교적 폭압과 불의에 대해 적대적 감정

---

58) 키릴로스와 메토디오스(키릴과 메포디)는 비잔티움 출신의 정교회 수도사들이며 9세기에 발칸반도에 선교사로 와서 슬라브인들에게 기독교를 전하고 키릴 문자를 만들어 정교권 슬라브인들의 문자활동을 가능하게 해준 사람들이다. 정교권 슬라브인들 사이에서는 문화전파와 교화의 상징으로 여겨진다.

을 가진 사람들이 있었다. 이들은 폭력, 봉기, 정변을 동원해서라도 이 모든 것을 뿌리째 제거하고, 삶을 가장 기초부터 혁신할 준비가 되어 있었다. 그러나 인민대중에 대해 인간적인 태도를 가지고 있지만 과격한 폭력적인 전술에는 반대하는 온건한 우크라이나 애국자들, 민족성을 숭배하는 낭만주의자들이 훨씬 더 많았다.

그림 373 이시도르 보로브케비치.

이들은 문화학(культурология)적인 활동 방법을 선호해서, 교육계몽협회 활동, 일반 민중에게 대중 서적을 출판하고 보급하기, 민중 교육과 농촌생활의 전반적 개선이 불가결하다는 점을 지주들에게 설득하기 등의 방법으로 활동하고자 했다. 이러한 시각 차이 때문에 뜨거운 토론과 격렬한 논쟁이 벌어졌으며, 이 과정에서 극심한 대립이 해소되고 수용가능한 정치적 활동의 강령이 다듬어지게 되었다. 1845년 셰브첸코의 시, 특히 「동포에게 보내는 우정의 서한」[59]에서 우리는 당시의 민중생활과 과거의 우크라이나의 영광을 이상화하면서 '당대의 화염'인 친슬라브주의와 서구 이론들에 경도되어 있던 민족적 낭만주의자들과 셰브첸코 사이에서 벌어진 열띤 논쟁의 메아리를 발견할 수 있다. 셰브첸코가 가장 중요하게 여긴 것은 민중에게 가해진 끔찍한 불의, 사회적 비애, 우크라이나 지주들이 자기네 민중에게 저지른 역사적 죄악이었는데, 이 같은 것을 민족적 낭만주의자들은 보지 못했다.

59) 이 시는 앞에서 소개한 대로 「죽은 이, 살아있는 이, 나지 않은 이들에게」라는 제목으로도 널리 알려져 있다.

그대들은 콜라르[60]도

머리 싸매고 읽어대네.

샤파르직[61]도 읽고, 한카[62]도 읽고,

친슬라브파[63] 저술들도

헤집고 다니네. 슬라브 사람들의

모든 언어에도

그대들은 달인이네. 다만 하나, 자신의 것만

60) 얀 콜라르(Jan Kollar, 1763~1852). 체크 출신의 시인이자 학자로서 범슬라브주의 및 체크 민족부흥 운동의 이론적 지도자 가운데 하나였다. 그의 논문 「슬라브 여러 종족들 및 언어들 사이의 문학적 상호연관성에 대하여」(1836)는 남슬라브인들이 독자적으로 발전할 권리를 가지고 있음을 논증하고자 한 것으로, 슬라브인들의 부흥운동에 큰 영향을 미쳤다. 이 구절에서 셰브첸코는 일부 우크라이나 지식인들이 슬라브 운동에 지적 관심을 가지고 다른 슬라브 지식인들의 저작들을 섭렵하려 드는 현상에 대해 말하고 있다.

61) 파벨 요세프 샤파르직(Pavel Josef Šafařik, 1795~1861). 슬로바키아 출신의 언어학자, 민속학자. 슬라브인 상호간의 연대와 문화적 교류를 주장하며 슬라브 문화 연구에 앞장선 슬라브 부흥운동의 대표자 가운데 한 사람이다. 체크인들 및 슬로바키인들의 민속, 풍습, 시가에 대한 그의 연구는 민족의식을 불러일으켰고, 동유럽, 남유럽의 슬라브인들도 그의 영향으로 민족의식이 각성되었다. 이 같은 각성은 모든 슬라브인들의 대동단결을 지향하는 범슬라브주의 운동으로 연결되었다. 그는 러시아인들에 대해서도 호의를 가지고 있었으며 러시아정부의 학술 정책 담당자들도 슬라브어문학 연구에 기울이는 그의 노력을 높이 평가해 그에게 재정지원을 제공하기도 했다. 셰브첸코는 자신의 시 「이단자」를 샤파르직에게 바쳐 그에 대한 존경심을 표현했다.

62) 바츨라프 한카(Vaclav Hanka, 1791~1861). 체크 출신의 학자. 슬라브인들의 단결과 연대, 문화적, 정치적 발전을 역설한 인물 중의 하나이며, 러시아 제국의 지식인들과도 활발하게 교류했다.

63) 러시아어로는 славянофилы, Slavianofily라고 한다. 19세기 전반, 러시아 사회의 향후 진로를 둘러싸고 벌어진 이념 논쟁에서 슬라브적인 길을 가야 한다고 주장한 일군의 지식인들을 가리킨다. 러시아도 개인의 자유, 계몽, 합리성을 중시하는 서구적 발전경로를 따라야 한다고 주장하던 서구파에 대해, 친슬라브파 지식인들은 서구사회의 물질주의와 이기주의를 비판하면서, 공동체 전체의 조화로운 화합을 중시하는 슬라브적인 정신적·사회적 전통을 살려 나아가야 한다는 입장을 표명했다. 이들의 사상은 부분적으로는 슬라브인들 전체의 유대를 중시하는 범슬라브주의와 연결되기도 했다.

저리도 팽개쳐두었을 뿐……

독일인이 가르쳐주면 언젠간 우리도

우리말로 말할 거라고. 게다가 독일인이

우리 역사도 얘기해주면.

그럼 우리도 시작한다고.[64]

이것은 '슬라브주의자'들에게 말한 것이다. 그리고 다음 구절은 우크라이나 민족성(народность)을 숭배하는 낭만주의자들에게 보내는 말이다.

그대들 굉장히 지껄여대니

독일인조차 멍할 지경, 위대한 선생 독일인조차.

그러니 보통 백성이야 알아들을 게 무언가.

아아, 이 무슨 소음! 아아, 이 무슨 헛소리!

"조화로움도 있고 힘도 있고

음악도 있고 모든 게 있다.

역사는 어떠냐고? 그야 물론

자유로운 민족의 서사시이다!

한심한 로마인들 좀 보아!

빌어나 먹으라지, 브루투스도 없잖아.

브루투스는 우리 출신, 코클레스도 우리 사람.

그들은 우리의 잊지 못할 영광이다.

자유가 자라난 건 우리 품안에서이다

64) 타라스 셰브첸코의 시 「죽은 이, 살아있는 이, 나지 않은 이들에게」 중에서.

드니프로가 자유를 씻어주고

산들이 그 머리 뉘어주고

초원이 포근히 덮어주었다." 그렇게 그대들 말하네.

아닐세, 자유는 피로써 몸을 씻고

무덤 언덕에 머리 뉘었네.

자유로운 코자크들의

육시당한 주검 위에 머리 뉘었네.

다시 한 번 잘 보게,

한 번 더 끝까지 읽게,

그 영광의 역사를. 그리고 또 읽어보게.

말 한 마디, 또 한 마디

……………………

모두 잘 따져보게 그리고 자문해 보게.

우리는 대체 누구인가?

누구의 아들인가? 어떤 선조의 자손인가?

누가 우릴 사슬에 묶었나, 무엇 때문에?

그러면 알게 될 걸세,

그대들의 영광 브루투스가 무얼 했는지.

노예들, 식객들, 모스크바의 쓰레기들,[65]

바르샤바의 찌꺼기들이 그대들의 지배자.

위대한 헤트만이란 바로 그 자들일세.[66]

---

65) 이 부분에서 셰브첸코는 우크라이나 지배층이 처음에는 폴란드 지배세력을 추종하다가 나
중에는 러시아의 지배 아래 자발적으로 들어감으로써 우크라이나 인민들의 독립을 방기하
고 자율적인 정치체의 형성을 소홀히 한 것을 비판하고 있다.

이 항의에서는 농민층에 대한 불의를 우크라이나가 겪어온 가장 주된 역사적인 예속이요 당대적인 구속이라고 서술하면서 셰브첸코가 빠져들었던 극단적 성향도 명백히 드러난다. 그의 목소리는 혼자서 외치는 소리가 아니었다. 형제단의 젊은 구성원들 중에도 역시 모든 문제의 중심은 농민층에 대한 불의이며, 이 점 때문에 차르 정치는 물론 지주 출신 지식인들조차 설령 소러시아에 대

그림 374 오시프 페드코비치(부코비나 후출 지방의 의상을 입고 있다).

해 열렬한 애국심을 보여주고 있다 하더라도 결코 용서받을 수 없다고 생각하는 사람들이 있었다.

우크라이나 독자 생활의 역사적 · 전통적 가치에 대해서는 코스토마로프가 특히 강조를 했는데, 그는 형제단원 중 이 분야에서 누구보다 큰 권위를 지니고 있었다. 이런 의미에서 그가 작성한 선동 소책자인 「우크라이나 민족 탄생의 서」[67]가 비상한 흥미를 불러일으킨다(이 팸플릿은 헌병대에 압수되었던 까닭에 배포되지 못했다). 이 책자에는 우크라이나의 과거, 곧 해

---

66) 셰브첸코의 시 「죽은 이, 살아있는 이, 나지 않은 이들에게」중에서.
67) 폴란드 시인 아담 미츠키에비츠가 폴란드 독립을 바라는 마음에서 쓴 『폴란드 민족 및 폴란드인 순례의 서』를 모방해 쓰였으며 싱 키릴－메포디 형제단 단원들 사이에서 읽혔던 문시. 코스토마로프가 작성한 것으로 여겨지고 있다. 「신의 법(Закон божий)」이라는 제목으로도 알려져 있다.

방을 향한 우크라이나 민중과 코자크의 열렬한 지향을 이상화하는 우크라이나인의 태도와 게르만적–라틴적 세계에 맞서서 슬라브성(славянство)을 친슬라브주의적으로 이상화하는 태도가 혼합되어 있고, 또한 차르정과 지주제, 그리고 온갖 사회적 불의에 대한 열렬한 혁명적 항의도 여기에 혼합되어 있다. 이 책자의 주장으로는 우크라이나의 민중적 본연성은 폴란드와 서슬라브 세계에서처럼 게르만–라틴계의 영향 때문에 왜곡되지도 않고, (러시아인들의 삶에 차르정과 관제 정교회를 접목시킴으로써) 대러시아인들의 삶을 불구로 만든 비잔티움–타타르의 영향 때문에 망가지지도 않은 진정한 슬라브성을 가장 정확하게 표현해 준다. 16~17세기의 우크라이나의 민중 운동은 어떠한 해악적 외부 영향에서도 벗어나 있었다. 형제단은 우크라이나의 종교적 삶의 연원을 순수한 사도(使徒) 시대 기독교에서 찾았고, 코자크 제도의 기원은 자유, 평등, 형제애에 바탕을 둔 고대 슬라브인들의 민주주의의 토대와 결부시켰다. 우크라이나는 모스크바국처럼 차르를 사랑하지 않고, 폴란드처럼 지주를 사랑하지 않으며 대신 코자크 제도, 즉 형제단을 만들었다고 코스토마로프는 썼다.

그림 375 볼로디미르 안토노비치.

"코자크단에 가입하면, 모든 사람은 다른 사람들의 형제가 되었으며, 지금까지는 무엇이었든, 지주였든 농노였든 상관없이 기독교인이기만 하다면 모든 코자크들은 서로서로에게 평등했다. 코자크 장교들은 평의회에서 선출되었으며, 그리스도의 가르침에 따라 모든 사람을 섬겨야 했고, 자신의 직무를 마땅히 수행해야 할 의무로 여겼다. 코자크들 사이에서는 어떠한 지배자로서의 오만도 계급도 없었다.

코자크 집단은 나날이 성장하고 불어나 얼마 안 있어 우크라이나의 모든 인민이 코자크들이, 다시 말해 자유롭고 평등한 인간들이 될 참이었다. 그랬으면 우크라이나에는 유일한 하느님 외에는 차르도 지주도 없었을 것이다. 우크라이나의 예를 따라 폴란드와 다른 슬라브 땅에도 같은 상황이 전개되었을 것이다."

그러나 코자크 제도가 성장하고 있으며 시간이 가면 모든 사람이 코자크가 되고, 자유인이 된다는 것을 안 폴란드 지주들은 서둘러 가능한 모든 강제적 방법을 동원했다. 코자크들은 여기에 대항하여 일어섰고, 폴란드와의 투쟁을 위해 모스크바의 도움을 청했다. 그러나 모스크바와 폴란드는 우크라이나를 나누어 차지했으며, 힘을 합쳐 우크라이나 코자크 제도를 파괴하고, 우크라이나의 자유를 억압했다.

"그리하여 우크라이나는 멸망했다. 그러나 단지 멸망한 것처럼 보일 뿐이다. 우크라이나는 차르도 두기를 바라지 않고, 지주도 두기를 바라지 않았기 때문에, 멸망한 것이 아니다. 우크라이나를 지배하는 차르가 있었지만 낯선 존재였고, 지주가 있었지만 이 또한 낯선 존재였다. 그리고 이 괴물 같은 인간들은 그들도 비록 우크라이나 혈통을 가졌겠지만 비열한 입으로 우크라이나어를 더럽히지 못하고, 스스로를 우크라이나인이라고 부르지 못한다. 진정한 우크라이나인은 평민이나 지배층을 막론하고, 차르나 지주를 사랑해서는 안 되고 오직 한 분 하느님만 사랑해야 한다."

"우크라이나는 무덤에서 일어나, 슬라브 형제들을 다시 부를 것이고, 그들은 이 초대를 들을 것이다. 슬라브 공동체(Славянщина)가 세워질 것이다. 그 안에서는 차르도 공작도 백작도 대공도 각하도 합하(閤下)도, 지주도, 보야린도, 농투성이도, 농노도 없을 것이며, 대러시아, 폴란드, 우크라이나, 체스코,[68] 크로아티아, 세르비아, 불가리아 그 어디에도 이런 계급이 없을 것이다. 우크라이나는 슬라브 연방 내에서 독립 공화국이 될 것이다. 그때 모든 인민들은 지도 위에 우크라이나가 그려진 곳을 가리키며 '보라, 집짓는 이가 버린 이 돌이 모든 것을 받치는 모퉁이 돌이 되었다'라고 말할 것이다." 이렇게 「우크라이나 민족 탄생의 서」는 쓰고 있다.

형제단은 이러한 위대한 과업을 실현하는 것에도 착수했다. 형제단의 젊은 회원인 빌로제르스키[69]는 다음과 같이 썼다.[70]

"정치적 독자성도, 사상과 감정의 자유로운 표현도, 언어 자체도 법의 보호를 받지 못하고 있다. 모든 것이 파괴될 운명이고, 모든 것이 전횡에 의해 질식되고 있다. 정의를 얻기 위해 고통스러운 노력을 한 것에 대해 영원히 존경을 받아야 할 우리의 소중한 우크라이나가 이렇게 참혹한 상태에 처해 있다. 자신의 권리를 바탕으로 통합된 우크라이나는 많은 모욕을 당하고 있다. 우크라이나의 권리는 잊혔고, 우크라이나는 지금, 같은 신앙을 가진 인민[71]의 자매민족이라는 대우가 아니라 노예 취급을 받으면서 삶에

---

68) 한국에서 '체코'라고 부르는 나라를 말한다.
69) 바실 빌로제르스키(Василь Білозерський, 1825~1899). 성 키릴-메포디 형제단의 열성단원 중 한 사람. 키예프 대학 재학 시절에 미콜라 훌락과 함께 형제단을 선도적으로 조직했던 것으로 추정된다. 판텔레이몬 쿨리쉬와는 처남 매부지간이며 유형에서 돌아온 후 그와 함께 우크라이나 문화 부흥운동을 전개했다.
70) 본문에서 다음에 나오는 인용문은 빌로제르스키가 쓴 '성 키릴-메포디 형제단 정관 설명'에서 발췌한 것이다. 이 설명은 1845년에서 1846년 말 사이에 작성되었다. 흐루셰브스키는 원문을 다소 축약해서 소개하고 있다.
71) 우크라이나인들과 같은 정교를 믿는 러시아인들을 말한다.

그림 376 키예프의 "옛" 흐로마다 회원들이 학생 흐로마다(이 그룹은 "교회마당(츠빈타리)" 그룹이라고 불렸다)와 자리를 함께했다. 1874년의 사진이며 참석 인물들은 다음과 같다. 1.드라호마노프, 2.미콜라 코발레브스키, 3.빌로우시브, 4.파시첸코, 5.베르베츠키, 6.안드리예비스키, 7.베렌수틴, 8.안테포비치, 9.파브로스키, 10.레베츠키(옛 흐로마다에 학생대의원으로 참석), 11.로나체브스키, 12.이반 루드첸코, 13.부뎌뇨, 14.레비츠카누추이, 15.주빈스키, 16.스타리츠키, 17.루빈쉬테인, 18.리센코, 19.П. 지테츠키, 20.트레구보브, 21.보블리, 22.볼란스키, 23.코스텐코, 24.성명미상, 25.마트비이브, 26.코마레츠키, 27.Мр. 지테츠키, 28.루시브(회계 간사로, 회계장부를 들고 있다), 29.빌린스키, 30.일니츠키, 31.디아코넨코, 32.레비첸코. 안토노비치와 다른 몇몇 흐로마다 회원들은 빠져 있다.

서 겪을 수 있는 모든 모욕적인 일을 다 겪지 않으면 안 되는 상황이다. 우크라이나의 운명과 미래는 하느님이 헤아리고 계신다. 그러나 우크라이나적인 어떤 것도 존중을 받지 못하는 현재의 상황이 장기간 지속된다면, 타국이 강요하는 멍에가 우리에게 씌워질 것이며, 우리 스스로가 자기 고향 땅, 자기 조상 땅에서 이방인처럼 될 것이며, 우크라이나는 유구한 인민집단적 형상(народный образ)을 잃게 될 것이다. 만일 우리가 하느님이 주신 가장 큰 선물인 민중생활과 민중의 혼, 그리고 우크라이나가 큰 노력을 기울여 지켜야 할 이상과 목표가 우리 눈앞에서 말살되는 것을 무감각하게 조용히 바라보고만 있으면, 우리는 이런 상황에 처하는 것이 마땅할 것이다. 모국(родина)[72]이 모든 면에서 잘 되기를 바라는 소망으로 고무되어 있는 모국의 충성스러운 아들로서 우리는 신이 준 정의, 자유의 지배, 형제적 사랑과 민중의 복지를 모국에서 실현하기 위해 나아가야 한다. 그러나 우크라이나의 개별적인 존립이 불가능함은 명백하다. 우크라이나는 앞으로도 여러 번 불길에 휩싸일 것이며, 압제에 시달릴 것이고, 폴란드인들이 겪은 것보다 더 힘든 시험에 처할 수도 있다. 이성으로 채택되고, 열정으로 지탱되어 온 자신의 권리를 확고히 지킬 수 있는 유일한 방법은 각 민족의 법과 사랑과 자유를 보호하며 슬라브 민족들을 하나의 가족으로 통합하는 것이다."

"형제단의 목표는 자주성과 도덕적 자유를 슬라브 민족들에게 돌려주는 것이라는 데서 출발하여 회원 각자는 그리스도교의 가르침과 인민의 권리

---

72) 형제단 단원들이 우크라이나를 가리킬 때는 법률상의 조국을 가리키는 러시아어 '오테체스트보(отечество)'를 쓰지 않고 태어난 고국 땅을 가리키는 '로디나'라는 말을 쓰고 있음에 유의할 필요가 있다. 그들은 일종의 이중적 조국관을 가지고 있었으며 후일 러시아 관헌 당국에 체포되어 취조당할 때에도 이 같은 생각을 표현했다. 그들이 우크라이나 땅을 떠나 있는 것이 아니라 현지에서 살고 있으면서 이 땅에 어머니와 같은 애정을 기울이고 있었다는 점을 감안해 이 한국어 번역서에서는 로디나(родина)를 모국이라 번역했다.

에 바탕을 둔 자유에 대한 올바른
사상을 전파해야 할 의무가 있다.
슬라브 민족들이 각 민족에 대한
존중에 바탕을 두고 하나의 국가
로 통합된 상태에서만 우리와 예
속된 다른 민족들이 이 자유를 얻
을 수 있음을 염두에 두면서, 회
원들은 슬라브인과 슬라브 각 종
족 자치권에 대한 정보를 전파하
고, 슬라브인과 그들의 민족성에
대한 사랑을 일깨우고, 종족들 간

그림 377 미하일로 드라호마니브.

의 온갖 오해를 제거하고, 민족성과 형제애의 의식을 일깨울 수 있는 지식
을 전파해야 한다.”

　형제단 회원들의 글 속에서는 아주 명백한 정치적, 사회적, 민족적 견해
와 함께 도덕적, 종교적 주제에 대한 수많은 공허한 구절들도 역시 찾아볼
수 있다. 이들은 자기 시대의 이 같은 유산에서 그렇게 쉽게 벗어날 수 없었
다. 그럼에도 불구하고, 형제단의 정관, 회원 ‘규약’, 우크라이나인들과 대러
시아인, 폴란드인 같은 이웃 인민들을 향한 호소문 등에서는 그 당시로서
는 소중하고 중요한 내용들도 많이 찾아 볼 수 있다. 농민 해방, 일체의 불
평등과 신분적 차이와 계급적 특권을 폐지하라는 요구, 러시아 전제 체제에
대한 맹렬한 항의, 근로 인민 대중의 착취에 대한 격렬한 반대 등은 이 암담
한 시대에 강력한 반향을 일으켰다. 형제단은 1846년부터 1847년 초까지 점
진적으로 형성되었으며 당시 사회의 가장 우수한 인물들이 형제단의 지지
자로 참여했다. 참여자 중 한 사람은 형제단이 해산될 때까지 약 백 명의 회

원이 있었다고 전하고 있다.

그러나 키릴-메포디 형제단은 결성 단계에서 이미 발각이 되는 바람에 준비 단계를 거쳐 적극적 활동으로 넘어가는 데 실패했다. 1846년 성탄절에 형제단원들의 대화를 엿들은 어느 대학생이 이들을 경찰에 신고했고, 1847년 3월, 4월에 형제단원들에 대한 수색과 체포가 이어졌다. 형제단이 결성 단계에서 발각되었다는 것이 명백해지자, 헌병대는 자신들의 탐지 능력이 이처럼 입증되었음에 크게 만족하는 것으로 그쳤고 그 영향으로 인해 형제 단원들에 대한 처벌 계획은 행정 당국이 이 우크라이나 단체에 부여한 엄청난 중요성에 비해서는 경미한 것이 되었다. 형제단원들은 사람에 따라 누구는 짧은 기간, 누구는 긴 기간 페트로파블로프스크 요새에 수감되었다가 우크라이나에서 멀리 떨어진 지역으로 유배되었고, 하고 싶은 일을 하는 것은 허용되지 않았다. 가장 무거운 형벌을 받은 사람은 셰브첸코였다. 그는 병사로 군부대에 넘겨진 다음, 카스피 해 너머 중앙아시아의 사막 지역으로 유배되었고, 글을 쓰거나 그림을 그리는 것을 금지당했다. 이 가혹한 유배와 힘겨운 병사생활은 한참 꽃피고 있던 시인의 창조적 천성을 꺾어 버렸고, 시인을 신체적으로도 쇠락시켜 버렸다. 이 같은 징벌 조치는 당시 우크라이나가 가진 최고의 능력을 대표하던 다른 형제단원들의 창조적 활동에도 심각한 악영향을 미쳤다. 우크라이나 사상과 우크라이나 문학에도 이제까지 겪어 보지 못한 압제가 가해지기 시작했다. 그전에 출판되었던 책들이 금지되고 파기되었다. 심지어 '우크라이나', '소러시아', '헤트만령' 같은 단어를 사용하는 것조차도 범죄로 취급되었다. 우크라이나 운동은 잠잠해졌다. 그러나 키릴-메포디 형제단의 사상은 깊은 흔적을 남기고 계속 살아남았고, 우크라이나의 정치적·사회적 사상을 일깨웠다. 특히 셰브첸코의 시는 필사본으로 퍼지면서, 또한 기억에 의해 암송되어 전달되면서 엄청난 영향을 미쳤다. 이후 모든 새로운 우크라이나 정치 운동의 역사는 키릴–메포디 형제단에서 기원한다고 볼 수 있다.

122. 할리치나의 소생과 1848년

할리치나에서 상당히 강력한 자각에 따라 우크라이나의 민족적 토양에 바탕을 두고 형성된 첫 번째 지식인 동인모임은 1810년대 말에 페레미쉴의 현지 성직자들 사이에서 처음으로 등장했다. 이곳에서는 앞에서 언급한 대로 민중 사이에 교육을 보급하기 위한 협회가 결성되었다. 학교에서 우크라이나어로 교육할 것인가 하는 문제가 제기되었을 때 이 지역의 일단의 성직자들은 우크라이나어의 동등권과 문화적 가치를 옹호하는 최초의 유명한 소책자를 발표하기도 했다. 이것이 계기가 되어 우리가 아는 대로 우크라이나 학교들이 창설되었던 것이다. 그러나 이 페레미쉴 동인모임은 우크라이나의 민중적 본연성(本然性, стихия)의 의미에 대해 아직 제대로 이해하지 못했고, 본연적 민중어와 교회슬라브어–러시아어 문어 사이에서 확고한 입장을 정하지 못하고 있었다. 왜냐하면 할리치나에서는 러시아령 우크라이나에서처럼 외세가 주도한 금지령들이며 조치들 때문에 우크라이나어 서적 출판 전통이 억압된 것이 아니었기 때문이다. 이 전통은 할리치나에서는 더 강했고 그래서 살아있는 우크라이나어 민중어로 이행해 가는 것을 가로막고 있었다. 1820년대만 해도 이 문제는 아직 심각하지 않았다. 페레미쉴 동인모임 출신으로 최초의 우크라이나어 문법책을 지은 저자들은 민중어에 우호적인 태도를 보이기는 했지만, 이 언어에서 서민적 조야함을 제거해 '정화'하고, 민중어를 고대 문어와 교회슬라브어에 근접시키

그림 **378** 미콜라 리센코.

지 않으면 안 된다고 생각했다. 그 후 1830년대에 가면 이미 두 개의 분명한 조류가 나타났다. 문어적 전통의 지지자들에 반대하여 살아있는 민중어의 지지자들이 등장했는데, 이들은 문어의 왜곡으로부터 민중어를 열렬히 옹호하면서 이 언어에 문학적 표현성과 문법적 정확성을 가미해야 한다고 요구했다. 이 그룹에 속하는 학자들은 슬라브 부흥 운동에서 영향을 받았고, 더 나아가 순수 민중어로 문학 활동을 하려는 동부 우크라이나 문인들의 시도에서도 영향을 받았다. 할리치나에서는 우크라이나 문어의 전통이 아직 완전히 단절되지 않았기 때문에, 이것이 존재함으로써 민중어가 문학 창작에 활용되는 것을 막았고 그래서 동부 우크라이나에서와 같은 문학적 시도를 이곳의 성과로 내세울 만한 처지는 아직 아니었던 것이다. 헝가리령 우크라이나 출신으로 교회슬라브 문어에 경도되어 있었던 미하일로 루취키(Михайло Лучкий)는 처음으로 헝가리어–우크라이나어 문법책을 출판했고, 이오시프 레비츠키(Йосиф Левицький)는 옛 우크라이나어 문어에 집착했을 뿐 아니라, 대러시아어 문어에도 다가가고자 하는 입장에 서서 최초의 할리치나 문법책을 출판했는데, 이들에 반대해서 상당히 결연한 우크라이나 민중어의 옹호자 역할을 하며 등장한 인물이 이오시프

로진스키[73]였다. 그 후 우크라이나 민중어의 토양에 더욱 확고하게 발을 딛고 서게 된 사람들은 1830년대 르비브 신학교에 모인 젊은 신학자 동인 모임이었다.

이 젊은 우크라이나 신학자들은 이미 1820년대와 1830년대 러시아에서 다시 살아난 우크라이나 문학의 직접적인 영향을 받고 있었고 당대의 슬라브 부흥 운동과 폴란드의 혁명 운동에서도 영향을 받았다. 이들의 관심은 러시아령 우크라이나에서 발전한 낭만적 인민주의의 정신과 마찬가지로 진보적이고 인민주의적인 방향으로 발전되어 나아갔다. 이들은 우크라이나 민중의 역사와 민족지학에도 역시 관심을 가지고 민요와 전설을 수집했다. 또한 러시아와 오스트리아 국경 양쪽에 흩어진 우크라이나 인민의 단일성을 생생히 의식하여 우크라이나 모델에 근접한 작품을 쓰면서 문학 활동 속에서 자신들의 역량을 시험해 보기도 했다. 많은 사람에게 호감을 주는 시인인 마르키얀 샤시케비치[74]는 할리치나 최초의 민중 시인이었다. 그 후 전개된 할리치나의 우크라이나 민족 운동(민중적 민족문화 운동) 관련자들은 이 운동이 샤시케비치에게서 출발했고 그의 후원을 받았음을 인정하였다. 야키브 홀로바츠키[75]는 할리치나 우크라이나 최초의 공인 학자

---

73) 이오시프 로진스키(Йосиф Розинський, 1807~1889). 할리치나의 우크라이나 문화 부흥 운동가. 그는 우크라이나 민중어의 가치를 강조하는 한편, 이 말이 러시아어와는 다르다는 것을 보여주기 위해 자신의 민속학 저서(1835)와 우크라이나어 문법책(1846)을 키릴 문자가 아닌 라틴 문자로 표기해 출판했다.

74) 마르키얀 샤시케비치(Маркіян Шашкевич, 1811~1843). 1830년대 할리치나 우크라이나 문화운동의 가장 잘 알려진 지도자, 시인. 르비브의 동방의례가톨릭(통합교회) 신학원에 다닐 때 홀로바츠키, 바힐레비치와 동인모임을 만들어 문학활동과 문화활동을 폈다. 민중에 대한 열렬한 사랑에 바탕을 둔 작품을 썼다. 할리치나 우크라이나어 표기를 위해 라틴 문자를 도입하는 것을 강력히 반대했다.

75) 야키브 홀로바츠키(Яків Головацький, 1814~1888). 할리치나의 우크라이나 문화운동가. 언어학자. 루스 삼두의 일원. 1848년 르비브 대학 철학부에 우크라이나어 문학 강좌가 생기

가 되어 재건된 르비브 대학 강단의 우크라이나어 교수직을 맡았다. 이른 바 '루스 삼두(Руська трійця)'를 이룬 세 번째 학자인 이반 바힐레비치[76]는 역사와 민족지학, 문학을 조금씩이나마 모두 연구했다. 그러나 이 동인모 임의 활동이 전개되는 데도 장애가 없지는 않았다. 지난 10년간 우크라이 나 문제에 대한 정부 당국의 태도는 확연히 바뀌었다. 당시 폴란드의 혁명 적 경향으로 인해 상당히 큰 걱정거리를 안고 있던 오스트리아 집권세력은 우크라이나 민족 운동으로 또 다시 새로운 골칫거리가 벌어지는 것을 경계 했다. 우크라이나 서적에 대한 검열 권한을 넘겨받아 행사하고 있던 통합 교회 성직자 집단 사이에서도 반동적 경향이 지배했으며 이들은 문학에서 의 민중적 요소를 적대적이고 의심스러운 눈으로 보았다. 종교적, 도덕적 서적이나 오스트리아 황실을 칭송하는 송가 같이 책의 내용이 검열 기준에 맞더라도 순수한 고대 슬라브어로 쓰이지 않았거나, 교회 슬라브 활자체가 아닌 일반 시민용(гражданский) 활자체로 인쇄되었다는 단 한 가지 이유만 으로 출판이 금지되기도 했다. '루스 삼두'의 선구적 활동은 이곳에서 이렇 게 의심과 적대감 속에 받아들여졌다. 샤시케비치와 동인들이 1834년에 출 판하려고 준비한 최초의 우크라이나 문학작품집인 『별(Зоря)』[77]은 이 성직 자들의 검열로 인해 출판 금지되었다. 그러나 이들은 수집한 민요와 전설,

자 그 초대 교수가 되었다. 우크라이나어가 자체의 긴 역사적 전통을 가진 독자적 언어임을 강조했다.

76) 이반 바힐레비치(Iван Вагилевич, 1811~1866). 할리치나의 우크라이나 문화 부흥을 위해 노력한 지식인. 신학원 시절 루스 삼두의 일원이었으나 1848년 무렵에는 우크라이나인들이 할리치나의 폴란드인들과 협력해야 한다는 견해를 표방했다. 르비브에서 일간신문인 《루스 일지(Дневник руський)》를 발간했다. 이 신문은 '최고 루스 평의회'에 대항하여 친폴란드파 우크라이나인들이 결성한 '루스 회의(루스키 소보르)'에서 간행한 것으로 키릴 문자와 라틴 문자 두 문자로 발간되었다.

77) 새벽, 여명이라는 뜻도 있다.

동인모임 구성원들이 직접 쓴 시와 학술논문 등을 모은 새로운 문집을 좀 더 조심스럽게 편찬했다.『드니스테르 강의 루살카(*Русалка Дністрова*)』라는 제호를 가진 이 두 번째 문집은 할리치나의 검열을 피해 헝가리의 페스트 (Pest)[78]에서 출간했다. 그러나 이것도 큰 도움이 되지 못했다. 이 책이 르비브로 반입되자 검열 당국은 책을 모두 몰수했고, 1848년이 되어서야 이 책들을 금지령에서 풀어 놓을 수 있었다. 저자들은 여러 가지 불쾌한 일을 당했다. 건강이 좋지 않았던 샤시케베치는 이를 견뎌내지 못하고, 가난하고 궁벽한 촌락에서 교구사제로 일하다가 가난 속에서 사망했다. 바힐레비치는 폴란드 귀족들에게서 일자리를 찾았다. 할리치나의 반동 세력은 우크라이나 운동을 완전히 종식시켰다고 생각할 만도 했다.

그러나 이 와중에 격동의 1848년이 다가왔고, 이제 모든 상황이 바뀌었다. 1848년 유럽의 혁명은 오스트리아 제국 영토 내에서도 강력한 반향을 얻었고, 크건 작건 수많은 운동을 불러일으켰다. 할리치나에서는 폴란드인들이 폴란드 재건을 위한 봉기를 준비하기 시작했다. 그러자 오스트리아 정부는 할리치나의 우크라이나인들을 다시 상기해내고 폴란드인들의 운동을 약화시키기 위해서는 이들의 지지를 얻을 필요가 있다고 여겨 이들에게 호의적인 정책을 쓰기 시작했다. 할리치나를 (우크라이나 땅과 폴란드 땅이 아무런 유기적 연관도 없이, 전적으로 우연히 연결되어 있는 이 지역을) 우크라이나 지역과 폴란드 지역으로 분할하자는 구상과 우크라이나인들이 거주하는 할리치나에서 우크라이나어를 초등 및 고등 교육기관에 도입하자는 구상, 우크라이나 농민들을 폴란드 지주들의 권력으로부터 해방시키자는 구상과 같은 문제들이 차례로 고려되었다. 이러한 것들은 모두 1770

---

78) 헝가리의 옛 도시, 오늘날 헝가리의 수도인 부다페스트는 도나우 강 서쪽 강변의 부다와 동쪽 강변의 페스트 두 도시를 한데 합친 것이다.

그림 379 올렉산드르 코니스키.

년대와 1780년대에 마리아 테레지아 여제와 요제프 2세 황제정부가 우크라이나인들을 위해 구상한 바 있으나 그 후 폴란드 귀족들과 자체의 반동적 인사들의 영향으로 그토록 철저하게 잊힌 것들이었다. 할리치나의 우크라이나인들은 머리를 들고 일어나 움직이기 시작했다. 우크라이나인들은 폴란드 혁명가들의 폴란드 재건 계획을 환영하지 않았다. 우크라

이나인들 중에서는 주로 지식인에 속하는 소수의 젊은이들만 "우리의 자유와 당신들의 자유를 위하여"[79]를 외치는 폴란드인들에게 동조했다. 우크라이나 지식인들 대부분은 오스트리아 행정 당국, 곧 고명한 할리치나 총독인 슈타디온[80] 공작의 호의와 지원을 활용하기로 하고, 폴란드인들과는 반대로 자체의 민족적 이익을 수호하기 위해 우크라이나 주민들을 조직하기 시작했다. 나중에 폴란드 사람들은 슈타디온 공작에 대해, 그전에는 할

---

79) 폴란드 독립운동의 구호.
80) 슈타디온(Franz Stadion, 1806~1853). 오스트리아의 귀족, 정치인, 합스부르크 제국의 할리치나 총독으로 할리치나의 폴란드인들을 견제하기 위해 우크라이나인들의 문화운동을 지원했다. 그의 재정지원으로 최고 루스 평의회의 신문이 발간되었다. 그는 할리치나에서 농노 의무 철폐를 선언하기도 했다. 이 조치는 폴란드 지주들에게 예속된 우크라이나 농민들의 부담을 줄이기 위한 것으로, 역시 폴란드 귀족들의 분리주의 노력을 견제하기 위해 우크라이나인들을 지원한다는 성격을 가졌다.

리치나의 루스인-우크라이나인이라는 존재가 전혀 없었는데 바로 슈타디온이 이 사람들을 만들어 냈다고 주장했다. 일종의 우크라이나 민족 정부로 정치 단체인 '최고 루스 평의회(Головна Руська Рада)'가 창설되었는데 이 기구의 임무는 오스트리아 중앙 정부를 향해 우크라이나인들의 정치적·민족적 요구사항을 설명하고 이를 대변하는 것이었다. 그리고 이 단체의 기관지로 《할리치나의 별(Зоря Галицька)》이라는 잡지가 발간되기 시작했다. 폴란드 혁명군 부대에 대응하기 위해 '우크라이나 방위대'와 '우크라이나 저격수 부대'가 창설되었다. 1848년 가을 '루스 학자회의'[81]가 소집되었다. 이는 우크라이나 민중의 문화적·민족적 필요를 규명하고 향후 우크라이나 민중의 발전을 위한 활동 프로그램을 만들기 위해 할리치나 우크라이나의 문화적·민족적 발전을 옹호하는 인사들이 개최한 학술대회였다.

이 '학자회의'는 우크라이나 민족을 한편으로는 폴란드 민족과, 다른 한편으로는 대러시아 민족과 완전히 분리함으로써 우크라이나 민족의 토양 위에 확실하게 터전을 잡았다. 문어인 '슬라브어-러시아어'를 옹호하는 다양한 인물들은 이 언어와 우크라이나어 민중어의 차이를 보지 못한 채 우크라이나 민족을 러시아 민족과 혼동하곤 했던 것이다. '학자회의'는 '러시아와 오스트리아에 거주하는 모든 루스 인민'(할리치나의 우크라이나인들은 우크라이나 인민과 언어를 계속해서 '루스'라고 불렀다)을 위해 폴란드어와 러

---

81) 루스 학자회의(Собор руських учёных)의 정식명칭은 '루스 학자 및 민족 교육계몽애호가 대회(Собор учёных руських и любителей народного просвищения)'이며, 미콜라 우스티야노비치(Микола Устиянович)와 이반 보리시케비치(Іван Борисикевич)의 발의에 따라 최고 루스 평의회가 소집했다. 1848년 10월 19일에서 26일 사이에 개최되었으며 99명이 참가해 아홉 개 분과로 나누어 회의를 진행했다. 이 대회는 우크라이나 학문과 교육, 문화의 진흥을 위한 광범위 조직활동 프로그램을 구상했으며 '인민 교육계몽협회(общество просвещения народного)'를 설립하기로 결정했다. 그러나 즉각적인 실제적 성과는 거두지 못했다.

시아어의 문법 및 철자법은 고려하지 않고 우크라이나어의 특성을 살린 단일화된 문법과 철자법을 반드시 만들어야 한다고 제안했다. 더 나아가 '학자회의'는 할리치나 지역의 학교에서 우크라이나어 교육을 반드시 실시해야 한다고 결정했으며, 우크라이나 문학의 발전을 장려하기 위해 체크인들의 '마티차'[82]를 모범으로 삼은 교육계몽협회를 결성했다. 학자회의는 할리치나의 우크라이나인 거주 지역을 폴란드인들의 갈리치아(할리치나) 지방과 분리해야 한다는 요구를 지지했고 또 다른 비슷한 일련의 조치들에 대한 요구도 지지했다. 이는 할리치나인들의 삶에서 대단히 중요한 순간이었으니, 이 시기 할리치나 우크라이나의 가장 뛰어난 문학인이었던 안틴 모힐니츠키(Антін Могильницький)가 학자회의를 향해, 오늘날의 기준으로 보면 상당히 어색하기는 하지만 어쨌건 비장한 정서가 넘치는 송가를 바친 것도 무리는 아니었다.

용감한 독수리처럼 높이 떨쳐 일어나세.
미끼와 그물을 멀찌감치 벗어나
두꺼운 구름을 뚫고 빛을 얻으세.
아무도 빛을 끌 수 없도록.
비록 번번이 암흑의 먹구름 짙게 깔려
우리에게 사랑스러운 빛의 얼굴을 가릴지라도,
빛은 떠오른다네. 기름이 물 위에 뜨듯이
진리의 창조주 앞에서는 거짓의 더미도 사라진다네.

82) 마티차(Matica)는 여러 슬라브 민족들 사이에서 민족 문화를 장려하는 '토대', '기반' 등의 의미로 사용된 말로, 특히 19세기 낭만적 민족주의 시기에 각광받았다. 체크인들의 마티차인 마티체 체스카(Matice česká)는 출판사, 문화단체로 체크 민족 문화부흥에 큰 역할을 했다.

오스트리아 정부는 우크라이나인들의 요구에 호응하고 나섰다. 정부는 할리치나의 모든 교육기관, 중등학교(김나지야), 대학교에서 우크라이나어 교육을 도입하기로 약속하고, 할리치나를 분할하는 안을 진지하게 검토했으며 1850년 할리치나를 민족 영역별로 나누는 법을 실제로 공포했지만 이것이 실행에 옮겨지지는 않았다. 그 대신 1848년에 선포된 농노제 폐지와 지주 권력으로부터 농민의 해방[83]은 큰 의미를 지닌 사건이었고, 우크라이나인들에게 깊고도 고무적인 인상을 심어주었다.

123. 1848년의 부코비나와 헝가리령 우크라이나, 1850년대의 반동

1848년의 사건들은 오스트리아 지배 아래 있던 다른 우크라이나인 거주지역들, 곧 부코비나와 헝가리령 우크라이나[84]에서는 할리치나와는 다른 방식으로 표현되었다. 그러나 이 시기의 혁명적 동향이 이들 지역에서도 현지생활에 심대한 영향을 미친 것은 분명하다. 오스트리아 제국 내에서 가장 오지에 속한 부코비나에서는 이 사건들로 제기된 과제들이 현지 우크라이나 주민들 사이에서 처음으로 진지한 민족의식의 출현을 불러일으켰고, 이제까지 정부가 대부분의 경우 한 덩어리의 현지 정교도 민족 집단(народность)으로 여겨 똑같이 취급해왔던 우크라이나 민족 집단과 루마니아 민족 집단의 이해가 처음으로 갈라지게 되었다. 오스트리아 제국 의회에 진출한 루마니아 의원들은 부코비나를 할리치나에서 분리하여 헝가리

83) 오스트리아 제국의 할리치나 총독 프란츠 슈타디온 공작이 실시한 정책.
84) 우고르스카 루스, 즉 자카르파티아 지역을 말한다.

그림 380 트프케나치의 유혈랑아니 는강.

령 루마니아 영토에 합병해 내려고 애썼고, 부코비나의 우크라이나인들은 할리치나와 자신들이 연결되어 있음을 옹호하며 이 요구에 반대했다. 이들은 그 대신 부코비나를 민족영역별로 분할하여 우크라이나인 영역과 루마니아인 영역이 분리되어야 한다는 요구를 내놓았고 루마니아인들은 이를 거부했다. 그러나 부코비나 지역의 우크라이나 운동은 아직 대단히 미약했다. 우크라이나인들 중에 의식화된 사람들이 적어서, 그 당시 루마니아인 지주들에 대항하여 일어난 농민 운동은 의식수준이 낮고 순전히 자연발생적인 성격을 가진 것이었다.

1848년에 헝가리령 우크라이나는 앞으로의 삶 전체에 큰 영향을 끼치는 심층적인 동요를 겪게 되었다. 헝가리를 오스트리아 지배에서 해방하기 위해 일어난 봉기는 러시아가 오스트리아 황제에게 파견한 군대의 도움으로 진압되었다. 오스트리아 정부는 헝가리인들의 세력을 약화시키기 위해 이제까지 헝가리인들의 지배 아래서 억압받았던 여러 소수민족을 지원하려는 생각을 하게 되었다. 우크라이나인들도 그러한 소수민족 집단 가운데 하나였다. 이때 그들 사이에서, 만일 우크라이나의 민족적 토양에 계속 발을 디디고 서 있을 수 있었더라면 헝가리령 우크라이나의 삶에 새로운 시대를 열 수 있었을 한 용감하고 결단력 있는 인물이 등장했다. 그는 아돌프 도브랸스키[85]였다. 그는 헝가리 봉기의 와중에서 헝가리를 탈출하여 할리치나에 머무르다가 러시아 군이 오스트리아를 지원하기 위해 들어오자 오스트리아 황제 파견관 자격으로 러시아 군과 함께 할리치나에서 헝가리령으로 돌아왔다. 그의 영향을 받아 헝가리령의 우크라이나인들은 자신들의 민족적 요구를 제시하기로 결정하고 이를 위해 오스트리아 황제에게 대표단을

85) 아돌프 도브랸스키(Адольф Добрянський, Adolph Dobriansky, 1817~1901). 부코비나의 우크라이나 민족운동 지도자.

그림 **381** 이반 카르펜코-카리(토빌레비치).

보냈다. 이들은 우크라이나인들이 거주하는 지역을 별도의 중심구역으로 만들고 이곳에서는 모든 공직에 우크라이나인들을 임명하고 우크라이나어를 관공서와 학교에서 사용하게 하고, 우즈호로드에 우크라이나 아카데미를 설치할 것 등을 청원했다. 이러한 요구들은 호의적으로 검토되었고, 황제는 이를 이행할 것을 약속했다. 도브랸스키는 우크라이나인들이 주로 거주하는 네 중심구역의 총독(상급 쥬판)으로 임명되었고, 공공업무에서는 현지어를 사용하기 시작했다. 우즈호로드 고등학교(김나지움)에서는 반드시 현지어로 가르쳐야 한다는 규정이 만들어졌다. 이 모든 조치는 좋은 결과를 만들어낼 것으로 기대되었다. 그러나 도브랸스키의 친러시아 경향이 모든 것을 망쳐버렸다. 그는 '루스 민족의 통일(единство русского народа)'을 지지하는 사람이었으며, 우크라이나어(루테니엔어)[86] 대신 러시아어를 사용할 것을 권장해 러시아의 영향력을 강화했다. 이 때문에 러시아 군의 점령으로 자신들의 계획이 모두 무산되었다는 생각에 사로잡혀 있던 헝가리 통치귀족들은 국정에서 영향력을 되찾은 후 무엇

86) 오스트리아 정부는 오스트리아령 우크라이나인들을 공식적으로 루스 사람(Russen)이 아니라 루테네 사람(Ruthenen)이라 불렀고 이 지역의 우크라이나어를 루테니엔어(ruthenische Sprache)라 불렀다. 이는 이들이 러시아인과 동일시되는 것을 막기 위한 조치였다. 루테네, 루테니엔어라는 공식명칭은 합스부르크 제국이 붕괴한 1918년까지 사용되었다.

보다 우선 도브랸스키에 대항하고 나섰다. 그는 곧 모든 직책에서 물러나야 했고, 우크라이나인 거주 지역에서 취해진 친러시아적 성향의 모든 조치는 극심한 의심을 받는 상황이 되었다. 그런데 도브랸스키의 영향으로 이곳의 모든 지식인들은 친러시아 노선을 전폭적으로 지지하고 있었는데, 이제 헝가리 행정 당국의 감시가 강화됨에 따라 거의 모든 활동을 중지할 수밖에 없었다. 이들은 우크라이나 민중에 바탕을 둔 활동을 할 의사가 없었고, 친러시아 정책을 감행하지도 못했다. 그리하여 폭풍 같은 1848년의 운동 이후 이곳에서는 민족 운동이 오늘날에 이르기까지 오랜 기간 동안 완전한 정체 상태에 머물렀고, 다른 어떤 우크라이나인 거주 지역보다 더 나쁜 상황이 되었다.

기대에 가득 찼던 1848년의 운동 이후, 그다지 길고 가혹하지는 않지만 그래도 어쨌거나 강력한 반동 정책이 부코비나에서 시작되었고 심지어 할리치나도 이런 일을 겪게 되었다. 이곳의 우크라이나 공론층이 오스트리아 정부와 연합한 것은 좋지 않은 면을 가지고 있었다. 우크라이나 민중의 발전을 돕겠다는 오스트리아 정부의 호의적 의도는 이 지역에서도 대부분 이행되지 않았다. 1848년의 혁명 운동을 진압하고 나자 정부는 약속한 개혁 계획을 전반적으로 철회했다. 그런데 우크라이나 공론층은 정부의 이러한 개혁과 조치들에 모든 희망을 걸었다가, 정부가 우크라이나 주민들에 대한 배려를 포기한 것을 알게 되자, 어떻게 상황을 헤쳐 나가야 할지를 모르는 고립무원의 상태에 빠졌다.

우크라이나 운동이 오스트리아 정부와의 연합 및 정부의 지원에 의존하고 있었기 때문에, 이 운동의 주도권은 교회인사나 관리 같은 보수주의 세력이 쥐고 있었다. 할리치나에서는 (통합교회이ㅡ옮긴이) 수도대주교와 중무국 성직자들이 살고 있어서 본산교회의 관행에 따라 '성(聖) 유르'(스뱌티 유르, святий Юр)[87]라고 불린 수도대주교좌 종무국이 발언의 주도권을 행사했다. 당시 할리치나의 우크라이나 지식인층은 거의 전적으로 성직자들로만 이루어져 있었다. 이들은 아주 당연하게도 수도대주교와 그의 종무국을 공인된 지도자로 모셨다. 그런데 이 '지도자들'은 전반적으로 조금이라도 생기 있고 진보적인 운동이 출현하면 어김없이 이를 적대적이고 의심에 찬 눈초리로 대했으며, 특히 우크라이나 민중운동에 대해서는 더욱 그러했다. 언어와 문화 분야에서 우크라이나적 요소에 적대적이며 교회슬라브어–러시아어 문어를 옹호하는 사람들이 다시 등장했다. 이들은 우크라이나적 요소를 서민적이고 '교양 없는' 것으로 여겼다. 1848년의 좀 더 용감한 시도와 계획은 모두 숨을 죽였고, 전체적 반동 분위기 속에서 잊혔다. 이러는 사이 폴란드적–귀족적 요소집단이 다시 머리를 들기 시작했다. 그들은 할리치나의 행정을 사실상 자기네 수중에 장악했다. 그 당시의 총독인 고우호프스키[88] 백작 주도 아래 할리치나는 폴란드인들의 수중에 들어갔고, 폴란드인 지배자들은 오스트리아 정부에다 대고 할리치나 우크라이나인들은 러시아와 정교회를 지지하는 세력이라고 몰아세우면서 우크라이나 요소 집단에 대한 오스트리아 정부의 태도를 다시 냉담한 방향으로 변

---

87) 유리 성인은 게오르기 성인이라고도 하며 루스 정교회의 수호성인이다. 성 유리를 강조하는 것은 루스 교회의 독자적 전통을 강조함을 의미한다. 본문에 나온 통합교회 (동방의례 가톨릭교회) 종무국 성직자들은 보수적–정통주의적 성향 때문에 하나의 그룹으로 간주되어 성(聖)유리파(스뱌토유르치, святоюрці)라고 불렸다. '성 유르'는 종무국의 별칭이었다.

88) 아게노르 고우호프스키(Agenor Gołuchowski, 1812~1875). 갈리치아/할리치나의 부유한 폴란드 지주귀족이며 할리치나 정책에 큰 영향력을 행사했던 정치인. 합스부르크 제국 프란츠 요제프 황제와 가까운 사이로 1849년부터 1875년까지 세 차례에 걸쳐 갈리치아/할리치나 총독직을 맡았다. 그는 갈리치아/할리치나 전체를 폴란드인들 지역으로 인정받고 이 지역 안에서 폴란드인들의 문화적 자치를 보장받는 것을 목표로 했으며, 이 같은 구상을 실현하기 위해 혁명적 독립투쟁 노선을 걷는 것을 포기하고 오스트리아 정부에 협력하는 정책을 취했다. 그리고 할리치나 우크라이나인들의 독자적 지위는 인정하지 않으려 했다.

화시키고자 단계적으로 공작을 폈다.

이리하여, 많은 기대를 안겨주면서 전개되었던 1848년의 운동은 할리치나에서도 실제로는 새로운 발전의 시대를 열지 못하고, 오히려 암흑 같은 오랜 반동시절로 들어서는 문지방이 되었다. 우크라이나 사회는 시간이 흐른 후에야 1848년에 제기된 요구와 과제를 다시 추구할 수 있게 되었고, 이때는 실현이 그토록 눈앞 가까이 다가와 있었다.

124. 러시아령 우크라이나에서 일어난 새로운 운동

이렇듯 성 키릴-메포디 형제단이 와해된 후 러시아령 우크라이나에서도, 1848년 혁명의 패배 이후 오스트리아 제국에서도, 1840년대 말과 1850년대는 우크라이나 고유의 삶이 질식당하고 궁핍해지는 철저한 반동의 시기가 되었다. 그러나 러시아에서는 이 반동이 더 일찍 시작되고, 더 일찍 끝났다. 크림 전쟁이 패배로 끝난 후 새로운 바람이 불었다. 러시아 정부는 패전이라는 최근의 혹독한 경험에서 그 전면적인 폐해를 드러낸 케케묵은 구식 생활방식을 개혁하는 일에 착수했다. 개혁 프로그램에는 농민의 해방과 모든 주민을 구체제의 족쇄로부터 해방시키는 것이 포함되어 있었다. 사회는 움직이기 시작했고, 새로운 생활을 향해 힘차게 돌진했으며, 이 전체적인 부흥의 움직임 속에서 억압되었던 우크라이나 민족의 열망도 되살아났다. 성 키릴-메포디 형제단의 회원들은 유형에서 돌아온 후 상트페테르부르크에 다시 모였고, 중단되었던 우크라이나 부흥계획에 다시 착수했다. 다른 회원들보다 먼저 유형에서 돌아온 쿨리쉬는 이 시기에 출판활동과 조직활동에 특히 적극적으로 뛰어들었다. 그는 유형 전에 이미 수집했

그림 **382** 미하일로 스타리츠키.

던 민속학적 자료들을 출판한 것을 시작으로, 우크라이나 작가들의 작품을 출판하는 데 착수했으며, 마르코 보브촉(Марко Вовчок)이라는 필명을 가진 작가 마리야 마르코비치[89]를 우크라이나어의 새로운 별로 발굴했다. 《오두막 집(Хата)》이라는 제호의 문학작품집을 위한 자료들을 모아 대번에 두 호나 발간했다(1860). 마침내 쿨리쉬와 그의 처남인 빌로제르스키는 우크라이나어 월간지인 《토대(Основа)》를 간행하는 일에 착수했다. 1861~1862년, 만 2년이 채 안 되는 기간 동안 우크라이나어와 러시아어로 간행된 이 잡지는 의식수준이 높은 러시아령 우크라이나인들을 공통의 진보적 노력을 향해 처음으로 통합시켰던 데서도 알 수 있듯 엄청나게 중요한 의미를 가졌다.

성 키릴-메포디 형제단이 품었던 대담한 정치적 이상들이 《토대》라는 새 기관지에서는 더 이상 다루어지지 않은 것이 사실이다. 그 이유가 무

89) 마리야 마르코비치(Мария Маркович, 1834~1907). 러시아-우크라이나 작가. 결혼 전 성은 빌린스카(Вилинска)이며 우크라이나와 폴란드의 혈통을 물려받았다. 오룔 도에서 태어나 소녀시절부터 오룔의 뛰어난 진보 지식인들에게서 감화를 받았다. 쿨리쉬의 동료였던 오파나스 마르코비치와 결혼한 후 우크라이나인들에 큰 관심을 가지고 우크라이나어로 작품을 쓰게 되었다. 우크라이나 농민들의 생활을 사실주의적으로 묘사한 단편소설을 많이 썼다. 1857년 쿨리쉬가 그녀의 재능을 발견해 그 후 적극적으로 문단에 알렸다. 러시아 작가 이반 투르게네프가 그녀의 소설을 러시아어로 옮긴 것은 유명하다.

엇인지, 형제단 단원들에게 가해진 삶과 형벌의 가혹한 경험이 이들의 사상에 영향을 미쳤기 때문인지, 아니면 그들이 현실과 그토록 멀리 떨어진 이러한 문제들[90]에 공론층의 관심을 계속 잡아두는 것이 바람직하지 않다고 판단해서인지는 분명하게 말할 수 없다. 게다가 이러한 문제들은 검열을 받고 있는 잡지에서는 아주 개략적으로 다루어질 수밖에 없었다. 그 반면 이 시

그림 383 이반 프란코.

기에는 농민의 해방과 농민들의 새로운 사회적 · 경제적 · 문화적 생활의 조직과 같은, 우크라이나주의(украинство)를 위해서도 핵심적인 의미를 가지는 그야말로 절박한 문제들이 당장 다루어야 할 의제로 올라와 있었다. 다시 말해 이것은 부분적이기는 하지만 형제단의 사회적 프로그램을 실행하는 것이었다. 마침 농민 해방 직전에 출간되기 시작한 《토대》의 동인들은 이러한 문제들에 특별한 관심을 기울였다. 그 후 농노해방이 시행되자 다음으로 민중 교육의 문제가 제기되었다. 우크라이나 지식인들, 특히 젊은 지식인들은 여러 도시에 '일요학교'를 설립하고, 학교와 민중교육을 위해 우크라이나어 서적을 편찬하고 이들 서적을 출판하기 위한 기금을 모으는 일을 시작했다. 이러한 활동과 연계해서 필연적으로 우크라이나어에 대한 논쟁도 시작되었다. 우크라이나어를 학교 교육과 출판에, 그리고 문화 전

90) 우크라이나의 자치와 해방, 슬라브 모든 민족들의 통합, 슬라브 연방의 창설 등의 범슬라브주의적 구상을 말한다.

그림 **384** 보리스 흐린첸코.

반에 적용하는 것이 유용한지가 주된 논쟁거리였다. 우크라이나어는 다른 민족인 '일반 러시아인들'뿐 아니라 자민족인 '소러시아인들'의 공격으로부터도 보호할 필요가 있었다. 이들 공격자들은 '보편 러시아어'라고 불리던 대러시아어 표준어를 사용할 수 있는 상황에서 자신들의 언어라는 이유로 우크라이나어의 발전을 위해 힘을 쏟는 것은 우크라이나인들에게 완전히 시간낭비임을 보여주려 했다. 이와 동시에 우크라이나를 자신들의 역사적 자산으로 생각하고 우크라이나인들을 자신들의 계획과 역사적 폴란드의 이익 실현에 끌어들이려는 폴란드인들로부터도 거리를 두어 우크라이나인들의 민족적 열망의 독자성을 방어해야 했다. 코스토마로프는 정력적으로 우크라이나 인민의 권리를 방어했으며, 역사적 관점에서 연방제 원칙의 근거를 세우고, 우크라이나 역사의 민주주의적 전통을 설명했다. 코스토마로프와 쿨리쉬는 당대 우크라이나 이념의 가장 핵심적인 옹호자로 등장했다.

이러한 절박한 과제 앞에서 '모든 슬라브인들의 통일'이라는 오랜 꿈은 뒷전으로 밀려났다. 오히려 농민문제가 러시아의 진보적 공론집단의 관심도 사로잡고 있었던 덕분에 이것을 계기로 이들과 우크라이나인들이 가까워지게 되었다. 우크라이나인들은 과거에는 러시아의 보수주의자인 친슬라브주의자들과 가까웠고 러시아 진보세력에게서는 적대적이고 경멸적인 대우를 받았다. 예컨대 1840년대에 당시 러시아의 진보적 인텔리겐치야의 가장 두드러진 대표자였던 벨린스키는 크비트카, 셰브첸코의 작품과, 키릴-메포디 형제단의 활동을 대단히 비우호적으로 대했다. 그러나 지금은 러시아 사회에서 진보주의의 대표자들이 수많은 문제에서 우크라이나인들과 동맹세력이자 동지가 되었다고 느꼈고 그들 편에서 우크라이나인들의 요구사항들을 옹호하고 나서는 경우가 많았다. 예를 들어 1862년 상트페테르부르크 교육위원회는 우크라이나의 인민(초등)학교에 우크라이나어로 교육하는 제도를 도입할 것을 정부에 탄원했는데, 이 위원회가 민중의 읽을거리를 위해 작성한 추천 도서 목록에는 심지어 러시아어로 된 책보다 우크라이나어로 된 책이 더 많았다. 러시아 작가들은 우크라이나 문학에 큰 관심을 보였고, 심지어 교회슬라브어-러시아어 문어의 옹호자인 할리치나의 지식인들에게 죽은 언어를 버리고 살아있는 민중어인 우크라이나어 구어를 사용해 작품활동을 할 것을 권고하기도 했다.[*]

그러나 이러한 활발하고 성과 있는 우크라이나 운동도 얼마 되지 않아 정부의 새로운 방해에 부딪혔다. 우크라이나인들이 폴란드 지주들에게 완전히 적대적인 태도를 보이고 있었고, 폴란드 귀족들은 우크라이나인들의 인민주의적 열망에 맞서 관련자들을 관헌 당국에 밀고하는가 하면 우크라이나 운동에 동조적인 자민족 출신 인물들에게도 반대하고 있는 상황이었음에도 불구하고(예를 들면 안토노비치 그룹[91]에 대한 반대), 우크라이나주의의 적들은

---

91) 블라디미르 보니파티예비치 안토노비치(Владимир Бонифатьевич Антонович, 우크라이나식으로는 볼로디미르 보니파티요비치 안토노비치, Володимир Боніфатійович Антонович, 1834~1908)는 우크라이나 역사가, 민족지학자, 고고학자이다. 그는 키예프 지방에서 폴란드 대귀족의 후예로 태어났다. 의과대학을 마치고 의사로 활동하다가 다시 키예프 대학에 입학해 역사학을 전공했다. 당시 유럽 지식인들에게 큰 영향을 미치고 있던 민주주의 사상의 영향을 받아, 사회적 관계를 민주화하고 민중에게 봉사해야 한다는 이상을 품게 되었고, 이 이념 아래 키예프 대학생들의 그룹을 결성해 이를 이끌었다. 그는 폴란드 혈통이었지만 우크라이나 민중에게 봉사하는 우크라이나 애국자의 길을 택했고, 그 스스로 우크라

그림 385 레샤 우크라인카(레샤 코사치−크비
트카).

우크라이나 운동이 폴란드인들의 공작의 결과라고 내세웠고, 러시아 정부는 우크라이나인들이 폴란드인들과 손을 잡고 있다는 거짓 고발을 믿었다. 이러한 상황에서 1863년 폴란드 봉기가 불붙어 일어나자 우크라이나의 언론과 우크라이나의 모든 민족사업이 탄압과 금지를 당하게 되었다. 《토대》 자체의 간행도 1862년 말 중단되었고 다른 간행물들도 출간이 중단되거나 폐간되었다. 학교 교육과 민중 교육에서 우크라이나어 서적을 이용하는 것이 금지되었다. 우크라이나인 활동가들은 체포되고 유형에 처해졌다.

마침내 우크라이나어 사용을 전반적으로 금지하는 러시아 내무대신(발루예프)의 명령이 발표되었다. 내무대신이 이러한 조치의 근거로 내세운 것은 "대부분의 소러시아 사람들은 별도의 소러시아어가 과거에도 존재하지 않았고, 현재에도 존재하지 않으며, 미래에도 존재할 수 없다는 것을 대단히 확실한 근거를 가지고 증명하고 있고", 우크라이나 운동은 폴란드인들

이나주의를 창시했다고 회고하기까지 했다. 그의 이러한 견해는 우크라이나에 거주하는 폴란드 청년들에게 큰 영향을 미쳤다. 그는 근대 역사학의 방법론에 입각하여 우크라이나 역사를 연구함으로써 많은 저작을 남겼고 1901년에는 상트페테르부르크 학술원 준회원이 되었다. 우크라이나 역사학의 토대를 놓은 인물, 우크라이나 역사학의 수장으로 일컬어진다.

이 자신들의 이익을 위해 일으키고 있다는 것이었다. 그렇기 때문에 내무대신은 앞으로는 우크라이나어로 된 것은 문학작품에 한해서만 출판을 위해 검열받을 수 있도록 하고, 학문적 서적이나 일반민중에게 읽힐 목적을 가진 우크라이나어 서적의 출판은 허용하지 않았다. 당시의 교육부 대신(골로빈)은 내용을 검토하지 않고 단지 사용된 언어 때문에 책의 출판을 금지해서는 안 된다고 지적했지만 이는 아무 소용이 없었다. 출판 금지령은 어쨌거나 효력을 가지게 되었고, 러시아 정교회의 신성종무원도 이에 동조하여 우크라이나어로 성서를 간행하는 것을 금지했다. 내무부의 분위기를 모방하고 있던 검열 당국은 우크라이나어로 된 순수 문학작품의 출판까지도 허용하지 않았다. 이렇게 해서, 이제 막 출발했던 우크라이나 운동은 힘을 얻기 시작한 바로 그 순간에 곧 제재를 당하고 압제를 받았다. 그러나 그 결과 이제 막 시작된 문화운동은 할리치나로 옮겨가게 되었을 뿐이고, 수세기 만에 처음으로 동부 우크라이나에서 서부의 할리치나를 향해 반대 방향으로 전달되는 문화운동이 시작되었다. 전에는 폴란드 지배의 압제 때문에 좀 더 활발한 문화적 요소가 서부 우크라이나에서 동부로 흘러갔다. 지금은 우크라이나 운동의 여건이 오스트리아 지배 아래 있는 할리치나보다 동부 지역에서 더 열악해졌고, 그래서 동부에서 서부로의 문화 이동이 시작되었다.

125. 할리치나와 부코비나의 인민주의와 친러시아주의

10년에 걸친 정체(停滯) 이후 1859년에 할리치나에서 루스인(руський)으로 불리는 우크라이나인 공론층 사이에서 새로운 운동이 시작되었다. 갈

그림 386 폴타바의 젬스트보(주민자치기구) 회관

리치아/할리치나 총독이었던 고우호프스키가 할리치나의 서적출판 정책으로 라틴 문자를 도입하려고 한 시도[92]는 이 지역 루스인들에게는 인내의 한계를 넘어선 모욕적 조치였다. 이 당시 할리치나의 행정을 완전히 장악하고 있던 폴란드인들은 지역주민들과 오스트리아 중앙정부 사이에서 애매한 입장을 취했는데, 이제 할리치나의 우크라이나인들은 라틴식 '알파벳'을 도입하겠다는 이 방안이야말로 할리치나의 삶 전체를 완전히 폴란드화시킬 전망을 열어주는 것으로 받아들였다. 할리치나의 우크라이나인들은 강력히 단합하여 이에 맞서 저항했고, 일치된 저항으로 이 '개혁'을 저지하는 데 성공했다. 그러나 이 성공은 단지 일회적인 것일 뿐이어서, 할리치나 우크라이나를 완전히 침몰시킬 위험이 있는 새로운 폴란드화 공세에 대항해 어떠한 방식으로 싸울 것인가 하는 문제가 제기되었다. 성직자와 관리들로 구성된 할리치나 사회의 보수세력은 자기들로서는 민중의 삶을 일깨우는 데 역부족이라는 것을 느끼고 있었다. 그들은 지금까지는 전적으로 오스트리아 정부에 모든 희망을 걸어 왔다. 그러나 이제 오스트리아 정부가 할리치나를 폴란드인들에게 희생

---

92) 우크라이나인들은 러시아인, 벨라루스인 등 다른 동슬라브인들과 마찬가지로 키릴 문자를 사용한다. 반면 폴란드인들은 라틴문자를 사용한다.

양으로 넘기고, 폴란드인들의 뜻을 거슬러 우크라이나인들을 도울 조치를 전혀 취하지 않을 것으로 보이는 상황이 되자 이들 보수주의자들은 러시아에 희망을 두기 시작했다.

18세기 러시아 문어와 상당히 유사한 옛 교회슬라브어–러시아어가 일찍이 할리치나의 표준 문어였다는 사실, 그리고 러시아 정부가 과거 폴란드 지배 아래 정교도들을 보호해준 전통 등으로 인해 그러한 친러시아적 경향이 나타날 바탕은 이미 형성되어 있었다. 그 후에는 할리치나의 지도자들이 이 지역의 친러시아적 경향을 앞장서서 지원해준 몇몇 친슬라브파 러시아 인사들(특히 포고딘[93])과 맺은 교류도 이에 영향을 미쳤다. 1848년에 헝가리인들이 봉기했을 때 러시아가 오스트리아에 자국군대를 파견하여 진압을 도와줌으로써 봉기가 종결되었던 것도 대단한 인상을 남겼다. 러시아는 할리치나인들의 기억 속에 막강한 국력과 무한한 정치적 힘의 화신으로 남았다. 나아가 1831년 봉기 이후 폴란드를 그토록 강력하게 제압하고 있던 니콜라이 1세 시대의 러시아는 전반적으로 할리치나 사람들에게 정의와 질서의 이상적 왕국으로 그려지고 있었다. 반면 오스트리아는 1850년대에 이탈리아에서 세력을 크게 잃었고, 1860년대에는 프로이센과 싸웠다가 대패했다.[94] 오스트리아 제국은 곧 막을 내릴 것으로 여겨졌다. 그런데 바

---

93) 미하일 페트로비치 포고딘(Михаил Петрович Погодин, 1800~1875), 19세기 러시아의 역사가, 평론가, 문필가. 농노의 아들로 태어났으나 1806년 자유를 얻었다. 모스크바 대학에서 역사학을 공부한 후 모스크바 대학 교수로 세계사와 러시아사를 강의했다. 그는 석사 학위 논문 「루스의 기원」(1825)에서 이른바 루스가 스칸디나비아에서 도래했다는 노르만 설을 내놓았다. 그는 또한 보수적 입장에서 슬라브 민족의 대동단결을 주장했다. 즉 그는 모든 슬라브 민족들을 러시아 황제의 지배 아래 통합하자는 구상을 하고 있었고 이런 취지에서 다른 슬라브 민족 지식인들을 다방면으로 지원했다

94) 독일 통일의 향방을 놓고 프로이센과 오스트리아 사이에서 벌어진 보오(프로이센–오스트리아) 전쟁에서 오스트리아는 프로이센에게 패배했다. 그 결과 독일 통일은 오스트리아를

로 이 시기에 오스트리아 정부가 완전히 폴란드 사람들 편으로 넘어가 할리치나의 지배권을 온전히 폴란드 귀족들에게 넘기자 할리치나 루스 사회의 보수 세력은 방향을 바꾸어 구원의 모든 희망을 러시아에 걸게 되었다.

그들은 러시아 황제가 과거에 떨어져 나갔던 유산인 할리치나를 가장 빠른 시일 안에 오스트리아로부터 되찾을 것이라는 희망을 가졌다. 이러한 희망 속에서 그들은 공식적 러시아 문화 및 러시아어와 가능한 한 가까워져야 한다고 역설했다. 1865년 오스트리아가 쾨니히그레츠 전투[95]에서 패하자, 르비브에서 출판되는 이 보수적 친러시아파(당시에는 '친모스크바파'라 불렸다)의 기관지인 일간지 《말(Слово)》은 그와 같은 새로운 정치적 강령을 공개적으로 발표했다. 《말》은 할리치나 루스인과 대러시아인은 하나의 민족이고, 우크라이나어는 '러시아어'의 일종으로 발음에서만 차이가 날 뿐이라고 선언했다. 대러시아어 발음 규칙만 알면, 할리치나 루스인들은 '한 시간 안에' 러시아어로 말하는 법을 숙달할 수 있다고도 했다. 또한 엄밀하게 말하면 '루테네' 인(오스트리아 우크라이나인)이란 것은 전혀 없고, 카르파티아에서 캄차트카까지 오직 하나의 '러시아 민족'만이 있다는 것이다. 이 신문은 또한 그렇기 때문에 러시아 문학, 곧 대러시아 문학이 이미 존재하는 상황에서 별도의 우크라이나 민중문학을 형성시키기 위해 애쓸 필요도 없다고 주장했다.

이리하여 오스트리아 정부가 할리치나 우크라이나인들에게 완전히 냉담한 태도를 보인다는 인상을 받게 된 결과, 1850년대 할리치나의 보수적-반동적 조류에서 출발해 1860년대에는 할리치나의 친모스크바파가 형성되기

제외한 채 프로이센 주도로 이루어지게 되었다.
95) 쾨니히그레츠(Königgrätz) 전투. 사도바(Sadowa) 전투라고도 한다. 1863년 7월 3일 보오전쟁에서 프로이센 군대가 오스트리아 군대를 격파해 전쟁의 승패를 결정지은 전투이다. 쾨니히그레츠는 오늘날 체크 공화국의 흐라데츠 크랄로베(Hradec Kralove)이다. 이 날 전투는 쾨니히그레츠와 사도바에서 벌어졌다.

그림 **387** 폴타바 젬스트보 회관의 장식.

시작했다. 이들은 1863년 발루예프 내무대신이 자신의 근거로 내세운 러시아 내의 '대부분의 소러시아인들', 곧 우크라이나 민족성도 우크라이나 언어도 모르고 오직 단일한 러시아민족과 언어만 안다고 지칭되었던 그런 사람들과 정신적인 면에서 비슷했다. 이러한 친모스크바주의는 할리치나와 부코비나, 자카르파티아 지역 우크라이나에서 그 당시의 거의 모든 '지식인'(인텔리겐치야)들을 사로잡았으며 이들은 헝가리인들이 러시아 군대에 의해 패배당하는 것을 목격한 후 전능한 러시아라는 꿈에 가장 강렬하게 이끌린 사람들이었다. 할리치나에서는 1848년에만 해도 아주 확고하게 우크라이나 편에 섰던 사람들 중 적지 않은 수가 친러시아 노선으로 넘어왔다. 야키브 홀로바츠키도 그중 한 사람이었으니, 그는 르비브 대학교에서 부활된 우크라이나어 강좌 책임자로서 우크라이나어를 강의하던 초기에는 이 언어의 위대함에 대해 열변을 토했는데 이제는 그도 단일한 러시아어의 열렬한 옹호자 가운데 한 사람이 되었고, 후에는 러시아로 이주하여 정착했다. 물론 우크라이나 지도자들 입장에서는 러시아로부터 온갖 도움이 오기를 기다리며 그동안에는 아무 일도 하지 않고, 폴란드인들과도 충돌 없이 지내는 것이 (할리치나의 친모스크바파 지식인 대부분은 실제로 이러한 노선을 걸었다) 우크라이나 민중의 의식을 깨우고 그들의 새로운 생활을 위해 문화적 토대 및 다른 온갖 기반을 형성하려고 노력하는 것보다 훨씬 쉬웠다.

그러나 그 당시 할리치나의 젊은 세대 중 좀 더 활력이 있는 사람들은 바로 이 다른 노선을 걸었고, 몇몇 기성세대 대표자들도 이들과 같은 노선을 걸었다. 이들은 니콜라이 1세 치세의 공식적 러시아보다는 마침 이 시기에 러시아 내에서 활기를 띠고 있던 민주주의적이고 인민주의적인 우크라이나 운동이 자신들과 훨씬 더 가깝다고 느꼈다. 니콜라이 1세 정부의 공식적 러시아는 성직자와 관리들로 이루어진 친모스크바파가 꿈꾸던 바였지만 이 러시아는 이 시기에 들어오면서 다름 아닌 러시아 사회 앞에서 자신의 취약성을 그토록 적나라하게 드러냈고 알렉산드르 2세의 새로운 정부가 선택한 좀 더 진보적인 노선에 자리를 양보한 상태였다. 이때 러시아 내에서 등장한 우크라이나 부흥 운동은 할리치나의 젊은 세대 동인들의 마음을 기쁨과 희망으로 채워 주었다. 이들은 셰브첸코의 불타는 듯한 말들을 열렬히 받아들였다. 『유랑시인』은 그들에게 신성한 책이 되었으며, 우크라이나는 성지가 되었다. 우크라이나 낭만주의와 코자크 전통의 영향이 새로운 힘으로 그들을 사로잡았다. 젊은이들 사이에서는 '코자크식' 복장을 하는 것이 유행이 되었다. 이 젊은이들은 청년다운 열정을 가지고 할리치나 지식인들에게서 폴란드어 사용을 몰아냈고 우크라이나어와 우크라이나적 생활에 가능한 한 더 가까이 가려고 노력했다. 이들이 창간한 《저녁모임(*Вечерниці*)》(1863년 창간), 《목표(*Мета*)》(1863~1865), 《경작지(*Нива*)》(1865), 《루살카(*Русалка*)》(1866), 《진리(*Правда*)》(1867년 창간) 같은 간행물은 공론집단 사이에서 우크라이나 인민에 대한 사랑과 애착을 불러일으켰다. 낭만주의적 인민주의의 유산인 순진하고 시대착오적인 경향과 병행하여 할리치나의 삶에는 인민대중에 대해 관심을 가지고 그들의 문화적, 경제적, 정치적 수준을 고양시키려는 뜨거운 열망을 가진 활기찬 진보적 흐름이 등장했다.

이 새로운 이른바 '민중적 민족문화(나로도브츠보)' 운동[96]은 할리치나뿐만 아니라 부코비나에도 확산되었으며, 이웃한 할리치나와 정치적으로 분리되었고 그 후 종교적, 문화적으로도 분리되어 있던 이 작은 변방 부코비나에서 지금까지 경험하지 못했던 민족적 삶의 첫 맹아를 형성했다. 부코비나는 행정체계상 할리치나와 연결되어 있기는 하지만, 최근에는 변화가 적은 할리치나의 삶에서 영향이나 자극을 받지 않고 외따로 삶을 이어가고 있었다. 1860년대에 할리치나에서 민중적 민족문화운동이 전개되자 이것이 비로소 부코비나에서도 보다 활발한 반향을 불러일으켰다. 이곳에서도 재능이 뛰어나고 활력이 넘치는 작가가 여러 명 나타났다. 보로브케비치 형제,[97] 그중에서도 특히 대중적 인기를 모은 시인인 이시도르(Ісидор)와 이 시기 오스트리아령 우크라이나가 낳은 가장 뛰어난 재능의 소유자인 오시프 페드코비치[98] 등이 대표적이다. 페드코비치는 여러 단편소설과

96) 나로도브츠보(народовцво)는 할리치나에서 전개된 인민주의 운동이다. 그런데 러시아에서 전개된 인민주의에 비해 민족 문화(우크라이나 문화)에 대한 강조가 좀 더 두드러졌기 때문에 이 한국어 번역서에서는 나로도브츠보를 민중적 민족문화 운동이라 옮겼다.

97) 보로브케비치(Воробкевич) 형제는 할리치나에서 태어나 서부 우크라이나를 중심으로 활동한 이시도르 이바노비치(Ісидор Іванович, 1836~1903)와 흐리호리 이바노비치(Григорий Іванович, 1838~1884) 형제를 말한다. 형인 이시도르('시도르'라고 불리기도 했다) 보로브케비치는 다닐로 믈라카(Данило Млака)라는 필명으로 시, 희곡, 단편소설, 담시 등을 썼고 작곡도 했다. 동서 우크라이나의 문화적 유대 강화를 위해 많은 노력을 했다. 동생인 흐리호리는 나움 쉬람(Наум Шрам)이라는 필명으로 활동했다. 그는 형의 동지로서 형과 긴밀히 협력해 잡지인 《부코비나의 별》, 작품집인 『루스의 오두막』을 함께 발간했고 루스 문학협회도 함께 설립했다. 그는 서부 우크라이나의 친모스크바파에 반대하고 우크라이나 문화의 발전을 위해 노력했다.

98) 오시프 페드코비치(Осип Федькович, 1834~1888). 부코비나 출신의 우크라이나 작가. 소지주의 아들로 태어나 1852년부터 1863년까지 군무에 종사했다. 문학활동을 시작한 후 초기에는 독일어로 시를 써서 발표했다. 1862년부터 우크라이나어로 작품을 발표했다. 페드코비치의 시와 소설은 독일 낭만주의의 영향을 깊이 받고 있고 혁명적 민주주의 정신을

시에서 카르파티아 지역의 매혹적인 파노라마와 그 지방의 민담, 전설, 그리고 강렬하고도 독특한 후출(Гуцул) 지역의 생활 광경을 독자들에게 그려보여 주었다. 부코비나에는 현지의 문학운동도 현지의 기관지도 없었으므로, 이 부코비나 작가들은 할리치나의 문학 운동에 가담하고 할리치나의 민중적 민족문화 계열의 서적출판에 동참했다. 그리고 이들의 참여는 당시 전반적으로 자체의 문학적 자원이 부족했던 할리치나에서 새로운 우크라이나 운동의 첫 번째 맹아가 발전하는 과정에서 큰 의미를 가졌다. 부코비나 자체에서 우크라이나적 특징을 지닌 민중생활은 훨씬 뒤에야 발전하기 시작했다. 1869년에 설립된 이 곳의 지식인협회 '루스의 대화(루스카 베시다(Руська Бесіда))'는 문학계과 사교계의 중심 역할을 했지만, 오랫동안 친러시아적 성향을 보였고, 1880년대에 가서야 확실하게 민중적 민족문화 운동가들이 이 단체를 주도했다.

그러나 할리치나의 민중적 민족문화운동과 오스트리아령 우크라이나 전체의 입장에서 볼 때 부코비나에서 일어난 우크라이나 부흥의 초창기 전령들이 이처럼 도덕적으로 지원해준 것보다도 더 큰 도움이 되어준 것은 러시아령 우크라이나의 작가들이었다. 러시아에서 행정적 탄압으로 우크라이나 고유한 삶의 발전이 저지되자, 많은 우크라이나 작가들은 자신들의 작품을 할리치나의 우크라이나인들이 출판하는 선집이나 문학잡지 등에서 출판하기 위해 이곳으로 보내왔다. 자신의 작품으로 할리치나의 우

반영한 것으로 억압받는 민중에 대한 사랑을 표현하고 향토의 아름다움을 찬미하고 있다. 1865년에 발표한 담시 「루키얀 코빌리차(Лукьян Кобиліца)」는 우크라이나의 전설적 농민 봉기 지도자의 이야기를 다루고 있다. 소설에서는 병사, 노동자, 농민의 일상생활과 고난이 사실주의적으로 묘사되고 있다. 그는 괴테와 실러를 비롯한 독일 문학가들의 작품을 우크라이나어로 옮기기도 했다. 우크라이나 문학에서 비판적 사실주의의 발전에 기여한 문인으로 평가받는다.

크라이나 문학 출판을 풍요롭게 한 작가로는 노장 세대에서는 특히 쿨리쉬를 손꼽을 수 있으며, 젊은 작가들 중에서는 마르코 보브촉, 안토노비치와 특히 코니스키, 레비츠키-네추이[99]를 들 수 있다. 짧은 기간 간행된 잡지들에 이어 1867년에 르비브에서 문학지 《진리》가 창간되어 보다 확고하게 뿌리를 내리고 10년 이상 간행되자 러시아령 우크라이나의 작가들이 이 잡지에 적극적으로 기고했다. 러시아령 우크라이나에서는 우크라이나어 신문이나 잡지의 발행이 일절 금지되었기 때문에 이 간행물은 당시 상당한 정도로 우크라이나 전체를 대표하는 문학적 기관지의 성격을 띠었다.

러시아령 우크라이나에서 활동하는 작가들의 이 같은 도움은 오스트리아 지배하에 있는 우크라이나인들에게 크나큰 의미를 지녔다. 할리치나의 우크라이나적 민중적 민족문화 운동은 젊은 지식인들에 의해 수행되었다. 장년 세대 이상은 거의 모두 이 민중적 민족문화 운동에 비우호적이었고, 친모스크바 노선에 다소 결정적으로 경도되어 있었다. 친모스크바 세력이 자카르파티아 우크라이나는 물론 할리치나와 부코비나의 모든 민족 조직들을 장악하고 있었기 때문에 1860년대 말과 1870년대의 민중적 민족문화 운동은 오로지 물질적 자원과 문화적 역량이 모두 부족한 소규모 동인모임들에 의해 수행되었다. 이러한 상황에서 민중적 민족문화운동가들이 자신들 뒤에는 우크라이나가 있음을, 코자크 시대의 민중 전사들과 새로운 우크라이나 부흥운동의 새로운 활동가들을 탄생시킨 끝없이 광대하고 힘센 우크라이나가 버텨주고 있음을 느끼고 자기네 기관지와 출판물들의 공

---

99) 이반 세메노비치 레비츠키-네추이(Iван Семенович Левицкий-Нечуй, 1838~1918). 우크라이나의 작가, 저널리스트. 원래의 성은 레비츠키이고 네추이는 필명이다. 네추이-레비츠키라고 불리기도 한다. 농촌 성직자의 아들로 태어나 신학을 공부하고 교사생활을 했다. 우크라이나어로 집필 작가와 평론가로 활동했다. 그는 확고한 친우크라이나파로, 민중의 생활에 바탕을 둔 우크라이나어 발전을 지향했으며, 러시아화와 폴란드화에 강경하게 반대했다.

동작업자들 중에는 이 우크라이나의 대표자들이 있음을 깨닫는 것은 그들에게 엄청나게 큰 의미가 있었다. 다른 한편으로 러시아령 우크라이나인들의 참여 덕분에 할리치나의 우크라이나 문화운동 가운데 민주적이고 진보적인 노선이 지원을 받고 발전할 수 있었는데 이로써 할리치나 공론층 가운데 종교적이고 보수적인 세력을 넘어설 수 있었다는 점에서도 이는 크나큰 의미를 가지는 것이었다. 당시 온갖 탄압과 금지 속에서 의기소침한 상황에 있던 러시아령 우크라이나인들에게도 할리치나는 우크라이나 발전의 자유로운 미래로 열린 창의 역할을 했고, 러시아령 우크라이나에서 그 어떤 탄압이 가해지더라도 이 미래를 보장하는 역할을 할 수 있게 되었다.

126. 키예프의 지식인 공동체(흐로마다)와 1876년 칙령

1870년대 초부터는 우크라이나어 서적에 대한 러시아 정부의 검열이 다소 완화되고 탄압도 어느 정도 약화되었다. 이에 따라 문학 활동과 학문 활동의 가능성도 다시 어느 정도 열리게 되었다. 이제 우크라이나 운동의 중심은 키예프로 옮겨졌다. 이곳에서는 키릴-메포디 형제단의 와해 이후 최근 몇십 년간 키예프대학에서 공부한 젊은이들을 중심으로 새로운 문화적 역량이 자라났다. 새로운 키예프 '흐로마다'의 활동 방향은 상트페테르부르크의 우크라이나 지식인 단체와 달리 사회적 문제가 아니라 주로 학문적 연구 쪽으로 향했다. 이들은 우크라이나 인민의 과거와 현재 삶에 대한 연구를 통해 우크라이나주의의 기반을 확립하는 데 큰 관심을 가졌다. 역사학자 안토노비치와 드라호마니브,[100] 민족지학자 추빈스키(Чубин-ський)와 루드첸코(Рудченко), 언어학자 지테츠키(Житецький)와 미할축

(Михальчук) 같은 뛰어난 학자들이 이러한 방향의 활동을 전개했다. 이들은 이곳 키예프에서 러시아 제국 지리학협회(Географическое общество Российской империи) 지부 결성의 허가를 받아내는 데 성공했고 (1872), 이 단체가 중심이 되어 그 주위로 우크라이나의 문화 역량이 집중되었다.

그림 **388** 볼로디미르 빈니첸코.

지리학협회 키예프 지부는 오래 존재하지는 않았지만, 현지 시민 사회에서 우크라이나에 대한 학문적 관심을 불러일으키고, 전반적으로 우크라이나 의식을 일깨우는 데 큰 역할을 했다. 이 시기(1874) 키예프

100) 미하일로 페트로비치 드라호마니브(Михайло Петрович Драгоманів, 러시아식으로는 드라호마노프, 1841~1895). 우크라이나의 역사학자, 정치사상가, 우크라이나 사회주의의 창시자. 폴타바에서 소지주의 아들로 태어났다. 아버지 페트로는 젊은 시절 페테르부르크에서 문인들과 동인활동을 했으며 우크라이나로 돌아와서는 우크라이나어로 글을 쓰고 민요를 수집했다. 가정의 분위기나 그가 수학한 학교의 분위기가 모두 우크라이나 민족의식 형성을 장려하는 것이었다. 고등학교 시절부터 역사연구에 관심을 가지게 되었고 1859년 키예프 대학교에 입학하여 역사학을 전공했다. 학생운동에 참여했으며 우크라이나 민요수집과 민속연구에도 적극적인 관심을 가졌다. 그러나 그는 좁은 의미의 민족주의자는 아니었으며 1870년대 러시아 제국 지식인들의 진보적인 정치사상과 민주주의를 지지했다. 키예프의 우크라이나 민족주의자들과 달리 연방주의를 지지했으며 그들과 결별하고 외국으로 가서 입헌주의를 역설하는 잡지 《자유로운 말》을 간행했다. 그의 사상은 사회주의와 민주주의, 입헌주의, 연방주의, 자유주의 등이 결합한 것이었으며, 당시 우크라이나의 지식인들에게는 특히 연방주의, 사회주의의 선구자로 큰 영향을 미쳤다. 그는 우크라이나에서 가장 유명한 여성시인인 레샤 우크라인카의 아저씨로서, 그녀의 사상적 형성과정에도 다대한 영향을 미친 것으로 알려져 있다.

에서 열려 일반 시민들의 큰 관심을 불러일으킨 러시아 고고학 대회는 주로 현지 우크라이나인들의 역량으로 진행되었으며 우크라이나학의 여러 기본적인 요소들을 일반 사회구성원들을 위해 제시했고, 상고시대의 문제들과 다양한 분야에 걸친 우크라이나 생활의 역사성의 문제들을 가감 없이 다루었다. 이 대회는 우크라이나학의 진정한 축제였다.

이러한 움직임과 함께 우크라이나 문학도 활기를 띠게 되었다. 1860년대 말부터 1870년대를 통해, 루단스키(Руданський), 레비츠키-네추이, 미르니(Мирний), 코니스키, 미하일로 스타리츠키(Михайло Старицький) 같은 재능 있는 작가와 시인들이 등장했다. 레비츠키-네추이, 미르니, 코니스키는 우크라이나 사회 소설의 기초를 놓았고, 이전에 셰브첸코와 보브촉이 옛 농노제의 틀 속에서 묘사한 우크라이나 민중생활을 이제 무대를 바꾸어 농노 해방 이후의 새로운 여건 속에서 다루면서 폭넓은 파노라마를 펼쳤다.

미콜라 리센코[101]는 민요를 수집하고, 자신의 작곡과 경탄스러운 연주회를 통해 우크라이나 음악의 기초를 놓기 시작했다. 그의 오페라 〈흑해 사람들〉과 〈크리스마스의 밤〉의 초연은 깊은 반향을 불러일으키며 우크라이나 문화의 역사에서 새로운 장을 열었다. 검열과 행정 당국의 온갖 방

---

101) 미콜라 리센코(Микола Віталійович Лисенко, 1842~1912). 러시아식으로는 니콜라이 르이센코(Николай Лысенко). 우크라이나의 작곡가, 지휘자, 피아니스트, 음악학자. 우크라이나 민족음악파를 대표하는 음악인이다. 폴타바 도 크레멘추크 군에서 태어났으며 어린 시절부터 우크라이나 농민들의 민요와 타라스 셰브첸코의 시에 큰 관심을 보였다. 키예프 대학에 입학한 후 민요를 수집하고 편곡해 일곱 권의 책으로 출판했다. 유랑시인인 오스타프 베레사이의 노래를 특히 집중적으로 채집했다. 러시아 음악협회의 지원을 받아 라이프치히 음악원에서 음악 공부를 정식으로 한 후 우크라이나 민족음악의 수집, 발전, 창조의 중요성을 깊이 깨닫게 되었다. 귀국 후 그의 음악활동은 이 방향으로 모아졌다. '타라스 불바'를 비롯한 그의 오페라 작품은 우크라이나 소재를 취한 우크라이나어 대본에 바탕을 두고 작곡되었다. 그는 우크라이나어 가사를 러시아어로 번역하는 데 반대할 정도로 강한 민족주의적 성향을 보였고 그의 음악은 우크라이나 청중들의 큰 지지를 받았다.

해에도 불구하고 시간이 지나면서 우크라이나 연극도 지식인층과 준(準)지식인층을 비롯한 이 사회 구성원들에게 엄청난 활기를 불러일으켰다.

학문, 문학, 예술 등 우크라이나 고급문화 영역에서 이루어진 눈부신 성공뿐 아니라 사회, 정치 분야에서 일구어진 모든 업적도 명백히 우크라이나 운동의 큰 성과를 의미했다. 키예프 공론층은 러시아 정부에 의해 단절된 인민주의적 활동의 연계망을 다시 복원시켰고, 민중적 대중 문학에 귀중한 공헌을 했다. 민중적 대중 문학은 키릴—메포디 형제단의 이념을 토대로 삼았고, 형제단의 프로그램을 발전시켜 갔다. 그러나 러시아의 젊은 세대 사이에서 크게 발전하였고 우크라이나의 젊은이들도 강력하게 사로잡았던 당대의 사회, 정치적 혁명 운동은 키예프 공론층 사이에서는 상당히 단호한 반대에 부딪쳤다. 키예프의 공론층은 이 혁명 단체들이 보여주고 있던 러시아 국가 중심주의라든가, 민족 문제 일반과 특히 우크라이나 문제에 대해 그들이 취한 무관심한 태도 때문에, 더 나아가 테러리즘을 비롯한 불투명한 전술에 기울어지는 경향 때문에 두려움을 느꼈다. 키예프 공론층의 몇몇 지도자들은 우크라이나인들이 러시아의 혁명 운동에 참여하는 것을 막기 위해 정치적 측면을 무시하고 우크라이나 공중, 특히 젊은이들의 관심을 의식적으로 그리고 철저하게, 우크라이나 과업 중에서도 문화적 측면으로 돌렸다. 그들은 이렇게 함으로써 일방적 '문화주의'로 기울어졌고 이 때문에 우크라이나인들 사이에서조차 불만을 불러일으켰다.

키릴—메포디 형제단의 공로자였던 코스토마로프도 연로해지면서 그 같은 일방적 문화주의자로 나섰는데 그는 고급 수준의 문화적 표현을 거부한 채 아주 좁은 범위에서만 (이른바 '집안'용을 위해) 이 같은 활동을 했다. 키예프 공론집단 사이에서 1870년대와 1880년대의 이념적 분열을 가장 선명하게 보여준 인물들은 그 사회의 정신적 지도자였던 안토노비치와 드라

그림 **389** **1918**년 중앙라다 발행 화폐.

호마니브였다. 이들은 처음에는 동지이고 협력자였지만(1874~1875년에 이들은 키예프 학계의 가장 중요한 역작인 『우크라이나 인민의 역사 민요(*Истори-ческие песни украинского народа*)』라는 책을 러시아어로 공동 출판했다), 후에는 이념적으로 대립했다. 안토노비치는 자신의 노선 지지자들 사이에서 가장 권위 있고 존경받는 대표자였다. 그는 러시아의 혁명적-사회주의적 조류와 분명한 거리를 두고, 우크라이나 인민의 민족적 자각과 가능한 한 명백한 민족적 독자화를 이루는 것을 최우선 과제로 내세웠다. 우크라이나 역사의 권위자로서 그는 큰 영향력을 행사했다. 그 반면 드라호마니브는 이 시기 1870년대에는 우크라이나의 민족적 요구를 아직 그리 강하게 내세우지 않았다. 예를 들어 그는 대러시아의 문학과 문화의 보편적 가치를 인정하고 이것이 우크라이나인들에게도 큰 의미를 가진다고 인정하면서 우크라이나 문제를 민족적 측면에서만 과대평가하는 것을 완강하게 거부했다. 그는 민족성을 단지 형식으로만 인정했고, 범유럽적인 진보주의적 내용 및 사회주의적, 민주주의적 내용이 이 형식 속에 들어와 채워져야 한다고 보았다. (그는 "목적에서는 세계시민주의, 형식과 방법에서는 민족주의"를 옹호했다.) 그는 우크라이나 운동은 밑에서부터 올라와야 하고, '평민' 대중의 요구 충족에서 출발해야 하며, 사회주의적 과제와 인민대중의 이익을 근거로 삼아야 하며, '평민적 민족'인 이 인민대중이 성장함과 함께 점점 더 높은 문화적 과제를 세워야 한다고 보았다. 그의 생각에 의하면 우크라이나주의(우크라인스트보)는 사회주의 이외의 것이어서는 안 되었다. 이런 관점에서 드라호마니브는 러시아의 사회주의 조류와의 공통성을 강력히 주장했지만, 테러리즘과 온갖 종류의 불투명한 수단에 대해서는 단호하게 반대했다. 그는 "깨끗한 과업은 반드시 깨끗한 손으로!"라는 구호를 내세웠다. 또한 러시아 사회주의자들의 중앙집권주의와 국가중심적인 근시안적 경향('자코뱅주의')에도 반대했다. 그의 대표적인 고전적 저술인 『역사적 폴란드와 대러시아 민주주의(Историческая Польша и великорусская демократия)』(1881)는 이러한 생각을 담은 것으로 폴란드와 러시아 혁명 세력이 우크라이나 지배권을 요구하는 데 반대하고 있다.

1880년대와 1890년대에 드라호마니브가 넘치는 충정과 뛰어난 재능으로 집필한 후기 저술 속에 담긴 이 같은 사상은 향후의 우크라이나 정치사상 발전에 큰 영향을 끼쳤다. 그러나 이 시기, 1870~1880년대의 키예프 지식인 사회는 보다 온건한 문화주의적 조류를 더 선호했다.

이러한 온건한 접근에도 불구하고 키예프 시민들의 활동은 우크라이나 문화 탄압의 새로운 조치를 취할 구실을 러시아 정부에 주었다. 여기서 영향력을 행사한 인물이 체르니히브의 지주인 리겔만[102]과 그의 동서인 유제

---

102) 니콜라이 아르카디예비치 리겔만(Николай Аркадьевич Ригельман, 1817~1888). 우크라이나 출신의 러시아 제국 작가. 체르니히브 주에서 지주의 아들로 태어났다. 모스크바 대학 철학부를 졸업했고 러시아와 우크라이나에서 관직생활을 했다. 젊은 시절에는 범슬라

포비치[103])로, 유제포비치는 우크라이나에서 러시아의 국가적 이익을 수호하는 임무를 수행했다. 키예프 공론층 지도자들과 대판 논쟁을 벌인 후 유제포비치는 우크라이나 '분리주의'(당시는 이렇게 불렸다)를 고발하는 보고문을 러시아 정부에 정기적으로 보내면서 이 운동이 얼마나 성공적으로 진행되고 있는지 정부가 보고 놀라게 했다. 그는 우크라이나인들이 러시아에서 분리 독립하기 위해 자신들의 언어와 문학을 발전시키고 있다고 지적했다. 1875년 초에 유제포비치도 참가한 특별위원회가 이 문제를 다루기 시작했다. 그는 우크라이나 문화운동이 우크라이나를 러시아로부터 분리시키기 위한 폴란드-오스트리아의 음모라고 특별위원회에 고발했다. 검열 당국 수뇌부도 그들대로, 우크라이나 작가들은 러시아에서 우크라이나를 분리하려는 은밀한 목표를 가지고 있다고 이 비난을 거들었다. 게다가 할리치나의 우크라이나 문화운동이야말로 러시아 검열 당국의 통제에서 벗어나 있는데다가 우크라이나 문화운동에 대한 러시아 정부의 금지조치 때문에 러시아 정부에 강경하고 적대적인 경향을 보이고 있기까지 해서 특

브주의와 우크라이나 문화에 관심을 가져 쿨리쉬를 비롯한 성 키릴-메포디 형제단 단원들과 교유했다. 이 때문에 형제단원들과 함께 러시아 제국 정치경찰인 제3부의 조사를 받고 밀착 감시의 대상이 되었으며 외국여행을 금지당했다. 그러나 그 후 그는 우크라이나 문화의 자율성론과 자치운동에 반대하고 이를 비판하는 글을 집필했다.

103) 미하일 블라디미로비치 유제포비치(Михаил Владимирович Юзефович, 1802~1889). 우크라이나 출신의 러시아 제국 시인, 사회활동가, 키예프 고고학 위원회 의장. 폴란드 지배하에서 귀족 칭호를 받았던 부유한 등록 코자크의 후손으로 폴타바 도에서 태어났다. 모스크바에서 교육을 받고 러시아 제국 군대에서 복무했다. 카프카스 정복 전쟁에 참여했고 푸시킨과도 친교를 맺었다. 1840년부터 키예프에 와서 교육·문화 활동을 했으며 19세기 후반에는 우크라이나주의를 배격하고 친러시아주의를 전파하는 활동을 적극적으로 전개했다. 1876년 엠스 칙령도 적극 지지했으며 할리치나의 친러시아 운동가들을 지원하도록 러시아 정부에 건의하기도 했다. 키예프에 보흐단 흐멜니츠키 동상을 건립하는 데 앞장섰다. 이때 그가 염두에 둔 것은 러시아와 우크라이나의 재통일을 이루는 데 결정적 역할을 한 인물로서의 흐멜니츠키이다.

별히 위험하다는 것을 러시아 정부당국은 이 당시 이미 알게 되었다.

특별위원회는 할리치나에서 발행되는 모든 서적을 세심하게 살펴서, 우크라이나 생활의 발전을 도울 수 있을 만한 서적은 러시아 내로 단 한 권도 반입할 수 없게 할 것이며 그 대신 재정적 수단이나 다른 어떤 수단을 동원해서라도 친모스크바적 내용의 출판물을 지원하고 오스트리아 제국 내의 친모스크바 운동도 지원하기로 했다. 그런 한편 러시아 내에서 우크라이나 운동을 질식시키기 위해 가능한 모든 조치를 취하기로 했다. 러시아 제국 지리학 협회의 키예프 지부가 폐지되었고 1876년 봄에는 우크라이나어 사용을 전면적으로 금지시키는 칙령이 발표되었다.[104] 역사 사료문헌을 제외한 현대문헌 중에서는 순수문학 작품(시, 단편소설, 연극대본)만이 우크라이나어로 출판될 수 있었다. 그러나 이것도 러시아식 정자법(正字法)을 쓰고 엄격한 감독을 받는 것을 전제로 허용되었다. 우크라이나어를 사용하는 연주회, 연극공연, 낭독회는 전면적으로 금지되었다.

이러한 금지도 그 자체로 이미 가혹했지만, 설상가상으로 극도로 엄격한 검열이 시작되어 상당 기간 우크라이나어 서적의 간행이 완전히 중단되었다. 우연히 간행된 것이 있다면 이것은 검열 당국의 부주의 때문이었다. 우스꽝스러운 상황도 전개되었다. 러시아어로 쓰인 이야기책에서 우크라이나어 단어들이 삭제되었고, 우크라이나어 노래는 콘서트에서 러시아어나 프랑스어로 번역되어 불려야 했다. 그러나 곧 키예프와 하르키브 행정책임자들이 직접 나서서 새로 도입된 제도가 너무 가혹하고, 사회여론을 쓸데없이 자극시킨다고 정부에 보고했다. 이러한 건의 후에 엄격한 조치는

---

104) 이는 이른바 '엠스의 칙령(Эмский Указ)'이라 불린다. 황제 알렉산드르 2세는 1876년 5월 독일의 온천 도시인 엠스(Ems)에서 휴양을 하던 중 측근들의 조언을 듣고 칙령을 내려 우크라이나어 사용을 금지했다.

다소 완화되었다. 예를 들어 제약이 있기는 했지만 우크라이나 음악 콘서트와 공연이 허용되었고, 서적 검열도 다소 완화되었다. 문학작품집이지만 문학잡지를 대신하는 역할을 한 『달』, 『평의회』, 『경작지』 같은 몇몇 간행물은 무자비한 삭제가 수반되기는 했지만 그래도 간행이 허용된 반면 문학잡지 자체는 어떠한 경우에도 허용되지 않았다. 가장 기본적인 출판 금지와 제한은 계속 효력을 발휘했다.

127. 1880년대 러시아령에서 할리치나 방식으로 전개된 우크라이나 운동

비록 압제가 다소 누그러졌다고는 해도, 러시아령 우크라이나에서는 어떠한 문학적 활동이나 사회적 활동도 불가능해졌다. 1876년 칙령의 결과 1880년대가 되면 가장 의식수준이 높고 활동적인 우크라이나인들 가운데 1860년대보다 훨씬 더 많은 인물들이 러시아를 떠나 할리치나로 터전을 옮겨와서 활동하기 시작했다. 러시아 국가의 이익이나 중앙집권주의적 이익이라는 견지에서 볼 때 이 같은 사태는 생각할 수 있는 최악의 결과였다. 왜냐하면 우크라이나주의의 방향과 성격 형성에 이 현상은 큰 의미를 가지고 있었기 때문이다.

1876년 칙령 이전에 이미 검열의 억압에서 벗어나 자유롭게 일하기 위해 러시아령에서 건너온 몇몇 창발성 있는 우크라이나 활동가들은 우크라이나 전체의 발전을 염두에 두고 르비브에 우크라이나 문학과 학문의 발전을 위한 기관을 설립하는 일에 착수했다. 이렇게 해서 1873년 르비브에 '셰브첸코 학회(Наукове Товариство імени Шевченка)'가 설립되었다. 셰브첸코 학회의 기금으로 우크라 이나 서적 출판을 위한 인쇄 소를 설립했으나, 모금된 돈 이 많지 않았기 때문에 인쇄 소를 다시 매입하여 셰브첸 코 학회가 자체의 서적 출판 을 시작하기까지는 아직 많은 시간이 걸렸다. 1880년대 말 에 가서야 이 일이 성사되었 다. 1876년 칙령 이후 미하일 로 드라호마니브는 러시아 정 부의 탄압을 피해 재능 있고 활동적인 그룹인 몇몇 좀 더

그림 390 우크라이나 인민공화국의 대국가문장. 1918년 3월 22일 중앙라다가 이를 채택 하였다.

젊은 동지들과 함께 국외로 나갔다. 검열에서 벗어나 자유롭게 우크라이 나 정치, 민족 문제를 다루는 출판 사업을 시작하고, 할리치나의 우크라이 나 공론집단과의 밀접한 연계 속에 활동하는 것이 목적이었다. 그러나 당 시 오스트리아 정부의 검열도 그 나름대로 까다로웠기 때문에 그는 예정 한 대로 할리치나에 정착하지 못하고 결국은 제네바에서 활동했다. 쿨리 쉬, 코니스키, 네추이를 비롯한 다른 학자들은 어떤 식으로든 할리치나로 건너와서 이곳에서 직접 장기간 체류하며 비교적 활발한 문학 활동과 정치 활동을 벌였는데 이것은 할리치나의 우크라이나주의 운동의 방향 설정과 발전에 커다란 영향을 미쳤다. 또한 이들은 오스트리아령 우크라이나와 러시아령 우크라이나를 밀접하게 연결하는 매개자 역할을 하기도 했다.

할리치나에 새로 정착한 우크라이나 지식인들이 끼친 영향은 그 방향이

다양했다. 예를 들어 드라호마니브와 그의 동지들은 인민대중을 계몽하고 민권을 위한 투쟁을 조직하는 데 나서도록 할리치나의 우크라이나 공론층을 각성시키는 데 영향을 끼친 반면, 쿨리쉬, 안토노비치, 코니스키는 영향력 있는 폴란드 귀족 그룹들과 상호이해하는 관계를 맺으면서 우크라이나 독자생활의 발전을 위한 우호적 환경을 만들기 위해 노력했다.

그러나 어쨌건 러시아령 우크라이나에서 흘러들어온 이 모든 정신적 역량과 물질적 자원은 할리치나의 우크라이나 생활을 현저하게 강화하고, 그 발전을 크게 도왔다. 1870년대와 1880년대에 걸쳐 우크라이나 인민주의자들은 수도 크게 늘고 역량도 강화되었다. 처음에는 대중 서적의 발간과 독서회 조직 등 문학 활동과 교육계몽 활동을 시작했던 인민주의자들은 그런 다음에는 정치적 활동으로 넘어갔다. 소수의 보잘것없는 그룹에서 출발한 이들은 강력한 정파를 형성했고 열정과 정신적 역량에 힘입어 오래된 보수주의자들과 새로운 친모스크바파를 뒷전으로 밀어내고, 할리치나 우크라이나인들의 삶을 위한 기본 방향을 제시하게 되었다. 여기에다 더욱 활력 있는 새 구성원들까지 가담하였던 덕분에, 인민주의자들은 곧 할리치나와 부코비나에서 주도적 역할을 하기 시작했다. 친모스크바파는 인민주의자들이 우크라이나인들로부터 받는 것보다 훨씬 더 큰 도움을 러시아에서 받았지만 이

그림 391 우크라이나 인민공화국의 소국가문장.

들의 활동을 막지는 못했다.

다른 한편으로 보면 이때부터 할리치나는 러시아령 우크라이나를 위해 세계로 통하는 창문 역할을 하면서, 이 사회가 그 시절의 금지와 압제의 어둠 속에서도 잠들지 않을 수 있게 해주었다. 비록 우크라이나의 정치적 쟁점들과 당면한 과제 및 문제들에 대해 자유롭게 토론할 권리는 빼앗겼지만, 러시아령 우크라이나인들은 할리치나에서 출판되는 서적들을 이용할 수 있었으니, 이 서적들은 금지되어 있었음에도 러시아령 우크라이나에서 상당히 널리 퍼져나갔다. 할리치나의 여건에 바탕을 두고 할리치나 토양에서 출판된 할리치나 서적들은 사회, 정치, 민족과 관련된 여러 문제를 제기하고 시험하고 결정하고자 했다. 이 결과 러시아령 우크라이나의 가장 의식수준 높은 지식인들이 할리치나의 상황에 관심을 기울이게 되었다. 러시아령 우크라이나 내에서 정치적, 민족적 문제를 광범위하게 공개적으로 논의할 수 없었던 이 사람들은 문자 그대로 할리치나에서 전개되는 일들을 관심사로 삼아 살아갔다. 특히 할리치나의 우크라이나 인민주의자들 사이에서 온건파와 급진파가 나뉘어 투쟁을 벌이기 시작한 1890년대부터는 더욱 그러했다. 엄격하고 감시가 심한 체제에 살던 러시아령 우크라이나인들은 이 덕분에 문화적인 것에만 국한되었던 좁은 관심 범위를 넓힐 수 있게 되었고 극심한 문화주의적 일방주의에만 갇히는 것을 면할 수 있었다.

당시 러시아 정부가 내무정책상 허용한 우크라이나 문화 활동은 가능성이 극도로 제한되어 있어서 우크라이나 운동에 조금이라도 진지하게 관여하고 있던 인사들 중에서는 가장 확고한 문화주의자조차도 이에 만족할 수 없었다. 허용된 한계는 심지어 합법성 옹호자들의 입장에서 보기에도 너무 좁았다. 제국 지리학 협회 키예프 지부가 폐쇄된 이후 러시아령 우크라이나인들은 오랫동안 어떠한 기관지도, 어떠한 공중대상 활동을 위한 거점도 갖지 못했다. 키예프에 설립된 역사연구회(Історичне товариство)만이 때때로 우크라이나 학자들의 주도권을 허용하면서 활기를 띠고 대중적 관심사를 다루었다. 그래도 1880년대 초반 《키예프의 옛 시절(Киевская старина)》(1882~1895)이라는 역사학 월간지가 발행되기 시작한 것은 의미가 깊었다. 이 잡지의 발행자인 레베딘체브(Лебединцев)[105] 형제는 당대의 우크라이나 운동에서 멀리 떨어져 있었으며, 단지 옛날 방식의 우크라이나 골동품 수집가에 지나지 못했고 우크라이나 애국심도 아주 얕았지만 그래도 그들의 우크라이나 애호주의(українофільство) 덕분에 이 잡지는 학문, 문화 분야의 우크라이나 인재들을 주변에 불러 모을 수 있었다. 창간인이 사망하자 이 월간지는 키예프의 '옛 흐로마다'[106]의 기관지가 되었다(1888). 이 잡지는 (러시아어로 발행되었지만) 상당히 폭넓은 프로그램에 따라 활동해서 민족지학도 언어학도 문학도 모두 다루었다. 그 후 1890년대에 들어서서 이 잡지는 때에 따라 사회참여적 성격을 띠었고, 러시아 행정 당국이 결코 허용하고자 하지 않았던 문학기관지 역할을 하면서 우크라이나 문예 작품과 문학평론을 실었으며, 정치 언론 혹은 일반 언론의 역할까지 했다.

1876년 칙령 이후 20년의 기간은 러시아에서 우크라이나 민족운동이 가장 가혹하다고까지 말할 수는 없을지 몰라도 매우 모욕적인 검열과 행정적

---

105) 페트로 가브릴로비치(Петро Гаврилович, 1819~1896)와 페오판 가브릴로비치(Феофан Гаврилович, 1828~1888) 형제를 말한다. 이들 형제는 키예프 지방에서 자녀가 많은 시골 성직자 집안에서 태어났다. 맏형은 크림 전쟁에 참전해 공을 세운 무인이었다. 페트로와 페오판은 키예프 신학원에서 수학한 후 러시아에서 교사생활을 하다가 우크라이나로 돌아와 학술과 문화 활동에 종사했다. 이들 형제는 타라스 셰브첸코의 작품을 보존하고 소개하는 데 큰 힘을 기울였다. 형인 페트로는 정교사제로서 유명한 신학자, 종교사가가 되었고 동생인 페오판은 잡지 《키예프의 옛 시절》 발간에 주도적인 역할을 했다. 형제는 19세기 후반 키예프에서 우크라이나 문화의 유지와 발전에 크게 공헌했다고 평가받는다.
106) 127장에서 소개된, 역사가 안토노비치를 중심으로 하는 키예프의 흐로마다를 말한다.

압박에 시달린 기간이었다. 우크라이나 민족운동을 위한 사회적, 문화적 역량이 끊임없이 성장했고, 이 같은 역량이 전반적인 삶의 발전과 유럽의 문화적, 사회적 조류의 영향 속에서 러시아, 폴란드 및 재외 우크라이나인들의 삶과 어깨를 나란히 하고 나아갈 수 있는 상황이었음

그림 **392** 우크라이나 인민공화국의 대국가인장.

에도 발걸음을 내디딜 때마다 정부의 금지와 억압이라는 단단한 벽에 부딪쳤으니 이는 더욱 가슴 아픈 일이다. 검열과 행정 당국은 작가들의 문학 활동과 문화 활동에서 의도한 대로 우크라이나어를 완전히 몰아내는 데 실패하자, 그 사용 범위를 순수 민족지학의 범위 내로 한정시키고, 문화적 무기로 전환되지 못하게 하려고 시도했다. 그 때문에 학교와 교회, 행정 기관에서 우크라이나어가 사용되는 것은 단호하게 불허하고, 고급문화생활 영역에서도 온갖 수단을 써서 우크라이나어의 사용을 용납하지 않았다. 어떠한 학술 서적도 우크라이나어로 출간되는 것이 허용되지 않았다. 문예작품과 연극은 스스로의 범위를 농촌생활 묘사에만 한정하려고 애썼지만, 그나마 그 어떤 진보적인 사회사상, 민족사상도 담고 있지 않은 경우에만 우크라이나어 사용이 허용되었다. 지식인들의 생활을 그린 소설이나 연극은 전혀 바람직하지 않은 것으로 여겨져 검열 당국이 이런 작품의 출판은 금지시켰다. 검열 당국에는 우크라이나 문학이 성과를 보여줄 만한 비중 있고 흥미로운 작품의 출판은 일체 불허해야 하며, 온갖 구실을 내세우거나 혹은 간

단히 '국가의 이익'에 반한다는 이유로 출판을 금지하거나 하여 우크라이나어 서적의 발행을 가능한 한 최소화시키도록 온갖 주의를 기울여야 한다는 명령이 내려와 있었다. 그리고 검열 당국은 이렇게 하려고 가능한 모든 조치를 취했다. 게다가 검열관 가운데 누군가가 혹시라도 실수해서 우크라이나어 서적이 발행되는 것을 방지하고자, 우크라이나 서적은 특별히 이중 검열을 받게 했다. 지역 검열기관을 통과한 책은 페테르부르크에서 출판담당 총국의 검열을 다시 한 번 받도록 만들었다. 이렇게 해서 우크라이나어 서적은 사실상 말살되었다. 범용한 것들은 남았지만 가장 값진 책들은 모두 우크라이나에서 사라져서 일부는 외국에서 출판되고, 일부는 검열 당국 창고에 압류되어 그곳에서 계속 쳐박혀 있었다.

　우크라이나의 연극도 이와 유사한 어려움에 처했다. 연극은 당시 대단히 큰 중요성을 가지고 있었다. 왜냐하면 우크라이나어로 된 서적이 부족하고, 책의 배포가 가로막혀 있는 상황에서 연극은 광범위한 대중을 상대로 민족적 계몽을 할 수 있는 가장 중요하고도 유일한 수단이었기 때문이다. 연극은 어마어마하게 큰 성공을 이루었다. 처음에는 극단 하나로 출발했다가 우크라이나 극단의 수가 점차 증가하고 널리 확산될 수 있었던 것도 하나의 요인이지만, 빈약한 레퍼토리와 대부분의 경우 그리 수준이 높지 못했던 희곡에도 불구하고(연극에 대한 검열은 서적에 대한 검열 이상으로 엄격했다), 자신의 뿌리에 대한 연관성을 잃어버리고 탈민족(脫民族)적 상태에 놓여있던 도시 주민들에게 우크라이나 언어에 대한 기억과 사랑을 지탱해준 것도 성공 요인으로 작용했다. 도시에 우크라이나 극단이 오면 일종의 민족적 축제와 같은 상황이 벌어졌으니, 이는 낙담하고 분산되고, 조직되지 못한 처지에 있던 우크라이나 공중을 모아들여 이들에게 민족적 자극을 주었다. 빈약한 레퍼토리는 극에서 그려지고 있는 민속적이고 역사적인 우크라이나 생활양식의 풍요로움과 아름다움으로 보상되었다. 민족적, 사회적, 정치적 역점(力點)이 배제되어야 하는 상황에서도 이러한 장점은 관객들에게 큰 가치를 보여주었다. 또한 연극예술단원들의 뛰어난 재능 역시 이에 기여했다. 우크라이나 연극계는 대단히 유치한 희곡에조차 광채와 진실성을 불어넣어 줄 수 있는 기라성 같은 일급 재능의 연극인들을 순식간에 배출했다. 마르코 크로피브니츠키(Марко Кропивницький), 마리야 잔코베츠카(Марія Заньковецька), 토빌레비치(Тобилевич) 집안의 삼형제인 이반, 파나스, 미콜라(이들은 카르펜코-카리, 사크사한스키, 사도브스키 극단을 운영했다),[107] 자티르케비치(Затиркевич)와 기타 인물들이 이러한 거장들이었다. 스타리츠키(Старицький), 크로피브니츠키, 토빌레비치는 극단 업무의 조직자로서도 힘을 쓰며 재능을 보여 주었다. 이들은 우크라이나 연극의 수준을 크게 높였으며, 이들이 형성해낸 특정한 연극 양식과 분파는 민속적 기원에서 탄생하여 보다 일반적인 유형과 상황을 독특하게 양식화하고 장식했다.

그러나 이러한 창작활동은 그야말로 믿기 힘들 만큼 열악한 여건 속에

---

107) 이들은 우크라이나의 유명한 연극인 삼형제이다. 이들의 자매는 오페라 가수였다. 이들 중 맏형 이반 카르포비치 토빌레비치(Іван Карпович Тобилевич, 1845~1907)는 카르펜코 카리(Карпенко-Карий)라는 필명을 썼고 이 이름으로 극단을 조직하고 운영했다. 관직 생활을 하다가 문필활동을 시작해 희곡을 여러 편 썼다. 그의 작품은 강한 사실주의적 경향을 띠고 있으며 탁월한 언어적 조탁력으로 삶을 생생하게 그려내고 있다. 둘째인 미콜라(Микола Карпович, 1856~1933)는 배우 겸 감독으로 사도브스키(Садовський)라는 예명으로 활동하고 이 이름으로 극단을 운영했다. 1881년 전문연극인이 되어 활동하기 시작했고 자신의 극단인 사도브스키 극단을 만들어 활동하다가 동생인 파나스의 극단과 합쳐서 활동했다. 셋째인 파나스(Панас Карпович, 1850~1940)도 배우 겸 연출가로 활동했고 사크사한스키(Саксаганський)라는 예명을 쓰면서 이 이름으로 극단을 운영했다. 그는 우크라이나의 비판적 사실주의 연극의 대표자라고 평가받는다. 소련시대에 들어와서도 많은 활동을 했다.

그림 393 1918년 3월 19일 키예프 소피아 광장에서 열린 우크라이나 민회(베체).

서 이루어졌다. 행정 당국과 검열 당국은 이를 체계적으로 방해했다. 예를 들어 다음과 같은 요구가 주어진다고 하자. 순수하게 우크라이나 연극만 상연해서는 안 된다, 우크라이나 연극을 상연할 때는 같은 수의 막(幕)으로 구성된 러시아 연극도 상연해야 한다. 이런 요구가 주어지면 극단은 텅 빈 극장에서 5막으로 된 러시아 연극을 공연한 다음에야 우크라이나 연극을 공연할 수 있었다. 우크라이나 연극이 금지되지는 않은 상태였지만, 오랜 기간 키예프 총독 관구(당시 다섯 개 도가 여기에 속해 있었다)에는 우크라이나 극단이 들어올 수 없었다. 이러한 금지령이 내려진 이유는 오직 한 가지, 키예프에서 크로피브니츠키 극단 공연에 대한 관객들의 박수가 총독이 보기에는 너무 열렬했다는 것이었다.

되풀이해서 말하거니와, 이러한 답답한 틀 안에서는 문화주의 노선의 옹호자들이 제아무리 노력한다 해도 아주 소박한 우크라이나 문화 창조조차도 이루어질 수 없었다. 이 몇십 년 동안 러시아에서 조직된 우크라이나 민족운동은 문화주의자들의 영향 아래 있었다. 적극적인 사회-정치 활동의 가장 재능 있고 열정적인 전파자인 드라호마니브는 1876년 칙령 이후 좀 더 젊은 몇몇 동지들과 함께 외국으로 가서 그곳에서『흐로마다』선집,《자유로운 말(*Вільне слово*)》같이 자기가 직접 간행하는 출판물과 여러 유럽 간행물을 통해 논객으로서의 활동을 전개했다. 키예프 지식인 사회 자체도 같은 의지를 가지고 있었다. 이들은 드라호마니브의 활동과 출판을 재정적으로 지원하기로 하고, 같이 협력해 나아가기로 약속했다. 그러나 이 상호협조 관계는 곧 와해되었고 망명자들과 키예프 지식인 사회 사이에 전술적 과제에 대한 이해 차이가 드러났다. 적극적 정치 투쟁의 가장 단호한 옹호자들이 더 이상 존재하지 않게 되자 키예프 지식인 사회는 문화주의에 더 깊이 빠져들었고 문화주의 활동을 위한 합법적 방법을 찾게 되었다. 이들은 드라호마니브가 외국에서 발간하는 출판물을 통해 러시아 정부에 대항하여 전개하고 있던 과격한 전술을 비판했다. 그러나 키예프 지식인 사회의 강령은 결실을 거두지 못했다. 러시아 정부는 어떠한 양보도 하지 않았다. '러시아 정부와 타협하기 위해' 몇몇 지식인들이 택한 방법인 '사람을 통한' 온갖 탄원과 청원도 아무 결과도 만들어 내지 못했다. 문학 작품들은 검열 당국의 창고에서 잠자고 있었고, 신문이나 잡지가 아니라도, 반정기적인 선집이라도 간행하려는 모든 시도는 검열 당국의 '정화작업' 앞에 수포로 돌아갔다. 모든 것이 소용이 없었다. 민족지학, 언어학 또는 역사학 연구실만으로는 사회 전체를 장악할 수 없었던 것이다!

가장 원기 왕성한 사회 세력들은 우크라이나주의를 일종의 한물간 낭만주의 같은 것이라고 보았기에 이 운동을 떠났다. 이들은 활발한 활동이 적어도 외양상으로라도 펼쳐지고 있고 과감한 과제가 있으며, 언제나 용기 있는 사람들을 끌어들이곤 하는 그런 위험부담에 대한 실감이 느껴지던 러시아 정당들로 들어갔다. 이러한 분위기는 러시아 내 우크라이나주의의 문화주의자 그룹에서는 찾아볼 수 없는 것이었다. 러시아에서 우크라이나 운동이 전망부재 상황에 놓였던 것은 할리치나에 있던 우크라이나 조직들의 가치를 높여주었다. 할리치나에서는 언론기관이나 개인적 인맥을 통해 간접적으로라도 기본적인 정치, 사회 문제 논의와 정치적·사회적 활동에 참여할 수 있었다. 다만 이 시기, 1880년대와 1890년대 할리치나의 정치, 사회 운동은 아직 지역적 성격을 벗어버리지 못하고 있었고 그 정신과 내용에서 러시아령 우크라이나의 이해관계에서 크게 떨어져 있었던 것이 한계이기는 했다.

128. 오스트리아령 우크라이나의 정치 운동과 1890~1900년대 정치운동의 민족적 고양

1890년에서 1895년에 이르는 시기는 할리치나의 우크라이나 생활에서 전환기였다. 이미 서술한 바와 같이 1880년대에 할리치나 사회에서는 인민주의 운동이 상당히 널리 확산되고 이 사회를 장악하면서, 그러한 상황에서 일반적으로 그러하듯이 다수의 중립적인 인사들을 끌어들였다. 이러한 사람들은 어떠한 경향이 우세하게 되면 그 내용이 자기네들에게 완전히 낯설더라도 이쪽에 가담하곤 하는 법이다. 그래서 인민주의 운동이 점점 더 정치적 정당으로서의 성격을 띠게 되고, 광범한 인민대중들에게 다가갈 길이 열리게 되자 우크라이나 인민주의라는 포괄적 형태 아래 잠복해 있던 이질적 요소들로 인해 이 운동 자체의 내부에서 일정한 분열이 일어나게 되었다.

보다 진보적인 세력은 러시아령 우크라이나의 진보적 세력과 밀접한 관계를 맺고자 하면서 또 이들과 함께 유럽의 진보적 경향과 같은 노선을 가기를 열망했다. 이들은 우크라이나의 민족적 토양을 바탕으로 삼고 진정한 민주주의와 사회주의 정신에 입각해 사회·정치·경제적 관계들을 개혁하기를 원했다. 성직자와 관리들, 부르주아 계급(우크라이나인 가운데 이 계급에 속하는 사람은 극히 적었다)의 다른 대표자들이 주류를 이루는 좀 더 온건하고 보수적인 세력은 인민의 언어와 어느 정도의 우크라이나 민족전통으로 대표되는 민족적 형식을 취하면서, 이 얇은 덮개 아래서 과거의 생활 내용을 고수하고 싶어 했다. 우크라이나 민족 교회(할리치나에서는 통합교회)의 역할이 어떠한가, 동포들은 정통 신앙을 지키고 있는가 하는 것이 그들의 마음을 졸이게 하는 가장 중요한 관심사였고, 사회적·정치적 부문으로 말하자면 이들은 단호한 보수주의자였거나 아니면 지극히 온건한 민주주의자였다. 이런 상황에서 할리치나에서는 대단히 심각한 투쟁이 타올랐다. 여기에는 러시아령 우크라이나인들이 적극적으로 참여했거나 심지어 강력한 영향을 미쳤다. 특히 드라호마니브는 할리치나에 거주하지는 않았지만, 자기의 동지들인 가장 원기 왕성하고 유능한 할리치나 청년 그룹을 통해 할리치나 공론집단을 진보적 방향으로 이끌었고, 젊은이들과 농민층에 대한 그의 영향력은 점점 강력해졌다.

바로 이러한 순간에, 러시아령 우크라이나에서 온 몇몇 사람들의 영향과 참여도 한몫 작용하면서 모든 것이 결판났다. 곧 인민주의자들 중 가장 보수적인 분파가 그전까지 할리치나 지방의회와 오스트리아 제국의회에서 통상적으로 폴란드인들 및 오스트리아 정부에 대항하여 자신들과 같은 노선을 걸었던 친모스크바파와 정치적 동맹 관계를 끊게 된 것이다. 이 보수적 인민주의자들은 오스트리아 정부, 좀 더 정확히 말하면 정부가 파견한 할리치나 총독인 바데니 백작[108]과 상호이해할 수 있다고 생각하고, 1848년 혁명 때처럼 오스트리아 정부의 지원을 기대하였다. 그러나 당시에는 정부가 폴란드 귀족들에게 적대적이었지만 지금은 이들과 연합한 상태였다. 그리고 지금은 그때와는 달리 할리치나 자체의 우크라이나 공론층이 형성된 상태였다. 할리치나 우크라이나인들 중 가장 진보적인 일파는 이 일이 있기 전에 이미 보수적 인민주의자들을 떠나 '급진주의자'라는 명칭 아래 별도의 당을 조직하게 되었다. 인민주의자들과 정부의 새로운 연합이 공표되자 급진주의자들은 단호하게 일어나서 인민주의자들의 '협조' 정책에 대항한 강력한 선동을 전개했다. 이들의 입장은 지극히 타당한 것이었다. 왜냐하면 인민주의자들과 오스트리아 정부의 타협은 사실상 우크라이나인들과 할리치나 지배세력인 폴란드 귀족들과의 연합을 의미하는 것으로, 본질적으로 연합이라고 할 수조차 없고 폴란드 귀족 지배에 맞서는 투쟁으로부터 후퇴하는 것에 불과했기 때문이다. 이 타협의 대가로 이들은 그 같은 원칙적인 과업의 일환으로 내세우기에는 너무나도 시시한 몇 가지 민족 정책상 양보를 받아냈을 뿐이다(우크라이나어로 교육하는 고등학교 한 곳과, 대학의 우크라이나 학과 한 곳을 설치한 것 등이 그것이었다). 이 연합이 자신들을 어디로 이끌어갈 것인지를 깨달은 인민주의 지도자들은 결국 여론에 따라 이 '협조'를 파기했다. 일부 소규모 보수주의자−성직자 그룹만이 이 협조정책에 계속 찬성했을 뿐이다. 압도적 다수의 인민주의자

---

108) 카지미르 펠릭스 폰 바데니 백작(Kasimir Felix Graf von Badeni, 1846~1909). 폴란드식으로는 카지미에시 펠릭스 바데니(Kazimierz Feliks Badeni). 폴란드 혈통의 합스부르크 제국 정치인. 오스트리아령 갈리치아(할리치나)에서 태어났다. 갈리치아(할리치나) 총독이 되어 폴란드인 지배층과 우크라이나인들의 관계를 호전시키기 위해 노력을 기울였으며 상당한 성과를 거두기도 했다. 이는 '새 시대'라고 불린다. 폴란드인이지만 합스부르크 제국에 충성을 다했으며 1895년부터 1897년까지는 오스트리아 총리대신을 지내기도 했다.

그림 394 최초의 우크라이나 우표들.

들은 이 사건을 통해 오스트리아 정부와 폴란드 귀족층 간의 끊을 수 없는 연대를 한층 더 확실하게 확인하고, 폴란드의 통치권에 대해서도 중앙 정부에 대해서도 단호하게 맞서는 반대파를 형성하기로 결정했다. 오스트리아 정부는 의회에서 폴란드 귀족들의 지원을 얻기 위해 할리치나를 폴란드인들의 처분에 넘겨 버렸으니 말이다.

농민층의 사회적·정치적 계몽과 농민의 조직화를 바탕으로 모든 행동계획을 세운 급진주의자들의 예를 따라, 인민주의자들도 인민 속으로 들어가 인민을 정치적으로 계몽하고, 인민들의 권리 확보를 위한 투쟁에 나서게 하며, 정치적 생활과 정치적 투쟁에 이들의 참여를 이끌어내기로 결정했다. 이런 관점에서 보면 할리치나인들의 삶에 급진주의자들이 미친 영향은 매우 중요했다. 급진주의자들은 인민주의자들이 보수주의자들과 성직자 세력이 끌어당기는 대로 우경화하는 것을 막아주었고, 최소한 이들이 보수주의와 급진주의 사이의 중도노선이라도 견지하지 않을 수 없게 만들었다는 점에서 그렇다. 1900년에 인민주의자들은 급진주의자들 강령의 진보적·사회적 요구를 수용하여 이들과 공식적으로 하나의 정당을 청성하기로 결정하고, 이 통합된 당의 이름을 '민족-민주당(национальнодемократическая партия)'이라고 새로 지었다.[109] 진보적 강령을 채택했다고 해서 이 인민주의자들이 진정한 진보적 운동의 지지자들이 되었다고 보기는 어려운 것이 당연하다. 우파 세력은 이들에게 계속 영향을 미쳤고 오스트리아 정부 및 할리치나의 폴란드 지배자들과의 타협 노선에 끌어들이려는 노력도 계속되었다. 그러나 그럼에도 할리치나 우크라이나 운동의 좌파 세력 덕분에 인민주의자들이 우익이 이끄는 대로 극심하게 그리고 노골적으로 우경화의 길을 가는 것을 막을 수 있었던 것은 사실이다.

흔히 그러하듯이 결과적으로 보아 보수주의자와 급진주의자들 간의 투쟁과 경쟁은 1890년대와 1900년대의 할리치나 우크라이나 사회의 생활을 활성화시키는 역할을 했다. 민족적·정치적 의식화 과정은 지식인들의 범위를 벗어나서 광범한 인민대중에게서도 진행되었다. 이 같은 의식 덕분에 민중은 자신의 권리를 수호하고, 자신의 경제적·문화적·민족적 이익을 위해 투쟁하고, 이 이익을 끝까지 지켜내고, 함께 단합하고 조직화하는 것을 터득하게 되었다. 진보적 경향의 우크라이나인들이 택한 반정부 노선은 그 이전 1848~1850년대에 특징적이었던 친정부적인 민중적 민족문화 운동과는 대조적으로 할리치나 우크라이나인들이 정부로부터 그 어떤 호의적 조치나 또 다른 무엇도 기대하지 않도록 가르쳤고, 자신의 운명은 자신의 손으로 세워야 한다는 것을 깨닫게 해주었으며 자신들의 행동이 힘 있는 자들이나 부유한 자들의 권력에 어떠한 영향을 끼치는지를 생각하지 말도록 일깨웠다. 지난 몇십 년 동안 할리치나의 우크라이나인 사회가 달성한 모든 것은 폴란드인들의 통치권을 강화시켜 엄청난 권능을 행사할 수 있게 해준 전방위 방해공작에 맞서 전개한 투쟁에서 자신들의 힘

109) 이 정당에서 주도적인 활동을 했던 인물은 시인 이반 프란코와 이 책의 저자인 흐루셰브스키이다.

으로 쟁취한 것이었다. 폴란드인들은 오스트리아 중앙 정부의 지원을 받고, 할리치나의 모든 국가행정과 지역의 자치권을 장악하고, 막대한 토지 소유권과 무소불위의 재정적·문화적 수단을 소유하고 있었던 만큼 온 힘을 다해 우크라이나 운동을 저지하기 위한 투쟁에 나섰지만, 그럼에도 우크라이나 인민대중의 거대한 진격은 막을 수 없었다.

실제로 지난 10년 동안 많은 일이 이루어졌다. 민족 문화의 분야에서는 무엇보다도 우크라이나 학문의 형성을 언급하지 않을 수 없다. 이 시기가 되어서야 우크라이나 학문은 본격적 학문이라고 말할 수 있게 되었다. 1890년대에 르비브의 '셰브첸코 협회'를 중심으로 모인 학자들이 시작한 조직적인 작업이 이를 가능하게 했다. 이 단체는 1892년 학술단체로 개편되었고, 1898년에는 학술원을 모범으로 삼아 개혁되었다. 이 단체의 간행물들에 연구자들은 곧 관심을 보이기 시작했고, 우크라이나 학문은 학문 세계에서 정식으로 구성원 자격을 얻게 되었다. 중앙 정부와 지방 정부의 지원이 극히 미미했음에도 불구하고 이 단체는 폭넓은 출판활동 및 조직활동을 벌였으며 이러한 활동은 4반세기 전에만 해도 그 누구도 상상조차 하지 못한 것이었다.

이와 함께 우크라이나 대학의 설립 요구도 제기되었다. 1848년에 이미 오스트리아 정부는 대학 설립을 약속했지만, 그 후 다른 약속들을 잊어버렸듯이 이 약속도 망각했다. 르비브 대학은 폴란드인들이 최종적으로 장악했고, 우크라이나인들에게는 단지 우크라이나어로 강의할 수 있는 몇 개의 강좌만 남아 있었다. 이러한 상황으로 인해 우크라이나인들은 1890년대 말에 별도의 우크라이나 대학을 설립해야 한다고 요구하고 나섰다. 1900년대가 되자 이 문제는 아주 첨예한 현안이 되어 르비브 대학 내에 끊임없이 심각한 소요 사태를 불러일으켰고, 우크라이나 공론층의 광범한 집단은 물론 심지어 인민 대중조차도 여기에 적극 동조했다. 우크라이나 대학의 설립 요구는 우크라이나 정치의 시급한 문제가 되었고, 대학 개설은 가까운 미래에 실현될 수 있는 문제가 되었다.

문학 분야에서는 미문학(美文學)의 발전이 이루어졌음을 언급하지 않을 수 없다. 그전까지만 해도 상당히 척박했던 할리치나-부코비나 지역의 문학 토양에서 1890년대 말, 정치적·사회적 관심이 만개한 바로 이 시기에 신선하고 독창적인 재능을 지닌 수많은 작가들이 등장한 덕분이었다. 재능 넘치는 시인이며 소설가이자 정치평론가인 이반 프란코[110] 한 사람만 해도 1880년대~1890년대 할리치나의 진정으로 뛰어난 재사였다. 월간지 《문학-학문 통신(Литературно-науковий вістник)》이 창간되었고 우크라이나 출판협회인 '우크라이나-루스 출판협회(Українсько-руська видавнича спілка)'가 설립되었으며 이 단체들을 중심으로 바실 스테파닉[111]과 올하

---

[110] 이반 야코비치 프란코(Іван Якович Франко, 1856~1916). 우크라이나의 문인, 정치활동가. 19세기 후반, 20세기 초 서부 우크라이나에서 가장 영향력이 컸던 시인이다. 오스트리아 지배를 받던 할리치나의 나홀레비치 마을에서 부농의 아들로 태어났다. 실업학교를 마친 후 르비브 대학에서 철학, 우크라이나어, 문학을 공부했으며 미하일로 드라호마니브를 만나 문학활동, 정치사상과 관련해 막대한 영향을 받았다. 사회주의 활동과 관련해 체포, 투옥되었으며 옥중에서 풍자시를 쓰기도 했다. 출감 후에도 사회주의 사상을 깊이 있게 연구하면서 노동자와 농민을 조직하는 활동을 계속하는 한편 문학인으로서도 활발한 활동을 전개했다. 다양한 문학잡지에 기고하는 한편 빈 대학에서 문학 박사학위를 받고 대학에서 강의하면서 평론활동도 했다. 이반 프란코의 작품활동은 한마디로 요약하기 힘들 정도로 다양하게 전개되었으며 그가 우크라이나 문학에 미친 영향은 타라스 셰브첸코에 버금간다고 평가되기도 한다. 르비브 대학은 그의 이름을 따서 이반 프란코 대학으로 불린다. 그는 1899년 역사가 미하일로 흐루셰브스키와 함께 민족민주당을 결성해 1904년까지 활동하기도 했다.

[111] 바실 스테파닉(Василь Стефаник, 1871~1936). 우크라이나 문인. 표현주의 소설의 대가이자 정치활동가. 스타니슬라브 지방의 한 촌락에서 부농의 아들로 태어났다. 고등학교 시절부터 비밀결사에 참여했으며 20대에는 러시아-우크라이나 지식인들의 급진적 정당에 참여했다. 빈과 크라쿠프의 대학에서 의학과 인문학을 공부하는 동안 폴란드 표현주의 예술을 접하고 강한 인상을 받았으며 그 후 표현주의 소설을 썼다. 소설집을 여러 권 발간해

588

코빌랸스카[112]를 비롯한 여러 명의 재능 있는 신예 작가들이 등장하여 이제까지 볼 수 없었던 풍부한 내용을 현지 우크라이나 사회에 제공했다.

민중의 교육계몽과 조직 분야에서는 독서실인 '계몽협회(Просвіт)'와 체육단체인 '시치(Січ)' 및 '매(Сокол)'의 폭넓은 활동을 언급할 필요가 있다. 이 단체들은 인민대중의 삶에 매우 큰 영향을 끼쳤으며 지식과 교육계몽에 대한 갈망, 조직과 연대 형성의 본능을 일깨웠다.

제1차 세계대전이 발발하기 전 마지막 여러 해 동안에는 새로운 우크라이나 중등학교 설립을 추진하려다 겪은 어려움을 고려해서(이를 위해서는 폴란드 지배층에 그저 청원과 간청을 해야 했다. 좀 더 엄밀히 말하면 우크라이나 고유 생활의 다른 부문에서 핵심적인 양보를 하는 대가로 협상을 해야 했다) 할리치나의 우크라이나인들은 사립 중등학교 설립에 나섰고, 전쟁 전 10년 동안 상당히 많은 우크라이나 학교를 발전시킬 수 있었다.

마지막으로 이 기간 동안 경제 문제에 대해 큰 노력이 기울여졌다. 우크라이나 주민들을 악덕 중개업자나 외국 재정기관, 농촌기관에 대한 의존으로부터 해방시키기 위해 대부–저축은행, 협동조합, 농업협회 등이 설립되었다.

이 모든 활동은 할리치나 우크라이나 사회의 자신감을 높이고 민족적 권리 확장을 가능하게 했다. '선배' 세대들이 방침으로 삼았던 것처럼 지배

평단의 높은 평가를 받았으며 제1차 세계대전 종료 직전까지 오스트리아 의회의 우크라이나 정당 소속의원으로 활동하기도 했다.

112) 올하 코빌랸스카(Ольга Кобилянська, 1863~1942). 우크라이나 작가. 부코비나에서 하급 관리의 딸로 태어났다. 초등학교 4학년까지 다닌 후 독학으로 문학 수업을 쌓았다. 사회학, 정치학, 철학 논문들을 즐겨 읽고 서구의 진보적 사회사상에서 큰 영향을 받았다. 여성문제에도 큰 관심을 가지면서 개인적 취향을 존중하는 태도를 보였다. 독일어로 소설을 쓰기 시작했으나 그 후 우크라이나어로 많은 작품을 남겼다. 우크라이나 문학계의 선구적인 여성문인으로 평가받는다. 소련시절에는 작가동맹 회원이었다.

집단과 정부에 양보를 함으로써가 아니라, 할리치나의 폴란드 지배층이 어떠어떠한 양보사항에 동의해줄 것인가를 미리 따지지 않고, 우크라이나 인들의 민족적 권리 요구를 진지하게 고려하지 않을 수 없게끔 조직화된 투쟁을 전개한 결과로 이런 성과를 얻은 것이다. 가장 중요한 것은 심지어 정부가 그들에게 어떤 태도를 취할 것이냐 하는 것에도 신경을 쓰지 않고 우크라이나 사회가 자신의 민족적 발전을 위한 힘과 수단을 자신의 안에서 스스로 발견했고, 우크라이나 사회와 민중의 사회−정치 운동의 발전이 가장 크게 이루어지는 시기에 문화적 · 민족적 운동을 위한 수단과 민족적 창조 활동을 위한 활력을 내부에서 발견했다는 것이다.

이런 관점에서 보면 러시아령 우크라이나는 독자적 활동이 미약하다는 의미에서도 그렇지만, 극도로 불리한 대외적 여건이라는 의미에서는 더욱 심각하게, 할리치나에 비해 많이 낙후되어 있었다. 그래도 1차대전 전 마지막 10년 동안 러시아령 우크라이나 사회에서도 우크라이나의 삶을 위한 대단히 의미 있는 운동이 진행되었다.

129. 러시아령 우크라이나의 첫 예속탈피

1890년대에는 러시아에서도 우크라이나어에 대한 검열 통제가 다소 완화되어 좀 더 활발한 문학 활동과 출판활동이 가능해졌다. 현지 검열 위원회의 '열성'이 약화된 페테르부르크에 '염가도서 출판 자선후원회'가 설립되어 민중을 위한 다양한 분야의 대중 서적을 상당히 활발하게 출간하기 시작했다. 키예프에서는 출판그룹 '세기(Вік)'가 우크라이나 문예작품 출판에 나섰다. 코츄빈스키(Коцюбинський), 흐린첸코(Гринченко), 사

밀렌코(Самийленко), 크림스키
(Кримський)[113] 같은 여러 작가
가 나타났다. 이들은 새로운 주
제를 가지고 우크라이나 문학
생활을 새로 장식했으며 우크
라이나 문학언어에 새로운 광채
와 힘을 더해주었다. 연극도 눈
에 띄게 발전했다. 이 시기 연극
의 레퍼토리는 특히 카르펜코-
카리(토빌레비치)[114]의 작품들 같
은 여러 편의 뛰어난 희곡 덕분
에 풍부해졌다. 그는 동시대 민
중생활의 몇 가지 사회적 모티브

그림 395 헤트만 스코로파드스키.

를 희곡 속에서 다루면서 검열이 허용하는 범위 내에서 주제의 범위를 확
대하는 데 성공했다. 우크라이나의 음악은 미콜라 리센코가 그 영광을 당
당하게 유지했다. 그리고 마침내, 1900년대 초반에 이미 조형예술에서 우
크라이나 양식의 첫 시도가 나타났다. (이 시기의 가장 중요하고 의미 있는 창
조물은 뛰어난 우크라이나 화가이자 건축가인 바실 크리체브스키(Василь Кричев-

---

113) 1911년에 출판된 우크라이나어 초판본 『삽화를 곁들인 우크라이나의 역사』에는 크림스키
의 이름 대신 '레샤 우크라인카(Леся Українка)'의 이름이 쓰여있다. 사실 레샤 우크라인
카는 우크라이나에서 가장 저명한 여성시인이기도 하고 또한 이 한국어 번역본의 바탕을
이룬 1921년 빈판의 도판 385에는 그녀의 사진이 수록되어 있기도 한데 정작 본문에서는
언급이 되어 있지 않다. 어떠한 사정 때문인지 알 수 없다.
114) 앞에서도 설명했듯이 카르펜코-카리(Карпенко-Карий)는 이반 카르포비치 토빌레비치
의 필명이자 그의 극단 명칭이다.

ський)가 세운 폴타바 젬스트보(주민자치기구) 회관 건물이다.)

이보다 더욱 큰 의미를 가지는 현상은 1890년대부터 우크라이나 사회가 민족적, 정치적으로 활기를 띠기 시작해서 1900년대가 되면 이 같은 움직임이 아주 현저해지게 되었다는 점이다.

1899년과 1903년의 고고학 대회에서 우크라이나어 사용을 금지시킨 조치는 우크라이나 언어의 문화적 권한과 우크라이나 문화의 범위 및 과제에 대한 논쟁을 다시 불러일으켰다. 러시아령 출신 우크라이나인들은 할리치나의 문화·민족 운동에 참여하여 성공을 거두었고 이 덕분에 러시아 안에서 그들이 전개하는 투쟁 수준도 한층 높아졌다. 우크라이나주의(우크라인스트보)는 민족생활을 전면적으로 포용하는 것을 목표로 삼았다. 할리치나에서 정당 투쟁이 전개되는 것과 병행하여 러시아령 우크라이나에서도 정당 결성의 싹이 트기 시작했고, 다양한 사회적·정치적 경향들 간의 투쟁과 논쟁이 시작되었다.

드라호마니브의 사상과 할리치나 급진주의 운동은 1890년대부터 이미 젊은 세대 지도자들 사이에서 특히 큰 호응을 얻었다. 선배 세대의 문화주의와 체제 충성파에 대한 반대론이 눈에 띌 만큼 점점 강력해졌다. 그들이 '우크라이나 애호주의(Українофільство)'라는 말을 입에 올릴 때 이는 질책의 기미를 띠고 있었다. 그들은 이 단어를 피상적인 것, 우크라이나의 민족적 요구를 철저한 고려 없이 대하는 것, 민족적인 자명한 공리에서 연유하는 정치적·사회적 과제에 대한 이해가 결여된 것, 민족적 과제를 협소하게 설정하는 것, 정부와의 관계에서 기회주의적 태도를 취하는 것 등을 의미하는 말로 사용했다. 이런 연유로 '우크라이나인들'은[115] 자체적으

---

115) 여기서 '우크라이나인들'(украинцы)이란 우크라이나의 민족적 독자성을 강력하게 표방하고 정치적으로 급진적 입장을 취하는 사람들을 뜻한다.

로 전혀 균일한 집단이 아니었으면서도 적어도 '우크라이나 애호주의자들'과는 점점 분명하게 거리를 두게 되었다. 1897년에는 우크라이나 전체에서 이 모든 '우크라이나적' 요소 집단들을 우크라이나의 민족적 권리 획득을 위한 투쟁이라는 명분으로 조직하려는 첫 시도가 이루어졌다. 하나의 공통된 강령이나 공통된 행동 정책으로 통합해 들이기에는 이 구성요소들이 너무 다양했지만, 이 시기부터 다양한 그룹들 사이에서 새로운 조직적 연계가 시작되어 혁명기인 지금까지 끊이지 않고 이어지고 있다. 1904년에는 '민주 우크라이나당', 1905년에는 '급진민주 우크라이나당'이라는 명칭 아래 이들 그룹에 정당조직의 형태를 부여하려는 시도가 있었지만, 조직에 참여한 시민들의 이질성으로 인해 이는 성공하지 못했다. 이 조직은 제 정당 연결조직 역할을 하며 복귀했는데, 러시아연방 국가 내에서 우크라이나의 자치를 확보한다는 목표를 강령으로 내세워 결성되었고 그 후에는 '우크라이나 진보주의자 협회(Товарищество украинских прогрессистов, ТУП)'라고 불리게 되었다. 정치적·사회적 관점에서 이보다 더 급진주의적인 요소 집단을 통합하려는 시도도 있었지만 이보다 더 성과가 좋지는 못했다. 젊은 세대 가운데 특정한 급진적 정치세력을 통합한 조직이었으나 내부 혼란이 대단히 컸던 '우크라이나 혁명당(Революционная украинская партия)'(1900)을 효시로 좀 더 온건한 인민주의적 사회주의 색채를 띤 '우크라이나 급진당(Украинская радикальная партия)', 민족적 개혁안을 일반적인 사회민주주의적 강령에 담은 '우크라이나 사회민주당(Украинская социал-демократическая народная партия)'(1905)처럼 좀 더 취지가 확실한 조직에 이르기까지 급진파 정당을 형성하려는 시도는 계속되었지만 그리 성공적이지 못했던 것이다. 당시 상황은 정치적 분열이나 경쟁을 허용하지 않고, 오히려 우크라이나 의식을 가진 요소 집단들이 단일화된 구호 아래 통합되게 촉진하는 방향으로 형성되었고, 이들은 이 공통의 구호 덕분에 전 러시아 운동 속에 분산되어 흩어지지 않을 수 있었다. 이러한 요소 집단들 내에서 우크라이나주의가 고양되고 역동하는 것은 확연했다.

1900년대 초부터 우크라이나인들의 정치적 운동은 눈에 띄게 활발해졌다. 러일전쟁의 패배와 '공론(общественность)에 대한 정부의 신뢰' 시기는 이 같은 운동을 더욱 자극했고, 우크라이나인들이 러시아의 해방이라는 공통의 회오리바람 속에 이끌려 들어갔다. 당장의 현안이 된 것은 러시아 국가의 개혁과 관련된 문제들이었고 우크라이나의 특수한 이익은 부차적 문제로 간주되었다. 러시아 정당들의 이합집산에 따라 우크라이나 사회도 유사한 정당들로 모이고 나뉘며 같은 방향으로 움직였다. 농민들은 토지 문제에 가장 큰 관심을 기울였고, 지식인들은 정치적 문제에 몰두했다. 이 같은 전체적 동요 속에서 우크라이나 공론층에 의해 조직된 당시로서는 규모가 크지 않은 몇 그룹은 언론과 청원, 결의안 등을 통해 우크라이나 문제를 제기해내려고 했다. 우크라이나인들을 위한 민족적 동등권, 그리고 무엇보다도 우크라이나어 금지 조치의 철폐 등이 여기에서 핵심적인 우크라이나 문제였으며 이 그룹들은 모든 힘을 다해 이 문제에 대한 주의를 환기시키기 위해 우크라이나 의식을 가진 모든 요소 집단들을 연합하고자 노력했다.

1904년 12월 러시아 내각은 우크라이나 문제에 대한 특별 심의를 했고, 우크라이나 운동이 "그 자체로서 심각한 위험성을 내포하지는 않는다"는 판단에 도달했다. 만일 그런 위험성이 실제로 존재한다면 정부의 우크라이나어 금지 조치와 우크라이나 농민들이 자신들의 언어로 된 책을 읽지 못함으로써 겪는 피해 같은 것도 정당화될 만했다. 내각의 질의를 받은 국가 기관들도 유사한 견해를 내놓았다. 더욱이 페테르부르크 학술원은 직접 작성한 권위 있는 장문의 보고서에서 우크라이나어 문제를 다루었다.

이 보고서에서는 대러시아어 표준문어는 러시아 전체의 언어이고, 대러시아어가 대러시아인들과 마찬가지로 우크라이나인들에게도 모국어가 될 수 있기 때문에 우크라이나어를 발전시켜야 할 필요성이 없다는 항간에 떠도는 견해의 기만성을 파헤쳤다. 그러나 이러한 모든 해명에도 불구하고, 사태해결은 지연되어 정부는 우크라이나어 금지 조치를 해제하는 특별법을 반포하는 것조차 하지 않았다. 이 금지조치

그림 **396** 세멘 페틀류라. 통령부 수반이자 우크라이나 인민공화국 군대 총사령관.

들은 일반 법률에 의해 저절로 철폐되었다. 1905년 가을에 공포된 새로운 정기간행물 규정에 의해 우크라이나인들은 신문과 잡지를 우크라이나어로 발행할 수 있게 되었다. 더 나아가 1906년 4월에 제정된 비정기 간행물에 관한 규정은 우크라이나어를 포함하여 '외국어 및 이족(異族)[116] 언어로 된'

116) 러시아 역사에서 이족(инородцы)이라는 말의 의미는 시간의 흐름에 따라 다소 변화하였다. 공식적으로는 1822년에서 1917년까지 러시아 제국의 일반법의 적용을 받지 않고 자신들의 전통적 법체계를 유지하면서 별도의 법적 범주를 이루는 소수민족을 지칭하였다. 19세기에는 새로 획득된 투르케스탄이나 동시베리아의 소수민족들 등을 가리키는 데 이 말이 사용되었다. 비공식적으로는 러시아 내 러시아민족이 아닌 다른 민족을 (얼마간 폄하하여) 가리키는 넓은 의미로 사용되었다. 그런데 차츰 비공식적 용법이 확대되어 19세기 말, 20세기 초에는 공식문서에서도 이러한 의미로 이족이라는 말이 사용되게 되었다. 본문의 구절은 공식문서에서도 이족이 넓은 의미로 사용되었음을 보여준다. 즉 우크라이나어가 러시아제국 내에서 비러시아어의 하나로 폄하적으로 칭해지고 있는 것이다.

서적의 발행을 제한하는 일체의 조치를 해제했다.

실제로는 이러한 조치 이후에도 우크라이나 서적과 언론에 대한 검열 당국의 집요하고 의심에 찬 감시는 중단되지 않았던 것이 사실이다. 러시아어로 쓰인 책에서는 자유롭게 유포되는 그러한 내용을 담은 것이더라도 우크라이나어로 된 책은 정기적으로 제제를 당하고 판매금지 조치를 받았다. 러시아 행정 당국은 계속해서 우크라이나어를 무엇인가 적대적이고 사악한 울림을 가진 것으로 여기고, 이 언어 속에서 반란과 봉기를 선동하는 그 무슨 위협을 찾아내려고 노력했다. 민중혼의 비밀스러운 심층으로 파고들고, 그들의 의식을 일깨우며, 공감대를 형성할 수 있는 우크라이나어의 잠재력을 러시아 정부는 극단적으로 두려워했다. 러시아 행정 당국은 지방의 지배자로 계속 군림했기에 우크라이나어를 탄압하기 위해 수단방법을 가리지 않았다. 다른 언어로 된 간행물에는 적용되지 않는 온갖 특별한 압제 조치가 우크라이나어 신문에 적용되었다. 공직 복무자들은 우크라이나어 신문을 구독할 수 없었고, 구독하는 경우 처벌을 받았을 뿐 아니라, 단도직입적으로 우체국과 촌락 기관에 지시가 내려와 이 잡지들이 농촌의 구독자들에게 배달되지 못하게 하기도 했다. 여러 가지 벌금 조치나 편집자 체포, 신문을 인쇄하는 인쇄소의 폐쇄 등으로 신문 자체가 폐간되게 하기도 했고, 아무 이유도 없이 그냥 신문을 폐간시키는 경우도 있었다.

그러나 더 중요한 사실은 출판된 서적을 통해 우크라이나어도 원칙적으로 러시아어와 대등한 위치가 되었고 비록 독자층의 범위가 좁고 징벌을 받을 위험에 늘 노출되기는 했지만, 이 언어가 널리 확산되고 발전될 길이 열린 것이었다.

정치적 자유와 입헌 체제를 약속한 1905년 10월 17일의 황제 칙령[117]은 정치적·사회적 현안들을 해결할 수 있다는 큰 희망을 불러일으켰다. 이

가운데서 실제로 실현되는 것이 얼마나 적을지는 그 당시로서는 상상하기
힘들었다.

1906년 봄에 소집된 1차 두마(дума)[118]에 큰 기대가 모아졌다. 농민 대
표 및 지식인 대표 두마 의원들 중에는 우크라이나주의에 대해 다소 호의
적인 태도를 가진 사람들이 적지 않았고, 이들을 중심으로 상당히 큰 규
모의 우크라이나 분파(의원단)도 형성되어 앞으로의 두마 회의에서 중요한
역할을 할 수 있을 것으로 기대되었다. 그러나 이 그룹이 제대로 구성되기
도 전에 1차 두마는 해산되었다. 이 그룹에 참여한 사람들은 주로 우크라
이나 문제에 대한 지식이 별로 없고 그저 두마 내에서나 우크라이나 생활
의 필요를 진지하게 숙고할 가능성을 가지고 있던 그런 사람들이었다. 두
마 내 우크라이나 의원단의 근간을 이룬 의식 있는 우크라이나인들은 키
릴-메포디 형제단의 전통 노선을 따랐는데, 당시의 우크라이나 운동조직
들이 채택한 것이 바로 이 노선이었다. 바로 이 당시에 공표된 선언문에서
이들은 연방제를 국가 체제의 가장 적절한 형태로 보고, 현 시점에서는 우
크라이나와 러시아 내 다른 소수 민족영역들이 민족적·영토적 자치를 확
보하여 우크라이나 자치 의회를 두며, 이와 연계된 행정 기구 및 감독 기
구를 설치하고, 입법과 재정운영에서 광범위한 권한을 가지고 지역 공유

---

117) 러시아 황제 니콜라이 2세가 1905년 혁명을 수습하기 위해 발표한 '10월 선언'을 말한다.
그는 1905년 1월부터 시작된 혁명의 물결로 차르 전제정을 비롯한 기존체제가 위기에 부딪
히자 시민적 자유(인신의 불가침성, 양심, 언론, 집회, 결사의 자유)의 인정, 기본법(헌법)
의 제정, 황제권의 일정한 제한, 입법권을 가진 국회(두마)의 개설 등을 골자로 하는 일련
의 약속을 담은 이 선언을 내놓았다. 실제로 엄청나게 고조되었던 혁명적 분위기는 이 선
언 이후 상당한 정도로 수그러들었다.
118) 러시아의 국회를 말한다. 10월 선언에서 황제가 약속한 대로 1906년에는 총선이 실시되고
국회가 개설되었다. 러시아 제국의 국회는 1917년 2월 혁명이 일어날 때까지 4차에 걸쳐
구성되었다.

그림 397 블라디미르 베르나드스키. 20세기의 뛰어난 학자이자 사상가. 우크라이나 학문의 조직자.

지 운영, 교육 및 종교 문제, 치안과 경제 수단에 대해서도 역시 광범한 자치권을 확보하는 것을 목표로 했다. 그러나 이 강령은 발표된 지 얼마 지나지 않아 1차 두마가 바로 해산되어 버리는 바람에 두마에 제출되어 제대로 다듬어질 기회를 가지지 못했다. 2차 두마도 단기간 존속하고 끝나는 바람에 여기서도 같은 일이 되풀이되었다. 우크라이나 의원단이 미처 조직을 완료하기도 전에 두마가 해산되어 버린 것이다. 새로운 선거법에 의해 구성된 3차 두마에 농민들은 독자적으로 선출한 대표를 파견할 수 없었고, 희망을 걸 수 있을 유일한 세력이었던 우크라이나 농촌 사회는 엄밀히 말해 두마에서 전혀 대표되지 못했다. 그 결과 10년 동안 지속된 두마의 입법활동에서 우크라이나의 독자적 생활은 아무 소득도 얻지 못했다. 심지어 3차 두마에서는 다른 몇몇 소수민족('이족') 학교의 경우처럼 우크라이나 인민(초등)학교에서 우크라이나어 교육을 허용하는 법안조차 찬성자 수 부족으로 통과되지 못했다.

이런 결과는 우크라이나 민족 운동에 적대적 태도를 가진 정부 인사들의 비우호적인 우크라이나관을 잘 반영하고 있다. 1907년 선거법은 의도적으로 이러한 방향으로 개정된 것이었는데 이 선거법이 채택된 후 이들은 두마에서 언제나 친정부 다수파를 형성했고, 두마 입법 과정에 영향을 미칠 가능성을 가지고 있었다. 우크라이나 문제에 관한 한 이는 더욱 용이했다. 러시아의 보수주의자 그룹, 자유주의자 그룹, 심지어는 사회주의자 그룹까지도 우크라이나주의에 대해 아주 적대적인 태도를 보였고 민족적 자유에 조금이라도 우호적인 세력은 이 적대적 다수파 무리에 파묻혀 흔적도 없이 사라졌기 때문이다. 사실, 인민학교와 행정, 재판 업무에서 우크라이나어 사용이 사라진 것은 이를 명백히 보여준다. 학교에서 민족어로 교육시키는 권리는 폴란드인, 리투아니아인, 라트비아인, 에스토니아인, 타타르인, 여러 카프카스 소수민족에게는 인정되었지만, 우크라이나인들과 벨라루스인들에게는 이 권리가 인정되지 않았다(1910).

10월 17일의 황제 선언 공포 후, 러시아에서 입헌 체제가 발전함에 따라 우크라이나의 독자적 생활도 자유롭고 올바르게 발전할 수 있을 것이라고 생각했던 사람들의 희망은 이렇게 바람결에 날려 사라져 버렸다. 그러나 어떤 무시무시한 장애를 만나도 이 희망은 멈추지 않고 자라고 있었다.

1905년부터 1914년까지 10년 동안 우크라이나 민족운동에 대한 그 모든 실망과 금지와 탄압에도 불구하고 엄청난 진보가 이루어졌고, 중요하고 값진 성취가 달성되었다. 이러한 성취는 생활에 깊이 파고들었기에 어떠한 금지나 탄압도 이것을 떼어낼 수 없었다. 왜냐하면 이것은 원래 온갖 금지와 방해에 대항하여 쟁취한 것이었기 때문이다. 10월 17일의 선언으로 우크라이나 언론에도 길이 열렸다. 《농사꾼(*Хлібороб*)》,《흐로마다의 생각(*Громадська думка*)》(이 신문은 나중에 《평의회(라다)》로 제호를 바꾸게 된다),《고향땅(*Рідний край*)》,《마을(*Село*)》,《파종(播種, *Засів*)》,《경작된 땅(*Рілля*)》을 비롯한 많은 신문과,《자유 우크라이나(*Вільна Україна*)》,《새로운 흐로마다(*Нова громада*)》, 르비브에서 키예프로 옮겨온 《문

학-학문통신(*Літературно-науковій вістник*)》, 《우크라이나의 오두막
집(*Українська хата*)》같은 잡지가 발행되어 자신의 중요한 임무를 수
행했고, 온갖 '채찍'과 행정적 간계와 사법적 처벌과 갖가지 방해에
도 불구하고 이 신문·잡지들의 구독자와 보급은 크게 증가했다. 이
같은 우크라이나 언론은 사방으로 분산된 우크라이나 지식인 원자
(原子)들을 하나의 시민적 단일체로 통합하고 연결해주었고, 우크라
이나 독자생활의 기본적인 정치적·사회적·민족적 요구를 그들 앞
에 제시해주었고, 이와 함께 경제적 과제도 처음으로 진지하게 제기
했다. 1907년에 설립된 우크라이나 학술협회(Українське наукове то-
вариство: Украинское научное общество)는 여러 학문 분야의 우크라이나
학술 역량을 협회 간행물들을 통해 통합했는데 이 단체의 활동은 이전 시
대처럼 '집안 살림용' 수준이 아니라 문화생활의 전 분야에서 온전한 우크
라이나 문화의 요구를 보여주었다. 우크라이나 학교의 요구사항도 그 근
거가 진지하게 논의되었다.

　인민 대중 사이에 교육과 실용적 지식을 전파하는 길에서 가장 큰 장해
물이 나타났다. 이 목적을 위해 여러 도시에서 지회를 조직하려고 했던 '계
몽협회'는 어떤 곳에서는 지회 설립 허가를 받지 못했고, 또 어떤 곳에서는
이미 있던 지회의 폐쇄를 겪었으며 결국 얼마 안 있어서 거의 모든 지역에
서 해체되었다. 그러나 이 기간 동안 크게 발전해 있던 대중 문학은 광범
한 민중 사이에 퍼졌고, 이것은 곧 그 효과를 보여주게 되었다.[119]

---

119) 엄밀히 말하면 1911년 키예프판(초판·우크라이나어본) 및 1913년 상트페테르부르크판
　　『삽화로 보는 우크라이나의 역사』는 여기까지이다. (앞 면 내용 중 1914년에 대한 언급은
　　물론 나중에 추가된 것이다) 이 아래부터는 오스트리아의 빈에서 1921년에 출판된 수정증
　　보판의 내용이다. 수정되기 전 1913년 러시아어판의 마지막 문단은 다음과 같다. "우크라
　　이나 민족 문화의 광범하고도 전면적인 발달은 러시아에서도 틀림없이 가까운 시일 안에

130. 전쟁 전야

1905년의 러시아 혁명은 전 세계의 자유를 위한 큰 축제와도 같았다. 혁명 소식은 전류와도 같이 온 세상으로 퍼졌고, 정치적·사회적 해방을 열망하는 사람들을 불러일으켜 세웠으며 이들을 더욱 용감하게 만들었다. 러시아 혁명에 이어 투르크, 중국, 페르시아 혁명이 잇따라 일어났다. 전세계가 자유와 정의의 터전을 향해 빠른 걸음으로 다가가는 것 같아 보였다. 그러나 해방 운동이 이러한 성공을 거두자 이에 반대하는 모든 적들도 들고일어나게 되었으니, 그들은 아연(俄然) 기운을 내어 세력을 합치고 단호한 조치를 취하기 시작했다. 러시아와 오스트리아에서도 그러했지만 우크라이나 민중도 이런 반동을 특히 강렬히 감지하게 되었다.

오스트리아 제국의 지배 아래 있던 여러 지역에서는 러시아 혁명의 영향이 매우 강하게 나타났다. 이 혁명은 오스트리아·헝가리 제국 전체의 모든 민주주의적, 사회주의적, 민족주의적 반체제 세력을 불러일으켜 세웠다. 마침 오스트리아와 헝가리의 관계가 긴장되었을 때 이러한 사태가 발생했고, 민주주의적 호소와 사회주의적 호소가 정치적·민족적 호소와 한데 섞였다. 총체적 동요는 보통·평등·직접·비밀 원칙(4대 선거 원칙)에 입각한 선거권 개혁을 요구하는 거대한 운동으로 발전했다. 여러 지역의 우크라이나인 거주 지역에서는 격렬한 선동활동이 전개되었으며 특히 할리치나에서는 그 분위기가 아주 격렬하였다. 이 개혁의 움직임은 우크라이나인들에게 폴란드 귀족층과 폴란드 부르주아지의 지배를 종식시킬 수 있다는 희망을 불어넣었다. 그동안 그들의 지배권은 폴란드 세력이 선거권

이루어지게 될 것이다." 1차 대전 이전에 출판된 우크라이나어본에는 여기에 "그리고 그 미래에 대해 확신을 가질 수 있을 것이다"라는 마지막 구절도 첨가되어 있다.

에서 누리는 특권적 지위를 버팀목 삼아 유지되어 왔던 것이다. 러시아 혁명의 영향으로 보수 세력은 양보를 할 수밖에 없게 되었음을 실감했다. 연로한 오스트리아 황제[120]는 의회 선거제도의 개혁을 재가했고, 실제로 개혁이 이루어졌다. 그러나 폴란드 의회(세임)의 선거제도를 개혁하는 일은 폴란드 의회 자체의 손에 맡겨졌다. 의회 개혁의 실행으로 말하자면, 의회 내에서 영향력이 강한 독일인들과 폴란드인들은 개혁이 자신들의 민족적·계급적 지배권에 가능한 한 해를 끼치지 않게끔 전략을 짜고자 했다. 선거구 획정과 의석 배분이 자의적으로 결정됨으로써 평등 투표 원칙은 무자비하게 훼손되었다. 우크라이나인 거주 지역 선거구는 특별히 넓게 구획하고, 폴란드인 선거구는 좁게 만들어서, 우크라이나인들은 결국 온전한 투표권이 아니라 절반의 투표권밖에 얻지 못하게 된 셈이었다.

이것은 주민들의 열정이 크게 식어버리는 결과를 가져왔다. 그리고 실제로 이 새로운 보통 및 평등 선거에 의거하여 1907년에 소집된 '최초의 국민의회(первий народний парламент)'는 이 개혁에 걸렸던 모든 희망이 완전히 좌절되었음을 보여주었다. 소수민족은 그동안 수가 크게 늘어나 있었으나 입법 과정에서 그 어떤 영향력이나 목소리를 낼 수 있는 권리도 사실상 모두 박탈당한 집단으로서 이전과 같은 서글픈 상황에 계속 놓여 있었다. 의회에 제기된 사회적 과제의 해결은 민족 간의 논쟁으로 인해 해결될 가망 없이 중단되었다. 의회에서 우크라이나의 대표성은 현저하게 강화되기는 했지만 민족 노선에서는 "폴란드 분파"를 이루어 단합된 태도를 보이던 폴

---

120) 19세기 후반에서 20세기 초까지 장기간 재위하며 오스트리아 제국을 통치했던 프란츠 요제프(Franz Joseph, 1830~1916) 황제를 말한다. 그는 1907년에 제국의회(Reichsrat) 의원 선출을 위한 선거제도의 개혁을 승인했다. 이에 따라 선거가 실시되고 제국의회가 새로 구성되었다. 이 선거 결과가 오스트리아 우크라이나인들에게 가진 의미가 아래에 기술되고 있다.

란드 정당과 정치 단체들 앞에서 힘을 발휘하지 못했다. 할리치나의 지배권은 폴란드 부르주아지가 장악했다. 폴란드의 민족민주주의자들은 최근의 개혁 이후에 자기네 귀족들을 제압하고 민족 문제에서 더욱 심한 긴장 관계를 조성했다. 민족적 적대감은 극단적인 상황에까지 이르렀다. 우크라이나 대학생 시친스키[121]가 자신의 민족이 정치적으로 모욕받은 것을 복수할 양으로 할리치나 총독 포토츠키[122]를 살해한 사건(1908)이나 르비브 대학 내에서 우크라이나 학생들과 폴란드 학생들 사이에 발생한 유혈 총격사태(1910) 같은 사건은 이러한 민족 간 적대감의 심각한 수준을 반영하고 있다.

쓰라린 경험과 환멸을 겪은 우크라이나 의회 지도자들 중 다수파는 곧 기회주의적 노선을 택했다. 이들은 오스트리아 제국 정부와 상호교감을 추구했으나 정부는 매번 이들을 배반하고 폴란드인들 편을 들어주었고, 이러다 보니 우크라이나 일반시민들 사이에서는 폴란드인들과의 협조 정책이 정말 인기가 없었음에도 불구하고 결국 할리치나와 부코비나의 정치 지도자들은 폴란드 패권을 타협적으로 수용할 수밖에 없게 되었다. 이들은 폴란드 의회의 선거제도와 의회의 전반적인 대의제도를 개혁하기 위한 협상을 한다는 것을 타협 노선의 명분으로 삼았다. 그러나 이는 폴란드인들 다수의 동의 없이는 실현될 수 없는 것이었다. 오랜 기간 격렬한 논쟁을 거치

---

121) 미로슬라브 미콜라이비치 시친스키(Мирослав Миколаївич Сичинський, 1887~1979). 우크라이나의 정치활동가. 할리치나의 성직자 집안 출신으로 르비브 대학 재학 시절 급진적 정치운동에 참여했으며 폴란드 지배층의 우크라이나인 차별에 대한 항의로써 할리치나의 폴란드인 총독 안제이 포토츠키를 저격하여 살해했다. 이는 우크라이나 급진 정치운동 최초의 테러 사건으로 일컬어진다. 시친스키는 후일 미국으로 이주하여 살다가 사망했다.

122) 안제이 카지미에시 포토츠키(Andrzej Kazimierz Potocki, 1861~1908). 폴란드 귀족(백작), 행정가, 1903년부터 1908년까지 할리치나 총독이었으며 할리치나 우크라이나인들의 급진주의적 정치적 요구나 민족적 요구를 수용하지 않아서 우크라이나인들과 많은 마찰을 빚었다. 집무실에서 르비브 대학생 시친스키의 총격을 받고 사망했다.

고 훼방과 반대를 받은 후에 우크라이나 정치 지도자들은 결정적 양보를 했다. 질질 끄는 짜증스러운 협상 끝에 1914년 2월 14일 합의가 도출되었다. 우크라이나인들은 자신들의 원칙적 요구 사항을 철회했다. 즉 할리치나를 폴란드 지역과 우크라이나 지역으로 양분하고, 이와 함께 의회와 지방 고위 행정기구(지방사무소, 교육위원회 등)를 양분한다는 요구를 철회한 것이다. 이 문제는 후일의 논의 사항으로 미루어졌고, 현단계로서는 폴란드 의회의 단일성을 인정하면서 우크라이나인들은 폴란드 의회 내에서 소수파로서 만족하기로 했다. 의석분배에서도 동의가 이루어졌으니, 우크라이나인들은 의석의 27퍼센트만 차지하기로 했고, 나머지는 폴란드인들과 유대인들이 차지하게 되었다. 지방 고위 기구에서도 우크라이나인들의 대표권은 단지 의회 의석의 경우와 동일한 비율로 확대된 데 지나지 않았다.

이러한 조치는 당시로서는 이 지역 행정에서 우크라이나인들의 영향력을 다소 강화시키는 것임에 틀림없었지만, 기본적으로 폴란드인들 앞에서 우크라이나 요소 집단을 굴복시키고, 폴란드인들을 이 지역의 주인으로 인정하는 것이었다. 게다가 민중의 자의식을 그토록 심하게 거스르는 정치적 노선을 택함으로써 우크라이나인들의 정치적 활동성은 크게 저하되었다. 이 점은 이 시기에 아주 분명하게 찾아볼 수 있다. 일부 급진주의자들이 합세한 이후에 할리치나 정치생활을 무제한적으로 지배하게 된 폴란드계 주류 민족민주주의자들은 주요한 언론기관, 경제기구 및 재정기구들을 손안에 장악한 후 전반적으로 시민들의 정치적 의식이나 자율성을 발전시키는 것보다 오히려 그들을 자신들에게 확고하게 복종시키고 의존케 하는 데 더 큰 주의를 기울였다. 다른 한편으로는 격렬한 민족 간 투쟁도 부정적 영향을 미쳤다. 왜냐하면 투쟁의 열기 속에서 마침내 기본적 원칙도 투쟁 방법을 조정해야 하는 일체의 도덕적 기준도 상실되어 버렸기 때문이다. 폴란드 귀족·관료층이 만들어낸 이 투쟁의 방법, 혹은 더 정확히 말해서 투쟁의 수법은 우크라이나 생활에 어떤 효용이 있는지 대단히 의심쩍은 것이었음에도 우크라이나 정치인들도 그대로 채택했다. 이념적, 문화적 이해는 온갖 '현실적인' 정치적이고 정당적인 계산에 자리를 양보했다. 그리고 지난 10년간 할리치나를 우크라이나 독자생활의 중심지로 만들었던 문화적 흥기는 이 시기에 급격히 퇴보했다. 서적 출판도 감소했고, 학문적 관심도 부차적인 것이 되었으니, 경제 단체나 협동조합, 은행들의 성공도 이런 손실을 보상하지 못했다. 어쨌거나 할리치나가 지금까지 우크라이나 전체의 삶에서 수행한 역할에 비하면 이런 것들은 아주 사소하거나, 전혀 아무 의미도 없었다.

원래 우크라이나의 예속철폐[123] 자체가 할리치나의 역할을 축소시켰지만, 할리치나 문화생활의 위축은 우크라이나에서 할리치나 생활에 대한 관심을 더욱 축소시키는 결과를 가속화했다. 러시아령 우크라이나에서 신문과 잡지와 문화 단체가 나타남에 따라 과거에 활동처를 찾아 할리치나로 왔던 주요 인물들이 러시아령으로 돌아간 것은 지극히 당연한 일이다. 그러나 이와 함께 할리치나의 출판, 할리치나 상황, 할리치나 정치 자체가 우크라이나인들의 관심을 잃어버리게 된 이유는 그 기본 내용이 빈약해진 데에도 있었다. 할리치나의 활동인력들은 이제는 러시아령 우크라이나에서 자신들이 채택할 활동 모델을 찾기 시작했다. 1907년부터 1914년까지 우크라이나의 출판계를 보면 이런 현상이 상당히 명확히 나타난다. 특히 르비브에서 시작된 《문학—학문 통신》이 키예프로 이전해 간 것은 그 좋은 예다.

이 시기에 러시아에서 우크라이나 민족 발전 과정에 초래된 온갖 장해

---

123) 러시아의 1905년 혁명 이후 우크라이나어 서적과 신문의 출판을 비롯한 문화활동이 가능해지고 우크라이나인들의 정치활동 가능성이 확대된 것을 말한다.

와 어려움에도 불구하고, 이곳에서 우크라이나의 삶은 힘차게 요동쳤다. 이제 막 지하에서 풀려난 해방된 민족의 에너지가 발걸음을 옮길 때마다 그토록 많은 장해를 만나게 된 것인 만큼 요동이 더욱 심했다고 할 수 있을 것이다. 문자 그대로 1905년 황제의 10월 선언이 발표된 바로 다음 날부터 시작된 정부의 반동은 우크라이나주의와 관련한 사례에서 특히 적나라하게 드러났다. 무소불위의 행정 당국이 취한 탄압 정책 가운데 중요성이 덜한 것은 언급하지 않더라도, 우크라이나주의와 관련해 정부 기관이 취한 가장 기본적이고 선언적인 행동은 언급할 필요가 있다. 폴타바 지방정부는 현지 우크라이나 사회의 문화적-교육계몽적 발전을 지원하는 활동이 은밀하게 분리주의적 의도를 품고 있다는 구실로 '계몽협회' 지부의 등록을 허가하지 않았는데 이 규정을 원로원이 추인해 준 것(1908)이야말로 정부정책의 탄압적 성격을 잘 보여준다. 이런 관점은 그 후 1910년 1월부터 내무대신이 발송한 회람문에서 더 발전한 형태로 나타났다. 이 회람문은 '러시아 민족의 단일성'에 대한 온갖 관제 이론을 정면으로 거슬러 우크라이나 조직들을 유대인 조직과 나란히 '이족'의 조직으로 분류하고, 지방 행정관들에게 설립 목적에 관계없이 이러한 조직의 설립은 결코 허용하지 말도록 지시했다. 그는 여기에 "민족적 이해에 따라 단결하는 것은 민족들 간의 상호소외를 강화하기 때문이다"라는 이유를 덧붙였다.

바로 이 내무대신(스톨르이핀)[124]은 1911년 2월에 모스크바에서 어느 우

---

124) 표트르 아르카디예비치 스톨르이핀(Пётр Аркадьевич Столыпин 1862~ 1911). 제정러시아의 정치인. 귀족 출신으로 상트페테르부르크 대학에서 수학한 후 관직에 나아가 코브노(리투아니아), 그로드노(벨라루스), 사라토프 등지에서 지방행정을 담당했다. 1905년 혁명 이후 내무대신직을 맡았다가 수상직을 겸임하게 되면서 황제정부를 안정시키고 강화시키고자 했다. 이를 위해 그는 농민 공동체를 해체하면서 부농육성책을 취해 자영농 중심으로 농업을 진흥하고자 하는 한편 혁명세력에 대해 강경책을 썼다. 자유주의적이던 1, 2

크라이나인 동지회 설립을 불허한 일에 대해 작성한 보고서에서 이러한 정부 정책의 근거를 상세하게 제시했다. 그는 이를 "러시아 국가성의 오랜 역사적 과제"와 결부시켰는데, 그 과제란 "현재 우크라이나 운동이라 불리는, 민족적·영토적 자치를 바탕으로 하여 고대 우크라이나를 부활시키고 소러시아적인 우크라이나를 건설하려는 생각을 내포한 운동을 저지하는 투쟁"을 말했다. 이렇게 해서 정부는 이 운동이 한 무리 공상가들의 몽상으로 태어났다는 식의 온갖 뒷공론을 일축하고 우크라이나 운동의 완전한 역사성을 인정했는데, 그러면서도 이것에 대해 철저히 적대적인 입장을 고수했으며, 이 운동 가운데 문화적·민족적 과제가 어디에서 끝나고, 정치적 과제가 어디에서 시작하는지를 구별하지 않고, '동슬라브 제 민족'을 구별하는 일체의 차이를 제거시키는 것을 자신의 임무로 생각했다.

중앙정부의 이와 같은 지시를 충실히 따르면서 지방 행정 당국은 전쟁 전 몇 년 동안 우크라이나 단체와 우크라이나어에 대한 명실상부한 탄압 정책을 계속해 갔다. '계몽협회'가 아직 존속했던 지역에서는 이 단체가 전혀 아무런 근거 없이 금지되었고, 우크라이나어 클럽, 강연, 콘서트, 포스터, 성명서, 현수막도 금지되었으며, 도서관이 폐쇄되고 『유랑시인』이나 신성종무원에서 간행한 우크라이나어 성경 같은 창고 속의 책들도 몰수당하는 등등의 일이 벌어졌다. '얼마 전의 좋은 시대'였던 1876년 칙령 반포 후 시기에 일어났던 것과 같은 우스꽝스러운 일이 또다시 되풀이되었다. 예를 들어 폴타바에서는 서점 진열창에 진열된 『우크라이나어 문법』 책이 통행인

차 두마를 해산하고 선거법 개정을 통해 보수색이 훨씬 짙은 두마가 구성되게 한 것도 그가 주도한 일이었다. 그는 보수적인 3차 두마의 의장직까지 맡았다. 이처럼 국정의 주요 직책을 거의 다 징익한 그는 보수적인 정책기조로 치르 체제를 안정시키고자 총력을 기울였으며 이러한 과정에서 혁명세력의 격렬한 반발을 샀다. 결국 1911년 키예프의 한 극장에서 무정부주의자의 저격으로 사망했다.

을 선동한다며 이를 치우게 했고, 코틀랴레브스키의 이름을 따서 명명된 학교의 현판에서 그의 이름 철자 중 우크라이나식 철자 'i'와 'ъ'를 빼고 러시아식으로 바꾸게 했으며,[125] 우크라이나어 연극 포스터에 인쇄된 우크라이나어 제목도 러시아어로 번역하게 하는 바람에 한번은 "Пошились у дурні(포쉴리스 우 두르니)" 대신에 "Записались в дураки(자피살리스 브 두라키)"[126]라는 제목이 내걸리기도 했다.

이 모든 우스꽝스러운 사건과 사소한 일이나 심각한 타격들, 예를 들어 국경 밖에서 들여오는 우크라이나 출판물에 엄청난 관세를 물어 외국에서 간행된 우크라이나 책이 러시아에 반입되는 것을 사실상 막아버린 조치, 가장 중요한 단체 중 하나인 키예프 '계몽협회'를 해산시킨 일, 키예프의 훈몽동지회(訓蒙同志會, Товарищество грамотности)를 폐쇄하고 이 단체의 잡지 《민중의 집(Народный Дом)》을 압수한 일 등은 결코 1870년대와 1880년대의 탄압처럼 심각한 압제의 그림자를 우크라이나 사회에 드리우지 못했다. (1905년의) 혁명과 우크라이나어의 해방은 이미 식자층 및 광범한 대중의 분위기와 의식을 깊이 변화시켜 놓았기 때문에 과거로의 회귀는 불가능해 보였다. 행정 당국도 스스로 이러한 것을 느끼고 있었던 것이 분명하다. 왜냐하면 제1차 세계대전이 발발할 때까지 정부는 이 모든 새로운 탄압 조치들을 하나의 체계로 통합하기로 결정하지 않았고, 이 조치들은 용서할 수 없는 뻔뻔스러움에도 불구하고 산발적인 찔러보기 수법 같은 것으로 머물렀기 때문이다. 우크라이나의 삶은 약해지거나 추락하지 않았

125) 코틀랴레브스키의 이름 이반은 우크라이나식으로 Iван이라고 쓴다. 행정당국은 이를 러시아식으로 Иван으로 바꾸게 했다. 그리고 '코틀랴레브스키'의 우크라이나식 철자는 Котляревський인데 행정당국은 그 가운데 ь를 빼고 러시아식으로 Котляревский로 쓰게 한 것이다.
126) '속이다, 멍청이로 만들다'라는 뜻.

다. 반대로 러시아 전체의 반동과 혁명 물결의 약화라는 전반적 배경을 고려하고, 이 시기 러시아 시민사회에서 시민적 능동성이 명백히 약화된 것에 비하면, 발전과 투쟁을 향한 위축되지 않은 의지를 가진 우크라이나 운동은 더욱 강렬하고 눈에 띄게 남아있었다. 1905년 러시아 혁명의 사회적 분수령에서 우크라이나 운동은 러시아라는 대양에 점차 침몰되고 이 속에 용해될 수밖에 없다고 생각되는 하찮은 지방적 문제 같아 보였다. 그러나 이제 러시아 반동 세력은 우크라이나 운동의 힘과 의미를 평가하고, 이를 진지하고 심층적인 현상으로 인식하기 시작했다. 러시아의 진보 진영에서는 민족 운동 전반에 대한 시각을 바꾸었다. 가장 주의 깊고 예리한 사람들은 민족투쟁을 반동적 힘이라고 보던 시각이 전혀 타당하지 않음을 인식하기 시작했다. 그리고 이런 생각을 러시아 해방 운동의 중심축을 이루고 있던 세력 집단 사이에 도입하고, 민족 투쟁의 혁명적 활력으로써 해방 운동의 꺼져가는 열기를 되살리려고 구상했다. 다른 한편으로는 우크라이나에 있던 러시아 지식인들(인민자유당이나 입헌민주당 인사들)이 우크라이나 운동의 힘과 의미에 주의를 돌리기 시작했다. 이런 배경 아래서 1912년에서 1914년 사이에 러시아의 진보 정당들과 우크라이나인들(우크라이나 진보주의자협회, Товарищество украинских прогрессистов, ТУП)이 조직적 접촉을 시작했다. (1차, 2차 두마가 해산된 이후 이 기간 동안 우크라이나 사회와 정당 조직들은 목적을 상실하고, 오직 진보주의자 협회만이 홀로 남아 우크라이나 단체들을 대표했다.) 세계대전이 발발하기 1년 전에 러시아 내 비(非)지배 민족 대표들로 자치주의자-연방주의자 연합이 결성되었는데 이 단체는 민족적·영토적 자치 노선을 표방했다. 대러시아인 연방주의자들도 여기에 참여했으나 주도적 역할을 맡은 세력은 우크라이나 대표들이었다. 바로 이 우크라이나 단체(우크라이나 진보주의자협회(ТУП))와 우크라이나의 문화적·민족적 자결 요구를 제시하고 지원할 임무를 띤 두마 내 근로인민당(트루도비키(трудовики)) 의원분파, 입헌민주당 의원분파 사이에 상호이해가 성립되었다. 이러한 상호이해는 키예프에서 열리기로 한 셰브첸코 탄생 100주년 기념 축제(1914년 2월)가 금지된 데 대한 두마의 토론에도 잘 드러나 있다. 두마의 진보적 그룹 지도자들은 우크라이나 문제에 대한 강령을 담은 연설을 했고 이 문제에 대해 의회에서 처음으로 진지한 토론이 벌어졌으며, 이것은 키예프에서 기념행사 금지 때문에 셰브첸코 주간에 벌어진 대대적인 시위행진만큼이나 큰 반향을 일으켰다. 우크라이나주의는 러시아에서 처음으로 자신의 힘과 영향력을 보여주었다.

131. 전쟁 중 우크라이나주의의 파괴

우크라이나 역량의 이처럼 괄목할 만한 성장은 폴란드와 러시아 유력자들 가운데 우크라이나주의에 적대적인 세력을 엄청나게 격분시켰다. 이들은 우크라이나주의 세력을 제압하기 위해 때가 오기만을 기다렸다. 이들은 오래전부터 러시아와 오스트리아가 전쟁에 돌입하기를 기다리며 그러한 기회를 노렸다. 오스트리아가 보스니아를 합병한 이후 두 나라는 심한 긴장 속에서 적대적으로 대치하고 있었다. 셰브첸코 기념주간의 시위행진에 극심한 불만을 품은 키예프의 '검은 백인대(百人隊)'[127] 대원들은 전쟁이 일어나기만 하면 우크라이나 사람들을 가로등 기둥에 매달겠다고 위협하면서 우크라이나주의에 대해 가혹한 행동을 취하라고 온갖 수단을 써서

---

127) 체르노소텐츠이(черносотенцы). 제정러시아 말기의 폭력 극우단체. 정치적 급진주의자, 유대인을 비롯한 소수민족의 민족운동을 폭력과 공포로써 공격하는 일이 잦았다.

정부에 촉구했다. 할리치나에서는 친모스크바 진영에 타격을 주기 위해 오스트리아 정부가 주도한 어리석은 정책을 기화로, 이제 가까스로 (폴란드인들과) 타협을 이루어냈던 우크라이나인들을 온갖 분풀이 대상으로 삼는 일이 벌어졌다. 전쟁이 임박하자 할리치나의 폴란드 행정관리들은 군사적 상황을 이용하여 우크라이나 지식인들에 대한 공식적인 박해를 시작했다. 폴란드인들은 처음에는 마치 친모스크바파를 공격하는 듯했지만, 다음에는 모든 우크라이나 사람을 구별 없이 공격했다. 이들은 친모스크바파와 우크라이나인의 차이는 유대인과 이스라엘인의 차이와 같다는 고위관리의 말을 공격의 근거로 내세웠다. 이들은 아무 근거도 없이 그저 정치적 불온성 면에서 혐의쩍다는 식의 구실을 내세워 전부터 사이가 좋지 못하던 모든 사람들을 체포하여 구금하고 추방했다. 후에 전반적 공포 상황에서 일체의 합법적 통제가 사라지자 심지어 재판과 심리도 없이 사람들이 처형당했다고 확언하는 소문이 끈질기게 돌았다.

러시아령 우크라이나에서는 전쟁 초기부터 우크라이나주의에 대한 러시아의 박해가 좀 더 계획적이고 체계적으로 실행되었으며 러시아 군이 르비브와 동부 할리치나 전체를 점령한 다음에는 이러한 활동이 더욱 적극적으로 펼쳐지기 시작했다. 우크라이나주의의 모든 적대자들은 이제 그들이 우크라이나주의의 요람이라고 여기는 할리치나 자체와 러시아령 우크라이나 전역에서 우크라이나주의를 근본적으로 종식시킬 수 있으리라는 공고한 희망과 확신까지 가지게 되었다. "우크라이나주의를 근절하자!"가 러시아 행정 당국의 구호가 되었다. 전쟁 전까지만 해도 행정 당국은 우크라이나주의를 박멸해야 한다는 '검은 백인대'의 권고를 전면적으로 받아들일 결심이 서 있지 않았지만 이제 이들은 더 이상 주저하지 않았다.

전쟁이 발발하자마자 정치적 성격을 띤 모든 우크라이나어 출판물은 금지되었다. 수없이 많은 우크라이나 활동가들이 역시 아무런 근거도 없이 체포되고 유형에 처해졌다. 우크라이나주의에 적대적인 사람들이 오랫동안 수장으로 있던 키예프의 검열 당국은 일체의 서적 간행에 대한 허가권이 군사 당국에 이관된 것을 기화로 삼아, 우크라이나 출판물은 전 러시아 표준철자법으로 표기된 경우에만 출판허가를 받을 수 있다고 선언했다. 이는 1876년 칙령이 불법적으로 부활한 것이나 마찬가지였으며, 이로 인해 그때까지는 금지당하지 않았던 비정치적 성격을 가진 서적들의 출판까지도 중단되었고, 이들 서적에서 출판허가증이 박탈당하는 일이 벌어졌다.

키예프에서는 문학작품들이 압류되었고, 전혀 문제가 없는 작품을 쓴 여러 저자들에 대한 고소가 이어져서 일체의 문학창작과 출판이 완전히 중단되었다. 편집자들과 출판업자들은 키예프 행정 당국과 검열 당국의 손길이 미치지 않는 곳을 찾아 어디 다른 곳으로 출판활동을 옮기려 했으나, 가는 곳마다 장해에 부딪혔고 출판이 당장 전면적으로 금지되는 사태까지 가지는 않더라도 여러 가지 예기치 못한 상황에 맞닥뜨렸다. 예를 들어 오데사에서는 책이 인쇄에 들어가기 전에 출판물의 사본 3부를 검열에 제출하도록 요구했다. 이 명령을 수용하지 않으면 출판물이 몰수되거나 첫 호 출판과 함께 인쇄소가 폐쇄된다는 위협을 받았다. 이러한 기이한 조치들은 단호한 출판 금지보다도 오히려 더 사악한 것이었다. 왜냐하면 사람들은 이 때문에 출판활동을 정돈할 수 있으리라는 희망으로 스스로를 위로하면서 시간과 노력, 돈을 헛되이 낭비해야 했고, 그런 다음에 이 같은 희망이 물거품이 되면 출판활동이 더욱 엉망이 되어 버리곤 했기 때문이다. 이러한 교활한 방식은 1917년 초에 절정에 이르렀다. 혁명[128]이 일어나기 몇 주 전

---

128) 1917년에 일어난 러시아의 2월혁명을 말한다.

키예프 행정 당국은 인쇄소들에 비밀 명령을 내려 보내, 철자법이 어떻든 간에 우크라이나 책은 그 어떤 것도 결코 인쇄 주문을 받지 않도록 했다.

러시아에서 이러한 온갖 방법들에 의해 우크라이나 고유의 삶이 인위적으로 파괴되고, 중단되고, 동결되고 있던 시기에 할리치나의 우크라이나 생활은 더 무자비하게, 강제적이고 야만적으로 파괴되고 있었다. 러시아 군이 르비브를 점령한 지 몇 주일 지난 1914년 가을부터 보브린스키(Боб-ринский) 백작을 수반으로 하는 현지의 새로운 러시아 행정 당국은 할리치나에서 이제까지 이루어진 우크라이나 문화생활의 모든 성과를 말살시키기 위한 자체 프로그램을 만들기 시작했다. 모든 우크라이나어 정기 간행물이 정간되었고, 서점과 도서관이 폐쇄되었고, 그 다음에는 모든 우크라이나 단체들이 해산되었다. '불온하고', '의심스러운' 우크라이나 활동가들이 줄줄이 체포되어 러시아로 유배되었다. 관공서와 학교에서 우크라이나어 사용이 금지되었다. 통합교회를 러시아 정교회로 대체하는 조치도 취해지기 시작했다. 통합교회의 우크라이나인 성직자들이 유형에 처해지거나 도망가서 이들이 공석 중인 곳에는 정교회 사제가 파견되어 교회를 맡았고, 자리를 지키고 있는 통합교회 성직자들은 정교회로 개종할 것을 강요받았으며, 그렇지 않으면 러시아 행정 당국이 농촌 공동체 주민들을 설득해 정교회 사제 임명을 요청하는 청원서를 받아냈다. 할리치나의 친모스크바파 인사들의 공식적 자문을 받고 폴란드인들의 비공식 자문을 받는 할리치나의 러시아 행정부는, 할리치나에서 폴란드 주민의 권리는 전면적으로 인정받아야 하지만, 우크라이나인들과 유대인들은 어떠한 특별대우도 받아서는 안 되고, 그들은 단지 러시아어(즉 대러시아어)와 러시아 문화만을 받아들여야 한다고 주장했다. 러시아가 할리치나에서 최종적으로 승리한 후, 즉 러시아가 페레미쉴을 점령해 할리치나가 러시아에 병합되는 것이 확실히 결정된 것으로 보이던 1916년 봄 러시아를 방문한 보브린스키 백작은 이러한 취지의 선언을 했다.

이 같은 파괴적인 프로그램의 실행은 그 자체도 문제였지만 그것이 실현되는 방법 때문에 상황을 더욱 악화시켰다. 후에 러시아 정부인사들이 인정한 대로 러시아의 할리치나 점령 기간 동안 이 지역은 임무수행을 위해 파견된 온갖 무뢰배 같은 경찰, 관리들의 수중에 들어 있었고 이들은 전쟁 상황을 이용하여 제멋대로 굴었다. 이들은 문자 그대로 집과 주민들을 약탈했으며, 우크라이나인들과 유대계 주민들을 탄압했을 뿐 아니라 우크라이나 고유의 삶과 우크라이나 문화 역량을 파괴하는 데도 한몫했다. 예를 들어 곳곳에서 우크라이나 성직자들이나 지식인 집단 전체가 남김없이 추방당했고, 가장 의식수준 높은 농민들과 도시 거주민들도 대량으로 추방당했다. 무슨 구실을 찾아내서 덮친 후에는 가장 비인도적인 방법으로 사람들을 수색하고, 체포해서 끌고 가서 감옥에 집어넣고 다음 차례로 시베리아로 유형을 보냈다. 남녀노소, 병자, 장애인을 가리지 않고 이런 행위가 자행되었다. 얼마나 많은 사람들이 이런 식으로 체포되고 처형되었는지는 아무도 모른다. 키예프의 한 우크라이나 구호위원회의 집계에 따르면 만 오천 건의 유형이 있었는데, 이는 분명 일부에 지나지 않는다. 이 사람들이 겪은 방랑과 고통은 모든 상상의 범위를 초월한다. 처단자[129]를 매수하는 데 성공한 사람들을 대신해서 정신병자나 농아를 체포한 후 이들을 '심판하여' 시베리아로 보낸 경우도 있었다. 헤아릴 수 없이 많

---

129) 원문에서는 오프리취니크라는 말이 쓰이고 있다. 이는 모스크바 대공이자 차르였던 이반 4세 시대에 지방을 돌아다니면서 차르의 이름으로 토지 소유자에게서 토지를 박탈하고 학살과 추방 등을 자행했던 특임 임무수행자를 말한다. 16세기의 오프리취니크는 왕권강화를 위해 구 혈통귀족들의 세력기반을 파괴하는 임무를 띠고 있었음에 반해 할리치나에 파견된 러시아 관리, 경찰들은 할리치나 우크라이나인들의 문화 파괴에 앞장섰던 셈이다.

은 사람들이 유형지에서 죽어갔다.

할리치나의 우크라이나 사회는 1914년부터 1915년에 이르는 러시아 점령 기간 동안 완전히 피폐해졌다. 1915년 봄 독일 군이 자카르파티아 지역을 공격하기 시작하고, 러시아 군이 퇴각해야 할 상황이 되자, 러시아 권력자들은 마지막으로 닥치는 대로 수많은 주민을 징발해 데리고 이 지역을 떠났다. 폴란드 행정부, 독일 군, 헝가리 군이 돌아올 것을 두려워한 사람들도 모두 도주했다. 현지사정을 잘 모르고 현지 루스인을 적군(敵軍)인 러시아 국민(россиянин)과 구별할 줄 모르는 독일 군과 헝가리 군은 마치 적국에 온 것처럼 할리치나 우크라이나를 대했다. 러시아에서 토지와 돈을 준다고 약속하면서 수만 명의 할리치나 농민들을 현혹시킨 러시아인 선동가들의 감언이설에 넘어간 사람들도 러시아로 이동했다. 그 후 독일 군이 러시아 국경 가까이 진격하자, 다시 큰 고난을 겪은 것은 홀름 지방, 피들랴샤, 볼린, 포딜랴처럼 러시아 제국의 서부 국경 가까운 곳에 위치한 우크라이나 지방이었다. 러시아 군사 당국은 우크라이나인들을 무력으로 위협하여 러시아 내륙 오지로 이주시키기 시작했다. 이는 끔찍하고 믿기 어려운 황폐화였으니, 우크라이나는 아마도 1670년대의 파괴적인 '대추방' 이후 이런 일을 겪은 적이 없었을 것이다.

사람들은 떠났고 이동 중에 죽었고, 그들의 가축과 재산도 사라져 버렸다. 사람들의 의사도 묻지 않고 더 태울 수 없을 정도로 기차에 가득 사람들을 집어넣은 다음 카잔이나 페름, 우랄 산맥 동부 어디로 실어 날랐다. 당시 상황을 목격한 사람들은 끔찍한 이야기들을 하고 있다. 현장을 목격한 모스크바의 한 의사가 직접 필자에게 한 말에 따르면, 그는 이 같은 '피난' 열차(사실은 추방 열차)를 맞이하면서 오로지 어린이들만 가득 실은 화물칸을 본 적이 있는데, 이 어린이들은 거의 모두가 이동 중에 죽거나 정신이상이 되었다고 한다. 17세기의 '몰락(Руїна)' 시기 이후 우크라이나는 이러한 황폐화와 몰락을 겪은 일이 없었다. 이렇게까지 사태를 몰고 온 모든 사람들이 이런 엄청난 죄악에 대한 책임을 지고 죗값을 치러야 하지만, 이것은 단지 무지와 이해부족에서만 비롯된 것이 아니다. 전쟁 상황을 이용해서 우크라이나의 모든 문화적 잠재력을 말살하고자 한 사람들부터, 이 황폐된 땅에 폴란드 정착민들을 거주하게 해서 자기네 폴란드 세력을 강화하려는 기획을 한 사람들에 이르기까지 우크라이나인들을 약화시키고자 하는 악한 의도를 가진 자가 다수 있었던 것도 그러한 원인 중 하나였다.

우크라이나인 유형자들은 유형지에서도 평온을 얻을 수 없었다. 유형지에서는 우크라이나 피난민이나 이주자들에게 우크라이나인들의 힘으로 도움을 주기 위해 우크라이나 위원회를 구성하는 것도 허락되지 않았다. 별도의 그룹이나 별도의 마을을 구성해서 우크라이나 피난민들과 어린이들을 통합적으로 조직하는 것도 허용되지 않았다. 폴란드인, 리투아니아인, 라트비아인 등 다른 민족들이 자체의 학교를 조직한 것과는 달리 우크라이나인들을 위한 우크라이나 학교를 만드는 것은 허용되지 않았다. 할리치나에서 온 우크라이나인 유형자들과 포로들은 대개 폴란드인 전권집행자들의 통제 아래 여전히 놓여 있었기에 그들은 머나먼 볼가 강 동부 지역과 시베리아 땅에서조차 그들에게 폴란드인이라는 '형제의 손길'이 미치는 것을 느꼈다.

러시아령 우크라이나인들은 두마의 좌파 정당들과 얼마 전 동맹을 맺었던 것을 염두에 두고 두마에서 어느 정도라도 보호를 얻기를 바랐으나 이는 헛된 기대로 끝나고 말았다. 외국과 전쟁을 벌이는 상황임을 고려하여 러시아에서는 전반적 정책 노선에서 '내부적 합의'가 채택되었으며, 이 덕분에 러시아 정부는 전쟁의 승리를 위한 것이라는 구실 아래 아무 거리낌 없이 마음대로 행동할 수 있는 자유를 얻게 되었다. 1915년 초 외무대신 사조노프(Сазонов)가 두마 연단에서 러시아의 우크라이나 운동은 독일의 자금 지원을 받아 조직되고 있다는 파렴치한 거짓말을 되풀이했을 때, 우크라이나의 '동맹자'들 중 누구도 이러한 비열한 중상(中傷)에 맞서 항의하지 않았다. 불법적 탄압에 대한 모든 지적, 할리치나에서 러시아인들이 저지른 끔찍한 파괴에 대한 온갖 자료들은 그들에게도 전달되었지만 이것들은 기본적으로 초연한 동정심과 함께 받아들여진 후 모두 문서고로 보내졌다. 우크라이나인들의 가장 가까운 친구들조차도 현재 상황에서 우크라이나인들에 대한 박해 같은 비교적 경미한 문제를 가지고 러시아 정부를 조금이라도 힘들게 만들면 결코 안 된다는 의견을 견지했기 때문이다. 유명한 스트루베[130] 교수의 경우에서 보듯 우파와 자유주의 진영의 지도자들 중 우크라이나인들에게 적대적인 인사들은 서둘러서 독자적인 우크라이나 민족을 영원히 파괴하고 무덤에 사장시키기 위해 모든 수를 썼다.

러시아 군대가 전쟁에서 어려움을 겪기 시작하고 할리치나를 떠나야 하는 사태를 겪게 되자마자, 할리치나에서 행한 우크라이나 적대 정책이 '압박받는 루스의 재통일' 노력을 무위로 돌아가게 하는 데 적지 않게 영향을

---

130) 표트르 베른가르도비치 스트루베(Пётр Бернгардович Струве, 1870~1944). 러시아의 정치사상가, 경제학자, 철학자. 독일계 러시아인인 고위관리 베른가르드 스트루베의 아들로 태어나 상트페테르부르크 대학에서 수학하면서 마르크스주의에 관심을 가지게 되었다. 1894년 러시아에도 마르크스주의적 발전경로가 적용될 수 있다고 주장하는 「러시아의 경제발전문제에 대한 비판적 각서」를 발표하여 논객으로 큰 주목을 끌기 시작했다. 이후 한동안 마르크스주의자로서 왕성하게 활동했으나 20세기 초부터 점차 자유주의적 경향으로 기울어 1905년 혁명의 소용돌이 속에서는 『베히(이정표)』 그룹을 이끌었고 1917년 혁명 이후에는 볼셰비키에 대항하는 백군 운동에 참여했다. 1918년 서방으로 망명하여 서유럽에서 생활하다가 파리에서 사망했다.

미칠 수도 있다는 의심이 고개를 들자마자, 대러시아 시민들은 할리치나에서 러시아가 저지른 모든 파렴치한 행위를 기억해 냈다. 1915년 7월 19일, 전쟁 발발 1주년을 기념해서 열린 짧은 두마 회기 동안 이 문제에 대해 강경한 비판이 적지 않게 쏟아졌다. 특히 밀류코프[131]는 러시아 정부가 "우리의 형제인 우크라이나 인민들을 멀어지게 하고, 위대한 해방전쟁의 밝은 얼굴에 먹칠을 했다"라고 비판했다. 두마 의원들은 러시아의 박해 행위를 나열하면서 이 문제를 제기하고 정부가 이 문제에 대해 해명할 것을 요구하기까지 했다. 우크라이나 시민들은 바로 이 시기에 자신들에게 가해진 모든 처벌과 탄압을 상기하면서, 우크라이나의 독자적 생활을 위한 최소한의 요구로서 인민학교에서 우크라이나어를 사용하는 문제를 다시 한 번 제기했다. 1915년 8월 새로 구성된 러시아의 진보동맹(진보블록)[132] 소속 정당들은 이러한 우크라이나의 요구를 정강에 정식으로 포함시킬 정도로 과감하지는 못했지만, 그래도 "소러시아어 출판을 다시 허용"하고 "체포되고

---

131) 파벨 니콜라예비치 밀류코프(Павел Николаевич Милюков, 1859~1943). 러시아의 역사가, 정치가. 모스크바의 중산층 가문에서 태어나 모스크바 대학에서 역사학을 공부했으며 자유주의 사상의 깊은 영향을 받았다. 역사학 교수가 되어 대학뿐 아니라 일반 시민을 위한 기관에서도 강의했다. 그는 자유주의적 사상 때문에 대학에서 해직을 당하고 외국에서 강의를 하기도 했다. 1905년 혁명이 일어나자 입헌민주당을 창당하여 러시아의 정치적 자유와 개혁을 요구하며 입헌주의 정치운동을 이끌었다. 그러나 제1차 세계대전이 발발하자 우경화하여 러시아정부의 전쟁정책을 지지했으며 1917년 2월혁명 이후에는 임시정부의 외무장관으로 연합국들과의 전쟁계속 약속을 지키기 위해 애썼다. 이 같은 대외정책은 그의 정치생명을 결정하는 요인이 되었다. 그는 1917년 4월 위기 후 외무장관직에서 물러났고 볼셰비키 혁명 후에는 백군파와 가까운 관계를 유지했다. 내전 후 서방으로 망명했다. 그의 저서 『러시아 역사개관』은 그의 당대에 가장 널리 읽히는 역사서 중의 하나였다.

132) 1차 대전 기간 중인 1915년 여름, 전쟁을 효율적으로 수행하고 사회적 신뢰를 얻을 수 있는 내각을 구성하여 정국을 안정적으로 운영하겠다는 목표를 내걸고 결성되었던 러시아 두마 원내 정당연합세력. 밀류코프의 입헌민주당을 비롯한 자유주의자들과 중도파, 온건 보수파의 연합으로 구성되었으나, 차르정부의 방해로 몇 개월 못 가서 유명무실해졌다.

유형에 처해진 할리치나 주민들의 사례를 지체 없이 조사할" 필요가 있다는 점은 인정했다. 그러나 두마 회기가 중단되고, 파행이 계속되면서 우크라이나 문제에 대한 검토는 다시 뒤로 미루어졌다. 러시아 정부가 그 후로도 1년 반 동안 탄압의 강도를 점점 더해가며 우크라이나주의를 파괴하려 했지만, 러시아 두마 내 진보적 분파들은 이에 항의하는 목소리를 더 이상 내지 않았다.

러시아 정부가 우크라이나주의를 말살하기 위해 헛되이 노력하는 동안, 불행한 할리치나에 새로운 치명적 위협이 발생했다. 폴란드 영토의 장래 지위에 대한 독일과 오스트리아 사이의 오래고도 끝없는 협상은 1916년 여름 완전히 독일에 유리하게 결론이 났다. 독일이 브루실로프[133] 장군의 춘계공세[134]에서 벗어나 할리치나를 다시 점령한 후 폴란드 왕국[135]의

---

133) 알렉세이 알렉세예비치 브루실로프(Алексей Алексеевич Брусилов, 1853~1926). 러시아의 장군. 혁명전에는 제국군대에서, 혁명 후에는 적군(붉은 군대)에서 복무했다. 그루지야의 수도 트빌리시에서 러시아 제국의 고위군인의 아들로 태어나 상트페테르부르크의 중앙유년학교에서 수학한 후 제국군대에서 복무하기 시작했다. 러시아-투르크 전쟁을 거쳐 제1차 세계대전에 참전했으며 특히 기병부대의 지휘관으로 이름을 얻었다. 1차 대전 시기에는 이른바 '브루실로프 공격'으로 알려진 남서부 전선 전투(독일-오스트리아 입장에서는 남동부 전선 전투)로 크게 유명해졌다. 1917년 혁명 시기에는 차르 니콜라이 2세의 퇴위에 동의하고 혁명세력에 동조적이었으며 5월 러시아 군 총사령관이 되었다. 10월 혁명 이후에는 내적 갈등의 시기를 거친 후 적군에 적극적으로 동참해 소련 군대의 효율적 구성을 위한 자문활동을 했다.
134) 정확하게는 하계공세이다. 브루실로프 장군이 1916년 6월부터 9월까지 오스트리아-헝가리 제국의 남동부 지역, 곧 오늘날의 우크라이나 르비브, 코벨, 루츠크(할리치나-볼린) 인근에서 펼친 공격이다. 러시아 군대가 공세 초기에는 오스트리아 군을 상대로 큰 성공을 거두었으나 독일 군이 개입해 할리치나 대부분을 다시 러시아 군에게서 빼앗았다.
135) 폴란드 왕국(Królewstwo Polskie)은 의회 왕국(Królewstwo Kongresowe)이라고도 한다. 1815년 빈 회의 이후 러시아제국 지배하의 폴란드 땅이 이 이름으로 불리게 되었다. 폴란드는 18세기 후반 세 차례의 분할로 러시아, 오스트리아, 프로이센 사이에 쪼개어졌으나 나폴레옹이 유럽전쟁에서 폴란드 영토 상당 부분을 차지하여 이곳에 바르샤바 공국을 세웠다. 그러나 나폴레옹이 몰락한 후 바르샤바 공국은 폐지되고 빈 회의 결과에 따라 바르

운명은 프로이센의 전면적 관할권 아래 넘어갔다. 그와는 반대로 오스트리아령 폴란드는 폴란드 왕국 바깥에 남아 있어야 했고, 오스트리아 정부는 자국 내 폴란드인들을 위로한다는 차원에서 갈리치아(할리치나)에서 그들에게 보상을 해 주기로 했다. 즉 폴란드인들이 오랫동안 염원해온 갈리치아 자치권 확대를 최대한 수용하여, 중앙정부와 의회는 갈리치아 내정에 전혀 간섭하지 않기로 결정했고 폴란드인들의 갈리치아 행정권을 통제할 수 없게 되었다. 그리고 우크라이나인들은 중앙 행정기관에 전혀 참여할 수 없게 되었다. 구력 1916년 10월 23일(11월 5일) 폴란드의 독립 선포일[136]에 오스트리아의 프란츠 요제프 황제는 수상에게 갈리치아가 오스트리아에 속한다는 사실만 인정하는 범위에서 최대의 자치를 허용하는 법안을 마련하도록 지시하는 칙서를 내렸다. 정부 인사들에게 설명된 바와 같이 재건된 폴란드 왕국이 독일에 대해 가지는 관계와 거의 마찬가지로,[137]

샤바 공국 땅의 거의 대부분은 러시아 지배를 받게 되었으며 폴란드 왕국, 혹은 의회 왕국이라 불리게 되었다. 폴란드 왕국의 영역은 바르샤바와 루블린을 포함하고 있었고, 오스트리아의 지배를 받는 크라쿠프는 이에 포함되지 않았다.

136) 제1차 세계대전이 진행되는 과정에서 독일과 오스트리아는 폴란드인들의 지지를 얻고 그들로 하여금 군사적으로 러시아에 명백히 맞서게 하기 위해서 폴란드 독립의 회복을 선포하기로 결정했다. 그리하여 1916년 11월 5일 폴란드 독립이 선포되었다. 그러나 이 독립은 아직 형식적인 것이어서 폴란드는 독일과 오스트리아에 여전히 종속된 상태로 남게 되었다. 이 같은 종속은 군사적 측면에서 특히 심했으며 국경 또한 명확하지 않았다. 이때의 국경으로는 갈리치아는 새로운 폴란드 국가에 포함되지 않았다. 이때까지 합스부르크 제국의 지배 아래 있던 갈리치아는 폴란드 쪽 갈리치아(크라쿠프를 포함하는 서부 지역)와 우크라이나 쪽 갈리치아(할리치나, 곧 동부 갈리치아)로 구성되어 있었으며, 1916년 11월의 폴란드 독립 선포 이후로도 계속 합스부르크 제국 안에 포함되게 된 것이다. 다만 독일에 비해 오스트리아는 폴란드인들의 자치 요구에 좀 더 관대한 입장을 취했고 그래서 갈리치아에서 폴란드인들은 사실상 자치를 할 수 있게 되었다. 하지만 이러한 상황은 폴란드 민족의 독립요구를 충족시키는 것이 될 수 없었고, 독일이 기대했던 대로 폴란드인들의 군사적 지원을 얻는 데는 명백한 한계가 있었다.

137) 즉 폴란드 왕국이 독일의 군사적 보호를 받되 내정상 독립국처럼 되는 것을 말한다.

갈리치아도 현재의 폴란드 지역과 우크라이나 지역의 경계를 유지한 채 사실상 독립국의 지위를 가지기로 했는데, 이는 갈리치아 폴란드인들이 분노하는 것을 막기 위한 것이었다.

이러한 칙서 내용은 할리치나의 우크라이나인들에게는 심각한 타격이 되었다. 특히 오스트리아-러시아 전쟁 초기에 오스트리아에 최대한 충성을 바치는 노선을 택했던 정치 지도자들에게는 타격이 더욱 심했다. 그들은 오스트리아가 그들에게 씌워왔던 과거의 모든 누명을 친오스트리아 노선을 통해 벗을 수 있게 되기를 기대했고, 폴란드인들을 능가하는 충성심을 오스트리아에 보임으로써 지금까지 오스트리아 정부의 허용하에 우크라이나인들을 지배해온 폴란드인들의 압력에서 단번에, 그리고 영원히 벗어날 수 있으리라는 희망을 가졌던 것이다. 이들은 동족들에게 러시아와 싸우는 오스트리아를 온 힘을 다해 지원하도록 독려했었다. 왜냐하면 이 정치 지도자들은 차르 전제정에 대해 승리를 거두면 우크라이나가 해방될 것으로 확신했기 때문이다. 1905년 혁명 이후, 이런저런 재판에서 벗어나거나 유형에서 탈출하여 러시아에서 할리치나로 이주해온 우크라이나 망명자들도 그들에게 같은 생각을 되풀이해서 말했었다. 이들은 우크라이나 해방 연맹(Союз визволення України)[138]을 결성하여 오스트리아군과 독일군이 점령하는 우크라이나 지역을 우크라이나 민족정신으로 조직하고, 오스트리아군과 독일군에게 붙들리는 우크라이나 포로들에게 민족적, 정치적 교육을 시킨다는 과제를 설정했다. 할리치나의 우크라이나인들은 이들의 호소에 어느 정도 동조했다. 특히 개전 초기에는 더욱 그러했다. 폴란드 군단을 모범 삼아 만들어진 우크라이나 시치사격단(Український Січові

138) 1914년 오스트리아 제국의 수도 빈에서 결성되었다.

Стрільці)에 자원자들이 모여들었다. 이 부대는 점령 지역에서 우크라이나인들의 군(郡)을 조직하는 일도 맡기로 했다. 1915년 봄에는 우크라이나 해방연맹을 비롯한 할리치나의 모든 정당을 망라하여 '전(全) 우크라이나 평의회(Загальна Українська Рада)'를 구성했다. 평의회는 이 우크라이나인들의 군(郡)들을 통합하여 우크라이나적 성격을 가진 별도의 도(道, 구베르니야)를 세워줄 것, 홀름(헤움) 지방을 어떠한 경우에도 폴란드에 합병시키지 말 것, 할리치나와 부코비나에 우크라이나 구역을 만들어 별도의 자치 지방으로 만들어 줄 것 등의 요구조건을 오스트리아 정부에 제시했다.

이들 요구는 폴란드인들의 강력한 반대에 부딪혔다. 폴란드인들은 오스트리아 군부에 대해서도 큰 영향력을 행사할 수 있었다. 그래서 그들은 예를 들어 홀름 지방을 우크라이나화하기 위한 우크라이나 단체들의 모든 노력을 수포로 돌아가게 했고, 볼린의 오스트리아 군 점령 지역에서 실시하기로 한 조치들도 거의 무산시켰다. 그럼에도 우크라이나 정치인들은 이에 실망하지 않고 전쟁 종료 후에는 정책이 바뀔 것이라며 주민들의 희망을 지탱해주려고 애썼다. 이들은 이와 관련하여 오스트리아 수상 슈튀르크(그는 후에 암살되었다)[139]로부터 무엇인가 약속을 받은 바 있고 오스트리아 정부에 대한 독일 정부의 영향력 행사에도 기대를 걸고 있었다. 그러나 갈리치아 자치 확대에 관한 황제 칙서는 이 모든 희망에 울리는 조종과도 같았고, 오스트리아-독일 지향 노선을 가면서 내놓았던 온갖 논거는 아무 결과도 가져오지 못했다.

---

139) 슈튀르크(Karl von Stürgkh, 1859~1916). 오스트리아 정치인. 1911년 11월부터 1916년 10월까지 합스부르크 제국 치슬라이타니엔(Cisleithanien, 오스트리아, 헝가리를 포함하는 합스부르크 제국 중심 지역)의 총리대신이었다. 오스트리아가 제1차 세계대전에 참전하게 되는 과정의 중심에 있었다. 강경보수 정책으로 사회주의자, 자유주의자, 세르비아 민족주의자들의 비판대상이 되었고 1916년 10월 사회민주당원인 프리드리히 아들러에게 저격당해 사망했다.

사실 오스트리아의 연로한 황제는 얼마 안 가서 사망했다. 그러나 그의 후계자[140]는 갈리치아 자치의 과제가 자신의 과제라고 선언했다. 몇몇 독일의 정당들도 자신들의 이해관계에 따라 이 계획을 지원했다. 갈리치아(할리치나)의 머리 위에는 무시무시한 칼날이 매달려 있는 것 같았다. 다만 러시아 혁명만이 오스트리아 우크라이나인들의 지평에서 이 무서운 전망을 사라지게 만들었다.

132. 러시아 혁명과 우크라이나의 해방

우크라이나주의에 대한 탄압이 절정에 이르렀을 때 셰브첸코 탄생 기념일에 페트로그라드[141]에서 혁명적 충돌이 일어났다. 페트로그라드의 우크라이나인 사회는 이 상황에서 적지 않은 역할을 했다. 러시아 제국의 한 예비 근위연대의 교육대(敎育隊)와 밀접한 관계를 유지해온 몇몇 우크라이나 혁명가들은 혁명을 처음으로 촉발시키는 데 중요한 역할을 했고, 혁명적 사태가 전개되는 과정에서 우크라이나 병사들과 노동자들도 최일선 참가자로 활동했다. 차르 체제의 붕괴 소식이 전 러시아와 우크라이나에 퍼지자, 우크라이나 단체들은 이것을 새로운 진정한 해방, 즉 우크라이나의

---

140) 오스트리아 제국의 마지막 황제 카를(재위 1916~1918)을 말한다. 프란츠 요제프 황제가 1916년 11월 사망한 후 즉위했으며 오스트리아가 1차 대전에서 패배함에 따라 1918년 11월 퇴위하였다.

141) 흐루셰브스키의 원문에는 이 도시 이름이 페테르부르크로 되어 있다. 제1차 세계대전 발발 이후 제정 러시아의 수도 이름은 페트로그라드로 바뀌었지만 흥미롭게도 저자는 전쟁 이전의 명칭을 그대로 고수하고 있다. 여기에 어떤 특별한 의도가 있는 것인지는 알 수 없다. 이 번역서에서는 혁명수도의 분위기를 살리기 위해 페트로그라드라는 명칭을 사용하기로 한다.

해방을 가져올 기쁜 소식으로 받아들였다.

　전쟁 기간 내내 활동을 계속하며 지부들과 연결망을 유지해온 연륜 깊은 조직인 우크라이나 진보주의자 협회는 지하에서 나와 공개적으로 활동하기 시작했고, 3월 초 키예프에서 민족 기구를 창설하자고 발의했다(사실 이 시기의 우크라이나 운동의 모든 조직적 활동은 이 그룹에서 파생했다). 키예프의 다양한 동인모임들과 그룹들의 합의에 따라 '우크라이나 중앙 라다(평의회)(Українська Центральна Рада)'[142]라는 이름의 새로운 기구도 창설되었다. 이 기관은 정당과 협동조합, 노동자 단체, 병사단체, 문화단체 및 직능단체의 대표들로 구성된 협의체였으며, 소속 정당이나 단체의 차이를 일단 접어두고, 정부에 요구하여 러시아연방공화국 내에서 우크라이나의 광범위한 민족적·영토적 자치를 확보한다는 공동의 목표를 위해 우크라이나 시민들을 결집시키는 것을 목적으로 했다.

　활용 가능한 우크라이나 언론이 충분치 않은 상황에서 이러한 과제를 수행하는 작업은 쉽지 않았다. 전쟁으로 인해 모든 출판 활동이 중단되고 와해되었으나 그 후 1917년 3월 말부터 우크라이나 언론은 서서히 다시 살아나기 시작했다. 복간된 《새로운 라다(Новая Рада)》를 필두로 하여 다음으로 사회민주주의 계열의 《노동자 신문(Робітнича газета)》이 창간되었

142) 1917년 러시아 2월 혁명 후 구력 3월 4일(신력으로는 17일)에 수립된 우크라이나의 정치 기구. 처음에는 정당, 단체, 문화인, 노동조합의 회의체로 출발했으나 그 후 전 우크라이나 민족회의로서 우크라이나의 혁명의회 역할을 했다. '라다'는 평의회, 곧 러시아어 '소비에트'에 상응하는 말이다. 중앙 라다는 1918년 4월 해체될 때까지 9차에 걸친 전체회의를 개최했으며, 4차에 걸친 포고문(우니베르살)을 통해 우크라이나의 정치, 사회, 경제에 관한 포괄적인 개혁 구상을 발표했다. 이 기구는 우크라이나 인민공화국의 핵심적 권력기구 역할을 했다. 중앙 라다의 가장 중요한 지도자는 이 책의 저자인 미하일로 흐루셰브스키였다. 중앙 라다는 1917년 3월 14일(신력 27일) 궐석회의에서 당시 모스크바에 있던 그를 의장으로 선출했다.

고 그 후 5월에는 농민층을 대상으로 하는 《인민의 의지(*Народная воля*)》
와 다른 군소 신문들이 창간되었다. 우크라이나 언론이 이처럼 아직 제대
로 조직되지 못했기 때문에 우크라이나 시민들은 당시의 정치 과제에 대
한 정보를 러시아 신문, 우편, 전보 등을 통해 접했는데 이러한 방법은 극
히 불만족스러웠고 정확성도 매우 떨어졌다. 그렇지만 시민들은 엄청난 열
의를 가지고 있었기에 온갖 정치적이고 조직적인 구호들을 한마디 듣기가
바쁘게 바로바로 받아들였다. 키예프에 중앙 라다가 수립되었다는 소식이
전해지자마자, 그 강력한 자극 아래 각 지방별 조직도 설립되었다. 지방
조직들은 중앙 라다를 우크라이나의 최고 지도 기관이자 우크라이나 임
시 민족정부로 인정한다고 선언했으며, 각 지방의 대표를 중앙 라다에 받
아들여주고 지역활동에 대한 지침을 내려 달라고 중앙 라다에 요청했다.
대중의 민족적 자의식이 어느 정도인가를 확인하기 위해 우크라이나 중앙
라다는 구력 3월 19일 키예프에서 민족 시위행진을 거행하기로 정했는데,
이 행사는 거대한 규모로 진행되어 우크라이나주의가 결코 일부 지식인 단
체에게만 제한된 운동이 아니라 일반 대중 속에 실제로 광범하게 파고 들
어가 있음을 명백히 입증해주었다. 이 시위행진이 진행되는 동안 열린 민
회에서 다음과 같은 기본적인 결의안이 채택되었다. "우크라이나에는 지체
없이 자치 제도가 도입되어야 하고, 이후 러시아 제헌회의에서 인준을 받
기 위해 이에 필요한 서류를 제출해야 한다. 러시아 임시정부는 새 체제의
이익과 우크라이나 인민의 이익을 확고하게 결합시키기 위해 우크라이나
의 광범한 자치를 인정하는 선언을 즉각 발표해야 한다."

키예프에서 이 시위행진이 있고 나서 우크라이나 전 지역에서 온 대표자
들이 참석하는 여러 대규모 대회가 뒤이었다. 이러한 내회들의 신두에 섰
던 것은 수태고지(블라고베셰니에) 교회에서 열린 '우크라이나 진보주의자

협회'의 대회였는데, 이 단체는 '자치주의자 · 연방주의자 연맹(Союз авто-номистов-федералистов)'이라는 새로운 명칭을 가지게 되었다. 이어서 부활절에는 교사 대회가 열렸고, 4월 6일에서 8일까지는 중앙 라다가 소집한 우크라이나 민족대회가 열렸다. 대회의 목적은 새로운 선거를 실시하고, 모든 조직된 우크라이나 인민의 진정한 대표기관이라는 성격을 중앙 라다에 부여하고, 중앙 라다의 정치 강령을 확정하려는 것이었다. 이 대회의 문은 널리 개방되어서, 스스로 우크라이나 연합, 단체, 기관이라고 내세우는 조직이면 모두 여기에 참석할 수 있었다. 이 대회를 소집하는 데 여러 어려운 여건이 있었지만, 우크라이나 민족대회는 많은 사람들이 참석하여 알찬 내용으로 진행되었다. 민족대회에는 주로 농민과 병사들을 대표하여 약 9백 명의 전권대의원이 참가했으며 이들은 우크라이나의 장래 체제정비를 위한 탄탄한 기초를 마련했다. 각 도(道), 병사, 농민, 노동자 조직, 문화 단체 및 직능별 정당과 직능 단체의 대표들로 새로운 중앙 라다가 구성되었다. 중앙 라다가 택한 초기의 강령은 순수하게 정치적인 것으로 제한되었다. 이 강령은 러시아연방공화국 내에서 민족적 · 영토적 자치를 도입한다고 선언했고, 각 정당 및 단체의 대표들 사이에서 이견을 불러일으킬 수 있는 다른 사항들은 의도적으로 논의에서 제외시켰다. 그러나 한 달이 지나자 중앙 라다는 러시아 임시정부가 경제의 중앙 집중화 계획을 이미 제안한 상황임을 고려할 때 경제정책 문제를 강령에서 제외시킬 수는 없음을 인정했다. 우크라이나의 지역경제적 이익 및 이곳 근로인민[143] 들의 이익을 보호한다는 것을 강령에 포함시키기로 결정하고 여러 정당의 의견을 모을 수 있을 만한 일정한 중도적 기준을 채택하기로 했다. 6월 초

143) 노동자 · 농민 · 수공업자 등 생산노동에 종사하는 인민을 총칭하는 개념이다.

에는 노동자 대중의 대표들이 우크라이나 중앙 라다에 추가로 참가하게 되면서 중앙 라다는 마침내 사회주의적 성격을 선명히 띠게 되었다. 이들의 참여로 중앙 라다는 좀 더 근로인[144] 민주주의적 성격이 강한 기관이 되었으며, 정치적 요구사항과 더불어 경제적·사회주의적 요구사항도 확실하게 내세우게 되었다.

우크라이나 중앙 라다가 제시한 조직적 과제들과 함께, 우크라이나 내에서의 생활과 사회적 체제를 우크라이나화한다는 강령은 군대 내에서 강력한 운동을 촉발시켰는데, 이는 많은 사람들에게 예상 밖의 현상이었다. 병사 운동은 가까운 미래에 우크라이나 운동을 성숙시키는 누룩과도 같은 훌륭한 역할을 했다. 그런데 엄밀히 말하자면 조직화된 우크라이나 운동의 물결이 다른 어떤 집단보다 병사집단 속으로 강력하게 전파된 것 자체는 결코 예상 밖의 일이 아니었다. 군대에는 전반적으로 시민들의 가장 뛰어난 정화, 가장 강력한 힘이 모여 있었으며, 러시아 혁명 전체에 가장 적극적으로 참여한 집단도 병사들이었다. 여기서 좀 더 예상 밖이었던 것은 다름 아니라 우크라이나 병사들의 운동이 별도의 우크라이나 군사 조직 창건과 특별부대 재조직을 위한 투쟁으로 나타났다는 점이다. 구체제 아래서 러시아 정부가 정말 놀랍게도 바로 우크라이나 내에 별도의 폴란드 군단을 창설하기 시작했었는데, 이것이 별도의 우크라이나 부대 창설 요구의 계기가 되었다. 폴란드 군단은 키예프와 인근 지역에 주둔하게 되었으니, 하필이면 지역 주민들이 이 같은 사실 때문에 감정을 크게 상하지

---

144) 여기서 Трудящии라는 원어를 '노동자'가 아니라 '근로인'이라고 번역하였다. 왜냐하면 이 말이 산업노농자뿐 아니라, 낭시 오히려 인구의 대디수를 치지히던 농민도 포함하기 때문이다. 결코 '노동자'에서 정치적 급진성을 배제하기 위해 '근로인'이라는 역어를 선택한 것이 아님을 명기해 둔다.

않을 수 없는 바로 그런 장소였다. 키예프에서 창건된 새로운 우크라이나 군사 조직인 '폴루보톡 병사단(Товарищество им. Полуботка)'은 폴란드 군단의 예를 따라 우크라이나 코자크 연대들을 창설하는 프로젝트를 추진했다. 원래 이들 코자크 연대는 민간인 지원자만으로 형성하게 되어 있었지만 이 소집령이 나가자 군대 소속 병사들이 큰 호응을 보내왔다. 1917년 4월 중순이 지나자 키예프에 있는 소집장소인 '배급소'에는 수천 명의 병사들이 모여서 우크라이나 연대 소속이 아니면 전선에 나가지 않겠다고 선언했다. 지역 군사 당국과 비(非)우크라이나계 민주 조직들은 전적으로 부당하게도 이러한 움직임에서 온갖 문제를 끄집어 일으켰으니 그들은 이 움직임이 전선과 방어, 혁명에 위협이 된다고 언급하면서 격렬하고 서투른 방식으로 이를 비난하며 위협까지 가했고 이로써 불에 기름을 붓는 사태를 초래했다. 군대에서는 거대한 운동이 시작되었다. 점점 더 많은 병사 조직의 대표단이 연이어서 우크라이나 중앙 라다에 참여했다. 5월 5일(구력)에 열린 병사대회에는 백만 명 조금 못 미치는 우크라이나의 조직 가입 병사들을 대표하는 대의원들이 모였다. 한 달 뒤 열린 2차 병사대회에는 더욱 당당한 규모의 대표단, 곧 추산하건대 173만 6천 명의 병사들을 대표하는 대의원단이 모였으니, 그 사이에 우크라이나 무장인민[145] 수는 거의 두 배로 늘어난 셈이었다. 임시정부 전쟁장관(국방장관)이 대회를 금지했음에도 불구하고 병사대회는 대부분 전선의 부대들이 파견한 대의원들로 구성되었다.

이러한 대회들은 우크라이나 운동의 진정한 규모가 어느 정도인지를 처음으로 잘 보여주었다. 5월 말에 열린 전 우크라이나 농민대회도 대략 천 개 이상의 면(볼로스치)을 대표한 대의원들이 모인 행사로서 이런 점에서

---

145) 병사들을 이렇게 일컫고 있다.

역시 큰 의미를 가졌으며, 우크라이나의 정치적 요구가 뿌리를 내릴 토양이 단단함을 보여주었다. 우크라이나 중앙 라다는 우크라이나의 광범한 자치를 요구하는 것이 농민층과 군대의 지지를 받을 수 있다는 것을 잘 알고 있었다. 전선 전체와 후방에 흩어져 있는 우크라이나 무장인민(병사)들은 군사상의 임무를 잘 이행하고 있었지만, 그런 동시에 이들은 우크라이나 중앙 라다의 일반 정치적 요구사항들을 지지하고자 한다는 의사를 표명하면서 중앙 라다가 단호하고 분명한 전술을 채택하기를 기대했다. 또한 이 같은 목소리에 농민층도 가세했으니, 중앙 라다는 이들의 목소리를 듣지 않을 수 없었다.

133. 우크라이나 자치와 연방 체제를 위한 투쟁

러시아의 민주 세력이나 임시정부는 모두 위에서 서술한 우크라이나의 상황을 제대로 평가하지 못했다. 러시아인들은 초기에 혁명적 형제애를 보여주었지만 그러면서도 우크라이나의 정치적 요구를 의심스러워하는 적대적인 눈으로 대했고, 중앙 라다의 조직적 활동과 강령·전술에 대한 그들의 태도도 마찬가지였다. 우크라이나인들이 우크라이나의 자치와 러시아연방제를 선포하기 위해 그들 자체의 민족대회를 소집한다는 소문이 돌자, 키예프에서는 부활절 축제기간 중 전 (全)우크라이나 대회 전날까지 혁명 세력이 엄청나게 격분하여 이 대회를 혁명의 총검으로 해산시킬 것이라고 위협하는 사태에까지 이르렀다. 이 문제 때문에 비(非)우크라이나 단체와 우크라이나 단체의 대표지들이 회합하여 논의한 후에 이러한 긴장은 완화되었지만, 이후에도 여러 번 긴장이 고조되곤 했다. 키예프의 혁명 언론은 우크라이나 운동에 대해 비방하고 중상하는 캠페인을 쉴 새 없이 펴고 있던 '검은 백인대'식 극우 세력을 연상케 하는 반우크라이나 주장을 몇 번이나 실었다. 러시아 임시정부도 전반적으로 우크라이나 인민 자신의 요구보다는 우크라이나주의 반대자들의 말에 더 자주 귀를 기울였다. 우크라이나인들의 요구에 대한 임시 정부의 태도는 입헌민주당과 중도파에 좌우되어 비우호적이었다. 혁명 초기 임시정부와 상호 이해관계를 맺고자 했던 우크라이나인들의 모든 노력은 실패로 돌아갔다.

긴장 상태가 지속되면서 우크라이나 중앙 라다는 러시아 임시 정부와 공식 협상에 들어가는 것을 오랫동안 주저하고 있었다. 1917년 3월 말의 키예프 민회 이후 선언문과 공식대표단이 준비되었으나 중앙 라다는 이들을 페트로그라드(페테르부르그)에 보내지 않고 있었다. 1차 병사대회가 키예프 민회에서 제기된 요구대로, 우크라이나 중앙 라다가 러시아 임시정부로부터 우크라이나 자치에 대한 원칙적인 인정을 받아낼 것, 러시아 임시정부 내에 우크라이나 담당 위원(코미사르)직을 설치할 것, 지구(地區) 소비에트가 설치된 우크라이나 지역에는 소비에트 산하에 위원을 임명할 것 등의 주장을 한층 더 단호하게 재확인하자 그때에야 우크라이나 중앙 라다는 이에 동의하여 대표단을 파견하고 우크라이나의 요구를 임시정부와 페트로그라드 노동자·병사 대표자 소비에트에 전달하기로 결정했다. 그러나 임시정부도 노동자·병사 대표자 소비에트도 중앙 라다 대표단과 그 요구사항에 별다른 관심을 기울이지 않았다. 모든 요구 사항에 대한 임시정부의 답은 처음부터 끝까지 부정적이었다. 이에 더해 임시정부는 우크라이나 인민이 중앙 라다를 통해 의사 표현을 하는 일이 법적 정당성을 가지는지에 대해 의구심을 표하며 우크라이나주의 전체에 대한 회의적 시각을 공개적으로 표현했다.

병사대회 개최가 금지된 직후 발생한 이 모든 일들의 소식이 전해지자 당시 진행되고 있던 가장 큰 규모의 우크라이나 집회인 농민대회와 병사대회는 엄청나게 강경한 분위기로 들끓기 시작했다. 6월 2일에서 10일에 이르는 이 며칠은 역사적인 기간이 되었다. 키예프에 모여든 수천 명의 병사 대표들은 소피아 광장으로 진출하고선 정부의 분명한 행동이 없으면 자리를 뜨지 않을 것임을 선언했다. 그들은 연방제 강령에 확고하게 근거를 두고, 광범위한 우크라이나 자치 확보를 위해 중앙 라다가 결정적인 행동을 취할 것을 요구했다. 인민대중, 특히 농민들과 병사들의 그와 같이 강경한 분위기를 인식한 중앙 라다는 러시아 임시정부의 태도에 관계없이 스스로 우크라이나 자치의 기반 형성에 착수하기로 하고, 6월 10일 '1차 포고문'[146]을 우크라이나 인민들에게 발표했다. 중앙 라다는 포고문에서 자신의 의도를 "오늘부터 자신의 운명을 스스로 개척해 나갑시다"라고 표현했다. 포고문은 우크라이나의 모든 인민과 모든 행정기관들이 중앙 라다와 가장 긴밀한 조직적 관계를 유지할 것을 촉구하였다. 그리고 중앙 라다가 우크라이나 주민들에게서 민족의 필요를 충당하기 위한 세금을 거둘 것이며, 우크라이나 대의에 적대적인 사람들은 현지 행정 직책에서 해임하는 조직적 행동을 취할 것이라고 선언했다.

포고문은 굉장한 인상을 불러일으켰다. 문건에 담긴 조치의 내용 때문이라기보다 강력한 권력을 연상케 하는 그 어조 때문에 특히 그러했는데, 이 어조에서 우크라이나 인민들뿐 아니라 다른 민족 사람들도 미래의 민

---

146) 원어는 '우니베르살'이다. 이 책 앞부분 코자크에 관한 서술에서 코자크 헤트만이 반포한 명령이 포고문으로 번역되어 있는 것을 기억할 것이다. 그 원어 또한 '우니베르살'이다. 즉 중앙 라다 지도자들은 코자크 헤트만이 반포한 포고문을 가리키는 것과 동일한 용어를 사용하여 우크라이나 인민에게 우크라이나 권력의 결정사항을 알리고 있다.

족 권력의 목소리를 들을 수 있었다. 포고문 선포 직후 중앙 라다는 자신이 내세운 강령을 실현하기 위해 '총서기국'을 구성했는데 이는 사실상 전 우크라이나에 권력을 확대시키는 조치로 평가되었다. 전개되는 이 같은 사태를 주시하면서 우크라이나 주민들이 포고문을 얼마나 열렬한 환영과 함께 받아들이는지를 본 러시아 임시정부 관련인사들은 우크라이나 문제에 대한 태도를 큰 폭으로 바꾸었다. 사회주의 계열 장관들은 우크라이나 정책과 관련해서 입헌민주당의 지시에 따라 행동하기를 거부하고 결정적인 양보를 통해 우크라이나 문제를 해결하기로 결정했다. 극히 모호한 내용을 담은 「우크라이나 시민들에게」라는 담화문도 발표해 보고 중앙 라다와 라다의 포고문에 대한 정보를 얻기 위해 위원회를 파견하는 안도 논의해 보는 등 여러 가지 미봉책이 나왔다. 그러나 그런 다음 페트로그라드에서 당당한 규모의 우크라이나 시위행진이 일어나자 그 영향으로 임시정부에서는 우크라이나의 요구를 과감하게 수용하자는 생각이 우세하게 되었다. 그리하여 6월 28일에는 이 문제에 대해 우크라이나인들과 직접 협상할 전권을 가진 각료들이 키예프에 도착했다.

중앙 라다와 키예프의 비우크라이나계 혁명 조직들 간의 관계가 전면적으로 변하게 되자 그 덕분에 임시정부와 중앙 라다의 협력을 위한 토양도 마련되었다. 즉 키예프에서 우크라이나계와 비우크라이나계 조직 대표들 사이에서는 친선관계가 형성되고 중앙 라다의 구성원 문제에 대한 원칙적인 상호이해가 성립되었던 것이다. 이것은 러시아의 사회주의자 각료들이 중앙 라다를 우크라이나의 지역 정부로 인정하는 조건이었으므로 정부와 중앙 라다 사이에도 협력이 이루어질 수 있게 되었다. 이제 중앙 라다를 인정하는 데는 아무런 장애도 없었다. 중앙 라다와 러시아 내각각료들은 우크라이나에서 최고 권력을 '총서기국'으로 이양하기로 하고 이 내용을 담은

정부 선언문과 중앙 라다의 2차 포고문 문안을 공동으로 준비했고 이 문안
은 중앙 라다에서 서둘러 통과되었다. 중앙 라다 대표들 대부분은 일을 지
체시키지 않기 위해서는 논쟁거리가 되는 지엽적 문제에 매달려 시간을 끄
는 것이 바람직하지 않다고 생각했다. 그러나 예상치 못하게 러시아 임시정
부의 입헌민주당 소속 장관들은 이 합의안에 강력하게 반대했다. 그럼에도
내각 각료 다수가 합의안에 동의하자 이는 내각의 위기를 가속화했다. 입
헌민주당 소속 각료들이 임시정부에서 탈퇴하였고 이로써 임시정부는 완전
히 사회주의자들 수중에 들어가게 되었다. 새로 구성된 정부는 중앙 라다
와의 협력 정책을 굳건하게 추진했다. 7월 3일(구력)[147] 러시아 임시정부는
정부선언문을 발표했고 이와 함께 중앙 라다의 2차 포고문도 공포되었다.

우크라이나는 사실상 지역적 자치를 획득했고, 이제 단지 이것에 최종
적인 법률적 형태를 부여하는 일만 남아 있었다. 적어도 우크라이나 시민
들이 이해하기로는 그러했고, 임시 정부가 이해하기로도 그러했다. 협상
이 완료되자 체레텔리[148] 장관은 총서기국에 자치 획득에 대해 축하를 보
냈다. 자치 획득이 이루어진 당시에는 할리치나의 전선 상황이 불리해져서
독일군이 볼린과 포딜랴를 향해 진격해 오고 있었던 것에서 알 수 있듯이
상황이 어려웠기 때문에, 이 영향을 적지 않게 받아서 우크라이나 민주세
력에 속하는 우크라이나인들과의 사이에서 일어나는 모든 논쟁과 이견은
옆으로 밀려나게 되었다. 이 물결 속에서 비우크라이나계 민주세력도 임시

147) 신력으로는 7월 16일. 흐루셰브스키의 러시아어본에는 6월 3일로 되어 있다. 편집상의 오
류로 보인다.
148) 이라클리 체레텔리(Ираклий Церетели, 1881~1959). 그루지야(조지아) 출신의 러시아 혁
명가. 러시아 사회민주노동당 멘셰비키의 지도자 중 한 사람. 1917년 2월 혁명 후 페트로
그라드 소비에트를 이끌었고, 임시정부에 입각해 5월부터 8월까지 체신장관직을 맡았으며
7~8월에는 내무장관직도 겸했다.

정부의 제시 조건에 따라 지방 권력의 새로운 기관들을 조직하는 데 우크라이나인들과 협력해 달라는 기꺼운 요청을 받게 되었다. 중앙 라다 집행위원회(또는 당시의 명칭으로는 말라 라다(Мала Рада), 곧 소(小)라다)는 비우크라이나계 민주세력 대표들을 받아들여 라다 구성을 보완했다. 이들의 참여하에 '총서기국'도 재구성되었고 총서기국 규정(устав)도 마련되었다. 규정 작성 참여자들은 넘쳐 오르는 열광 속에서 이를 '첫 우크라이나 헌법'이라고 불렀으며 임시정부의 동의를 받기 위해 이 규정을 제출하였다. 이때가 우크라이나 미래에 대해 모든 사람에게 낙관적 기대를 불어넣어준 진정으로 밝고도 기쁜 순간이었다. 혁명 전에는 우크라이나 문제에 다른 노선을 지지했던 국외의 우크라이나 조직들까지도 이제는 중앙 라다가 제시하는 방식대로 우크라이나의 정치적 과제가 해결되고 있다고 보았고 라다의 지도에 따를 것을 약속했다.

그러나 이러는 동안 정치적 상황에 변화가 발생하여 평탄하고 순조롭게 보였던 이 정치 일정에 새로운 난관을 초래했다. 러시아 임시정부에서는 우크라이나 문제에 대한 타협 때문에 입헌민주당 소속 각료들이 사임하면서 빚어진 내각의 부분적인 위기를 한편에서는 급진파가 이용하고, 다른 한편에서는 반혁명세력이 임시정부에 압력을 행사하는 데 이용했다. 페트로그라드에서 봉기가 일어났다.[149] 수도의 봉기는 곧 진압되었지만, 전선에서 다시 봉기가 발생했고, 그 결과 할리치나에서는 앞에서 언급한 치명적인 사태가 벌어졌다. 독일-오스트리아 군은 러시아 군이 점령했던 할리

---

149) 구력 7월 3일에서 5일까지 벌어진 7월 봉기를 말한다. 레닌의 반대 속에서 일부 볼셰비키가 이를 주도한 것으로 알려졌으며 급진파 병사, 선원, 노동자들이 '모든 권력을 소비에트로' 이양할 것과 '전쟁 중지'를 요구하며 대규모 시위를 벌였다. 시위대 측이 충분한 군사력을 확보하지 못한 상태에서 일어난 이 봉기는 임시정부에 의해 진압되었다.

치나와 부코비나 영토 전체를 단 며칠 만에 탈환했고,[150] 볼린과 포딜랴도 적의 위협 앞에 놓였다. 군의 질서는 심각하게 붕괴되었고 바람직하지 않고 위험한 세력들이 있음이 드러났다. 이 부대들이 후퇴하면서 저지른 전대미문의 학살은 공포와 극도의 혐오를 야기했다. 병사들의 사기가 위험스러운 수준으로 떨어졌고, 혁명에 대한 신뢰마저 떨어졌다. 혁명을 반대하는 노골적인 적들과 은밀한 적들이 고개를 들기 시작했다. 이들은 또한 우크라이나주의에 대해서도 맹렬한 적대자들이었다.

러시아 사회주의자들은 스스로 지배권을 장악하려는 과감한 용기를 가지지 못한 채, 부르주아 세력의 동맹과 도움을 얻으려 했다. 입헌민주당은 내각에 복귀해서 주인 노릇을 했고, 이것은 즉각 우크라이나 문제에도 영향을 미쳤다. 임시정부와의 관계 설정을 위해 7월 중순에 페트로그라드에 도착한 총서기국 대표들은 오래고 지루한 내각의 위기 이후에 마침내 이루어진 새 내각의 형성을 맞이했으나, 새로운 내각은 우크라이나 대표들을 비우호적이고 의심스러운 눈초리로 대했다. 내각은 총서기국의 권한과 총서기국 관할 아래 들어오는 영토의 범위에 대해 회의적 태도를 보였다. 중앙 라다가 대표들을 통해 임시정부에 보낸 규정(устав)은 받아들일 수 없는 것으로 판정되었다. 대신에 8월 4일 임시정부는 총서기국 및 중앙 라다의 동의 없이, 6월 30일(원문대로임)의 합의[151]에 크게 배치되는 자체의

---

150) 러시아 군대는 브루실로프 공세로 할리치나 동부(우크라이나 할리치나)를 점령한 후 독일군의 반격으로 1916년 가을 이후 할리치나의 상당 부분을 내놓았으나 테르노필 일대는 여전히 장악하고 있었다. 그러나 1917년 6월 남서부 전선에서 편 총공세가 실패로 돌아감으로써 러시아 군은 7월 이 지역까지 모두 독일-오스트리아 세력에 내놓게 되었다.

151) 7월 3일(구력)에 우크라이나에 직접 내려간 임시정부 각료들과 중앙 라다 사이에 이루어진 우크라이나 자치에 대한 합의를 말하는 것으로 보인다. 날짜 표기와 같은 세부적 사실의 서술에서 흐루셰브스키의 원문에서는 가끔씩 오류가 보이는데, 아마도 망명시기 어려운 상황 속에서 이 부분이 집필되었기 때문에 그러한 것이 아닌가 추측된다.

'교시'를 내보냈다. 총서기국이 관할하던 군대 업무뿐만 아니라, 재판, 식량, 도로, 우편 및 전신 업무가 박탈되었다. 임시정부는 총서기국의 권한 범위를 키예프, 포딜랴, 볼린, 폴타바, 체르니히브 등 다섯 개 우크라이나 도로 제한했고(체르니히브에서도 북부의 네 개 군은 제외), 게다가 임시정부는 이 지역 내에서조차 비상 상황이 발생하면 총서기국을 무시하고 직접 통제권을 행사할 수 있는 권한을 보유했다.

바로 이 시기에 전체회의를 소집했던 중앙 라다는 임시정부의 이 같은 행보로 인해 지난한 상황에 놓였다. '교시'는 중앙 라다의 모든 계획을 뒤틀어버리는 것이었기에 중앙 라다의 우크라이나계 구성원들뿐만 아니라 비우크라이나계 구성원들도 이를 혹독하게 비판했다. 이 '교시'는 당시 가장 절박하게 요청되던 모든 것을 파괴했다. 다시 말해 이것은 무질서와 무정부 상태에서 우크라이나를 지키기 위한 모든 시민적 인민 세력의 강력한 단합을 파괴시켰다. 러시아 정부의 여러 대표자들이 우크라이나주의에 적대적인 정책을 계속 밀고 나가는 바람에 무질서와 무정부 상태는 우크라이나를 둘러싸고 점점 고조되고 있었으며 우크라이나 자체 내에서도 이미 심화되고 있었던 터였다. 키예프에서 전선으로 출발하는 제1 우크라이나 연대에서 총격사건이 일어났을 때(7월 26일) 이것은 시민들에게 유례없을 만큼 참담한 반응을 불러일으켰다. 이 사건은 여러 음험한 근원에서 발호한 반우크라이나 선동이 때맞추어 빚어낸 결과였다.

그러나 다른 한편으로 비우크라이나계 단체들(이들은 연계가 파괴되는 것을 두려워해 특히 열렬하게 반응했다)과 대다수 우크라이나 대중은 여전히 이 중요한 시기에 러시아 정부와도 러시아 민주 세력과도 관계가 단절되지 않기를 바라고 있었다. 그래서 중앙 라다는 총서기국을 임시정부가 '교시'에서 지정한 대로 구성하고 이를 인준해줄 것을 임시정부에 요청하기로 절대

다수로 의결했다. 중앙 라다가 이렇게 한 데는 목적이 있었다. 곧 중앙 라다는 그동안 얻은 정치적 성과를 일부분이나마 확보하고자 했고, 그와 동시에 '우크라이나 제헌 회의'의 조속한 소집을 위해 노력하며, 우크라이나의 정치적 구조와 영토적 통일성, 완전한 자치 권력 등의 문제에서 우크라이나의 의지를 표명할 수 있을 만한 모든 일에 전반적으로 배려를 쏟고자 했던 것이다. 오랜 토론 끝에 8월 20일 총서기국은 일곱 명의 서기 명단을 임시정부에 제출했고 9월 1일 이 명단은 임시 정부의 승인을 받았다.

134. 우크라이나 인민 공화국

러시아 연립 정부는 긴박한 상황의 압력 때문에 우크라이나 자치 권력의 형성에 동의해주었다. 정부의 몇몇 인사들도 연루된 코르닐로프의 반혁명 한탕주의, 이 반란으로 초래된 위기와 전례 없이 위협적인 군사적 상황(리가 전선의 붕괴, 페트로그라드까지 공격당할 위험 등)이 함께 작용하여 긴박한 상황을 만들고 있었다. 그러나 여러 가지 책략을 동원한 덕분에 (9월 중순에 소집된 '민주협의회'라는 간판으로) 내각의 존속 기초가 일정하게 마련된 것 같아 보이게 되자 우크라이나 문제에 대한 케렌스키 정부의 모든 추후 전술은 정부가 자체의 '교시'와 '총서기국' 구성 인준을 통해 인정해주었던 그 알량한 자치 권력조차 무효화시키기 위한 방향으로 펼쳐졌다. 또한 임시정부는 우크라이나 문제를 다루면서 '총서기국'을 무시했고, 우크라이나의 공공기관들에게도 앞으로 '총서기국'을 무시하고 러시아 장관들과 직접 업무를 협의하도록 지시했다. 정부는 우크라이나의 고위관료를 직접 임명하였으며, 게다가 총서기국의 모든 선언과 제안에 주의를 기울이지 아니하고 총서기국의 모든 조직적 조치를 저지함으로써 총서기국의 조직상 활동이 이루어질 수 있는 일체의 가능성을 가로막았다. 모든 사람에게서 잊혔던 구체제의 잔재인 러시아 원로원은 자신들의 존재를 상기시키기 위해 총서기국의 교시를 공포하는 것을 거부했는데, 이는 공식적으로 총서기국 지시의 구속적 의미를 박탈하는 것일 수밖에 없었다. 마침내 케렌스키 정부는 총서기국과 중앙 라다의 존재 자체에 손을 대겠다는 궁리를 하게 되었다. 총서기국이 중앙 라다에 제출한 업무 계획 중 가까운 장래에 '우크라이나 제헌회의'를 소집할 준비를 하겠다는 내용이 언급되어 있는 것을 보자, 케렌스키 정부는 총서기국과 중앙 라다를 탄핵하는 근거로 이 우크라이나 제헌회의 건을 이용해 보기로 했다. 키예프의 러시아 검찰은 이 문제를 수사하고 두 기관에 징벌적 조치를 가하라는 명령을 받았다. 이와 병행하여 총서기국의 서기들에게는 페트로그라드(페테르부르그)로 올라와 사태에 대해 보고하라는 요구가 내려왔다.

러시아 정부의 이러한 조치는 우크라이나 주민들 사이에서 유례없는 격앙을 불러일으켰고, 10월 20일에 열린 '3차 병사 대회'와 중앙 라다 전체 회의에 참가하기 위해 모인 주민 대표들의 태도는 이로 인해 극히 단호해졌다. 그러나 예기치 않게 상황은 급격히 변해버렸다. 페트로그라드에서 사회민주당 볼셰비키파가 주도한 봉기로 임시 정부는 와해되었지만, 볼셰비키가 구성한 정부인 '인민위원회의(인민위원소비에트, Совет Народных Ко-миссаров)'[152]는 군대에서도 시민사회에서도 인정받지 못했다. 이때부터

---

152) 소비에트 정부를 말한다. 인민위원회의, 곧 인민위원소비에트는 볼셰비키 정권의 각료회의의 명칭이다. 잘 알려져 있다시피 소비에트는 볼셰비키 권력의 핵심개념인데, 혁명기에 권력 장악의 초점이 된 소비에트는 인민대표자회의를 말하며 단순한 회의 형식을 뜻하는 것은 아니다. 볼셰비키 정권의 각료회의를 칭할 때도 소비에트라는 말이 쓰이고 있기는 하지만, 볼셰비키의 원래의 정치사상에서는 이 기구가 소비에트 권력의 중심으로 여겨지지는

러시아 공화국은 상당 기간 무정부 상태에 빠져들었고, 러시아의 여러 지역들은 사실상 격리된 상태에서 각자도생해야 되었다. 그리고 "모든 권력을 소비에트로"(즉 노동자·병사·농민 소비에트로) 식의 볼셰비키 구호 아래서 만연해 있던 붕괴 사태에 맞서서 각기 방법을 동원해 싸워야 했다. 키예프에 있는 연립정부(임시정부) 관리들은 처음에는 중앙 라다가 볼셰비키와 연대한다고 비난하면서, 동시에 코자크와 체코슬로바키아 전쟁 포로, 사관학교 학생들로 구성된 자기 편 군대를 동원해 볼셰비키와 우크라이나 정부를 함께 전복하려고 했다. 그러나 사전에 이러한 모의가 발각되면서 음모는 불발로 끝나고 말았다. 옛 정권[153]의 대표들과 이 기도를 지원한 관련자들은 모두 키예프를 떠나야 했다. 그런데 이번에는 볼셰비키 세력이 중앙 라다가 부르주아적이라는 이유를 내걸고 중앙 라다를 전복하려는 의도를 보였다. 볼셰비키는 재선거를 실시하고 모든 권력을 현지의 노동자·병사 대표자 소비에트에 이양함으로써 중앙 라다 전복을 실현하고자 했다. 10월 말 무렵 키예프와 우크라이나 전역은 임시정부와 볼셰비키라는 이 두 적대 진영으로부터 모두 위협을 받는 상황에 처했다. 키예프와 다른 도시들에서는 무력 충돌이 발생했고, 유혈적 내란의 유령이 우크라이나 위를 떠다녔다.

이러한 상황에서 우크라이나 지역에 강력한 단일 권력을 형성하는 것이 시급하게 요구되었다. 중앙 라다도 이를 요구하는 결의안을 통과시켰다. 그러나 이것만으로는 부족했다. 이 권력을 확립하는 유일한 방법은 권력을 국가적 기초 위에 세우는 것이었다. 총서기국은 존재하지도 않는 중앙 정부의 어떤 기관으로서 공중에 매달려 있는 상황을 더 이상 유지할 수 없

않는다. 그러나 이 책에서는 '인민위원소비에트'의 소비에트가 더 전면에 나와 있다.
153) 10월 혁명으로 붕괴한 임시정부를 말한다.

었다. 게다가 중앙정부를 창설할 희망조차 없었다. 총서기국은 우크라이나 국가의 정부가 되어야 했다. 10월 말 병사대회도 이미 이 노선을 강력히 주장했다. 이때부터 중앙 라다의 여러 정파는 이 문제를 가지고 격렬한 논의를 벌였다. 이들은 마침내 우크라이나 공화국의 선포가 지체 없이 실제로 이루어져야 하고, 이 선포는 형식에 그쳐서는 안 되며, 또한 새로 건설된 우크라이나 국가의 민주주의적이고 사회주의적인 성격이 분명히 드러나야 한다는 데 의견을 모았다. 우크라이나 사회민주당과 우크라이나 사회혁명당의 합의에 의해 중앙 라다의 3차 포고문안이 작성되었는데 이는 약간의 수정을 거쳐 1917년 11월 7일 중앙 라다에서 채택되고 선포되었다.

3차 포고문은 우크라이나 인민 공화국의 창설을 선포했으며 이와 함께 농업용 토지의 사적 소유 철폐, 8시간 노동제와 생산물에 대한 통제의 도입, 평화 정착을 위한 조치, 정치범의 사면, 사형제의 폐지, 재판제도와 행정권력의 개혁, 비우크라이나계 소수주민의 민족적·개인적 자치 도입 등을 선언했다. 이것은 굉장한 강령이었다. 중앙 라다와 총서기국은 적어도 이 강령을 일부라도 시행하기 위해 최선을 다했다. 이들이 함께 취한 첫 조치는 혁명적 방식이 아니라, 입헌적 형태를 갖추어 국가와 사회 체제를 구성하기 위해 소집되는 '우크라이나 제헌회의' 선거를 실시하기 위한 작업이었다.

이것은 쉬운 일이 아니었다. 우크라이나 전역은 상시적 내전 상태에 있었다. 페트로그라드와 모스크바, 북부전선과 서부전선에서 일정 기간 입지를 굳히게 된 인민위원 정부(볼셰비키 정부─옮긴이)[154]는 중앙 라다 정부와 싸우기 위해 군대를 소집했으며, 볼셰비키 권력을 인정하는 부대들을 불분명하고 이중적인 의도 아래 우크라이나의 영토로 이동시켰다. 우크라

---

154) 여기서도 흐루셰브스키의 독특한 용어구사를 볼 수 있다. 그는 볼셰비키 정부를 인민위원 정부라고 칭하고 있다.

이나 정부는 사회 질서 유지를 위해 그러한 적대적 세력을 무장해제시키거나 나라 밖으로 내보내고 있었다. 이 때문에 인민위원 정부는 우크라이나 정부에 적대적 태도를 보였고, 11월 말에 우크라이나에 대해 공식적인 본격적 전쟁을 시작했다. 우크라이나 정부가 전선에서 귀향하는 러시아 카자크 연대들은 우크라이나를 자유롭게 통과할 수 있도록 허용한 반면, 내전을 막기 위해서 볼셰비키 군대가 우크라이나를 통과해 돈 강 지역, 카자크 부대에게로 가는 것은 허용하지 않았던 것도 볼셰비키가 우크라이나에 대해 전쟁을 선포한 또 다른 이유였다.

인민위원 정부는 우크라이나 총서기국이 돈 카자크 사령관(아타만)인 칼레딘[155] 및 다른 여러 반혁명 세력들과 연합해 반혁명적 정책을 편다고 비난했다. 인민위원 정부는 우크라이나 정부에 볼셰비키 군대의 우크라이나 통과, 돈 카자크 제압, 우크라이나 소비에트 권력의 인정 등을 요구하며 최후통첩을 보내왔다. 또한 인민위원 정부는 볼셰비키가 반혁명적이라고 인정한 세력과 맞서 싸울 것, 이미 행정 능력의 철저한 부재를 드러낸 노동자·병사 대표 소비에트에 자치기구와 행정기구를 종속시킬 것을 요구했으나 우크라이나 정부는 인민위원들의 지시에 따라 정책을 펼치는 것을 단호히 거부했다. 그러자 볼셰비키 정부는 중앙 라다가 반동적인 부르주아들과 지주 세력의 집합체라 공언하고, 볼셰비키 선동원들을 우크라이나 전역으로 보냈다. 이들은 중앙 라다와 총서기국에 대한 흑색선전을 유포했다. (예를 들어 총(헤네랄느이(генеральный)) 서기국에는 장군(헤네랄(генерал))

---

155) 알렉세이 막시모비치 칼레딘(Алексей Максимович Каледин, 1861~1918). 러시아의 군인. 군사학교를 졸업한 후 제국군대에서 복무하여 제1차 세계대전 시기에는 기병부대 지휘관으로 참전했으며 2월 혁명을 인정하지 않아서 해직되었다. 돈 카자크 부대 아타만으로 선출되어 돈 카자크 기병부대를 이끌면서 혁명세력에 맞섰으나 1918년 2월 자살로 삶을 마감했다.

들밖에 없어서 '헤네랄의'라는 형용사가 붙은 명칭을 쓴다고 주민들에게 선전하는 식이었다.[156] 볼셰비키 정부는 화폐를 수단으로 삼아서 우크라이나를 제압하는 수법도 쓰기 시작했다. 모든 기관에 러시아 화폐 공급이 중단되어 우크라이나 정부는 긴급하게 자체의 화폐를 발행할 수밖에 없었다. 마침내 공식적인 군사작전도 시작되었으니, 북부전선과 남부전선으로부터 이동할 수 있는 부대를 우크라이나로 보내서 이곳에 볼셰비키 권력을 수립하고 중앙 라다를 철폐하려고 한 것이다. 이와 동시에 우크라이나의 볼셰비키 조직은 12월 초에 키예프에서 병사·노동자 대표자 소비에트의 대표들을 불러 모았는데, 그들이 바랐던 것은 소비에트에서 새로운 선거를 통해 중앙 라다를 다시 구성하는 결의안을 통과시키고, 이런 방법으로 중앙 라다와 우크라이나 정부를 전복하겠다는 것이었다.

이러한 기도는 사전에 분쇄되었다. 우크라이나 정부는 소비에트 대표자 대회가 소집되기로 한 시간에 같은 수의 농민 대표자도 소집함으로써 이 소비에트 대회가 우크라이나인들의 진정한 의사를 표현하는 장이 되도록 했고, 농민대표들로 보완된 대회는 중앙 라다에 대한 확고한 지지를 선언했다. 12월 중순에 소집된 중앙 라다 8차 회의에서는 우크라이나 정부의 권위를 수호하고, 이미 사실상 자립적이고 독립적인 국가가 된 우크라이나 공화국의 주권을 지킨다는 우크라이나 시민들의 확고부동한 믿음이 천명되었다. 중앙 라다와 총서기국은 볼셰비키로 인해 이미 시작되고 있던 러시아 국가의 사실상의 붕괴에 맞서서 그 대안으로 연방체제를 수립하려

---

156) 총서기국이라는 명칭에서 사용된 '헤네랄느이'는 영어로는 '제너럴'이며 '일반적', '전체의'라는 의미를 담고 있다. 그런데 볼셰비키 선전자들은 총서기국에 '장군(제너럴·헤네랄)'들만 있어서 명칭에서 '제너럴(헤네랄느이)'이라는 형용사를 사용했다고 악선전을 폈다는 것이 흐루셰브스키의 해석이다.

는 취지에서 모든 노력을 기울였으나 이는 아무런 성과도 거두지 못했다. 러시아 제국의 민족들과 지방들은 가장 큰 구성원인 (대)러시아가 참여하지 않는 연방은 결성하지 않기로 했다. 그러나 정작 러시아는 한편으로는 볼셰비키에 의한 무정부 상태 때문에 마비가 되어서, 그리고 다른 한편으로는 이것이 기본적인 이유이기는 한데 특유의 중앙집권적인 집착을 버리지 못해서, 연방제에 대한 자신의 의사를 표시하지 않았다. 연방제에 대한 우크라이나의 호소는 아무 답을 얻지 못했다. 연방제의 희망은 사라졌으므로 우크라이나 인민은 정치적 자주성의 형태로 자신의 국가성(國家性, государственность)을 확립할 수밖에 없었다. 우크라이나 인민은 무질서와 멸망의 위험으로부터 자신을 지키기 위해서는 국가성과 자주성을 심화하고 강화하는 방법밖에 없었다. 우크라이나를 둘러싸고 일어나 여차하면 우크라이나 인민을 집어삼키려고 하고 있던 혼란 상태에 빠지지 않기 위해서는 이 길밖에 없었다.

135. 자주적 우크라이나

1917년 12월 후반이 되면서 우크라이나의 상황은 더욱 위험하게 되었다. 볼셰비키의 선동이 효력을 발휘하기 시작하면서 군대에서는 전면적인 붕괴가 시작되었다. 전방과 후방에 주둔하고 있던 군부대원들이 군수품을 강탈하거나 모조리 훔치고, 나머지는 운명에 몸을 맡긴 채 제멋대로 귀향길에 올랐다. 설상가상으로 그들은 때로는 귀향하는 도중에 만나는 사람을 상대로 야탈과 파괴를 하기까지 했다. 농촌 지역에서는 무정부주의적 세력이 더 집중적으로 분포되어 가장 가난한 농민층의 지지를 얻었고,

가장 강인한 농민층 일부조차 이들 때문에 겁을 먹었다. 지주 영지와 크고 작은 공장을 약탈하고 파괴하는 일이 점점 더 확산되었다. 지역의 부가 무너지고 생산력이 현저히 저하되었다.

다른 한편으로는 정치적 내란의 위협이 증대했다. 키예프에서 소비에트 대회 개최에 실패한 일단의 볼셰비키는 하르키브로 가서 그곳에서 소비에트 대회를 열었다. 여기에는 노동자 대표, 병사 대표들과 함께 도네츠크와 크리보이로그 지구(라이온) 농민 대표 일부도 참가했으므로 볼셰비키는 이 대회를 크게 선전했다. 이 급조된[157] 대회는 12월 13일 중앙집행위원회를 구성하여 스스로 "전 우크라이나의 권력기관"이라고 칭하며 중앙 라다에 대립각을 세웠고, 총서기국에 대항하여 볼셰비키 인민서기국을 내세웠다. 또한 이 소비에트는 중앙 라다가 우크라이나 근로인민의 의지를 표현하지 않는다고 선언하면서, 근로인민들이 일어나 중앙 라다에 맞서 싸울 것을 촉구했다. 만일 돈 강 지역으로 나가는 길을 연다는 핑계로 벨고로드 인근에 주둔하고 있던 볼셰비키 군부대가, 좀 더 정확히 말하자면 병사니 수병이니 고용되어 들어온 다양한 부랑자니 하는 사람들로 구성된 그런 무리가 통탄스럽게도 하르키브로 들어오지만 않았더라도 이 모든 일은 소극 같은 결말로 끝났을 것이다. 그런데 이들의 하르키브 진입은 이미 볼셰비키 선동을 믿은 현지 친볼셰비키 집단의 고삐를 풀어놓았고 이 바람에 현지 주민들은 공포 분위기에 싸였다. 우크라이나 지도부는 2주일 동안 버텼지만, 결국은 무기를 내려놓고 말았다.

이후 볼셰비키 병사와 이른바 적위대원(赤衛隊員)들, 즉 무장 노동자들과 볼셰비키에 복무하는 다른 온갖 종류의 사람들로 구성된 부대는 그들

---

157) 원문에는 '날조된'이라고 되어 있다.

이 공언한 대로 반혁명군과 싸우러 돈 강 유역으로 가는 대신, 우크라이나의 철로를 따라 이동해왔다. 이들은 도네츠크 지구의 도시와 철도 교차지점들을 장악했고, 여기에서 예카테리노슬라브 지구[158]로 옮겨간 후 폴타바 지방과 헤르손 지방으로 산개해 갔다. 하르키브에서와 같이 이곳에서도 볼셰비키 무리가 탄 기차인 '에셸론(эшелон)'이 다가오면 대개의 경우 봉기가 촉발되었고 볼셰비키에 동조하는 세력들인 노동자들, 다양한 사회 낙오계층들, 좌파 혁명 세력들이 도시와 기차역, 철도 교차지점들에서 권력을 장악했는데, 이들 중에는 우크라이나인들은 거의 없었고, 대러시아인들과 특히 유대인들(유대인 민족조직에 속하지 않은 사람들)이 주축을 이루었다. 새로 구성된 부대나 우크라이나 병사들이 주를 이루는 부대도 볼셰비키 선동의 영향으로 동요하거나 붕괴되기 시작했다. 선동자들은 이러한 투쟁은 우크라이나 권력의 완전한 사회화를 위한 사회적 기반 위에서 진행되고 있으며 중앙 라다를 장악한 부르주아 세력에 대항하기 위한 것이라고 병사들을 설득하고자 했다. 많은 우크라이나 병사들(혹은 당시 우크라이나 부대에서 사용하기 시작한 명칭으로 하자면 코자크들)은 선동에 넘어가 볼셰비키에 가담하거나, 아니면 중립을 선언하거나, 연대를 이탈해 멋대로 고향으로 귀환했다. 특히 크리스마스 축일 기간 중에 이러한 일이 많이 일어났다.

볼셰비즘이 거둔 이 같은 성공에서 영향을 받아 우크라이나의 진보적 정치 진영에서도 어느 정도 동요가 일어났다. 우크라이나 사회혁명당과 함께 단일 후보명부를 구성해 선거에 나섰던 러시아 사회혁명당원들이 이런 면에서 큰 역할을 했다. 이제 볼셰비키와 손을 잡은 러시아 좌파 사회혁명당원들은 볼셰비즘이야말로 혁명적·사회주의적 요구의 논리적 연장(延長)

---

158) 현재의 드니프로-페트로브스크, 자포로쟈 지역.

이라고 주장하며 우크라이나 사회혁명당원들 일부를 자기편으로 끌어들였다. 이들은 우크라이나 사회주의자들이 볼셰비즘에 의해 일소되지 않으려면 전술적 고려에서라도 볼셰비키 구호를 받아들여야 할 것이라고 설득했다. 이들은 농민·노동자·병사 대표자 소비에트 대회에서 중앙 라다를 새로 선출하고, 모든 현지 권력을 지역 소비에트에 넘겨야 한다고 촉구했다. 또한 볼셰비즘이 아직 우위를 지키는 동안 전반적으로 볼셰비즘에 호응해 사회 개혁으로 볼셰비키의 요구를 충족시키고 인민위원 정부와 상호 이해를 이룰 것을 촉구했다. 우크라이나에서 선출된 '전 러시아 제헌회의' 대표들도 초청된 8차 중앙 라다 회의에서도 이미 이러한 취지의 선동과 동요가 시작되었다. 이들 중에는 하르키브 지방의 좌파 사회혁명당원들도 있었다. 이들 중 일부는 페트로그라드(페테르부르그)로 가서 제헌회의의 장래에 대해 설명했다. 이들은 만일 우크라이나 사회혁명당원들이 주도권을 잡고 좌파 사회혁명당원들과의 동맹이라는 구호 아래 자체적으로 정부를 수립하면 우크라이나의 위기가 제거되고, 러시아 및 인민위원회의(볼셰비키 정부—옮긴이)와의 전쟁이 종결되며, 우크라이나 내전이 종식될 수 있다는 등등의 희망을 볼셰비키와 좌파 사회혁명당 진영에 전달했다.

이 모든 사태들이 이 위기의 순간에 우크라이나 정치에 극히 위험스러운 혼란을 초래했다. 12월 말부터 1월 초까지 폴타바, 예카테리노슬라브, 오데사, 크레멘축 같은 드니프로 좌안 우크라이나와 흑해 연안 도시들이 볼셰비키의 수중에 들어갔다. 볼셰비키는 키예프 지구에 석탄 공급을 중단하고, 동쪽, 북쪽, 남쪽, 남서쪽으로부터 진격해 오며 올가미를 점점 강하게 죄었다. 이들 지역에는 볼셰비키가 장악하고 있는 어설프기 짝이 없는 여러 부대들이 주둔해 있었다. 키예프 내에서도 우크라이나 정부와 중앙 라다, 우크라이나인들 일반에 대한 좌파와 우파의 전방위적 선동이 적극적으로 전개되었다. 이 같은 선동은 우크라이나의 국가성을 지키기 위해 바로 얼마 전까지만 해도 사방에서 키예프로 쇄도해 와서 이곳에 주둔해 있던 우크라이나 연대들까지 거의 완전히 와해시켰다. 우크라이나 정부 지도자들은 자신들의 기반이 무너지고 있음을 깨달았다. 중앙 라다도 어려운 상황에 처했다. 중앙 라다는 구력 1918년 1월 9일자로 공포되는 3차 포고문에 의거해 새로 구성되는 '우크라이나 제헌회의'에 권력을 이양하려는 의도를 가지고 있었다. 그러나 12월 말에 치러지기로 한 선거는 볼셰비키의 공격과 무정부적 상황, 교통, 통신의 마비로 인해 거의 모든 곳에서 연기되었다. 제헌회의 소집 때까지 밀어두었던 우크라이나 생활의 중요하고 기본적인 문제들, 즉 연방제냐 독자적인 우크라이나 공화국이냐의 문제, 토지법과 그 외 다른 문제들이 중앙 라다에 제기되어 그 결정을 기다리고 있었다.

중부세력[159]과의 전쟁을 종식시키는 문제도 엄청난 어려움으로 다가왔다. 혁명 초기부터 우크라이나 시민들은 모든 대회와 회합에서 우크라이나가 자신의 의사에 반해 차르정부 때문에 참전하게 된 전쟁을 한시라도 빨리 종식시켜야 한다는 열렬한 소망을 표현했다. 그러나 3차 포고문으로 국가적 독립을 선언하기 전까지 우크라이나는 국제정치에 독립적 당사자로 적극적으로 참가할 수 없었기 때문에 이 문제에서 아무 것도 결정할 수 없었다. 그동안 러시아 임시정부 체제에서는 르보프[160]도 케렌스키도 전쟁을

---

159) 독일—오스트리아(헝가리 포함)를 중심으로 하는 제1차 세계대전 동맹세력을 말한다. 영어로는 Central Powers라고 한다.

160) 게오르기 예브게니예비치 르보프(Георгий Евгеньевич Львов, 1861~1925). 2월 혁명 후 수립된 러시아 첫 임시정부의 수반. 류릭의 후손이라는 대귀족 가문 출신으로 공자칭호를 가지고 있었다. 모스크바 대학에서 법학을 공부했고 밀류코프와 마찬가지로 입헌민주당 소속이었으며 자유주의적 입헌군주정을 지향하던 온건파 정치인이었다. 볼셰비키 혁명 후

종식시킬 결단을 내리지 못했을 뿐 아니라 오히려 자발적으로 적극적인 군사 작전을 계속하면서 연합국 정부를 지원하려고 애썼다. 이는 그들이 범한 엄청난 실책이었다. 전쟁계속이라는 실책은 러시아 혁명을 무산시킬 뿐 아니라, 우크라이나에도 대단히 불리한 결과를 가져올 위험이 있었다.[161] 그런데 볼셰비키가 주도하는 인민위원회의는 정권을 장악한 후 바로 전쟁을 종결하겠다는 결정을 내렸다. 11월 말에 브레스트-리토프스크에서 중부세력 국가들과의 평화 협상이 열렸다. 중앙 라다가 우크라이나 공화국을 선포한 동기 중 하나도 국제관계 조정 과정에서 주도권을 행사할 가능성을 가지겠다는 것이었기에 중앙 라다는 이 평화 협상에 참여하겠다고 신청했다. 우크라이나 인민공화국을 서둘러 승인(처음에는 프랑스가, 다음으로 영국이)했던 '연합국(entente)' 국가들은 우크라이나 정부에 영향력을 미쳐 중부세력 국가들과의 평화 협상에 참여하지 않도록 하려고 애썼다. 이런 의도에서 연합국들은 우크라이나가 계속해서 전쟁을 수행하면 온갖 지원과 절실한 혜택을 줄 것을 약속하고, 그렇지 않은 경우에는 온갖 재앙이 있을 것이라고 위협했다. 그러나 우크라이나 정부는 자기 인민들에 대한 고유한 의무라고 보는 문제에서 물러설 수는 없다고 생각했고, 우크라이나의 운명을 적대세력으로 남아 있는 중부세력 국가들의 자비에 맡기거나

국외로 탈출하여 파리에서 지내다가 사망했다.

161) 흐루셰브스키가 처했던 진퇴양난의 입장이 여기서 드러난다. 임시정부는 전쟁계속 정책을 편 반면 볼셰비키는 전쟁을 즉각 종식시키겠다고 약속했고, 이것이 그들이 정권을 장악하게 된 가장 중요한 배경 중의 하나이다. 즉 전쟁종료는 1917년 러시아 혁명의 운명을 가른 문제 중 하나였다. 그런데 흐루셰브스키는 임시정부에 전반적으로 호의적인 태도를 보이고 볼셰비키를 괴물처럼 그리면서, 정작 전쟁 문제에서는 임시정부의 과오를 지적하고 있다. 임시정부가 전쟁정책만 잘못하지 않았으면 좋았을 것이라는 해석인데, 그는 핵심적인 문제를 마치 부차적인 문제인 것처럼 다루고 있다. 저자가 전쟁과 평화의 문제도 민족주의적 견지에서 다루고 있기 때문이라고 생각된다.

침공 위협 아래 내맡겨 둘 수가 없다고 판단했다. 중앙 라다의 자체 결의에 따라 우크라이나 정부는 브레스트-리토프스크에 대표단을 보냈다. 이는 인민위원회의(볼셰비키 정부)가 파견한 대표단과 함께 협상에 참여해 바람직한 강화조약을 체결하기 위해서였다. 그러나 인민위원회의의 사절단은 어떨 때는 강화조약을 맺을 준비가 되어 있다고 선언했다가, 다음에는 반대로 볼셰비키 선전 문구를 늘어놓는 등 일관성 없는 태도를 보이기 시작했다. 이렇게 되자 중앙 라다는 우크라이나 정부에 전권을 주고, 우크라이나 대표단이 자체 정부를 통해 협상을 이끌 것이며 러시아 대표단의 거취와 관계없이 강화협정을 체결하라고 위촉했다.

키예프가 볼셰비키에 포위된 다급한 분위기 속, 우크라이나의 국가적 존립의 미래에 대해 죽음과도 같은 공포가 밀어닥치는 상황에서 1918년 1월 15일(구력)까지 보름 동안 꼬박 중앙 라다 건물에서는 밤낮을 가리지 않고 각 정파와 정당 간의 끊임없는 논쟁이 벌어졌다. 이 논쟁 끝에 중앙 라다는 최종적으로 다수 대의원들의 결정에 따라 볼셰비즘에 대한 양보 및 볼셰비키와의 상호협력 전술을 단호히 거부하는 정책을 추구하겠다고 천명했다. 우크라이나 제헌회의 소집일로 정해진 1918년 1월 9일(구력) 중앙 라다는 포고문에 의해 우크라이나 공화국이 자주독립국임을 선포하기로 결정했다. 그 목적은 국제관계와 내정에서 완전한 독자적 권한을 행사하는 것, 우크라이나를 마치 앞으로 수립될 러시아연방의 일부인 것처럼 생각해서 내정에 간섭하려는 그 어떠한 시도에 대해서도 그 근거를 완전히 제거하는 것, 인민위원회의 및 볼셰비키 무리와의 투쟁을 철저한 기반 위에 올려놓는 것이었고, 이 전쟁은 우크라이나를 파괴하려는 대러시아의 전생이고 우크라이나 국가에 내항하는 봉기이며, 중립성의 온갖 옹호자들이 위장을 위해 내세우는 구호처럼 정치적 투쟁의 문제가 아님을 분명히 하는 것이었다.

　이것은 원칙적인 문제뿐만 아니라 순수하게 실용적 관점에서도 실로 큰 의미를 지니고 있었다. 우크라이나의 정파들과 정당들은 원칙적으로 연방 제도가 미래를 위해 가장 유용한 삶의 형태임을 인정하고 있었다. 그러나 이 시기가 되면 우크라이나 정체성에 대해 비우호적이고 한마디로 적대적인 온갖 세력들이, 러시아 국가의 통일성과 분리불가성을 옹호했던 온갖 세력들이 연방제라는 보호색으로 옷을 갈아입고 연방제를 지지하고 있었는데, 그 목적은 오직 하나, 곧 러시아 제국의 유산과 러시아 제국의 통일성이라는 노선을 내세워 (우크라이나의) 국가건설과 경제건설의 자유로운 발전을 저지하겠다는 것이었다. 중앙 라다의 한 연설자가 날카롭게 지적한 것처럼 통일성이라는 것이 러시아 혁명의 통일성을 의미하건, 러시아 제조업의 통일성을 얘기하건 간에, 우크라이나의 자유로운 건설을 성공적으로 수호하기 위해서는 우크라이나가 독립과 자주의 길로 나아가야 하는 것만은 분명했다. 인민위원회의는 그들의 기치(旗幟)에서 각 민족의 "완전한 분리까지 보장하는 자유로운 자결"이라는 옛 구호를 삭제하고, 러시아 연방을 지지한다고 선언했으며, 이를 근거로 우크라이나와 러시아의 프롤레타리아가 통일을 이루어야 한다고 주장했다. 연합국들, 정확하게 말해 프랑스의 외교 대표부는 우크라이나가 미래의 러시아연방의 일원이 될 것이라고 한 3차 포고문의 문장을 인용하여 중부세력 측과 개별 강화조약을 맺으면 우크라이나 내의 모든 프랑스 자산을 철수시킬 것이라고 위협했다. 이러한 일을 겪게 되자 이제는 일체의 이중적이고 애매한 태도를 단호히 버리고, 어떠한 나라와 언제 연방을 구성할지가 분명해질 때까지 연방 구성을 연기해야 하며 우크라이나 공화국의 완전한 자주성이라는 원칙 위에 확고히 서야 한다는 것이 분명해졌다.

러시아 국가가 볼셰비키에 의해 파괴된 자리 위에 연방이 새로 태어나지 않았기 때문에 우크라이나는 이미 사실상 독립국가가 된 셈이었다. 이러한 사실은 중앙 라다 8차 회의가 종료될 때 선언되었고, 중부세력의 대표들도 인정했으며 심지어 구력 1917년 12월 30일 브레스트 회의에 참석한 인민 위원회의의 파견 대표단에 의해서도 인정되었다. 그러나 정식으로 독립을 선언하고 이 행위를 법적으로 확인하고 공식화할 필요가 있었다. 4차 포고문은 1월 9일의 결정을 통해 이를 제공해주었다. 4차 포고문은 우크라이나 공화국은 "자주적이며, 누구에게도 종속되지 않는 우크라이나 인민의 자유로운 주권국이다"라고 선언했다.[162] '총서기국'은 '인민 각료회의(Рада народних міністрів)'로 이름이 바뀌었다. 새 정부의 첫 과제는 구러시아 제국의 그 어떤 세력의 반대가 있더라도 상관하지 않고, 이미 시작된 중부세력과의 강화협상을 끝까지 마무리 짓는 것과 볼셰비키와 모든 침략자들을 몰아내고 우크라이나를 지키기 위한 단호한 조치를 취하는 것이었다. 4차 포고문에서는 군대의 해산이 선포되었고, 파괴된 국토의 재건, 전시 생산 체제에 들어가 있던 공장 및 제조업체의 평시 상태 환원, 전선에서 귀환하는 병사들의 정치적 권리 보장에 필요한 다양한 조치 시행 등이 결정되었다. 근로인민들을 위한 일련의 사회 개혁 조치들도 명시되었다 (이것은 3차 포고문에서 천명된 원칙을 발전시키기 위한 것이었다). 그 구체적 내용으로 토지를 근로농민들에게 분배하고, 산림, 수자원, 광물자원을 국유화하며, 실업자를 위한 일자리 창출, 주민 생필품의 독점 공급, 은행 및 신용업무에 대한 통제를 실시한다는 것 등의 조치가 선언되었다.

4차 포고문의 최종 문안이 승인되고, 실제로 중앙 라다에 의해 공포된

---

162) 1월 9일은 러시아–우크라이나 공통의 구력에 따른 것이고 신력으로는 1월 22일이다. 이 1월 22일이 우크라이나의 첫 독립 기념일로 기록되고 있다.

것은 1월 11일(구력)이었지만, 이 중요한 문서를 원칙적으로 확인하기 위해 1월 9일이라는 날짜는 그대로 유지되었다. 이 문서야말로 다른 방향으로 가려는 많은 사람들의 발길을 막는 돌부리가 되었다. 다름 아닌 우크라이나인들 중에서도 일부 사람들은 러시아 문화와 국가성에 너무나 매료되고 러시아의 단일성론이나 전통적인 연방제 구호에 너무나 익숙해져서 연방으로 가는 중간 형태로서의 자립성에도 동의하지 않았다. 이러한 경향은 비우크라이나계 사람들과 우크라이나적 자발성의 토양에서 벗어나서 스스로를 '러시아인'이라고 부르는 우크라이나 사람들, 이주해온 대러시아인들에게서 좀 더 강하게 나타났고 심지어 유대인들도 이들처럼 강하게 우크라이나 자립성에 반대했다. 유대인들은 우크라이나 거주 유대계 주민들을 위한 이익이 무엇인지 대번에 제대로 알아차릴 수는 없었기에, 러시아 유대인 조직들과의 연계가 단절된다고 생각해서 미리 이에 대한 반대의사를 표명할 필요가 있다고 여겼다. 우크라이나주의에 대한 이러한 적대적 태도는 주요 도시들과 특히 우크라이나의 수도인 키예프에서 대단히 심해져서 우크라이나 독립 선포 후 그 여파로 일어난 키예프의 봉기에서 절정에 달했으니, 이것이야말로 우크라이나의 자립성 획득을 위한 투쟁에서 위기의 순간이었다.

136. 키예프 봉기

4차 포고문은 문안작성위원회에서 다수파의 지지를 받아 통과되었다. 그러나 이 당시 좌파 사회혁명당 노선지지 세력이 가장 큰 영향력을 행사하고 있던 우크라이나 사회혁명당 중앙위원회는 중앙 라다에 파견된 자기네 당대표단(프락치야)에 지시하여 자당 다수파의 입장을 표명하게 하였으며 또한 우크라이나 정부의 과거 정책 중 이 다수파의 견해와 상충되는 조항들을 찾아 문제를 삼도록 했다. 이러한 내용을 담은 사회혁명당 대표의 연설후 우크라이나 사회민주당 대표단(프락치야)은 내각에서 자당 소속 장관들을 사퇴시킨다고 선언했다. 이렇게 해서 새로 형성된 우크라이나 국가의 존립 자체가 극도로 위험해진 순간에 우크라이나 정부의 위기가 시작되었다.

인민위원회의는 좌파 사회혁명당이 중앙 라다를 내부로부터 분열시킨다는 것을 고려하여, 새로운 선동대를 우크라이나, 특히 키예프에 보내서이들로 하여금 이곳에서 중앙 라다에 반대하는 봉기를 준비하게 하고 동시에 키예프 봉쇄를 강화하는 데 모든 노력을 쏟게 했다. 인민위원회의는중앙 라다가 중부세력과 우크라이나의 단독 강화에 이르는 것을 막기 위해 중앙 라다를 철저히 붕괴시키려고 서둘렀다. 인민위원회의 자신도 독일이 러시아에 제시한 강화 조건을 받아들이는 것을 거부했지만, 임시정부에대항할 때 전쟁 종료를 선동 논거의 하나로 내세웠기 때문에 강화를 거부할 생각도 없었다. 인민위원회의는 중앙 라다 대표단에 대항하여 하르키브의 '인민 서기국' 대표단을 브레스트-리토프스크에 파견할 계획을 세웠다. 그 명분은 '인민 서기국' 대표단이야말로 우크라이나의 진정한 민주적의지의 대표자로서, 러시아와 우크라이나 프롤레타리아의 연합(페데라치야) 및 분리불가성을 지지하며, 인민위원회의와 함께 그 대표단의 일원으로 강화교섭을 이끌기를 원하는 세력이라는 것이었다. 그러나 이러한 시도가 실패로 돌아가고 중부세력이 중앙 라다 대표단을 우크라이나 대표단으로 인정해 교섭을 계속하자, 인민위원회의는 이미 다른 대안이 없음을 알고 어떠한 대가를 치르더라도 중앙 라다를 파괴하기로 했다.

인민위원회의의 이러한 노력은 어느 정도 성공을 가져왔다. 1918년 1월 중순 무렵 키예프는 사방에서 적들에 바짝 포위되어 위기상황에 놓이게 되었다. 키예프에 결집한 군부대는 볼셰비키의 선동으로 철저히 질서가 무너졌고 중앙 라다를 비판하면서 볼셰비키를 상대로 한 '형제간의 전쟁'에 반대하기 시작했다. 이들은 볼셰비키와 협상할 것을 요구하며, 협상이 진행되는 동안 자신은 중립적 입장을 지킬 것이라고 선언했다. 볼셰비키에 대항하라고 내보낼 소규모 엄호부대는 드니프로 강 좌안의 호멜, 하르키브, 폴타바에서 진격해오는 볼셰비키와 적위군 무리를 막기에 역부족이었다. 인민위원회의는 우크라이나 주민들에게 각별한 인상을 주기 위해 키예프로 진격해오는 볼셰비키 군대의 지도자로 우크라이나 작가 미하일로 코츄빈스키[163]의 아들인 유리 코츄빈스키[164]를 내세웠다. 우크라이나의 충성스러운 아들들인 대학생과 고등학생 의용군들과 할리치나 시치 저격수 연대, 철도원들이 크루티, 흐레빈카와 다르니차에서 목숨 바쳐 싸웠지만 이들의 영웅적 투쟁으로도 나머지 병력의 배신과 소심함, 수치스러운 하극상을 넘어설 수 없었다. 볼셰비키는 드니프로 강 건너편으로부터 키예프로 진격해오고 있었고, 드니프로 우안의 교통요충지인 즈메린카, 코쟈틴, 파스티브에도 병력을 집결해 두고 이곳에서도 키예프를 위협했다. 우크라이

---

163) 미하일로 미하일로비치 코츄빈스키(Михайло Михайлович Коцюбинський, 1864~1913)는 우크라이나의 작가로서 19세기 말 20세기 초 우크라이나인들의 삶을 그린 사회성 짙은 소설로 유명하다. 또한 인민주의, 마르크스주의 등 혁명 사상에도 깊은 관심을 기울이며 이 이념들에 바탕을 두고 우크라이나 사회를 개혁하는 데도 노력을 기울였다.

164) 유리 미하일로비치 코츄빈스키(Юрий Михайлович Коцюбинський, 1896~1937)는 미하일로 코츄빈스키의 아들이며 1913년에 러시아사회민주노동당에 가입하여 사회주의 혁명 활동에 종사했다. 그는 볼셰비키의 일원으로 10월 혁명에 직접 참가했으며 그 후 우크라이나에서 볼셰비키 혁명의 정당성을 설득하는 데 많은 노력을 기울였다. 소련 체제하에서 고위직에 올랐으나 1937년 '우크라이나 민족주의' 혐의로 체포되어 처형당했다. 유리 코츄빈스키가 우크라이나인이면서 러시아 혁명과정에 오랫동안 열렬하게 참여해왔던 것을 생각하면, 볼셰비키가 그를 우크라이나의 볼셰비키 병력 지도자로 임명한 것은 당연해 보인다.

나 내각은 키예프에 계엄령을 선포하고 비상전권을 가진 특별사령관을 임명했다. 키예프 방어를 위해 온갖 종류의 자원병과 자유 코자크 병사 등을 모집했다. 그러나 키예프에서는 우크라이나주의에 대해 전반적으로 적대적인 정서가 점점 더 분명하게 드러나고 있던 중이어서, 우크라이나에 충성하는 소규모 부대는 사기가 높지 않았다.

제헌회의 소집이 불가능해지자 중앙 라다는 1월 15일 9차 회의를 열어 내각이 입안한 몇 가지 법률, 곧 토지법과 노동법(8시간 노동제), 생산물 통제법 등을 채택하기로 했다. 우크라이나주의의 적들은 이 기회를 이용하여 키예프에서 봉기를 일으키기로 했다. 중앙 라다 회의가 개최되는 바로 그날, 우크라이나 군대 가운데 선동에 넘어간 한 연대(게오르기 연대)가 중앙 라다를 해산시키려고 회의가 열리고 있는 건물로 접근했다. 그러나 그들은 라다 해산에 결정적으로 나서지는 못하고 그 대신 소규모의 난동을 부리는 데 그쳤으니, 곧 그들은 키예프 노동자 일부를 '자유 코자크'로 편성하여 키예프 방어에 활용한 것을 문제로 삼아서 항의 집회를 열었다. 다음날 밤 볼셰비키는 무기창을 점령하여 거점으로 삼았고 이어서 노동자의 총파업과 도시 전체의 볼셰비키 파르티잔 봉기가 뒤따랐다. 이들이 인민위원회의에 소식을 전하자 인민위원회의는 서둘러서 우크라이나 정부와의 협상을 종결했다. 그리고 '키예프가 1월 16일에 볼셰비키 수중에 떨어졌고, 중앙 라다가 해체되었으며 우크라이나 정부가 좌파 사회혁명당의 수중에 들어갔다'고, 강화협상에 파견된 대표단과 전 세계를 대상으로 통고했다. 강화협상에 참가한 우크라이나 대표단은 이로 인해 어려운 상황에 처했다. 볼셰비키가 이들과 키예프의 전신 연결을 차단하는 바람에 볼셰비키의 정보의 진인를 확인하고 이를 반박할 수 없게 되었기 때문이다. 그러나 볼셰비키의 통신 장악에도 불구하고 몇몇 용감한 무명의 영웅들, 곧 철도전신국 직원들의 노력으로 키예프와 대표단의 전신 연결이 복구되어 대표단은 키예프의 실제 상황을 파악할 수 있게 되었고, 볼셰비키의 공격에 대항해 정부가 취한 조치와 어떠한 상황에서도 끝까지 볼셰비키와 싸운다는 결연한 항전 의지도 알게 되었다. 이런 소식은 중부세력 대표들의 사기를 높여 주어서, 이들은 승리 분위기에 찬 특별 결의안을 발표하여 우크라이나 공화국의 독자성을 인정했다. 그리고 우크라이나가 처한 어려운 상황을 이용할 생각은 전혀 하지 않았다. 중부세력은 조속히 강화조약을 맺기 위해, 수많은 쟁점(예를 들어 홀름(헤움) 지방 문제, 우크라이나 전쟁 포로 문제, 곡식의 반출 등)에서 우크라이나의 요구에 중대한 양보를 했다. 이는 우크라이나에 유리하고 명예로운 양보로서 우크라이나 공화국의 입지를 고양시키고 강화시켜줄 수 있을 만한 것이었다. 왜냐하면 중부세력은 우크라이나 공화국의 확립이야말로 중부세력 자신의 이익에도 중요한 동력이라고 생각했기 때문이다.

상황이 이렇게 되자 우크라이나 정부는 가능한 한 오래 키예프를 방어하기 위해 모든 노력을 기울였다. 키예프를 넘겨주게 되면 자신의 국제적 지위와 강화 업무가 손상될 수 밖에 없기 때문이었다. 우크라이나 정부는 중부세력과 강화를 맺으면 군대를 전면적으로 동원해제하고 좀 더 자유롭게 내정을 정비하고, 국경을 개방하여 광범한 우크라이나 대중에게 긴급히 필요한 각종 보급품을 조달하는 것이 필시 가능해질 것이라고 기대했다. 그뿐 아니라 우크라이나 해방을 위해 우크라이나 교관들에게서 훈련받고 연대별로 조직되었던 우크라이나 전쟁포로들이 귀환할 수 있을 것이라는 기대도 있었다. 러시아와 분쟁이 일어나는 경우를 대비해 창설된 우크라이나 해방 연맹은 전쟁 초기부터 이러한 일을 수행했고, 지금은 의식 있는 우크라이나 군 간부들이 우크라이나의 군사적 무질서 상태에서 중요한 역할을 할 수 있을 것으로 보였다. 이와 마찬가지로, 전쟁 포로와 강제이주자들로 구성되어 우크라이나에서 조직된 '시치 저격연대'도 볼셰비키와의 전투에서 뛰어난 전투력을 발휘했으므로 오스트리아로부터 이 부대를 넘겨받는 것도 중요했다. 이러한 이유 때문에 중앙 라다에 참여한 주요 정파와 우크라이나 정부는 강화 협정 체결을 용이하게 하기 위해 모든 가능한 일을 해야 한다고 생각했다. 앞에서 설명한 바와 같이, 이런 관점에서 볼 때 최종적인 강화협정이 체결될 때까지 키예프를 사수하는 것은 무엇보다도 중요했다.

당면한 위기에 대한 인식은 중앙 라다의 여러 정당과 정파의 분위기에도 큰 변화를 가져왔다. 좌파사회혁명당이 그동안 보여주었던 볼셰비키와 타협하려는 지향성, 경향성 등이 한꺼번에 된서리를 맞았다. 심지어 키예프 비상계엄 사령관은 중앙 라다의 좌파 사회혁명당 소속 대의원 몇 명을 중앙 라다 회의장에서 체포하기도 했다. 중앙 라다는 자신들의 허락 없이 강행된 체포에 항의하고 사건 조사를 위한 의회조사단을 구성했지만, 정부를 곤란하게 만드는 무슨 조치를 취할 수 있다고는 생각지 않았다. 외부적 위기 상황 앞에서는 내부적으로 단결해야 한다는 원칙이 암묵리에 받아들여졌다. 우크라이나 사회혁명당이 토지사회화안을 제기했지만 우크라이나 사회민주주의자들이 반대하는 바람에 이 문제를 둘러싸고 갈등이 벌어졌었는데 중앙 라다의 정파들은 이 갈등을 자제하기로 했다. 중앙 라다 위원회가 기초한 토지법안을 그대로 승인하고 내용의 수정에 관한 논의와 법안 설명은 추후로 미루기로 결정했다. 1월 18일[165] 키예프 공격을 알리는 대포 소리가 들리는 가운데 이 법안은 통과되었다. 이 회의에서 중

---

165) 구력에 따른 것이다. 1918년 2월 1일을 기해 소비에트 러시아에서는 신력이 도입되었고, 그래서 2월 1일은 7월 14일이 되었다. 우크라이나에서는 보름 더 늦게 신력이 도입되었고, 그때까지 계속 구력에 따라 날짜가 표기되고 있다.

앙 라다는 우크라이나 사회혁명당 소속 수상후보인 홀루보비치[166]에게 새로운 내각의 구성을 위임했고, 전에 내각에서 탈퇴했던 정파들도 내각에 참여하기로 동의했다. 정부 내의 위기의 순간은 지나갔고, 이 풍전등화 같은 순간에 내부적 동의를 회복한 것은 매우 큰 의미를 가졌다. 그러나 키예프의 생활여건은 참담했다. 볼셰비키는 키예프를 동부와 서부에서 포위했고, 이들의 포병대는 포탄을 시내로 퍼부었으며 시내에서는 시가전이 잦아들지 않았다. 도시의 일부 지역은 볼셰비키와 우크라이나 군대 사이에서 몇 번씩 주인이 바뀌었다. 몇 천 명밖에 되지 않는 방어군은 영웅적으로 싸웠지만, 시내에서도 외곽에서도 포격이 오가고, 적대세력과 공감하는 분위기가 도처에 속속들이 파고들어 주민들 사이에 불신의 씨를 뿌려놓은 상황에서는 전투를 감당해낼 수 없었다. 주민들은 신경이 곤두서는 상황 속에서 지쳐갔고, 교전 양측의 광포성은 극한까지 치달았다. 내전의 온갖 참상은 현실이 되었다. 인민들은 평정심을 잃게 되었고, 중앙 라다가 방어를 하겠답시고 버티느라 도시가 갈기갈기 찢겨나가도록 방치하고 있다고 비난하기 시작했다. 실제로 포격을 받아 집들이 파괴되었고 밤이면 불길이 치솟아 올랐다.

166) 브세볼로드 올렉산드로비치 홀루보비치(Всеволод Александрович Голубович, 1885~1939). 우크라이나의 정치인. 포딜랴 도(현재 키로보흐라드 도) 발트스크 군 몰다브카 마을에서 성직자의 아들로 태어났다. 키예프 공과대학에서 엔지니어로서 교육을 받았고 철도 기술자로 일했다. 1903년부터 우크라이나 혁명당 당원이었으며 1913년에는 우크라이나 사회혁명당에 가입했다. 오데사 우크라이나 흐로마다에 소속되어 있었으며 러시아 혁명 후 중앙 라다 총서기국이 형성되자 1917년 7월부터 교통담당 서기로, 11월부터는 상공업 담당 서기로 활동했다. 1918년 1월 18일부터 우크라이나 인민공화국의 내각(인민각료회의) 수반 겸 외무장관이 되었다. 1918년 4월 독일 군에 체포되어 재판받고 수감되었다. 우크라이나에 볼셰비키 정부가 수립된 후 정치적 활동을 계속했으나, 1931년 이른바 '우크라이나 민족 센터' 사건으로 체포되어 재판에서 7년형을 선고받았다. 형기 만료 후에도 복역연장으로 계속 수감되어 있다가 1939년 5월 야로슬라블 감옥에서 사망했다.

이러한 공방전 속에 10일이 지나갔다. 인민위원회의는 유리 코츄빈스키가 이끄는 군대가 키예프를 점령했다는 뉴스와, 중앙 라다가 해산되어 도망쳤고 권력이 '소비에트 공화국' 수중에 들어왔다는 뉴스를 '만인에게, 만인에게, 만인에게' 쉴 새 없이 내보냈다. 그러나 키예프는 항쟁을 계속했다. 숫자가 얼마 되지 않는 애국자들의 용기는 모든 어려움을 극복했고 배신자들과 겁쟁이들의 온갖 공격을 견뎌 냈다. 중부세력과 강화조건에 대해 합의가 이루어진 1월 25일이 되어서야 우크라이나 정부는 수도가 계속 파괴되는 것을 막기 위해 대포와 군대를 키예프 중심지에서 시 외곽으로 이동시키고, 정부 소재지는 쥐토미르로 옮기기로 결정했다. 1월 26~27일 사이 키예프 철수가 진행되었고, 외부에서 왔건 키예프 현지에 있었건 볼셰비키가 이 도시를 수중에 장악했다. 그들은 처음 며칠 동안 잔인한 학살을 감행했다. 그들은 우크라이나 정부가 발행한 통행증을 가진 사람과, 우크라이나인이라는 혐의를 받는 사람은 모두 처형했다. 볼셰비키는 이 기간 동안 우크라이나인 5,000명을 처형했다고 스스로 자랑했다. 그러나 이 숫자는 과장되었고 좀 더 면밀한 계산에 따르면 약 2,000명을 처형한 것으로 보인다. 그러나 처형자의 수가 중요한 것이 아니라, 그보다는 볼셰비키 측이 부르주아지와 반동에 대한 사회주의적 구호의 투쟁이라고 내걸었던 이 전쟁의 실제 성격에 대한 원칙적인 평가가 더 중요하다. 이 전쟁은 실제로는 통일 러시아를 부활시키고 분리주의를 파괴하는 것을 목표로 한 민족 전쟁이었다. 다시 말해 차르 정부가 수행한 전쟁보다도 더 가혹했고 더 비인간적인 전쟁이었다. 차르 정부를 대신하여 중앙집권주의적 구호를 자신들의 깃발에 내걸고서 통일적이며 분리할 수 없는 러시아의 새로운 구원자로 등장한 존재가 바로 볼셰비키이다.

137. 독립을 위한 전쟁

　평화에 대한 희망은 우크라이나 정부를 기만하지 않았다. 우크라이나 정부군이 키예프에서 철수한 바로 그날 중부세력과 강화조약이 체결되었다. 1월 26일(구력)[167] 저녁 강화조약의 서명이 시작되어 1월 26일(구력)에서 27일로 넘어가는 밤에 성대한 서명 체결 절차가 완료되었다. 강화조약은 우크라이나에게 가치 있고 명예로운 평화를 가져다주었다. 조약에 의하면 전쟁 중 독일 군이 점령한 서부 우크라이나 지역뿐 아니라 이전에 분리되어 나갔던 지역도 반환되어 홀름 지방, 베레스테이스크 지방, 핀스크 지방이 우크라이나 땅으로 돌아오게 되었다(반환은 전체에 걸친 것이 아니어서 도로히친, 벨즈, 브랸스크 등등 가장자리 지방은 우크라이나 경계 밖에 계속 남게 되었다). 전쟁 포로들이 배상금 지불 없이 교환되며, 할당 원칙에 바탕을 두고 상품 교역을 할 수 있다는 합의가 이루어졌다(즉 일정한 수량의 상품이 반입되고 반출될 수 있었다). 독일 정부는 즉시 우크라이나 포로들로 구성된 부대에 동원령을 내려 이들을 우크라이나로 보냈고, 우크라이나 정부를 도울 만반의 준비가 되어 있다고 선언했다. 또한 평온과 질서를 확보하고 강화협상 과정에서 합의된 상품 교환과 잉여곡물 반출을 실시하기 위해 독일 군을 파병하여, 가능한 한 조속하게 볼셰비키를 소탕하겠다고 천명했다.

　여러 가지 이유로 볼 때 이 결정의 전망은 썩 낙관적이지 않았다. 독일 군이 우크라이나에 진주하게 되면 사방에서 중앙 라다를 비난하는 선동이 일어날 빌미가 생기게 되고, 광범한 주민 대중 사이에서, 특히 우크라이

---

167) 신력으로는 2월 7일.

나 국가 정체성의 기본적 바탕을 이루는 농민층 사이에서도 불안감과 불만이 야기되리라는 것을 충분히 예상할 수 있었다. 그러나 다른 한편으로는 우크라이나를 볼셰비키의 무정부 상태에 계속 방치해 둔 채, 이 무정부 상태가 스스로 쇠퇴하거나 전염병처럼 퍼진 볼셰비키 세력이 소멸할 때까지, 우크라이나 권력의 근간이 될 수 있을 우크라이나 인민이 스스로 강하게 조직적인 저항을 하게 될 때까지 기다리는 것도 아주 위태로운 일이었을 것이다. 광범한 주민 집단, 특히 농민층 중에서도 가장 수준 높고 의식 있는 층은 평온과 질서의 회복을 원했던 동시에 이러한 평화와 질서를 가져다주고 볼셰비키 공포에서 자신들을 해방시켜 줄 견실한 정부를 기다리고 있었다. 우크라이나 정부가 아무런 자체의 조직적 구심점이나 권력 기관 없이 나라를 방치하면, 그러한 무정부 상태가 상당히 오래 지속될 것이 분명했다. 농사철이 다가오면서, 나라의 경제력과 복지를 어느 정도라도 유지하려면 농민들과 노동자들이 자신들의 일터로 다시 나가야 하고, 이를 위해서라도 평온과 질서 회복이 필요함은 두말할 필요도 없었다. 그런데 독일에서 돌아오는 전쟁 포로로 새 부대를 구성하려면 대단히 오랜 시간이 걸린다는 것이 드러났다. 오스트리아-헝가리는 우크라이나 부대(할리치나의 저격 연대와 우크라이나 정규군 연대)를 돌려보내는 것을 주저하고 있었다. 볼셰비키가 구사한 사기저하 전술의 영향으로 우크라이나 군 자체의 전력은 크게 약화되어서, 제대로 힘을 갖춘 정규군을 편성하는 것은 미래 어느 때에 가서나 가능할 것으로 보였다. 이러한 이유 때문에 우크라이나 정부는 독일 정부가 제안한 군사 원조를 거절할 여유가 없었다. 물론 독일이 조약에 약속된 곡물 징발을 조속히 실시하려는 자국의 이해관계 때문에 그렇게 행동하는 것이 분명했지만 말이다. 우크라이나 정부는 군대를 우크라이나로 보내달라고 독일에 정식으로 요청했고, 조약이 서명된 지 며칠 후에 이미 독일 군은 국경을 넘어 진격해왔다. 그러자 처음에는 망설이는 태도를 보였던 오스트리아도 우크라이나에 자국 군대를 파병할 준비가 되어 있다고 선언했다. 그러나 오스트리아 정책결정자들은 우크라이나 정부가 바라는 대로 시치 저격연대와 우크라이나 연대를 파견하는 대신, 체크인, 폴란드인, 헝가리인들로 구성된 군부대를 파견했고 이들과 우크라이나 현지 주민들 사이에서는 대번에 갈등이 일어났다.

한편 이 무렵, 우크라이나 정부는 키예프 철수 때 데리고 온 소규모 병력을 쥐토미르에서 재편성하여 볼린의 볼셰비키를 소탕하기 위한 전투에 동원했다. 우크라이나 정부와 중앙 라다가 쥐토미르에 체류하는 것을 인지한 볼셰비키 군은 코쟈틴과 즈메린카 방향에서 베르디체브와 쥐토미르를 공격했고 이 중압을 이기지 못하고 우크라이나 정부는 며칠 예정으로 볼린 북부의 사르니(Сарни)로 다시 이동했다. 코벨에서 우크라이나 전쟁포로들로 구성된 사단들과도 연락해야 되고 코벨에서 출병하여 공격을 개시한 독일 군 부대들과도 역시 연락을 해야 되었기에 코벨과 철도가 다시 연결되었다. 이 부대들의 지원을 받아 볼린이 아주 빠른 속도로 볼셰비키로부터 해방되었고, 신력 2월 말(2월 16일 중앙 라다의 결의에 의해 우크라이나는 신력과 중유럽 표준시간을 채택했다) 우크라이나 군대는 키예프를 향해 진격하기 시작했다. 볼셰비키 무리는 3주간 키예프에서 주인노릇을 하는 동안 닥치는 대로 약탈한 다음, 독일 군과 우크라이나 군이 군사작전을 시작하여 키예프를 원형으로 둘러싸 포위하려고 하자 전투를 벌이지 않고 키예프에서 철수했다. 3월 1일 우크라이나 군은 주민들의 열렬한 환영을 받으며 키예프에 입성했다. 며칠 후 우크라이나 정부도 키예프로 돌아왔고, 조금 지나 중앙 라다도 돌아왔다.

키예프를 떠난 후 며칠 만에 쥐토미르에 집결했던 중앙 라다는 이 기간 내내 정부와 연계를 유지하며 내각으로부터 중요한 사안에 대한 보고를 받았고 이 기간 내내 입법활동을 계속했다. 중앙 라다는 철수 기간 중 우크라이나의 국가성 이념과 그 전통으로 깊이 채색된 중요한 법안들을 통과시켰다. 우크라이나 국적법, 우크라이나 국가의 옛 화폐 단위인 흐리브나의 부활에 대한 법안, 볼로디미르 대공이 통치하던 시절 그의 화폐에 새겨진 대공의 징표[168]를 넣은 국가문장을 채택하는 것에 관한 법 등이 그것이었다. 그러나 쥐토미르 시절 중앙 라다 활동은 전체인원의 참가가 이루어지지 못한 상태에서 진행되었다. (이는 마지막 전체회의 때, 모든 인원의 참가가 불가능하더라도 활동을 계속한다고 합의한 바에 바탕을 둔 것이었다.) 중앙 라다가 키예프로 귀환한 후 전체회의를 소집하여 활동을 재개하였는데, 추방기간 내내 라다활동에 참여했던 정파와 이 기간 중 활동을 하지 않았던 정파 사이에 처음부터 모종의 갈등이 일어났다. 그러한 갈등의 표출로, 우크라이나 정부와 친정부적 의회 정파는 비민주주의적이고, 민족주의적이고, 국수주의적 정책에 치우쳤다고 신랄한 공격을 받았으며 이는 내각의 위기로 구체화되었다. 우크라이나 사회민주당과 일부 비우크라이나계 정당들이 이러한 상황에서는 자당 소속 정치인들의 내각 참여가 불가능하다고 선언했고, 곧이어 사방에서 홀루보비치 내각의 퇴진을 요구하는 선전공세가 시작되었기 때문에 내각 위기는 다시 한동안 의회 위에 드리워져 있었다.

---

168) 키예프 루스 시절 각 대공들은 자신의 고유한 징표를 가지고 있었다. 징표는 대개 삼지창(三枝槍)을 양식화한 모습을 기본으로 하고 여기에 십자가와 다양한 장식을 추가한 형태를 갖추고 있었다. 삼지창은 그리스 신화에 나오는 포세이돈 신이 든 것에서 알 수 있듯, 강력한 권력의 소유자가 소지하는 것이어서 권력의 상징으로 자주 활용되었다. (그림 390, 391을 보시오.) 키예프 루스 시절 볼로디미르 대공이 그의 주화에 새겨 넣었던 징표는 오늘날 우크라이나를 상징하는 문양이 되었다. 푸른색 바탕에 노란색 볼로디미르 징표가 그려진다.

중앙 라다 주변에서는 다시 볼셰비키 봉기 이전의 음울한 시기를 연상 시키는 활발한 선동의 불길이 타올랐다. 키예프 의회(두마)는 다양한 방편 을 이용하여 자신들의 다양한 목적을 이루려는 속셈을 가지고 있던 온갖 세력이 한데 집결한 중심지였다. 이들은 중앙 라다와 인민각료회의를 함 께 공격하여 우크라이나 공화국이라는 이념의 근간을 뒤흔들고 이 이념에 대한 신뢰를 무너뜨리고자 애쓰고 있었다. 내각이 키예프 경찰을 직접 지 휘하게 된 것, 러시아 2월혁명 기념일에 시위와 집회를 금지한 것, 모든 간 판과 선언을 우크라이나어로 표기하도록 한 법의 제정, 우크라이나 국적 법이 도입된 것 등의 조치들은 그때마다 적극적 선동의 빌미가 되었다. 독 일 군과 오스트리아 군이 저지르는 불법행위는 경미한 것일지라도 모두 공격 구실로 작용하는 바람에 독일인들에게 지원을 요청한 우크라이나 권 력의 신뢰성을 명백히 무너뜨릴 수밖에 없게 되었다. 그러나 이러한 불법 행위라는 것들은 외국 땅에 와서 언어가 다른 주민들 사이에 군사 작전을 전개하는 상황에서는 처음부터 불가피한 것들이었다.

다른 한편에서는 중앙 라다의 사회 정책들, 특히 1월 18일에 통과된 토 지 개혁안은 부르주아지 세력 사이에서 반(反)우크라이나 공화국 감정을 선동하는 빌미가 되었을 뿐 아니라 독일인들과 오스트리아인들이 우크라 이나 국가를 불신을 가지고 보게 되는 원인이 되었다. 중앙 라다의 적들은 중앙 라다의 사회 정책과 우크라이나의 국가적 독립(국가성)을 비난하는 활동을 하면서 독일과 오스트리아의 지원을 받으려고 여러 공작을 폈다. 포딜랴와 볼린의 폴란드인 지주들은 오스트리아 정부를 향해 우크라이나 국경 지역의 농민 조직을 해산하고 토지 개혁의 실행을 중지하며, 지주적 토지소유제를 부활시키고 농민강제노역 제도를 법제화해 달라고 요청했 다. 이들은 이전에 조직된 군사조직을 바탕으로 하여 폴란드 용병대를 조직하였으며, 자신들의 힘으로 토지 개혁의 실행을 저지하고, 토지위원회가 농민들에게 분배한 지주 토지를 되찾으려고 했다. 드니프로 좌안 지역의 우크라이나 지주들도 토지 개혁과 사회주의적 우크라이나 정부에 저항하는 조직적 운동을 전개하기 시작했다. 이들은 소토지소유자, 농민, 코자크들을 규합한 후, 중앙 라다가 사회주의 내각을 퇴진시키고, 제헌회의 소집을 취소하고 임시정부를 수립하여 이 정부, 곧 독재정부에 전권을 이양해야 하며, 중앙 라다는 스스로 해산해야 한다고 촉구하는 결의문을 채택했다. 그들은 이 요구가 받아들여지지 않을 경우 투쟁을 시작하고 봉기를 일으킬 것이라고 위협했고 독일 대표부에도 대표단을 보냈다. 이들은 각 지역에서도 독일 군부대 장교들을 상대로 하여 토지 개혁안을 취소시켜 줄 것과 사회주의적 내각 부서를 철폐해줄 것 등등을 요청하는 강력한 선동 활동을 펼쳤다. 비사회주의적인 외부세력의 이 같은 행위도 문제였지만 이와 함께 가장 불쾌했던 것은 우크라이나 사회민주당원들과 사회연방주의자들 중 일부 그룹과 그들이 장악한 언론이 유사한 선동을 했다는 점이었다. 이들은 사회주의자들을 권력에서 제거하여 정체불명의 우크라이나 부르주아지 (당시 우크라이나에는 사실상 부르주아 계급이 존재하지 않았다) 수중에 권력을 넘기고, 이 권력이 독일의 도움을 받아 부르주아적 기반 위에서 우크라이나 국가성을 공고히 해야 한다고 주장했다.

바로 이러한 어려운 상황 속에서도 중앙 라다와 정부는 우크라이나를 볼셰비키 군대와 무리로부터 해방시키고 볼셰비키가 파괴한 행정기구를 복구하고, 철저하게 파괴된 나라 경제를 재건해 무정부 상태에서 하루빨리 벗어나고, 다시 찾은 자립성과 독립, 국가성 자체를 견고히 할 필요가 있었다.

중앙 라다는 내부적으로 분열되었고, 보이콧 당했으며, 아무런 수단방법도 갖지 못한 채, 온갖 방해에 부딪쳤다. 이는 중앙 라다라는 막다른 골목에 이르러 곧 붕괴할 것이며, 부르주아적이고 제국주의적인 세력이 복귀할 것이며, 러시아의 통일성이 살아날 것이라고 기대하는, 그래서 러시아의 본연성(стихия)이 부활한 우크라이나 정체성을 질식시킬 것이라고 희망하는 세력들로 말미암아 발생하는 방해였다. 우크라이나 무장세력은 여전히 숫자도 많지 못했고 제대로 된 훈련도 받아보지 못한 상태에 있었다. 게다가 숱한 자칭 '오타만(отаман)'들과 산발적 하이다마키 부대, 비규제 코자크 별동대들이 활동하고 있었는데 이들은 흔히 비우크라이나계 세력들과 반동적 무장 그룹으로 구성되어 있었다. 이들은 돌아다니며 주민들에게 폭력을 행사했고, 갖가지 술수와 민족주의적-국수주의적 고함 지르기, 학살과 총격, 제멋대로 거두는 징수금 등 갖은 방법으로 우크라이나 군의 평판을 해쳤다. 다른 한쪽에서는 스스로 사령관으로 자처하는 여러 인물들과 소비에트 조직들, 위원들이 방자한 행동으로 정상적 작전 계획을 망쳐놓곤 했다. 독일 군과 오스트리아 군은 우크라이나 군대와의 사이는 고사하고 자신들 사이에서도 조정이 이루어지지 않았고, 때로는 제멋대로 행동하며 우크라이나 군 사령부의 군사 작전과 우크라이나 정부 업무 수행을 망쳐놓곤 했다.

　그럼에도 우크라이나 해방은 상당히 빠르게 진행되었다. 3월에는 흑해 연안 지역을 포함한 드니프로 우안 우크라이나 전체가 해방되어, 오데사, 미콜라이브, 헤르손, 옐리사베트흐라드[169] 같은 도시가 해방되었다. 드니프로 강 이동 지역 중에서 체르니히브의 대부분이 해방되었고, 3월 말에는 폴타바가 탈환되었다. 이 방면으로의 작전을 특히 오래 질질 끌게 만

---

169) 현재의 키로보흐라드.

든 요인이 있었는데 그것은 조직이 덜 되어 있고 기율이 잡혀 있지 않던 볼셰비키 군에 체코슬로바크 사단이 합세하여 싸웠다는 점이다. 체코슬로바크 사단은 그들과 우크라이나 정부 사이에 맺은 조약에 따르면 원래 프랑스 전선에 파견되어야 했지만,[170] 그렇게 하지 않고 오히려 우크라이나에 파견된 독일 군에 대항해 싸웠던 것이다. 볼셰비키 군은 예카테리노슬라브와 그 주변지역을 유난히 완강하게 방어했는데 여기에는 될 수 있는 대로 많은 것을 그곳에서 빼내 러시아로 보내려는 목적도 있었다. 그러나 볼셰비키의 기도는 무산되었다. 지난 2월 얼마나 많은 우크라이나인들을 죽이고, 그들의 재산을 얼마나 많이 파괴했는지 자랑했던 헌병 출신 볼셰비키 군 최고지휘관 무라비요프(Муравьев)는 폴타바가 함락되기도 전에 이미 스스로 사령관직을 내려놓는 것이 좋겠다고 판단하여 그렇게 했고 볼셰비키의 '우크라이나 중앙집행위원회(치쿠카, Цикука: Центральный Исполнительный Комитет Украины)'는 타간로그로 황급히 퇴각했다.

1918년 4월 중에 드니프로 좌안 지역의 해방은 거의 완료되었다. 하르

---

170) 체코슬로바키아는 1차 대전 종전 때까지 합스부르크 제국의 지배를 받고 있었고 그렇기 때문에 체코슬로바크 군대는 오스트리아 군대의 일원으로 1차 대전에 참전하였다. 1차 대전에서 러시아 군의 포로가 된 체코슬로바크 군대는 러시아의 포로수용소에 수용되어 있었다. 그런 한편 체크 민족과 슬로바크 민족의 독립을 위해 러시아에 망명하여 활동하던 인사들은 체코슬로바크 군단을 조직하여, 포로들을 이 군단에 끌어들였다. 이 군단은 연합군과 우군을 이루어 독일-오스트리아 중부세력에 대항하여 싸웠다. 1917년 10월혁명으로 집권한 볼셰비키 정부가 독일과의 전쟁을 중단하고 브레스트 리토프스크 강화협상을 시작하자 이들은 러시아를 떠나 프랑스 전선에 투입되어 독일에 맞서 계속 싸우기로 하였다. 우크라이나에 주둔하고 있던 체코슬로바크 군단은 1918년 2월 블라디보스톡을 향해 출발하기로 했는데, 이들의 출발 전에 독일군이 우크라이나에 진주하였다. 체코슬로바크 군단은 독일군이 그들의 진로를 방해하지 않도록, 바크마치 전투에서 독일군에 맞서 싸웠으며 이들을 격파한 후 블라디보스톡으로 향해 갔디. 이를 무고 흐루셰브스키는 다소 맥락을 달리하여 "볼셰비키군에 체코슬로바크 사단이 합세하여 싸웠다"고 기술하고 있다.

키브와 폴타바로 가는 길목을 방어하고 있던 체코-볼셰비키 군단이 패퇴한 후 4월 8일 볼셰비키는 하르키브를 포기했고, 이보다 먼저 예카테리노슬라브도 탈환되었다. 우크라이나 군은 독일 군과 함께 서쪽과 남쪽으로 진격해 나갔다.

그러나 볼셰비키로부터 우크라이나를 해방하는 데 성공하고 우크라이나 정부 권력을 좀 더 민활하게 확산해가야 한다는 과제도 중요했지만, 이와 아울러 내정의 정비라는 문제 또한 미룰 수 없는 눈앞의 과제였다. 경작지와 농장에 파종을 할 수 있게 하고, 교통망과 상품유통 문제를 해결하고, 공장들의 징발을 해제하고 수백만 명의 실업자에게 일자리를 만들어주는 일에 착수해야 했다. 강하고 훈련이 잘 된 자체의 정규군을 창설해, 민병대에 의한 방위의 가능성이 생기기 전까지 우선 가까운 몇 년 동안 우크라이나의 정치적·사회적 쟁취 성과를 지키는 보증자의 역할을 할 수 있도록 하는 것도 중요한 과제였다.

실제로 중앙 라다가 통치권을 다시 장악했을 당시, 우크라이나는 한마디로 처참한 상황에 처해 있었다. 4년간의 전쟁에다 혁명으로 인한 러시아 전체의 무정부 상태가 겹쳐 나라 전체에 믿기 힘든 파괴가 벌어졌던 데다 설상가상으로 볼셰비키의 무차별 공격까지 벌어져 참혹한 결과를 낳았던 것이다. 우크라이나 정부는 볼셰비키가 유린한 지역의 도시들마다 행정기관과 은행이 강탈당하고 행정체제가 완전히 파괴되었으며, 철도에 기관차와 차량이 없고, 다리와 기차역들이 파괴되어 있음을 보았다. 몇 달간 월급을 받지 못한 공무원들과 노동자들은 당장 급여를 요구했고, 이를 받지 못할 경우 파업에 돌입하겠다고 위협했다. 러시아 군대가 주둔해 있던 지역에서도 역시 몇 달간 급여를 받지 못하고 일한 이러저러한 공무원 그룹이 보상을 기다리고 있었다. 공장들은 연료가 없어 가동이 중단되었고,

탄광은 몇 달 동안 석탄이 없어서 펌프가 작동하지 않는 바람에 물에 잠겨 있는 등등 어려움이 많았다. 따라서 가는 곳마다 러시아 정부가 대금을 지불하지 않은 화물과 군역 노동에 대해 우크라이나 정부가 대신 결제를 해주기를 기다리는 행렬이 이어지고 있었다.

우크라이나 정부와 중앙 라다는 사방에서 압박을 받았다. 무질서, 재정 부족 및 볼셰비키가 강탈해간 물자 같은 온갖 사태에 대해 정부와 중앙 라다가 보상해줄 것을 요청하면서 재정 지원과 행정적 관리, 치안과 질서 회복을 요구하는 민원이 쇄도했다. 안과 밖의 적들은 이러한 절망적 상황을 이용하여 사방에서 공격해왔다. 어떤 세력은 우크라이나 공화국의 근간을 흔들려고 했고, 또 어떤 세력은 자기네 국가의 이익을 위해 우크라이나 공화국으로부터 최대한의 정치적·경제적 양보를 얻어내려고 획책했다. 현지 부르주아지 그룹과 중부세력의 하수인들은 부르주아적 국가형태와 원칙을 위해 양보하라고 요구하며 압력을 가했다. 다른 한편으로 우크라이나 국가의 반대자들은 중앙 라다와 정부의 조치를 일일이 따라가며 세밀히 관찰하여 부르주아적이고 반동적인 정책의 증거를 찾아내고자 했는데 그 목적은 프롤레타리아 계급과 특히 농민층 사이에서 중앙 라다에 대한 신뢰를 훼손시키려는 것이었다. 이 모든 선동을 믿은 농민층은 농지개혁의 운명과 3차, 4차 포고문에서 제시된 원칙의 운명에 대해 안절부절못하며 걱정했다. 우크라이나 정체성의 적대자들은 중앙 라다가 5차 포고문을 발표해서 이미 3차, 4차 포고문의 원칙들을 파기했다느니, 토지를 지주들에게 되돌려주고, 모든 자유를 철폐하기 위해 독일 군을 불러들였다느니 하는 소문을 퍼뜨렸는데 농민들은 이런 소문을 듣고 불안해한 것이다.

이처럼 지난한 상황에서는 우크라이나 국가와 이 국가가 달성한 민주적·사회적 쟁취물의 수호라는 이념을 중심으로 우크라이나의 모든 세력이 굳건하게 연합하는 것만이 우크라이나를 구하는 유일한 길임이 명백했다. 우크라이나의 국가성과 자주성을 강화하는 것을 가장 중요한 시대적 사명으로 내세운 모든 그룹들은 이를 인식하고 있었다. 원칙적 견해와 관련된 대립이라든가 우크라이나 정부의 이러저러한 구체적 조치들에 대한 호불호를 옆으로 밀어놓고 이들은 힘을 합쳐 중앙 라다를 지지하고 갖가지 동요로부터 이를 수호하기로 결정했다.

중앙 라다가 키예프에 돌아와서 처음으로 한 일은 '셰브첸코 기념축일'에 작성된 선언문을 공표하여, 중앙 라다가 3차, 4차 포고문에서 선포된 사회적·민주적 구호들을 확고히 견지하며 앞으로도 이를 견지해 갈 것이라는 뜻을 밝히는 일이었다. 또한 이 선언에는 라다가 독일 군을 우크라이나에 불러들일 수밖에 없었던 동기에 대한 설명도 들어 있었다. 홀루보비치 내각은 우크라이나의 모든 주요 정파 출신 각료들로 채워졌다(비우크라이나계 사회주의 단체들은 내각에 참여하지 않았다). 이렇게 해서 내각의 위기에 대한 온갖 추측들은 잠잠해졌다. 오랜 논의를 거친 끝에 중앙 라다는 중부세력과의 강화조약을 비준했다. 일련의 연설을 통해, 우크라이나의 노선이 국수주의와 민족주의의 방향으로 선회하는 것이 아닌가 의구심을 가지고 있던 비우크라이나계 주민들의 의심을 불식시켰다. 그중에서도 가장 중요한 의미를 가지는 사안은 제헌회의 소집 문제에 대한 회의와 토론이었다.

우크라이나 중앙 라다는 과거에 우크라이나 제헌회의 소집 날짜를 두 번이나 잡았었고, 이제 선거 홍보의 결과가 밝혀지기를 초조하게 기다리고 있었다. 선거홍보는 볼셰비키 공격이 맹렬했던 1월 초부터 진행되었다. 보통·평등·비밀·비례 투표에 의해 선출되는 최초의 인민 직접대표기관을 지체 없이 소집하고 이 기관에 장차 독립 우크라이나의 업무를 처리하도록 권한을 양도하는 것은 중앙 라다에게 매우 소중한 일이었다.

1월의 중앙 라다 마지막 회의에서 제헌회의는 잠정적으로 계산해 대의원의 절반이 선출 완료되었다고 산정되는 대로 소집하기로 결정되었었다. 사실, 선거가 진행되는 중에도 볼셰비키의 공포 정치와 온갖 종류의 파괴가 계속되었던 것을 고려한다면 이 상태에서 진행된 선거는 현실에 부합하는 것이 아님을 인정하고 제헌회의 선거를 새로 하겠다고 선언하거나 아니면, 제헌회의를 거치지 않고 중앙 라다에서 헌법과 선거법을 채택한 후 곧바로 의회 선거를 실시하는 것이 더 바람직하다는 주장도 나왔다. 그러나 결국 중앙 라다 대의원 다수파는 1월의 결의 취지에 입각하여, 그렇게 할 수 있는 법적인 가능성이 조금이라도 있다면 이미 실시된 선거를 바탕으로 제헌회의를 소집하기로 확실히 결정했다. 시민들, 특히 농민층은 중앙 라다가 약속한 대로 제헌회의가 소집되기를 다급한 마음으로 기다리고 있었다. 따라서 제헌회의 소집의 현실적 가능성이 조금이라도 남아 있는 상황에서는 이 약속을 이행하지 않을 수 없었다.

우크라이나 영토가 해방되어감에 따라 제헌회의가 소집될 가능성이 커졌고, 이는 긴장 속에서 살고 있는 우크라이나 주민들에게 안도감을 주었다. 힘겹고 쓰디쓴 고통을 겪은 우크라이나 주민들은 정신적인 안정을 원했다. 사람들은 모든 다양한 조류를 통합하고 갈등을 해결하는 길을 제시하며, 상호반목에서 벗어날 길을 보여주고 구원(舊怨)과 구식 노선을 벗어던지고 새로운 기초 위에서 일을 시작하는 것을 가능하게 해줄 어떤 공통의 원리 위에 발을 디디고 서게 되기를 원했다. 주민들의 한결같은 구호는 지체 없는 제헌회의의 소집이었다. 4월 11일 중앙 라다는 다수 의결로 이 구호를 받아들이고, 1918년 5월 12일 제헌회의를 소집하기로 결성했다.

그러나 이 결정에 좌파 정파들은 마음을 놓았지만, 우파 정파들은 당혹감에 빠졌으니, 왜냐하면 그들은 좌파 정파들이 장악한 제헌회의가 열리면 자신들이 혐오하는 사회주의적 개혁이 확실하게 추진될 것이고, 공화국의 전면적인 민주주의적–급진적 체제가 확립될 것이라 두려워했기 때문이다. 의석 배분을 보면 우크라이나 사회혁명당원들이 우크라이나 제헌회의의 다수를 차지하게 되어 있었고, 그 다음으로 아주 높은 비율의 의석이 볼셰비키(공산주의자들)에게 돌아가게 되어 있었다. 따라서 온갖 우파 정파들과 마찬가지로 적절한 대표성을 얻지 못한 정당들은 제헌회의의 소집을 바라지 않았다. 제헌회의가 소집되리라는 예상은 독일인[171]들을 부추겨 우크라이나 내정에 간섭하게 하려는 이들의 적극적 노력을 더욱 강화시켰을 뿐이다.

이 시기에 독일 군 사령부는 중앙 라다 및 우크라이나 정부와 심각한 긴장 관계에 빠져 들었다. 중앙 라다는 독일 군대와 오스트리아 군대의 행위에 대해 강력하게 항의했다. 두 나라 군대는 물자창고에서도 전선에서도 아무에게 묻지도 않고 자신들이 원하는 대로 징발을 했을 뿐 아니라 주민들에게서 온갖 종류의 보급품을 거두었고, 말을 듣지 않거나 항의하는 주민은 체포해서 자기네 법정에서 직접 재판을 했으며 심지어 우크라이나 당국에 알리지도 않고 총살을 하기까지 했다. 독일 군 사령관들은 마치 그들 자신의 안전 확보를 위해 이러한 행위를 하는 것처럼 내세웠다. 볼셰비키 봉기 시기의 혼란으로, 또 그 이전에 군대가 제멋대로 해산되면서 초래된 전선 부근의 온갖 혼란으로, 각 지역에서 우크라이나 행정 권력 조직이 분쇄되고 파괴되어 기능을 하지 못하는 상황 때문에 그렇다는 것이었다. 그러나 독일 군은 현지에 우크라이나 정부의 대표기구가 있는 곳에서조차

171) 본문에서 독일인이라고 하는 것은 독일민족 구성원들을 말하는 것이어서 독일 국가와 오스트리아 국가의 독일인들을 아울러 지칭하고 있다.

동맹군이 아니라 점령군처럼 제멋대로 행동했다. 더욱이 독일 군의 행정 간섭과 사법 간섭, 그리고 우크라이나 주민들에게 그들이 제멋대로 내리는 판결 등은 명백한 사회적·정치적 색채를 띠고 있었다. 독일-오스트리아 군은 현지의 폴란드, 러시아계 지주와 공장주들 및 그들 대리인들의 지령에 따라 농촌 토지위원이나 식량위원들을 체포했고, 농민들에게 압박을 가해 그들이 장원에서 가져온 농기구와 심지어 지주로부터 빼앗은 토지까지 다시 내놓도록 했다.

지주와 자본가들, 그들의 지역별 대리인들이 독일 군부, 장교들 및 부대원들과 맺은 인맥은 결실을 거두기 시작했다. 독일과 오스트리아 인사들 사이에서는 우크라이나 진보 집단이 우크라이나 통치에 적합하지 않고, 우크라이나 민족세력은 전반적으로 아직 국정 운영을 할 만큼 성숙되지 않았고 우크라이나 문화도 국가적 문화의 역할을 할 만큼 무르익지 않았으며, 특히 우크라이나 사회주의 정당들은 그들의 노선을 실행하는 경우 나라를 완전한 경제적 파멸로 이끌 것이라는 식의 확신이 퍼졌다. 독일인 장교들 중에는 친러시아파가 적지 않았다. 이들은 러시아와의 오랜 인연이나, 러시아어와 러시아 사정에 대한 지식 등에 힘입어 우크라이나에 파견된 독일 군대, 오스트리아 군대에 배치된 사람들이었던 데다, 장교단 전체가 전반적으로 반동적 성향이 매우 강했다. 이 때문에 우크라이나에서는 반동적인 여러 선동을 하기에 딱 알맞은 토양이 제공되었다. 특히 '토지의 사회화'로 초래된 농업경영상의 혼란 때문에 이 계절에 농부들의 활동이 마비되고 있다느니 그래서 우크라이나는 독일과 오스트리아가 간절히 원하고 있던 식량을 조달할 수 없을 것이라느니 하는 주장이 큰 효과를 발휘했다. 독일과 오스트리아가 브레스트-리토프스크 강화를 추진하게 된 동기도 바로 이 식량조달의 난감한 전망에 있었다(그래서 이 강화는 '빵을 위한 강화'라고 불린다). 현지로부터 올라오는 이런 모든 보고와 부하들의 주장을 믿은 독일 군 사령부는 우크라이나의 정책을 직접 관할하기로 결정했다. 우크라이나 주둔 독일 군 총사령관인 아이히호른[172] 원수는 파종 부족을 막기 위해 모든 수단을 동원하라고 부하들에게 지시했을 뿐 아니라 별도의 지시를 내려 중앙 라다가 제정한 토지법과 완전히 배치되는 새로운 토지노동 규범을 지정했다. 이것은 명백히 지주제 경영의 부활을 알리는 예고가 되었다.

　　우크라이나의 진보적 정파들은 처음에는 독일 군 사령부를 온건한 방식으로 설득하여 우크라이나의 내정에 대한 일체의 간섭, 특히 사회정책에 대한 간섭에서 손을 떼게 하려고 했으나, 독일 군 사령부의 그 같은 행보 때문에 좀 더 단호한 조치를 취할 수밖에 없게 되었다. 먼저 법무장관은 독일인 재판관과 오스트리아인 재판관이 주재하여 우크라이나 시민들을 상대로 진행하는 소송은 무효이며 불법적 행위라고 우크라이나 법원에 통고했다. 다음으로 농업장관이 중앙 라다에서 아이히호른 원수의 결정에 대해 강력히 항의하고 자신은 사직하겠다는 의사를 밝혔다. 중앙 라다는 농업장관의 사의를 받아들이지 않고, 그 대신 아이히호른의 지시를 이행해서는 안 된다고 주민들에게 통보하기로 결정했으며, 독일 군사 사절들의 행태에 대해 독일정부에 정식으로 항의할 것을 내각에 요청했다. 4월

172) 헤르만 폰 아이히호른(Hermann von Eichhorn, 1848~1918). 독일의 군인, 최종 계급은 원수(Generalfeldmarschall). 1918년 우크라이나 주둔군 최고 사령관. 브레슬라우 출신으로 보오 전쟁, 보불 전쟁에 참전했으며 독일 통일 후에는 독일 제국군대의 요직을 계속 맡았다. 1차 대전 발발 후 1915년 독일 제10군 사령관이 되어 러시아와의 전쟁을 담당했다. 1917년 12월 원수로 승진했고 1918년 3월 키예프 주둔군(Heeresgruppe Kiew) 최고 사령관이자 우크라이나 군정장관으로 임명되었다. 우크라이나를 독일의 지배 아래 두는 역할을 하기로 되어 있었으나, 1918년 7월 30일 좌파 사회혁명당원인 보리스 미하일로비치 돈스코이의 저격을 받아 사망했다.

13일 중앙 라다가 채택한 이 같은 결의는 온갖 방해에도 불구하고 베를린에 전달될 수 있었으며, 베를린의 독일제국 의회의 야당세력은 이 일을 계기로 우크라이나 주둔 독일 군 사령부의 행태를 강력히 비난할 준비를 했다. 이렇게 되자 독일 군 사령부는 흥정을 통해 문제를 해결하려 했다. 독일 군 사령부는 우크라이나계와 비우크라이나계 지주 그룹들과 자본가 그룹들이 자신들에게 요청한 것을 받아들이기로 했으니, 즉 군사력을 이용하여 사회주의 정부를 확실히 제거하고 우크라이나 헤트만 제도의 형태를 띤 군주제를 부활시키는 데 동의한 것이다.

권위 있는 우크라이나 정치인들 가운데 그 누구도 독일인들의 꼭두각시로서 권력을 쥐고자 하지 않는다는 것이 드러나자, 독일 군은 헤트만 후보로 독일 군 총사령관과 처남-매부지간인 스코로파드스키 장군[173]을 내세우게 되었다. 그는 먼 조상이 한때 헤트만직을 맡았다는 것[174]을 제외하고는 우크라이나주의와 아무 관련이 없었다. 키예프와 인근 지역은 독일 군

---

173) 파블로 페트로비치 스코로파드스키(Павло Петрович Скоропадський, 1873~1945). 러시아 제국-우크라이나의 군인, 정치인. 1918년 4월 29일부터 12월 14일까지 우크라이나 헤트만. 18세기에 헤트만이었던 이반 스코로파드스키의 방계 후손(종고손자)으로 독일에서 태어났다. 아버지 페트로는 퇴역 장교였다. 1893년 러시아 제국 중앙유년학교를 졸업한 후 근위기병대에서 복무했으며 러일전쟁에도 참전했다. 1914년부터 근위기병연대 지휘관으로 제1차 세계대전에 참전했으며 차르 니콜라이 2세의 시종무관을 지내기도 했다. 2월 혁명 후 임시정부하에서는 코르닐로프와 협력하며 우크라이나 병력을 지휘했다. 1917년 말부터 중앙 라다와 협력하며 '자유 코자크 부대(Вольное казачество)'라 명명된 민병대를 이끌었다. 중앙 라다의 상황이 어지러워지자 1918년 4월 29일 독일점령군의 지원과 구 러시아 제국군대 장교들의 동조를 얻어 헤트만 자리에 올라 우크라이나 인민 공화국을 해체했다. 그 대신 '우크라이나 국가'를 창설하고 '전 우크라이나의 영명한 헤트만 전하'라고 자칭했다. 옛 러시아 제국식으로 우크라이나 국정을 운영했으나 1918년 11월, 독일이 1차 대전에서 패전하고 우크라이나에서 물러나자 우크라이나에서는 공화주의자인 페틀류라가 일시 권력을 장악했으며 스코로파드스키는 베를린으로 도주하여 그곳에서 남은 생애를 보냈다.
174) 그의 고조부의 형제인 이반 스고로파드스키는 1708년부터 1722년까지 우크라이나 코자크 헤트만이었다.

에 의해 장악되었다(오스트리아 군 부대는 외부로 이동되었다). 우크라이나 전쟁 포로들로 구성된 '푸른 외투 부대'는 강제로 해산되었다. 베를린과의 통신은 완전히 단절되었고 질서 유지를 위해 군사재판제도 도입이 정식으로 선포되었으며, 특히 키예프에서는 5월 1일 노동절이 다가온다는 구실을 내세워 독일 군의 경계가 강화되었다. 이런 상황에서 몇몇 독일 장교들이 독일군의 행동 추진에 가장 위험하다고 생각되는 몇몇 우크라이나 장관들을 체포했는데, 이는 아이히호른 자신에게도 알리지 않고 수행했다는 것이 그들의 주장이었다. 독일 군 무장부대는 4월 28일 장관들을 찾는다며 회의가 진행 중인 중앙 라다 건물에 난입했고, 독일인들에 저항하는 봉기를 위해 준비해 둔 무기고를 찾는다는 구실로 건물 전체를 수색했다. 그들은 또한 문서고의 문서들을 압수하고, 회의실에서는 총격하겠다고 위협하며 회의를 중단시켰으며, 의장의 항의에도 아랑곳하지 않고 의장 자신을 포함해 중앙 라다 모든 대표자들의 신분증을 검사하고 회의를 종결시켰다. 이날 밤 독일정부 파견무관인 슈톨첸베르크(Stolzenberg) 대령은 이 전대미문의 사건에 대해 해명하는 대신, 중앙 라다 의장에게 최후통첩성 질문을 보냈다. 그 질문이란, 독일 군정 당국과 갈등을 빚고 있는 상황임을 생각할 때 중앙 라다는 스스로 활동을 중지해야 한다고 판단하지 않느냐는 것이었다. 의장이 중앙 라다는 제헌회의에 자기 업무를 이양한 후 자발적으로 해산될 것이라고 설명하자 이것은 다음 행동을 위한 근거로 이용되었다. 다음 날인 4월 29일 독일 군 기관총이 엄호하는 가운데 키예프에서 '대소지주' 집회가 열려 스코로파드스키를 헤트만으로 선출하는 의식을 거행했다. 독일 군 병력은 중앙 라다의 회의 개최를 가로막았다. 중앙 라다의 마지막 행동은 오래전에 준비된 헌법 초안을 통과시킨 것이었다. 스코로파드스키는 이 헌법안에 맞서서 자신의 「칙서」를 우크라이나의 전 인민에게 발표했다.

　독일의 총검이 '문제를 결정했고', 헤트만-독일 지배체제가 출범했다.
그러나 우크라이나 농민층은 봉기로써 이에 대항했다.

| 찾아보기 |

지은이

:: 미하일로 흐루셰브스키 1866~1934

우크라이나의 역사가이자 정치가이다. 러시아제국의 영토였던 홀름(현재는 폴란드 영토인
해움)에서 태어났으며, 1886년 키예프 대학에 진학하여 역사학을 공부했다. 1894년 오스
트리아령이던 르비브에서 대학 교수로 부임하여 우크라이나 역사를 강의했으며 우크라이
나 역사, 언어에 관한 수많은 저서, 논문을 집필했다. 열 권으로 이루어진 대표 저작『우크
라이나-루스의 역사』외에 일반인을 위한 개설서로서『삽화로 보는 우크라이나의 역사』
를 우크라이나어, 러시아어로 출판했다. 정치적으로도 활발한 활동을 펼쳐 1917년 러시아
2월 혁명 후 수립된 우크라이나 중앙라다의 의장으로서 우크라이나의 독자적 국가 수립을
주도하기도 했다. 볼셰비키 혁명 후 한때 외국으로 망명했으나 귀국하여 소련 체제 하에서
학술 활동을 계속하였고, 스탈린 시기 모스크바에서 사망하였다.

옮긴이

:: 한정숙

서울대학교에서 서양사를 공부한 후 독일 튀빙겐 대학에서 러시아 혁명기 농업사회주의 연
구로 박사학위를 받았다. 부산여대(현 신라대학) 역사교육과 전임강사, 세종대학 사학과 조
교수를 역임하였고, 서울대학교 서양사학과 교수로 재직 중이다.
서양사에 관한 여러 권의 책을 번역하였고 여성사, 러시아사, 우크라이나사에 대해 논문
과 저서를 내고 있다. 러시아사, 우크라이나사에 관한 저서로는『한러관계사료집: 1990-
2003』(서울대 출판부, 2005)(편저);『우크라이나의 이해』(써네스트, 2009)(공저);『러시아
는 우리에게 무엇인가』(신인문사, 2011)(공저);『유라시아 천년을 가다』(사계절, 2002)(공
저) 등이 있다.

:: 허승철

고려대학교 노어노문학과를 졸업하고 미국 버클리 대학과 브라운 대학에서 수학한 후 브
라운 대학에서 슬라브어학 박사학위(1988년)를 받았다. 건국대학교 러시아학과 조교수를
거쳐 1996년부터 고려대학교 교수로 재직하고 있으며, 2006~2008년 주우크라이나 대사
를 역임하였다.
러시아어학과 문화, 우크라이나 언어, 지역학을 주제로 한 저서를 내고 있으며, 대표적인
것으로는『나의 사랑 우크라이니』(2008년, 공저),『한국어-우크라이나어 사전』(2011년, 공
저),『우크라이나 현대사』(2011년),『벨라루스의 역사』(2015년, 편역) 등이 있다.

한국연구재단총서 학술명저번역 서양편 **588**

우크라이나의 역사 ❷

1판 1쇄 찍음 | 2016년 5월 18일
1판 1쇄 펴냄 | 2016년 5월 28일

지은이 | 미하일로 호루셰브스키
옮긴이 | 한정숙 · 허승철
펴낸이 | 김정호
펴낸곳 | 아카넷

출판등록 2000년 1월 24일(제406-2000-000012호)
10881 경기도 파주시 회동길 445-3
전화 | 031-955-9511(편집) · 031-955-9514(주문) / 팩스 | 031-955-9519

책임편집 | 이하심
www.acanet.co.kr

ⓒ 한국연구재단, 2016

Printed in Seoul, Korea.

ISBN 978-89-5733-492-8 94920
ISBN 978-89-5733-214-6 (세트)

이 도서의 국립중앙도서관 출판시도서목록(CIP)은
서지정보유통지원시스템 홈페이지(http://seoji.nl.go.kr)와
국가자료공동목록시스템(http://www.nl.go.kr/kolisnet)에서 이용하실 수 있습니다.
(CIP제어번호: CIP2016007852)